U0541886

经以济世
继往开来
贺教育部
重大攻关项目
成果出版

季羡林
时年九十有八

教育部哲学社會科学研究重大課題攻關項目

我国地方法制建设理论与实践研究

THEORETICAL AND PRACTICAL RESEARCH ON LOCAL LEGAL REGIME OF CHINA

葛洪义 等著

经济科学出版社
Economic Science Press

图书在版编目（CIP）数据

我国地方法制建设理论与实践研究/葛洪义等著．—北京：经济科学出版社，2012.12
（教育部哲学社会科学研究重大课题攻关项目）
ISBN 978-7-5141-2460-6

Ⅰ．①我…　Ⅱ．①葛…　Ⅲ．①地方法规-研究-中国
Ⅳ．①D927

中国版本图书馆 CIP 数据核字（2012）第 223289 号

责任编辑：段　钢
责任校对：刘欣欣
版式设计：代小卫
责任印制：邱　天

我国地方法制建设理论与实践研究
葛洪义　等著
经济科学出版社出版、发行　新华书店经销
社址：北京市海淀区阜成路甲 28 号　邮编：100142
总编部电话：88191217　发行部电话：88191537
网址：www.esp.com.cn
电子邮件：esp@esp.com.cn
北京中科印刷有限公司印装
787×1092　16 开　37 印张　700000 字
2012 年 12 月第 1 版　2012 年 12 月第 1 次印刷
ISBN 978-7-5141-2460-6　定价：92.00 元
（图书出现印装问题，本社负责调换。电话：88191502）

课题组主要成员

（按姓氏笔画为序）

首席专家　葛洪义

主要成员　王文琦　冯健鹏　朱志昊　余　军　李旭东　李秋成　杨雄文　邹东俊　董文蕙

编审委员会成员

总 序

哲学社会科学是人们认识世界、改造世界的重要工具，是推动历史发展和社会进步的重要力量。哲学社会科学的研究能力和成果，是综合国力的重要组成部分，哲学社会科学的发展水平，体现着一个国家和民族的思维能力、精神状态和文明素质。一个民族要屹立于世界民族之林，不能没有哲学社会科学的熏陶和滋养；一个国家要在国际综合国力竞争中赢得优势，不能没有包括哲学社会科学在内的“软实力”的强大和支撑。

近年来，党和国家高度重视哲学社会科学的繁荣发展。江泽民同志多次强调哲学社会科学在建设中国特色社会主义事业中的重要作用，提出哲学社会科学与自然科学“四个同样重要”、“五个高度重视”、“两个不可替代”等重要思想论断。党的十六大以来，以胡锦涛同志为总书记的党中央始终坚持把哲学社会科学放在十分重要的战略位置，就繁荣发展哲学社会科学作出了一系列重大部署，采取了一系列重大举措。2004 年，中共中央下发《关于进一步繁荣发展哲学社会科学的意见》，明确了新世纪繁荣发展哲学社会科学的指导方针、总体目标和主要任务。党的十七大报告明确指出：“繁荣发展哲学社会科学，推进学科体系、学术观点、科研方法创新，鼓励哲学社会科学界为党和人民事业发挥思想库作用，推动我国哲学社会科学优秀成果和优秀人才走向世界。”这是党中央在新的历史时期、新的历史阶段为全面建设小康社会，加快推进社会主义现代化建设，实现中华民族伟大复兴提出的重大战略目标和任务，为进一步繁荣发展哲学社会科学指明了方向，提供了根本保证和强大动力。

高校是我国哲学社会科学事业的主力军。改革开放以来，在党中央的坚强领导下，高校哲学社会科学抓住前所未有的发展机遇，紧紧围绕党和国家工作大局，坚持正确的政治方向，贯彻“双百”方针，以发展为主题，以改革为动力，以理论创新为主导，以方法创新为突破口，发扬理论联系实际学风，弘扬求真务实精神，立足创新、提高质量，高校哲学社会科学事业实现了跨越式发展，呈现空前繁荣的发展局面。广大高校哲学社会科学工作者以饱满的热情积极参与马克思主义理论研究和建设工程，大力推进具有中国特色、中国风格、中国气派的哲学社会科学学科体系和教材体系建设，为推进马克思主义中国化，推动理论创新，服务党和国家的政策决策，为弘扬优秀传统文化，培育民族精神，为培养社会主义合格建设者和可靠接班人，作出了不可磨灭的重要贡献。

自2003年始，教育部正式启动了哲学社会科学研究重大课题攻关项目计划。这是教育部促进高校哲学社会科学繁荣发展的一项重大举措，也是教育部实施“高校哲学社会科学繁荣计划”的一项重要内容。重大攻关项目采取招投标的组织方式，按照“公平竞争，择优立项，严格管理，铸造精品”的要求进行，每年评审立项约40个项目，每个项目资助30万~80万元。项目研究实行首席专家负责制，鼓励跨学科、跨学校、跨地区的联合研究，鼓励吸收国内外专家共同参加课题组研究工作。几年来，重大攻关项目以解决国家经济建设和社会发展过程中具有前瞻性、战略性、全局性的重大理论和实际问题为主攻方向，以提升为党和政府咨询决策服务能力和推动哲学社会科学发展为战略目标，集合高校优秀研究团队和顶尖人才，团结协作，联合攻关，产出了一批标志性研究成果，壮大了科研人才队伍，有效提升了高校哲学社会科学整体实力。国务委员刘延东同志为此作出重要批示，指出重大攻关项目有效调动各方面的积极性，产生了一批重要成果，影响广泛，成效显著；要总结经验，再接再厉，紧密服务国家需求，更好地优化资源，突出重点，多出精品，多出人才，为经济社会发展作出新的贡献。这个重要批示，既充分肯定了重大攻关项目取得的优异成绩，又对重大攻关项目提出了明确的指导意见和殷切希望。

作为教育部社科研究项目的重中之重，我们始终秉持以管理创新服务学术创新的理念，坚持科学管理、民主管理、依法管理，切实增强服务意识，不断创新管理模式，健全管理制度，加强对重大攻关项目的选题遴选、评审立项、组织开题、中期检查到最终成果鉴定的全过程管理，逐渐探索并形成一套成熟的、符合学术研究规律的管理办法，努力将重大攻关项目打造成学术精品工程。我们将项目最终成果汇编成“教育部哲学社会科学研究重大课题攻关项目成果文库”统一组织出版。经济科学出版社倾全社之力，精心组织编辑力量，努力铸造出版精品。国学大师季羡林先生欣然题词：“经时济世　继往开来——贺教育部重大攻关项目成果出版”；欧阳中石先生题写了“教育部哲学社会科学研究重大课题攻关项目”的书名，充分体现了他们对繁荣发展高校哲学社会科学的深切勉励和由衷期望。

创新是哲学社会科学研究的灵魂，是推动高校哲学社会科学研究不断深化的不竭动力。我们正处在一个伟大的时代，建设有中国特色的哲学社会科学是历史的呼唤，时代的强音，是推进中国特色社会主义事业的迫切要求。我们要不断增强使命感和责任感，立足新实践，适应新要求，始终坚持以马克思主义为指导，深入贯彻落实科学发展观，以构建具有中国特色社会主义哲学社会科学为已任，振奋精神，开拓进取，以改革创新精神，大力推进高校哲学社会科学繁荣发展，为全面建设小康社会，构建社会主义和谐社会，促进社会主义文化大发展大繁荣贡献更大的力量。

教育部社会科学司

摘　要

《我国地方法制建设理论与实践研究》一书为教育部哲学社会科学重大课题攻关项目“我国地方法制建设理论与实践研究”的最终成果，本书的主要论题是：我国社会转型过程中，“地方”在法治秩序演进与法制实践发展过程中的地位、角色和作用。写作题材主要来源于我国地方法制建设理论与实践成果。

第一编“地方法制的基本理论”旨在阐述地方法制的相关基本理论问题，以期为整个地方法制研究确立理论上强有力的支撑点，打破地方法制研究在法学研究中处于边缘地位的状况。本部分主要内容包括：(1) 阐明地方法制的内涵应在于地方具体制度建设及其对法治国家建设重要且特殊的意义；(2) 从国家与社会关系之“横向视域”，分析社会本身的组织性和自治能力对于法治发展的决定性作用，确立国家在什么情况下需要给予社会必要的辅助，以及辅助的前提和形式；(3) 从中央与地方关系之“纵向视域”，阐述中央与地方关系的历史变迁和法律形式，侧重论证单一制国家中地方国家机关在治理结构的地位和作用，阐述在权利实现过程中中央对地方辅助的形式和特点；(4) 地方法制（发展）的原动力在于权利的行使与实现这一动态过程，这个过程中国家与社会、法治与法制之间的关系决定着地方法制建设的具体样态。

第二编“地方国家机关的法定权力”从地方法制实践的角度，在规范与实证两个层面描述和分析地方所享有的国家权力的结构以及行使机制。本部分主要内容包括：(1) 从权力与责任关系的角度说明国家权力的类型、相互关系与权力配置的历史与现实情况如何，以及在现有体制下我国国家权力总体配置的情况。(2) 描述与分析中央国家权力机关与地方国家权力机关之间权力的界限，地方国家权力机关内部机构之间的权力分配，以及各种权力实现中的权力再分配。例如，立法权在人大、人大常委会、主任（主任会）、专门委员会、代表等之间是如何分配的。(3) 描述与分析中央国家行政机关与地方国家行政机关之间权力的区别，地方国家行政机关上下级之间权力的区别与联系，内部各组成部门之间的权力分配，以及各种权力实现中的权力再分配。(4) 描述与分析中央国家司法机关与地方国家司法机关之间权力的界限，地方各级国家司法机关之间，司法机关内部部门之间的权力分配，如审判权、审判管理权、执行权等划分，以及各种权力实现中的权力再分配。如审判权在审判委员会、合议庭、主审法官等之间是如何分配的。

第三编“地方国家机关的‘小’制度”研究地方国家机关为了实施国家法律以及本地方的有关地方立法的过程中，所创设出来的各种工作制度。正是这些具体制度，使国家法律具有了生命力。本部分主要内容包括：(1) 阐述在上级机关实施法律的压力以及公众和社会舆论实现相关法律权利的双重压力下，各国家机关所制定的各种具有应对性质的“小”制度的具体含义，以及“小”制度与法定的“大”权力实现之间的内在关系、各种具体制度在权力制约中的作用，并对各种具体制度的类型进行初步划分；(2) 讨论与国家机关工作程序相关的各种具体制度，例如，审批程序、登记程序、备案程序等，举例说明这些程序的创新之处以及产生背景，对权力制约的意义等；(3) 对最具有代表性的地方国家机关实施法律的“公开”制度进行分析，包括办事过程公开、结果公开等各种类型的公开制度。分析这些制度与法律实施的密切关系，研究其对权力制约的作用；(4) 分析最具有中国特色的工作制度：协商。协商一方面反映出各种国家机关相互之间、国家机关内部各部门之间、各位负责人之间合作的关系以及谨慎行使权力的态度；另一方面，也是国家法律无法刚性实现的体现。

第四编“制度化的社会力量”旨在研究各种社会力量是如何介入法律实施过程与权利实现过程，并逐步发展为一种体制内的制约国家权力的重要力量。本部分主要内容包括：(1) 分析我国公益机构的类型、法律地位与发展过程及其对我国法治建设的重要作用，尤其分析说明不同地方各类公益机构的不同作用，进而显示出在不同的地方，法制发展状况的不同；(2) 研究我国以盈利为目的的从事法律工作的各类社会组织的发展过程，所做贡献与工作机理；(3) 比较、分析我国各种行业组织的不同作用以及行业协会在不同历史时期的不同作用，说明其制度化的过程；(4) 分析研究舆论在权利实现中的作用，比较各国关于舆论的法律规定，说明我国舆论对法律实施与权利实现的特别意义和作用。

第五编“权利主张与制度回应”通过对各种具有代表性的案件和事件的详细分析，阐明在主张权利的过程中，通过当事人、国家机关以及社会力量的博弈互动，制度如何点点滴滴地不断改进，法律如何在制度改进的背景下得以实现。本部分主要内容包括：(1) 分析各种类型的权利规定在社会变迁的大背景下逐渐受到关注和追捧的过程，揭示人们追求自身权利态度的变化以及各种法律规定的相应变化；(2) 研究在各种有代表性的典型案例与事例中，社会组织是如何有序参与到法律实施与权利实现活动之中的，说明社会力量的重大作用及其作用机制；(3) 研究各个国家机关和社会组织，是如何在各种典型案例与事例的处理过程中，基于自身工作的需要，改进和完善自己的各种工作制度。

第六编“地方法制的评价标准”拟提炼出一些可以被学界同行认可、符合国际上关于法治一般认识且能结合地方法制的特点的法制发展衡量标准，作为进一步把握地方法制发展状况基础性指标。主要内容包括：(1) 讨论为什么以及如何设定地方法制的评价标准问题；(2) 从地方国家机关权力的明确性、能动性与可能承担责任以及承担什么样的责任三个标准，对国家机关权力制约水平进行评价；(3) 从合法性、合理性和效能三个标准，评价各个国家机关和社会组织内部各种工作制度运转状况；(4) 以自主性、活跃性和公信力三个标准，评价社会力量在法治建设中的作用。(5) 从包容度、及时性与论证力三个指标，评价地方国家机关与公众之间是否可以围绕权利实现产生有效互动，进而评价本地公众与国家机关的关系是否形成制度性的和谐。本部分也是对整个研究成果的一个总结。通过各项标准的设定，对我国地方法制建设问题的思考集中加以凝练和反映，最终形成一个具有理论阐释力同时具有现实参考性的研究成果。

本书认为，地方法制建设在我国整体法治进程中具有举足轻重的地位。这种重要性源于“地方”在国家与社会的关系结构中所处的特殊位置，“地方”往往能够在应对各种权利诉求的过程中，基于统治的需要，自下而上所作出的持续不断的制度性反应或者制度创新，进而可能引起整体性法治进程的突破。实践证明，这正是推动中国法治进步的有效路径之一。这种研究进路是对传统国家主导型的法治建构观的反思与批判，在理论或实践层面上均具有一定的前沿性。本书所研究诸多地方法制建设中的具体问题，指向中国社会结构转型的“要害”(如社会管理方式的创新、社会自主性的培育)。本书基于“国家—社会”二元视角，主张在建构国家与社会之间的良性互动关系中、在地方法制建设的具体实践中寻求法治发展的进路，这种思路是对当下改革中一味地专注于国家正式制度的修修补补、无力打破旧有僵化结构之局面的检讨，无论在理论或是实践层面都具有一定的探索意义。

Abstract

Theoretical and Practical Research on Local Legal Regime of China is the final research production of this project, which offers the main issue about the position, role and function of the "Locality" during the process on the development in the rule-of-law order as well as in the legal regime practice that has been occurred or is happening in China with its transition of society. The materials for the writing come from achievements both in theory and in practice of the local legal regime's construction.

The first part titled as "*Basic Theories of Local Legal Regime*", introduces the primary theory about the local legal regime, so as to establish strongly supporting foundation for the entire research on local legal regime on one side, and change the fringe situation of the research on local legal regime as it has been in the legal research circumstances in China as so far on the other side. This part consists of the following sections: (1) Clarifying the connotation of local legal regime which should lie in the concrete system establishments as well as its important and specific significance to the construction for a rule-of-law country. (2) From the horizontal perspective of the relationship between the country and the society, this part analyzes the organizational character and self-governance capability of the society which should play a deterministic role as to the development of rule-of-law. Also, it clarifies on what circumstances that the supplementary from the country are necessary as well as the preconditions and methods for the supplementary from the country. (3) From the vertical perspective of the relationship between the central and the local, this part analyzes the historical transition and legal forms for the relationship between the central and the local. It particularly emphasizes on demonstrating the position and function of local authorities in the governance structure as in a unitary country as in China. It also clarifies how the central assists the local on the methods and features that should be noticed as to fulfill the legal right. (4) The motivity for developing local legal regime is the willing to exercise and achieve the rights in a dynamic process in which the relationship between the country and the society as well as between rule-of-law and legal regime determines concrete appearances in constructing local legal regime.

The second part titled as "Statutory Powers of Local State Organs" emphasizes on the perspective of the practice for local legal regime, which describes and analyzes both the construction and implementary mechanisms on national power conferred to the local in both normative and positive ways. This part mainly includes the following contents: (1) From the perspective of the relationship between the power and the liability, it introduces the category of the national power, relationship between different kinds of national power, historical and realistic appearances for allocation of the power, general allocation of national power in China depending on existing regime. (2) Describing and analyzing the boundary between the central organ of state power and the local organ of state power as to their different powers. It also clarifies the allocation of the power as to different internal departments of the local organ of state power as well as reallocation of the power as to various powers when they are fulfilled such as how the legislative power is allocated to the local people's congress, the standing committee of the local people's congress, director (director conference), special committees and the deputy. (3) Describing and analyzing the distinction as to the power between the central body of administration and the local body of administration, the distinction and connection of the power to the local body of administration according to the superior-subordinate relation, allocation of the power for internal departments, reallocation of the power when fulfilled. (4) Describing and analyzing the boundary as to the power between the central judicial organ and the local judicial organ, allocation of the power for local judicial organs at different levels, allocation of the power for internal departments such as how to divide judicial power, judicial administrative power and enforcement power, reallocation of the power when fulfilled such as how the judicial power is reallocated to the judicial committee, collegiate bench and the trial judge.

The third part titled as "Micro Institutions of Local State Organs" investigates various working systems created by the local authorities when they implement either national or local legislations, and the law becomes vital depending on these concrete systems. This part mainly includes the following contents: (1) Under the pressure to implement the law by the superior authorities as well as the pressure to actualize the relative legal rights by the public with their voice, various authorities frame the micro systems on what point, and its internal relation with the macro power conferred by law. Also this part will reveal the function of various concrete systems in restricting the powers and categorize concrete systems at first step. (2) Discussing relative working procedure systems with local authorities such as the approval procedure, the registration procedure, put on record procedure, which could help illustrate the innovation, background, and its significance in restraining the powers. (3) Analyzing the most representative "publicity" system for the local authorities when implementing the law such as open to the public with the procedure and the result of the affairs, as well as its relation with the implementation of the law and its function to restrain the power. (4) Analyzing the consultation system in China with Chinese character for working, which on one side reflects not only the relationship among different local authorities, different inner departments of local authorities, and different principals, but also reflects the cautious attitude when performing the power, furthermore, it is a reflection on the other side to explain the reason why the national law could not be enforced so hard.

The fourth part titled as "Institutionalized Social Forces" clarifies how the society power develops to be an important ingredient within the system to restrain the national power by intervening in the process of legal implement and achievement of the rights. This part mainly includes the following contents: (1) Analyzing the public interest institutions with its different styles, legal status, development and its important function to Chinese rule-of-law construction, especially, this part will illustrate different functions for different local public interest institutions so as to reveal the facts about different circumstances in developing local systems in different regions. (2) Analyzing the social organizations with object of profit-making in doing legal work as to their developments, contributions and performing mechanisms. (3) Comparing and analyzing different functions of different industry associations as well as different functions of different guilds in different era in order to demonstrate its institutionalized process. (4) Analyzing the function of the public voice when actualizing the rights, as well as the legal regulation for the public voice in different countries in order to demonstrate specific significance and function of the public voice in China when implementing the law and actualizing the rights.

The fifth part titled as "Right Claim and Institutional Respond" detailed analyzes some kinds of classic cases and events in order to demonstrate how the law gets actualization along with the development of the system step by step by means of the game playing among the parties in action, the national institutions and the society power throughout the process in claiming the rights. This part mainly includes the following contents:

(1) Analyzing how stipulated rights become anxious pursued by people with much more interest gradually during society flux in order to reveal the change of the attitude by the people in pursuing their rights as well as the correspondent from the law. (2) By analyzing some kinds of classic cases and events, explain how the society organizations involve orderly in activities within the fields of implementing the law and actualizing the rights in order to demonstrate not only the important function but also the function mechanism of the society power. (3) Researching on how the national institutions and society organizations improve and perfect their working systems based on the requirements to work by dealing with different kinds of cases and events.

The sixth part titled as "Evaluation Criteria for Local Legal Regime" intends to offer some measurement criteria for legal regime's development that could not only be recognized by the academic but also comply with international general understanding about rule of law combining with characters of the local legal regime. These criteria could be the foundational guidelines for further understanding of the developing circumstances about local legal regime. This part mainly includes the following contents: (1) Discussing why and how to set the evaluation criteria for local legal regime. (2) Evaluating the level about restraining the national institutions' power based on three criteria including the definition, pro-activity, possible liability and what kind of liability to bear for the local authorities. (3) Evaluating operational situation of internal working systems for national institutions and society organizations based on three criteria including legitimacy, rationality and efficiency. (4) Evaluating the function of society power in constructing a rule of law country based on three criteria including autonomy, activity and credibility. (5) Evaluating whether the local authorities and the public could interact effectively when actualizing the rights and form some kind of institutionalized harmony between the national institutions and the public based on three criteria including tolerance, promptness and argumentation. This part is a final summary to the whole research, which could concentrate our opinions simply and clearly on the problems of local legal regime by establishing the criteria so that we could finally create a research production combining theoretical demonstration with realistic reference.

The opinion of this book is that local legal regime's construction play an essential and important role in developing Chinese rule of law. The importance comes from the specific position where the locality is located in the relationship between the country and the society. The locality could institutionalized respond and innovate from the bottom up persistently according to the requirements for government when dealing with claims for the rights, which could lead to breach for the entire rule of law development. The practice has showed us that it is one of the available routes to promote effectively the rule of law in China. This kind of research method is pioneering on either theoretical or practical level because it introspects and criticizes the traditional view about rule of law construction which focuses on country leading aspect. Plenty of concrete issues related to the local legal regime's constructions that have been discussed in this book direct to the vital point in Chinese society framework's transition such as innovation for society governance or cultivation for autonomy of society. Based on dualistic visual angle of "country-society", the book suggests that we should seek to the answers by means of establishing a positive interaction between country and society as well as concrete practice in local legal regime's construction. This kind of approach represents a new point of view which is to criticize the methods we insist on emphasizing only to repair the formal national systems during our reform, it breaks such a former situation we are facing with for so long time. Therefore, the new approach provides innovative significance both in theoretical and practical aspects.

目 录

Contents

Contents

Part 5

Right Claim and Institutional Respond 399

Part 6

Evaluation Criteria for Local Legal Regime 465

序　言

“不能总是把‘地方’当成法治建设的阻力，他们有顽皮的一面，有时会给‘家长’惹点事，但是，他们的顽皮也是活力所在，我们更应该关注他们大多数情况下表现出来的对法治建设的热情与努力。”

我们关于地方法制的思考和研究，一开始就建立在一个比较广阔的视域内。与许多研究者不同，我们不认为地方法制仅仅是地方立法及其实施问题①。在我们看来，地方是具体法律实践活动的场域，地方法制则是围绕全部法律实践而产生的生机勃勃的果实。从这个意义上，地方法制不仅是法治国家建设的一个有机组成部分，而且还是法治国家的真正发源地和舞台。

本书的写作目的在于阐明：无论在什么国家，无论在什么样的历史时期，法治或者法治国家这个概念，天然地植根于“地方”的沃土之下；地方法制是法治国家的坚实基础和生命之源。在我国，由于地域辽阔、民族众多、文化多样、经济发展非常不平衡，加之单一制的体制安排，讨论这个问题，对于法治国家建设则又具有另一层特别的意义。

第一节　问题及其提出

一、“地方”：坏孩子？

在许多人的眼中，“地方”总是一个喜欢惹是生非、给中央带来无限烦恼的

① 这一观点，笔者在其他论文中也有强调，可参见《法治建设的中国道路：自地方法制视角的观察》，载《中国法学》2010年第2期；《法治国家与地方法制建设的关系》，载《法治论坛》2010年第1期等文章。

区域型概念。诸如地方政府、地方官员、地方割据、地方势力、地方保护、地方利益等，听起来似乎怪怪的，就像一个不听话的孩子，经常做一些出格的事情，挨训是家常便饭，但打得，骂得，却丢不得。在法学研究中，“地方”还经常被学者们作为法治的重要干扰因素，如地方政府的利益驱动，通常也会被比较权威的文献指为法律无法有效实施的即使不是唯一的也一定是十分重要的原因①。在2010年开始的新一轮房地产调控中，地方政府被舆论直指为房价高企的黑手。

2011年，我国司法系统提供给社会各界和公众一系列话题性案例，赵作海案②、李庄案③、药家鑫案④、李昌奎案⑤，等等。公众的批评几乎都指向了地方官员和地方国家机构。如许多人认为，若不是公安机关、司法机关疏忽大意以及当地政法委干预，赵作海就不会蒙受冤案；沸沸扬扬的李庄案争论同样也是剑指重庆司法当局，打黑也好，黑打也罢，动手的总是重庆的；药家鑫案和李昌奎案同样把当地最高审判机关推到被批评的最前沿，使其直接承受最高人民法院关于少杀慎杀刑事政策引发的公众争议。

实际上，如果我们稍微思索一下即可发现，许多批评是有失公允的。如房价问题，导致房价高企的难道只有地方政府的利益？中央政府就没有利益纠缠其中？如果不是宪法法律规定中政府职能过于宽泛，政府机构过于庞大，地方政府财政负担过重，中央政府财权过于集中，地方政府何必“顶风作案”，在中央三令五申之下⑥，依然顽强地推高房价？这是体制问题还是地方政府的利益冲动？结论恐怕不那么简单。再如，由于具体的案件总是由最基层的国家机关去处理（包括法院，即使是各省的高级人民法院，也还是地方的国家机关），所以一般性地泛泛指责地方官员是没有任何意义的，在地方国家机关抓获几个犯错误乃至犯罪典型也说明不了地方更容易出问题。但凡涉及具体案件或者事件，诸如某起司法错案、某起群体性事件、某起矿难、某起城管伤人案……，往往也且首先只能是某个（些）地方官员出错或行为不当或者构成犯罪，所以，地方的人总是扮演着“坏孩子”的角色。

当然，我们无意在本书中为那些地方政府的不当或者违法行为开脱责任，更不是为那些地方官员的错误言行乃至违法、犯罪行为辩护，这不是我们的工作。我们只是希望借此说明，体制性的深层次问题，不可能通过一事一议的个案方式

---

① 参见国务院新闻办公室发表的《中国的法治建设》白皮书。

② 参见赵作海案刑事判决书：(2002) 商刑初字第84号，后被河南省高级人民法院审委会认为是错案而撤销。

③ 参见李庄案刑事判决书：(2010) 渝一中法刑终字第13号。

④ 参见药家鑫案刑事判决书：(2011) 西刑一初字第68号。

⑤ 参见李昌奎案刑事判决书：(2010) 云高法终字第1314号。

⑥ 诸如《国务院办公厅关于促进房地产市场平稳健康发展的通知》(国办发〔2010〕4号)。

得到根本解决。任何具有普遍性的问题，都需要着眼普遍性解决方案。

从常理角度看，宪法法律实施中地方层面的行为，有两点结论性意见或许不会有很大的争议：第一，职务低的人守法概率高于职务高的人。在逻辑层面上，一个人愿不愿意遵守法律，与他的工作岗位高低之间本应该没有直接联系。一个在省一级部门工作的人，并不必然比在街道办事处工作的人更愿意或者更不愿意按法律办事。不过，一般来说，权力大的人，在无权的人面前可能不愿意守法；但是，当他面对比他有权的人的时候，或许他也是一个积极的依法办事的拥护者。权力被制约的情况下，大家都会敬畏法律的；反之，结论则相反。这个观点是希望指出，与我们许多人的通常看法可能恰恰相反，越是基层、地方的干部，因为他属于权力金字塔的底层，因为有许多比他职位高的人在鞭策着、关注着他，他也就可能更在乎法律、更需要法律。第二，在经验层面上，在我们国家，有些地方的国家机构及其公职人员比另一些地方的更不敢“乱来”、也更有规矩和更守规矩，例如，南北方之间、省与省之间、同一个省的不同城市之间，都存在这个问题。虽然我们是一个单一制国家，但是发展不平衡是一个客观现象。这个观点则希望指出，中国不同地方的法制发展水平不完全相同，应该寻找其中的差距，总结和推广部分先进地方的法制建设的经验。这两点意见概括起来，则是提出一种可能性：“地方”扮演着推动法治国家建设的重要角色，有的地方比其他地方或许更有建设法治国家的积极性，我们不应该轻视地方法制建设的经验和成就。

结论是：不能总是把“地方”当成法治建设的阻力，他们有顽皮的一面，有时会给“家长”惹点事，但是，他们的顽皮也是活力所在，我们更应该关注他们在大多数情况下表现出来的对法治建设的热情与努力。

二、地方法制：自下而上的力量

“地方”不仅不是法治建设的阻力，而且还是其源头活水。法治是法律实践中各方力量交汇进而推动的结果，“地方”无疑是其中的一支重要力量。这是由法律性质所决定的一个基本知识。

在法学理论中，法律一般被认为是国家制定或认可的行为规范的总和。这个表述很容易给人一个深刻的印象：法律是用来管理社会及其成员的。除却法律不说，收集和统计一下全国制定的其他规范性法律文件，如行政法规、政府规章、地方性法规，可以看出，其中大部分是管理条例或者管理办法。可见，法律与政府一样，在实践中一般被认为是管制型的，是管理主体。这不能说不对，但相当不全面。在我国传统的封建家长制下，家国一体，国家与社会不分，公私不分，家长说了算，君主就是法律。现代国家则完全不同，人民是主人，一切国家权力都属于人民，法律就其性质和作用而言，当然有所不同。所以现代国家的法治实践也呈现出不同的样态。

从政策和策略角度看，法律既可以被作为现代国家的政策工具，自上而下地凭借公权力积极地、有组织地推进，从而达到规则治理的目的；又可以被作为公民与社会组织维护自身权益的交流与对话机制，凭借被动员和组织起来的个体及社会力量加以实现。在以往我国学者的研究中，前一个问题比较受关注，后一个问题则重视不够。其中的缘由既有历史文化传统的影响，也有思想认识方面的原因。地方法制研究重点就是解决后一个问题。

法治是具体的。地方层面的国家机构，既是实施宪法法律的统一的组织体系中的重要一环，又需要直接面对和承接来自基层的各种权利诉求压力，观察和研究地方国家机构在复杂环境条件下的所作所为、所思所想，借以在自下而上的路向上，透过各种权利斗争的制度平台建设，观察中国的法治建设情况，还原我国法治建设真实过程，提升法学理论对现实的解释力，推进国家法治进程，自有其深刻意义。

把“地方”法制作为法治研究的聚焦点，还主要来源于解决以下三个与法治建设密切相关的重大理论问题的需要：

首先，国家权力的边界问题。权力必须受到制约，公权要接受法律约束，这几乎是现代社会的一个常识。问题在于，谁来制约？凭什么制约？如果国家权力被关在了笼子里，笼子外面的大量事务性工作又应该谁来承担？法律是国家制定的，国家可以通过法律完成一定的国家任务，履行国家职能。当然，它也不是法力无边的。现在我们有许多的关于限制公权力的论文著作，但是公权力被限制了，问题是否就已经得到解决了？关键是一个边界的问题，即国家与社会的边界，以及国家机关相互之间的边界。在此，需要重提一些被我们几乎遗忘的理论，历史上的那些各式各样的国家学说以及社会契约理论已经提供了种种有分量的解释，特别是黑格尔关于市民社会与政治国家关系的分析，为我们提供了一个很好的样本。黑格尔第一次把市民社会与政治国家的关系系统化和理论化，并展示了市民社会内部丰富的组织联系和内在活力，用细致的哲学范畴构建了一个关于公权力的本质和来源的富有逻辑力量的理论体系。马克思在黑格尔的范畴内再次讨论了这个问题。按照马克思主义历史观的基本原理，国家是由社会决定的，而不是相反。由于法律是由国家制定或认可的，在这个意义上，当然，它最终也是由社会决定的。尽管马克思对社会的理解更多的是从经济关系，特别是生产关系入手的，对市民社会的分析并不充分，尤其是低估了市民社会社会组织的作用以及国家与法律的作用，但是，其对社会决定国家与法律的观点，依然是富有启发性的，对理解国家、法律与社会的关系，也具有重要意义。这个理论的基本前提还是黑格尔的国家与社会二元论，也即国家无法代替社会，社会当然也无法代替国家。所以法治国家很可能并不意味着国家通过法律调控社会生活的一切，恰恰相反，它更可能意味着最大限度地通过个体以及各种社会组织的力量参与的方式来解决社会自身问题的可能性的提高。而社会自身化解矛盾的能力的提高，反过来也就限定了国家权力的边界。从而达到了法治建设中限制国家权力的目的。研究中国的地方法制或许帮助我们可以真正深入地明了国家与社会、国家机关与社会组织、社会组织相互之间、国家机关相互之间的分工关系及其深刻意义。

其次，权利的取得与实现问题。为权利而斗争，这是近两个世纪以前德国法学家耶林脍炙人口的名句。这位比马克思早出生几个月的学者声称：权利是斗争的结果，是为人格尊严而战："你必须到斗争中寻找你的权利"。[①] 在法治国家这个大背景下，原则上，现实的权利都必须是法律所赋予的。问题在于，法律为什么要赋予个体这些权利？怎样赋予权利的？毕竟，权利意味着一个人自由的限度问题，也就是在个人与他人、集体、社会、国家之间的关系中，个人处于什么样的地位问题。法律如果是国家权力的产物，除了围绕国家权力而展开的斗争与博弈，权利还会有其他来源吗？以往，各种自由主义的理论以及古典自由主义的经济理论，很好地诠释了何以要依赖市场解决资源分配的问题，包括只有个体自由才能使资源得到最充分和有效的利用。这些理论都预设了人是一种具有绝对理性能力的主体，人之主体性就体现在自我理解、自我选择、自我决定、自我负责等多个方面。人之主体性逐步高扬的过程，即是以理性主义和启蒙运动为开端的精神现代性推进的历程，人们就从先前传统社会中的"人之依赖关系"解放出来，而纳入了商品交换的市场网络之中，并在其中借助"理性"而彼此共存："从身份到契约"这一朝经济维度所发生的转变，即是主体性理念在法律发展史上的映射。即使我们在规范性的层面上承认这种主体性理念的正当品性，但依然没有解决的问题是，就其理念的经验运作而言，在现代国家中，国家为什么以及如何通过法律赋予个体这些权利的问题。这个问题，不可能通过经济理论解决，而必须通过政治理论和法律理论解决。毕竟，个体财富的增多无法成为拥有权力者赋予个体更多权利的动力，就如今天的中国，社会财富总量已经位居世界前列，但分配不公的问题则是当前党中央最关心的迫切需要解决的难题[②]。把个体权利摆放在显赫的位置，唯一合理的理由只能是国家必须这么做，不能不这么做。而必

① ［德］鲁道夫·冯·耶林，胡宝海译：《为权利而斗争》，中国法制出版社2004年版，第102页。

② 中共中央总书记胡锦涛同志在十七大报告中强调，"初次分配和再分配都要处理好效率和公平的关系，再分配更加注重公平"；他还强调，要"提高劳动报酬在初次分配中的比重"。2011年温家宝总理在《政府工作报告》中重点强调了"合理调整收入分配关系"。

须这么做的国家，其一，只能是由人民控制的国家。人民控制的国家，公众才可能最大限度实现自己的权利。当然，人民控制国家并不意味着人民直接管理国家，这在任何一个国家都是如此，所以重要的是公共权力的配置问题。这个问题解决好了，人民就能享受更多的、切实的权利，公共权力限制的问题，其实就是一个公共权力配置的问题，合理的配置权力本身就是对权力的限制。个体权利是通过公共权力的合理配置而获得实现的。否则，任何控制国家权力的人都可能走向自己的反面。国家权力的限制也就是权力制约。其二，赋予公众广泛权利，同时一定对公权力的执掌者或者说统治者也有好处。在资源有限的情况下，通过博弈达到均衡是一种最佳结果。如果掌权者不认为这么做对自己有好处，从常识的角度看，权利这种福利是不会自动降临的。其实，在特定制度条件下，政治力量的对比关系如能够达到均衡状态，而这种均衡又依赖社会力量的参与，那么，公权力就必然要服务、服从于公众利益，就会低下它高傲的头颅。所以权利不可能是被赐予的，而只能是斗争的结果，首当其冲的是与公权力的斗争。如此，就不难理解权利实现的条件。权利的实现固然要依靠国家机器，但国家机器能够被依赖的前提则是，该机器必须是一个公器而非私物。没有合理的权力配置和强大的社会力量的帮助，个体是无法对抗国家的；在权力不受制约的情况下，个体权利也无法实现。如果没有为权利的斗争，任何理念不管其在逻辑上有多么融洽，不管其如何能够自圆其说，只要不将其转化为一种实践行动，那么这种理念必定只是一种空中楼阁。这样，会造成两个后果：其一，理念最终无法获得任何实际效用，最终导致理念失信为人所抛弃；而第二点则更为重要，如果理念只是停留在静态的规范性层面之上，如果理念不主动地将其自身形态转化为实践行动与制度运作，那么对于某种理念的维持，就将异化成为一种“专断”：在19世纪的德意志各邦中，“理性法”就蜕去了自己革命与解放的外壳，转而僵化为“专断法”的代名词。[①] 因此，地方法制问题的研究，可以为我们提供一个观察现实生活中公共权力配置、公共参与与权利实现的维度，使我们关于法治问题的研究，有了丰腴的土壤。

最后，辅助性原则的确立问题。如果说法律的核心是权利，那么权利的实现当然首先是权利人自己的事情，没有任何人比权利人更了解自己的关切所在。但是，权利的实现又往往不取决于权利人本人，而是要依赖国家的制度以及这个制度下所可能为其提供帮助的机构、团体和个人。寻求帮助和帮助他人，难免需要花费必要的人力、物力和财力等成本，因此对于权利人而言，寻求他人的帮助，从最有利于自己的角度，自然有一个顺序；而从帮助他人的角度，国家机构、社

① ［德］茨威格特、克茨，潘汉典等译：《比较法总论》，法律出版社2003年版，第211～212页。

会组织所提供的帮助都是辅助性质的，从最能够帮助他人角度，同样有一个帮助顺序。辅助性原则这里就是指这样的顺序：在个体权利实现的过程中，权利人自己是原点，其他都是围绕着他的；他需要求助的，同时也最能够帮助自己的，应该是离自己最近、最方便、最便宜的，而不是最远、最麻烦、最昂贵的。所以自己的问题首先自己解决；能在熟人中解决的问题，不求助于陌生人；能在社会层面解决，就不要求助于国家，只有社会无法解决，才会寻求国家（官府）帮助。在这个意义上，社会的自治能力至关重要。否则，凡事求助于国家，很可能耗费大量的社会资源，甚至导致资源的枯竭，进而危及社会的稳定。同理，在求助于国家的过程中，基层国家机关或许是个体权利实现的最关键的（即使不是最重要的）环节之一，其他国家机关，只有在基层国家机关无法解决问题的时候，才有必要开始介入。否则，凡事都往上级机关寻求解决之道，必然导致对基层国家机关的不信任，进而危及整个国家体制。

辅助性原则的确立，帮助我们再次明了一个基本道理：在任何一个社会，自己的事情应该自己解决，如果打算帮助那些自己无法解决问题的人，或者为那些自己无法解决问题的人提供帮助，应该建立最方便他们的制度，或者选择最方便他们的办法。在这个意义上，旨在对地方国家机构、社会组织、基层单位化解矛盾的制度展开相关反思与分析的地方法制研究，就具有了无法取代的重要性。

综合上述三个方面，概而言之：一个现实的而非理想中的和谐有序的社会，需要建立在个体充分享有各种权利，并且在权利实现的过程中能够得到社会力量和各级国家机关，特别是基层国家机关及时、有效、切实的制度性支持的社会。这也就是地方法制研究所要解决的各种问题中的中心问题。

第二节　本书的论题与结构

本书的主要论题是：我国社会转型过程中，“地方”在法治秩序演进与形成过程中的地位、角色和作用。我们的写作题材主要来源于我国地方法制建设理论与实践成果。全书由序言及六编二十四章组成。

一、地方法制的基本理论

地方法制研究，需要建立在一个坚固的理论基础之上。在以往的研究中，地方法制几乎没有被纳入法学研究的主流话语中，属于一个比较边缘的课题。尽管，对法律问题所开展的研究，不可能不涉及地方法制的内容，但是，这些研究并没有在一个统一的“地方法制”的概念框架内展开，究其原因，当然还是理论上讨论不够充分所致。

本书的第一编就是阐述地方法制的相关基本理论问题，以期为整个地方法制研究确立一个理论上强有力的支撑点。这个部分一共四章，其中，第一章，地方法制的概念与意义。主要通过中央与地方的词义及功能区别、法治与法制几个相关概念的分析，说明地方法制的概念侧重于地方的具体制度建设，进而说明地方法制对法治国家建设重要且特殊的意义。第二章，地方法制的横向视域：国家与社会。着重从制度和理论两个方面说明国家与社会是在什么样的条件下逐渐分离，并最终导致现代国家的产生，进而论证为什么国家能力是有限的。在此基础上，分析研究社会本身的自组织性的构成，阐述社会规范的类型及其在社会团结中的作用。确立国家在什么情况下需要给予社会必要的辅助，以及辅助的前提和形式。第三章，地方法制的纵向视域：中央与地方。从历史与现实、理论与制度多个维度，阐述中央与地方关系的历史变迁和法律形式，尤其侧重论证单一制国家中地方国家机关的地位和作用的各种法律形式，阐述在权利实现过程中中央对地方辅助的形式和特点。第四章，地方法制的原动力：权利的行使。本章通过对权利的静态描述，说明法律与权利、权利与权力之间的内在关系，侧重论证在权利实现的动态过程中，国家与社会、法治与法制之间如何有机地形成一个整体并生长在地方的土壤中。

二、地方国家机关的法定权力

权力配置是法治建设的中心任务。如前所述，权力的合理配置是权力制约的前提。讨论相关权力分配的论著，大多停留在或者对一些宏观问题的研究上，如行政权与司法权的关系，或者对一些具体权力设置进行一些微观描述，如地方立法机关享有哪些立法权等。本书的特点则在于，强调权力与责任的统一，把国家权力纳入法治的框架范围内，并从地方法制实践的角度，描述和分析地方所享有的国家权力的结构以及行使机制。

这个部分的写作重点是描述和介绍国家机关，特别是地方国家机关在法治建设中所具有的法定职权与职责，尤其是在实施法律中的职权职责。本部分包括四章的内容。第五章，国家权力法律配置的总体框架。本章要对权力做一个理论分析并说明权力与责任的关系，即权力与责任是一致的，权力大责任也大。说明国家权力主要分为哪些权力？相互之间是什么关系？在法律上，这些权力都分配给哪些机关去分别行使？这些权力配置的历史与现实情况如何，以及依据宪法和各种组织法的安排，我国国家权力总体配置的情况。第六章，地方国家权力机关的职权。主要介绍国家权力机关的法定职权，包括中央国家权力机关与地方国家权力机关之间权力的界限，地方国家权力机关内部机构之间的权力分配，以及各种权力实现中的权力再分配。如立法权在人大、人大常委会、主任（主任会）、专门委员会、代表等之间是如何分配的。介绍地方国家权力机关履行相关职权行为的重要成果，如重要的创造性的立法成果、监督成果等。第七章，地方国家行政机关的职权。主要介绍国家行政机关的法定职权，包括中央国家行政机关与地方国家行政机关之间权力的区别，地方国家行政机关上下级之间权力的区别与联系，内部各组成部门之间的权力分配，以及各种权力实现中的权力再分配。介绍地方国家行政机关履行相关职权行为的重要成果，如重要的创造性的依法行政、法治政府建设方面的成果等。第八章，地方国家司法机关的职权。主要分析介绍国家司法机关的法定职权，包括中央国家司法机关与地方国家司法机关之间权力的界限，地方各级国家司法机关之间，司法机关内部部门之间的权力分配，例如审判权、审判管理权、执行权等划分，以及各种权力实现中的权力再分配。如审判权在审判委员会、合议庭、主审法官等之间是如何分配的。介绍地方国家司法机关在履行相关职权行为方面的重要创新，以及这种不断创新的意识背后的推动力量及价值取向等。

三、地方国家机关的“小”制度

法律对国家权力的分配，只是依法规范国家权力的最初一步，尤其是在我国。一方面，我国缺乏法治的历史传统，如果法律规则规定过于笼统（而这是法治初建时期常见的现象），很难保证官员会在法治原则内办事，进而导致法律之下的滥权，或者对求助于他们的人“吊脸子”、耍态度、“踢皮球”；同时，由于权力集中的政治体制尚没有根本改变，如果缺乏有效约束，难免官员们弃法律于一旁，而服从或者有意识迎合上级的要求或期望；另一方面，办任何事情，包括群众打官司、办理登记审批手续等，也包括不同部门官员之间打交道、处理问题，都需要更进一步具体的指引。所以越是基层的国家机构，越是面对群众的国家机构，就越是需要一些更为具体的办事规则和制度。很大程度上，是否依法办事，是需要依靠这些制度来保证的。所谓迟到的正义不是正义、争议应该是看得见的，多半都是靠这些具体制度。因此，不理解、不认真看待这些具体制度，也就很难了解和正确评价地方国家机关为法治建设所付出的艰苦努力和贡献。

本书第三编就是分析这些具体制度，研究地方国家机关为了实施国家法律以及本地方的有关地方立法的过程中，所创设出来的各种工作制度。通过对各种具体制度的分析，说明国家法律的实施离不开各种各样的具体制度，正是这些具体制度，使国家法律具有了生命力。本部分也包括四章。第九章，大权力与“小”制度。本章的内容主要阐述在国家法律规定范围内，在上级机关关于实施法律的压力以及公众和社会舆论实现相关法律权利的双重压力下，各个国家机关所制定的各种具有应对性质的“小”制度的具体含义，阐述“小”制度与法定的本机关所具有的“大”权力实现之间的内在关系，以及各种具体制度在权力制约中的作用，并对各种具体制度的类型进行初步划分。第十章，工作程序。本章主要讨论与国家机关工作程序相关的各种具体制度，如审批程序、登记程序、备案程序、立案程序、听证程序等，举例说明这些程序的创新之处以及产生背景，对权力制约的意义等。第十一章，公开制度。本章涉及最为热点也最具有代表性的地方国家机关实施法律的制度：公开。司法机关审判工作依法必须公开，各类国家机关也陆续公开自己的工作，在这个过程中，不同地方不同类型的国家机关分别出台了大量有关办事过程公开、结果公开等的规定，建立了各种类型的公开制度。分析这些制度与法律实施的密切关系，研究其对权力制约的作用。第十二章，协商机制。本章研究最具有中国特色的工作制度：协商。说明在我国当前，没有各个国家机关之间、各有关负责人之间、各党派之间，甚至人大、政协与政府、法院之间的相互协商，就没有有效的工作配合。协商一方面反映出各种国家机关相互之间、国家机关内部各部门之间、各位负责人之间合作的关系以及谨慎行使权力的态度；另一方面也是国家法律无法刚性实现的体现。

四、制度化的社会力量

在权利实现的过程中，国家机关当然应该依法履行相关的职责，但是，仅仅依靠国家机关也是不够的。一方面，国家的能力有限，有些事情本身就应该由当事人自己或者社会来负担。如打官司、请律师、交诉讼费，等等；另一方面，国家机关及其公职人员也是会犯错误的，也存在侵犯公民、法人人身与财产权利的行为，权利人必须有对抗这种侵害的能力。在此情况下，社会组织的发展，对公众权利的保障，就具有不可替代的作用。社会力量的发展水平，特别是制度化水平，也标志着一个地方法制发展的水平。

本书第四编就是研究在国家法律实施过程中，在公民、企业等权利主体实现自己法律权利的过程中，各种社会力量是如何介入其中并逐步发展为一种体制内的制约国家权力的重要力量。分为四章。第十三章，公益机构。比较各国公益机构在权利实现中的作用。介绍我国公益机构的主要类型、法律地位、法定职权，通过其发展过程，分析其对我国法治建设的重要作用，尤其分析说明不同地方各类公益机构的不同作用，进而显示出在不同的地方，法制发展状况的不同。第十四章：营利组织。比较各国营利性社会组织对权利实现的作用，研究我国以盈利为目的的从事法律工作的各类社会组织，研究其发展过程，作出的重要贡献以及工作的机理，如律师事务所的分配制度、收费办法、自我保护机制等。第十五章，自治组织。主要比较研究各国各种并非盈利也非公益的行业自治组织在维护本行业内部成员利益的过程中所发挥的作用。比较我国各种行业组织作用的不同以及行业协会发展过程中不同历史时期的不同作用，说明其制度化的过程。第十六章，舆论意见。分析研究舆论意见在权利实现中的作用，比较各国关于舆论意见的法律规定，说明我国舆论意见对法律实施与权利实现的特别意义和作用。

五、权利主张与制度回应

在我国法治进程中，构成地方法制核心内容的地方层面的大量规则和制度往往是因应各种权利主张而形成的。公众的权利诉求或者直接推动相关国家机构的制度回应，或者通过媒体、网络、上访信访等惊动了上级部门，后者的压力造成基层不断改进相关制度。因此，研究权利主张发展的各种背景资料和主张权利的各种方式，分析社会力量的参与与介入的形式，进而全面总结地方层面各种制度形成的规律，对于准确把握不同地方的法制生态与环境，深入理解法治形成的具体过程和特点，是非常有益的。

本书第五编通过对各种具有代表性的案件和事件的详细分析，阐明在主张权利的过程中，通过当事人、国家机关以及社会力量的积极努力，制度如何点点滴滴地不断改进，法律如何在制度改进的背景下得以实现。本部分分为三章。第十七章，权利诉求。分析各种类型的权利规定在社会变迁的大背景下逐渐受到关注和追捧的过程，揭示人们追求自身权利态度的变化以及各种法律规定的相应变化，包括权利种类的变化、主张权利的方式的变化、权利主张的内容本身的变化、诉讼机制的变化等，重点讨论权利本身的发展丰富以及相关国家法律制度的发展。第十八章，社会力量的参与。主要研究在各种有代表性的典型案例与事例中，社会组织是如何有序参与到法律实施与权利实现活动之中的，论证与说明社会力量的重大作用及其作用机制。第十九章，制度回应。主要关注和研究各个国家机关和社会组织，是如何在各种典型案例与事例的处理过程中，基于自身工作的需要，改进和完善自己的各种工作制度。

六、地方法制的评价标准

如何评价地方法制的发展状态，对于进一步推进地方法制发展具有显而易见的重要作用。在各种各样的评价体系中，多数是从一些外在指标，如机构是否健全、人员配备情况、时限控制水平等，作为评价一个地方法制水平的标准。还很少见到从法治的内在角度分析问题的作品。根据我们前五部分的研究成果，本部分拟提炼出一些可以被学界同行认可、符合国际上关于法治一般认识且能结合地方法制的特点的法制发展衡量标准，作为进一步把握地方法制发展状况基础性指标。

第六编有五章内容。其中，第二十章，地方法制评价标准的总体架构。主要依据前五章研究成果，讨论为什么以及如何设定地方法制的评价标准问题。第二十一章，职权。主要从地方国家机关权力分工是否明确清晰，履行职权职责是否积极主动，对工作结果是否可能承担责任以及承担什么样的责任三个方面，对国家机关权力制约水平进行考察。第二十二章，制度。本章主要从各个国家机关和社会组织内部各种工作制度是否符合法律、各种措施是否合理便利以及制度的效能等角度，考察国家机关、社会组织制度化的水平。第二十三章，社会力量。主要依据各地各种社会力量是否能够自主地参与权利实现过程以及自主性程度、参与解决案件和事件的活跃程度、当事人对社会组织公信力的评价等，分析社会力量在法治建设中的作用。第二十四章，互动机制。通过研究权利实现过程中地方国家机关各种工作制度是否能够及时应对权利诉求、对权利诉求的包容程度、决定的论证水平和说服力以及认真程度，分析地方国家机关与公众之间是否可以围绕权利实现产生有效互动，进而考察本地公众与国家机关的关系是否形成制度性的和谐。

第六编也是对整个研究成果的一个总结。通过各项标准的设定，将我们关于我国地方法制建设问题的思考集中加以凝练和反映，最终形成一个具有理论阐释力同时具有现实参考性的研究成果。

第三节　本书的形成过程与研究方法

一、本书的形成过程

本书是2008年教育部哲学社会科学重大课题攻关项目《我国地方法制建设

理论与实践研究》（项目批准号：08JZD0010）的最终成果。当初的课题申请与最后的完成，也就构成了本书写作的直接原因。从更深层次看，本书所研究主题的酝酿，则经历了一个更长的过程。

2007 年，课题组主要成员任职的华南理工大学法学院成功申报了一个广东省人文社会科学重点研究基地——广东地方法制研究中心。当初的想法就是能够更广泛地集合一些研究力量，结合广东地方经济社会发展的实际情况，开展一些有针对性的研究。当然，这个想法的背后，也有我们观察到的一些具体情况的影响，即广东、广州生活的群众似乎更有规则意识，不似北方民众那般富有反抗体制的精神，相反更多的是通过体制寻求帮助，其间包含的对制度的信赖给了我们很大启发；政府行为也更节制，比较顾虑民意，相应地，媒体比较大胆，甚至广东省级的媒体还经常发表批评广州市政府决策的观点；官员对学者、群众的态度更加温和，群众办事比较方便，等等。让我们这批基本都是近年才来到广州工作的法律学者有种特别的感觉和希望。我们希望籍自己的力量把广东广州所发生的事情告诉更多的朋友，希望更多的地方能像广东一样，成为适合普通民众的栖息地。藉此，当年我们就获得了广东省教育厅人文社会科学研究基地重大项目“广东改革开放 30 年法制建设的理论与实践”（其最终成果《广东法制建设的探索与创新（1978～2008）》已于 2009 年由华南理工大学出版社出版）、广州市社科联项目“广州市改革开放 30 年民主法制建设的理论与实践”、广州市法制办项目“广州市改革开放 30 年政府法制建设研究”等研究课题。通过研究，我们发现，“地方”原来是如此富有活力和朝气，与我们原本形成的所谓“地方保护”、“封建土围子”等印象形成鲜明对比。尤其是对地方国家机关在有关民生民权便民措施方面制度创新的积极性和热情，包括地方立法，给人印象非常深刻。从中，我们看到了比国家层面的立法以及有关规定更为生动的鲜活法治秩序。这些都为我们今后申报教育部课题奠定了基础。

最初的课题设计，我们有一个庞大的研究计划：

组织了一个包括广东省人大常委会法工委、广东省高级人民法院、广东省人民检察院、广州市社会科学院、中山大学法学院、南开大学法学院、山东大学法学院、厦门大学法学院、深圳大学法学院、纽约大学亚美法研究所以及华南理工大学法学院和广东地方法制研究中心等单位的有关领导和教授们在内的研究团队，计划在对经济发达地区的珠三角、长三角以及经济相对落后的中西部地区广泛调研的基础上，形成我们的最终研究成果；

设计了一个包括我国地方法制建设的基本理论、我国地方法制建设的基本经验、地方人大与地方政府关系研究、粤港澳地方法制比较研究、司法机关与地方法制建设、区域经济发展与地方法制建设的关系研究、中国政府地方法制建设的制度分析、地方法制中的人权保护机制、地方法制中的土地权利研究、地方社会治理模式的创新研究、中央地方关系的制度变迁研究、地方法制建设评价体系研究等在内的12个子课题。

上述研究计划在随后开展的准备工作和实际研究中更进一步得到完善。

2008年12月3、4日，课题组于广州市增城凤凰城酒店举办了第一次全体会议，会议的主题是研究相关的分工问题，以及如何准备2009年年初将于广州召开的项目开题报告会，包括浙江大学法学院（根据项目申报专家答辩会的建议，另一个申报单位浙江大学法学院整体加入了我们的研究团队）、山东大学法学院、南开大学法学院、厦门大学法学院、广东工业大学法学院以及华南理工大学法学院、广东地方法制研究中心等单位人员组成的课题组核心成员出席了两天的会议。会议形成了各合作成员集中调研，再分头研究子课题，然后汇总为最终成果的研究路线，并根据答辩专家组的意见，对课题设计进行了调整，即课题的总体框架分为4个基本模块，共设计9个子课题。4个基本模块分别是：法制理论部分：包括三个理论性研究为主的内容：基本理论、中国历史、比较研究；法制具体环节部分：包括三个主要的法制环节：立法、司法、政府法制；突出问题部分：包括两个地方法制建设中的突出性问题：推动力问题、土地法律问题；评估体系部分：主要是解决对于地方法制进行评估的技术问题。9个子课题情况：①地方法制建设基本理论研究（华南理工大学法学院院长葛洪义教授负责）；②中国历史上的地方法制（南开大学法学院副院长侯欣一教授负责）；③域外地方法制比较研究（山东大学法学院院长齐延平教授负责）；④地方法制建设中的立法问题（厦门大学法学院副院长宋方青教授负责）；⑤地方法制建设中的司法问题（浙江大学法学院副院长夏立安教授负责）；⑥地方法制建设中的政府法制问题（广东工业大学法学院邵俊武教授负责）；⑦地方法制建设中的推动力问题（浙江大学光华法学院院长孙笑侠教授负责）；⑧地方法制建设中的土地问题（华南理工大学陈年冰教授负责）。⑨地方法制评估体系研究（浙江大学法学院钱弘道教授负责）。会议还确定由华南理工大学广东地方法制研究中心指定教员分别作为各子课题的联络人，以统一督促课题进度，同时把课题完成时间从2010年年底调整到2011年年底，以保证研究成果的质量。

2009年1月9日，教育部在华南理工大学广东地方法制研究中心举办开题报告会。在本次会议上，参加报告会的有关专家和教育部社科司领导和有关部门领导、社科评价中心负责人，对修改后的课题研究总体框架和预计完成时间的调整基本肯定，但特别同时要求，最终成果不得以子课题汇集的方式完成，而必须是一部独立的有内在联系的作品。根据这个要求，我们改变了相关时间安排和成果形式的设计，把子课题的完成时间调整到2010年年底，以便最终成果有足够的完成时间。并确定由首席专家负责组织完成最终成果。

2009 年 12 月 3、4 日，华南理工大学法学院与吉林大学理论法学研究中心、广州市法学会联合主办，广东地方法制研究中心承办了第五届全国法律方法与法律思维专题学术研讨会，主题为“法治进程中的地方法制建设”，会议专门安排了半天为各子课题负责人报告课题研究进展。对课题完成情况进行检查和督促。会议也围绕这个主题进行了大会发言和分组讨论，相关成果对最终成果的写作提供了非常重要的支持。

本课题的主题也是 2008～2010 年连续三届的广东省法学会法理学研究会年会主题或者主要议题。

2010 年 9 月 17 日，根据教育部的安排，课题组首席专家赴京参加课题中期报告会，并通过了中期考核。考核专家组同时要求课题组进一步紧密协作，努力保质按时完成最终成果。中期考核之后，子课题就陆续开始交稿，并开始安排最终成果的写作分工。从子课题实际完成的情况看，由不同地方的专家形成一部完整的具有内在逻辑性的成果，具有比较大的难度。课题组结合中期考核专家的意见，决定对最终成果写作班子进行比较大的调整，即决定由首席专家另行组织一批年富力强的中青年学者，在子课题基础上，形成一个统一的最终成果；并将各个子课题作为本课题的附件参与项目结项工作。

2011 年 3 月起，将最终成果写作大纲、各子课题完成成果、已经发表的阶段性研究成果陆续发给最终成果写作班子成员征求意见。新组成的写作班子成员由华南理工大学法学院等单位的 13 位中青年教师（包括 5 位富有研究经验的来自高校、法院、宣传部门的在职博士研究生）组成，他们之前基本都不同程度参与了本课题的申报和阶段性成果的研究。

2011 年 5 月 7、8 日，全体写作组成员在华南理工大学广东地方法制研究中心举行第一次全体会议，用两天时间对最终成果的写作大纲逐章逐节对主要内容和重要观点展开讨论、基本达成了共识，并确定了分工、进度安排、写作体例等重要事项。决定在 2011 年 7 月底之前全部完成初稿，8 月份集中进行修改，9 月初征求全体课题组成员（包括最初参与申报但后来因种种原因未实际参加的课题组成员）意见，9 月底之前完成统稿并提交最终成果、阶段性成果、子课题成果及其他成果资料。

2011 年 7 月 9～11 日，在珠海万盛乡村俱乐部举行的华南理工大学法学理论团队工作会议上，再次对课题完成情况进行检查和督促。在全体课题组成员认真细致不懈的努力之下，本课题以“优秀”的成绩通过答辩，最终顺利结项。

在课题的完成过程中，我们一共在《学习与探索》、《法学》、《学术研究》组织 4 组专题学术论文，加上其他刊物发表的论文，共计 CSSCI 期刊论文 30 余篇，其中法学类期刊15篇以上；组织各种类型的研讨会7次，出版专著1部，创建了一个《地方法制评论》的专题连续出版物，开办了一个学术网站，这些为本书的最终完成提供了有力支持。

二、本书的研究方法

本书的最终目的是揭示“地方”是我国法治建设过程最有参与热情的政治与社会力量，它们的积极性及在制度创新方面的贡献，不仅丰富了法治的内涵，而且构成了中国法治建设道路的特别之处。为了说明这个观点，本书在研究方法上主要体现出以下几个特点：

第一，本书以权利及其实现为中心，始终把握住权利与义务、权利与权力、权力与责任这三组法学基本概念，通过它们之间相互关系的分析，揭示地方法制的运行规律。我们认为，推进法治国家进程，根本上就是用法律方法处理、解决各种社会矛盾、社会纠纷，化解分歧，构建秩序。而法律方法最为显著的特点，则是以权利与义务、权利与权力、权力与责任这三组概念为中心构建各种社会关系，其中，权利是最为核心的内容。因此，在这个课题和本书的设计上，我们以法律规定的各项权利的实现为中心，结合地方实践的特点和需要，逐个分析地方国家机关的权力配置、地方国家机关实施法律的具体制度创造、社会组织的有序参与，勾画出法律权利实现的一幅现实图景，再以遴选出的若干典型案例与事例中的具体权利实现过程，解读地方一级在法律实现中的积极作用。然后，则是以我们对地方法制的研究成果为依托，对地方法制发展状况的评价标准的研究。实际上，这种对评价标准的研究同样也是我们整个研究成果的一个有机组成部分，因为它使我们的观点变得更为鲜明和富有针对性。

第二，本书以制度构建与制度创新为平台，重在揭示公众、地方国家机关、基层社会组织三者之间以及它们各自内部的制度化的交往关系。法治建设，说到底，就是引导人们在既定的规则基础上进行交往，从而形成依照规则治理的和谐社会关系。无论国家还是社会组织自身，这种组织功能及相应的制度化活动是必不可少的。因此，国家法治化的水平，就特别需要从地方的具体社会关系的制度化水平的层面上进行分析和考察。本书的研究则紧紧抓住制度这个扭结，既考察国家法律在宏观层面上确定的各种制度，也注意把握地方国家机关内部、社会组织内部、私人交往关系中的各种具体工作制度，尤其是涉及权利保护事项时相关制度及其构成、运行特点，把它们作为地方法制的有机组成部分，进而上升为法治国家建设的重要内容。这样，通过各种制度及其相互关系中的制度实践，把握法律的实施活动，分析地方法制的特点和规律，总结地方法制的经验，丰富地方法制的内涵。

第三，本书不是从静态角度观察制度的形成，而是将其视为一个动态的围绕权利而展开的博弈结果。制度不是被规定出来的，而是博弈的结果。所有的具有法律意义的制度，都是产生于围绕特定利益的博弈过程，因此，它的实际形态，往往取决于博弈双方的力量对比和相关方的智慧与勇气。本书的研究，没有把国法意义上的制度作为唯一的研究对象，原因就在于，国家规定的各种法律制度，在现实的权利斗争中，在不同的地方往往具有不同的法律意义。如公开审判，是一个各大诉讼法的基本原则，但是，在实践中的具体情况往往是不同的，它们是否得到认真执行，需要结合各个地方不同的情况进行分析。有的地方，把公开审判作为一种重要的工作方法和原则，希望通过公开审判，最大限度地取得公众对审判结果的认可和支持。这样的地方，通常国家机关比较在乎民意，行使权力比较审慎，反过来，这里的百姓和社会组织一般比较活跃，依法维权的意识比较强；而有的地方，公开审判几乎流于形式。这样的地方，国家机关通常不是把人民群众当做“自己人”，而是当做对手加以防范，相应地，百姓和社会组织在高压下往往不信赖党组织和政府，经常采用极端方式维权。一个国家、一种社会制度下，对相同的法律，态度可能是截然不同的。在我国的政治体制下，目前，不同地方的官员态度，对公众权力的实现程度，实际上是起着至关重要的甚至是决定性的作用。

第四，本书主要是规范性研究的成果。最初的设计中，我们计划展开一系列的调研活动，之后，在调研的基础上总结地方法制建设经验和深化相关理论研究。所以研究路径可以归纳为调研—总结—深化。后来发现，社会调查方式并不适合于本课题的研究，同时，课题组成员也缺乏社会调查的知识背景和相关训练，很难得到可靠的信息。同时，研究所需要的文献资料，大部分可以通过网站、正式公布的文件、同行交流获得。制度建设方面有益的尝试和创新，可以在几个具有典型性的地区和单位通过会议交流、论文评审和定向访问收集。所以在研究路径上，我们首先按照法治的一般原则和基本原理，设定了相关的研究领域作为子课题，然后从各个子课题研究的成果中，抽象提炼出一些有重要价值的学术观点，构建出一个理论研究框架，然后，经过讨论，确定观点大致可以成立，开始进入写作过程。

第五，我们的研究大量借鉴了以往社会科学研究的成果。本书研究成果借鉴了德国古典哲学有关国家与社会关系的哲理分析，这个分析方式帮助我们深入了解到国家与社会之间在发生学意义上的逻辑与历史领域的对立统一关系；而古典经济学家经济理论对于市场这只“看不见的手”与政府行为之间关系的见解，启发了我们对人们谋求自身利益方式的理解，支持了我们关于政府所扮演的辅助者角色的认识，使我们对国家与社会关系的理论有了更为具体的知识；社会理论有关社会组织结构的研究和社会学关于压力与反映的分析模式，提醒我们社会本身是一个高度发达的组织体，这个组织体内部，有自己的制度与规则的形成方式。各种压力之下，地方国家机关以及社会组织为法律实施而作出的改变，几乎可以放在一个分析模型中加以定量讨论。每一部新的法律，每一次上级国家机关及其负责人为法律实施而发布的文件或者讲话，其实都是对地方国家机关工作人员的督促，也是施压；当然，每一次公众为权利实现而发出的声音，同样也是压力。在这些压力下，地方国家机关或主动或被动地不断改进自己的制度，以使自己适应新的时代要求。

我们的研究得到了方方面面的大力支持。以张文显教授为组长的项目申报答辩专家组中各位成员的厚爱使本课题得以在我们手上启动，尽管我们相信其他申报单位也可以出色地完成这个课题；教育部社科司领导和同志们以及教育部社科评价中心领导的不断督促和善意提醒，使我们始终不敢懈怠；华南理工大学社会科学处马卫华处长、何燕玲副处长、李石勇科长等同志，无论在项目的申报还是项目的实施过程中，都提供了非常重要，有时甚至是关键性的支持和帮助；华南理工大学法学院、广东地方法制研究中心的不少老师、行政人员，都积极参与了课题申报和项目实施的具体工作，虽然最终成果上无法署上他们的名字，但是，我们所有写作组成员都没有忘记他们，包括最初参与课题申请的各位专家。谢谢你们大家！

2012 年 10 月

第一编

地方法制的基本理论

第一章

地方法制的概念与意义

“研究地方法制的问题，说到底，就是把人作为法治建设的根本”。

“地方法制”尚没有一个统一的概念，甚至这个词汇也很少被人提及，这是令人惊讶的。因为，它本是法律人最应该关注的领域，法律工作本身就是从基层做起的，法律人打交道的主要是地方的国家机构和地方官员，任何人遇到法律问题，正常情况下都是寻求身边可能得到的最便利的帮助。不过，大家很少关注它，可能还是因为概念的原因，或许有人认为它只是一个“地方”的局部问题，还有人会认为，“法制”这个词远不如“法治”更能显示法律人的终极关怀。这应该是对地方与地方法制的一种误读。

这个概念意味着什么？如何解读这个概念？我们认为，应该从三个与法治相关的重要问题入手：第一，中央与地方的关系；第二，法制与法治的关系；第三，法治国家与地方法制的关系。这三个关系明确了，地方法制的概念及其意义也就不难理解。

第一节 “地方”的概念与意义

一、“地方”的概念

在现代中国的语言词汇中，“地方”这个词主要是与“中央”相对而言的，一般指中央统辖下的各行政区域。进一步延伸，则有中央的决定、中央的人、中央财政与地方的决定、地方的同志和群众、地方财政等之区分。在古人那里，“地方”一词似乎还相当中性，所谓“天圆地方，道在中央”[①]，还是指天是圆形的，地是方形的，中央似是核心区域。现在，或许与最高领导层的工作地有关，随着现代政治的发展，组织性的加强，中央已经不仅是核心区域这样的地理概念，而且是政治组织结构中的上级、顶层、领导的意思。这才有了民间的一些戏言：广东人把外地人称为北方的，上海人则称为乡下的，北京人把外地人都说成是“地方”的。这种说法当然存在以偏概全之嫌，但是也确实反映了民间的一种心理状态，即“地方”意味着一个边缘性的广大区域，中央则是统辖和凝聚地方的、处于政治组织体的最高层的部分。

“地方”这个概念，可以在很多意义上来表述其含义。但在法律角度，主要还是一个政治体制的问题，也即事关政治权力的分配。必须首先说明的是，中央与地方的政治权力关系，只存在于单一制国家。权力与服从是政治权力组合的基本形式。而在典型的联邦制国家，如美国，各州与联邦之间与其说是上下级支配与服从关系，不如说是平等关系。这里的平等关系并不意味着它们之间事权的平等，而是身份的平等，联邦只享有宪法规定的权力，这个权力来自于各州的授权，在宪法规定的权力之外，联邦不可改变各州的决定。这也就是为什么美国宪法需要各州分别批准的原因，也是美国宪法比较稳定的原因，很难得到修改。这样它的政治权力的结构就呈现出：联邦权力来自于各州，各州权力来自于县市，所有的公权力都来自于人民，没有人民授权，国家机构就不得主动行为。当然，这是一个理论上的表述，实际情况如何，人民究竟可以在多大程度上控制公共权力，则应另当别论。比较而言，单一制国家的政治结构则是相反的。人民也是通过宪法与法律授予国家机构权力，地方国家机关与中央国家机关根据宪法，各自享有相应职权，中央还会在适当时机授予地方部分原本属于自己的权力。区别在于，几乎所有事项，在中央愿意的情况下，中央都可以享有最终“话事”权[②]，包括纠正地方国家机构的错误决定，例如，我国最高人民法院在任何时候都可以对它发现的任何一级地方法院作出的错误判决，提起再审，加以改判。可见，地方对任何事项，几乎都不可能作出终极决定。所以中央与地方的划分，是单一制国家政治体制的产物。中央统一行使或者掌控权力，地方隶属于中央，实际上是中央权力的延伸部分。这样一来，“地方”一词，就具有了下述三层含义：

第一，“地方”是中央的行政下级。下级与上级之间，原则上必须做到：下

---

① 《淮南子·天文训》。

② “话事”一词源自粤语，意味“作出决定”，与之相关的还有“话事人”一词。在我国现有体制下，中央即是一个有权按照自己意志处理事务、解决纠纷的“话事人”。

级服从上级，上级领导下级，因此，中央与地方之间的关系，首先体现为领导与被领导的关系。所谓下级服从上级，全党服从中央，就是这个意思。这层关系也就决定了，地方所做的任何事情，都应该经由中央直接或者间接的批准与同意，地方不得擅自行动，不得背离中央的意图。这种批准，既可以是经法律、法规、政策、红头文件等具有普遍约束力的规范性文件形式发布，又能够以特事特办、个案处理等方式来完成。由于层级不同，中央大多数情况下并不直接领导最基层国家机关的工作，而是通过行政区划设置，达到层层领导的目的。但这并不妨碍在某些时候，中央一竿子插到底，直接跨入基层。中国历史上的钦差大臣以及现在设立的特区，几乎都是中央直接到基层办理事务的方式和渠道。不过，就常规情况而言，层层领导、层层负责，实现中央统一的政策目标、工作要求和工作任务，则是普遍情况。即使是委派的钦差大臣，同样也是下级官员。可见，上级领导下级、上级的上级领导上级，这个集权的体制最后保证了国家的高度统一和行政的富于高效。

第二，“地方”是国家管理社会、服务社会的最前沿。在金字塔式的权力体制中，与社会接触面最大的部分，当然是其底部。国家权力向社会的渗透，是一个逐渐扩大的过程，无论在广度或者深度上，现在国家介入社会生活都越来越具体、全面。而国家与社会的“接触点”，就是最基层的国家机关，诸如街道办事处、乡政府、区县政府等。越是基层的单位，越直接与群众打交道。基层人民法院受理了绝大部分一审的诉讼案件。市以下国家行政机关受理了绝大多数行政审批、行政许可事项，如收费、开办学校医院、房地产开发、烟酒买卖、工商登记、牌照办理、开设网吧等；承担了绝大多数违法案件的查处任务，诸如食品安全、违章建筑、假冒伪劣产品、酒后驾驶、公共场所吸烟以及“狗啊、猫啊”什么的，都归地方管理；群众遇到困难求助主要还是地方政府和地方官员。所以所有的有关民生问题、社会问题乃至政治问题的中央决策，国家管理、服务社会的各项措施，包括宪法法律，都是通过“地方”实施与实现的。相应地，地方国家机关及其工作人员的数量也就比较庞大，事务性的事情比较繁杂。

第三，“地方”是国家与社会的“结合部”。国家有国家的整体意志和政策目标，而社会则有自己的利益和需要。在市场体制下，两者并不完全一致。“地方”作为连接国家与社会的纽带，对此通常比较敏感。实际情况是，地方国家机关经常两头受气。一方面，他们作为上级的下级，必须坚决贯彻上级的各项指示与决策，虽然有时候也可以向上级讨价还价，但基本都属于“撒娇”型，不能硬抗，只能软磨。除非职权规定非常明确和清晰，一般他们不会违背上级指示和要求，否则，轻者受批评，重者被查处与免职。另一方面，他们面对的一个个利益主体，其中不少还是“光脚”的群众，做法如果不到位或者干脆是错误的、违法的，这些利益主体就会尽最大努力同他们抗争，甚至玩命，这正应了那句“光脚的不怕穿鞋的”俗语。当上级的决定是送温暖类型的时候，问题不大，最多就是看谁会哭，结合兜里的财政状况，适当分配即可。当中央有关决定涉及利益的重新配置的时候，在中央坚决支持的情况下，问题也不大，因为手里有庞大的专政机器，可以强力推进，坚决落实。但是，当利益配置可能引发新的社会矛盾导致社会不稳定，而中央又十分看重社会稳定问题时，例如，当中央有关部委的决策不符合或者不十分符合当地实际情况，不执行，违反了中央决定；执行，有可能导致社会不稳定和群体性事件，是否贯彻以及如何贯彻，就是一个非常令人头痛的难题。地方国家机关被夹在上级与群众之间，既要完成上级的任务，还不能出事。

特别是改革开放以来，地方国家机关与中央之间在事权、财权等方面进行了适当分割，两者工作总目标由于制度安排的原因虽然尚能保持一致，但是在利益分配、具体政策、工作方法上，也会出现一些思想不统一，目标不一致，甚至有的地方有时会出现对中央的决定阳奉阴违的情况。导致上级对下级越来越不放心，中央直管的机构越来越多，监督工作不断加强。这也从一个侧面反映出“地方”作为国家与社会“结合部”的特点。

综上所述，没有“地方”，就无所谓“中央”，当然，没有“中央”，也无所谓“地方”。两者是相互依存的既对立又统一的矛盾体。如果不能妥善处理好两者之间的关系，就会对整个国家治理活动产生严重的不良影响，可能导致整个社会秩序的紊乱。

二、“地方”的意义

（一）“地方”对于中央的意义

“地方”作为中央的下级，是具体实施各种中央决定和法律的主体，总体上，是行动者、实施者，当然也就相对比较被动。在单一制的制度安排下，这也是不能动摇的；同时，也正因如此，“地方”也就成为中央各项决定能否得到真正贯彻执行的保证。如同中央的手脚，没有它，中央的各项决策就无法落实。地方工作是否得力，直接关系到中央决策的实际结果。如果它不听话，还会严重干扰中央的决策，带来负面后果。理想的状态当然是中央说什么，地方就干什么。整个国家就像一个人一样，中央是大脑，地方是肢体。从前有句话：“军民团结如一人，试看天下谁能敌”。道理是对的，问题是很难做到，因为他们根本就不是一个人。中央与地方之间也是如此，他们不仅不是一个人，而且还是两个或者两个以上由具有不同思想、利益的有生命的人组成不同层级的管理与服务主体，而且不是机器人，可以不带任何偏差地传递信息，执行指令。况且，更重要的是，如果把地方仅仅定位为执行机构，就等于免除了它的决策责任，难以发动地方。权力与责任是一致的，想让地方切实负起责任来，就要适当放权。中央不对地方放权，地方显然就缺乏工作的主动性、积极性和进取精神，被动接受中央指令，缺乏活力。这在市场经济条件下，是不可行的。而放权如果不适当，任由各个地方分别积极探索和尝试，又可能会影响全国工作的统一布局，也很难保证各个地方不乱来。所以理顺中央与地方的关系，有力且恰到好处地规范地方国家机关的权限，对于中央来说，是事关执政能力和领导水平的迫切工作。

“地方”作为国家管理社会、服务社会的最前沿，是国家行为的直接体现者。地方官员在任何意义上都是代表国家的，政策法律不是纸上写着的东西，而是通过这些地方国家机关的官员行为体现出来的。这个直接与群众打交道，承担发展经济、改善民生、行政管理、调处纠纷、处理争端、化解矛盾等直接责任的群体，其所思所想、所作所为，可以对社会产生巨大的影响。他们的工作水平，就是国家的管理与服务水平。如果地方国家机关职责不清、权限不明，其公职人员疏于值守、相互推诿、态度恶劣，就很难形成人民群众对国家的信赖感。在我国历史上，吏治就是一个大难题。回过头来看，几千年的历史，公认的清官屈指可数。新中国成立以后，“三反”、“五反”、“整风”等政治运动还是把重点放在吏治上，只是换了个说法。其实，吏治问题，根子还在于体制本身。过分集权的向上负责的政治体制，可能导致下级官吏把哄骗上级、欺瞒造假、虚报冒领当做升官发财的捷径，本来地方官员身处社会管理第一线，他们的职位、贡献、酬劳乃至一切回报都应该取决于社会的评价，而由于他们的乌纱帽来自于上级，对上负责也就成为常态，而对社会负责，就会成为例外。改革开放30多年来，从财政包干、分税制、办特区甚至GDP指标等，客观上都是试图扭转国家机构及其公职人员仅仅对上负责局面的重要措施，也取得了积极效果。“地方”作为国家管理、服务社会的最前沿，对社会负责应该是目的，对上级负责只是手段。因为服务社会是国家存在的全部基础，也是中央最高政策目标。所以两者不能本末倒置，否则会扭曲中央政策。

“地方”作为国家与社会的“结合部”，具有连接国家与社会的作用，是上级乃至中央决策正确与否的重要保证。金字塔式的权力构造，必然导致国家机构中基层政权对社会活动、社会变化最为敏感，他们往往掌握第一手的资料和讯息，最熟悉群众的要求和关切所在，也最清楚工作中的困难和矛盾焦点。因此，对于中央而言，决策的正确与否，很大程度上要依靠地方国家机关对决策过程的参与，甚至可能要赋予地方一定的重要事项决策权。总体来说，我国是实行单一制的国家，这种政治安排目前其实并不包含地方制度性参与中央决策的机会；相反，则是依靠一些在许多人看来或许并不十分恰当的方式完成这一必需的沟通。首先，我们是通过中国共产党的领导体制，实行民主集中制，来达到集思广益的目的。党内奉行的是民主集中制，一定级别的地方党员领导干部，也是党的各级委员会委员、常委，进而保证了各级地方国家政权机关都能参与上级决策。其次，是人民代表大会的体制。按照宪法规定，各级人民代表大会是人民行使当家做主权力的机构，工作原则也是民主集中制。目前各级官员中不是党代会代表的，相当一部分参加了各级人大的工作。在人民代表大会，上下级之间可以利用会议时间，进行一些交流和沟通。这种参与形式，因其本身的局限，对于下级国家机关参与决策，意义不十分明显[①]。为了保证中央决策始终能够与人民群众紧密联系，地方这个层级的作用显然不可忽视。实践中，有些做法明显是对地方不放心而采取的，如明察暗访等。这种做法并非不对，但是就实际结果而言往往是无效的。重要的是建立能够充分信赖和发挥地方作用的工作制度，而不是把它们当做防范对象。

如果我们更进一步地来说，地方之于中央还有另外一种极其重要的意义，即地方能够为中央分担合法性（Legitimacy）论证的压力。不管是古代还是当今，合法性论证的任务往往都交由中央来实施，或者借助天道神意，或者借助儒家道统，或者借助历史功绩[②]，或者借助意识形态。而目前最为常见的做法是将政治合法性论证的重点放置在经济发展的层面上。这种论证方式，在“文革”结束初期的现实情况下是有其合理之处的。然而，一旦经济发展并没有建立在一种公平的基础上，对于效率的追逐就会通过由经济分配所产生的问题影响甚或侵蚀政治合法性论证本身。因此，我们需要尝试换一个视角来理解政治合法性论证的进路问题。这里所支持的论证进路是一种主观化进路，这就意味着将政治合法性建立在公民主观认同的基础上。回到地方层面上来审视这一问题，我们将发现，当地方治理产生问题而影响到公民对于国家与政府的认同感时，地方就将这种异议与不满直接传送给了中央，由于我国幅员辽阔，异议与不满汇总起来并经由媒体的传播就直接拷问了整体的政治合法性。于是，就政治合法性论证而言，我国当下的体制就凸显了这样一种悖论：对政治合法性论证起到极其重要影响的“地

① 按照宪法法律规定，人民代表大会选举产生。这其实与单一制体制不完全一致。因为选举产生的国家机构是需要向选民负责的，而我们单一制体制则要求向上级负责。所以存在一定矛盾。事实上，我们的决策还是主要看上级，乃至中央，各级人大决策权限有限。

② 借助执政者的历史功绩论证政治合法性最具典范意义的就是我国现行《宪法》序言中的这段表述：“一九四九年，以毛泽东主席为领袖的中国共产党领导中国各族人民，在经历了长期的艰难曲折的武装斗争和其他形式的斗争以后，终于推翻了帝国主义、封建主义和官僚资本主义的统治，取得了新民主主义革命的伟大胜利，建立了中华人民共和国”。

方”却不承担合法性论证的任务，中央往往因为“地方”的失误、错误甚或违法而成为“替罪羊”。这一点，往往为研究者所忽视。从国家秩序的基本原理来说，政治合法性之于法制建设而言，无疑具有至关重要的基本性意义。而如果我们能够发挥地方这一场域与平台的作用，将公民的政治实践与公共参与纳入地方层面上，地方所搭建的意见表达平台就能够为主观化的政治合法性论证提供一个良好的活动空间，从而，公民对国家与权力的异议，就在地方层面上得到全部或部分的消解。异议是合法性的大敌，消解异议就意味着参与或分担合法性论证的任务，由地方来分享先前由中央所垄断的合法性论证，就能让这个政治共同体朝着更为理性、更具活力的方向发展。就此而言，中央与地方就形成了一种合作关系，而非监管与被监管的紧张关系。

（二）“地方”对于群众的意义

“地方”作为中央的下级，对于群众来说，意味着地方的决策、决定可能并非是终极的，存在着改变的可能性。既然地方是下级，那么，就有能够管你的，所以在我国就出现了一个奇特的现象：上访。所有的上访，目的只有一个，就是借助上级的干预，改变地方国家机构对自己所作的不利决定。这种体制，我们应该是非常熟悉的，中国历史上，就有告御状的制度。事实上，许多流传下来的文学艺术作品都是反映这个主题的。因此，有了许多明君、清官的故事。但是，故事终归还是故事，毕竟，这么大的国家，并不是谁都能见到皇上的。所以就有了“侯门深似海”之说，现代则是居所、办公场所有武装警察把守大门，高官出行则有警队护卫。一方面当然是安全需要；另一方面则是防止上访人员冲击。这样一来，更多群众的问题依然得不到解决。问题不仅于此，上访的存在，客观上还削弱了地方国家机关的公信力。信访、举报、检举等，其实与上访在性质上极为接近，都是不信任国家正常办事体制的结果，或者说，是地方国家机关工作体制不被信任的结果。可见，建立一个正常的国家体制，让每个老百姓都能方便地找到值得信赖的办事机构，特别需要进一步明确上下级之间的权力界限，让地方国家机关放手工作，同时承担应该承担起的责任。

“地方”作为国家管理社会、服务社会的最前沿，对于群众而言，就需要提供依法、公正、便利、便宜、友善的良好办事条件。在单一制国家，涉及公民基本权利义务的事项，都是由宪法法律规定的，地方这个层面主要是实施。但是在实施过程中，两个问题处理的好坏则是非常关键的。第一，是否能让人民群众感受到实实在在的依法、公正的办事机制。依法是公正的前提。宪法法律是中央国家机构制定的，不折不扣地执行宪法法律或者依据法律为群众办事，即使群众不满意，也不会形成对地方国家机关和地方官员的意见。同时，尽管依法才可能公正，但是，依法并不必然带来公正的结果，还必须让群众在办事过程中切实感受到行政管理及执法司法过程中的公正，所以严格按照相关程序法办事，就是依法办事最内在的要求了。第二，是否能够切实为群众着想，提供便利、便宜、友善的良好办事条件。群众到国家机关寻求帮助，结果如何，大多情况下往往是由法律法规决定的，地方国家机关所能做的则是关心、爱护他们，无论群众的要求是否能够得到满足，都要让他们感到自己这个部门是愿意尽量帮助他们的。如提供周到的服务；详细的办事指南；有争议的情况下充分听取和认真对待他们的意见；在法律有余地的情况下，尽量从群众角度考虑问题，如收费、收税，能少收尽量少收；等等。其实，现在每个国家机关在贯彻执行有关规定的时候，都是为本部门争取最大利益的。如果我们也能为群众争取最大利益，把上述细节问题处理好，相信地方国家机关与群众之间不会形成尖锐矛盾的。当然，现实中处理好这些问题并不容易，但这是群众对“地方”的期待，我们有责任把工作做好。

“地方”作为国家与社会的“结合部”，对于群众来说，是表达自己意见、建议、不满、愤怒的直接对象。“地方”当然负有一定的管理社会的责任，但是必须充分考虑自己的特殊性，不可高高在上，颐指气使，激化矛盾。群众追求自己的利益是无可厚非的，作为管理者，“地方”自然也不可能无限迁就群众的要求，而且，利益之间也存在着冲突，所以大多数决定都会存在不满意的群众。妥善处理冲突，就是地方国家机关的重要职责。冲突扩大了，达到无法控制的程度，会给上级甚至中央抹黑，自己会变成麻烦制造者。例如，城管查处流动摊贩，这是他的职责所在。但是，如果你采取的方法不当，如掀摊子、殴打辱骂小贩，或许就会激起当事人与围观者的愤怒，酿成严重后果甚至大规模的群体性事件。所以与中央国家机关相比，地方国家机关及其工作人员尤其要考虑工作的方法。因为前者面对的往往是行政下级，说话顾虑比较少，而地方国家机关，尤其是基层机关，面对群众的时候比较多，一言一行，甚至一个厌恶或者畏难的表情，都会产生充满风险的后果。因此，地方国家机关需要更多地听取群众意见，让群众充分发表意见，群众说不清楚的时候，欢迎他们邀请或者聘请社会组织来帮助他们，如工会、妇联、记者、律师等，让群众学会自己解决自己的问题，学会自我管理，让社会组织发挥更大的作用。很多地方把律师当做自己的对立面，这是十分愚蠢的。他们以为把群众哄骗一下就可以了，律师在场给自己造成了不便，其实，律师在场，群众才可能真正相信国家，因为律师是他自己聘请的自己人。而有的地方则比较重视人大的作用，对群众言论比较宽容，工作效果就好。因此，“地方”层面的工作方法和工作机制有自己的特殊性。

概而言之，如果国家存在的意义就是为人民群众服务、为社会服务，那么，“地方”就是一线的舞台。地方国家机关的治理水平，直接反映了国家的领导能力和执政水平。因此，地方国家机关权力的规范行使，对于中央，对于整个国家和社会，具有不可低估的价值。

从另外一个角度，我们或许也可以发掘地方所具有的重要作用。就地方与群众的关系而言，地方不仅承担着为人民服务、为社会服务的任务，同时，还在某种程度上承担着一种不可推卸的引导功能。虽然，我们不能在规范性层面上否认每一个人所具有的理性能力，但在经验的层面，我们总能发现，人民群众的能力还是有限的。由于长期公共政治实践的缺失，人民群众虽然在私人智慧上无可挑剔，但在公共智慧上还欠缺某种训练与引导。在诸多公共事件中，民间舆论往往会倾向于一种情绪化的表达，公共理性难以在中国大地上落地生根。因此，为了政治—文化整体共同体的长远发展，政府就有义务引导公民在制度实践中训练自身的“公共能力”，如果不加以引导，公共性要么是一种虚构，要么就将滑向民粹主义的非理性深渊。地方治理具有某种直接性与直观性，其成败得失将直接、迅速地映入公民的眼帘。如果在地方治理的层面上，我们开展一种合理化的法制实践，尊重一种理性甚或冷峻的法律程序，推崇一种谨慎而富于逻辑的法律思维，那么，这就无疑向人民群众与社会传达了一种理性化的信号，再辅之以长期而稳定的制度训练，公民就能够通过内在感知与同化的心理作用下获取公共理性所必然要求的素养。因此，地方不仅要服务于人民，而且还要引导人民走向公共理性①的道路上。

第二节　法治与法制

法制不同于法治。在我国，约定俗成的，法制一般是指法律与制度的总和②。在以往关于法治与法制概念的讨论之中，由于法治一词在汉语中包含着与人治相对的价值内涵，从反对人治、提倡法治的角度，用法治一词取代法制，作为国家民主政治建设的关键词，是完全正确的。但是，这并不是说，法制一词就没有积极的作用，更不是说，法治与法制之间存在根本内容上的对立。实际上，法治与法制存在着密切关联。法制是法治的前提、基础和重要组成部分，法治则

---

① 从本质上来讲，公共理性应当被认做一种程序理性，程序就为公民的政治实践施加了某些理性的限制：“公共理性最好不被视为公民之间的一种推理过程，而是给个体、制度和机构应如何就公共问题进行推理施加限制的一种范导性原则”。Seyla Benhabib，Toward a Deliberative Model of Democratic Legitimacy，in Fred D' Agostino & Gerald F. Gaus，*Public Reason.* Aldershot：Ashgate Publishing Company，1998，P. 105.

② 孙琬钟、李玉臻主编：《董必武法学思想研究文集（第四辑）》，人民法院出版社 2005 年版，第 41 页。

是法制的基本精神与内核。

一、法治与法制的角色互补

法制是法律与制度的总和。换句话说，按照法律与制度办事，就是法制的基本要求。而法治则要求必须坚持法律的基本精神与原则，要求一切行为都必须服从由人民选举产生的代表组成的人民代表大会制定的宪法法律，反对任何形式的凌驾于宪法法律之上的行为。两者之间的区别显而易见，法治更加注重法律的权威性、价值内涵的正当性以及调整社会生活的广泛性。而比较起来，法制一词则更加侧重具体的规则与制度，重在制度建设本身的推进。所以离开了法制，法治可能就流于形式和空话；离开了法治，法制就失去了目标与方向。因此，在“依法治国、建设社会主义法治国家”的基本方略已经确定的前提下，法治国家建设的基本任务（即使不是最重要的任务）之一，就是充分发挥地方的积极性和主动性，将人们的行为真正纳入规则治理的范围之内。

从法治与法制两个概念的区分入手，在中央层面，更重要的是推进全国性的法治国家建设，不断提升国家政治生活中的民主政治水平，完善人民代表大会制度，促进社会公正，确立和维护法治建设中的宪法法律至上的原则；而在地方层面，则重在通过各种具体制度的建设，不断推进实施国家的宪法与法律的进程。我国是一个单一制国家，中央与地方的关系在根本原则上是非常明确的，必须坚持宪法与法律的统一实施。因此，地方在国家法治建设的进程中，其地位和作用就是以宪法法律的实施者这一角色定位为基础的。换句话说，对于地方各级国家机关而言，法治国家建设的任务，更多地体现在对保障宪法法律正确实施的各种具体制度的建设方面。也可以说，中央层面的法治国家建设，必须依靠地方层面的具体制度建设才能实现。毕竟，所有的纠纷都是发生在最基层，需要通过基层的制度加以实现。

重视地方法制建设，还有一个非常重要的理由：制度不完全是法律制度。制度的基础一般是规则，许多学者在法律与制度之间并不作具体区分。实际上，在法律实施的过程中，仅仅有法律制度是不够的。例如，《道路交通安全法》的实施，涉及了对违章者的处罚。但是，处罚多少、认定违章的方式、如何缴纳罚款等，法律一般都不会做具体规定，完全是由各级地方国家机关加以规范。而这些问题，对《道路交通安全法》的实施，对道路交通参与人，却是至关重要的。而地方有关上述问题的不同规定，导致了不同的结果。例如，不同地方对电子眼的设置有不同规定，有的地方允许秘密取证，有的地方则要求必须公示电子眼设置地点。法治不能仅仅是一个原则，必须落实到地方的各项规定之中。地方法制是国家法治的基础，没有坚实的基础，法治就会成为空中楼阁。

二、法治与法制的内在关联

法治的一个基本标准和原则就是权利保护。权利保护不仅是指法律必须对每个人的权利提供充分保护，更重要的是建立人们保护自己权利的通道。权利不是恩赐的，也不可能是恩赐的。恩赐的是特权，不是平等权利。在我国法治进程中，已经可以看到，在立法机关讨论法律案的时候，不同的国家机关、不同社会阶层的代表，是如何表达本机关、本阶层的诉求的。马克思早已指出，在议会中进行辩论的各方代表，实质上都是各个等级的代表①。在现有社会条件下，立法中一定存在利益上的分歧和冲突，人民是不可能自动“被代表”的。即使善意的立法者，也不能替代人民作出价值决断，包含了价值预设在内的权利内涵必须经由公民的商谈论证才能得以明晰：“作为私人的法权主体，若他自己不通过对其政治自主的共同运用而澄清正当的利益和标准，并且就哪些相关方面的平等者应该受平等对待，不同者应该受不同对待达成一致，是无法充分享受平等的主观自由的”。② 同样地，法律一定要经过公众广泛参与前提下的充分讨论、辩论，才可能反映来自社会不同阶层的利益，特别是底层群众的利益。这种公众参与的广泛程度，取决于基层与地方国家机关的制度安排和制度创新。

权利保护同时体现在人们法定权利的实现方式中。目前，上访、跳楼秀、群体性事件等群众实现自己诉求的方式的存在，表明我们国家机关，特别是地方国家机关还没有能够建立完善的制度化的纠纷解决机制。例如，涉诉的群体性事件，多少与我们的司法制度不够健全有关。所有的纠纷都是来自于基层的，基层解决纠纷、矛盾的能力，是执政党执政能力的真实而具体的体现。在这个问题上，有一个模糊的认识，即认为群体性事件的存在，是法律不健全的结果之一。这种说法尽管有一定的道理，但是，并不完全，很笼统。法律不可能是完美无缺的。作为一个地域辽阔、民族众多的大国，发展极其不平衡，各地风俗习惯差异很大。在这种情况下，希望国家拿出一揽子统一的解决问题的具体办法，是不现实的。很大程度上，上述问题的存在，是地方各级国家机关实施宪法法律的制度不完善的结果。如果各地各级国家机关都能够认真致力于制度建设，为群众提供通过制度解决问题的便利，把各种分歧、纠纷都引导到法制的轨道上，相信上述现象即使不能根本解决，也会得到缓解。

---

① 《马克思恩格斯全集》(第1卷)，人民出版社1995年第二版，第136～202页。

② ［德］哈贝马斯，童世骏译：《在事实与规范之间》，三联书店2003年版，导言第7页。

国家不能包打天下，中央也不能事无巨细地介入社会生活。2006 年 12 月国务院制定的《诉讼费用交纳办法》，将劳动争议案件的诉讼费定为 10 元，本意是想解决基层劳动者诉讼难的问题。结果，导致基层法院诉讼爆炸，案件爆棚。基层法院因为工作量过大，难免影响到案件审判质量。其实，在许多国家，通过制度的方式，把民众解决纠纷的权利回归民众，由当事人自己决定是否需要通过法院解决争端。这个指导思想下，通常会将法院的诉讼费用标准定得很高，赔偿额度也定得很高。迫使一部分当事人选择通过双方律师自行和解，制度是无所不在的。一提司法的人民性，就要求法院加大调解力度，法院积极主动执行案件判决，这些做法，其实依然没有摆脱人治的老路，即通过国家机关的主动行为，而不是充分发挥当事人的主动性，化解各种矛盾。

只有充分发挥地方各级国家机关的积极性与主动性，创造各种形式的多样化的解决纠纷的机制，为人民群众提供解决问题的制度通道，由人民群众自己决定选择什么样的方式解决自己面临的问题，才能真正解决问题。由于问题产生于基层，所以地方法制建设对于维护社会和谐就具有不可替代的作用。

三、法治与法制的同舟共进

我国的法治建设，有自己的特殊性。我们是在一个计划经济与不完备的国家政权体制的基础上推进法治建设的，因此，30 多年来法治建设的主要成绩，几乎都是与地方法制建设联系在一起的，或者说，地方法制建设所取得的成绩，映衬了法治国家建设的进展。

首先，建立了一个中央与地方之间适度分权的政治经济体制。中央与地方的关系问题，是我国国家建设的重要问题和难题之一。毛泽东在《论十大关系》中专门将中央与地方的关系作为其中一个重要内容，提出调动中央与地方两个积极性，比只有中央一个积极性要好。不过，在实践中，由于计划经济体制是建立在中央高度集权的基础上，这个问题当时并没有解决。而十一届三中全会之后，确立了以经济建设为中心的基本路线。伴随着对左的错误思潮的批判，全国各地出现了发展经济的热潮。20 世纪 70 年代末 80 年代初，中央一直希望将工农业生产总值的增速控制在 4% ~5%，而实际上，往往达到了 10% 以上，反映出地方各级国家机关推动经济发展的积极性。进而，导致地方政府纷纷向中央要“权”，中央也开始尝试以放权让利为重要内容的经济体制改革，特区、开发区、包干等，都是尝试权力下放的方式。在中央与地方之间形成了最初是在经济领域，后来逐渐发展到政治、文化等各个领域的权力划分格局。在分权的过程中，为了保证中央的统一领导，就必须要求各级地方国家机关，按照中央确定的地方职权范围开展工作。所以中国尽管没有采取三权分立的政治制度，但并没有分立不等于没有权力划分，这个权力划分最初就是在中央与地方之间展开的。

其次，建立了国家机关的政权体制，这是一个非常重要的法治进步。在“文化大革命”中，“砸烂公检法”、“踢开党委闹革命”等行为，充分反映出在相当长的一个历史时期，我们是不重视国家政权建设的。这也是受苏联的影响，列宁曾经提出过，社会主义阶段是资本主义向共产主义的过渡时期，共产主义社会没有国家与法，所以，社会主义国家是“半国家”。[①] 这种国家学说主张直接吸收人民群众参加国家管理，而不是通过国家机关进行分工管理。这种思想，经过“文化大革命”，充分被证明是一种荒诞的做法。“文化大革命”结束之后，我国于1979年就迅速制定了各级人大、人民政府、人民法院等国家机关的组织法，重建国家机关。各级各类国家机关分工负责、各尽其职的权力分配体制逐步形成。而这个体制的关键，就是发挥各级地方国家机关，包括各级人大、各级人民政府、各级人民法院、各级人民检察院的作用。从此之后，地方与基层国家机关在推动经济社会发展、维护国家稳定与和谐中，开始发挥重要的不可替代的作用。如人民法院，根据有关立案标准的规定，现在我国90%的案件是在基层人民法院初审的，绝大部分案件，在中级人民法院已经终审。因此，如果没有地方各级国家机关的努力，我们今天所取得的经济社会发展成就是无法令人理解的。

最后，建立了权利保障体系。因为发展经济的需要，国家将原来由中央控制的各种权力在下放地方的同时，也用法律的形式转化为民事主体的民事权利。特别是20世纪90年代中期，中央决定建立社会主义市场经济体制，以取代计划经济体制，民事权利保护制度逐渐完善。伴随着这一过程，社会矛盾和社会纠纷大量产生，各级政府和其他国家机关，与市场主体之间的关系问题骤然突显，不仅要求地方国家机关必须学会在市场经济条件下运用法律保护民事主体的权利，而且也要求国家机关逐步退出市场，依法行使职权。在民事法律体系逐步健全的同时，国家机关公权行使的规范化问题日益突出。在不同的地方，由于经济发展的水平不同，市场化的程度不同，对政府和其他国家机关的规范化要求也有一定差异。因此，规范公权力的行为，在各地当然不同。例如，广州市政府按照国务院有关信息公开的规定，根据公民的申请，于2009年10月底公开了财政预算中的部门预算。民事权利的保护，带动了公民与社会组织各项权利保护水平的不断提高。在这个过程中，显然，只有中央一个积极性是不够的，老百姓的积极性、地方政权的积极性，都是不可缺少的重要因素。

由此可见，在我国，法治国家建设不仅仅是中央的事情，而且也是地方的事

① 《列宁选集》(第3卷)，人民出版社1995年版，第185页。

情。地方国家机关也并不总是"歪嘴和尚"。研究中国的法治建设，不能总是眼睛向上，更要眼睛向下，关注地方各级国家机关以及普通人民群众、企事业单位权力与权利保障制度建设中的问题。这样一来，区别法治与法制，强调地方在法制建设中的地位和作用，就是非常必要和迫切的。

第三节　地方法制的概念

讨论地方法制概念，并不仅仅要研究作为一个中央政治权力统辖下的地方行政区域制定地方性法规以及执行法律的情况，而且也是在思考法律实施中地方参与法治进程的机制的同时去检验社会决定法律的政治法律理论。

一、地方法制中的"地方"

地方法制应该是"地方"的。所谓"地方"，如前所述，从政治角度看，自然是与"中央"相对而言的。中央与地方的划分，主要是行政管理和政权结构上的职权区分，属于政治上的领导与被领导关系。而我们国家是一个单一制的国家，历史上的绝大部分时间也都是作为一个统一的大国而存在的，所以，在这个意义上，讨论"地方"法制，还需要明确以下三点：

（1）讨论"地方"法制是讨论政治上统一的一个国家内部的法制问题，是中央统辖下的行政区域内部的法制建设问题，也就是服从全国一盘棋基础上的法制建设问题。地方法制的概念需要且必须包含中央统一领导的要素，否则，就不是地方法制了。中央与地方的划分，是否可能会导致中央的法律与地方的法律之分？这是不用担心的。在联邦制国家，虽然存在联邦的法律与各州的法律之分，但是，联邦和州之间并不是中央与地方之间的上下级关系，所以它们各自的法律都是相互独立的，各州之间的法律也是相互独立的。而单一制国家，中央与地方之间是隶属关系，法律自然是要求统一的，这是政权统一的要求所决定的（尽管在实际上可能不完全统一，如国民党统治时期的中国）。在这个意义上，并不存在中央和地方各自拥有一个法治系统的问题。[①]

① 法治从我国学者约定俗成含义看，主要用于指与人治相对的一种人类自组织形态。人治意味着人对人的控制、统治，法治则意味着人的自我治理、自治。这是两种不同的政治管制理念。在一个统一的国家，在政治上，只能有一种选择。

（2）讨论“地方”法制是讨论地方在其政治权力和行政权力范围内的法制建设问题，即地方各级国家机关及其公职人员，根据宪法、法律以及其他规范性法律文件的规定，在法律实施过程中所具有的权力与权限及其实际运行中的相关制度建设问题。换句话说，地方法制的研究，需要探索在社会转型和法治国家建设的过程中，中央国家机构与地方国家机构之间法律意义上的领导与被领导的关系，以及这种关系如何法律化、制度化、固定化的问题。权力不是纸面上的静态规定那么简单，所有法律赋予的权力，还存在一个国家机关内部不同部门之间的划分的问题，它是一个动态的行使过程。而且，对于地方来说，有什么权力固然是个问题，但是，权力行使的具体制度保障是一个更重要的问题。这些问题是且只能是“地方”需要面对的。

（3）讨论“地方”法制是讨论中国社会最基层法律实践所涉及的地方法制问题。从法律角度看，地方法制又是指当地的法律实践，是直接面向群众的法律实践。在地方法制建设的过程中，形成了各种各样的规则与制度，既包括地方国家机关依法制定的地方性法规等，也包括地方国家机关内部的各种工作制度。地方法制研究不仅要关注这些静态的规则与制度，还要深入研究法律实践中公众权利的诉求是如何催生了这些制度，需要深入研究在地方层面国家机关“应该”以及“实际上”对法律的具体问题是如何回应的。

二、地方法制中的“法制”

地方法制应该是“法制”的，不是法治，更不是人治。

法制不同于法治。如前所述，在我国，法制一般是指法律与制度的总和。法治则是指治国的原则和方略，即以法治反对人治，建立民主政治体制。从这个意义上说，法治显然不是地方所能决定的，尽管地方也在参与国家的法治进程。在地方层面，法制主要是一个法律实施的规则与制度问题，是在中央确定的建设法治国家的背景下，地方在回应具体、现实的法律问题的过程中形成的符合法治原则的规则与制度的总和。地方法制是实施整个国家法律体系的过程中地方所创制的规则、制度和活动的总合。法治可以是抽象的，法制则必须是具体的。法治秩序根本上是建立在地方、基层一系列、一整套有效的规则与制度基础上，推进法治建设，需要立足于各级地方的规则与制度建设。离开了这些解决具体问题的具体的规则和制度，不会有法治国家；判断一个国家的法治水平，往往也要从这些具体的制度和规则入手。

采用地方法制的概念，也并不意味着对人治的包容。实际上，地方法制是在法治国家治国方略总原则下的一个具有中国特色的概念。如同邓小平 30 多年前就已经指出的，治理国家要靠制度，而不能靠领导人[①]。如果我们把法律理解为一种秩序，那么，构成这种秩序的基础的规则，就不能仅仅归结为法律。因为，在法律实践活动中，人民群众、社会组织和各级各类地方国家机关为了贯彻宪法法律，创制了大量的具有重要作用的规则和制度，这些规则和制度，有些当然存在这样那样的问题，但是，其中也有相当一部分，对保证国家机关及其公职人员依法办事具有非常正面的意义，对消除我国长期流传下来的人治传统，起了关键性的作用。不研究这些问题，是很难理解中国法治进步的。

三、地方法制的“着力点”

地方法制是地方在解决具体法律问题的过程中形成的，所以地方法制研究的着力点，就是法治建设中所涉及的由“自下而上”因素推动的地方实施法律的规则与制度的活动。法律是用来解决问题的。由于国家地域辽阔，各地差异很大，诸如地理条件便利程度不同、民族文化传统之间的差异、经济社会发展不平衡等，各种矛盾、纠纷、争议等呈现的问题形式各不相同，导致法律实施的具体状况也是不同的。所谓“自下而上”因素就是指：尽管法律统一规定了各种权利义务，但是，由于上述差异，事实上，各个地方的人民群众、企事业单位等权利主体对自己法律上权利的理解方式、关切点以及关注程度存在很大差异，维护自己权利的热情和方式也都是非常不同的。同时，由于法律需求的不同，各个地方的社会组织、社会力量，包括律师、新闻机构等，参与法治进程的条件和能力也各不相同。这些因素都会导致由地方产生的地方国家机关在应对与解决地方所直接面临的具体的法律问题时，承受着不同的压力，需要在中央确定的统一原则的基础上，根据宪法与法律赋予的权力，结合本地的实际情况，自主采取各项积极措施，维护地方的团结。这些措施既包括地方国家机关依法自主设定的实施法律的规则与制度，也包括地方向中央积极反映基层民众要求，进而博弈形成的中央与地方国家机关相互之间关系的制度。在我国，按照行政区划形成的地方国家机关，是法律实施的重要主体。社会生活中的各种法律需求，是通过地方国家机关得以实现或者得以传递到中央层面的。地方法制就是地方各级国家机关根据宪法法律赋予的职权，根据本地具体情况，或者也可以说，在本地各种法律需求的压力下，而主动或者被动采取的推动宪法法律实施的各种措施。所以地方法制研究，必须关注这一过程中各方力量的博弈。

从上述三点出发，可以给“地方法制”下个定义，地方法制是指：在国家

① 《邓小平文选》（第2卷），人民出版社1983年版，第146页。

法治原则的统一指导下，各级地方国家机关和社会公众及其组织，根据本地实际情况的需要，在应对地方实施宪法法律所产生的各种具体法律问题的过程中，“自下而上”所作出的制度性反应或者形成的规则与制度的总和。通过这个定义，我们想说明，地方法制既是地方实施法律的结果，也是地方各界发挥自己主动性、创造性参与法治国家建设的结果。

第四节　地方法制的意义

在我国，地方法制及其研究具有重要的意义。

一、法律实施的舞台

以法律制定或者法律实施为重点观察法律现象，路径与结论差异很大。由于地方国家机关在法律制定方面的权力有限，因此，地方总是面对具体的、现实的依法或者不依法产生的纠纷、争议、矛盾甚至社会冲突，相应地，地方法制也总是以具体的法律实施问题为中心。地方是法律实施的舞台。所有的法律问题，作为问题，主要是发生在各级地方区域内的。法律制定可以采取开门立法的方式，吸收广大人民群众参与。法律实施不是这样，而是直接面对群众，法律是在与群众的沟通、交流中得到实施的。法律实施的中心是为人民群众依据法律维护自己的权利提供保障，所以总是具体的。法律能否发挥作用，如何发挥作用，发挥多大作用，均取决于法律实施工作的水平。

法律实施与法律制定，具有不同的意义和研究价值。如果比较法律实施与法律制定的主体以及规制方式，可以发现，从法律的制定或者法律的实施角度观察法律，差异是非常大的。由于法律制定的机构是国家依法设定的，是中央“自上而下”组织起来的。所以从立法的角度看法治，势必将重点放在“自上而下”的国家推动力上，把法律看做国家有组织活动以及对社会的主动规制的结果，进而强调中央国家机构在法治建设中的主导作用；而如果从法律实施的角度看，情况则完全不相同。与法律制定相比较，法律实施必须面向社会现实。当然，这不是说，法律制定就可以脱离实际，而是说，法律实施没有脱离实际的机会。法律制定可以作为一个理性的策划行为，由精英人物决策于千里之外，研究古今中外的相关规定，形成一个理想文本。而法律实施活动则必须与每个具体的、活生生的、有七情六欲的人打交道。因此，研究法律实施，需要侧重于对“自下而上”

的基层制度建设中体现出的地方性活动的考察。在我国，法律制定工作，在一定意义上，是中央可以控制的，甚至某个领导人的个别意见，都会对某个法律是否制定、如何规定起到决定性作用。只要加强上级对法律制定工作的领导等就可以达到这个目的；而法律实施不行。法律实施是一个复杂的综合因素构成的机制，这个机制必须具有反映社会复杂情况和各种变化的能力。人们是从基层开始寻求权利的法律保护，社会的变动也最先从基层得到反映，基层没有任何退路。所以基层为应对各种变化而形成的规则与制度，不仅比较客观准确地反映国家的法治水平，而且也是我们分析法治国家建设的重点。可以说，地方法制是法治国家建设的重要组成部分，它决定与制约着国家法治化的进程，建设法治国家，必须紧紧抓住法律实施环节，而这也就必然要求重视地方与基层的工作。

二、法治国家的基础

法律本身是实践的，实践活动是阐释性的。在传统法律概念的影响下，人们构造了一种法律的“中心与边缘”的叙事。由于法律来自于国家，所以法律必须通过国家权力制定或者认可，法律的制定进而成为法治建设的中心工作，而法律实施则成为法律的实现环节。法律实施与法律制定相比，变成了被动的、边缘性的活动。在这个理论模型中，法律制定者与政治统治者一样，化身为某个国家机构，穿上了公共权力的马甲，高耸于权力金字塔的顶峰，居高临下地以法律的名义发号施令。地方各级国家机构和普罗众生则一丝不苟、不折不扣地认真贯彻执行法律，从而保证最高权力意志的实现。人们围绕法律所做的一切，都可以被分为中心工作与边缘工作，而划分的依据则是一个人或者机构在权力体制中的位置，中央的或者地方的。这是一种虚构的叙事。这种叙事导致的结果则可能是把法律的制定与解释的权力配置在中央国家机构，把法律话语再次变成权力话语，进而忽视法律的实施工作，损害法律的权威。这个观点当然是错误的。因为它的前提发生了错误：以为法律可以成为一个自我封闭的体系，由立法者赋予法律全部的确切含义，即使一时没有规定得十分清楚，也可以通过最高立法机关或者最高司法当局补充完善。而地方国家机关和执法者是无权解释法律的，老百姓更是如此，在法律实施中的角色就是一个法律的遵守者。[①] 这样就把围绕法律展开的活动分为两个截然分开的阶段：一个被称为法律制定，一个被称为法律实施；一

① 我国法理学教科书在讨论法律实施一章时，法律实施参与者一般被分为三种角色：一种是司法者，即法官、检察官等；一种是执法者，即国家行政机关中拥有执法权的机构和人员；还有一种是遵守者，即守法主体，包括了各个国家机关、企事业单位、各政党、各武装力量、人民团体与社会组织、全体公民等。

个是制度与规则的供给者，一个是制度与规则的接收者；一个是主动的，一个是被动的。这种模型的荒谬之处在于，实际上，没有任何规则是完美无缺的，也没有任何法律解释是无须再解释的。坚持这个荒谬立场，必然导致一个荒谬的结果，即法律总是好的，不好的是执行法律的人，所以犯错误的总或者是地方与基层的国家机关及其工作人员，或者是刁民。

实际上，法律不是一个封闭的体系，而是一个开放的体系。它向社会开放，也向历史开放。在一个开放的多元的时代，法律的制定本身就掺杂着复杂的利益博弈，[①] 不是一个单一的利益或者道德主体的决定，也不是一个科学家的理性的科研成果，法律的制定过程是一个各方政治力量现实的较力过程，不可避免地包含着斗争与妥协，体现在法律文字上，则是相互矛盾、模糊不清的表述。在法律表达的技术上，用于表达法律的文字本身就存在一个哈特所谓的“开放性结构”，存在着不同理解、解释的空间和余地。

在上述情况下，法律实施者并不是作为一个法律的被动接受者面对法律的，而在参与着法律的创造。这也就是吉尔兹所谓的阐释者。法律文本呈现了一个意义的世界，其内容是在不断阐释中呈现的，所以法律是生成的，而不是制定出来的。“生成”这个概念是用来说明新事物的产生与旧事物的灭亡处于一个相同过程的概念，[②] 对于法律而言，更重要的是实施。法律必须要结合实际情况，才可能具有生命力。而这个实际情况，则往往是通过旧的法律、习惯、习俗、道德以及各种民间的行为规范体现出来的。因此，如果说法律的制定一般是政治力量主导的话，法律的实施则往往是社会力量主导的，通过地方的法律实施机构和法律工作者以及社会公众，影响、丰富和发展法律的内容，使法律成为连接一个民族的历史文化的纽带和制约政治强权的重要机制。可见，法律实施才是法治国家的基础。

三、法治进步的动力

首先，地方是我国法治建设中最具有活力且至为关键的力量与环节，是推动

① 如我国制定《劳动合同法》的时候，全国政协会议上企业家委员就发表了许多尖锐的不同意见。有人甚至认为，这场讨论堪比十一届三中全会前后的真理标准大讨论。参见王义伟：《关于劳动合同法的争论堪比真理标准大讨论》，载《中华工商时报》2009 年 3 月 13 日；另外，国务院在修改拆迁条例过程中，前所未有地就《国有土地上房屋征收和补偿条例》发布了两个征求意见稿，引发了各方的积极参与，先后有北京大学 5 位教授以及两份分别来自北京和湖南长沙（分别有 5 479 名北京市民和 7 000 多名长沙民众签名）的建议和意见书递交国务院。参见《两份民间拆迁条例意见书今日送达国务院法制办》，载《新京报》2010 年 12 月 29 日。

② 《辞海》，上海辞书出版社 1979 年版，第 3955 页。

法治国家建设的真正重要的着力点。按照马克思主义的基本原理，法律是以社会为基础的，而不是相反①。社会需求总是首先反映为底层民众的需求。当然，这个说法并不是否定领袖的作用，更不是否定知识精英在法治建设中的影响，而是说，不存在脱离社会需要、社会现实的法律需求。由于这个原因，理论上，最能够接近群众的地方，最贴近社会现实的国家机构及其工作人员，最能够真切感受到社会的变化以及相应的法律需求。强调地方法制的原因就在于此。我国的法治建设，是我国经济、政治、文化与社会发展的客观要求，党的十一届三中全会确立的加强社会主义民主、健全社会主义法制的决定，不应该被看成个别领导人的“发明创造”，而应该理解为当时的领导人对现实乃至今后国家发展道路的一种深刻认识。事实上，“文革”结束后，要民主不要专制，要法制不要人治，首先也是普通老百姓的强烈期待。邓小平、叶剑英、彭真等我国当时的领导人，也是在经历了“文革”（“被罢官”）之后才进一步认识到这个问题的重要性。彭真在1979年主持制定《刑法》、《刑事诉讼法》等7部法律时，为回答这些法律制定的是否仓促问题时，就特别说明，他在被关押时期就开始认真思考过这些法律的制定问题了。② 中央推动改革开放、特区建设的立法，也是由地方领导人积极向中央提出而后推动的。所以地方与基层国家机关在法治国家建设中具有很大的积极性、主动性，抓住地方，才能抓住法治国家建设的动力来源。

其次，地方法制可以先行先试，而且，不同地方法制建设经验的不同，可以形成一个有效的学习过程，进而促进法治国家建设。从地方法制角度观察法治国家建设，可以通过有力地推动地方法制建设经验的方式，促进法治国家的建设进程。一般来说，一个国家内，特别是一个单一制的国家内，某个地方率先形成法治，是根本不可能的。但是，客观上，在不同的地方，法治化的水平之间存在着一定差异。其原因就在于，各地实施国家法律的规则与制度可能呈现完全不同的样态，出现某些地方先行的现实。例如，某个省份或城市制度化水平、群众依法维护自己权利的能力高于另一些省份或城市等，出现这种情况并不奇怪。毕竟，我们是一个各级地方国家机关与中央一起共享国家管理权力的国家，地方具有一定的自主性，这必然反映为不同的地方治理与管理水平有所不同，各个地方之间有合作，也有竞争。中央正是通过促进地方之间竞争的方式，提高整个国家的管理水平和财富创造能力。目前开展的各种绩效评价，目的都在于此。因此，各地之间在法律实施的规则与制度上存在差异，是国家体制结构性的要求。在这个背景下，研究地方法制，就有利于我们总结、分析、分享各个地方推进法治国家建

---

① 马克思恩格斯正是在国家（法律）与社会的关系问题上，将黑格尔所主张的国家决定社会倒转为社会决定国家，从而形成了历史唯物主义。所以这个问题是马克思主义与非马克思主义的一个原则界线。

② 庄永廉：《3个月，制定7部法律的前前后后》，载《检察日报》2009年7月6日。

设的经验，从地方的角度，夯实法治国家的基础。

研究地方法制的问题，说到底，就是把人作为法治建设的根本。法治的前提是把每个人作为理性的主体，假定每个人最知道自己最需要什么。作为理性的人，每个人都会选择于自己最为合理的行动。因此，他们必须具有一种自己捍卫和维护被认为是自己的利益的能力。而这个能力，是通过国家的法律和国家机关的制度建设活动实现的。所以国家制度越是健全，规则体系越是完善，群众参与制度建设的能力越强，国家就越是以人为本，越是把人当做人。因此，与群众最为接近的地方与基层的法制实践，才是法治国家建设的真正舞台。

第二章

地方法制的横向视域：国家与社会

“要从‘国家主导’思路中走出来，注重社会自身建设，借助社会自身的力量自我发展与完善，进而在‘地方’的平台上实现国家与社会的良性互动，这才是法制健全与完善的必经之路。”

随着我国市场经济的发展，社会的主体精神与自我组织能力逐步增强，过去凡事都依靠政府、依靠中央决策的情况有所改变，在市场发展与社会建设的进程中，民间力量起着越来越大的作用。但这种发展趋势难免会与我国的旧有体制存在着紧张的竞合关系，在这种“国家主导”体制中，社会的自主能力往往被国家的统一的统筹、规划和领导所替代，各种社会组织、行业协会也被深深地烙上了“国家”的印记。一方面社会具有越来越多的自主需求；另一方面国家主导的传统思维还具有深厚的影响力，因此，在此情况下，审视、厘清国家与社会的关系就是必要的，这既有助于拓宽理论研究的视野，同时也为整体共同体的进一步良性发展提供一种前瞻性反思。值得一提的是，国家与社会的关系问题也逐渐为执政者所关注。在2011年7月召开的中共广东省委十届九次全会上，广东省委书记汪洋的讲话中就提到“加强以改善民生为重点的社会建设”。[①] 在此之前，汪洋在一次座谈会上也曾经强调“加强社会建设是广东的当务之急”，“要从思想上高度重视加强社会建设，充分发挥人民群众的主体作用和首创精神，加强人才、资金及领导力量的投入，培育理性、包容、平和、科学的社会心态，在

① 《中共广东省委十届九次全会在广州召开》，载《南方日报》2011年7月12日。

实践中鼓励大胆探索和创新社会管理机制体制。"[①] 汪洋的讲话就体现了一种思路转变，即将社会建设的主导权从国家逐步交还给社会，发挥社会的自组织潜能。地方执政者注重国家与社会的关系，既是一种执政理念的革新，同时也具有内在逻辑的必然体现：地方是国家与社会直接接触、互动的平台与场域，在地方的视角下，国家与社会的关系能够更加清晰明确地为人所认知。

地方法制基本理论问题的研究存在两大基本的维度，纵向维度涉及国家权力体系自身区分，也即中央与地方之间的区分；横向维度则将整体国家权力体系与外部世界相区分，也即这里所谓的国家与社会之间的区分。对于地方法制的研究，我们既要关注其自身的特殊性，即统一法治在地方具体落实、最终实现的问题，同时也不能忽视法制中所包含的普遍因素，即通过制度化的法律构架来限制权力、保障权利。如果我们将"地方法制"一词拆分理解，那么"地方"就是"法制"具体落实、最终实现的方法论；而"法制"则是"地方"这一治理思路所应秉持的基本理念和基本原则。通过分析整体国家权力体系与外部世界之间的关系，也即国家与社会之间的关系，本章将消除"国家优位"、"国家万能"等受到强国家主义干扰而产生的理论误区，逐步还原社会的自组织性，进而厘清国家对社会的辅助关系。与一般性研究不同的是，这里将借助"地方"这一新颖的方法论视角来阐述国家与社会之间的关系问题。

第一节　国家与社会的分离

就国家与社会的彼此关系而言，我们大致可以在学说史的脉络上发现这样两种不同的思路，第一种思路认为国家优先于社会，社会需要国家的介入或调控才能得到维系；而第二种思路则主张作为权力组织体系的国家起源于社会，相比国家而言，社会具有更大的逻辑优位。

一、国家优于社会的学说及其反思

主张国家优先于社会的学说，最早可以在古希腊苏格拉底那里寻获端倪。苏格拉底否定了人类社会有能力以自由意志在城邦（Polis）之中交往共存，认为

① 汪洋：《加强社会建设是广东的当务之急》，载《南方日报》2011年6月21日。汪洋近期在多个场合提到社会建设，并多次强调要让人民群众成为社会建设的主体。

人群就如同羊群一样，需要一个“牧羊人”来带领，而这个“牧羊人”就是“知道如何统治”的人。知识未经绝对定义就无法能够声称掌握，而绝对定义的本事是无法被教授的，往往是天赋的、先天的，所以并不是每个人都能知道如何统治，只有少数人知道一部分，而这些人即所谓的“牧羊人”。[①] 由于古代国家的组织形态较为简单，官僚集团尚未成熟，因此，作为“知道如何统治”之“牧羊人”的君主本身就可以被看做是国家，相应地，社会及其组成元素就被剥夺了主体资格，从而完全纳入国家的宰制与掌控之中。在我国古代同样可以找到相似的例子：东汉中平五年（公元188年），根据太常刘焉的建议，汉灵帝将部分资深的“刺史”改称“州牧”[②]，这既是行政区划层级的重新设置，同时也体现了我国古代皇权至上的理论体系中国家权力的伦理优位以及对社会与民众主体性的贬抑。

在主张国家优先于社会的各种学说中较具代表性的是黑格尔的国家学说。黑格尔虽然并不像苏格拉底那样彻底否认民众与社会的主体性，但他仍然主张伦理国家的总体性与至上性。黑格尔认为，独立的市民社会并非是自由的，它受到经济力量的摆弄，受到个人私欲的驱使，市民社会首先要满足的就是“作为各种需要的整体以及自然必然性与任性的混合体”的具体之人的目的，[③] 因此，就需要作为“绝对自在自为的理性东西”和“伦理理想的现实”的国家对其进行扬弃，最终使市民社会获得“自在自为”的力量。与之相关，黑格尔将国家看做是“具体自由的现实”，国家不仅发展了个体的单一性及其特殊利益，而且承认了个体的权利，同时让个体逐步认识、希求普遍物，承认普遍物作为其自身的实体性精神，并最终将普遍物作为其最终目的而进行活动。[④] 因此，在黑格尔看来，国家就是普遍与特殊的抽象统一，作为“绝对”主体的国家将扬弃作为“相对”主体的个人与市民社会：“现实的理念，即精神，把自己分为概念的两个理想性领域，分为家庭与市民社会，即分为自己的有限性的两个领域，目的是要超出这两个领域的理想性而成为自为的无限的现实精神”[⑤]。国家一方面直接存在于风俗习惯（伦理的生活方式）之中，因而是“自在存在”的；另一方面则间接存在于“单个人的自我意识和他的知识和活动中”，因而是“自为存在”的，国家的目的在于客观自由与主观自由相统一后的现实化的自由，因此，在黑格尔看来，作为“绝对自在自为的理性东西”的国家，是一种伦理性的整体，

① ［美］斯东，董乐山译：《苏格拉底的审判》，三联书店1998年版，第19~26页。

② 《后汉书·刘焉传》：“时，灵帝政化衰缺，四方兵寇，焉以为刺史威轻，既不能禁，且用非其人，辄增暴乱，乃建议改置牧伯，镇安方夏，清选重臣，以居其任。”

③ ［德］黑格尔，范扬、张企泰译：《法哲学原理》，商务印书馆1961年版，第197页。

④ ［德］黑格尔，范扬、张企泰译：《法哲学原理》，商务印书馆1961年版，第260页。

⑤ ［德］黑格尔，范扬、张企泰译：《法哲学原理》，商务印书馆1961年版，第263页。

质言之，即一种调和普遍与特殊、绝对与相对的伦理总体性（或“伦理精神”），而这种总体性又以精神形态出现，那么国家这一精神理念如果想认识自己并获得现实的客观性内涵，就必须通过家庭与市民社会的中转环节，并最终在绝对抽象的扬弃过程之中返回于自身。[①]

理解黑格尔的国家哲学观必须厘清其理论体系中的一个重要环节，即“绝对”。基于对启蒙的反思，黑格尔已经清楚地意识到因主体性原则而带来的总体性内部的分裂，而黑格尔的任务就是要统合这种分裂，重塑一种“伦理总体性”。在黑格尔那里，思想不再批判性地与现实对立，而是作为理想的东西和解地站在实在的东西的“对面”，他的这种和解哲学“不仅是与现实和解，而且是在现实中和解”。[②] 与费希特的“强制”[③] 不同，黑格尔试图在国家哲学中以“绝对”的概念替代“强制”进而消解现代主体性内部存在的知性与理性的分裂，“绝对”的概念蕴含了一种非强制、非暴力的意蕴，绝对者是自我关系[④]的调解过程。作为一种伦理总体性，黑格尔话语体系下的国家就不单单仅具有政治的功能，而更多地具有哲学与文化的意涵，国家对市民社会的扬弃就是黑格尔“和解哲学”的重要佐证。

在主张国家优于社会的学说中，或者直接否认社会及其成员的主体资格，或者将国家提升为一种绝对伦理精神的展现，而社会的自组织能力，质言之，即社会的主体性，要么受到否认，要么受到贬低。在这些学说中，国家所体现的伦理性要么是家长式的，要么是哲学式的，国家都超越了公共权力组织体系这一形式合理性的层面上。社会在国家的引领或扬弃下，仅具有从属性的地位。但随着启蒙运动以来现代性的主体性原则逐步提升与高扬，国家的伦理优位就被看做是旧秩序的“共谋者”而不断地被人怀疑与抛弃。与此同时，主张国家伦理优先性的诸学说存在一个共同之处，即这些学说都无法在经验历史中找到能与自身相匹

---

① ［德］黑格尔，范扬、张企泰译：《法哲学原理》，商务印书馆 1961 年版，第 173～174 页。黑格尔试图在个体特殊的自由中找出普遍同一性：“主观性在它的对立物中即在那种与实体性意志统一的主观性中，才达到真正的现实性”（［德］黑格尔，范扬、张企泰译：《法哲学原理》，商务印书馆 1961 年版，第 338 页）。尽管黑格尔是在王权的概念中考察作为整体理想性的国家主观性，但如果我们将“君主”这一概念替换为“合理共识”的概念，即个体自由所必然蕴含与共享的合理的生活世界背景知识，国家就可以借助这种“抽象”的方式找寻主体间所必然蕴含的一致性。

② ［德］卡尔·洛维特，李秋零译：《从黑格尔到尼采》，三联书店 2006 年版，第 59、60 页。

③ 费希特在其国家学说中曾经提到正义的一对矛盾律，也即“每个人都应绝对地依据他自己的洞见行事，唯有如此他才是自由的。无任何强制性”与“如果没有某种强制，没有人对人的外在本性之自由的限制，正义者的洞见甚至都不会显现出来”之间的矛盾。那么，强制性的国家就能够将共同体洞见与个体洞见相联结，将纯粹的自然生物转变为精神性生物。［德］费希特，潘德荣译：《国家学说》，台北左岸文化事业有限公司 2007 年版，第 118 页。

④ “所谓自我关系，就是将自身作为客体的主体关系”。［德］哈贝马斯，曹卫东等译：《现代性的哲学话语》，译林出版社 2004 年版，第 33 页。

配的对应物：苏格拉底处于雅典民主的时代，社会与民众的主体性不但并未被城邦政治取消，相反却通过全民政治的方式实现了国家与社会的同构；而黑格尔所处的时代则是现代性中的主体性原则极度高扬、社会新兴力量不断涌动而冲击旧有的国家秩序的时代（诸如法国大革命），晚年黑格尔的保守哲学毋宁是对于时代状况的一种“正—反—合”式的辩证回应。需要指出的是，我们并不能简单地站在自由主义立场之上全盘否定这些理论，正是由于经验匹配物的缺失，这些学说才具有理论的反思特性，而非单纯地为现实辩护、为现实服务，后世政治实践的千秋功罪并不能由思想家来承担。虽然黑格尔本人主张国家扬弃市民社会，但其贡献之处就是在概念上系统地区分了家庭、市民社会与国家这三大范畴，将对于市民社会的研究从政治经济学的层面提升到哲学（或国家哲学）的层面之上，将基于私欲的个人（需要的体系）整合为普遍物的现实性①，这对扩充理论增量、革新研究视角来说，无疑具有极为重要的价值。然而，对于一种理论的评述，我们不仅要看其内在逻辑的融贯或合理，同时也要审视其外在的说服力与解释力。启蒙以降，主体性原则具有绝对至上的支配力，国家主导的学说往往被视为敌对的他者，而同时，这些学说又无法真正地在经验上寻获匹配物，其说服力的有限性就决定了后世历史对其的否定态度。

二、社会优先于国家的理论与经验证成

在近代之后，国家与社会的关系随着时代精神状况的流变发生了逆转。现代性首先意味着主体性，即具有自我选择、自我决定、自我实现性质的精神状况，而随着现代性事业的推进，社会的主体精神逐步地苏醒重生，并最终在与国家的关系之中占据优势地位，从此之后，社会的主体精神就逐渐地替代了国家的伦理优位而占据优势性地位，国家与社会之间的主从关系也彻底地发生了改变：国家要么退缩到“守夜人”的角色而仅对社会提供必要的强制性资源，要么与社会处于对立甚或冲突的关系之中，总而言之，社会不再是伦理国家引导、恩典或调控的附从对象，而是能够自我组织的主体。

这一理念转变在理论层面上最具代表性的投影就是社会契约理论。社会契约理论的形成与发展，使市民社会逐步地获得了理论形态。在洛克的构想之中，人们签订社会契约组成一个共同体，“以谋他们彼此间的舒适、安全和和平的生活，以便安稳地享受他们的财产并且有更大的保障来防止共同体以外任何人的侵

① ［德］黑格尔，范扬、张企泰译：《法哲学原理》，商务印书馆1961年版，第203页。

犯。"[1] 但他们在自然状态下的权利仍然没有因之而减损，只不过是放弃了自己裁决案件的权利或资格。根据大多数人的同意和决定建立的共同体，他们的义务就是服从这个共同体。同时，人们又经过政治实践的缔约性行为进入了有特定政体的政治社会，而将君主制排除在政体之外。这个特定政体就是通常意义的政府。洛克的政府起源论乃是具有基于公共利益目的的信托特征，[2] 也即是说，如果政府违反了这一信托，人民就能够以违反信托之名解散政府或另立新的政府。韦德·罗比森曾经提到洛克关于政府起源时提出的社会契约其实是一种双重契约，一个契约就是公民从自然状态进入共同体时订立的；另一个则是在共同体之内选择特定政体时订立的，"对于洛克而言，双重契约首先保障的是：如果发生革命，人们不必回归自然状态，而是迈向另一个拥有新政府的政治社会，就像英国人在'光荣革命'中的所为一样。"[3] 由此可知，洛克的社会契约理论是直接和市民社会的独立性相关的。市民社会因人类放弃自然状态而产生，而人类在市民社会上又建筑了一个政治国家或称公民政府。而政府能否起到订立契约时所欲达到的作用，就成为政府本身存在的理由。因此，尚未形成政府实体的共同体或市民社会就不等于政治国家或政府，洛克也曾经对"共同体"（Commonwealth）一词作出了明确的阐释："我在本文中前后一贯的意思应当被理解成为并非指民主制或任何政府形式而言，而只是指任何独立的社会。"[4] 因此，在洛克看来，市民社会不仅独立于国家存在，而且它还是人类社会交往的平台，在此平台上，国家得以产生与发展。对于国家而言，市民社会在产生次序以及逻辑上都具有优先性："社会先于国家而存在，国家只是出于社会中的个人为达致某种目的而形成契约的结果"。[5] 在社会契约理论，特别是洛克的社会契约理论的构想下，我们可以清晰地看到这样一种思路：享有自然权利的人通过订立社会契约而成为政治共同体的公民，而这些公民又通过第二重社会契约组建了特定形态的国家。公民借助国家的强制性、实证性法律而获得的权利，并不是君主或立法者凭空创造的，而是对自然权利的法律确认。这就说明，国家并不是社会的内在价值、内在理念的逻辑前提，国家出现的目的仅仅在于为社会提供一种形式合理的强制机制，于是，国家就被抽空了伦理内涵，其先前所具有的伦理优位，又重新交还给社会本身，通过生活世界的内部知识（也即意义体系）而得以体现。

---

① ［英］洛克，叶启芳等译：《政府论》（下），商务印书馆 1964 年版，第 59 页。

② ［爱尔兰］凯利，王笑红译：《西方法律思想简史》，法律出版社 2002 年版，第 207 页。

③ ［美］韦德·罗比森：《休谟与宪政》，载［美］罗森鲍姆，郑戈、刘茂林译：《宪政的哲学之维》，三联书店 2001 年版，第 68 页。

④ ［英］洛克，叶启芳等译：《政府论》（下），商务印书馆 1964 年版，第 81 页。

⑤ 邓正来：《市民社会与国家——学理上的分野和两种架构》，载邓正来等主编：《国家与市民社会：一种社会理论的研究路径》，中央编译出版社 2002 年版，第 83 页。

在洛克的学说之中，我们可以看到，市民社会是先于、外于国家而存在的，社会授权国家的产生，而国家权力也并不能无限扩大，因为生命、自由、财产等权利并不能因自然状态向政治社会的转变而有所减少。结合自由主义传统，特别是保守派的自由主义，我们看到可以放任的自由主义经济政策、对财产权的崇尚以及对财富再分配的抵制等限制国家权力的主张都源自洛克的理念。"守夜人"政府及其后诺齐克所谓的"最小化国家"等观念都在一定程度上划清了国家与市民社会的界限。国家通过公民的合意与信托获得了权力正当化的基础，而此时市民社会并未因之而消亡，反而时时刻刻注视着政府，来督促他履行当时的承诺。洛克的学说之所以能够在后世得到广泛认同，就是因为他在理论上尊重了社会及其成员的主体能力与主体精神，同时也论证了国家"权力有限"的正当性。

主张社会优先于国家的理论模型，不仅符合了现代性肇始以降的主体精神，同时也能在历史经验中找到匹配的对应物。中世纪市民社会这一概念并未完全成熟，但历史却使我们可以清楚地看到，市民社会与政治国家已经逐渐分离，从英国中古的封建制度的发展我们可以完全看到这一点。在公元1000年前，封臣死后如果其后嗣宣布向领主效忠，那么领主就有义务向其后嗣作出新的授权，这被称为"采邑的可继承性"。而在11、12世纪领主要依靠封臣去装备服兵役的骑士，所以封臣也更加强烈地要求这种可继承性的客观化、普遍化。[①] 在诺曼征服后的英格兰，通过巡回法官令状诉讼而建立的收回继承地令状（Assize of Mortd' Ancestor）就在普通法中确立了这项诉讼格式，使其后的权利主张可以有根据地提交到陪审团面前。《北安普顿法》在其后也明确地创设了这一诉讼形式："如果封地领主拒绝授予死者继承人所请求的封地占有，国王的法官将举行一次由12位守法臣民组成的陪审团所进行的认证，以查证死者去世时的占有情况，并依据陪审团的认证结果将土地占有返归继承人，不从此令及由此被褫夺权利者将交由国王处置。"[②] 同时，封臣对领主的义务，也从人身依附转向了财产义务，而"实际占有"（Seisin）的概念也使所有权与占有权相分离，而使封臣获得了更大的经济自主性，可以将采邑继续分赐，领主也无法强行剥夺土地上的财产收益。一种"契约性的互惠"就由此建立，封臣与领主的关系及其各自活动范围也因为这种身份性契约而以权利义务的方式得以界定。[③] 类似的情况也出现在庄

---

① ［美］伯尔曼，贺卫方等译：《法律与革命》，中国大百科全书出版社1993年版，第376～377页。

② 转引自［英］范·卡内冈，李红海译：《英国普通法的诞生》，中国政法大学出版社2003年版，第174页。

③ ［美］伯尔曼，贺卫方等译：《法律与革命》，中国大百科全书出版社1993年版，第378～379页；另见，［加］查尔斯·泰勒：《市民社会的模式》，载邓正来等主编：《国家与市民社会：一种社会理论的研究路径》，中央编译出版社2002年版，第12页。

园与自治市中。[①] 特别值得一提的是，自治市是通过世俗君王的特许状而建立的，这可以被看做是近代社会契约理论的经验雏形。原本具有政治意味的采邑制度在中世纪逐步地转变为一种财产权利，贵族因为经济的自主性而逐渐地从政治国家中独立出来，虽然此时市民社会尚未真正形成，但也在一定程度上体现了国家与社会的分立甚或对抗的关系，1215 年英国大宪章的制定正是这样君主与贵族（国家与社会）相互博弈的结果。社会与国家相分离并优先于国家的理论模型，既能够符合现代性的主体性原则，同时也能够在经验历史上找到对应物，以此理论模型为基础而构建出来的制度体系，往往都将限制国家权力、保障个人权利作为最为根本的目的。

从基础原理上讲，由于国家配备了正当的强制机制以保障实证法律的实施与运行，那么国家权力对于个人权利的干涉就是正当的。但如果要去防范权力僭越正当范围而对个人权利造成不法侵害，就既需要通过一系列分权与制衡的制度构建，同时也需要社会自身具备一种可抵抗国家权力不法侵害的防御能力。这种防御能力在经验上表现为经济系统与社会组织的自主性，同时我们也必须在理论上设定社会之于国家的独立性与优先性。而这种设定从实质上来说是为了对抗在经验上强大且时时存在危险的国家强制机制。因此，如果我们将地方法制理解为在地方这一平台与场域之中落实公民权利、限制政府权力的制度实践的话，那么我们势必要主张社会独立并优先于国家这样一种理论模型。

第二节　能力有限国家

在洛克学说支配下的自由主义传统中，往往存在一种预设就是要限制国家的权力，这种限制的核心就在于权力与权利的关系，限制国家权力的目的就是为了保障社会成员即公民的权利，在正当、合法与合理的限度之内权力对权利的干涉与限制本身也是基于保障权利的目的，或者保障更具有价值优位的权利，或者保障更大多数人的权利。如前所述，这其实也就暗含了这样一种观念，即由于国家配备了正当的强制机制，那么在其与社会、个人的力量对比方面，国家的能力是强大的。那么，从反专制、反君权的历史背景中衍生出来的自由主义传统就在规范层面上设定了国家权力的有限性，而在经验层面上设定了国家能力的强大或无限性。

---

① ［美］伯尔曼，贺卫方等译：《法律与革命》，中国大百科全书出版社 1993 年版，第 399 ~ 401、第 483 ~ 484 页。

一、国家自身能力的有限性

需要思考的一个问题就是，在经验层面上国家能力是否真的无限？对于这一问题的回答，我们不妨借助统治与管理的双重视角。众所周知，法律规范大体分为四类：第一是调整统治阶级与被统治阶级之间关系的规范，第二是调整统治阶级内部关系的规范，第三是维护社会公共生活秩序以及保障人们的人身安全等方面的规范，第四是法律化了的各种技术规范。于是，法律的职能就可以区分为政治职能与社会职能，前两者履行的是政治职能，具有阶级性，后两者履行的是社会职能，具有社会性。法律与国家之间存在着极为紧密的关系，① 法律职能的双重性是国家职能双重性的一种体现，那么，从统治的角度来看，国家就具有维护统治阶级利益、调整统治阶级内部关系的政治职能；从管理的角度来看，国家就具有维护社会公共生活秩序、管理社会公共事务的社会职能。这里且抛开国家的政治职能与社会职能两者的优先关系不谈，单说统治与管理的双重视角对我们理解国家能力的重要作用。

从统治的角度来讲，国家权力的作用在于维护统治阶级的利益，因此，经济学上的理性人假设同样适用于国家。国家对于利益的追求，一方面来源于通过国有经济垄断国内资源，诸如汉代的盐铁专卖；而另一方面则更多地来源于税收，即通过向社会征税来保障国家组织体系的运作。除了追求经济利益之外，国家还将追求政治利益与文化利益，但根据历史唯物主义的观点，政治利益与文化利益必须依靠经济利益的保障，经济利益在国家所追求的统治阶级利益中占据了主导地位，而税收就是经济利益最大，也是最为常规的来源。相对于国家依靠常备武装力量而组织起来的正当强制机制，在统治的层面而言，社会以及成员的力量就是相当有限的。即使现代国家为个人设定了司法救济的制度，但司法本身也大多从属于国家机器的范畴之中，不管从经费的供给与使用还是从人员的选任与擢升，司法机关与立法机关、行政机关一样具有高度的国家属性，涉及统治利益时，个人很难与国家抗衡。不管是以马克思主义的视角来看，还是以西方自由主义的视角来看，国家权力在统治层面上都是极为强大的，社会及其成员都不足以

---

① 法是一种稳定的行为期待，主要表现为权利体系，这些权利的生效和实施，必须借助那些作出对集体有约束力的决定的组织。而同时，反过来说，这些决定的集体约束力，又来源于它们所具有的法律形式。这也就是说，国家有助于法律所包含的各种主观权利范畴的实现，而国家本身也只能“通过一种以基本权利形式而建制化的法律代码，才能发展起来”。[德] 哈贝马斯，童世骏译：《在事实与规范之间：关于法律和民主法治国的商谈理论》，三联书店 2003 年版，第 167 页。法律与国家存在着一种难解难分的关系，二者互为表里，相辅相成。

对抗。如果要实现人的“自由全面发展”，或者如马克思主义所述通过无产阶级革命而最终走向共产主义，或者如西方自由主义那样通过分权制衡来在内部消耗国家权力的强势，但不管是什么方案，以统治的视角来看，国家能力在经验上的强大或无限性是能够得到证成的。但由于权力有限原则的制约，在规范性的层面上，国家不被允许具有完备的能力，排除国家权力对契约自由的干预正是这样一种规范性要求的体现。就统治的层面而言，国家在经验上具有强大或无限的能力，但在规范上却只能在有限的范围内完成自己的职能。

而从管理的角度来讲，国家能力却是极为有限的。相比于追逐统治阶级利益，社会公共管理就是一种成本投入，诸如国内基础设施建设，其最为根本的目的就在于拉动国内需求，促进经济发展，从而为增加政府的财政税收。而诸如社会保障、社会福利等公共财政支出，在很大一方面也是因为要保障社会成员的基本生活，进而维护社会秩序的稳定。因此，政治上的“管理—统治”就可以转化为经济上的“成本—效益”，一个良好的制度势必是妥善处理公共财政的支出与收入的制度。从管理的角度来谈国家能力的有限性，正符合了经济学“成本—效益”的原理，即理性的经济人势必要追求低成本与高收益。如果将社会公共管理视为国家政治的一种成本投入，那么社会公共管理就成为国家的一种负担，这一负担对于国家权力行使而言就不可能具有主动的激励性，相反则具有被动的约束性。由于不具有完备的动机机制，国家在社会管理层面上的能力势必是有限的。

动机机制是主观的方面，而国家能力在客观方面也是有限的，即国家也并不具有完备的能力来从事社会的公共管理工作，这一点涉及国家治理机制的属性问题。现代国家都或多或少地带有科层制的特征，区别仅仅在于科层制是否成熟健全。科层制（Bureaucracy）是一种具有形式主义特征的现代行政管理体制，其目的在于保障“稳定的、严肃紧张的、可预计的行政管理”[①]，其最为重要的特征就是依据规则、职务等级、文档卷宗、专业知识以及功利主义的职业理念来运作。[②] 因此，理性的科层制作为韦伯所谓的最为纯粹的合法型统治就将公共权力从依靠神圣与传统的权威、个人的英雄气概等非理性的治理方式之中解放出来，因此，科层制下的公共权力运作，至少是符合目的合理性的。科层制至少要求公共权力运作的规范化与专业化。规范化就意味着公共权力的运作将受到各种规则，特别是法律规则的制约，而专业化则意味着公共权力的运作建立在专业知识的基础之上，这也即，公共权力的运用者，即公务员，是依靠专业知识，而非道

① ［德］马克斯·韦伯，林荣远译：《经济与社会》（上卷），商务印书馆1997年版，第249页。

② ［德］马克斯·韦伯，林荣远译：《经济与社会》（下卷），商务印书馆1997年版，第278～281页。

德、信仰等价值理念来管理公共事务。作为一种理想型，科层制的最大特征就是韦伯所谓的形式合理性，以科层制为核心的国家治理机制同样带有这种形式合理性，其最大的表现就是依靠法律、政策及其他形式化和抽象化的制度来管理社会。在形式合理的国家治理机制中，社会公共管理的对象是普遍而不特定的，这就势必遭遇到知性的有限性与事态的无限性之间的二律背反，① 这也就是说，较之于意识的广阔性而言，实际事态具有更大甚至无限的范围，所谓“计划赶不上变化”恰能说明这一原理。相对于国家的形式性与抽象性，社会则具有更多的实质性与特殊性，虽然我们无法否认社会有其客观的规律存在，但社会规律本身却受到人类具体的实践行为的影响，而非相反，人在行为之时更多地考虑在双边偶然选择的处境中自我的选择方式与他人动机结构之间的关系，即卢曼所谓的“双重偶然性”②。社会中的实际事态是特殊的、具体的、偶然的，形式化的国家治理机制不可能完备地处理社会中的所有事态。因此，从形式与实质二元论的角度来说，国家的能力在社会管理方面也是有限的。

结合“统治—管理”的视角，我们可以发现，在统治层面上国家能力的有限性首先是一种应然的有限性，即国家不被允许具有太多的能力，其背后的依据就是国家权力的有限性。其次，在社会公共管理的层面上，国家能力又存在着经验的有限性，即国家事实上并不是万能的，这一层面又可以区分出两大层面：在主观层面上，社会公共管理作为一种成本投入使得动机机制并不完备，借助权力管理（服务）社会缺少了利益的激励；在客观层面上，抽象化、形式化的国家治理机制并不能完全涵盖无限的社会实际事态，权力对社会的完全管理与控制事实上也是不可能的。因此，“国家万能”的概念就是值得怀疑的，国家不被允许、也不情愿更不可能拥有完备的能力。

二、“立法万能”观念的根源与反思

“国家万能”在法制建设方面主要体现为“立法万能”的观念。所谓“立法万能”主要是指将立法视为解决任一社会问题的最佳方案，认为只要国家采取立法的方式，任何社会问题都将迎刃而解。与之相关的还有“立法迷信”，即当某一问题出现并亟待解决时，人们总是倾向于主张由国家进行立法加以规制。之

---

① 康德在论述纯粹理性的四对“二律背反”之时就提到，先验理念的第一个冲突就是“世界在时间中有一个开端，在空间上也包含于边界之中”与“世界没有开端，在空间中也没有边界，而不论在时间还是空间方面都是无限的”之间的悖论。［德］康德，邓晓芒译：《纯粹理性批判》，人民出版社 2004 年版，第 361 页。

② ［德］尼克拉斯·卢曼，翟铁鹏译：《权力》，上海人民出版社 2005 年版，第 9 页。

所以会产生“立法万能”或“立法迷信”的状况，有其思想根源与制度根源。首先，中国经过新文化运动、五四运动等思想启蒙而建立起来了一种“真理世界观”，这种以科学真理为核心的世界观在20世纪宰制了中国社会与思想的发展，其内涵大致涉及：本体论与宇宙论的重构、科学对其他价值领域（诸如道德、宗教等）的宰制关系、科学与文明进步的必然关系、科学法则或自然法则与人类行为的统一关系等。[①] 借助这种世界观，人们相信具有普遍效力的真理与理性，而立法被看做是对各种社会规律、物质生活条件的发现与认识，因此，立法的产物就势必也能够以理性的姿态应对各种具体的事态。其次，从制度上来讲，作为立法机关的人民代表大会同时也是权力机关，在宪法上是同级国家机关的最高者，立法权与司法权的力量对比就有所失衡。法院并没有被赋予更多的自由裁量权，在遭遇到新兴的社会状况时，并没有太多的主动权，而需要相应的立法作出调整。因此，立法就成解决各种新兴社会问题的首要选择。

然而与国家万能一样，立法万能同样值得反思。第一，立法万能的观念忽视了除却法律之外的其他社会自我调控机制的重要作用，社会的自我调控机制体现了生活世界本身所具有的价值与意义，诸如传统乡民社会、同乡会、宗教社团等都对社会秩序的维护与发展起到一定的积极作用，而国家立法的干预将瓦解这些生活世界调控机制的自组织性以及相应的伦理生活方式。如果将社会界定为经济系统与生活世界的综合体，那么社会的合理性就在于工具合理性与价值合理性的统一，合理的经济系统与生活世界都不允许强制力的介入：经济系统的货币媒介与契约机制都要求主体免受外在强制，而生活世界的意义与价值则要求主体免受内在强制。如果想避免韦伯所谓“自由之阙如”和“意义之阙如”的困境的话，那么应当排除国家立法对社会的过度侵蚀，因此，从规范性的角度来讲，立法不应无所不能。

第二，立法万能的观念加重了公共资源的支出。以经济学的视角来看，立法属于公共产品，其本身也必然带有与普通产品相同或相似的成本。立法的成本既包括在具体立法过程中所耗费的人力、物力、财力，也包括在立法之后其他国家机关实施法律法规所耗费的人力、物力、财力以及可能继续追加的成本投入。而立法效益则主要包括经济效益与社会效益，即立法所要实现的经济目的和价值目标。[②] 即使立法能够在诸多领域中起到调整与控制的作用，执政者往往也会选择

---

① 汪晖：《现代中国思想的兴起》（下卷·第二部：“科学话语共同体”），三联书店2004年版，第1224～1225页。

② 孙潮：《立法成本分析》，载《法学》1994年第10期。同时参见《海南省人民政府办公厅关于开展立法成本效益分析工作的实施意见》（琼府办（2007）130号），其中对立法成本与立法效益作了较为详细的界定。

运用政策、行政决定等方式来替代法律规制，因为法律制定过程要遵守严格的立法程序，法律制定之后司法、行政等部门也要建立一系列配套机制来确保法律的有效实施。与此同时，立法并不是简单的制度构建过程，立法者仍然需要考虑社会事实对立法的反作用。通常认为，立法过程就是将政治意志转化为立法者意志的过程，然而，这种思路却带有一定的局限性（缺乏更大范围的公共参与和公共论证），作为立法产物的制定法本身可能不适应于现实的情形。造成这种情形的原因是多样的，但最为主要的是将立法看做是政治意志的传声器，而忽略了社会事实对立法的反作用。[①] 社会事实反作用的负面形式主要表现在公民对法律的规避、抗拒以及不信任等。社会事实对立法的反作用就意味着对于特定社会事实的考察与调整也要纳入立法成本的范围之内，以防立法成本投入无法获得预期效益。而且一旦立法的成本投入没有获得预期的效益，不仅社会的问题没有得到及时解决，相反还会给公民造成一种治理失败的印象，从而影响公民对执政者的认可。在政府眼中，立法规制的风险要远大于政策规制。还有一点较为特殊的是，法律规制的方式或多或少地将对权力起到一定的限制作用，这也将影响国家借助立法来管理社会的主动性，这在我国同样也比较明显。因而，从经验的主观层面上来讲，国家并非期望完全运用法律规制的方式来实现对社会的规控。

第三，在实际的法制实践中，立法也并非万能。现行法理学教科书大多将法律运行由三个环节（立法、执法、司法）扩展到五个环节（立法、执法、司法、守法、法律监督），这种扩展当然有其合理之处，但如果刻意地将立法与守法相区分就难免会造成一种脱节，即立法者负责制定法律，而法律究竟如何被遵守则是另外一回事，而事实上，这种脱节在我国当下的法制实践中是屡见不鲜的。这种脱节既是因为在立法过程中，立法者并没有广泛地吸取公共资源，仅仅体现了党政组织和上级的意志，而忽视了公共参与和公共论证，而更为重要的是，这种脱节是法律本身所固有的属性。法律一方面具有高度的形式合理性、抽象性和普遍性，就使法律不可能完全涵摄全部的社会事态，在个案裁判中，法官只有在法律解释甚或类推中才能让规范与事实达成一致，因此，考夫曼就曾经提到：“法律是透过语言被带出来的”[②]，只有通过语言的解释媒介，立法才能真正地与社会事实相协调。另一方面，法律同时也具有规范性，法律规范文本“与文学、历史、政治文本的区别在于它规定了应当有效的东西”[③]，如果抛开自然法语境下的事实与价值的二分法不谈，仅就在凯尔森的意义上谈法律规范与社会事实之

① 哈贝马斯曾举例，西方社会立法保护妇女权益，但结果反而加重了妇女的就业负担。［德］哈贝马斯，曹卫东译：《包容他者》，上海人民出版社 2002 年版，第 303 ~ 305 页。

② ［德］考夫曼，刘幸义等译：《法律哲学》，法律出版社 2004 年版，第 169 页。

③ ［德］魏德士，丁晓春、吴越译：《法理学》，法律出版社 2005 年版，第 310 页。

间的二分，那么立法所体现的规范性要求也未必能与社会事实相匹配。不管立法的民主程序如何健全，不管立法的公共参与如何完善，在立法事务中总是会存在不特定的少数派，少数派无法内在地服从法律所体现的规范性，但却必须外在地服从法律的强制性，这就为通过立法调整社会带来了困难，即法律体现了统一的价值预设，但却又不得不去面对以价值多元为特征的社会事实。因此，从认识论和价值论两个方面来谈，立法不可能是万能的，立法要想实现预期目的，既需要借助司法过程的解释工作，也需要借助社会的沟通与团结机制。

三、不同层级间政府能力的差异性

国家的能力是有限的，国家通过立法的方式来调整社会关系也并非万能的，这在法制的问题域中具有普遍性。而就地方法制问题的研究而言，我们势必要借助"地方"这一新颖的视角来看到国家能力的问题。

以地方法制的视角来看，不仅国家的能力是有限的，不同层级的国家机关，也即广义的政府，各自的能力也存在着差异。特别是在我国单一制的前提下，地方政府就承担了比中央政府更多的职能与责任，而在一个运作基本良好的国家体制中，权、能、责三者必定相一致的，因此，在单一制的国家结构形式之下，地方政府的能力应该强于中央政府的能力。

地方政府能力的优势之一在于信息的直接性。在整个国家体系中，地方政府与社会直接接触，负责具体的社会管理、政策实施、法制建设等的工作，因此，中央在作出重大决策时，就需要依靠地方政府所传递的信息。信息本身的真实性往往会因为传播的多层级性而大打折扣，地方政府有时出于政绩的考虑与问责的压力，往往会隐瞒事实或谎报数据，这在我国的历史上屡见不鲜，中央既不可能也没有能力全面地逐一考察地方汇报的信息。中央与地方之间必然存在着"信息不对称"的情况，这就将影响中央决策的能力，因此，就信息与决策这一方面而言，地方政府的能力是优于中央政府的。

地方政府能力的优势之二在于施政的具体性。中央在大多数情况之下并不负责具体的社会管理工作，而将其主要角色定位在决策者的层面上。但一方面中央的决策要面对着国土辽阔、人口众多、各地发展不均衡的情况；而另一方面则又必须具有普遍性，于是，中央的决策往往是抽象的、原则性的，而其如果想要真正得到贯彻落实，就必须借助地方的中介，根据各地不同的实际情况，因地制宜地执行中央决策中的基本精神。从原则性的决策向操作性的具体制度转换的过程，其实就是地方重新解释中央决策内涵的过程，对于社会管理起到实质性影响的仍然是经由地方政府再次诠释的决策。因此，就决策与执行这一方面而言，地方政府的能力仍是优于中央政府的。

地方政府能力的优势之三在于责任的双向性。地方施政的成败往往会影响社会对整个国家体系的认同感，故而中央势必要对地方政府加以监督与管理，在出现较大的社会问题时，中央往往将责任推卸给地方，“政令不出中南海”就成了最佳的理由，[①] 地方政府首先承担着来自中央的问责压力。同时，由于地方治理的直观性，社会对地方政府的认识要比对中央政府的认识更为全面，地方政府的执政失误往往比中央政府的执政失误更为直观，更为明显。于是，地方政府又承担了来自社会的问责压力。在双向的问责压力面前，地方政府要具备比中央政府更大的能力，才能维持体制的稳定。因此，在施政与问责的角度来说，地方政府的能力只有优于中央才能维持体系的良性运作。[②]

综前所述，在国家能力整体有限的前提下，地方政府的能力又在一定程度上优于中央政府，这样我们就可以得出如下结论：首先必须重视社会自身的建设，要从过去社会发展、社会建设依靠国家的“国家主导”思路中走出来，借助社会自身的力量来自我发展、自我完善。其次考察国家与社会的关系需要借助“地方”这一视角，在“地方”这一平台上实现国家与社会的良性互动，才是法制健全与完善的必经之路。

第三节　社会的自组织性

前面的论证已经表明，国家的权力与能力都是有限的，不同层级的政府之间的权力和能力也是有差异的，这就要求我们从“国家主导”的思路中走出来，重新发掘社会的潜在力量，在地方的平台上，促进社会发展与法制完善。借助社会的主导与推动，在地方的平台上，国家法治最终得以实现，国家权力在法制之中受到约束，公民权利在法制实践之中得到保障。那么，社会是否可以完成这一任务呢？相较于国家，社会的自组织能力优势又在何处呢？

---

① 这个命题是一种责任的推卸，其首先作出了“中央不能为非”的预设，而后将治理中出现的各种问题归结为地方政府没有很好地贯彻落实中央的政策。这里存在这样几个问题：第一，中央不能为非的预设本身就是不合理的。第二，即使我们承认这一预设的合理性，地方政府也不能为所有的治理问题负全责，因为中央的政策本身就是抽象且含混的。第三，某一个具体的治理问题的成因是多方面的，有些原因甚至与基本的体制相关，在地方无法撼动基本体制的前提下，地方政府往往成为了中央的替罪羊。

② 当然，从这个角度来说，也存在地方政府能力不足的个案，但这里所做的是一种普遍性的分析，其前提就是政治与社会大体稳定。

一、社会的合理化与自组织性

从自组织性的角度来讲，社会既是运作良好的合理系统，也是富于价值与意义的合理的生活世界，社会的合理化程度就意味着社会的自组织程度。因此，我们还必须从社会合理化的角度出发来审视社会的自组织性。

从广义的视角来看，社会合理化既包括经济亚系统的合理化，又包括生活世界的合理化。生活世界是人类交往的语境与背景资源，但生活世界本身却只是“充满复调的模糊总体性筹划”①，因此，只能发挥有限的协调与理解的作用。为了避免交往行为的偶然性以及摆脱日常交往的压力，就需要货币、权力这样特殊的媒介来减轻日常语言的负担。但货币、权力形成的经济与行政的亚系统逐渐获得自主地位，进而从生活世界中分离并试图宰制生活世界。② 行政亚系统以公共权力为媒介，也即我们通常理解的政治系统，属于国家的范畴；而经济亚系统则以货币为媒介，其对应的是以雇佣与契约为核心的市场。行政与经济两大亚系统的合理性都适用目的—工具合理性的原则，然而，虽然生活世界自身区分出经济与行政两个系统，并不代表生活世界的背景资源业已耗尽。尽管一个健全而成熟的社会都立基于一套形式合理的经济系统之上，但同时目的—工具合理性也必须恪守自身的界限，尊重、包容并在一定程度上支持文化领域的发展。因此，如果我们将社会理解为人类交往的平台与场域，那么社会的合理化就应当包含目的—工具合理性之外的其他合理化进程，我们不能将经济与政治看做是整体共同体的全部，社会运作的逻辑也并非仅是经济的逻辑，社会更多体现的是人类的意义与价值。自组织程度较高的社会就能够使工具合理性与价值合理性两者有机统一。

如果从生活世界的内在视角来看，社会就是“包括策略关联与决裂在内的、以交往为媒介的合作网”③，社会合理化既受到系统媒介目的合理化的约束，同时也通过交往行为的合理化得以实现，而交往行为正是以生活世界为语境与背景，通过揭示生活世界背景知识而得到合理的共识。从另一个角度来讲，如果我们承认社会的合理化本身实质上是社会克服了其自身的危机而得以良性运作的话，那么，社会的合理化势必要建立在控制与有效性的基础上，也即建立在系统

---

① ［德］哈贝马斯，曹卫东等译：《现代性的哲学话语》，译林出版社 2004 年版，第 403 页。

② ［德］哈贝马斯，曹卫东等译：《现代性的哲学话语》，译林出版社 2004 年版，第 393 ~ 395 页。

③ Jürgen Habermas. *The Theory of Communicative Action*, *Vol. 2*: *Lifeworld and System*: *A Critique of Functionalist Reason*. Boston: Beacon Press, 1987, P. 148.

性整合（Systemisch Integration）与社会性整合（Social Integration）的基础之上。[①] 那么以货币、权力为媒介的系统以及以交往行为为媒介的生活世界，可以为这两种社会整合提供语境、平台与方法。因此，社会合理化本身既包含形式上的系统合理化，也包含生活世界的合理化。

说到底，社会的自组织性其实就是指社会依靠内部力量的支持以及内部结构的协调来自我发展、自我演进，而无需外部的干预。那么，从社会合理化的角度来看，社会的自组织性其实蕴含了两大方面：第一个方面就是生活世界对抗系统的干预，借助主体间的交往行为来实现内部三大结构的再生产；第二个方面就是经济系统对抗行政系统的干预。

社会的自组织性首先就体现在生活世界抵抗系统的侵袭。虽然系统本身发源于生活世界，但却返回来试图将生活世界殖民化，因此，一种合理的社会，也即具有社会整合的规范形式的生活世界，[②] 就势必要在很大限度上抵抗系统的侵袭，因此，以交往行为合理化为基础的社会合理化就势必要优先于以行政、经济合理化为核心的系统合理化。

如果想保障生活世界所包含的意义与价值不被形式合理的系统所侵蚀，那么，生活世界就势必要保证行动者的自主性、文化的独立性以及交往的透明性（非强制性），[③] 因此，生活世界的合理性与其内部构成与关系相关。行动者的自主性与生活世界的"个性"结构相对应，文化的独立性与生活世界的"文化"结构相对应，交往的透明性与生活世界的"社会"[④] 结构相对应，这三种结构都必须经由交往互动的联系：文化结构将文化知识传递给交往的主体，而交往互动则通过共识的达成促进了文化知识的再生产与革新；交往互动使个体能够得以社会化，个体的交往互动过程同时也是文化教化的过程，个体借助交往互动获得了文化定型，而个性结构为交往互动输送了动机与技能；社会为交往互动提供了平台与语境，借助社会一体化，使自我与他者的互动能够有序开展，而交往互动则

① 这两个概念是社会整合（Integration of Society）的不同向度，为了避免混淆"社会整合"与"社会性整合"，英译之中将 Social Integration 译作 Societal Integration。而在哈贝马斯中译文献中，译者往往都将 Social Integration 译作"社会整合"，这就为理解生活世界与社会的关系造成了一定的困难，因此，借鉴英译的做法，本书也试图将两者区分对待。

② Jürgen Habermas. *The Theory of Communicative Action*, *Vol.* 2: *Lifeworld and System*: *A Critique of Functionalist Reason*. Boston: Beacon Press, 1987, P. 147.

③ Jürgen Habermas. *The Theory of Communicative Action*, *Vol.* 2: *Lifeworld and System*: *A Critique of Functionalist Reason*. Boston: Beacon Press, 1987, P. 149.

④ 此处提及的"社会"概念，与本书所论述的集合了经济系统与生活世界的"社会"概念略有不同，其毋宁是人类交往活动得以展开的平台与语境，也即哈贝马斯所谓的"正当的交往秩序"："依靠这种秩序，交往行为者通过建立人际关系而创立一种建立在集体属性基础上的团结"。［德］哈贝马斯，曹卫东等译：《现代性的哲学话语》，译林出版社 2004 年版，第 387 页。

保障了社会团结的建立与维护。①

自我与他者的交往互动之所以能够连接生活世界内部的三大结构，是因为其能够使这些结构都得以再生产，与之相对应的再生产过程就是个体的社会化、文化传统的延续与社会的一体化。如果将生活世界的合理化理解为其内部结构各自的合理化以及各结构彼此关系的合理化，那么生活世界的合理化就需要借助主体间的交往行为来得以实现，而更进一步地说，需要借助再生产过程来得以实现。成就性的再生产过程与生活世界的关系在于：个体社会化过程为个性结构提供了个体同一性，也即互动的能力；社会性整合为社会结构提供了以正当方式建构的人际关系；文化再生产为文化结构提供了适于共识达成的解释模式，也即有效的知识。而与之相对的病理学的再生产过程则表现为相应的表现为个体的病态心理、社会混乱失序以及文化意义之丧失。② 如果合理性是一个反病态的概念，那么生活世界的合理性就意味着，再生产过程能够妥当地维持各个结构所要求的特性，并借助主体间的交往行为促进各结构间的良性互动。因此，生活世界抵抗系统的侵袭就要求解放个体的主体意识，并为个体的交往互动提供一个宽松的平台。

社会的自组织性还体现为经济亚系统对抗行政亚系统的侵袭。经济领域有其自身的普遍而必然的逻辑联系，也即经济规律。经济规律是一种社会规律，实质上是人们经济活动的规律，而市场失灵正是由于人们的经济活动无法克服双重偶然性的困境才产生的。处理市场失灵的最佳方式并不是政府或者专家以认识论的模式来将经济规律当成客观对象来看待，而需要从人类意向性活动的角度出发，构建一个可供经济活动者查询、交流与对话的信息平台。公共权力的根本任务并不在于经济事务，而在于政治或行政事务，克服经济活动的不合理性，只有通过经济活动者彼此了解对方意图并达成意见共识来实现，而非超越于经济活动者之上的公共权力。

公共权力如果直接介入到经济事务之中，势必会改变其原有公正性的初衷，从而造成与民争利的现象。如果公共权力同时也成为经济活动的主体，那么其就会借助强制性的制裁机制抑制市场经济的自由竞争，从而牺牲了公正的市场秩序。同时，政府如果借助其垄断地位来获取利益，那么势必将强化其自身，使公共权力难以受到规控，市民社会也会因之而逐步萎缩。公共权力过多地介入经济事务既无助于市场经济的发展，也无助于公共权力自身的合理化，反倒会危及政治系统的合理性与合法性。

---

① ［德］哈贝马斯，曹卫东译：《后形而上学思想》，译林出版社2001年版，第87页。

② Jürgen Habermas. *The Theory of Communicative Action*, *Vol. 2*: *Lifeworld and System*: *A Critique of Functionalist Reason*. Boston: Beacon Press, 1987, pp. 142 – 143.

二、社会自组织性的要求

因此，社会的自组织性就意味着社会排除国家的过度干预，借助自身的发展逻辑与结构协调来实现社会的自我治理、自我维持、自我发展。如果将社会的自组织程度与社会的合理化挂钩的话，提高社会的自组织程度就必须重视社会成员的主体性及其交互活动，社会的自组织性说到底还要发挥社会成员的主体作用、主体精神，并通过主体间的免于外在强制的活动提高社会的自治程度。于是，社会的自组织性就至少产生了如下几个方面的要求。

第一，免于外在强制。国家权力就是最具有代表性的外在强制。尽管国家的强制势必有其正当性，但一旦超出了合理的范围，正当性就会逐渐萎缩，直至消亡。国家的过度干预不仅会消解社会的自组织能力，相反还会适得其反。在经济系统抵抗行政系统的侵袭方面，社会的自组织能力要优于国家，诸如 2008 年年底颁布实施的《劳动合同法》就在次贷危机的背景之下，加重了用工单位的负担，引发了裁员和撤资的风潮，劳动者的权益不仅没有得到保障，相反失业率却大幅度提高。如果通过社会自身的力量，借助劳资谈判、社会保障等方式，并辅之以税收调控、利率调整等手段，或许就能实现国家、用工单位、劳动者三方的共赢。而在生活世界抵抗系统的侵袭方面，社会的自组织能力也明显优于国家。我国传统的乡邑社会、乡民社会是与皇权相对的、具有良好的自我组织能力的共同体，对保障社会的自我调控与发展起到了不可忽视的作用，但随着近代以来，以城市为中心的城乡二元结构逐渐形成，城市与乡村的交互式联系逐渐地被打破，取而代之的是城市不断地吸取乡村的资源，同时却无反馈机制。而现代国家的法律制度过于重视国家主导的法律制定，而忽视了传统乡民社会中的风俗、道德规范甚或宗教在定纷止争中的重要作用，从而导致了国家法在民间运作中的尴尬，“城乡二元”在法制实践中表现得最为明显。不管是经济领域还是生活世界，在国家主导的观念下，社会自身的力量和组织都在逐步地萎缩，社会团体、行业组织、基层自治组织等本属于社会范畴的组织机构都被深深地打上了国家的烙印，不仅丧失了独立性，而且基本的功能也在逐步丧失甚或异化。[①] 因此，要提高社会的自组织程度，必须首先排除国家的外在强制。

第二，注重社会成员的主体作用与主体精神。如果我们承认社会从时间顺序和逻辑次序上都优先于国家，那么，我们必须摒弃诸如苏格拉底、黑格尔等对社

① 诸如工会原本是劳动者自身争取权益的联合体，而如今却站在用工单位的立场之上，协调劳资关系、维护正常生产秩序（防止罢工）的准官方机构。

会主体能力的贬抑。社会成员作为社会组成的基本元素，对社会的构成、发展与完善起着决定性的作用。如果社会成员只是类似化学元素那样无意识地存在于社会之中，那么社会本身就会僵化直至瓦解。社会成员的主体作用与主体精神，大致表现为这样几个方面：公共意识、纳税人意识、权利义务观念、平等自由观念、理性精神等。(1) 公共意识与纳税人意识针对的是社会成员在政治、经济方面的主体资格，主要体现在社会与国家的相互关系中，对于确立社会之于国家的优位起到重要的作用。(2) 权利义务观念与自由平等观念是社会成员之间处理彼此关系的基础理念性准则，为社会的团结与一体化提供了重要的理念支持。(3) 理性精神是社会成员主体性至关重要的一部分，否认社会成员具有理性精神就从根本上否认了社会成员的主体性，苏格拉底将人民贬抑为哲学王所牧养的羊群，就是因为他不承认人所生来固有的理性精神与理性能力。理性精神就意味着社会成员自身能够自我选择、自我决定、自我负责，国家对于社会的辅助只是因为这种理性精神与理性能力的有限性。

由于我国特殊的历史—地理状况，大一统的国家体系很早就已形成，这种“早熟”的统一国家构建使我们在政治理念上往往重视国家的主导作用，而忽视甚或贬抑社会的主体精神与主体能力，在我国历史上，往往将国家的衰败归结于地方力量、社会力量与朝廷的对抗。[①] 科举制的创立使社会阶层产生了很大的流动，社会的主体性就逐渐地被官僚集团吸收，“圣代无隐者，英灵尽来归”的政治理想型就决定了国家对于社会资源，特别是智识资源的统合，社会的主体性、社会成员的主体作用逐步地被政治所侵蚀甚或取代。因此，如果我们想重新恢复社会的自组织性，就必须从传统的思维定势中走出去，一方面排除国家对社会的过度干预；另一方面则重视社会成员的主体作用与主体精神，通过具有主体精神的社会成员的有机交往与联合来促进社会自身的发展与完善。

第三，社会的自组织性并不会自发地获得，还需要一定的制度配套。公益性社会机构、营利性社会机构、自治性社会组织、舆论群体等都是社会自组织性的客观体现，这些制度化的社会力量的完善程度，就体现了社会的自组织程度。由于我国传统“国家主导”的思路，这些社会力量要么受到抑制，要么受到忽视，要么被吸收进国家体系之中而具有准官方的性质，这就导致这些社会力量无法发挥其应有的功能。公益性的社会机构承担的是社会救助、社会保障的功能，在我

① 东汉末年豪强兼并被史学界视为是东汉王朝走向衰变的重要原因之一，曹操也将袁绍集团失败的根源归结为其无法有效地惩治豪强，在其诏令中就曾提到：“袁氏之治也，使豪强擅恣，亲戚兼并；下民贫弱，代出租赋，衒鬻家财，不足应命；审配宗族，至乃藏匿罪人，为逋逃主。欲望百姓亲附，甲兵强盛，岂可得邪！……郡国守相明检察之，无令强民有所隐藏，而弱民兼赋也。”（《三国志·魏书·武帝纪》裴松之注引《魏书》）。曹操的社会改革固然有其审时度势的合理之处，但仍然体现了我国传统文化中重皇朝轻社会的思维惯式。

国这些功能往往由国家来实现，但这一方面将影响国家有限的公共财政资源，而另一方面由此而引发的各种问题就将影响到社会对国家的认同。① 营利性的社会机构主要指律师事务所、公证处等，这些机构以营利为根本目的，但在营利的同时往往也会起到较大的公益影响，营利性社会机构的成熟程度与市场经济的发达程度是息息相关的，市场经济也是社会自组织性的一个必备基础。自治性社会组织主要是指行业协会、工会、商会等由相关的职业群体组建起来的自治组织，在许多国家的法律实践中，这些组织的内部规章制度被视为自治法而与国家法具有同样的形式效力，然而在我国，自治性社会组织同样存在一定程度的官方化，尤其是律师协会、工会等，这就体现了国家对于特定职业群体的控制，而注重社会的自组织性，就要求提高行业群体、职业群体的自治程度，这既减轻了国家的施政负担，也有助于这些组织能够按照自身的逻辑与准则发挥功用，从而促进社会的发展与完善。与前几种社会力量相比，舆论群体的组织化、制度化程度较低，既包括新闻媒体，又包括专家、意见领袖以及普通的网民，但随着信息网络技术的飞速发展，舆论群体对于社会自组织的贡献越来越大，主要表现为通过舆论来推动某一特定公共事件的解决或发展，并在很大程度影响国家与其他社会组织，最终通过制度化的方式来解决特定的社会问题。舆论群体要发挥自身的作用，既要求国家给予社会足够的表达自由空间，同时也要求社会成员具有更多的理性精神和论辩精神，表达自由的缺失与表达自由的民粹化一样都将影响社会自我的发展与进步。因此，从制度化的层面上来说，应给予社会组织以更大的空间以提高社会的自组织程度。

第四节　国家对社会的辅助

社会的自组织性决定了社会之于国家的优先关系，但不可否认的是，社会同样存在着一定的有限性，而国家产生的目的就是要辅助社会克服这种有限性。虽然我们通常习惯于在规范的层面上设定个人的绝对自主性，然而，在经验的层面上个人的能力是极为有限的，而个人的联合体家庭、社会等由于不具有正当的强制机制，其能力往往也是有限的。在资源稀缺而出现纠纷的情况下，如果没有一个中立的仲裁者的话，纠纷解决的方式就只有依靠暴力，因为即使通过双方协商

① 诸如近期被网络热议的“郭美美事件”，就是因为红十字会具有太多的官方性质，由此就会引发公众对其运作机制、资金使用、廉洁自律等问题的质疑。

或订约的方式，协商结果或约定的执行也是无法保障的，就难免会产生出新的纠纷，无穷倒退的终点就是武力。配备了正当强制机制的国家在产生后就成为了这样一种中立的仲裁者。因此，国家在起源之初就以辅助者的姿态出现，这在经验和理论上都能得到证成。

在现代国家形态中，国家对社会的辅助还体现在组织与干预等方面。第一，现代国家之所以得以维系，更多地需要借助宪政框架，或者换句话说需要借助“宪法爱国主义”（Verfassungspatriotismus），[①] 而宪政框架本身就预设了公民是社会契约的订立者，从这个意义上来讲，国家是一种背景秩序的权威；第二，国家也组织起来了一套常备的武装力量，来保障个人权利受到来自各个方面的侵害，从这个意义上来讲，国家是一种制裁机制的权威；第三，由于公民订立社会契约之后将主权让渡给了国家，国家就将公共权力制度化、组织化，从而形成了一套权力体系，既为公民的政治参与提供了理性的制度平台，又通过公民的合意为社会制定了规则（立法），既通过行政确保规则的实施，又组织了法院系统进行独立、公正的审判以保障规则所赋予公民的权利，从这个意义上来讲，国家是一种权力组织的权威；第四，为了保障公民生活所必需的经济、社会、技术、生态上所必需的生活条件，国家势必是一种社会—经济管理的权威；第五，社会自我组织机制的有限性，往往也需要国家来加以干预。诸如自由市场所带来的经济危机，必然要依靠国家才能得以化解；文化再生产所必需的教育机制也需要国家的干预才能避免市场化运作所带来的负面影响。

因此，国家对社会的辅助就体现在裁判、组织与干预等方面，这种辅助自身也能够得到证成。然而如果国家对于社会的辅助没有任何界限，辅助就难免会异化为侵蚀与统合。那么这一界限又何在呢？这里试以辅助性原则（Principle of Subsidiarity）说明之。

辅助性原则最早源自天主教的理念，即个人的自决、自信和人际间的相互信赖与帮助。[②] 其主要精神就是如果个人能做，家庭就不做；如果家庭能做，社会就不做；如果社会能做，政府就不做。[③] 而在欧共体签订《马斯特里赫特条约》后，辅助性原则就成为一项基本的准则，其主要解决的是欧共体与其成员国之间的分权关系，主要体现在第3B条：“共同体应在本条约授予的权限内，根据本条约规定的目标开展活动。在非共同体专属权限的领域，应依据从属原则，只有

---

① 概而言之，宪法爱国主义即是指用共同的政治文化来取代民族文化的主流文化，并以之来维系公民身份认同与团结，进而保障公民的国家认同。参见［德］哈贝马斯，曹卫东译：《后民族结构》，上海人民出版社2002年版，第87页。

② 王鹤：《评欧共体的辅助性原则》，载《欧洲研究》1993年第2期。

③ 陈建仁：《以辅助性原则重建台湾地方自治可能性之探讨》，“地方自治与民主发展：2008选后台湾地方政治”研讨会会议论文。

在拟议中的行动目标成员国没有充分能力予以完成，而出于拟议中的行动的规模和效果的原因，共同体能更好地完成时，才由共同体采取行动。”这一条的目的就是要避免在欧洲一体化的进程之中，欧共体权力过大而对成员国多样性造成的损害。从欧洲的实践来看，辅助性原则是一种自下而上的权力分配方法，将权力优先地分配给较低的政权层次，而较高层次的政权对其仅仅起到辅助性或从属性的作用。[①] 如果将欧共体（欧盟）与各成员国的关系类比于中央与地方的关系的话，辅助性原则就是从下到上地分配权力，地方应当比中央具有更大权力，这也是权能相一致的必然要求。

在德国行政法学当中，同样存在对辅助性原则的探讨。辅助性原则继承了欧洲自由主义与理性主义的传统，将个人的自主性置于首位，而首先排除了国家的干涉与引导，公权力仅仅在个人与社会无能为力时才被允许干预。与欧洲一体化的实践一样，辅助性原则在行政法中同样要求自下而上的权力分配，而同时也涉及了国家与个人、社会之间的关系，即个人与社会优先，国家仅起辅助作用。[②] 这样，辅助性原则就可以区分出两个层面：中央与地方以及国家与社会。中央对地方的辅助以及国家对社会的辅助，既被限制在特定的范围之内，当社会或地方有足够能力解决问题时，国家或中央就不能取而代之；同时也应是一种不可推卸的义务或职责，辅助性原则不能成为国家或中央不作为的推辞。

综前所述，在横向视域中看待地方法制，我们就必须考察国家与社会之间的关系。国家与社会相互分离，社会从时间顺序和逻辑次序上都优先于国家，这在理论和制度上都能得到证成。在这一前提下，我们要摒弃国家万能，特别是立法万能的旧有思路，注重社会自身力量对其发展与完善的作用，尊重社会及其成员的主体作用与主体精神，借助制度化的社会力量来提高社会的自组织程度。而在社会自我发展与完善的同时，国家所要起到的就是一种辅助性的作用。只有秉持这种思路，国家与社会的良性互动、国家统一法治的健全与完善才能在地方这一平台上最终得以实现。

---

① 王鹤：《评欧共体的辅助性原则》，载《欧洲研究》1993 年第 2 期。

② 刘莘、张迎涛：《辅助性原则与中国行政体制改革》，载《行政法学研究》2006 年第 4 期。

第三章

地方法制的纵向视域：中央与地方

“从历史上来看，不论是实行地方自治、地方分权、委任制还是领主制，地方治理机构及组织都享有在地方事务中的主导地位。”

地方法制，不仅仅指向地方治理单位的法律制度及实践，更强调和重视地方与中央的关联性，即中央与地方之间的关系，因为后者直接决定了地方治理单位的制度内容及实践形态。在不同的中央与地方关系模式下，地方所享有的治理权力、职能和责任方式是不一样的，至少在中央集权和地方自治两种模式之间，地方所能享有的权利、职责及制度实践迥然不同。不过，各国政治实践的历史与现状之间存在某种趋同性，也即，地方自主及其正当性得到普遍承认，中央权力正逐渐让出对地方事务的主导权，转而采取对地方事务及权益维护以支持和辅助的立场。这种变化，既是传统地方自治制度及观念沿承的结果，也是民主政治观念及实践的必然要求。

第一节　中央与地方关系的变迁

无论是西方的城邦时代，还是东方的部落时期，一城即一国，并无我们今天所谓的“中央”和“地方”的政治治理概念。只有国家（或政治共同体）的治理疆域逐渐扩展，并延伸至传统血缘政治无法企及的境地时，才会出现“分而治之”的局面，并逐渐创设和形成一种与小国寡民治理模式完全不同的层级治理结构。在西方，政治共同体的层级治理成型于古罗马时代；在东方，则可追溯至中国上古的夏商时代。

采取中央与地方层级治理的方式，一方面，缘于国家疆域的拓展，传统治理方式在权力向下延伸过程中无法解决治理效果边际递减的难题，不得不通过层级放权治理的方式来实现有效统治；另一方面，层级放权治理的方式，以及中央与地方的各自权责范围的确立，也是地方与中央政治权力抗争、博弈、妥协的结果。在一定意义上，后者决定了中央与地方关系所采取的模式，以及维持中央与地方关系的法律形式。

一、西方国家治理模式变迁中的中央与地方关系

古罗马时期的政治和法律文明是西方文明的重要渊源，其影响十分深远。在西方政治制度和国家治理模式的历史发展中，罗马共和国和帝国时代的政治制度一直是可资借鉴的宝贵资源。当罗马共和国成为地中海最为强大的城邦时，如何有效治理和管辖那些被其征服的地区，成为罗马政制必须加以解决的问题。如果将罗马城邦称为整个政治共同体（或帝国）的“中央”的话，那些被征服地区则自然是这个共同体的“地方”。在这个帝国的版图不断扩展的过程中，罗马人创设了两种中央与地方的层级治理模式：自治市镇和行省制度。

自治市镇的出现，主要发生在罗马征服意大利地区的时期，并且也主要是为应对治理拉丁人而创设的。臣服于罗马城邦的一些地区和城邦，因其市民被罗马授予“无投票权公民权”[①]，而被称之为“自治市镇”。据蒙森所述，图斯库鲁姆被迫放弃其政治独立，而加入罗马市民团，成为臣服的民社，同时该城仍保留一种多少受限制的自治。但是作为罗马公民，他们失去了选举权和被选举权。[②]直到公元前90年，根据罗马颁布的《关于向拉丁人及盟友授予公民籍的尤利乌斯法》，包括自治市镇市民在内的整个意大利人都获得了罗马公民权，至此，自治市镇作为一种罗马管理意大利地区的制度才趋于终结。而在此过程中，罗马已经逐步对这些市镇的政治体制进行了罗马共和国式的改造，为这些地区以后真正融入罗马做好准备。自治市镇的出现，是被征服的意大利地区与罗马抗争和妥协的产物，通过双方签订的条约的方式来维持，不同的城邦因其实力不同，与罗马达成的自治条约内容，包括自治权利、范围和事项也不相同。

① 即这些城邦的市民被罗马授予罗马公民的资格，并享有罗马公民权，但是不得担任罗马公职，且没有投票权。详见陈可风：《罗马共和宪政研究》，法律出版社2004年版，第156~158页。

② ［德］特奥多尔·蒙森，李稼年译：《罗马史》（第二卷），商务印书馆2004年版，第95页。

与对意大利地区治理策略不同的是，对意大利以外的被征服地区，罗马采用行省制度。行省制度的核心在于，被占领地区所有的资源及财富立即被宣告归罗马所有，由罗马元老院或执政官（以及后来帝国时期的皇帝）派遣总督全权治理，总督在行省内有绝对的司法权、行政权、立法权和军事权，以及最重要的征税权，并且不受罗马法的约束。从第一个行省——西西里行省开始，行省制度及总督治理就成为罗马掠夺海外领地财富最为直接的手段和方式，并且这种毫无顾忌的掠夺也引起了被征服地区人民的反抗，也迫使罗马不得不考虑并逐渐建立起对行省总督的监督和制约措施。但是这种监督和制约措施在俨然如君主的总督面前实在收效甚微。在尚行共和体制的罗马，“罗马统治阶级充当总督，结果极为迅速地败坏了他们的品行”①。在罗马帝国时期，为应对来自行省人民对自身权益的主张和抗争，为巩固帝国的统治，罗马不断授予非拉丁人以罗马市民资格，同时扩大行省内自治城市的规模和地位，从而缓解被征服地区的社会矛盾及对罗马的敌视情绪。然而授予行省和城市的自治地位，最终让这个帝国在面临危险的时候已经无力去阻止帝国的分裂和解体了，“蛮族从各方面侵入进来，各行省不再抵抗、不再费力去关心总体的命运”②。总体而言，行省制度是罗马大规模向外扩张中的历史产物，是罗马在迈向一个超级广袤疆域帝国过程中，尝试建立并逐步制度化、规范化且比较行之有效的地方管理机制。

罗马帝国衰亡后，蛮族国家重新划分了欧洲的政治版图，并采用了与罗马帝国完全不同的政治治理机制，欧洲进入了封建时代，整个欧洲的政治文明重心也从城市转移到乡村。封建制以军事扈从制、委身制、恩赐、豁免和采邑为基础，国王将其王国的土地通过恩赐等方式分封给其扈从，国王成为领主，而受封的贵族则是陪臣，两者之间形成委身关系。“委身制中双方的关系规定，领主应当保护陪臣，陪臣则将向领主提供他们的帮助和劝告，而双方都要用爱和尊重对待对方。”③ 受封的贵族也可以作为领主将其受封的土地继续分封给他的陪臣，进而形成等级森严的封建体制。

在封建体制下，国王毫无疑问的是整个政治权威的中心，王国的土地即使是分封给陪臣，也仍然被视为国王的私产，在一定条件下可以被国王收回。但是领主往往可以通过豁免的方式，让陪臣获取在其领地上的统治特权，如征税、宣布和实施法律、防卫领地并维持秩序等。如是，在采邑制下，“领主有义务让陪臣不受干扰地（‘豁免’）占有和管理采邑，因为它是陪臣向他的领主提供帮助和咨询并在地方基层扩展其权力并进行调解的最有意义的互补角色。在此同时，采

① ［德］特奥多尔·蒙森，李稼年译：《罗马史》（第三卷），商务印书馆2005年版，第294页。
② ［法］基佐，程洪逵、沅芷译：《欧洲文明史》，商务印书馆2005年版，第31页。
③ ［美］贾恩弗兰科·波齐，沈汉译：《近代国家的发展》，商务印书馆1997年版，第25页。

邑构成了陪臣经济上自给自足的来源，并成为他行使自己的指挥权（和职责）的空间结构。”①

委身制和采邑制相结合，保留了高级领主在政治共同体内的权威和核心地位，以及对各封地的管控路径，与此同时，也给予地方上陪臣治理封地的权力，最终形成一种松散的治理结构。在土地是最主要的财富并被分封下去的同时，政治运作的重心也自然而然地转移到乡村。但罗马时代的城市在封建王国内依然存在，并随着经济发展逐渐兴起。城市曾经是罗马帝国的起点和重要组成部分，“各城市组建了它；它解体了；而各城市仍然存在”。②

城市在罗马帝国时期，主要实行自治制度，当基督教成为罗马帝国的国教之后，逐渐形成的教士阶层成为城市治理的重要智识力量，“主教和教士已经成为自治城市的主要官员”③。罗马帝国虽然衰亡了，但教士将城市的自治理念和制度保留了下来并带入欧洲中世纪。城市虽然是封建王国的一部分，但是很多城市通过从国王或封建领主那里通过抗争以及购买自治特许令状的方式获得了自治权。自治城市在各国呈不同形态，在英国和法国为自由市、自治市或公社城市，在意大利为城市共和国，在德国为直属皇帝的帝国城市。城市可以设立议会机构和市政官，有权颁布自己的城市法律，有自己的法院和法庭，有权自己征税，并组建城市护卫力量。“各类城市的市议会，都是主权实体；每个城市都是一个自治的市民社会，各自制订法律、自行征税、自管司法、自行铸币，甚至根据各自需要结成政治联盟、自行宣战或媾和”。④ 更为重要的是，为对抗和摆脱封建领主的控制，中世纪中期出现了城市之间的结盟，即城市同盟，并成为中世纪欧洲一支重要的政治和经济力量。

城市的兴起和治理方式，是在欧洲封建体制的夹缝中产生的，依赖于松散的分封体制，即国王或高级领主在采邑制和军事扈从制下，没有足够强大的财政和军事力量来维持一种强权治理，甚至有时国王不得不以治理权的出让为条件向城市借款，这也是城市能够获得自治地位的重要经济原因。城市的发展以及商业贸易拓展，要求封建王国内部打破和取消各封地领主对商业贸易的限制和盘剥，逐步建立起统一的、便利的贸易市场，这种需求促使城市及商人阶层推崇和支持国王权力的增长及中央集权，但是随着王权的加强和中央集权国家的形成，中央权力对城市的控制越来越强硬和严格，城市的自由和自治也逐渐消失。

近代民族国家的兴起及中央集权化趋势，改变了封建体制下地方所具有的强

---

① ［美］贾恩弗兰科·波齐，沈汉译：《近代国家的发展》，商务印书馆 1997 年版，第 27 页。
② ［法］基佐，程洪逵、沅芷译：《欧洲文明史》，商务印书馆 2005 年版，第 34 页。
③ ［法］基佐，程洪逵、沅芷译：《欧洲文明史》，商务印书馆 2005 年版，第 37 页。
④ ［美］汤普逊，徐家玲等译：《中世纪晚期欧洲经济社会史》，商务印书馆 1992 年版，第 174 页。

大自主权力，中央或者国王开始逐步削弱地方诸侯的权力。在英国，早在12世纪亨利一世和亨利二世时期就已经开始着手建立国王集权的政治制度了。在亨利二世时期推行司法制度改革，渐次剥夺一些大贵族在其领地内的司法和税收特权，同时尽力以自然减员等和平方式来削减“伯爵领”。[①] 而在法国，先是在英法百年战争之后，查理七世利用形势采取两项措施：一是抛开三级会议直接行使征税权；二是建立国王直属的常备雇佣军。如此一来，国王就获得了对贵族的经济及军事的优势地位，开始逐步削减地方领主的权力。公元15世纪，法国国王路易十一基本上消灭了封建诸侯在地方上的势力，并开始将贵族聚拢到巴黎成为他的宫廷官吏；到17世纪路易十四在位期间，通过政治、经济、军事和宗教改革，奠定了君主集权专制体制，并为普鲁士、奥地利和俄罗斯等专制君主国家所效仿和追随。

在君主专制和中央集权时代，中央对地方的治理方式主要是通过派遣代理人治理的方式，在某些地方仍然还保留了些许地方自治的情形，但这时的自治权力和范围较之前已大为消减。以英国为例，诺曼征服后，根据国王控制地方的需要，在封建制的基础上结合了原有的郡制，建立了国王直接控制的郡政府。此后，郡、百户区、村为一体的地方政权体制在英国全面推行。从威廉一世开始，国王在周边和要地分封的同时，也设立了33个郡，由国王直接任命郡守，是王权的最高地方行政长官，“郡守成为王权在地方政府的主要代理人”[②]。郡守代表国王执掌一方的行政、财政、司法和军事诸权，国王的大部分令文向郡守颁布。为加强君主中央集权，亨利一世、亨利二世时期采取大量措施来整饬郡政、控制郡守，包括废除郡守职位世袭制，实行中央任免制等，以使郡制真正成为确保王权对地方统治的制度。[③] 相比较而言，法国的地方行政管理先是运用在王室领地内实行国王派遣代理人负责地方事务方式，但是这些代理人要么具有临时性，要么就与恩赐的采邑相结合而具有世袭性。直到路易十四亲政时期，地方行政长官制度在法国各省开始通行，并且也不再具有临时性和世袭性了。“到了18世纪，可以说，法国的盛衰已掌握在为数30名的地方行政长官手中了。他们由财政总监指派，……在辖区内，地方行政长官的权限很大；他主管征兵，行使司法权，

① 亨利二世推行的和平削减贵族领地的方式包括直接收回领地不准继承，不新设伯爵等，在1154年伯爵领有24个，1169年减少至16个，到亨利二世统治末期只剩下12个，几乎削减一半。详见孟广林：《英国封建王权论稿》，人民出版社2002年版，第123页。

② A. L. 普：《从“末日审判书”到大宪章》，第387页。转引自孟广林：《英国封建王权论稿》，人民出版社2002年版，第355页。

③ 孟广林：《英国封建王权论稿》，人民出版社2002年版，第356～364页。

摊派人口税和征收直接税。”[①] 地方行政治理体制及官僚体系的形成，极大地促进了中央对地方的治理效率及控制力度，有力地支持了中央王权的集权进程。

民族国家及中央集权体制下的地方治理模式，即使经历了革命的洗礼，依然得以延续和保留。英国光荣革命的成果不过是在中央权力配置层面对王权予以限制，建立起君主立宪制，但是地方治理层面并没有发生太大的变革。真正的变革来源于对议会政治的强烈认同和民主化对地方政治治理模式的推动。1888 年和 1894 年的《地方政府法》奠定了英国现代地方治理体制，虽经过 1929 年、1933 年、1974 年和 1985 年《地方政府法》的调整，但大致模式并没有发生实质性改革。英国的地方治理从郡守改为由地方议员组成的郡（地区）议会主导地方事务，而且地方议会的职责和权限完全限定于英国议会制定的法案之内，并且在地方权力配置机制上没有完全照搬中央机制，没有内阁或类似的行政主导机构，而是由地方议会成立的委员会主导地方事务。

而法国在地方治理上，虽历经变革，不过将全国划分为若干省区分别治理的模式依然保留下来。目前，法国有三级地方政府，法国的大都市被分为 22 个大区，分别管辖 96 个省中的几个。尽管省本身又被划为专区，专区又分为县区，但是这些分支在行政上的意义不大。较为重要的是市镇，是县区的分支。[②] 在 1982 年改革之前，中央政府控制着地方政府，每个省都有省长，虽然也在选举产生的省议会的帮助下工作，但事实上是中央政府的官员，负责行使中央政府在各省的各项职能。同时，省长也行使对地方议会决定的监督权并可以在权限范围内撤销不合法的决定。

法国 1982 年地方政治治理改革的日标在于民主化和使地方政府“分散化”。大量的权力，特别是经济计划和地区建设领域的权力，都下放给经选举产生的地区议会和新型的地方省长，后者仍然负责公共秩序。行政权赋予了地区议会主席，使之成为一个重要的政治角色。虽然很多权力被转移给地方自主，地方议会也获得了地方事务的普遍权力，但是这些决定权依然是有限度的。在市镇一级，基本上没有发生变化，市长一直作为中央政府的代表，尽管他是由市议会选举产生。省长和市长都不从属于省议会和市议会，市长服从于省长，而省长则服从于巴黎的部长。[③]

在欧洲近代国家兴起过程中，德国、西班牙、意大利等国家在实现国家统一

---

① ［英］林赛编，中国社会科学院世界史研究所组译：《新编剑桥世界近代史》（第 7 卷），中国社会科学出版社 1999 年版，第 198 页。

② ［英］L. 赖维乐 · 布朗等，高秦伟、王锴译：《法国行政法》，中国人民大学出版社 2006 年版，第 32 页。

③ ［英］L. 赖维乐 · 布朗等，高秦伟、王锴译：《法国行政法》，中国人民大学出版社 2006 年版，第 32 ~ 36 页。

和中央集权的过程中，以及在现代民主浪潮和自治运动中，中央与地方的关系呈现出与众不同的面貌，例如，学者将西班牙的中央地方关系为基础构筑的国家形态称之为“整体国家”，即按照地方分权制原则组建的国家。[①] 此外，最后必须提及的是美国的联邦体制，现代很多国家已仿照联邦制度来解决国家中央与地方的治理难题，并且越来越多的学者更加青睐联邦体制对解决地方治理难题的优越性。然而，从历史和现实来看，在积极倡导自主和自治的宪政国家内，也并不是都实行联邦制，即便是倡导地方自治，地方自主管理的模式也并不是只有一种，至少英国、法国和意大利的模式就大为不同。

二、中国国家治理模式变迁中的中央与地方关系

中央和地方的二分，一直是中国政治治理传统中的重要制度内核，古之谓“中国”即是以国都为中心的中原地区，因此，在中国历代国家治理机制当中，中央与地方的界限是相当清晰的。当中国从夏商时期的氏族部落联盟转向大一统的帝国时，不可避免地在地方治理方式上发生重大转向。由于西周是联合其他诸侯共同推翻商王朝，因此，在得天下之后首先考虑的是如何奖赏有功氏族和扈从，采取的方式与西方无异，即封建诸侯。周王室分封周姓宗亲和功臣到各要地，利用各地原来的氏族部落建立国家，势力始自上达下，周天子正式成为天下共主，《荀子·儒效》说：“周公兼制天下，立七十一国，姬姓独居五十三人”。也是从西周开始，中国真正步入封建时代。

在进行封土建国的时候，周王室的考量就是如何在中央政权周围形成一道稳固的防线，因此将姬姓宗亲大都分封于周王朝统治的核心地带，即今天关中和黄河中下游一带。其次将功臣和支持周的方国分列外围，最后将殷的遗民分而治之，从而达到藩卫西周的目的。

在王室领地上，即王畿内，以国都为中心，四周设六乡六遂，国都百里之内为乡，百里之外二百里之内为遂，乡有乡制，遂有遂制。在各诸侯国自己的封地之上，基本上也是按照西周王朝的礼制予以治理，大诸侯设三乡三遂，次之二乡二遂，小国设一乡一遂。

与西方封建体制不同的是，西周的分封制下采取的是朝贡体制，即各诸侯国每年向周王室纳贡，贡献多寡则取决于诸侯封土疆域和实力，而贡献更多时候表现为礼节性的。在天子与诸侯之间的关系，则依照按宗法血亲建立起来的较为完

① ［瑞士］J. 布莱泽编，肖艳辉、袁朝晖译：《地方分权：比较的视角》，中国方正出版社2009年版，第12页。

备的礼制来维系。诸侯在其封地上具有完全自主的统治权力，包括征税权、军事权和治理的权力，一般周天子不予干涉。但是与西欧早期封建制度不同的是，在西周时期，中国缺乏一个第三方的势力来平衡天子与诸侯、诸侯与诸侯之间的关系，在西欧，这个第三方势力就是教会。因此，当诸侯国的实力超过周王室的时候，已经没有什么力量可以阻止这些诸侯称霸了。在春秋时期，当周王室日渐式微，无力征讨违逆的诸侯国的时候，一些大国吞并了实力不济的小国，并形成历史上的"春秋五霸"轮流坐庄的局面。中国的封建体制面临着"礼崩乐坏"的严重挑战。至战国时代，诸侯国之间相互征战，为提升国家实力，对传统的封建制度进行了改革，包括废除井田制、奖励军功、废除世卿世禄等，其中最为彻底的是秦国在商鞅主导下实行的变法，废井田开阡陌，以及在地方实行郡县制，打破了以宗亲血缘为核心的分封体制。

公元前221年，秦统一六国，建立起中国第一个帝国，全面推行郡县制，以维护和强化中央集权体制。秦初分天下为三十六郡，其后增设四郡，共计四十郡。郡是地方上最高的一级治理单位，郡设郡守，主一郡行政，由皇帝直接委任，为地方上的最高长官，但其职权受中央政府的节制。县是郡之下的二级地方行政单位，县设县令，主管县政，受郡守节制，但一样由中央直接任免。县以下设乡、亭、里、什、伍，乡设秩、三老等官职；亭有亭长，里有里魁，什有什长，伍有伍长。由此，秦朝建立起完备的地方基层治理体制，以维系国家法令通达及保证中央权力对地方的直接控制。秦朝的地方治理模式被后世封建王朝所继承和发展。

两汉时期，最初汉政权实行郡县制和分封制相结合的地方治理体制，郡县制和侯国制并行且相互交错，以郡国统县。郡国是两汉时期地方最高治理单位。郡是中央政权直接管理的地区，在郡之下的基层地方治理则完全沿袭秦制。至东汉，地方治理从郡县改为州、郡、县三级治理结构，东汉末年共设置十三州，州为地方上的一级治理单位，州设刺史或州牧为最高行政长官，主管辖区内政务。国是西汉时期分封建制下的诸侯治理地区，国之治理疆域涵括郡县，西汉统一后，刘邦将全国五十四个郡中的三十九个分封给同姓九王，从而使王国辖制郡县。诸侯王在领地上享有绝对的治理权威，包括行政、司法、征税及军事权，对汉代中央权力构成巨大的威胁。

隋朝开皇时期，将州、郡、县三级建制改为州、县制，并大量裁并州县；后又将州改为郡，实行郡县制。至唐代，前期地方治理主要是州县二级制，晚唐时期又增加了道，实行道、州（府）、县三级治理结构，道是中央政府为加强对地方监督和控制而设置的监察区，在安史之乱后逐渐演变为州府之上的行政组织而存在。贞观元年，唐代分天下为十道，后增分十五道，至唐晚期，道逐渐以方镇形式治理地方，道及方镇的最高长官为节度使，身兼军事权和地方行政大权。

汲取唐灭亡的历史教训，宋代的地方治理策略发生了明显的变化，一是缩小地方治理单位及地方官员的职权；二是分散地方一级治理单位的职能机构和职权。宋代采用路、州、县三级建制，路为地方一级治理单位，但是不设最高行政首长，而是分设四个治理机构：安抚使司（职掌军事及民政）、转运使司（职掌财赋及粮食）、提点刑狱司（职掌司法监察）、提举常平司（职掌工商水利等）。四个机构各司其职、互不隶属，直接对中央负责，从而避免地方权力的集中和强势，以稳固中央集权。路之下为州（府、军、监），州官由中央委派文官担任，称为知州，掌管州政。州下为县，设县令或知县事（知县）。

元朝统治时期，设置行省作为地方最高一级治理单位，明清沿袭元制亦设行省（后简称省），明代实行省、府（州）、县三级治理体制；清代则施行省、道、府、县四级建制。

纵观我国历史上的中央与地方关系，不外乎封建体制和中央集权下的委任制两大形态。封建体制自秦汉加强中央集权后不复采用，而以郡县制为基础的地方多级治理体制延续至今。中央政权通过科举考试等途径选贤任能，并将其委派至地方各级治理机构，形成一个庞大的代表中央皇权的官僚阶层，官僚阶层所享有的利益和特权与皇权是密不可分的。两者结合而产生的中央集权官僚体制对稳固皇权及强化中央对地方的统治权威成效卓著，这也是为何此种体制在中国延续千年冥顽不化的根本原因。

近代中国革命开启了我国中央与地方关系的新形态，在革命之前的清末新政中就已经提出面向西方政治制度学习的“仿行宪政”，其中就包括在地方设立咨议局以昌明地方事务的决策和行动，只不过在中央集权专制体制下，地方咨议局不过是摆设而已，根本无法和西方的地方议会相提并论。辛亥革命后，我国各省相继宣布独立并开始了地方自治的尝试，包括联省自治，但是在军阀割据、军权独大的历史境地中，地方议会以及地方自治并无多少成效。而后中国所面临的国破家亡、亡国灭种的危机，以及现实对中央集权体制的需要，直接终止了地方自治前进的步伐。

新中国成立后，在社会主义制度和计划经济体制下，中央与地方的关系只能选择单一制下中央集权的体制，地方自主权比较小，中央政府主导着地方事务。随着改革开放及市场经济体制的逐步建立，中央与地方关系也日益趋向多元化。根据我国宪法制度及现行实践，我国中央与地方关系主要有四种模式：

一是在少数民族聚居区实行民族区域自治模式，自治区域享有有限的地方立法权，根据地方实际制定施行于地方的自治条例和单行条例；以及地方民族事务自主权，即根据地方民族风俗习惯，变更执行国家的法律和政策；同时民族自治地方有权自主地管理地方财政、自主地管理地方性经济建设、自主地管理教育、科学、文化、卫生、体育事业以及组织维护社会治安的公安部队。

二是特别行政区模式。为解决历史遗留问题，我国对香港、澳门地区实行“一国两制”下的特别行政区体制。特别行政区是根据我国宪法和基本法的规定而设立的，具有特殊的法律地位，实行特别的政治、经济制度的行政区域。简单而言，特别行政区享有地方自组织权，可以组织设立议会及其他治理机构；享有地方立法权，保留原有法律制度不变；自主的地方行政权和财政自主权，以及独立的地方司法权。特别行政区施行与内地不同的政治、经济和法律制度，不受中央政府的干预和干涉。

三是普通行政区模式。普通行政区包括省、直辖市以及省市下的县、乡（镇），省、市、县、乡均依照宪法及法律规定设置地方治理机构——地方各级人民代表大会、地方各级政府和地方司法机构。这些机构在宪法制度中被称为地方国家机关，是国家权力在地方的表现，主要功能在于保证宪法和法律在地方上的贯彻和实施。地方各级人大有权决定本行政区域内政治、经济、科学、文化、卫生、民政、民族、计划生育工作等重大事项。地方行政首长采取上级委任与地方选举相统一的方式，即由上级政府推荐及委任，同时由地方人大选举任免。普通行政区没有完全的地方立法权，在省、直辖市及较大的市享有有限的地方立法权，可以制定地方性法规。在分税制下，地方享有有限的地方财政自主权。[①] 在地方司法制度中，与中央司法体制保持一致性，并形成垂直的领导或指导体制。不过，与其他国家地方司法体制有别的是，我国的地方司法机构，都是由地方人大产生，对人大负责，受人大监督；同时在业务上，又接受上级司法机构的领导（检察机关）或业务指导（法院）。在普通行政区内，很多地方机构都是由中央设置并领导其工作，从中央到地方建立起的垂直对应机构体系，能够有效地保证中央权力对地方事务的主导地位。因此，综合而言，我国普通行政区的体制是中央委任制与地方有限分权综合体制，是建立在民主集中制基础上的复合地方体制。这种体制能够灵活处理中央权力和地方权力，并在不同时期和情况，由中央政府决定对地方的收权和放权，保证中央在地方上的权威，同时充分发挥地方上的积极性和主动性。

四是基层群众性自治模式。依据我国宪法制度，城市和农村按居民居住地区

---

① 需要注意的是，普通行政区模式中还有一种较为特殊的地方单位，即经济特区。虽然经济特区属于《立法法》中所提到的“较大的市”，但却与其他较大的市有所不同。最为典型的特点就是经济特区在某种程度上可以突破上位法的规定，对上位法进行变通规定，享有一定的“立法变通权”。但这种立法变通权与民族自治地方的立法变通权相比，并不是一种“自治”，而更多的是在经济事务中的“先行先试”，因此，经济特区在其本质上来说，仍然从属于普通行政区模式。关于经济特区立法变通权，参见宋方青：《突破与规制：中国立法变通权探讨》，载《厦门大学学报（哲学社会科学版）》2004 年第 1 期。

实行基层群众自治，居民委员会、村民委员会由居民选举产生，是居民、村民进行自我管理、自我教育、自我服务的基层群众性自治组织，实行民主选举、民主决策、民主管理、民主监督。居民委员会、村民委员会设人民调解、治安保卫、公共卫生等委员会，办理本居住地区的公共事务和公益事业，调解民间纠纷，协助维护社会治安，并且向人民政府反映群众的意见、要求和提出建议。与乡镇基层政权机构不同的是，村（居）委员会不属于地方国家机构。

从我国国家治理中的中央与地方关系的变迁来看，传统的中央集权模式并没有忽略地方各种组织、个人在地方治理中的积极有效的作用，甚至是对宗族、行会、士绅在地方的作用予以大力支持。这是因为中央权力非常清楚地知道，即便是巡视全国各地，皇帝及中央官僚也无法全面、清楚地了解各个地方的情况及各阶层的利益需求，而地方各种组织及个人在这方面能够有效解决这个难题。当下我国中央与地方关系也会因时因地而异，即使剔除特别行政区高度自治模式，在普通地方区域上，传统的"一刀切"治理方式充分反映出中央权力在国家一体治理格局下的无力和导致的权责关系的扭曲。地方获得一定的放权和相对的自主权力，既是对地方差异的考虑，也是地方不断向中央要权要钱等博弈和妥协的结果。

第二节　中央与地方关系的法律形式

从历史上看，国家发展到一定阶段，必然会涉及国家的整体利益和局部利益的分化。中央政府，无论是实行王权专制还是民主代议制，都是国家整体利益的实现者和维护者；而局部利益或者地方利益如何得以体现并加以维护，以及在此过程中如何处理整体利益和局部利益之间的关系，实质上就是国家内部中央与地方、整体与局部之间如何协调，以及国家政治权力如何在纵向进行配置的法律问题。从历史及当下的政治发展实践来看，中央与地方关系的法律形式主要包括以下几种：

一、地方自治

地方自治的形式肇始于古罗马对意大利地区臣服或加入罗马共和国联盟的城邦授予的自治市镇制度，在欧洲中世纪城市自治过程得以发扬，其自治理念和制度被世俗国家所认同，并在近代及当代国家政治治理体制中得以延续并加以拓展。值得注意的是，从古罗马的盟约到中世纪的城市自治特许令状，以及现代的国家宪法，地方自治的形式及内容都得到了条约、宪法及宪法性法律的支持和约束。

在现代政治制度和法律制度中，地方自治，是指相对于中央政制而言的二级及以下的地方，实行自我自主治理的一种国家政治运作体制。按照《中国大百科全书（政治学卷）》的解释，地方自治是指“在一定的领土单位之内，全体居民组成法人团体（地方自治团体），在宪法和法律规定的范围内，并在国家的监督之下，按照自己的意志组织地方自治机关，利用本地区的财力，处理本区域内公共事务的一种地方政治制度”。[①] 尽管学界对地方自治的界定有着较多争议，但对地方自治的理解不外乎三个方面：一是相对于中央或国家而言的地方或局部区域；二是该区域能够或有权组织一个机构对本区域公共事务进行管理；三是在宪法或法律规定范围内的该区域自我管理权及事项不受国家中央权力的干预。

地方自治在现代国家政治治理中被得以广泛认同和施行，主要在于地方自治包含了现代政治运作及法治所积极倡行的自主、民主及自由价值，即每个公民都有权通过民主的方式自主决定涉及自身的公共事务，这是对公民意志自由及政治自由的最大体现和保证。

但是，地方自治具有相对性，是被宪法或宪法性法律所限定的。一方面，该区域或地方享有自我自主之权，但是不能脱离国家主权或中央权力而单独存在，换言之，不能成为一个具有现代主权性质的政治实体；另一方面，地方或区域所能或有权自主决定的事项或公共事务仅限定于宪法或宪法性法律所规定的事项范围之内。

二、委任制

委任制是国家政治治理中普遍采用的一种制度形式，从古罗马时代开始委任各行省总督，到欧洲中世纪封建体制下国王任免郡守、教皇委任各大主教，以及中国古代施行郡县制以来皇帝或中央权力机构对地方的治理，无不采用委任制。

委任制，简而言之，即中央通过向地方派驻代表或代理人，以国家或中央政府的名义全权处理地方事务，代表或代理人受中央权力监督和制约，向中央政府负责的一种地方治理机制。“委任也是一种合法且正式的程序，……实际上可以界定为一个政治上的权威指定某人担任某一负有责任的职位的一种权力和公认的权利，……权威的选择是任意的，其基础是信任、忠诚和政治上的亲密关系，而

① 《中国大百科全书》（政治学卷），中国大百科全书出版社 1992 年版，第 56 页。

不是被选择者的能力和技巧。"[①] 委任制在中央集权专制体制下得以普遍施行，在于委任制的功能目标非常明确，即能够强化中央权力对地方事务的控制，以保证和维系中央权力在地方上的权威和地位。

委任制的缺陷如同其优势一样明显，即削弱地方公民参与地方公共事务的积极性，同时由于代理人或代表不对地方负责，很难避免腐败渎职等不端行为的发生。因此，委任制的效果完全取决于被委任者的个人品性和能力。而中外历史也证明，被委任者一旦出现贪渎等恶劣行径，其对中央权威的负面影响是十分巨大的，甚至会导致地方对中央的反抗行为。

在现代政治制度中，由于委任制与民主、宪政等理念不相融合，故而很少有国家在地方治理中采用单纯的委任制。即便是法国依然保留了地方上的市长和省长作为中央政府的代理人或代表，但是市长和省长是由地方产生，并且地方上的事务仍然由地方议会自主决定，而市长或省长只有监督权。

三、领主制

领主制是封建制度下中央与地方关系的主要表现形式，封臣们替领主作战，作为恩赐，从领主那里获得土地，即通过采邑形式，领主将土地及土地上的收益分封给陪臣，而陪臣又把自己的土地作为采邑分封给自己的陪臣，从而形成了一个以土地为纽带的层层分封关系。领主以土地及对陪臣的保护作为对价，从陪臣那里获得忠诚、赋税和军事支持。经过效忠宣誓，拥有采邑的陪臣在自己的封地内享有完全的行政、司法、军事和财政权。领主制通常与委身制、恩赐、特恩权密切关联，共同构成看似由个人与个人达成的双边互惠契约所连接起的一套松散的纵向治理结构。

在领主制下，高级领主成为特定区域政治共同体[②]的中心权威，如英国的国王、法国的国王，或周天子[③]。在获得互惠的效忠和忠诚的前提下，采邑制为高

---

① ［英］米勒等编，邓正来译：《布莱克维尔政治学百科全书》，中国政法大学出版社 2002 年版，第 571 页。

② 依照伯尔曼观点，中世纪的欧洲在政治上被组织成一种松散、复杂和相互交叉的结构。王国不是被当做地域单位，而是被当做处于某个国王（皇帝）统治下的、信仰基督教的人们的共同体，在这里，国王（皇帝）被看做是最高首脑。详见［美］哈罗德·J. 伯尔曼，贺卫方等译：《法律与革命》（第一卷），法律出版社 2008 年版，第 292 页。

③ 至少从春秋开始，到秦始皇建立帝制之前，天子与诸侯（王公伯子男）一样，也可以视为是一种爵位，也即"天子亦爵"或"天子一爵"。这种分封建国的领主制在秦汉之后被郡县制逐步消解，即使在汉代封建与郡县并存，各领主与皇帝之间仍然存在等级序列上的差异。参见《白虎通义·爵》："天子者，爵称也。"另见《孟子·万章下》："天子一位，公一位，侯一位，伯一位，子、男同一位，凡五等也。君一位，卿一位，大夫一位，上士一位，中士一位，下士一位，凡六等。"

级领主实现对共同体的统治提供了一种便捷适宜的方式。封臣的忠诚保证忠实地经营采邑的义务。领主的忠诚保证不逾越其法律权限的义务和在许多特定的方面帮助封臣的义务。在西欧，领主与陪臣之间的关系受到习惯及封建法的制约，而在东方，则依靠一套完备的礼制来规范各级领主和封臣之间的关系及行为。

领主制与委任制在某些情况可以相互结合和转化，如在中世纪英国，由国王委任的郡守可以因分封而成为领主，更多的情况是直接委任领主为郡守。不过领主制与其他形式相比，领主及其领地是可以世袭的。

四、地方分权制

地方分权制是近现代国家治理中普遍采用的处理中央与地方关系的法律形式，学术界对地方分权制与地方自治之间的界限观点不一。《法学大辞典》将“地方分权”视为与“中央集权”相对的一个概念，是“地方政府与中央分享国家统治权的制度。分为分割性分权和授权性分权两种。前者一般在宪法或有关法律中分别列举中央和地方各自管理的事项，……后者一般不是在宪法或有关法律中列举中央和地方各自的管理权限，而是授予地方对某些事务的一定程度的管辖权，同时中央保留有最终的决定权”①。不过这种界定并没有厘清地方分权与地方自治的实质性异同。

也有学者认为，地方分权是与联邦制以及单一制下的地方自治制度有着实质性差异的一种体制，“地方分权制国家是这样一种国家：它的组成单位按照某种特定方式在特定范围内参与中央政府的决策。它们参与决定它们自己的地位，但它们不参加中央权力的行使，尤其从来不参与宪法的制定。这些地方单位的地位由宪法加以保障，并享有中央政府的某些特权。”② 这种界定，基本上将地方分权制视为与联邦制、非中央集权的单一制相并列的一种中央与地方关系形式。根据这种界定，地方分权制中的“地区”与联邦制下的“邦”、非中央集权单一制下的“地方自治单元”，共同被称之为次国家单元。不过，联邦制下的“邦”在政治学和法学讨论中通常被排除在“地方”范畴之外，而被视为主权单位，只有“邦”下的“地方”才被允许纳入与“中央”相对应的“地方”范畴之内。而毫无疑问的是，地方分权制中的地方区域和非中央集权单一制下的自治地方，以及中央集权单一制下的地方，则是与“中央”相对应的“地方”形态。

---

① 周振想编：《法学大辞典》，团结出版社 1994 年版，第 388 页。

② ［瑞士］J. 布莱泽编，肖艳辉、袁朝晖译：《地方分权：比较的视角》，中国方正出版社 2009 年版，第 14 页。

不过也有学者指出，地方分权与地方自治并无实质性差别，两者都是中央集权的对立物，其基本内容是相同的，只是两者的倾向性不同而已。地方分权侧重强调的是地方团体与国家事务的分离与分立，并因此可以被看做是公共权力组织与权力分配制度的一部分；而地方自治，更强调地方团体的主体地位，地方住民的自主性，并因此可以被看做是基本权利与自由的一部分。简而言之，地方分权更强调权力分立，而地方自治更强调地方自由与权利。①

从当代政治与法律实践而言，地方分权制下的地方区域单位自然践行自治与自主的治理，但是享有比地方自治制度下的地方单位更大的自主权及地位。与地方自治制度不同的是，地方分权制下的地方区域单位，可以作为一个非主权单位参与国际组织及事务。例如，意大利的地方政府在国家议会没有确定适用原则之前，有权按照自己的理解执行欧盟的法律；欧盟 1988 年通过的《欧洲地方分权宪章》以及 1993 年正式运作的欧盟区域委员会，都表明地方分权制下的地方区域单位，与联邦制下的州一起，作为一个次国家单元参与到欧盟事务中。②

此外，与地方自治下的地方单位相比，地方分权制下的地方区域在中央及全国性事务决策中的参与程度较高。在非中央集权单一制下的地方自治单位，以及联邦制中州下的自治单位，虽享有较高的对地方事务的自主权，但是在全国性的决策过程中享有的参与程度低得多，甚至非常微弱。

即便如此，面对实践中的差异，理论界仍然无法在地方分权制和地方自治之间给出十分清晰的界限，更何况，在今天的欧洲，以及欧盟合作框架内，联邦国家的各个州，与地方区域和单一制下的地方单元（无论是自治还是代理制的）都在相互间影响和变化。实行中央集权单一制的法国，随着中央权力的不断下放，地方获得越来越多的自治权；而英国的地方自主权虽然有所扩大，但依然被中央政府和议会控制着，至少地方上能够享有何种程度的自主和自治完全取决于中央的改革方案，甚至，地方政府完全无法预测议会会在什么时候以何种方式对地方事务进行干预。

在现代国家治理结构中，地方自治和地方分权以及委任制都不同程度的融合共存于一个国家，没有完全的单一制，即便是在中央集权的单一制国家内，也会存在享有不同程度自治权的地区。当中央政府根据治理需要将权力不断下放或转移的后果之一，就是地方将拥有越来越大的自主权，这就为委任制、地方自治及地方分权制的共存奠定了基础，法国的地方制度改革证实了这种共存模式在现代政治权力纵向配置机制的重要意义。我国的中央与地方关系也呈现多元的格局，

① 汪建学：《作为基本权利的地方自治》，厦门大学出版社 2010 年版，第 28 ~ 29 页。

② 详见［瑞士］J. 布莱泽编，肖艳辉、袁朝晖译：《地方分权：比较的视角》，中国方正出版社 2009 年版，第 24 ~ 32 页。

既存在实行高度自治的地方，又存在有限地方自治权的民族区域自治地方，既有建立在民主集中制基础上的普通地方行政区，同时也有实行基层民主自治的地方。即使是实行地方自治和地方分权的国家，受历史沿革及现实因素的影响，不同国家的地方自治的范围及程度差异甚大，不可能采用一种所谓的标准模式予以评判。

本书所要主张的一个观点即是，我们不能因为我国所具有的单一制特性，就完全从逻辑与经验上否认地方治理在整体政治治理中起到的至关重要且无法忽视的作用。积极而能动的地方治理不仅不会受到单一制国家结构形式的限制，相反其本身既能够在理论上得到证明，同时也能够在具体运作上找到经验对应物。因此，在地方法制问题研究之中审视中央与地方的关系就有着极为重要的意义，于是，问题就转化为，我们如何既坚持单一制的国家结构形式，又能够发挥“地方”的自主能动作用，从而在地方的层面上直接而具体地推动法制的发展与完善。

第三节　中央对地方的辅助

一、辅助性原则在国家政制中的体现

辅助性原则是现代国家处理中央与地方关系的一个基本原则，是划定代表国家整体利益及行动力的中央权力与地方自治权限及能力范围的标准。① 在1988年生效的《欧洲地方自治宪章》中，辅助性原则被正式提出，并成为欧洲国家处理国家内部中央政治权力及事务与地方自治权力及事务关系的基本原则。《欧洲地方自治宪章》第4条第3项规定：公共职责的履行应优先交由最贴近公民的团体。将职责分配给其他组织应衡量任务的范围和性质以及效率和经济的要求。2003年法国宪法修改后的第72条第2款规定：对在其层级能得以最好实施的全部权限，领土单位负责作出决定。《世界地方自治宣言》第3条第1款明确指

① 辅助性原则是一个古老的概念，自20世纪以来，辅助性原则在现代政治体制、尤其是政治权力配置机制重新焕发光彩。1931年教皇颁布的《第四十年》通谕对辅助性原则的阐释最好地体现出辅助性原则的意义，即“个人是权力分配的出发点，为保护个人免受过度集权之害，教会相信由个人或小单位即可完成的事务，不应由大单位完成，否则构成非正义”。详见於兴中：《法理学检读》，海洋出版社2010年版，第33页。

出，公共责任应由最接近当地居民的地方政府基本单位行使；根据各国的具体情况，公共责任也得由上一级政府或区域性政府行使。欧洲其他国家如捷克、俄罗斯、匈牙利、波兰、罗马尼亚、西班牙等国家宪法中都明确规定了辅助性原则，即国内公共事务的决定权，应当优先地分配给地方公共团体，从而以尽可能贴近选民的方式作出。①

在欧洲，辅助性原则还被用来处理欧盟一体化进程中共同体权限及行动与各成员国权力之间的矛盾，按照1992年《马斯特里赫特条约》第3b条款的表述，“共同体应在本条约所授予的权力和指定目标的界限内采取行动。在那些不属于共同体单独权限的领域里，按照辅助性原则，仅在那些所提议的行动目标不可能由各成员国有效到达，而由于所提议行动的规模或影响只能由共同体更好地达到的时候，共同体才应采取行动。共同体所采取的任何行动不能超出为达到本条约所规定目标必要行动的限度。”简单而言，欧共体成员国自身能够单独处理和完成的职能及行动，不需要共同体采取行动，只有当成员国无法单独完成或实现目标，共同体才能采取行动。

就国家政治权力纵向配置而言，辅助性原则倡导国家政治权力及公共政策的运作重心应在地方，只有当地方采取的措施目的不能充分实现的情况下，或在中央层面采取的措施及效果更为妥当，并使目标能更好的实现的情况下，中央将为地方提供辅助。换言之，“在社会、国家的治理中，较小的共同体应承担起解决共同体问题的责任，只有在较下一级的共同体需要社会和政治支持的时候，更高一级共同体才能进行干预”。②

辅助性原则在现代国家宪政体制中，以及在国家联盟政制中被广泛承认和适用，改变了传统国家治理中先整体后局部、先中央后地方的决策理念，将地方置于国家政治事务及决策的中心地位，严格限制中央权力或更高等级整体性权力对地方事务及权力的干预，保障最基层的公民能够作出最有利于自身的决策并自主的处理社区事务。辅助性原则是当代国家治理及政治权力纵向配置机制中对地方自治和地方分权体制的承认与保障，是处理中央政治权限与地方自主权限的界标，已经成为当代宪政的基本原则之一。

二、地方治理机构在地方事务中的主导地位

就地方法制而言，辅助性原则的最大表现是就近原则（Accessable），即由

① 汪建学：《作为基本权利的地方自治》，厦门大学出版社2010年版，第18页。

② 龚洪波：《欧洲宪法中的原则》，曹卫东编：《欧洲为何需要一部宪法》，中国人民大学出版社2004年版，第110页。

最贴近地方居民的地方政府优先履行公共事务，是否能够执行应由地方政府优先决定，中央政府不得自行决定。[①] 就近原则是地方法制应当秉持的一个基本原则，这是因为：首先，信息的直接性、施政的具体性、问责的双向性使地方政府拥有比中央政府更大的能力，而地方政府有时直接与社会相接触的最低层次政权，因此地方政府优先地履行对于公共事务的职责既有助于减轻中央政府的负担，同时也有助于社会问题的解决。其次，如果我们认为政府职能从管理型转向服务型是大势所趋的话，那么就近原则就能够使政府更为便捷地服务社会，即使地方政府的能力与中央无差别，上传下达的治理模式也无助于社会问题得到迅速的解决，尤其是目前我国经济飞速发展、社会矛盾突出，如果社会问题无法得到及时解决，由此而引发的矛盾就会迅速激化，从而影响基层社会稳定。最后，地方法制不仅要实现国家统一法治在地方平台上的贯彻落实，同时也要努力追求国家与社会之间的良性互动，而只有地方能够广泛地提供最为直接的互动平台，地方政府优先处理、决定社会公共事务的同时，也就意味着公民能够更为便捷地借助地方这一场域与平台发表对特定公共事务的意见，从而影响地方政府的公共决策，促进公共决策的民主化与科学化，就近原则使得公民的公共参与更具有直接性也更具有影响力。

就近原则从本质上来讲，其实就意味着强调地方治理机构在地方事务中优先于中央的主导地位。从历史上来看，不论是实行地方自治、地方分权、委任制还是领主制，地方治理机构及组织都享有在地方事务中的主导地位。权且不论自治状态下的古罗马自治市镇、中世纪的自治城市以及封建领主下的各地方单位治理机构和组织，在处理地方事务上所具有的权威和排他性地位，即便是实行委任制，古罗马时代行省总督对行省内事务所具有的决定性权力，包括立法权、行政权、司法权及军事权和征税权，足以让罗马帝国元老院和执政官感受到极大的压力。

在中国古代实行的高度中央集权官僚体制下，自秦代以降，除了少数特殊时期之外，有所谓的“皇权不下县”之说，也即正式的国家政权组织仅到达州县一级，而直面被统治者的就是地方治理机构。从州县衙门到基层民户之间的社会控制，并不完全依赖于国家机器，地方士绅与乡族组织不仅是乡村礼俗控制的承担者，而且在一定程度上也是法律控制的执行者。国家在很大程度上要依赖他们实现对基层社会的控制管理。费孝通称，传统中国社会中，从县衙门到每家大门之间的这一段情形“是最重要的”，他认为，“这是中国传统中央集权的专制体

---

① 陈建仁：《以辅助性原则重建台湾地方自治可能性之探讨》，“地方自治与民主发展：2008 选后台湾地方政治”研讨会会议论文。

制和地方自治的民主体制打交涉的关键，如果不明白这个关键，中国传统政治是无法理解的"。[①] 被委任的地方官僚的日常工作主要是完成中央政府所委派下的任务，具体而言，主要负责征收赋税，土地、户籍、人丁的管理，以及司法审判、道德宣化等。而除此之外的社会事务，则由地方士绅、宗族长老及乡规民约和行会组织来完成，甚至很大一部分的司法诉讼都是在地方民间予以解决。在地方上，真正起作用并维系社会正常运转的，不是中央政府的命令和决策，而是地方社会自组织系统。[②]

在现代实行地方自治和地方分权的国家治理模式下，地方治理机构在地方事务中所享有的主导性地位主要体现在自治权限上，具体而言包括以下几个方面：

一是地方立法。地方立法权是地方治理机构主导地方事务最为核心和重要的权限，在几乎所有的地方自治体制中，各个地方公共团体都无一例外地享有自治立法权。地方立法权往往直接来自国家宪法的授权，并受宪法制度的保障。在英国，地方政府的立法权通常由英国议会制定的地方政府法案予以授权，在美国则是各个州宪法予以规范或州议会立法授权。在我国，省及较大的市的地方人大也享有地方性法规的制定权。法国现行宪法也规定了各地方公共团体的条例立法权。通常，地方自治立法的效力要低于中央立法，而在西班牙、意大利实行地方分权制的国家，地方自治立法与国家议会的法律不相上下，即国家议会制定的法律并不必然具有高于大区立法的效力，两者处于同等效力位阶，出现争议则由宪法法院予以裁判。[③]

二是自组织权。自组织权表现为地方治理机构对内部组织设置及人员选任进行自主决定的权力，包括地方治理机构设置和人事任免两个方面。地方治理机构设置方面，地方应有权根据地方实际自主决定治理机构的组织形式和结构，不必完全对应中央政制结构。《欧洲地方自治宪章》第6条第1款要求，地方公共团体得决定其自身的内部行政结构以使其自身适应地方需要和确保有效管理。英国2000年《地方政府法》规定，地方政府的执行机关可以采用四种方式之一，包括地方居民直选产生的市长内阁制；地方议会选举产生的行政首长内阁制；地方居民直选市长与议会选举或任命的执行官共同组阁制；以及"DIY"制（即由地方政府提议且经国务大臣批准，在不违反《地方政府法》的前提下，自己选定

① 费孝通：《乡土重建》，上海观察社1948年版，第46页。

② 例如，瞿同祖就认为中国士绅是唯一能合法地代表当地社群与官吏共商地方事务参与政治过程的集团，是地方事务决策中的重要力量。详见瞿同祖，范忠信，晏锋著：《清代地方政府》，法律出版社2003年版，第283页。此外，地方的另一社会自组织体系宗族也在地方事务中扮演了重要角色，从制定族法、解决族内纠纷、兴办教育，到协助地方官府征收赋税、维持地方秩序、广行慈善等等，实际上主导并分担了大部分地方事务。

③ 汪建学：《作为基本权利的地方自治》，厦门大学出版社2010年版，第89页。

地方政府体制）。我国虽不实行地方自治，但是目前广东省内试行的地方大部制改革可以被视为我国地方践行自组织权的一个重大推进。在人事任免方面，根据责任制原则，地方官员（及议员）应当直接对选民负责，地方单位对自治人事任免权的享有，保证了地方官员（及议员）以地方居民的意志和利益为依归，以地方为重，为地方负责。

三是地方行政权。地方行政权是指地方单位有权通过自身的执行机关执行和管理地方事务，这是地方单位最经常行使也最为重要的权力，是执行和贯彻地方意志，保障地方利益的重要权限。首先一点须明确的是，地方行政机构应当与中央行政机构保持一定的独立性，主要是对地方负责。在法国现行制度下，地方议会选举产生的市长和省长，同时也是中央在地方的代表，既要维护地方利益，同时也需要执行中央政策和行政事务。地方行政执行机构主要的任务是直接或间接为地方提供公共服务，实现地方事务的执行和管理。

四是地方财政自主权。对于地方发展及自我利益实现而言，财政自主是非常重要的基础。通常而言，地方财政自主是指地方享有独立的财政收入，并在其权限范围内自主使用和支配。财政自主权包括征税权、预算权和使用权。在历史上，享有独立的、充分的征税权和岁入支配权，是地方自治的重要特征。在实行分税制的现代国家，地方享有财政自主权被普遍承认并受到宪法和法律的保障。除了征收国家或中央税种以外，地方自治单位有权在法律范围内自主决定征税对象、税率和税种。我国当下的分税制实际上也承认了地方所具有的征税权，不过所有的地方税种、征税对象及税率都由国家中央立法统一规定，地方并没有自主权，因此，我国地方征税自主权几乎没有。除了征税以外，地方单位还有权对岁入如何使用和分配进行预算及支配权，不受中央权力的干预和干涉。此外，地方单位除了享有地方征税及支配权之外，如日本、美国等国家的地方政府还享有发行地方债的权力。

地方治理机构在地方事务中的自主及主导地位，主要依赖于财政自主权和立法自主权，而自组织权和行政权则是有效实现地方治理的重要基础。在现代民治国家，地方治理机构往往通过民主选举产生，包括实行直选或代议制方式。这也是辅助性原则所倡导和坚持的，保障最基层的公民能够作出最有利于自身的决策并自主地处理社区事务。然而在其他的领域，如司法事务，地方往往被限制以致不具有主导地位。在英国，早在亨利二世时期就将地方司法的主导权挪移到王室法庭及法官手中；自治城市所享有的独立司法制度在近代中央集权崛起和大革命的浪潮中近乎完败；现代国家从中央到地方所建立起的多级诉讼体制也将地方对司法事务的影响消弭殆尽。不过，在其他领域，地方单位却获得了越来越多的自主权，如地方单位的合并、联合、分离，如美国地方政府单位数量从 1932 年的

182 602 个，经历合并、联合与分离，至 1987 年降为 83 166 个。①

三、中央对地方治理的支持与辅助

虽然地方治理机构在地方事务中占据主导地位，包括自组织权、财政权和行政管理权以及对地方事务立法权，而且要求中央权力在不必要的时候不得干预地方事务，但是地方毕竟有其局限性。地方局限性主要源于三个因素：一是不同地方单位经济发展水平不一，人口规模不同，这也直接导致有些地方财税收入无法满足地方需要，特别是涉及社会民生方面。地方社会民生的质量与其财税收入成正比，当地方财税不足时，往往需要中央财政的支持和辅助。二是地方立法过程中，总是会出现因为对地方利益的过度关注而导致地方立法的保护主义倾向，从而妨碍国家内不同地方之间的经济往来和贸易发展，这时就需要中央立法对地方立法的指导和矫正。三是从国家整体利益考虑，特别是在教育、交通、社会福利、社会治安等方面，中央政府必须对此制定相应统一标准让地方一体遵循。

辅助性原则不是否定性原则，并不意味着中央政治权力及政府在处理地方事务上是完全消极的角色。在宪法制度层面，中央与地方有着清晰的权力界限，各自有着宪法上所明示的权力清单。从中央权力来看，涉及国防、外交、迁徙、出入境、关税、外贸及航运、交通通信、社会治安等事项一般专属中央政府权限范围，但是无论是迁徙、出入境、贸易、交通、航运以及社会治安，几乎都涉及社会民生和公民自由、平等等权利的实现，都必须由地方来落实和贯彻。因此，中央政府对地方事务的辅助是非常必要的。中央对地方的辅助通常包括以下几种途径：

一是立法支持和指导。地方治理机构有权就地方事务进行立法规范，在中央立法缺位的情况下，地方可以自主立法，中央政府可以给予立法建议或指导，甚至中央政府可以制定相关立法的建议稿，供地方参考或直接批准以适用于地方。例如，前面所述意大利在中央立法尚未出台之前，议会通过法案允许地方自行决定欧盟法律在地方的适用，这就是对地方立法的支持。再如美国统一州法委员会和法学学者联合制定了《统一商法典》，但并不是国会通过的正式法律，而是供各州及地方政府参考，现已被 50 个州的地方立法所吸收和采用。

二是通过行政指导的方式对地方事务予以支持和辅助。例如，英国中央政府部门的大臣可就地方私法案和行政事务提出建议，以及发布临时命令，甚至还可以给地方政府发出通报，要求地方政府采取或不采取某种行为。譬如，中央政府

① ［美］奥斯特罗姆等，井敏等译：《美国地方政府》，北京大学出版社 2004 年版，第 52 页。

可以任命地方事务观察员对地方事务进行监督和帮助，并有权代表中央政府对地方政府提出建议，供地方政府参考。

三是财政补贴与拨付。由于地方承担起社会福利及公共服务开支，而其中很多是依据国家或中央统一政策和法律所规定的，因此，对一些地方而言，其自身财力不足以支撑起庞大的社会公共服务，或无法给地方提供优质的公共服务。因此，在财政上需要中央政府的大力支持和帮助，其中比较常见的方式有两种：一是中央财政补贴，二是中央财政拨付。在英国，中央财政补贴地方已经有百多年历史，主要就是考虑到地方政府的很多任务是法律规定的，各地在需要与财力方面的差距可通过补助拨款得到调节和平衡。英国 1995 ~ 1996 年度中央政府负担地方政府开支的比例已经上升到 79%。[①] 在西班牙，上级政府为地方治安、教育、社会事务等提供的专项转移拨款，大约占地方政府总收入的 4.75%[②]。在法国，中央对地方的补助拨款项目繁多，包括一揽子经常性拨款、农业开发拨款、对市镇的特别补助拨款，以及对市镇的一揽子设施补助、对省的一揽子设施补助等。

四是对地方无力完全胜任的地方公共服务，由中央政府和地方政府共同承担。在中央政府与地方政府职能清单当中，有些公共服务是中央与地方共同承担的，例如，在法国，涉及职业教育、道路建设、港口事务、土地规划、环境保护、文化发展与促进，以及经济促进等方面，都是由中央政府和地方政府共同承担，盖因地方政府往往无力独自完成或提供优质的公共服务，或者是有些领域是地方或中央都无法独力完成的。在德国，医疗、职业教育、道路、文化发展及促进、农林渔业等事项也是中央政府与地方政府合力承担。

在实践中，中央对地方的辅助方式是多样化的，在保证国家主权完整和国家整体利益的基础上，考虑到社会民生福利制度，以及文化发展等需求，各国中央政府都会根据具体情况对地方事务予以支持和监管。例如，我国中央政府对特别行政区在特定情形下予以的特别政策支持和辅助，在香港处理金融危机相关事宜以及签署 CEPA 的过程中，中央政府都在保障香港高度自治的前提下予以大力的支持和辅助。再如我国中央财政每年都会对少数民族自治地方进行大量的财政拨款，扶持和帮助地方经济发展及民生改善，其成效是有目共睹的。

---

① 任进：《中欧地方制度比较研究》，国家行政学院出版社 2007 年版，第 277 页。

② 任进：《中欧地方制度比较研究》，国家行政学院出版社 2007 年版，第 289 页。

第四章

地方法制的原动力：权利的行使

“权利的保障与实现不能依靠自上而下的恩赐，权力也不会主动放弃与权利的力量博弈，只有公民在地方的平台之上发扬主体精神、主体意识，主动行使既有权利，才能争取到更多的权利，才能保障与实现既有权利。”

在单一制的国家结构形式这一前提下，地方法制的主要任务就是通过“地方”这一平台与场域来促进国家统一法治的发展与完善，保障国家统一法治的具体实施，质言之，即如何通过“地方”来实现法制。然而，在这里就存在着这样一种难题，即“中央”的抽象一致性与“地方”的具体多样性之间仅仅通过“自上而下”的三段论理论推演是无法妥帖一致的，这也即，如果仅仅将“地方”的工作简单地理解为对国家统一法治基本原则与基本理念的领会、细化与执行的话，那么地方法制要么就会变得僵化，而与地方实际不相协调，要么就会产生一种离心力，国家统一法治在地方的贯彻实施过程如果发生异化就将侵蚀国家法治的统一性，这也是通常所谓的“一统就死，一放就乱”。造成这一问题的重要原因就在于我们没有妥当地处置中央与地方的关系，而将从中央到地方的过程看做是一种权力、决策、责任自然延伸的过程。在这种单向的治理进路中，中央并不是地方的“辅助者”；相反，地方在某种意义上是中央的“执行者”。因此，如果想要解决这些问题，妥当地处理中央与地方之间的关系，我们就必须切换视角，将“地方”的角色从“执行者”转换为“平台”或“场域”，这也即，地方法制并非是异于法制或者国家统一法治的独立概念，地方法制毋宁是国家统一法治在地方平台上的实现。只有这样，中央的抽象一致性与地方的具体多样性才能够完美地结合。

那么，在地方平台上如何实现国家的统一法治呢？我们就需要找到一种能够连接抽象一致性与具体多样性的范畴，借助此范畴来推动地方平台上的法制发展。权利即是这样一种范畴，在法律体系中，权利既具有普遍化的实证形式，同时又具有丰富的价值内涵，价值内涵明晰的过程就是权利现实化、具体化的过程，但同时却又保持了普遍与抽象的形式特征。权利价值内涵的明晰并不能依靠独白式的反思或推演，而需要依靠公民的实践商谈与理性参与来实现，在地方法制的视角下，公民的实践商谈与理性参与实质上就是公民在地方的平台上行使自身的权利，通过权利的行使，抽象权利得以现实化、具体化，同时也与权力产生了一种对话关系，进而将其驯服在法律所限定的合理框架中。借助权利的媒介，法治理念与法制实践有机地结合在一起，而地方法制的发展与完善又势必将促进权利的保障与实现。权利保障是地方法制实践的目标，权利行使则是地方法制实践的发展与完善的原动力。

第一节　法律与权利

理解权利行使与地方法制两者之间的关系，就要求我们首先，在权利行使与地方法制的大概念下分析权利与法律之间的关系，我们要回答的是，权利是什么，权利通过何种媒介与法律建立起联系，地方法制的实践与抽象权利的实现之间又有何种关联。

一、作为价值预设与法律形式之媒介的权利

我们必须区分两种不同的权利形态，而立法过程则是两者的区别标志。第一种权利形态是先于法律而产生的，其中最为典型的就是启蒙时代思想家所主张的人与生俱来的自然权利，近代理性主义立法观就要求立法者将这些自然权利确认并转化为实证化的法律权利，而实证化的法律权利就是第二种后于法律而产生的权利形态。就两者的区别而言，首先，自然权利是高度抽象的，往往以原则性价值理念的方式出现，而法律权利是实证的、具体化的，相比之下，有着较强的明晰性。其次，由于法律权利是实证化的产物，对于法律权利的侵害就必然要促使法律责任的产生，因此，就此而言，与自然权利不同的是，法律权利是借助法律的强制机制来得以保障的，现代法的实证性与强制性就是在这样个层面上建立了彼此之间的联系。再其次，自然权利的高度抽象性使得其概念内涵是含糊不清

的，自然权利（道德权利）作为一种“应然权利”是难以界定的，[①] 而与法律权利相对应的法律义务，就通过排除式的界定来明晰法律权利的内涵，也即任何不产生强制性或禁止性的作为或不作为义务的地方都是法律权利的范围。最后，也是最为重要的一点，自然权利往往以价值判断的形式出现，但在价值相对主义的氛围下，自然权利往往不具有普遍的说服力，而法律权利虽然也有一定的价值内涵，但却并不首先运用其内在的价值性来证成自我的合法化，在后启蒙时代的民族国家法典编纂的实践中，实证化的法律权利往往倾向于在法律体系中排除自然权利的价值内涵，对自然法与自然权利进行了一种“诗意的报复”，[②] 因此，法律权利的实证性就决定了其本身的普遍效力。因此，我们不应将法律权利视为是自然权利在法律体系中的简单延伸。

这两种权利概念虽然形态与特征都大为不同，但在其本身包含的价值内涵方面却是一致的。在西方语言之中，权利一词往往跟正当、正义相联系，例如，拉丁语中的 Jus 一词就源自古罗马神话中掌管正义的女神 Justitia。同时，权利一词，又或多或少地与法相关。Jus Naturale、Naturrecht 之中的 Jus 与 Recht 都做“法”（应然之法）讲，权利在很多文化中甚至被看做是“主观的法”。由此可见，权利是一种含有规范性意味的正义与正当。如果我们将权利理解为具有规范性内涵的正当要求或主张，那么权利就意味着理性主体基于自主意志而进行的正当选择，权利也因之与价值建立起了内在的必然关联。作为人们主观上好与坏的判准，价值是人类自由意志的一种表达。人类根据自己的自由意志选择某物为“善”，而此“善”者即为价值最为真切的表达，价值就是我们主观的选择与把握。因此，在主观选择与把握的层面上，价值与权利具有相同的核心内涵，即主体性与正当性，因此，在转化进入法律体系之前，自然权利往往是以价值判断的形式出现的，自由、平等、人权等基本的自然权利，同时也就是基本的价值理念。

第二种权利形态，也即实证化、法律化的权利概念，虽然并不借助价值话语论证自身的正当性，但其概念内涵中也体现了某些客观的价值准则。法律实证主义的确否认了法律与道德之间必然的逻辑关联，但却并未否认法律与其所依托的整体性结构（包括道德在内的社会事实）之间可能的事实关联，权利话语与价值话语的关系亦复如是，实证化、法律化的权利概念与自然权利的区别并不在于价值判断，而是在于“人为”与“自然”的区分，也即，前者是经由法律制定（立法）或法律发现（司法）过程将包含了某种价值判断的主观意志转化而成的

① 张文显：《法哲学范畴研究》，中国政法大学出版社 2003 年修订版，第 284～285 页。

② ［德］海因里希·罗门，姚中秋译：《自然法的观念史和哲学》，上海三联书店 2007 年版，第 98 页。

权利形式。

然而，在价值判断与现代法律体系之间，却存在着一些难题，解决这些难题就要求体现共识性价值预设的权利形式作为价值与法律的媒介。首先，我们必须承认的是价值的多元性以及价值冲突的可能性。其次，必须承认的是法律从其来源上说具有价值性，而非单纯的逻辑框架。但现代法治则要求法律具有形式合理的属性，即法律不能因为价值的冲突而停步不前，而势必要以一种确定化、体系化的姿态来回应并整合价值冲突，即通过形式化的秩序安排来体现价值内涵。因此，多元化的价值判断和一元化、普遍化的法律形式之间就必然以价值共识为交集，也即共识性的价值预设。因此，从一个更大的视野范围来看，所谓法律权利就是经由立法程序（或判例制国家的司法程序）而由价值预设、价值共识转化而成的具有实证属性的权利形式，这些实证化的权利形式又是组成实证法律体系的基本要素。权利就意味着模糊的价值预设、价值共识经由立法程序逐步清晰化，从而使实质上合理的价值判断能够与形式上合理的现代实证法体系相兼容。从这个意义上来说，权利就是沟通价值预设与实证法体系的媒介。

二、社会视角之下的权利

关于“权利”概念的定义，历来是众说纷纭，大致可以分为这样几种阐释：资格说、主张说、自由说、利益说、法力说、可能说、规范说、选择说等。[①] 这些学说各有千秋，而同时也存在着共通之处，即这些学说都以“个体”为视角在逻辑的层面上分析权利的概念，而在处理自我与他者的关系上，权利往往成为单子主体与其他单子主体之间的界分或屏障。以个体为视角来分析权利的概念，有其历史渊源。权利话语的兴起与高扬是和西方理性主义启蒙运动紧密结合的，启蒙时代的思想家借助自然权利的观念将作为主体的人从其对宗教和世俗君主的依附义务中解放出来，权利话语兴起的实质就是人之主体性的觉醒，从这个意义上来讲，权利就是“个人在社会中自主地位的标志”。[②] 个体不拥有权利，就意味着个体被整体压制抑或淹没，而只有主体拥有了权利，才可以说主体是自由的、自主的，主体的价值才能得到实现，主体的需求才能得到满足。在此意义上，权利就意味着作为主体的个体与整体之间的关系。

然而，个体视角的缺陷却在于其过分地强调权利享有者的主体性，而简单地将个体与整体划清了界限。自然权利学说作为启蒙时代反抗神权与王权的有力武

① 张文显：《法哲学范畴研究》，中国政法大学出版社 2003 年修订版，第 300 ~ 309 页。

② 葛洪义：《探索与对话：法理学导论》，山东人民出版社 2004 年版，第 168 页。

器，将教会与国家作为权利主体的对立面，个体权利与权力（不管是神圣的权力还是世俗的权力）之间就形成了一种对抗关系。即使是在洛克的社会契约理论之中，作为单子主体的个人经由双重社会契约（构建政治共同体的契约、选择特定政体的契约）来组建国家的过程，也只是个体的多数化，即单子个体的复数形式，个体之间的连接纽带，仍未被得到重视。个体视角无法解释的是，虽然主体生来就具有理性能力，但这种理性能力是如何在后天发掘与完善的，文化再生产对于主体意识与选择具有怎样的影响力。个体视角隔断了主体与其所居的生活世界之间的经验联系，而简单地从逻辑和哲学上设定了抽象的主体，个体与他者、国家之间的关系都是独白式的。[①] 同时，从经验的角度来讲，个体权利与国家权力之间的力量对比显然是失衡的，如果诸个体之间没有一个有机的联系纽带，权利与权力的对抗只能是一种理论上的空想。因此，本书所要指出的这一有机关联即是社会的视角。

正如我们先前所分析的那样，权利包含了某种共识性的价值预设，进而使这些价值预设能够顺利地融入形式化、实证化的法律体系中，那么共识性的价值预设就要求我们在审视权利、法律、价值三者关系的时候摒弃个体化的视角，而运用主体间性（Intersubjective）的视角。坚持个体化的视角，不仅无助于共识性价值预设的达成，相反则会促进价值判断的绝对个体性，从而激化价值冲突，社会的团结与一体化进程也就相应地大打折扣。然而，这里并不是要求放弃权利享有者天生固有的主体性，而毋宁是采用社会的角度来审视权利。权利所包含的人的主体精神是权利在意志层面上所具有的普遍性，而只有将权利还原到具有主体间性的社会层面之上，权利的观念才能具有规定性，也即黑格尔所谓的“自我进入到一般的定在”。[②] 质言之，主体只有在融入与其他主体之间关系的时候才具有可考量的理论意义。因此，体现了理性主体的价值判断、价值主张的权利概念，只有在社会的层面上才有意义，脱离了社会的视角而单纯地依靠逻辑分析是无法真正获得权利的概念内涵的。

与此同时，主观化的权利观念只有转化为客观化的权利配置才能真正地与法律机制相协调，而众所周知，法律与道德最大的差别点就在于法律关注的是个体行为的外部表现，而只有从社会的视角中，我们才能将个体行为对象化，权利转变为协调个体行为的制度构造，权利的概念才能得以客观化、实证化、法律化。

---

① 这一点在康德实践哲学关于“理性为自我立法”的观念中尤为明显，诸如“这样行为：你意志的准则始终能够同时用作普遍立法的原则”。［德］康德，韩水法译：《实践理性批判》，商务印书馆 1999 年版，第 31 页。康德哲学中的抽象主体就被称为独白式的“隐士”（Monological Solitary）。Thomas McCarthy，‘Introduction’，in Jürgen Habermas *Moral Consciousness and Communicative Action*. Mass.：The MIT Press，1999，p. viii.

② ［德］黑格尔，范扬、张企泰译：《法哲学原理》，商务印书馆 1961 年版，第 16 页。

社会不仅仅是主体交往的背景与场域，同时也是主体活动的平台，因此，以社会视角来审视权利概念，不仅在主体间性层面上赋予权利概念以规定性，同时也是将理性的个人作为基本社会单位的制度构造。这样一种制度构造就为理性的个人提供了行为的资格与参照：从自我的角度来讲，权利意味着某种程度上的选择与行为的自由，对于这种自由的不正当侵犯是不被允许的，权利是将行动资格赋予给理性的个人；而就自我与他者之间的关系而言，由于权利所具有的普遍性，同样作为理性主体的人，在同等事务上的权利就不应当有所差别，那么权利就成为协调自我与他者行为的一种界限，就行为者而言，自我的权利是行动的自由或资格，而他人的权利则是自我行动的界限或参照。

因此，不管是从价值的层面还是从制度的层面，我们都要运用社会的视角来重新审视权利的概念，社会既是共识性价值预设产生的背景，也是主体活动的平台，包含了价值预设的权利只有在社会的层面上才能够与具有稳定性、确定性、可预期性的法律秩序相兼容，作为自我与他者自由界限的判准的权利也只有在社会的层面上才能融入调整外在行为的法律机制。

三、权利的地方实现：为权利而斗争

从经验的视角来看，权利与法律之间的关系还在于权利形式所规定的实质内容需要借助法制的实践来得以实现。不管是从价值的角度还是从行动的角度，权利都仅仅处于应然的状态，而属于一种“有效性要求”，这一有效性要求是否得到兑现，并不是权利范畴自身能够回答的。权利并不应只是写在字面上的自由许诺，权利不能仅仅停留在规范或应然层面上，而必须具有经验或实然的效果。静态的、知识化的客观法律体系只是主观权利在应然层面[①]的规定，权利所包含的实质内涵是否能够得到满足与实现，却并不是一个规范的问题，而毋宁是一个经验化、具体化的问题。这就需要将静态的权利与法律引导进动态的制度实践中去，借助法制实践来实现权利本身的要求。

权利的实现问题是发生在社会场域中的实践问题，而从地方法制的视角来看，“地方”是法制实践与权利实现的最佳平台。“地方”这一概念既包括了国家权力体系不同层级的划分，也即相对于“中央”的“地方”，同时也包括了与国家权力体系分离但相互关联的社会体系，也即相对于“国家”的“社会”。地

① 应然与实然的区分存在两个层面，一个层面涉及了是与应是的区分，诸如自然法与实在法之间的关系；另一个层面则不涉及价值，仅仅指涉效力与实效的区分，凯尔森对应然与实然的区分就出于这一层面上。这里所谓的“应然”概念正是凯尔森意义上的“应然”，也即与事实相对，而非与实在法相对的应然的法律规范。

方法制既是国家统一法治自上而下的实现，同时也是整体国家权力体系在地方的平台上与社会之间开展的最为直接的互动。如果我们将静态的、统一的权利和法律视为国家法治的重要元素，那么权利实现和法制实践就势必要落足于地方这一平台上，质言之，国家统一法治在地方平台上通过法制实践得以实现的问题的核心就是统一、抽象的权利在地方法制实践中得以具体化的过程，而与此同时，具体化的权利能够更为有效地促进地方法制的发展与完善，进而促进国家统一法治在地方的实现，因此，“法治”在地方向“法制”转变的过程，就是权利从“规定”到“实现”的过程。地方法制的核心就是权利的地方实现的问题，而反过来讲，权利的地方实现也将推动地方法制的发展。

那么在地方平台上的权利从“规定”到“实现”的转变究竟意味着什么呢？前面已经提到，主体权利只有融入与其他主体关系时才真正具有意义，这从某些方面也表明，权利是一个主体间性的概念，抽象的权利内涵只有借助侵犯与反侵犯的斗争过程才能得以明显：“你必须到斗争中寻找你的权利”①。如果我们仅是简单地将暴力与反抗视为斗争的核心要求，那么权利所依存的法律秩序就会被革命所推翻，皮之不存，毛将焉附？而如果我们将稍稍扩大视野，将“斗争”概念中的暴力因素清除出去，而将“斗争”视为权利的享有者争取权利、防止权利遭受侵害的活动的话，那么，在现代政治中，公共商谈、公共参与也是在理性的、和平的制度氛围下“为权利而斗争”的一种形式。

在理性与和平的制度氛围下，个体权利内涵的界定与实现需要借助“公共”的方式。首先，权利与价值之间存在着不可割裂的关系，然而，价值本身具有的模糊性，但立法决策和法律本身必须具有明晰性，涉及某一具体的、局部的问题，模糊的价值预设应该明晰化，但这一明晰化的过程依靠少数的立法者是无法完成的，必须将权利所蕴涵的实际内容交由公共讨论，权利所包含的价值预设才能得以实现。其次，以中央与地方的视角来看，也存在类似的问题。在单一制国家中，国家统一的法治与中央的决策势必是抽象性的，而将抽象内容具体化、清晰化的任务就交由地方来实现。但如果将地方的角色定位在执行者和领会中央精神者的话，那么，统一的法治或者不适应地方的具体实践，或者在地方遭遇所谓的“比利牛斯山”式的困境（正义原则的地方差异）。因此，不管是从价值内涵清晰化的角度来看，还是从统一法治具体化的角度来看，个体权利都必须借助公共的方式来得以保障与实现：“除非在公共讨论中当事人把那些涉及平等与不平等问题的重要内容都搞清楚，否则，主体权利就无法得到恰当的表达”。②

---

① ［德］鲁道夫·冯·耶林，胡宝海译：《为权利而斗争》，中国法制出版社 2004 年版，第 102 页。

② ［德］哈贝马斯，曹卫东译：《包容他者》，上海人民出版社 2002 年版，第 305 页。

而地方就为公共商谈与公共参与提供了一个最为直接也最为直观的制度平台，在此平台上，公民可以运用理性与和平的方式争取自身权利，防止自身权利遭受来自他人与权力的不法侵害。在地方平台上的公共商谈、公共参与赋予抽象权利以具体的可主张性。而这种可主张性就是权利从“规定”到“实现”的必经之路，而必然要求权利主体参与到公共事务中去，这既有助于国家与社会的良性互动，同时也是“为权利而斗争”的最佳形式，而在地方的平台上借助公民的自主政治参与，权利的内涵就得以明显，权利也最终能够得到保障与实现：“作为私人的法权主体，若他自己不通过对其政治自主的共同运用而澄清正当的利益和标准，并且就哪些相关方面的平等者应该受平等对待，不同者应该受不同对待达成一致，是无法充分享受平等的主观自由的”。①

第二节 权力与权利

不管从何种角度来界定权利，权利概念都包含了主体自由这一基本要素，这种自由既可以是意志层面上选择的积极自由，也可以是行动层面上排除妨碍的消极自由。那么，如果我们将权利从“规定”的层面逐步地落实到“实现”的层面，也即通过某种“斗争”的方式来实现权利所包含的规定性内涵的话，那么，我们必须考察在这一“斗争”或实现的过程中究竟是何者对权利所包含的主体自由起到了阻碍或促进的作用，权利与其对立者之间的关系究竟是什么。这里我们所要分析的是，权利行使过程中所必然遭遇的权利与权力之间的关系，这种对抗或互动的关系又将如何影响地方法制的建构与发展。

一、权力与权利的对抗与互动

不管基于何种政治哲学立场，自由的他者都是权力，而恰具反讽意味的是，权力对于自由的干涉在各种政治哲学理论中也都是正当的，权力又是自由的保障，各种学说理论的唯一区别之处可能仅仅在于权力究竟在何种程度上能够正当地限制自由。费希特在其国家学说中曾经提到正义的一对矛盾律，也即“每个人都应绝对地依据他自己的洞见行事，唯有如此他才是自由的。无任何强制性”与“如果没有某种强制，没有人对人的外在本性之自由的限制，正义者的洞见

① ［德］哈贝马斯，童世骏译：《在事实与规范之间》，三联书店2003年版，前言第7页。

甚至都不会显现出来”之间的矛盾。[①] 如果将自由视为权利的核心要求，那么权利与权力的关系同样可以引入这对矛盾律中，一方面从规范性的角度来讲，个体的权利是至高而绝对的，我们无法找到任何理由来证成对权利的侵犯；而另一方面从经验性的角度来说，只有依靠权力对自由的限制，各主体之间的权利范围才能明确界分，权利才能得到真正的保障与实现。因此，或许我们可以这样表达权力与权利的矛盾律：“每个主体都享有自己无上的、不受侵犯的权利”与“每一种权利都要依靠权力对他人自由的限制才能够保障与实现，而同时此种权利也要遭受同样的限制”。鉴于此，我们就不能简单地将权力与权利的关系化约为对抗的关系，必然还要重视权力本身对权利实现的积极作用。

权力与权利的关系归根到底还是国家与公民之间的关系，两者呈现出既对抗又合作的关系。在对抗的层面上，国家是一种整体性的存在，要求公民服从国家的权力要求，进而构建出一套合法的（Legitimate）权威秩序，而公民则是一种个体性的存在，在权力的统治要求和秩序的齐一化指令面前更多地体现出自主与多样的吁求。整体与个体、服从与自主、齐一与多样等多对矛盾范畴使得国家与公民之间产生了不可避免地紧张关系，利维坦式的极权统治与无政府的乌托邦状态是国家与公民紧张关系的两极体现。而同时，国家与公民之间又不可避免地具有合作关系，不管是黑格尔所谓的东方专制主义，还是西方的自由主义，国家为公民提供诸如“安全”、“幸福”、“富裕”等外在价值，这些外在价值即是论证政治合法性的“目的进路”（Teleological Approach），[②] 也是国家存在必要性的基本条件。无法为公民提供福利的政府，即使是通过公民主观认同的方式（诸如选举）产生的，也是难以长久持存的。与此同时，国家也至少需要公民赋税、服役等支撑来维持自身的基本运作，公民的服从是国家秩序存续的内在保证。因此，国家与公民之间的合作关系不可忽视，如果两者之间仅仅存在对抗关系，那么不管是公民所欲求的幸福、安全、富裕等外在价值，还是国家所需要的财税、兵源等基础资源都将在对抗中消耗殆尽。在国家与公民既对抗又合作的关系中，社会起到了重要的纽带作用，从而也妥善地处置了权利与权力之间的微妙关系。

（1）就对抗关系而言，社会是个体的联合，依靠社会的力量，个体权利能够更为有效地防范国家权力的侵犯。哈特曾经将“大体上平等”视为自然法的

---

① ［德］费希特，潘德荣译：《国家学说》，台北左岸文化事业有限公司2007年版，第118页。

② 在政治合法性的论证之中，大致可以区分出两条进路，一是发生的进路，二是目的的进路。前者回答的是国家如何产生的问题，在这种进路中，国家的产生只有符合了一定的规范性条件诸如“同意”、“认可”等，才能获得合法性。回应的是国家能够提供何种价值或实现何种功能的问题，只有国家满足了某些外在的价值，国家才是具有合法性的。在西方政治学说中，洛克与卢梭关注的是发生的进路，而霍布斯则更多地关注目的的进路。参见周濂：《现代政治的正当性基础》，三联书店2008年版，第32～33页。

最低限度内容："任何一个人都不会比其他人强大到这样的程度，以至没有合作还能较长时期地统治别人或使后者服从"①，因此，对于个体权利最大的侵犯并不来自他人，而来自权力。孤独的个体在面对配备了合法暴力机制的权力时就显得相当脆弱，而只有经由社会化的制度配置，个体逐渐地联合成家庭、宗族、社团、协会等社会组织形式，才能有效地抗衡国家权力的侵害。我们之所以要将社会作为国家与公民、权力与权利之间的"防护栏"，是因为在经验事实上，国家权力具有强大的支配能力，然而在规范理念上，权利则具有至高无上性，当公民凭借规范理念的至高无上性向国家"经验地"争取权利的时候，就难免会遭遇到其本身难以独自应对的权力"利维坦"。唯有将个体整合进具有自组织特性的社会机制中去，权利的保障才具有现实意义。

同时，社会的自组织性也能够在一定程度上吸收、消解公民对国家权力的异议，从而防范无政府主义思想的蔓延。哈贝马斯曾经提到，相对于传统社会形态，自由资本主义最大的特点就是"阶级关系的非政治化和阶级统治的匿名化"。② 然而，一旦以最大限度地追求剩余价值资本实现遭遇到了合理性危机，这种隐匿了政治话语的阶级关系，就无法维系资本主义社会的存续，经济的合理性危机就转变为政治合法性危机。公民对国家权力的异议，在很大程度上是因为国家治理能力的下降或丧失。于是，社会对经济系统的调节能力就为国家卸除掉巨大的合法性论证的负担：借助工会、行业组织等社会自组织机制的有效运作，公民因经济事务而对国家产生的辅助要求与期望就逐渐地转移到了社会自身，社会就吸收、消解了相应的公民对于权力的异议，从而为国家秩序的存续与完善设置了一道抵抗无政府主义的屏障。因此，社会一方面协助公民抵抗暴政的侵害，同时另一方面也协助国家防范无政府主义式的权利绝对化的侵扰，在国家与社会、暴政与无政府之间，社会起到了积极的调节作用。

（2）就合作的关系来看，社会又是个体活动的平台，借助这一平台，个体权利能够更为有效地与国家权力形成良性的互动。个体权利的保障与内涵明晰，都需要个体权利从规定的层面转向实现的层面，如前所述，需要借助公共参与、公共商谈等理性的"为权利而斗争"的方式，那么，社会就为权利的"斗争"提供了一个实践行动的平台。经由立法者的制定或确认，法律权利与法律一样，都带有某种程度的国家性，法律权利本身就是国家对公民的许诺。而权利的许诺

---

① ［英］哈特，张文显等译：《法律的概念》，中国大百科全书出版社 1996 年版，第 190 页。

② 哈贝马斯，刘北成、曹卫东译：《合法化危机》，上海人民出版社 2000 年版，第 28 页。

若要最终兑现，还需要公民能够以公共自主（öffentliche Autonomie）[①] 的方式提出自己的主张，并参与到公共事务之中与国家形成一种对话关系。权利从规定到实现的过程，就是国家的许诺到公民的主张的过程，而社会就接洽了国家的许诺与公民的主张，将两者统合到公民的政治参与中，为国家与公民的良性互动提供了背景场域和语境。

就理想形态来看，国家是一种基于形式合理性的行政系统，而相应地被抽空了价值信念与利益需求的实质内涵。然而，与之相关的问题则是，这套形式合理的系统在纯粹理想的状态下，并不具有也不能具有表达自身规范性要求的机制，国家不仅缺乏说服被统治者的交流机制，与此同时还缺乏意见回馈的机制：由于公共权力具有强制性，其运作并不受到反对意见的影响。公共权力在不借助交流机制的前提下，单纯地将视角限定在“统治—服从”的层面上，国家的权威就体现在其制度框架与制裁机制中。然而，单纯依靠强制与制裁，并无法真正地实现国家与公民的沟通与互动，相反会加深公民与国家权力之间的紧张关系，因此就势必要求一种商谈场域来实现国家与公民的对话。而同时，纯粹理想的状态下，国家所要求的形式合理性主要表现为抽象性与普遍性，这就与具体而多样的个体活动与需求相抵牾，形式合理的系统指令如果想要能够应对多样复杂的个体生活，就必须有一种整合机制，即将多样而复杂的个体生活整合为一种能与形式合理的行政系统相匹配的抽象形态。这种商谈场域与整合机制就是由个体组成但又异于单一个体的社会。

在公共政治生活中，大多数公民被排除在国家代议场域之外，但社会就为他们提供了另外一种公共参与的平台。经由对某一公共事务的讨论，个体意见在社会的场域中被整合成共同意见，这种共同意见经由社会及其组织（政党、行业协会等）的传递对公共权力的行使产生了实质性的影响，而同时，国家也通过对社会的经济、文化干预，消除市民社会经济结构与文化结构的不合理性，进而向公民传达了某种政治理念，于是，社会就成为国家与公民意见交涉的平台与传送带。以社会为媒介和依托的公共参与，有助于打破国家在政治事务的主导性，引导公民参政议政、共商国是，为国家与公民提供了理性对话的交流机制，公共参与所要解决的问题不仅是公共决策的片面与压制，同时也要力图避免引发民粹主义的后果。回到权利与权力的互动关系，在社会平台上、以公共舆论为表现形

---

① 哈贝马斯区分了公共自主与私人自主的概念，私人自主在法律上主要表现为以财产权、生命权为核心的人权，公共自主则主要表现为以政治参与为特征的人民主权。私人自主的概念就类似于本文所提到的个体权利，个体权利内涵的明晰就需要借助公共自主的政治参与来实现。［德］哈贝马斯，曹卫东译：《包容他者》，上海人民出版社2002年版，第289页。

式的公共参与①，其实质就是公民的权利主张，以及国家权利许诺的兑现，这对于权利与权力的沟通而言，无疑具有重要的意义。

从对抗与合作的双重视角来看，社会是沟通国家与公民的重要纽带，因而也是协调权利与权力之间关系的重要媒介：作为个体集合体的社会，一方面协作公民对抗国家，保障权利不受权力的侵犯；另一方面协作国家化解公民对统治的异议，保障权力免遭无政府式的权利绝对化侵扰。作为个体活动平台的社会则借助公共参与的方式成为国家与公民意见交涉的媒介，将国家权利许诺的兑现与公民争取权利的主张有机地统一在公共自主的政治参与之中，从而实现了权利与权力的良性互动。

而就政治—文化共同体的长远发展来看，在国际竞争激烈、战争与和平共存的时代背景下，国家的存在较先前更具有现实的必要性，而基于中国的地理风貌和文化传统，“大国家”更是民族、文化、政治所必然要求的。在这样的前提之下，我们不能抱有无政府主义的乌托邦幻想，也不能将国家极小化，我们所做的必然且只能是通过法治、通过立法构建一个现代的文明国家，借助立法主义法治构建成熟的公民社会，最终实现国家与公民的良性互动，唯其如此，才能真正国富民强、国泰民安。因此，实现权力与权利的互动要比防范权力与权利的对抗更加具有根本性，也更加能够体现身处于当下的我们对于后世历史的责任。

二、地方法制视角下的权利与权力

社会首先作为个体的联合体来防范国家权力的侵袭，而成熟的社会机制又是公民参与公共事务以意见表达的方式来影响政治国家的实践场域与活动平台，就自组织的合理化程度而言，作为场域与平台的社会要比作为个体联合体的社会更加完善，其自我演进程度更高，同时也势必将后者涵摄在内。因此，我们就要将主要的关注点放在作为场域与平台的社会领域上。社会领域的现实化是与实践相关的问题，社会所关涉的实践，并不是理念层面上自由意志的正当选择，而毋宁更多地涉及主体行动与表达。那么，以此而言，最能够体现公民行动与表达的社会场域与平台就是“地方”，这也即，作为公共参与的场域与平台的社会，在其现实化的层面上更多地体现为“地方”。

与公共参与最为相关的概念就是公共舆论（公共商谈与论证），在我国目前的现实情况下，公共参与并不是自下而上或自上而下的驱动模式，而是“媒体

① 公共参与的实质在于意见的交涉，因此，公共商谈是公共参与的主要表现形式，公共商谈（舆论）的范围，也即公共参与的范围。

驱动型”（Media - driven）的公共参与。[①] 媒体既是公共参与的信息传播者，同时也在很大程度上引导或影响公众的判断，既输出事实判断也输出价值判断。虽然媒体对于公众的引导或影响会产生一定负面影响，但在我国公共参与制度发展的过程中，媒体所起到的作用却是不容忽视的：媒体并不以抽象性、逻辑性与理论性为特征，由于受众的广泛性和多元性，媒体需要以通俗的语言和日常的视角来解析社会问题，从而吸引公众的关注。因此，公共参与通常就表现为公民就特定的公共事务所展开的商谈与论证。

以“舆论”为核心特征的公共参与就决定了“地方”是公共参与开展的最佳平台。因为，在信息技术飞速发展的今天，大量的公共信息通过各种方式摆在读者眼前，在这些纷繁多样的信息中，只有关涉自身实际利益的议题才能够得到真诚、积极的回应，而只有在自身实际利益的驱动之下，公共讨论才能够逐步地转化为公共参与，进而对公共决策产生实质性的影响，如“厦门 PX 事件”、“广州番禺垃圾焚烧厂选址事件”等所引发的公共讨论对于最终的决策都起到了极为显著的作用。从理论的角度来讲，只有与自身利益相关，实践行动者才会首先运用私人的知性来筹划自我的生活与行动，以公共商谈、公共辩论为核心的公共理性（或者如康德所谓“理性的公共运用”）必须要以这种略带功利主义色彩的私人知性为前提，否则，仅凭一般的道德直觉和正义理念而不考虑议题与自我的相关性而展开的公共讨论，往往会陷入诸神之争的困境中，质言之，在这些讨论中言说者往往会直接援引自己所依据的基本价值立场，而与持其他价值立场展开无谓的对话，这不仅会加重公共论证的负担，同时也将使公共论证丧失达成合理共识的可能性。议题与言说者的相关性就决定了对特定议题最有发言权的、其意见表达最能对公共决策产生影响的应当是受到该议题范围内公共决策实质影响的人。[②] 对于社会事务最有发言权的就是那些出在地方层面上受到政策与社会双重影响的“匹夫匹妇”。因此，如果将以公共商谈为核心的公共参与作为媒介权力与权利的互动环节，公共议题就必须与此时此地的日常事务相关，公共商谈也就因之具有“地方”性。

“地方”是国家与公民彼此接触、权力与权利彼此互动的最为直接的场合，地方政府的决策对于公民的权利实现而言无疑具有重要的影响，而在单一制的国家中，地方政府又承担了贯彻落实中央决策的任务，具有抽象性、普遍性的中央决

① 展江、吴麟：《社会转型与媒体驱动型公众参与》，载蔡定剑主编：《公众参与：风险社会的制度建设》，法律出版社 2009 年版，第 352 页。

② 诸如哈贝马斯在论述商谈伦理学的商谈原则之时就曾经这样表述：“只有获得（或可以获得）那些在实践商谈中受到影响（all affected）并以参与者身份出现的所有人认可的规范才可以声称自身有效”，这一原则就表明公共事务的参与者应当是受到相关公共决策影响的人。Jürgen Habermas.，*Moral Consciousness and Communicative Action*. Mass.：The MIT Press，1999，pp. 65 – 66.

策必须经由地方政府的“领会”、“学习”才能具有现实的可操作性。因此，在地方平台上展开的公共商谈、公共论证，不仅直接有助于地方政府决策的民主化与科学化，防范地方政府权力对公民权利的侵犯，也间接地有助于中央政府决策的贯彻落实，使之朝着有利于权利实现、权利保障的方向发展。同时，地方平台上的公共参与对于中央而言也是一种反馈机制，在对特定公共事务的商谈与论证之中，国家统一法治所包含的权利规定逐渐地得以实现，权利内涵逐渐得以明晰，这就为中央决策的进一步合理化，为国家统一法治的进一步完善，为基本法律中有关权利保护部分的进一步细致明确等等诸端提供了非常有益的经验参照。历史已经证明，经济特区先行先试为我国市场经济的发展提供了有益的经验样本与模型，而地方平台上的公民参与也将会对我国民主政治、法制发展提供同样有益的经验。因而，以地方法制的视角来看，权利与权力的良性互动就应当以公共参与的形式展开，而地方平台所带有的直接性和具体性，就将有助于公共参与的发展与完善，进而有助于权利的保障与实现。

第三节　权利：法治与法制的沟通

本书的第一章业已将法治与法制的区别界定在理念与制度的层面上，那么，将法治理念现实化的途径就是法制实践，社会主义法治国家的构建与完善也必须依靠具体制度的完善，特别是地方层面上的具体制度，于是，作为法治理念核心要素的权利就成为法治与法制沟通的重要媒介。因此，在此我们将回到法制这一问题上来，解释权利的行使如何能够作为国家法治与地方法制的沟通媒介，以及地方法制如何能够对实现法治精神保障公民权利起到的积极作用。

一、法治理念与法制实践中的权利

概而言之，法治理念的核心在于保障权利、限制权力。法治既是一种按照法律治理社会的方式、手段，而与人治、德治、神治相对，同时也是一种治理状态：“已成立的法律获得普遍的服从，而大家所服从的法律又应该本身是制定得良好的法律”①。将法治视为治理方式或治理状态的区分仅仅在于依靠法律治理国家的程度不同，但其核心都是将法律视作最为重要的治理机制。从法治的发展

① ［古希腊］亚里士多德，吴寿彭译：《政治学》，商务印书馆1997年版，第199页。

史上看，权利的观念并非一开始就为法治所固有，法治的目标首先是对权力的限制。1215 年英国《大宪章》（Magna Charta）就是英国贵族用以限制英国国王约翰绝对权力的工具。大宪章要求皇室放弃部分权力，及尊重司法过程，接受王权受法律的限制。当中影响最为深远的是第三十九条，人身保护的概念就由之衍生："除非经过由普通法官进行的法律审判，或是根据法律行事；否则任何自由的人，不应被拘留或囚禁、或被夺去财产、被放逐或被杀害。"根据这个条文的规定，国王只能依据法律，而不能依据私人喜好来进行审判，王权因而受到了限制。在权力受到限制的同时，权利的观念也随之兴起，并逐步地从贵族所享有的封邑、财产等层面扩展到普遍的、人生而固有的层面上，权利观念也就逐步地成为法治的核心理念。

如果我们将法治理念的全部内涵理解为限制权力、保障权利的话，那么我们其实就坚信：权力与权利是绝对的天敌，彼此难以协调；权力是必要之恶，权利却是至高无上的；权利只有通过与权力的抗争才能最终得以实现。然而，如前所述，权利与权力之间的对抗将会消耗整个政治—文化共同体的动力，这样一方面会导致国家疲于应对公民的异议，从而无法实现国家的基本功能；另一方面也将导致公民时刻提防政治国家的侵袭，而无法为政治国家的发展与完善提供一条正确的发展道路。因此，我们不能仅仅将法治理念理解为权利与权力的对抗，法治理念毋宁是权利与权力各自范围的界分，法治即是一种规定性的理念。

然而，我国 30 多年来的法制建设表明，虽然学者极力提倡"法治"（水治），赋予其比"法制"（刀制）更多的价值优位，进而将《宪法》中用"法治国家"替代"法制国家"视为政治进步的体现，但"法治"往往仍停留在书面和口号的层面之上，虽然"依法治国"、"依法治省"、"依法治市"甚至"依法治园（幼儿园）"等口号屡见不鲜，但由于缺乏相应的制度支持与配置，这些口号往往并未得到真正的实现。制度的缺失不仅无法实现法治本身所预期的目的，反而会因为权利许诺不能得到兑现使人丧失对法治的信心。因此，法治理念如果想避免"口号化"的困境，真正地实现权利保障的目的，就必须借助具体而微的制度实践，权利实现的过程即是从规定性的法治理念转向操作性的法制实践的转变。法制实践不仅是法治理念经验化的途径，而且是必经且必要的途径，两者通过权利的保障与实现紧密地联系在一起，就此而言，权利就是法治与法制沟通的重要媒介。

地方法制是法制实践最为具体也最为直接的表现形式，地方法制的成败得失也将最为直观地体现在公民面前，从而影响公民对法治理念和法制实践的判断。如果权利不能通过地方的法制实践最终得到保障与实现，公民不仅会怀疑整体国家的法制建设，甚至还会怀疑法治理念本身是否适用于中国的现实。当公民既无法依靠法律制度来主张自己的权利，又对法治理念产生怀疑的时候，法治理念就将彻底在现实中落空，与之相应的后果就是诸如拉关系、走后门、行贿受贿等各种非法律的方式，甚至信访、围堵、群体性事件等极端的方式。因此，在地方法制实践中关注权利的保障与实现，对于公民与国家来说都有着极其重要的意义。公民权利是地方法制建设的出发点与落足点，地方法制将静态的权利理念纳入动态的制度实践中，而最终，权利内涵的明晰、权利的保障与实现也就将统一到地方层面的公共参与之上，也即借助地方的公共参与平台，公民就特定的公共事务表达自己的意见，通过行使权利的方式来实现权利、保障权利。而更为重要的是，权利行使也是地方法制发展与完善的原动力，借助实践性的权利行使，权力被加以驯服，权利则得到保障与落实，两者在地方的平台上良性互动，于是法制的发展与完善在地方平台上借助权利形式而成为可能。因此，从这个意义上来讲，权利的行使就是地方法制的原动力。

二、地方法制中的权利行使

权利行使与权利保障、权利实现有所不同：权利保障是法制发展与完善的主观目标，主要是指排除来自权力的侵害，而相应地具有被动性；权利实现是权利观念现实化的客观状态，主要是指抽象的权利内涵经由制度实践、公共参与而逐步明晰、具体的过程。而权利行使则是追求主观目标、实现客观状态的方法与途径，主要是指权利主体为了保障自身权利，要求国家实现其权利许诺的行动。与权利保障、权利实现相比，权利行使更加具有主动性，因而也就更加能够体现权利所要求的主体精神。

虽然权利的规定在很大程度上要依赖于国家立法的规定，诸如我国 2004 年修宪将私有财产权、人权写进宪法，2007 年颁布《物权法》等与权利相关的进步都是自上而下式的，但国家的权利许诺并不会自动地促进权利的保障与实现，国家与权力的紧密关系就决定了国家对于权利的双重态度，一方面国家要赋予公民一定的权利以确保公民的内在服从，另一方面国家又不愿让权利成为权力行使的阻碍。因此，权利的保障与实现不能依靠自上而下的恩赐，权力也不会主动放弃与权利的力量博弈，只有公民在地方的平台上发扬主体精神、主体意识，主动行使既有权利，才能争取到更多的权利，才能保障与实现既有权利。

从另外一个角度来讲，即使我们将国家设定为一个完全善意的角色，权利内涵的明晰与落实也不能依靠简单地逻辑推演。不管立法技术多么完善，法律规定多么细致，停留在法律文本中的权利始终都是抽象的，抽象而统一的权利形式如果要运用到具体而多样的实际事态上，就必须为权利形式补充实质性的内涵，这种内涵是不能依靠实际事态之外的立法者提前补充的。这也即，权利的明晰化与具体化并不能依靠良好立法者的善意，而需要依靠公民发挥其自主精神在具体的法制实践中确认权利、保障权利、最终实现权利，借助公共自主方式逐步明晰权利内涵的过程就是公民行使权利的过程。

在地方法制的视角下，权利的行使首先意味着权利遭受侵害时司法救济，这是权利行使最为普遍最为直接的形式。由于我国现行司法制度规定了二审终审制，大部分案件都放在基层人民法院和中级人民法院审理，因此，司法语境下的权利行使在很大程度上都是在地方的层面上，最高人民法院往往起到审判监督、审判指导的作用。那么，公民在实体权利受到侵害而向司法机关寻求救济的行为本身就是在行使自己诉讼权利。然而，在我国地方司法实践中，往往存在以调解、撤诉、行政和解等方式来解决纠纷的方式，许多法院将民事调撤率作为法官业绩考核的标准，[①] 这种做法是有待商榷的。一方面，调解、撤诉、行政和解等方式在事实上或多或少地限制了公民诉讼的权利，使公民的权利诉求无法通过正当的诉讼途径得以实现；而另一方面，这些方式虽然有助于纠纷的迅速解决，但却往往以牺牲实体权利为代价，从而抹杀了权利内部所包含的价值内涵，更为重要的是，这些权宜性的纠纷解决手段并不指向权利本身，而更多地指向“政治大局”、“安定团结”、“和谐稳定”等政策目标，不仅无助于权利的保障与实现，反而会影响法律的实施，进而背离法治理念。因此，地方法制就必须首先关注地方司法制度的发展与完善，保障公民的诉讼权利，以期通过司法救济保障公民的各类实体权利。

其次，就其积极方面而言，权利行使还意味着公民行使宪法所赋予的政治权利，就特定的公共议题发表自己的意见、在特定的公共事件中发挥自己的主体精神。除却借助新闻媒体而展开的公共讨论之外，地方法制建设必须关注地方人大制度的发展与完善，实现一切权力属于人民的宪法承诺，让地方人大成为公民行使政治权利的平台，最终保障与实现法律所规定的其他权利。地方人大制度的发展与完善大致体现为如下两个方面：

---

① 从历年《厦门市中级人民法院工作报告》来看，2004 年厦门市法院系统制定《案件质量与效率评估考核办法》，设立了审限内结案率、调解撤诉率、执行标的到位率、人均结案数等十项量化评估考核指标。2002～2006 年全市法院以调解（含撤诉）方式审结的民商事案件占 49.50%，2007～2009 年分别占 47.32%、54.23%和53.03%。自 2008 年起，《法院工作报告》中开始显示行政案件协调解决率，至 2009 年分别为 21.22%、23.32%。这组数据表明，从 2008 年开始，民商事案件中以调解、撤诉方式结案的案件已经超过以判决结案的方式，而且行政案件中也逐步开始尝试运用协调解决的手段。资料来源：厦门法院网 http：//www.xmcourt.gov.cn。从 2010 年《河南省高级人民法院工作报告》来看，河南省法院系统 2008 年民事案件一审调解和撤诉率达到 60.43%，2009 年民事案件一审调撤率达到 75.6%，当年，省内一些基层法院和人民法庭调撤率超过 90%。资料来源：商都网 http：//www.shangdu.com/、大河网 http：//www.dahe.cn/。

（1）完善代表选举制度。目前我国除了基层人大的代表选举之外，其他级别的各级人大都实行间接选举的原则。而在全国人大代表选举的层面上，则实行“双轨制”，即政党提名与各省人大提名相结合确定正式候选人的方式。[①] 这样就在很大程度上限制了公民的参与范围，人大制度就不能带动公共参与的发展。因此，完善地方人大制度的首要任务就是完善代表的选举制度，使人民代表大会能够更为充分地体现人民的意志。完善代表选举制度包括这样几个方面：扩大代表直选范围；引入代表竞选机制，实行差额选举，并完善相关的竞选程序；设置合理的选区划分；减少领导干部兼任人大代表的名额；完善候选人确定方法等。

（2）完善立法互动机制。即使通过完善代表选举制度来促进公民参政议政的热情，代表名额的限制仍然会将许多有参与需求的公民排除在代议领域之外。然而，就公民对政治的影响来说，我们必须区分最高权力范围和有效权力范围，[②] 也即实质性的影响范围与制度性的影响范围。人大制度承担的就是有效的权力范围，而公共参与则更多的指向最高权力的范围。公民通过舆论对代议制度中的决策进行影响，这是公共参与重要的一方面；而代议制度本身也必须能够提供这样一种互动的机制，将公共舆论的实质影响力体现在最终的决策之中。那么，就地方立法而言，除却立法审议等正式的立法程序，还需要建立一系列不具有制度上的决定权，但能够起到实质影响的立法互动机制，这些互动机制正是连接公共参与和准公共参与的重要环节。能够对立法决策产生实质性的影响，但又同时不具有制度性效力的机制主要包括：立法听证制度；立法旁听制度；由政府部门、人大代表、政协委员、专家、行业代表、公民等参与的公开辩论制度；公民提案制度；意见征集制度等。

在上述两个方面上，地方人大的制度实践与公民政治权利的行使紧密结合，借助法制的发展与完善，公民的政治权利得到了保障与落实，而反过来借助公民权利的行使，地方人大制度又逐渐地摆脱了“橡皮图章”的尴尬地位，从而真正地起到了权力机关的作用。制度建设与权利行使之间就必然呈现出一种相辅相成、共同发展的良性态势，为法治精神在地方的实现提供了现实的可能性。

综上所述，权利观念是现代政治文明的核心，其中包含了极具吸引力的价值主张，提倡权利是尊重人之主体性的必然要求。但权利不能仅仅停留在书面或口号的层面上，权利必须从抽象的规定层面转向具体的实现层面，这种转变是依靠公民在地方平台上“为权利而斗争”而实现的。权利与权力之间存在着既对抗又合作的关系，在地方平台上借助公民的公共参与，权利与权力能够展开良性的

① 孙哲：《全国人大制度研究（1979～2000）》，法律出版社2004年版，第233～234页。

② ［美］科恩，聂崇信、朱秀贤译：《论民主》，商务印书馆2007年版，第26页。

互动，这既有助于权利的保障与实现，又有助于整体政治—文化共同体的长久发展。权利是法治理念中的核心要素，借助地方层面上的具体制度构建，法治理念通过权利范畴逐步地现实化、具体化，权利就成为沟通法治理念与法制实践的媒介。地方法制发展与完善的推动力就是公民主动行使自己的权利，公民权利行使也需要借助地方层面上的制度依托，权利的保障与实现是地方法制实践的根本目的，权利的行使是地方法制的原动力，两者紧密联系、相辅相成。以“权利”为视角审视地方法制将会有助于法治理念与法制实践的发展与完善，为建设富强、民主、文明的现代中国提供强大的动力。

第二编

地方国家机关的法定权力

第五章

国家权力法律配置的总体框架

“责任政府、权力制约及民主自治不仅仅是国家权力横向配置的基础，也应当是对中央与地方政治权力，以及地方政治治理权力内部进行法律配置的基本原则。”

国家权力的法律配置机制及其实践，是衡量与检校一个国家法治、宪政和民主程度的制度标尺。通常来说，理论界对国家权力的法律配置机制的关注和研究，往往局限于一个国家中央权力的横向分权与配置，忽视了国家权力的纵向配置，对地方国家权力的法律配置状况关注不够。然而在实践中，中央国家权力治理的事项往往是国家整体性事务，而与公民各项权利的实现及保障密切相关的，是最贴近公民生活的各项政治权力及其实践，亦即地方政治治理权力。如果对地方权力的法律配置机制不合理，甚至使其处于扭曲状态，不仅不利于公民权利的实现和保障，更会导致国家治理的中央集权化。因此，在国家权力法律配置的总体框架中应当重视地方国家权力的法律配置，并通过宪法和法律规范地方国家权力在地方事务中的自主性、独立性和责任形态。只有当地方国家权力对地方负责，而不仅仅只对中央负责，国家治理才会趋向民主和法治状态，公民权利才会得到真正的保障。

现代国家治理过程中，责任政府、权力制约以及民主自治是国家权力法律配置的基本理念和制度目标。责任政府意味着治理机构所享有的权力与其职能和责任应当是一致的；并且权力的享有及其实现必须受到法律约束，包括制度内的其他权力的制衡以及来自社会公众的监督；最终，所有政治治理单位的权力享有及支配应当通过民主制度获得正当性和合法性。责任政府、权力制约及民主自治不仅仅是国家权力横向配置的基础，也应当是对中央与地方国家权力，以及地方政治治理权力内部进行法律配置的基本原则。

第一节　权力与责任

权力是政治的基础，是国家治理体制中的核心和实质。权力对任何一个国家和社会都是确定无疑存在的，但是对权力的理解和界定在学术界观点纷呈争议较大，基本上可以根据在权力定义中出现的关键词对权力的概念定义归纳为十类：因果关系、意图、冲突、制裁、影响、防止、效用、惩罚、依附、决定性或关键性。① 尽管在社会学和政治学领域内对权力的界定千差万别，但是对权力的普遍性的、具有现实意义和解释力的概念还是在政治学中被广泛予以接受。而在政治实践当中，权力与责任总是密切关联的，并成为人们政治生活中评判及讨论政治权力运作的基础。

一、权力与国家政治权力

由于权力现象的复杂性，对于权力有多种多样的认识。《中国大百科全书》认为："在当代社会科学的各领域中，权力一般被认为是人际关系中的特定的影响力，是根据自己的目的去影响他人的能力。在社会生活中，凡是依靠一定的力量使他人的行为符合自己的目的的现象，都是权力现象。"②

西方学者根据研究领域的不同对权力有自己的认识。德国思想家韦伯认为："权力意味着在一种社会关系里哪怕是遇到反对也能贯彻自己意志的任何机会，不管这种机会是建立在什么基础之上。"③ 他进一步补充说："'权力'的概念在社会学上是无定形的。一个人的各种各样可以设想的素质和形形色色可以设想的情况，都可能使某个人有可以在特定的情况下，贯彻自己的意志。"④ 据此，权力即可以主动地贯彻自己的意志，而不必考虑他人的意见的确定意志。另一些社会学者对权力提出了自己的看法。社会学家帕森斯认为："权力是对个人和团体

① ［英］米勒等编，邓正来译：《布莱克维尔政治学百科全书》，中国政法大学出版社 2002 年版，第 610 页。

② 《中国大百科全书·政治学》，中国大百科全书出版社 1992 年版，第 498 页。

③④ ［德］马克斯·韦伯，林荣远译：《经济与社会》，商务印书馆 1998 年版，第 81 页。

行动的动员。而这些个人和团体因其在社会中的地位而有义务服从。"[①] 据此，权力即是一种人际关系，一方占主动地位，另一方占被动和从属位置。埃默森也认为，"权力隐含地存在于他人的依赖性之中。"[②] 这两种权力的定义是大体相似的。社会学家吉登斯认为："'权力'最一般的含义是指'改造能力'，即在某些特定事件中进行干预，以致在某种程度上改变它们的那种能力。"[③] 据此，权力即是能够对事实加以影响的能力，能够使事实按照自己的意愿发展。布劳认为："权力是个体或者群体将其意志强加于他人的能力，尽管有反抗，这些个人或群体也可以通过威慑这样做。"[④] 据此，权力即是自己主动，别人被动，并且因此种不同的位势而获得了影响别人的明显的力量。

我国学者认为，"权力是一种社会关系。任何主体能够运用其拥有的资源对他人发生强制性的影响力、控制力，促使或命令、强迫对方按权力者的意志和价值标准作为或不作为，此即权力。通常（不一定必然）权力也要求得到权力所及的共同体范围内的成员的认可或默认，从而使权力具有合法的权威基础。"[⑤]

尽管从经验维度对权力的界定不同，但至少被普遍接受的观念是，不仅在社会经济生活中，权力表现为对他人和资源的支配能力；在政治生活中，权力更为强烈地体现为对公共资源和组织成员的支配能力，它不仅成为获取和维护利益的手段，而且，本身就成为一种价值。[⑥]《布莱克维尔政治学百科全书》认为，尽管对如何界定权力的概念存在分歧，大多数分析家们还是承认，"权力"在最低限度上讲是指一个行为者或机构影响其他行为者或机构的态度和行为的能力。[⑦]

不同社会生活领域的权力现象分别被称为政治权力、经济权力、社会权力、宗教权力等。通常，将国家政治生活领域内由政府或掌权者享有的的权力称为国家政治权力，是权力现象和权力行为在国家政治生活领域内的体现。美国社会学家帕森斯认为，政治权力就是政府利用公民认可而实现集体目标的能力。[⑧]

我国学者认为，狭义地讲，政治权力指的是公共权力，即行为者在公共事务

---

① 转引自［美］塞缪尔·亨廷顿，王冠华等译：《变化社会中的政治秩序》，三联书店 1989 年版，第 130 页。

② 转引自苏国勋、刘小枫编：《社会理论的诸理论》，上海三联书店、华东师范大学出版社 2005 年版，第 428 页。

③ ［英］吉登斯：《国家、社会和现代史》，苏国勋、刘小枫编：《社会理论的知识学建构》，上海三联书店、华东师范大学出版社 2005 年版，第 319 页。

④ ［美］彼得·布劳，张非等译：《社会生活中的交换和权力》，华夏出版社 1988 年版，第 137 页。

⑤ 郭道晖：《法理学精义》，湖南人民出版社 2005 年版，第 148 页。

⑥ 燕继荣：《政治学十五讲》，北京大学出版社 2004 年版，第 123 页。

⑦ ［英］米勒等编，邓正来译：《布莱克维尔政治学百科全书》，中国政法大学出版社 2002 年版，第 641 页。

⑧ 转引自燕继荣：《政治学十五讲》，北京大学出版社 2004 年版，第 125 页。

方面控制社会资源，从事社会活动，实现预期目标，影响相关行为者的能力。首先，政治权力是“权力”概念在公共事务中的应用，具有四个方面的特性：一是支配性，政治权力是一种支配力量；二是强制性，政治权力是一种要求政治服从的强制力量，并以国家暴力为后盾；三是扩张性，政治权力具有自我扩张和膨胀的能力；四是排他性，政治权力作为一种支配性力量，倾向于排除其他权力的介入。①

在现代政治理论中，基于社会契约观念，国家政治权力来源于个人权利的让渡，即通过公民与政府间达成的契约，将个人的权利委托给政府行使，构成政府政治权力。政府权力行使的目的必须服务于对个体权利和利益的保障，并在政治共同体内调整和维护公共利益。现代国家观念中的政府一切权力来源于人民、服务于人民，简单而言，即政府及公权力应当是民有、民治、民享。从必要性来看，政府及其政治权力是组织国家、维持秩序、实现国家目标及社会发展所不可或缺的手段；但是，它也可能成为维护专制极权统治、谋取个人利益及腐败的工具。考虑到政治权力所具有的扩张性，以及以国家暴力为后盾的强制力，因此，现代民治政府必须对国家政治权力的扩张及对个人权利的侵害保持足够的警醒，并通过国家政治权力的制度性安排，来防范政治权力可能带来的负面作用。

二、国家权力与责任的统一

国家权力历来与责任观念分不开。在君权神授的时代，君主所享有的国家政治权力与君主作为上帝在人间代理人或天子的身份及责任密切相关。政治权力的享有者宣称自己是上帝在人间的代理人，其权力来自上帝，并且为上帝的意志和目的而行使权力。而中国古代天子的重要责任就是“以德配天”、“敬天保民”。近代以来，君权神授的观念被打破，人们开始以世俗的眼光审视国家政治权力，以社会契约理论来重新诠释国家政治权力，并赋予国家政治权力以全新的责任观念。

责任，在现代政治理念中有两重含义，在政治活动与公共管理中，责任最通常、最直接的含义是指与某个特定的职位或机构相连的职责。这种职责意味着那些公职人员因自己所担任的职务而必须履行一定的工作和职能。责任的另一重含义意味着那些公职人员或机构应当向其他公共治理机构承担履行一定职责的责任或义务，这些机构可以要求他们作出解释。从而形成一个自上而下的责任链条，

① 以上关于政治权力的界定及特性，详见燕继荣：《政治学十五讲》，北京大学出版社 2004 年版，第 125 ~ 126 页。

在责任链条中，那些因未能履行自己职责而须受到责备或惩罚。[①] 因此，在现代政治权力运作过程中，责任在“职责”和“后果”[②] 两方面与国家政治权力密切关联，并以责任政府的观念实际主导着现代政府权力体制。

现代责任政府在职责方面的表现，主要以社会契约理论及共和观念为基础，认为“一个政府只有其在能够保障社会利益，促进实现社会意志所提出的目的，即真正履行其责任时才是合乎理性、道理的，才是合法的。正是从这个意义上讲，民主政府必然是责任的政府”[③]。政府责任可以理解为权力行使主体对权力授予者应履行的义务和承担的职责。因此，政府在拥有公共权力的同时，必须负有相应的责任。[④] 从公共权力的职责方面考量，在现代民治国家，政府应当能够积极地对社会民众的需求作出回应，并采取积极的措施，公正、有效率地实现公众的需求和利益。

另外，现代责任政府还要求公共权力的享有者或国家治理机构，在一定情形下必须对自身行为负责，承担相应的政治后果、法律后果以及其他来自社会和公民的评价。尤其是在代议制下，国家治理机构必须对民选议会负责或直接对选民负责，如果其职责履行未能达致社会满意或出现违法情形以及特定情况下，其政治责任往往表现为执政者或掌权者下台，在违法的情形下，甚至会追究掌权者以及国家治理机构的法律责任，如公职人员的刑事责任及国家侵权赔偿责任。因此，为保证国家治理机构所执掌的公共权力能够积极履行其法定职责或政治承诺，以及保证公权力不会逾越法律的界限，而对个人权利及社会利益造成危害，政府必须接受来自内部的和外部的控制以保证责任的实现。作为一种制度安排，责任政府意味着一种宪政的体制，即对政治权力进行合理配置的并保证政府责任实现的责任控制机制；以及通过法律对公权力的运行予以规范，保证国家治理机构的公权力行为必须在法律约束之下。

在现代国家政治运作过程中，通常要求“公权力—职责—后果”三者相统一，即根据对国家治理机构的职责要求，赋予其一定的公共权力，并规范其公共权力行使的相应后果。换言之，不同的国家治理机构所享有的公共权力与其必须

---

① 详见［英］米勒等编，邓正来译：《布莱克维尔政治学百科全书》，中国政法大学出版社 2002 年版，第 701 页。

② 有学者将此两方面合二为一来论述政府的责任问题。详见张成福：《责任政府论》，载《中国人民大学学报》2000 年第 2 期。也有学者将公权力的职责称之为“积极责任”，将公权力违法或失职所应承担的政治后果、法律后果及伦理后果称之为“消极责任”，并认为权力与两种责任之间的统一构成“权责一致”的基本内涵。详见麻宝斌、郭蕊：《权责一致与权责背离：在理论与现实之间》，载《政治学研究》2010 年第 1 期。

③ 张成福：《责任政府论》，载《中国人民大学学报》2000 年第 2 期。

④ 陈国权、王勤：《责任政府：以公共责任为本位》，载《行政论坛》2009 年第 6 期。

履行的职责以及政治后果、法律后果三者之间应当是均衡和统一的。充分的权力如果不是全面责任的充分条件，也应当是必要条件。如果一个国家治理机构只有有限的，甚至是与其他国家治理机构共享的权力，只能依照其他国家治理机构的命令行事的话，那么要求其对其履行职责的治理行为承担政治及法律后果便没有意义。然而，很多情况下，不同层级的国家治理机构及其执掌的公权力职责、后果并不清晰和统一，也就是存在着权力、职责与后果的扭曲状态。这种扭曲状态一方面会加剧治理机构公职人员自身的不满；另一方面也会招致社会公众对国家治理机构的不信任，尤其是当这些职责及后果是更高层级治理机构摊派下来的时候，双方之间的不信任感更会加剧。因此，责任政府及其“权责统一”的要求建立在“公权力—职责—后果”三者均衡的基础上。责任政府及其现实扭曲形态见表 5 – 1：

表 5 – 1

公权力大小	职责	后果	形态
适中（法定）	法定	相应法定责任	均衡
过大（自主性较强）	法定	较小	扭曲
过小（自主性较小，或共享）	法定 + 委派	较大	扭曲
适中（法定）	法定 + 委派	较大	扭曲

当然，在现实国家治理中，不同层级的治理机构其公共权力、职责与后果三者间的扭曲形态并不限于表 5 – 1 所列。例如，在我国地方治理模式中，普通地方行政区域的地方国家治理机构的权力仅限于国家宪法和法律限定的范围，但是作为国家政权在地方的表现，以及保证中央权力（包括立法权、行政权和司法权）在地方贯彻实施的后果之一，就是在有限的自主权下接受不断增多的中央命令和任务要求，并被要求为其行为承担相应的后果。甚至有些治理机构被赋予更多的超越其自身职权范围之外的任务，例如，要求法院为完成城市创建文明城市的任务而去清除城市垃圾；或者地方法院被要求参加地方扶贫等社会民生任务，更为扭曲的是将地方经济发展中的招商任务直接摊派给地方法院，并作为对地方法院考核的指标之一。①

① 关于地方法院被要求参与地方政府的招商引资工作的事件，各地层出不穷，例如河南省驻马店市中级人民法院就被要求为当地招商引资，并且成功地招来一个项目，总投资超亿元。详见驻马店新闻网：《全市招商引资工作汇报会发言摘要（二）》，http：//www. zmdnews. cn/article/200909/273568. html. 值得注意的是，2004 年中央曾明确指出，不得要求法院参加招商引资。详见中国法院网《不得要求法院参加招商引资》，http：//www. chinacourt. org/public/detail. php？ id = 121598.

在现代政治理念中，政治权力不仅仅意味着支配性的力量，也不仅仅意味着以强制为基础。在现代国家治理中，权力及其实现（形成权威）更多的是与责任相关联的，权力越大，治理事项和范围越大，则职责越重，社会和公众对权力的期望值越高，所应承担的政治与法律后果也就应当越重，如果不注意权力与责任的统一，必然会造成权力关系的扭曲，导致社会和公众对权力的失望及威信的下降，不利于国家及地方治理，也不利于社会发展。因此，在现代国家权力配置中，越来越强调通过宪法及法律对包括国家政治权力与社会权力、中央权力与地方权力、各层级政治权力内部，以及地方政治权力与社会权力等进行合理配置，将各类政治权力与其责任相匹配，在法律层面实现权力和责任相统一；同时，法律对政治权力的配置结果本身也意味着对各类政治权力的制度性限制，权力的法律配置也是权力的法律限制，权力对制度的逾越意味着必须承担相应的法律后果。

第二节 国家权力的构成形态

国家权力的形态至少不是现代政治学及宪法理论所面临的新问题，对国家权力的构成及其机构形态的研究一直是古典政治学努力探究的领域。国家权力是对政治共同体内政治权力的总称，并不意味着国家政治权力是一个不可分割的整体，如果考虑统一的、不可分割的、绝对的主权概念及其现实存在意义的话，这里讨论的国家政治权力主要指相对主权而言的国家对内“治权”——意味着统治、治理国家和社会公共事务的政治权力，具体地讲就是指各种国家治理机关的权力，其实质是国家治理机关的权力具体由谁行使、如何行使的问题。①

国家权力的构成形态与对国家权力的认知及制度实践密切相关，从早期国家单一兼理型的权力构成发展至当下复杂的权力网络形态，一方面是人们对国家权力认知发生变化并对国家权力予以改造的结果，另一方面也是社会发展催生的社会分工及国家职能多样化、专业化实践的结果。当社会发展超越了小国寡民的城邦时代，国家权力的构成形态就必然朝多元化、层级化发展。从横向结构而言，依照职能分工，将不同国家治理机关行使的国家权力划分为立法权、行政权和司法权三种形态；从纵向结构而言，依照国家治理层级不同，将国家权力区分为中

① 刘金国、陈金木：《当代中国民主政治的法治化——以政权与治权为视角进行考察》，载《法学家》2004 年第 4 期，第 41 ~ 42 页。

央权力与地方权力两种形态。从国家政治权力整体构成而言，横向结构与纵向结构是相互交织的，形成网状结构，并且通过复杂的整合机制维持各类型国家权力的正常有序运转。

一、中央权力与地方权力

国家政治权力在纵向层面的展开，呈现出明显的层次性，从中央权力到次级区域政治权力及地方政治权力。在联邦制下，国家政治权力的纵向维度包括了联邦中央权力、州权力及州以下的地方权力；在单一制下，国家政治权力从中央权力直接过渡到地方权力，地方权力也同样存在多层级，直至地方基层。中央权力和地方权力在此都是作为集合概念使用，是包含了立法权、行政权和司法权的统称。

关于中央国家权力的来源，在现代政治哲学中已经通过社会契约论得以近乎完美的阐释，并且在社会契约论观念下，作为国家政治权力合法性来源的宪法也被神话成社会契约的典型。与中央国家权力不同，地方权力的来源有两种解释，一是地方权力固有说，即认为地方上所享有的政治权力是地方上固有的，而非来自中央国家权力的让与；在未有国家之前，人们就已经有地方自治的权力，这是一种自然的权利。二是地方权力让与说，即地方权力是国家为实现其统治和管理目的，主动让出一部分权力给地方政府的结果。① 抛开地方权力来源的争论，从现实来看，地方政府享有对地方治理的权力却是不争的事实，而且地方政府所享有的自主权范围正在不断地扩展开来。

中央权力与地方权力之间的关系有两种相对立的模式：合伙型与代理型。②合伙型模式认为一些自治的小社区和地方最初本着互相帮助和支持的目的而结成一体，形成国家。因此，地方政府及其权力仍然在本质上被理解为社区或地方在国家组织中的一种自我表现形式。简单而言，合伙型实质上认为地方事务应当优先由地方治理机构及权力予以解决，只有当地方权力力所不及，且又不得不做的时候，地方权力及治理机构才会将解决该事务的权力移交给中央政府。换言之，对于地方事务，地方政府及权力具有主导地位，同时，在某些地方事务上，与中央政府及权力是合伙关系，并且这种合伙关系通过财政转移制度表现出来。这种类型也被学者们称之为“合作型”，“即地方政府及权力有一定的谈判和进入中

---

① 详见张千帆编：《宪法学》，法律出版社 2004 年版，第 430 页。

② 以下对中央权力与地方权力关系的两种类型介绍，主要参考《布莱克维尔政治学百科全书》对中央与地方关系的分类及探讨。详见［英］米勒等编，邓正来译：《布莱克维尔政治学百科全书》，中国政法大学出版社 2002 年版，第 103 页。

央国家权力的空间，所以中央——地方政府关系可以被界定为一种合作关系”。[①]

如果从国家发展的历史来看，绝大多数国家的形成历史并不是像合伙型所描述的那样，恰恰相反，地方直接或间接被控制在强有力的君主权力之下。因此，中央权力与地方权力之间的关系是代理型的，即地方政府基本上是中央政府的下一级代理机构，地方权力也只不过是中央权力在地方上的表现而已。地方权力源于中央权力，并从属于中央权力，且不得对抗或违逆中央权力。地方权力机关只不过是代表中央实施对地方事务的治理而已。在传统中央集权官僚体制的国家，地方权力无疑深刻地展现了这一类型所具有的全部特征。

不过，在现代国家中央权力与地方权力的关系并不属于以上两种极端类型，更多是中间过渡型或融合型，即地方享有一定的对地方事务的治理权力，而中央权力在涉及全国性事务以及国家整体利益时，一定程度上要求地方权力不得对抗中央权力，并保持良好的沟通与合作。至于中央权力与地方权力职责的限度和范围，主要依赖于国家宪法对中央权力与地方权力的配置，以及国家政治实践中的惯例。在当代欧洲政治权力纵向配置机制中，辅助性原则已经成为对中央权力与地方权力各自职责划分的基本原则。在长期的政治治理实践中，中央权力与地方权力在职责的划分上，已经逐步形成均衡的“权责统一”形态。

在国家中央权力与地方权力相应职责的划分上，首要考虑的问题是，在中央与地方之间怎样的分权才能最好的服务于目标的实现。地方权力的职责可能更适合某些事项，而中央权力则适合于解决其他的事项，关键在于将合适事项及其责任分配给适当的权力主体。

中央权力更适合于向整个政治共同体提供惠及全体的公共服务，最为典型的就是国防，类似的还包括全国性交通设施、环境保护、教育体制及支持、社会保障机制、经济促进等。而地方权力则适合于承担一些更为贴近地方居民切身利益的事务，如警务、消防、义务教育、卫生保健、地方上的道路交通、供水与污水处理、文化娱乐、体育事务以及地方性的经济事务和社会民生事务。在德国，州政府与地方政府之间的职责分配中，几乎所有的事项都交由地方政府全力完成，其中有很多事项是由州政府委托地方政府提供某些服务，有些事务则直接由州政府在地方的机构来完成，但是要求地方政府必须予以配合并提供必要的合作。在英国，通过议会制定法的形式，授予地方政府及权力以法定职责。在地方上，地方权力通常负责教育、个人社会服务、警务、消防、消费者保护、图书馆等事务。

① ［瑞典］阿姆纳等主编，杨立华等译：《趋向地方自治的新理念？——比较视角下的新近地方政府立法》，北京大学出版社2005年版，第5页。

我国宪法对中央权力所涉及的职权范围较广，几乎囊括了所有的全国性事务，以中央行政权力为例，依据宪法第 89 条规定，除涉及国防外交等事务以外，国务院负责统一领导全国地方各级国家行政机关的工作、领导和管理经济工作、城乡建设、教育、科学、文化、卫生、体育、计划生育、民政、公安、司法行政和监察等工作，与宪法第 107 条规定的地方人民政府职权几乎完全一致。这就意味着，地方权力与中央权力职责的划分不是以适当性及辅助性为基础，而是以民主集中制为原则，即宪法第 3 条第 4 款所规定的"中央和地方的国家机构职权的划分，遵循在中央的统一领导下，充分发挥地方的主动性、积极性的原则"，更强调中央与地方政策及发展的一致性以及中央权力的核心权威地位。

二、立法权、行政权与司法权

无论是中央权力还是地方权力，在政治治理过程中，需要根据职能的不同，设立若干具有相对独立地位的治理机构，并将权力在这些机构中进行横向的配置。国家权力从横向维度展开，依据职能分工，主要为立法权、行政权和司法权三种形态。[①] 通常我们将立法权界定为制定并颁布具有普遍效力的一般规则的权力，行政权则是以国家强制力去实施并执行这些普遍规则的权力，而司法权则是通过普遍规则的具体适用对社会权益纠纷居中作出裁判的权力。虽然依职能可以对国家政治权力进行划分，但就权力行使的目的来看，各类政治权力行使的意义是一致的，最终是为了实现人民意志，通过权力的行使治理国家、管理并服务社会。具体而言，包括以下三个层面：一是对外保障国家利益，体现主权的独立与完整；二是保障个体的权利和自由；三是促进政治共同体的整体利益与个体福利。

国家权力依据职能划分为立法权、行政权和司法权，取决于政府治理过程中所形成的特征明显且功能相互区别的三个部门：立法、行政和司法部门。中国古代政府治理中实行混权兼理体制，即地方政府官员既是行政官员又是司法官员，同时也负责向地方颁布法令；只有在中央权力层面才出现职能分工，例如，设立大理寺专司司法审判事务，但是仍然存在如三司会审、九卿会审等兼理的制度形式。表明在中国古代，虽有职能分工，但是并没有形成专业化，因此在中央权力层面形成的分工只是便于治理而已，而非如西方国家发展过程中基于专业化、职业化和职能分工所形成的功能区分明显的权力形态。

---

① 对国家权力横向划分，除了经典的三权分立理论之外，还有其他的如孙中山先生提出的"立法权、行政权、司法权、考试权、监察权"五权理论。本书此处采用通说。

现代政治理论及宪法学中讨论三权分立，主要集中于国家中央权力被划分为三种不同的权力形态，并且是在有限政府、宪政层面上，基于对如何有效约束和限制国家权力的目的性考量，来分析立法权、行政权和司法权三权分立制衡机制。更值得注意的是，对三权分立的讨论几乎从不涉及地方权力的划分。这些讨论及分析，从洛克、孟德斯鸠到联邦党人，从英国宪法到美国宪法体制所树立起的现代有限政府、法治政府及宪政体制的标榜意义，展现出三权分立体制作为对详尽阐述的不同系列价值观念的一种制度反应，多过其作为政府职能分工的自然结果。这些价值观包括：要求建立代议制，以经过选举产生的议会来表达民意并以民意为基础制定法律；行政系统应当是有效率的，且对代议机关或民意负责；以及一个独立的司法机关能够公平公正的解决争端，以保证个人的权利和自由不受政府侵害。

不过，并不是所有宪政体制下都实行三权分立体制，甚至，真正实行三权分立的国家几乎并不存在。被认为是宪政发源地的英国，其中央权力结构也并不是三权分立式的，最高行政机关——内阁由议会产生并对下议院负责，上议院的司法委员会是帝国最高的司法审判机构，最终的权力都指向一个机构——议会。因此，很多学者认为英国更多地是一个融权体制而非分权制。即便是在标榜三权分立的美国宪法制度中，司法机关，尤其是联邦最高法院通过司法所创设的法律原则及制度，其重要性及影响不亚于国会立法。“即使在美国，政府权力也是以多种方式混合在一起的”。[①] 三权分立最为恰当的阐释也许应该是：权力机构分立而权力并不完全分离。

立法权由立法机关来行使，当代立法机关是历史演变的产物，这一过程肇始于英国，基于《大宪章》而产生的议会成为历史上最早的履行立法职责、行使立法权的代议机关。在中央权力层面，立法权通常由独立但又彼此密切关联的两个立法机关（或代议机关）行使，在英国是上议院与下议院，在美国则是参议院与众议院。当然在历史上也有四个立法机关共同行使立法权的情形，如法国拿破仑执政时期，在中央立法层面就实行四院制。在社会主义国家，通常只设立一个立法机关代表全国人民意志来行使立法权；而在联邦制国家通常设立参议院代表地方利益行使中央立法权，同时设立众议院（或者称为国民议会、联邦议院）代表国家全体人民的意志行使立法权。而在地方，通常只设立单个立法机关行使立法权。立法机关的职能通常并不仅仅局限于立法，一般还涵盖选举或任免职能、监督职能、国家财政控制职能等，不过立法及立法权的行使

① ［英］米勒等编，邓正来译：《布莱克维尔政治学百科全书》，中国政法大学出版社 2002 年版，第 748 页。

仍然是立法机关或代议机关的主要职能。立法机关的立法权限及范围通常并没有严格的限制，除了不得与宪法及基本法律相冲突或抵触之外。不过在联邦制国家及实行地方分权制的国家，中央立法权的立法范围往往被限定于宪法所规定的事项内，并且将此限定事项范围之外的所有事项的立法职责都保留给地方立法机关来行使。

行政权由行政机关来行使，不过行政机关的形式却是多种多样的。每个国家都有一个全国性的行政机关来行使行政权，在英国被称之为内阁——以首相及内阁大臣组成；在美国则是总统以及总统领导下的国务院、各部部长联合组成的行政机构；在法国则是由总统领导的、总理负责的内阁作为全国性的行政机关；在德国则是对议会负责的总理领导的内阁；而在中国则是由全国人大选举产生的总理及其领导的国务院是最高的行政机关；此外，有些国家的中央行政权力机关采用委员会制。在地方上，行政权的行使机关则更多地表现为以地方行政首长领导的雇员制为主，并且在行政首长的名称及机制上也呈现多元化。至少在英国，议会给出的选择就有四种模式，而第四种模式更是被称为“DIY”模式，意味着地方可以根据自身情况创设符合地方需求跟实际的行政权行使机关。从责任行政的角度而言，无论是中央行政权还是地方行政权，都必须对相应的代议机关或直接对民意负责，接受民意的监督和政治评价，即便行政首长无过错也会因民众的不满而下台。此外，无论是在中央层面还是地方层面，行政权的职责都呈现扩大化趋势，由于社会快速发展及社会对国家福利与社会保障制度的高度需求，行政权力正伴随着国家权力对个人生活提供全面公共服务而日趋强大。另外，基于现代经济发展、国家安全及社会福利和保障所面对的越来越多的不确定因素，中央行政权力对地方行政权力的控制和干预也日趋加强。

司法权因其自身的特性在权力机制上呈现出与众不同的特质。传统上将司法权视为一种中立的、依照法律独立地对纠纷进行公正裁判的权力，因此在理论及实践中，通常都要求司法机关保持独立性，以保证司法审判活动不受其他政治权力的干预。作为行使司法权的法院，其职责主要是对民事、刑事及行政案件进行裁判，有些国家则实行行政裁判法院制度，即行政案件由行政权力系统内的行政法院受理及裁判，普通法院无权过问。有些国家的普通法院有权对宪法争议案件进行裁判，并对宪法进行解释，即享有宪法审查的权力；但是在德国及其他国家，此种权力只被授予宪法法院行使，普通法院无权裁判此类案件。另外，在很多国家中央与地方司法系统因历史沿袭而产生众多名称不一、功能不一的司法机构，如英国的司法机构就让人眼花缭乱。在中央司法机构与地方司法机构之间，有些国家设置了巡回审判机构，作为上诉法院。无论是在单一制国家还是在联邦制国家，地方司法机构并不具有终审权，此项权力通常只被授予中央最高司法机构或终审法院来行使。例外的是，我国实行“一国两制”体制下的香港及澳门特别行政区，因实行高度自治并保留自己的法律制度及司法体制，依据基本法享有司法终审权。在司法官任免方面，与行政官员及立法代表实行选举制不同，法官通常采取荐举任命制，例如，美国联邦法官是总统提名，由国会来任命。法官的任免更多地强调专业性，法院系统的设置和功能应当是能够更有效地解决纠纷并实现社会正义，因此从司法的角度而言，一般更倾向于认为被任命的法官应当是接受过严格法律技艺训练的专业人员。即便如此，在有些国家地方司法官也会采用选举制，即由议会选举产生司法官。我国从中央到地方各级法院的首席大法官皆由同级人民代表大会选举产生，并对人民代表大会负责。

三、各类权力内部分权

通常我们只关注在整体性上将政治治理权力界分为立法权、行政权和司法权，实际上，在这些权力内部，仍然存在不同程度的分权。权力内部的分权往往更多地考量如何通过更为专业和细致的分权以更好地实现权力的有效运转及其职责的履行；同时也有通过内部分权建立起权力自身的监督和矫正机制，以保证权力内部不会过于集中的限权目的考量。例如，立法权内部往往会在不同的机构中配置提案权、修改权和解释权；在行政权内部建立起决策权、执行权和监督权相分离的机制；在司法权内部区分审判权、执行权和监督权，并分别交由不同的机构去行使，而且通过上诉制度在司法权内部界分一审权、二审权、终审权和死刑复核权等，并交由不同层级的司法机构行使。我国目前在中央及地方立法权方面，全国人大享有法律制定权，人大常委会享有法律解释权；在行政权内部尝试建立起决策权、执行权和监督权相分离的制度；在司法权方面，各层级司法机构内部执行权被分离出来并由执行庭行使，法律监督权被交付给检察机关行使。

不同国家在权力内部进行分权的机制各不相同，同一国家内，中央与地方在各类权力内部的分权机制也不尽相同，地方上的差异就更大。特别是在实行地方分权制的国家，地方治理机构往往会根据自身需求和责任制度，分别施行不同的内部分权机制。例如，我国为解决行政权内部出现的“一把手”集权擅断的现象，都试图通过创新内部分权机制来解决这一问题，不过成效普遍不明显。实际上，分权，包括权力内部的分权机制，并不是目的，通过分权机制实现权责统一及对权力的制度性约束才是分权的最终目的。因此，制度外的或者游离在法律规范之外的分权机制并没有太大的法律意义，因为这种分权机制随时可以被掌权者手中的权力所突破而无需承担任何法律后果；同样，只停留在纸面上而不被实施或无法真正予以实施的分权机制也没有现实意义，犹如行政权内部的“决策、执行、监督”三权分立机制的实效一样。

第三节 国家权力的法律配置

国家权力的法律配置是指依照宪法或宪法性法律，国家权力按照一定的原则和方式在不同层级的治理机关间，以及在同一层级治理机关之间进行分配并确立其相互之间关系的一种国家权力结构体系。国家权力的法律配置在不同的历史时期有着不同的模式，不同国家基于各自的历史及现实，其国家权力的法律配置模式也不尽相同。国家权力的法律配置一直以来是政治学和宪法学研究分析的重心，因为国家权力的不同配置机制，往往决定了国家政治稳定程度，以及更为重要的权力专制危险和对个人权益的潜在威胁。

在城邦时代，亚里士多德就曾对古希腊地区城邦的权力配置机制进行过比较研究，并归纳出三种正态政体（君主制、贵族制和民主制）及对应的变态政体（僭主制、寡头制和平民制），并提出城邦权力的配置最好的模式是混合政体，城邦权力应当均衡地在君主、贵族与平民之间配置，代表着三种阶层利益的城邦机构即君主、元老院和公民大会应共享城邦权力。这种混合政体模式的国家权力配置机制在亚里士多德看来能够有效避免专制的危险。亚里士多德的分析对后世国家治理中的权力配置体制产生了极其重要的影响，从西塞罗到欧洲中世纪的政治学，以及近现代的国家政治理论和法律理论，都对何种权力配置模式才能有效地防止极权暴政并充分保障个人的权利，进行了广泛且影响深远的分析及讨论。洛克、孟德斯鸠到联邦党人，都系统论述过国家权力配置的原则和方式，落脚点都集中在对分权制衡原则的深刻阐释和推崇。

近现代的国家宪法基本上都采纳了分权制衡原则作为国家权力配置的主要原则，对国家权力采取分散配置的模式。欧洲政治实践的历史为国家权力分散配置提供了更多的经验性论证，封建时期的领主制实际上就是国家权力自上而下的分散化；自治城市在封建国家内的存在也表明政治权力可以通过转让的方式分离出去，并形成单位区域内的充分有效治理；甚至整个西欧的政治权力就是在教会、封建领主、城市及庄园之间分散开来，形成多元政治权力实体相互竞存的格局，这也被视为型塑西方法治宪政传统的重要因素。①

① 伯尔曼的《法律与革命》对西方中世纪政治权力及法律权力的分散状态进行了翔实而深刻的考察和分析，详见［美］伯尔曼，贺卫方等译：《法律与革命》（第一卷），法律出版社2008年版。

一、国家权力配置的原则

在现代民主、法治及宪政观念的指引下，国家权力的法律配置模式，与历史上的集权专制下的配置模式有着重要差别，这些差别主要体现在国家权力配置的基本原则和理念的差别。当代国家权力的法律配置主要遵循以下原则：

一是分权原则，即在中央和地方政治权力层面，行政、立法和司法权应由宪法授予不同的机构和组织来行使；这些机构和组织在同一层级上应当是平等和自主的，其中没有一个部门服从于或支配其他任何部门；相应的，没有一个机构或部门可以行使宪法授予其他机构或部门的权力，如立法机关不能将其法定权力委托给其他部门行使。在中央与地方分权层面，中央权力不能控制、支配或取消宪法授予地方治理机构的权力。

二是辅助性原则，即在中央和地方权力及职责的配置上，应当优先将治理权限分配给地方公共团体，从而使权力能以尽可能贴近选民的方式作出。辅助性强调地方权力配置的优先性，这是现代民主治理机制的必然要求，即公民应当有权参与决定与其生活密切相关的公共事务。辅助性原则已在欧洲国家宪法中得以确认并成为中央权力与地方权力配置重要原则。

三是权责统一原则，即宪法授予各治理机构的权力应当与其职责和所应承担的政治、法律后果相统一。无论是中央还是地方治理机构，其法定职责越多，则宪法或法律授予其权力就越大，相应的政治及法律后果也就越严重。权责统一的原则是责任政府的基本要求。

四是制衡原则，即在国家权力网络关系中，各治理机构所享有的权力都应当受到其他治理机构的制约和监督。制衡原则是宪政的核心，是对权力的制度性约束，从而努力在权力内部消除权力所具有的天然扩张冲动，以保证权力不会集中和专制。

五是主权单一原则，即无论对国家权力如何进行分散和配置，但对外和对内应当只存在单一的主权形态。在联邦制下，各州仍保留主权，联邦权力来源于州主权的部分让与，并在对外构成单一的国家主权形态；但在现实中，没有人会因为州的主权存在而否认美利坚合众国具有国家主权。在西班牙，除国防权外，地方近乎享有全部的国家权力，但并不具有主权地位。主权单一原则是对国家统一的保证，能够有效地消弭地方分权所带来的国家分裂和地方分离主义的恐惧及危险。

二、国家权力配置的模式

在现代政治实践中，不同的国家其权力配置的模式是不一样的，没有哪两个国家实行完全相同的权力配置机制，但在国家权力整体结构上而言，相似性还是普遍存在的。在政治实践中，国家权力的法律配置模式主要有以下几种：

一是集权模式。在中央权力层面，立法权、司法权和行政权在最终意义上往往被集中到某个机构或组织手中。在君主制下，国家立法、行政和司法权都被认为源于君主，享有这些权力的机构最终都必须对君主负责，虽然在职能分工层面上而言，立法、行政与司法权都分别配置给不同的治理机构。在英国，几乎所有的中央国家权力最终都被集中到议会手中，包括司法权，因为上议院就是最高的终审机关。在中央与地方权力关系上，地方权力必须服从于中央权力，中央治理机构享有随时且以其认为的适当方式对地方权力进行干预和管控。在集权模式下，宪法及法律对国家权力的法定可能只是形式意义上存在，实质上并不能对高层级权力构成规范和限制。在集权模式下，国家治理往往依靠的是健全且极有效率的科层制和官僚体系，一旦这个体系发生病变，国家治理往往会陷入混乱状态。集权模式盛兴于中国古代，并一直延续到 19 世纪，在现代国家权力配置中，绝对的集权模式很少存在。

二是分权模式。在分权模式下，国家权力往往被分散配置给互不隶属的国家治理机构手中，这些机构独占性享有宪法及法律授予给它的权力，且承担相应的政治及法律后果。分权模式更加强调同一层级不同权力之间的相互制约和监督，并由宪法及法律予以制度化规范，没有权力可以超越于法律和宪法之上形成集权。在中央权力层面而言，分权模式在实践中主要有总统制、议会内阁制、委员会制等多种形式，但这些形式内在核心基本上都是实行立法、行政、司法三权分立制衡体制。例如，在总统制下，总统享有行政权，国会享有立法权，而法院独享司法权；但是总统有权否决国会的法案，国会有权否决总统议案并有权弹劾总统和法官，法院则有权对国会立法和总统行政行为进行司法审查，三者之间构成制衡。在议会内阁制下，虽然内阁从议会产生，对议会负责，但内阁享有充分且完整的行政权力，议会享有立法权以及对内阁的监督权，法院则是秉持独立地位。

分权模式不仅将国家权力在横向层面上予以分散，而且在纵向层面上将国家权力进行分散配置，通过地方自治或地方分权制的方式，给予地方治理机构以自主权和自治权。地方自治和地方分权制只能在分权模式下才能真正得以实施。地方单位不仅享有法定的针对地方事务的立法、行政权力，而且这些权力的行使不受中央权力的非法干预和管制。在地方权力层面一般也实行权力分散配置，即立法与行政权力分开[①]，不过在较小的治理单位，如社区和城镇，从精简及效率考量，一般成立类似委员会的议事和行政管理机构，该机构既对城镇或社区的立法工作负责，又直接领导和负责行政管理工作；或者实行由委员会（小型议会）挑选一名职业经理人负责行政管理工作，后者被称为议会——经理制。[②]

三是复合模式。在实行单一制的国家，往往有着厚重的中央集权的历史沉淀，在中央权力层面及中央——地方权力关系上正经历着从集权走向分权的过程，并在国家权力配置体制改革中逐渐形成集权与分权相融合的模式。在复合模式中，有些国家权力配置机制是在横向层面实行集权，但是在中央——地方权力配置上实行有限分权，并通过权力下放等方式逐步扩大地方的自主权。如英国，在中央权力层面仍然实行议会制，即上议院和下议院作为一个整体处于所有权力的中心；[③] 而在中央与地方权力关系上，“从法律上讲，英国地方政府从属于中央政府。20 世纪 80 年代，一系列法案极大地限制了他们的独立，其中最著名的就是 1984 年的《地方税法案》，它使中央政府能够控制地方税收……这是‘政治权力前所未有的中央集权化’”。[④] 不过在其后的一系列地方政府改革法案中，议会通过制定法案，不断授予和扩大地方所享有的自治权力。复合模式中的另一种类型就是只在国家中央权力层面实行分权制衡，但是在中央与地方权力关系上实行中央集权制。

复合模式还包括另外一种形态，尤其是在中央权力与地方权力关系上，将国家划分为多层级的地方单位，而在不同的地方单位实行程度不一的地方自治或地方分权制度。我国的国家权力配置模式就采取这种形态，由于民族原因、历史原因和民主制发展，我国在少数民族地方实行有限的自治制度，在城市社区和村这一层级的基层单位实行居（村）民自治，在香港、澳门特别行政区实行高度自治，在其他普通行政区实行民主集中制的地方自主制。此外，还授予深圳等经济特区在经济、政治体制等领域内的改革实验权，可以先行先试，实行不同于中央及其他普通行政区的经济体制。

---

① 关于地方司法权问题，由于在现代国家实行司法独立制度，与立法权及行政权不同的是，地方司法机构虽然裁判地方纠纷，但受国家统一司法体制的约束。除实行特殊地方制度（如我国一国两制体制下，香港及澳门享有司法终审权），虽然地方司法可以采取不同的组织形式，但地方一般不享有司法自治。

② 美国有些地方实行委员会制，但在美国中小规模的自治市中议会—经理制被广泛采用。详见［美］奥斯特罗姆等，井敏等译：《美国地方政府》，北京大学出版社 2004 年版，第 41～45 页。

③ 英国的中央权力配置机制并非三权分立制衡的模式，有学者将其称为融权制。详见［英］沃尔特·白芝浩，夏彦才译：《英国宪法》，商务印书馆 2005 年版。

④ ［英］斯科特·戈登，应奇等译：《控制国家——西方宪政的历史》，江苏人民出版社 2001 年版，第 342 页。

在现代民治国家，不论是分权模式还是复合模式，国家政治权力的法律配置机制越来越强调两点：一是分权的过程中，根据权责统一的原则，以及考虑治理效果及效率，关涉社会民生及地方发展的权力被优先配置给最接近基层的地方治理机构，即在国家政治权力网络中，权力的重心不断从中央下移到地方。二是限权与制约，即在政治权力配置技术上，不仅仅在横向层面上强调对各类政治权力进行限制和约束，以保证权力在宪法和法律制度内运行；更注重通过宪法、法律和制度性设计来规范中央与地方的权力运行，在维护国家主权统一的前提下，充分保障地方权力对地方事务治理的自主性和免于中央权力的制度外干涉。

我国国家权力的法律配置机制主要以中央集权为主，强调在权力中央集中下发挥地方的积极性和自主性，宪法和法律对地方国家机关的授权更强调地方遵守及保证宪法和国家法律在地方上的贯彻实施。虽然地方享有一定的立法权限，但地方立法更多的是各类国家法在地方上的实施细则或办法。在权力配置上，实践中是由中央通过放权—收权的方式掌控地方治理的权限和灵活性，并给予不同地方以不同的权力，这就意味着我国地方上的国家治理权力是不均衡的，不是以中央辅助地方，而是相反，强调地方对中央的服从并辅助中央各类法律政令在地方上的实施，以保证中央意志在地方上得以落实。从宪法制度以及权力实践机制来看，我国地方上的立法权、行政权以及司法权在权力配置框架中都处于辅助性位置，在今后国家政治体制改革中，应当强调并优化地方治理权力在地方事务的决策及管制中所应享有的自主性和独立性。

第六章

地方国家权力机关的职权

“从权力的逻辑来说，各级地方人大的常委会都由同级人大会议产生，要对后者负责；但从权力的实际运作来看，由于人大的职权并未充分展开，从而令其不得不从人大会议向人大常委会进行转移，这就使人大常委会成为人大组织中极为关键的部分。”

我国地方国家权力机关即地方各级人民代表大会及常委会，其职权配置、机构设置等机制，与最高国家权力机关相对应。在权力配置的形态上，一方面，与中央类似，在本级国家机关体系中处于中心位置，即产生本级行政和司法机关，后者对其负责、受其监督；另一方面，在“中央—地方”关系的框架内，在中央占据优势的背景下，地方国家权力机关各项职权的行使相对而言有着更多需要权衡的因素，这些因素的存在一定程度上阻碍了关涉社会民生及地方发展的权力向接近基层的地方治理机构的优先配置。但是，地方国家权力机关具有一定的法定职权，意味着其具有范围相对明确的权限，并由此对中央国家机关形成一定的制约，这本身就是地方法制的组成部分；同时，地方国家权力机关在目前的体制下，“按职权办事”的动力形成方式与中央国家机关不尽相同，其职权的行使及其为法治的贡献也有自身的特点。然而，从权责统一的原则来看，我国地方国家权力机关的职权配置在规范和实践两个层面均存在一定的缺陷，这也影响了我国地方国家权力机关职权的实现。

第一节　地方国家权力机关的法定职权

地方国家权力机关，即地方各级人民代表大会（以下简称“人大”）及其常务委员会（以下简称“人大常委会”），其法定职权的规范依据除《宪法》外，主要还有《立法法》、《地方各级人民代表大会和地方各级人民政府组织法》（以下简称《地方组织法》）和《各级人民代表大会常务委员会监督法》（以下简称《监督法》）等。

一、地方立法权

地方立法权是地方国家权力机关的重要法定职权之一。地方立法权具体是指特定的地方国家权力机关制定（包括修改和废除，下同）法规和条例的权力，以及按照法律规定的权限对法规和条例进行审查和批准的权力。

在形式上，地方国家权力机关可以制定地方性法规、自治条例和单行条例、经济特区的法规。

制定地方性法规的职权存在两种情况：一是省、自治区、直辖市的人大及其常委会可以制定地方性法规，这是一种完整的立法职权；二是较大的市的人大及其常委会可以制定地方性法规，但这种地方性法规需报省、自治区的人大常委会批准后方可实施，这是一种不完整的立法职权。需要指出的是，“较大的市”在《宪法》和《立法法》中都有出现，但含义并不一致：《宪法》第 30 条第 2 款规定“直辖市和较大的市分为区、县……”；而《立法法》第 63 条第 4 款规定“本法所称较大的市是指省、自治区的人民政府所在地的市，经济特区所在地的市和经国务院批准的较大的市”——显然，《立法法》中“较大的市”的范围较窄，[①] 而只有这个意义上的“较大的市”才拥有地方立法的职权。

各级民族自治地方（自治区、自治州、自治县）的人大均有权制定自治条例和单行条例，但需经过批准：自治区的自治条例和单行条例报全国人大常委会批准后生效；自治州、自治县的自治条例和单行条例报省、自治区、直辖市的人大常委会批准后生效。与地方性法规不同的是，自治条例和单行条例可以对法

① 我国现有“省、自治区的人民政府所在地的市”27 个、“经济特区所在地的市”4 个、“经国务院批准的较大的市”18 个（原为 19 个，重庆于 1997 年升格为直辖市），共计 49 个。

律、行政法规和地方性法规的规定作出变通规定。

经济特区所在地的省、市的人大及其常委会根据全国人大的授权决定，可以制定法规（其依据是《立法法》第65条，故以下简称“65条法规”），在经济特区范围内实施。目前，经济特区所在地的省（1个）市（4个）均获得了全国人大的授权。值得注意的是，经济特区所在地的市作为“较大的市”，和经济特区所在地的省一起，同样可以制定前述一般的地方性法规（其依据是《立法法》第63条，故以下简称“63条法规”），但“65条法规”和“63条法规”的不同之处主要有三点：第一，在内容上，“65条法规”可以对法律、行政法规和地方性法规（即“63条法规”）的规定作出变通；第二，在程序上，经济特区所在市的“65条法规”无需报省人大常委会批准；第三，在效力上，“65条法规”在经济特区范围内优先于“63条法规”。

在内容上，除了法律保留的事项外，《立法法》对地方性法规的界定是两项：一是为执行法律、行政法规的规定，需要根据本行政区域的实际情况作具体规定的事项；二是属于地方性事务需要制定地方性法规的事项。对自治条例和单行条例，只强调“依照当地民族的政治、经济和文化的特点”；而全国人大对于经济特区所在地的省市的授权，也只笼统地强调“根据经济特区的具体情况和实际需要”——换言之，内容上的界定都是模糊和抽象的，这是地方立法本身所承担的“先行先试”的任务所决定的；而在实践中，真正对地方立法的内容起界定乃至约束作用的，其实正是下面将要分析的“不抵触原则”。

在程序上，原则上是参照全国人大及其常委会的立法程序（包括“特别重大事项的地方性法规”由地方人大而非其常委会通过的规定，也是参照了中央立法关于“基本法律”和“其他法律”的二分法）。当然，具体程序由本级人大自行规定，这种安排也为地方立法的“先行先试”在程序上取得突破奠定了基础。此外，与全国人大及其常委会的立法不同，地方立法普遍存在备案制度：省、自治区、直辖市人大及其常委会制定的地方性法规报全国人大常委会和国务院备案；较大的市的人大及其常委会制定的地方性法规由省、自治区的人大常委会报全国人大常委会和国务院备案；自治州、自治县制定的自治条例和单行条例，由省、自治区、直辖市的人大常委会报全国人大常委会和国务院备案。备案制度是法制统一的需要，也是对地方立法进行监督的基础。

如前所述，实践中真正对地方立法的内容起界定乃至约束作用的是“不抵触原则”，即作为下位法的各种形式的地方立法，不得与上位法相抵触。具体分为两种情况：一是严格的不抵触，即地方性法规（“63条法规”）“不同宪法、法律、行政法规相抵触”；二是宽松的不抵触，即自治条例和单行条例“不得违背法律或者行政法规的基本原则，不得对宪法和民族区域自治法的规定以及其他有关法律、行政法规专门就民族自治地方所作的规定作出变通规定”，以及经济特区所在地的省市的法规（“65 条法规”）“遵循宪法的规定以及法律和行政法规的基本原则”。不过在实践中究竟怎样才算做“相抵触”，还是一个远未解决的问题。[①]

同时，作为下位法的各种形式的地方立法，除了可以被制定机关自己修改和废除之外，还可以被其他机关撤销。具体包括：全国人大有权撤销自治区制定的自治条例和单行条例；全国人大常委会有权撤销地方性法规和自治州、自治县制定的自治条例和单行条例；省、自治区、直辖市的人大有权改变或者撤销其常委会制定的和批准的不适当的地方性法规；全国人大作为授权机关，有权撤销被授权机关（经济特区所在地的省市人大及其常委会）制定的超越授权范围或者违背授权目的的法规，必要时可以撤销授权。

地方立法权是 1982 年宪法新创设的。正如有学者评论的，“赋予地方立法权，是扩大地方自主权，使地方在进行经济、文化和民主法制建设等方面有更大的自主权、自觉性，以发挥更大的创造性”。[②] 而这种创造性，一方面使地方可以将职权行使过程中的许多探索和创新加以规范化、制度化；另一方面对于其他国家机关职权的行使形成了制约。因此，地方立法权虽然不是各级地方国家权力机关都有的职权，但为地方法制的发展提供了重要的制度保障。

二、选举和任免权

根据宪法和法律，地方各级人大对于本级“一府两院”的首长和组成人员拥有广泛的人事权，包括选举（包括罢免的权力，下同）和任免权。任免权在规范上通常表述为“根据……提名，决定……人选”、“根据……提请，任免……”、“决定……任免”以及“决定……人选”等。在我国的人大制度中，任命与选举的不同在于人大“只能行使同意或否决权”，即选票上没有“另选他人”的选项；如提名未获通过则需要享有提名权的主体另提人选。[③]

由地方各级人大选举的职务包括：本级人民政府的省长和副省长、市长和副市长、县长和副县长、区长和副区长、乡长和副乡长、镇长和副镇长，本级人民法院院长、本级人民检察院检察长。选举上述职务的人大也可以对其进行罢免。

地方人大常委会任免的职务包括：（1）根据本级人民政府正职领导人的提名，决定本级人民政府秘书长、厅长、局长、委员会主任、科长的任免。（2）在本级

① 苗连营：《论地方立法工作中“不抵触”标准的认定》，载《法学家》1996 年第 5 期。

② 蔡定剑：《宪法精解》，法律出版社 2006 年版，第 410 页。

③ 蔡定剑：《宪法精解》，法律出版社 2006 年版，第 314 页。

人大闭会期间，决定本级人民政府副职领导人的个别任免；在“一府两院”正职领导人因故不能担任职务的时候，决定代理的人选。（3）任免人民法院副院长、庭长、副庭长、审判委员会委员、审判员，任免人民检察院副检察长、检察委员会委员、检察员，批准任免下一级人民检察院检察长。（4）省级人大常委会根据主任会议的提名，决定中级人民法院院长的任免，根据本级人民检察院检察长的提名，决定人民检察院分院检察长的任免。

选举和任免的程序主要规定在《地方组织法》中，各级地方人大的议事规则对于相关的选举也多有涉及；此外，每次选举之前，地方各级人大往往会通过一个《选举办法》（有时又称为《选举和决定任命的办法》，以下统称为《选举办法》），内容没有强制性的要求，但一般都包括该次选举的具体职务和人数、正式候选人数（即是否进行差额选举）、选举程序各环节的说明等。通常，选举和任免在程序上大致都包括提名候选人、确定正式候选人、介绍和回答提问、投票和公布结果这几个环节。

但是，无论是选举还是任免，地方人大及其常委会的投票只是整个人事程序的最后一环；而从选举或任免的实际运作情况来看，地方国家权力机关的这一职权与我国组织人事体制中上级任命的做法存在冲突。这一冲突实质上反映了中央与地方权力配置的不清晰和不明确，而如何缓解这一冲突，就成为地方法制力图解决的重要问题之一。

三、监督权

根据《监督法》，地方各级人大常委会的监督职权包括听取和审议“一府两院”工作报告、财政监督、法律法规实施情况的检查、规范性文件的备案审查、询问和质询、特定问题调查、撤职案等。而地方各级人大的监督职权也是类似的。以下将分别考察。

听取和审议“一府两院”工作报告有两种形式：一是在每年人大开会时，由“一府两院”负责人作例行的年度工作报告；二是“一府两院”就工作中的某一方面，向本级人大作专项工作报告，在人大闭会期间由本级人大常委会听取和审议该专项工作报告。两种工作报告的听取和审议，在权力设置上都存在较明显的不确定性，这就是如果工作报告未获通过，人大或其常委会应当怎样处理？理论上，如果工作报告的表决未能通过，基于其信任投票的性质，表决机关除了可以启动询问、质询和调查等工作监督程序外，还可以启动罢免、撤职或惩罚性免职等人事监督程序。不过实践中比较常见的情况是：在沟通和协商的基础上，由工作报告未获通过的机关对其工作状况和报告内容进行整改和调整，然后再由人大临时会议（因为整改和调整后，人大通常议会闭会）或人大常委会在下一次会议时表决通过。

财政监督涉及国民经济和社会发展计划、预算和预算执行情况，以及决算。这些材料均由政府编制。根据宪法和法律，地方各级人大审查和批准本行政区域内的国民经济和社会发展计划、预算和预算执行情况的报告；地方各级人大常委会审查和批准同级政府提交的本年度上一阶段国民经济和社会发展计划、预算的执行情况、上一年度的本级决算草案。同时，国民经济和社会发展计划、预算经人大批准后，在执行过程中需要作部分调整的，政府应当将调整方案提请本级人大常委会审查和批准。但是就财政监督本身而言，我国人大缺乏对具体的拨款行为的监督，因此难以就具体的财政运作进行有效监督，由此产生的问题包括大量预算外资金不受监督、预算和决算内容笼统抽象等。此外，我国人大制度本身的特点也为财政监督造成了困难，具体参见本章第三节。

法律法规实施情况的检查是指各级人大常委会每年选择若干关系改革发展稳定大局和群众切身利益、社会普遍关注的重大问题，有计划地对有关法律、法规实施情况组织执法检查。全国人大常委会和省、自治区、直辖市人大常委会可以委托下一级人大常委会对有关法律、法规在本行政区域内的实施情况进行检查。执法检查的报告及相关的审议意见交由相关的本级"一府两院"研究处理；后者应当将研究处理情况向人大常委会提出报告；必要时，人大常委会可以组织跟踪检查。从现有的规范来看，这一职权较少强制性。

在现有的规范中，被纳入备案审查范围的规范性文件包括三类：（1）行政法规、地方性法规、自治条例和单行条例、规章；（2）具有普遍约束力的决议、决定或命令；（3）司法解释。其中，司法解释由全国人大常委会备案审查，不在本章讨论的范围内。在行政法规、地方性法规、自治条例和单行条例、规章方面，地方人大及其常委会在备案和审查这两个环节中的职权都处于辅助性的地位：在备案环节，较大的市制定的地方性法规和自治州、自治县制定的自治条例和单行条例由省级人大常委会报全国人大常委会和国务院备案，地方政府规章报本级人大常委会备案，较大的市制定的规章还应同时报省级人大常委会备案；在审查环节，地方各级人大及其常委会均无决定权，只有省级人大常委会拥有向全国人大常委会提出审查要求的权力。在具有普遍约束力的决议、决定或命令方面，县级以上地方各级人大常委会有权撤销下一级人大及其常委会作出的决议、决定和本级政府发布的决定、命令。①

① 政府的决定和命令既可能是抽象行政行为，也可能是具体行政行为。《监督法》将地方人大常委会撤销本级政府决定和命令的权力安排在第五章"规范性文件的备案审查"中，显然是将其视为一种抽象行政行为；而《地方组织法》只笼统地表述为"撤销本级人民政府的不适当的决定和命令"——于是，这里的"决定和命令"是否可以理解为包括具体行政行为在内，就成为规范尚未解决的一个问题。

询问和质询从性质上说是调查信息的方式，而“一府两院”的相关信息通过调查而获得披露，通常能够起到对其进行监督的作用。在我国，询问和质询的对象都包括本级“一府两院”；都必须在人大或人大常委会的会议期间进行；被询问或被质询机关必须作出答复，但对于答复之后的处理则都缺乏具有强制力的规范。但两者的区别也是明显的：询问发生在人大或人大常委会的审议过程中，提出询问的主体是代表或委员个人；询问的内容必须与正在审议的议案或报告有关；由相关机关的负责人员回答询问。质询则是单独提出的，需要地方各级人大代表十人以上联名，向人大主席团提出；或者省、自治区、直辖市、自治州、设区的市人大常委会组成人员五人以上联名，县级人大常委会组成人员三人以上联名，向常委会书面提出。

特定问题调查也是调查信息的方式。县级以上各级地方人大及其常委会对属于其职权范围内的事项，需要作出决议、决定，但有关重大事实不清的，可以组织关于特定问题的调查委员会。对于调查委员会具体的调查方式，规范均无明确涉及，仅规定了两项原则：一是“有关的国家机关、社会团体、企业事业组织和公民都有义务向其提供必要的材料”，二是“提供材料的公民要求对材料来源保密的，调查委员会应当予以保密”。调查委员会在结束调查后应当向产生它的人大或人大常委会提出调查报告。由于调查委员会的职责仅限于调查事实，因此，除了在人大或人大常委会进行相关审议时就调查报告做必要的说明或解释外。提交调查报告就是整个调查委员会程序的终结。

在我国的人大制度中，罢免、撤职和免职都是在公职人员正常卸任前解除其职务的行为：与免职相比，罢免和撤职含有明确的惩罚意味，可以被视为人事监督的表现；罢免和撤职的区别在于“罢免权由代表大会行使，撤职权由常委会行使”、“人大常委会的撤职权实际是人大罢免权的延伸”。[①] 罢免在前面已有论述，这里只讨论撤职。在监督主体上，一般的原则是：一级人大或其常委会有权选举或任命哪些职务，就有权对担任这些职务的人进行罢免或撤职。具体的对应关系在前面已有详述，这里不再重复。例外的情况是某些级别的地方人大常委会有权对一些由本级人大选举产生的任职者进行个别的撤职（或在措辞上使用“撤换”），具体包括：（1）在本级人大闭会期间，县级以上地方人大常委会决定撤销个别副省长、自治区副主席、副市长、副州长、副县长、副区长的职务；（2）在本级人大闭会期间，各级地方人大常委会在报请上级人民法院报经上级人民代表大会常务委员会批准后，撤换本级人民法院院长；（3）全国和省级人大常委会根据本级人民检察院检察长的建议，可以撤换下级人民检察院检察长、

① 《中华人民共和国各级人民代表大会常务委员会监督法注释本》，法律出版社 2008 年版，第 51 页。

副检察长和检察委员会委员。

监督权在规范上的突出问题是许多相关规范在结构上欠缺后果模式（法律后果），或其后果模式中缺乏否定性后果；例如，“一府两院”工作报告未获通过、预算案表决未获批准、选举中唯一候选人未能当选而提名机关仍提名同一人、提出询问的代表对答复不满意等，都缺乏足够的应对措施。这对于规范可操作性的影响很大，甚至可能使职权的行使变得混乱。而对于地方国家权力机关的监督权来说，又存在另一方面的问题：理论上，它们所监督的是本级的“一府两院”，但后者同时又有上级领导机关，因此这种监督不可避免地涉及中央与地方、上下级地方国家机关之间关系。因此，地方国家权力机关监督职权的明确划分与配置，在整个地方法制的体系中，就具有特别的位置。

四、重大事项决定权

《宪法》第 104 条规定：“县级以上的地方各级人民代表大会常务委员会讨论、决定本行政区域内各方面工作的重大事项”；《地方组织法》第 44 条第 4 项将该项权力明确为“讨论、决定本行政区域内的政治、经济、教育、科学、文化、卫生、环境和资源保护、民政、民族等工作的重大事项”——这成为地方人大常委会重大事项决定权的宪法和法律依据。尽管《地方组织法》对这项职权做了明确，但从概念的设置来说，“重大事项决定权”与立法、监督、任免等权力相比，本身就具有兜底的色彩；换言之，重大事项决定权是地方人大常委会的一项兜底权力。因此，这一职权在规范上是抽象和模糊的。作为兜底权力，重大事项决定权其实赋予了地方人大常委会相当广泛的职权；然而与之不相称的是，地方人大常委会对于这一权力的运用却并不积极。近年来许多重要的公共事件，如“厦门 PX 事件”、广州番禺建垃圾焚烧厂的争议、上海建设磁悬浮的争议等，当地的人大常委会都处于沉默状态。

近年来，一些地方试图通过地方性法规的形式将这一职权更加具体化，例如，2009 年修订的《广州市人民代表大会常务委员会讨论决定重大事项办法》将“重大事项”分为三类：（1）“应当提请常务委员会审议，并作出相应的决议、决定”（贯彻执行宪法、法律、法规和上级人民代表大会及其常务委员会以及本级人民代表大会的决议、决定的重大措施；中共广州市委建议由常务委员会决定的重大事项；推进依法治市，加强社会主义民主法制建设的重大决策和部署；国民经济和社会发展五年规划的调整方案；根据市人民政府的建议对市国民经济和社会发展计划的部分变更；根据市人民政府的建议对市本级财政预算的部分变更；市本级财政决算；涉及人口、环境、资源等方面的重大措施；教育、科学、文化、卫生、体育等事业的发展规划及重大措施；民政、民族、宗教等方面的重大措施；市人民检察院检察长在重大问题上不同意检察委员会多数人的决定而提请决定的事项；授予或者撤销广州市荣誉市民等地方荣誉称号；市人民代表大会交由常务委员会审议并作出决定的重大事项；市人民政府提请或者市中级人民法院、市人民检察院、广州海事法院建议常务委员会审议并作出决定的其他重大事项；法律、法规规定应当由常务委员会审议并作出决定的其他重大事项）。(2)“应当向常务委员会报告”（本市国民经济和社会发展计划执行情况；实施市国民经济和社会发展五年规划的中期评估情况；市本级预算执行情况，市本级预算超收收入安排使用情况；市本级预算执行和其他财政收支的审计情况及审计查出问题的整改情况；市本级预算外资金的使用、管理情况；市本级养老保险、失业保险、工伤保险、生育保险、医疗保险等社会保险基金和住房公积金收支管理及环境保护资金的征集使用情况；土地利用总体规划和年度利用计划、城镇体系规划的执行情况；城市总体规划的制定、修改及执行情况；有市本级财政性资金投资的，对经济社会发展、环境和自然资源保护有较大影响的建设项目的立项；市人民政府履行国有资产出资人职责和国有资产监督管理的情况；水、电、燃气、公共交通等公用事业价格和教育、医疗等公益服务价格的调整，对农民、企业等收费的国家行政机关收费项目和收费标准的调整；华侨、归侨和侨眷权益保护情况；主要江河流域、沿海滩涂的开发利用和资源环境保护情况；风景名胜区、历史文物古迹和自然保护区的保护情况；市人民政府对重大突发事件的应急处置情况；市人民政府推进依法行政的情况；市人民代表大会选举或者常务委员会决定任命的人员违法违纪造成重大影响的事件和处理意见；同外国地方政府建立友好关系；市人民政府、市中级人民法院、市人民检察院和广州海事法院认为需要报告的其他重大事项；法律、法规规定应当向常务委员会报告的其他重大事项）。(3)“应当在经批准之日起三十日内报常务委员会备案”（区、县级市行政区划的调整和行政区域名称变更；市人民政府工作部门的设立、增加、减少或者合并；城市控制性详细规划和历史文化保护区保护规划的编制；法律、法规规定应当报常务委员会备案的其他重大事项）。

类似的地方性法规还有很多。这当然是地方国家权力机关试图“激活”这一权力的举动，值得充分肯定。但也应当看到，过于具体化也会削弱“兜底权力”的属性，从而难以实现设立这一权力的立法意图。事实上，从这一权力本身的属性来看，其实给地方国家权力机关留下了非常大的发挥空间，相关的制度探索与创新，在地方法制今后的发展中是值得关注的。

第二节　地方国家权力机关职权的再分配

一、人大会议和人大代表

我国人民代表大会制度的基础是由人民选举出人大代表，由人大代表组成各级人民代表大会；其中，县级和乡级人大代表由直接选举产生，其他人大代表由下一级人大间接选举产生，这反映了权力自下而上形成的模式，是人大合法性的来源。

在职权配置方面，《地方组织法》对县级以上各级地方人大和乡级人大的职权作了区别规定，县级以上各级地方人大的职权如下：

（1）在本行政区域内，保证宪法、法律、行政法规和上级人民代表大会及其常务委员会决议的遵守和执行，保证国家计划和国家预算的执行；

（2）审查和批准本行政区域内的国民经济和社会发展计划、预算以及它们执行情况的报告；

（3）讨论、决定本行政区域内的政治、经济、教育、科学、文化、卫生、环境和资源保护、民政、民族等工作的重大事项；

（4）选举本级人民代表大会常务委员会的组成人员；

（5）选举省长、副省长，自治区主席、副主席，市长、副市长，州长、副州长，县长、副县长，区长、副区长；

（6）选举本级人民法院院长和人民检察院检察长；选出的人民检察院检察长，须报经上一级人民检察院检察长提请该级人民代表大会常务委员会批准；

（7）选举上一级人民代表大会代表；

（8）听取和审查本级人民代表大会常务委员会的工作报告；

（9）听取和审查本级人民政府和人民法院、人民检察院的工作报告；

（10）改变或者撤销本级人民代表大会常务委员会的不适当的决议；

（11）撤销本级人民政府的不适当的决定和命令；

（12）保护社会主义的全民所有的财产和劳动群众集体所有的财产，保护公民私人所有的合法财产，维护社会秩序，保障公民的人身权利、民主权利和其他权利；

（13）保护各种经济组织的合法权益；

(14) 保障少数民族的权利；

(15) 保障宪法和法律赋予妇女的男女平等、同工同酬和婚姻自由等各项权利。

乡级人大的职权如下：

(1) 在本行政区域内，保证宪法、法律、行政法规和上级人民代表大会及其常务委员会决议的遵守和执行；

(2) 在职权范围内通过和发布决议；

(3) 根据国家计划，决定本行政区域内的经济、文化事业和公共事业的建设计划；

(4) 审查和批准本行政区域内的财政预算和预算执行情况的报告；

(5) 决定本行政区域内的民政工作的实施计划；

(6) 选举本级人民代表大会主席、副主席；

(7) 选举乡长、副乡长，镇长、副镇长；

(8) 听取和审查乡、民族乡、镇的人民政府的工作报告；

(9) 撤销乡、民族乡、镇的人民政府的不适当的决定和命令；

(10) 保护社会主义的全民所有的财产和劳动群众集体所有的财产，保护公民私人所有的合法财产，维护社会秩序，保障公民的人身权利、民主权利和其他权利；

(11) 保护各种经济组织的合法权益；

(12) 保障少数民族的权利；

(13) 保障宪法和法律赋予妇女的男女平等、同工同酬和婚姻自由等各项权利。

此外，对于有权制定地方性法规的地方人大，《立法法》特别规定，“规定本行政区域特别重大事项的地方性法规，应当由人民代表大会通过”；但“特别重大事项”本身是一个极为模糊和抽象的概念，而且地方人大制定的地方性法规和其常委会制定的在法律效力上并没有明确的位阶（类似于中央立法关于“基本法律”和“其他法律”的二分法），因此只是一种理念上的强调，而无法切实为人大和其常委会的立法职权划出明确的界限。

由于我国人大制度强调“人大集体行使职权”，因此人大代表个人并没有独立的权力，只有为人大行使职权而承担的职责，包括提出议案、提出建议、批评和意见、提出询问和质询、进行调查、参加选举和罢免并进行表决、审议人大各项议题并进行表决等。在闭会期间，人大代表还可以在人大的组织下，进行视察、参加代表小组活动、列席有关会议等。

值得注意的是，从权力的逻辑来说，各级地方人大的常委会都由同级人大会议产生，要对后者负责；但从权力的实际运作来看，由于人大的职权并未充分展开，从而令其不得不从同级人大会议向人大常委会进行转移，这就使人大常委会成为人大组织中极为关键的部分。

二、常务委员会

县级以上地方各级人大设立常委会，作为人大的常设机构，至少每两个月召开一次。常委会由主任、副主任、秘书长和委员组成；常委会的组成人员不得担任行政和司法职务，这是出于便于监督的考虑；但常委会组成人员仍然可以担任行政和司法之外的其他职务，如大学教授等，因此也存在一定数量的兼职成员。

在规模上，省级人大常委会为35~85人，地市级人大常委会为19~51人，县级人大常委会为15~35人——与本级的人大会议相比，地方各级人大常委会的规模显然大大缩小了；这固然有助于改善会议效率，但在代表性和民主性方面则又容易产生问题。

从职权配置的角度来看，常委会不仅拥有人大闭会时期可以代其行使的职权，并且具有自身专属的职权，同时人大还有部分职权是在闭会时也不能由常委会行使的——总而言之，常委会具有相对独立的职权，而不仅仅是一个“常设机构”而已。概括而言，地方各级人大常委会的职权包括：

（1）在本行政区域内，保证宪法、法律、行政法规和上级人民代表大会及其常务委员会决议的遵守和执行；

（2）领导或者主持本级人民代表大会代表的选举；

（3）召集本级人民代表大会会议；

（4）讨论、决定本行政区域内的政治、经济、教育、科学、文化、卫生、环境和资源保护、民政、民族等工作的重大事项；

（5）根据本级人民政府的建议，决定对本行政区域内的国民经济和社会发展计划、预算的部分变更；

（6）监督本级人民政府、人民法院和人民检察院的工作，联系本级人民代表大会代表，受理人民群众对上述机关和国家工作人员的申诉和意见；

（7）撤销下一级人民代表大会及其常务委员会的不适当的决议；

（8）撤销本级人民政府的不适当的决定和命令；

（9）在本级人民代表大会闭会期间，决定副省长、自治区副主席、副市长、副州长、副县长、副区长的个别任免；在省长、自治区主席、市长、州长、县长、区长和人民法院院长、人民检察院检察长因故不能担任职务的时候，从本级人民政府、人民法院、人民检察院副职领导人员中决定代理的人选；决定代理检察长，须报上一级人民检察院和人民代表大会常务委员会备案；

（10）根据省长、自治区主席、市长、州长、县长、区长的提名，决定本级人民政府秘书长、厅长、局长、委员会主任、科长的任免，报上一级人民政府备案；

（11）按照人民法院组织法和人民检察院组织法的规定，任免人民法院副院长、庭长、副庭长、审判委员会委员、审判员，任免人民检察院副检察长、检察委员会委员、检察员，批准任免下一级人民检察院检察长；省、自治区、直辖市的人民代表大会常务委员会根据主任会议的提名，决定在省、自治区内按地区设立的和在直辖市内设立的中级人民法院院长的任免，根据省、自治区、直辖市的人民检察院检察长的提名，决定人民检察院分院检察长的任免；

（12）在本级人民代表大会闭会期间，决定撤销个别副省长、自治区副主席、副市长、副州长、副县长、副区长的职务；决定撤销由它任命的本级人民政府其他组成人员和人民法院副院长、庭长、副庭长、审判委员会委员、审判员，人民检察院副检察长、检察委员会委员、检察员，中级人民法院院长，人民检察院分院检察长的职务；

（13）在本级人民代表大会闭会期间，补选上一级人民代表大会出缺的代表和罢免个别代表；

（14）决定授予地方的荣誉称号。

此外，对于有权制定地方性法规的地方人大，其常委会的一项重要职权就是制定地方性法规。如前所述，《立法法》用“特别重大事项”这个概念试图划分人大和其常委会的立法职权，但这种划分方式可操作性并不强。实践中，由于常委会在专业性、会期、规模等方面的优势，在制定地方立法方面发挥了主要作用。

可以说，常委会是人大各项职权的日常运作机构，是联结主任会议（自上而下的贯彻任务、落实任务）和人大会议（自下而上的观点表达与利益诉求）的枢纽；其运作方式在很大程度上决定了人大整体的履职成效。

三、主任会议

各级地方人大常委会主任会议由常委会主任、副主任和秘书长组成（县级人大常委会不设秘书长，故由主任和副主任组成），通常为10人以内；根据实际需要，不定期召开会议。根据《地方组织法》，主任会议的职权是“处理常务委员会的重要日常工作”；具体而言，相关的“重要日常工作”通常包括以下几项：

（1）决定常委会每次开会的日期，拟定议程草案并提请常委会决定；

（2）对人大主席团和秘书长名单草案、会议议程草案以及关于会议的其他准备事项，可以根据各方反馈提出调整意见，提请预备会议审议；

（3）向常委会提出属于其职权范围内的议案；

（4）指导和协调各专门委员会的重要日常工作；

（5）在常委会组成人员中，提出常委会代表资格审查委员会的主任委员、副主任和委员的人选，提请常委会任免；

（6）决定各专门委员会以及本级“一府两院”向常委会提出的议案提请常委会审议，或者先交有关专门委员会审议、提出报告，再决定提请常委会审议；

（7）决定常委会组成人员联名向常委会提出的议案是否提请常委会审议，或者先交有关专门委员会审议、提出报告，再决定是否提请常委会审议；

（8）决定提案人在表决前要求撤回的已列入常委会议程的议案即行终止审议，或暂不付表决、交有关专门委员会进一步审议并提出报告；

（9）在人大闭会期间，人大常委会组成人员和由人大及其常委会选举或任命的公职人员提出辞职的，由主任会议将其辞职请求交常委会审议决定；

（10）决定将质询案交由有关专门委员会审议或提请常委会审议，将质询案交给受质询的机关并决定受质询机关的答复形式，以及决定答复不满意的受质询机关做再答复；

（11）决定将“一府两院”向常委会提交的工作汇报交有关专门委员会审议，提出意见；

（12）向常委会提议组织调查委员会，决定五分之一以上常委会组成人员联名提议组织调查委员会的提案提请常委会审议、或者先交有关专门委员会审议并提出报告之后决定提请常委会审议，并提名调查委员会主任委员、副主任委员和委员的人选；

（13）处理常委会其他重要日常工作。

显然，以上这些“重要日常工作”使主任会议在地方各级人大及其常委会的各职权运作过程中起着核心作用；同时，也使地方各级人大的组织机构和权力分配上出现了“主任会议—人大常委会—同级人大会议”的层级结构，而这个层级结构是以主任会议为顶端的。这种层级结构有利于自上而下的任务贯彻和政策落实，但不利于自下而上的观点表达与利益诉求。

四、专门委员会和工作委员会

专门委员会和工作委员会是处理各种专业问题的机构。省级和地市级人大可以设立专门委员会和工作委员会。专门委员会设在人大之下，工作委员会设在人大常委会之下；专门委员会在人大闭会期间也受常委会领导。在实践中，专门委员会的组成人员都是人大代表，而工作委员会更接近于工作机构，于人大常委会办公厅类似；不过，为了工作上的衔接，专门委员会和工作委员会在设置上往往是对应的（常委会下设的代表资格审查委员会在人大下设的专门委员会中没有对应的，这是由其职责所决定的）；而一个常委会副主任通常负责联系一组或几组专门委员会和工作委员会，因此这两类委员会最终要受主任会议的指导和协调。同时，专门委员会和工作委员会还与“一府两院”有关部门保持对口联系。

专门委员会和工作委员会的职责是研究、审议和拟定有关议案；但他们的意见并非最终的决议，因此并没有独立的权力。由于专门委员会和工作委员会通常是对应设置的，所以这两者在实践中的具体分工在不同的地方有不同的侧重；但如果把这两类委员会的职责合在一起来看，则各地各级都是类似的，主要有以下几项：

（1）审议人大主席团或常委会交付的议案；

（2）向人大主席团或常委会提出与本委员会有关的议案；

（3）审议人大常委会交付的被认为不适当的下一级人大及其常委会作出的决议、决定和本级政府发布的决定、命令，并提出报告；

（4）审议人大或人大常委会交付的质询案，听取受质询机关的答复，必要时提出报告；

（5）对属于本级人大及其常委会职权范围内同本委员会有关的问题，进行调查研究，提出建议；

（6）法制委员会（法制工作委员会）统一审议向人大或人大常委会提出的法律草案；其他专门委员会或工作委员会就有关的法律草案向其提出意见。

各专门委员会和工作委员会都是按照专业分工原则组建的，其组成人员大多是具有相关专业背景的代表或委员，而且还可根据工作需要，延请一些不是代表或委员的专家作为顾问。可以说，专门委员会和工作委员会为地方各级人大及其常委会承担了大量具体工作。反过来说，从专门委员会和工作委员会的配置也可以看出人大及其常委会的工作重点：例如，在有地方立法职权的人大及其常委会，法制委员会（以及工作委员会）向来是最大的委员会；而随着财政监督的日益受到重视，财经委员会（以及工作委员会）也在不断得到充实。

五、上下级国家权力机关的关系

传统上，上下级国家权力机关的关系被认为包括三个方面：（1）法律监督关系。如县级以上地方各级人大常委会有权撤销下一级人大及其常委会的不适当的决议等。(2) 业务指导关系。在日常工作中，上级人大常委会通过发布文件、召开座谈会等方式，对下级人大的选举、立法、监督等各项工作提出指导性意见。(3) 工作联系关系。如上级人大常委会邀请下级人大常委会负责人列席会议、委托下级人大常委会组织本级人大代表视察或者进行专题调查，召开联系工作会议等。①

值得注意的是，上级人大及其常委会撤销下级人大及其常委会不适当决议的权力，尽管被认为是法律监督关系，但向行政化的领导关系转化的可能性也不能完全排除；实践中还存在上级人大常委会（主要是省级人大常委会）为下级人大常委会制定工作办法的情况，② 同样也带有"领导关系"的色彩。

但另一方面，由间接选举产生的人大代表受原选举单位的监督，这在一定程度上意味着"下一级"对"上一级"的监督（这是由于选举关系的存在而产生的）——与前述法律监督关系一起，就构成了"上级人大组织对下级人大组织"和"下级人大组织对上级人大代表"的交错监督体系；但在实践中，"下对上"的监督机制还没有充分运作。

第三节 地方国家权力机关职权的实现

一、机构设置的探索与创新

我国人民代表大会制度在实践中并未充分实现制度设计的预期，这在很大程度上与人大体制的结构有关，这些问题主要有以下三个方面：

首先，人大代表兼职制。我国各级人大代表，尤其是非常委会组成人员的人大代表，基本上都有自己的本职工作，人大代表的工作是兼职的。这种状况与"从群众中来，到群众中去"的民主观有关，但也给人大职权的行使造成了障碍，其中较为显著的如：人大代表时间和精力有限，难以兼顾本职和作为兼职的代表工作；人大许多工作具有高度专业性，如法规的制定、预算的审议等，缺乏专业背景的代表难以胜任；大量人大代表的本职是"一府两院"工作人员，这

① 蔡定剑：《中国人民代表大会制度》，法律出版社 1998 年版，第 253 ~ 257 页。

② 如 2008 年施行的《北京市各级人大常委会听取和审议一府两院专项工作报告办法》。

给人大对“一府两院”的监督效果造成了消极影响。

其次，人大会议的会期过短。人大代表兼职制的必然结果就是人大会议的会期很短，以避免影响代表的本职工作；目前，全国人大每年的会期大约是在两周以内，地方各级人大的会期就更短，有些乡级人大的会期甚至只有半天。会期的短暂使许多职权无法充分行使（一方面，因为时间有限，许多重要的议案难以仔细审议、充分讨论；另一方面，许多带有日常性的工作，如财政监督，无法通过为其只有数天的会议来落实），并且令来自社会的许多议题很难“挤进”人大会议正式讨论和审议的议程。

最后，同级人大会议的规模影响到会议效果。地方各级人大的规模，根据《选举法》的规定，省级人大在350～1 000人、地市级人大在240～650人、县级人大在120～450人、乡级人大在100人以下。一些省级人大和地市级人大的规模甚至超过了许多国家代议机关的规模。这种情况源于某种“多多益善”的民主观，但根据组织学原理，人数过多则会降低会议效率，从而影响会议效果。在实践中，人大会议往往是台上一人报告、台下众人旁听的“剧场模式”，难以进行代表充分讨论甚至辩论的“广场模式”。同时，为了进行讨论，实践中往往采用小组讨论、各小组间用简报进行沟通的模式；这一模式的弊端在于：讨论按照代表团进行分组，各代表团除了军队代表外均是来自于某一行政区域的代表，这就使小组讨论往往有地域局限；并且每个小组通常都有该行政区域的领导“坐镇”，这往往给代表畅所欲言带来负面影响；此外，分组讨论使不同组的代表难以进行沟通，而简报往往不够具体和深入，因此也使代表共同意见的形成更为困难，并且在技术上提高了代表联名履行职权的难度。

当然，以上问题虽然是造成地方国家权力机关职权履行问题的重要原因，但显然无法在地方的层面加以彻底解决。为了缓解相关问题，人大及其常委会在机构设置方面进行了一些探索与创新，主要有两种情况：一是人大及其常委会为更好地履行其职权，对其内部机构设置进行的调整与改革；二是地方出于某种需要，而从外部对人大及其常委会机构设置所产生的影响。

出于内部需要而对机构设置的影响，突出地表现在专门委员会和工作委员会的设置上：目前，大多数地方人大设立了法制、财经、教科文卫等专门委员会和工作委员会；还有一些地方人大根据本地实际情况和工作需要，设立了农村、城建、民族、侨务等专门委员会和工作委员会。此外，许多地方人大及其常委会将聘请的法律顾问组成法律顾问组，并制定规章制度对其加以规范，这也是内部机构设置调整的重要探索。

出于外部需要而对机构设置的影响，典型的例子是广东省人大常委会的依法治省工作领导小组办公室：为了推动依法治省的工作，广东省于1996年成立以省委书记为组长的依法治省工作领导小组，并将依法治省工作领导小组办公室设在省人大常委会，办公室主任由一名省人大常委会副主任担任。实践证明，作为一个办事机构，“依法治省办”设在人大常委会，既可以充分发挥各级人大及其常委会的主导作用，也可以避免将“依法治省办”设在司法部门或普法机构所造成的“小马拉大车”的格局。

二、地方立法的探索与创新

地方立法是部分地方人大及其常委会的重要职权。尽管《立法法》对于地方立法的内容只做了极为抽象的概括（“为执行法律、行政法规而作的具体规定”和“关于地方性事务的具体规定”），但各级地方通过地方性法规的形式推进“先行先试”的改革进程、巩固改革成果：许多制度先是在个别地方进行实践，然后通过地方立法加以巩固，各地通过交流和学习使良好的制度得以传播，最后在国家立法的层面加以确立。如国有土地有偿使用和有偿转让制度、公司制度等，都是先从地方的试验开始的；而立法制度本身的创新，如立法听证制度，也是源于地方的实践。此外，各地也通过地方立法权对自己的职权加以充实，如《地方组织法》中语焉不详的“重大事项决定权”，就有多个地方的人大通过地方性法规试图对其加以明确。

不过，各地行使地方立法权的情况却并不平衡。以经济特区所在市的法规为例，深圳市在1992年、厦门市在1994年、汕头市和珠海市在1996年获得经济特区的法规制定权；而截至2011年6月，深圳市制定的经济特区法规为390件（平均每年约20件）、厦门市为169件（平均每年约10件）、汕头市为60件（平均每年约4件）、珠海市为33件（平均每年约2件）[①]——地方立法权是各地进行改革的重要一环，其实施情况与各地的改革进展、改革模式乃至改革风格都密切相关。

近年来，地方立法的探索与创新突出表现在两个方面：在内容上，避免部门利益的过度影响；在程序上，积极拓展公众参与的渠道。

一些地方人大采取措施避免立法过程中过度的部门利益，除了广泛采用国家机关之间的协商机制外，最普遍的措施是邀请律师和专业人士参与立法：越来越多的人大机关聘请律师作为法律顾问，包括北京市人大、上海市人大、湖南省人大等。[②] 此外，一些地方人大邀请律师进行规范性法律文件的起草，开此先河的

① 以上数据来源于“北大法宝”数据库。

② 王伟健：《湖南16万人大代表：“法律服务团”随叫随到》，载《人民日报》2008年1月23日。

是重庆市人大。2003 年，重庆市人大法制委员会委托一家律师事务所起草《重庆市物业管理条例（草案）》，并经重庆市人大讨论最后通过。① 此后，天津市人大在 2005 年、② 山东省人大在 2006 年③以及河南郑州市人大在 2006 年④也都委托律师起草规范性法律文件。除了律师以外，一些法律专家学者也被聘请为法律顾问。此外，北京市人大在 2005 年还委托了一家咨询公司开展《北京市社区安宁条例》的立法调研工作。⑤ 但是应当看到，这种参与仍然无法取代行政部门在立法过程中的地位，因为在获取相关信息和社会资源的能力方面，律师无法与行政部门相比。例如，上海市人大曾试图通过公开招标的方式确定规范性法律文件的起草者，而行政部门完成的方案往往优于律师或其他法律专家的方案，其中最大的原因就是信息不对称，“尽管上海市政府部门的信息公开一直走在全国前列，但学者要了解部门的详细数据仍隔了一层”。⑥

在社会参与地方立法方面，自 1999 年广东省人大常委会召开国内第一次立法听证会以来，各地纷纷进行了立法听证的实践，一些地方还将相关制度法规化。但是，立法听证仍不是硬性的要求，什么情况下举行听证、何时举行听证、听证的具体细节等，大多由人大常委会主任会议决定。而立法听证的数量也很有限，总体效果也并不十分理想。例如，珠海市人大曾打算就该市服务业立法进行立法听证，原计划从报名者中选 16 名市民代表作为陈述人，结果报名者只有 4 人，且全为服务业经营者，无其他市民报名，这次听证只得取消。据记者调查，珠海市民其实非常关注服务业立法，无人报名参加听证主要是由于三方面的原因：一些市民担心在听证会上“说不好”；一些市民认为在听证会上“说了白说”；还有部分市民根本就不知道将举办这样的听证会。⑦ 由于立法听证的效果仍然有限，所以许多公众还选择了互联网作为参与立法的途径：首先，公众通过互联网获取更多的地方人大信息。据不完全统计，截至 2011 年各级人大建立的网站有近 300 个，一些地方人大利用网站直播或转播人大会议，还有一些地方人大在网站上公布立法计划或地方法规草案，以此向公众征求意见。此外，还有一些地方人大将所有的代表提案都公布在其网站上——这些都为公众参与提供了信息上的支持。其次，人大代表的个人网站或博客使公众可以更容易地与他们联

---

① 秦力文：《重庆市人大常委会委托市律协承担立法课题研究》，载《法制日报》2007 年 5 月 16 日。

② 李新铃：《天津律协受人大委托起草法规》，载《中国青年报》2005 年 9 月 1 日。

③ 袁成本、吴怡：《山东：人大委托律师所起草地方法规堪瞩目》，载《法制日报》2006 年 6 月 13 日。

④ 廖军和：《郑州首次委托社会力量起草法规“第三方”敲定》，载人民网 2006 年 6 月 5 日，网址：http：//npc. people. com. cn/GB/14957/53049/4436325. html，最后访问日期 2011 年 7 月 6 日。

⑤ 郭晓宇：《北京市人大首次委托咨询公司开展立法调研》，载《法制日报》2006 年 2 月 7 日。

⑥ 曹玲娟：《上海立法课题向社会“发包”》，载《人民日报》2006 年 8 月 16 日。

⑦ 赵京安：《“开门立法”：珠海立法听证会意外遭“冷遇”》，载《人民日报》2005 年 9 月 14 日。

系。2003 年，一位全国人大代表开设个人网站，向公众征求意见，这被认为是第一个“人大代表网站”。[①] 事实上，许多人大代表一直通过多种方式积极地搜集公众意见和建议，包括在报纸和电视上做广告。[②] 相比之下，通过互联网进行意见和建议的搜集是免费的，而且更加高效和有互动性，因此在人大代表中逐渐传播开来。除了人大代表的个人网站和博客，一些地方人大也为代表开设了集体博客，如温州市人大。然而，无论是通过互联网进行地方人大信息的披露还是联系人大代表，都还没有强制性的要求，因此公众相对而言仍然处于被动接受的地位。

三、监督权行使机制的探索与创新

地方人大及其常委会在监督权行使机制方面的探索与创新以 2007 年《监督法》的实施为界，大致分为两个阶段：

在《监督法》颁布实施之前，地方人大的监督实践更多地表现为发现问题和摸索解决的办法。在《监督法》之前，地方各级人大及其常委会也拥有一定的监督职权，但在规范上大多不够明确，这就在具体的监督实践时常发生问题。例如，广东省人大早在 1999 年就开始对部门预算的细节进行审查，自 2004 年起，广东省人大每年都要审查涉及一百多个部门的《省级部门预算单位预算表》。[③] 但随之而来的问题是，预算细节通常厚达几百页、重量以公斤计，想要在短短几天内认真审查完毕，这对于代表来说几乎是不可能完成的任务。类似的问题还发生在审议和表决“一府两院”工作报告的过程中，2001 年沈阳市人大否决了沈阳市中院的工作报告，这是我国人大历史上第一次否决工作报告。当时，大会主持人立即掉过头问主席团“怎么办?”主席团当场研究决定“责成市人大常委会对中院报告继续审议，并将审议结果向下次人民代表大会报告”。但是根据宪法和法律，人大常委会无权审议这类工作报告，最后沈阳市人大在半年后召开特别会议审议通过《沈阳市人民法院整改情况和 2001 年工作安排的报告》，这才最终解决问题。[④] 这样的情况在地方各级人大的监督实践中还有许多，正是因为出现了这样那样的问题，而宪法和法律又没有明确的规范，所以各地只能自己摸索解决的办法。如对预算的重点审查、召开特别会议审议未通过工作报告的机关的整改情况等，在此过程中，逐渐形成了一些具体的做法和制度，为

① 李杨：《博客参政》，载《中国新闻周刊》2006 年 3 月 20 日。

② 田必耀：《2006，地方人大工作盘点》，载《公民导刊》2007 年第 2 期。

③ 王小飞：《2004：“广东现象”劲风再起》，载《南方周末》2004 年 2 月 19 日。

④ 殷国安：《人大否决政府报告之后该怎么办?》，载《中国经济时报》2005 年 9 月 7 日。

《监督法》的制定提供了经验。

《监督法》构建了以人大常委会为重心的人大监督体系，地方人大的监督实践则基本是在《监督法》框架下进行的探索与创新。在财政监督方面，一些地方人大常委会利用专项工作报告的方式，对财政预算某一项目的执行情况进行监督。还有一些地方尝试通过网络技术来加强监督，例如，广东省所有 27 个地级以上市人大在 2007 年都建立了在线财政预算监督系统，这些人大的代表可以在任何时候实时审查预算使执行情况。[①] 同时，各地人大及其常委会还充分利用听取和审议工作报告的职权，扩充监督的手段。例如，浙江省奉化市人大常委会在 2007 年首次尝试用"问答"式审议政府工作报告；[②] 河南省洛阳市人大常委会在 2007 年对政府专项工作报告进行满意度表决。[③] 此外，湖南省娄底市人大常委会因为没有一个市政府领导出席审议市政府专项工作报告的会议，因此决定延期审议。[④] 显然，在《监督法》颁布实施之后，人大监督体系仍然需要地方上的实践经验提供支持，而《监督法》第 47 条："省、自治区、直辖市的人民代表大会常务委员会可以根据本法和有关法律，结合本地实际情况，制定实施办法"也为地方的"先行先试"和制度创新预留了空间；而这一空间为地方国家权力机关为地方法制作出新的贡献提供了制度基础。

---

① 广东省财政预算室：《我省各市全部建立实时在线财政预算监督系统》，载《广东人大之窗》2007 年 10 月 19 日，网址 http：//www. rd. gd. cn/wjf/new/2007/newrd112. htm；最后访问日期 2011 年 7 月 6 日。

② 原杰：《浙江奉化首次尝试用"问答"式审议政府工作报告》，载《中国人大新闻网》2007 年 2 月 15 日，网址：http：//npc. people. com. cn/GB/25020/5402417. html；最后访问日期 2011 年 7 月 6 日。

③ 王川一：《河南洛阳市人大常委会对专项工作报告进行满意度表决》，载《中国人大网》2007 年 11 月 28 日，网址：http：//www. npc. gov. cn/npc/xinwen/dfrd/henan/2007 – 11/28/content_1379871. htm；最后访问日期 2011 年 7 月 6 日。

④ 丁爱萍、刘卫红：《从"搁置审议"看树立人大权威》，载《人大研究》2008 年第 2 期。

第七章

地方国家行政机关的职权

“社会管理创新的关键在于从‘万能政府’到‘有限政府’、从‘社会管理’到‘社会自理’。”

我国地方国家行政机关职权配置的特点在于：一方面，在现代国家公权力体系中，行政权本身就属于非常强势的权力，而地方国家行政机关由于直接面对自下而上的各种权利诉求，因此对于权利保障而言具有特别重要的意义。同时，地方国家行政机关也需要更多地关系社会民生与地方发展的权力，这也是辅助性原则在国家机构职权配置中的要求。另一方面，地方国家行政机关又处在某种双重的权力制约体系内，即地方人民政府既是本级权力机关（人大）产生并要向其负责，又要受上级人民政府的领导，行政机关的工作部门既要受上级行政部门领导，又要受本级人民政府领导（垂直管理的部门除外），尤其是在中央占据优势地位的“中央—地方”关系框架中，地方国家行政机关的法定职权及其行使往往要受到来自于中央或上级的限制——两方面相结合，其实在某种程度上表现出权责一致原则在地方国家行政机关的职权上还未完全落实的现状；而这也形成了地方国家行政机关在地方法制中的特殊地位，同时也造成了其职权配置的复杂性和多样性。

第一节　地方国家行政机关的法定职权

地方国家行政机关，即各级人民政府及其工作部门，其法定职权的规范依据除《宪法》外，主要还有《立法法》、《地方各级人民代表大会和地方各级人民政府组织法》（以下简称《地方组织法》）、《行政处罚法》、《行政许可法》、《行政强制法》、《行政复议法》、《行政监察法》和《公务员法》等。

一、行政规范权

行政规范权即行政机关制定规范性文件的职权。对于地方国家行政机关而言，包括特定地方人民政府制定地方政府规章的职权，以及地方国家行政机关依法作出其他抽象行政行为的职权。

根据《立法法》的规定，省、自治区、直辖市和较大的市的人民政府有权制定地方政府规章。换言之，有权制定地方性法规的人大，其同级政府也有权制定地方政府规章，两者是对应的关系。同样地，这里的“较大的市”也是指《立法法》第63条第4款所规定的“本法所称较大的市是指省、自治区的人民政府所在地的市，经济特区所在地的市和经国务院批准的较大的市”[①]，而非《宪法》第30条第2款所规定的含义较宽泛的“较大的市”。不过，与较大的市制定地方性法规时需要报上一级人大常委会批准不同，较大的市制定地方政府规章时无需报上一级人民政府批准；也就是说，两级地方政府制定地方政府规章的权力，都是相对完整的。

不过，由于地方政府规章的效力位阶较低，所以在适用、备案以及改变或撤销方面有较多的规定，这些都是对地方政府行政规范权的限制：（1）在适用方面，地方政府规章的效力低于法律、行政法规和本省、自治区、直辖市的地方性法规；较大的市的地方政府规章低于本市的地方性法规和本省或自治区的地方政府规章；省、自治区的地方政府规章与其辖区内较大的市的地方性法规相冲突时，由该省、自治区的人大常委会决定。（2）在备案方面，地方政府规章应当同时报国务院和本级人大常委会备案；较大的市的人民政府制定的规章还应当同时报省、自治区的人大常委会和人民政府备案。（3）在改变或撤销方面，国务院有权改变或者撤销不适当的地方政府规章；地方人大常委会有权撤销本级人民政府制定的不适当的规章；省、自治区的人民政府有权改变或者撤销下一级人民政府制定的不适当的规章——概而言之，上级政府对下级政府的规章，可以改变或撤销；人大常委会对本级政府的规章则只能撤销。同时，改变或撤销的标准是“不适当”，这比“不抵触”的标准更为宽泛。

---

① 我国现有“省、自治区的人民政府所在地的市”27个、“经济特区所在地的市”4个、“经国务院批准的较大的市”18个（原为19个，重庆于1997年升格为直辖市），共计49个。

在内容上，除了法律保留的事项外，与地方性规范类似，《立法法》对于地方政府规章的界定也是两项：一是为执行法律、行政法规、地方性法规的规定需要制定规章的事项；二是属于本行政区域的具体行政管理事项。同样地，这两项界定也是很抽象的，尤其是第二项“具体行政管理事项”，其涵盖面非常之广。

从性质上说，制定地方政府规章的行为属于抽象行政行为。虽然只有部分地方政府有权制定地方政府规章，但各级地方政府及其工作部门都有权依法作出抽象行政行为，即发布具有普遍约束力的决定、命令、指示等。在我国，通常并不将其视为一种法律渊源，但因其具有普遍约束力，因此其内容与程序也要受到与地方政府规章类似的限制；同时，县级以上地方各级政府有权改变或者撤销其工作部门不适当的命令、指示以及下级政府的不适当的决定、命令。

与地方立法权类似，地方国家行政机关的行政规范权也是使地方可以将职权行使过程中的许多探索和创新加以规范化、制度化的重要方式；在 30 多年的改革过程中，许多地方国家行政机关也充分利用这一职权，对地方法制乃至全国的法律体系作出了显著的贡献，如上海、广州、海口、厦门等地在改革开放之初（20 世纪 80 年代）就通过地方政府规章等方式，探索国有土地使用权有偿转让制度，为当地乃至全国的经济社会发展进行了积极有效的探索，影响深远。

但同时也应当看到，行政规范权在本质上有先天的缺陷：作为一个行政主体，当然有其自身的利益，从而也就难免试图通过行政规范权来扩张权力、规避责任——而这恰是目前地方国家行政机关行使行政规范权时的突出问题，以至于“出现执法就是处罚、管理就是收费的现象，严重背离了公共权力的宗旨和法治的精神”。[①] 更有甚者，地方国家行政机关被一些外部利益所“绑架”，使行政规范权成为将不合理的社会秩序合法化的工具。因此，如何既能使行政规范权继续为改革探索和制度创新提供动力，又能对其进行有效的制约以免权力的滥用，就成为地方法制中亟待解决的问题。

二、公共决策权

此处所指的地方国家行政机关公共决策权，就是指地方国家行政机关在为本辖区内提供社会公共服务的过程中作出决策的权力，如基础设施建设、发展文教事业、提供公共交通等。这类权力与抽象行政行为相比，并不具有规范的效力；但是与一般的具体行政行为相比，又因为持续时间长、影响范围广、涉及的行政

① 石亚军、施正文：《我国行政管理体制改革中的“部门利益”问题》，载《中国行政管理》2011 年第 5 期。

相对人数量众多等原因具有特殊性。

显然，地方国家行政机关的公共决策权是以地方国家行政机关必须为辖区提供特定的公共服务为前提的。从这个意义来说，政府的公共决策权是比较晚才发展起来的：根据近代的自由主义政治理念，管得越少的政府越是好政府，理想的政府是那种“守夜人”式的政府，在这种理念之下，政府不必也不应为社会提供许多公共服务；但是自20世纪以来，尤其是第二次世界大战之后，由于社会的复杂化、公共风险的增加、公共事务的成本急剧提高等多种原因，政府越来越多地充当了提供社会公共服务的角色，而政府的权力也在此过程中获得了扩张。

公共服务的范围非常广泛，不过对于行政机关而言，公共决策的权力配置存在两种分工：

第一是横向分工，即一级政府与其工作部门的分工。一般而言，一级政府统筹本辖区的公共服务事务，政府工作部门则执行本级政府的决策并负责某一方面的公共服务事务；当某一事务需要多个部门共同完成时，由本级政府负责协调。这样的分工模式，无论中央行政机关还是地方国家行政机关，都是一致的。

第二是纵向分工，即中央行政机关与地方国家行政机关的分工，以及不同层级的地方国家行政机关之间的分工。中央与地方国家行政机关在公共决策权上进行分工的依据在于，一些公共服务事项是全国性的，必须中央统筹考虑；一些公共服务的事项则需要因地制宜，由中央统一办理则成本太高。[①] 不过，目前规范上对于这类分工的具体事项并不明确。现行宪法第107条规定：“县级以上地方各级人民政府依照法律规定的权限，管理本行政区域内的经济、教育、科学、文化、卫生、体育事业、城乡建设事业和财政、民政、公安、民族事务、司法行政、监察、计划生育等行政工作”——这里的“经济、教育、科学、文化、卫生、体育事业、城乡建设事业和财政、民政、公安、民族事务、司法行政、监察、计划生育等”都属于公共服务的内容，但这种列举的方式是很模糊的，并不具有排他性，因此难以作为中央与地方分工的依据。此外，宪法对于乡级政府的公共决策权并没有具体说明，只是笼统地规定“执行本级人民代表大会的决议和上级国家行政机关的决定和命令，管理本行政区域内的行政工作”——这固然与乡级政府不设具体的工作部门有关，但并不是否定乡级行政区域内仍然存在公共服务的需要，因此《地方组织法》中仍然规定了乡级政府“管理本行政区域内的经济、教育、科学、文化、卫生、体育事业和财政、民政、公安、司法行政、计划生育等行政工作”的职权。

---

① Tom Ginsburg & Eric A. Posner, Subconstitutionalism, *Stanford Law Review*, Vol. 62, Issue 6, pp. 1583 – 1628.

需要指出的是，由于许多公共服务属于当地的重要事项，因此地方国家行政机关的公共决策权与地方人大的重大事项决定权就发生了重合乃至冲突。当然，从理论上说，地方人大讨论、决定地方的一切重大事项，政府只是管理执行机关，所以政府无权决定重大事项；[①] 但由于地方人大在会期、成员能力、专业性等多方面的因素，使地方国家行政机关在这种冲突中往往处于优越地位。例如"厦门 PX 事件"、广州番禺建垃圾焚烧厂的争议、上海建设磁悬浮的争议等，都表现为当地政府与当地居民的互动，而当地人大及其常委会则沉默以对。这种情况不仅与我国的人民代表大会制度基本理念不符，并且由于行政决策本身重效率轻协商的特性，以及部门利益和其他外部利益的影响，使许多具有重大社会影响的公共决策显得草率。相关的问题，既有地方国家行政机关与地方人大的权力冲突，通常也会涉及公权力与当地居民权利的冲突；随着地方法制建设的深入发展，这类问题还会进一步凸显出来。

三、行政决定权

理论上，行政机关的决定有可能是抽象行政行为，也有可能是具体行政行为。作为抽象行政行为的行政决定在前面已有讨论，这里只考察作为具体行政行为的行政决定，即行政机关依法对行政管理中的具体事项进行处理的权力，这也是最常见、最普遍的行政职权。

作为具体行政行为的行政决定，其范围十分广泛，数量也十分巨大。但是现有的相关法律，包括《行政处罚法》、《行政许可法》、《行政强制法》等，在地方国家行政机关的权力配置方面普遍缺乏可操作的规范。这些单行法大多侧重于对地方政府的规范性权力（设定处罚、设定许可、设定强制等）作出限制，而对地方国家行政机关的相关行政决定权涉及较少。例如，《行政处罚法》只规定"经国务院授权的省、自治区、直辖市人民政府可以决定一个行政机关行使有关行政机关的行政处罚权，但限制人身自由的行政处罚权只能由公安机关行使"、"行政处罚由违法行为发生地的县级以上地方人民政府具有行政处罚权的行政机关管辖"；《行政许可法》只规定"经国务院批准，省、自治区、直辖市人民政府根据精简、统一、效能的原则，可以决定一个行政机关行使有关行政机关的行政许可权"、"行政许可依法由地方人民政府两个以上部门分别实施的，本级人民政府可以确定一个部门受理行政许可申请并转告有关部门分别提出意见后统一办理，或者组织有关部门联合办理、集中办理"；而《行政强制法》则没有明确

① 蔡定剑：《宪法精解》，法律出版社 2006 年版，第 420 页。

地对于地方国家行政机关行使行政决定权作出特别规定。此外，关于授益行政行为、行政征收、行政确认、行政裁决等形式的行政决定的法律规范，也存在类似的问题。尽管相关法律都强调各级行政机关要依法行使相关的决定权，但法律层面对权力配置的规范很少，大部分具体的权力配置都存在于行政法规之中。换言之，行政决定权的设定、分配和执行，在很大程度上仍然是行政机关内部的权力流转。

同时，地方国家行政机关的行政决定权又是与公民日常生活关系最密切的，许多人对于行政机关的感性认识在很大程度上就是来自于地方国家行政机关行政决定权的行使。在实践中，许多引发争议的案件，如“钓鱼执法”、重复罚款、多头罚款等，也都是来自于地方国家行政机关行使行政决定权的过程。因此，行政决定权行使的规范化，是涉及行政机关整体的重要问题。同时，行政决定权的行使状况，也足以成为地方法制发展状况的一块试金石。

值得注意的是，行政决定权也是以行政诉讼为形式的司法监督的主要对象。然而在实践中，由于地方政府对于本级司法机关在财政和人事方面的实际控制，因此司法对于地方国家行政机关尤其是对于地方政府的监督力度是不足的。尽管规范上对此有所涉及，如“被告为县级以上人民政府，且基层人民法院不适宜审理的案件”由中院管辖，但仍然无法从根本上解决问题。

此外，地方国家行政机关还拥有一些决定权，与一般的行政决定权相比，这些“剩余”的职权往往较少强制性，因此也被称为“柔性”权力，具体包括行政奖励、行政合同、行政指导、行政事实行为等。在法律和行政法规中，对于地方国家行政机关行使这些职权的权限几乎没有规定，因此目前主要是地方国家行政机关尤其是地方人民政府自行设定、自己实施的。而对于这类决定权是否可以进行司法监督，也是理论上存在争议的问题。

四、行政监督权

这里的行政监督权是指行政机关内部的监督，包括上级行政机关对下级行政机关的监督，以及专门行政机关的监督。

上级行政机关对下级行政机关的监督有多种形式，可以概括为两类：一类是内部监督，即行政机关内部通过指令、人事安排、财政安排、政策指导等方式，实现对下级行政机关的监督；另一类是外部监督，即监督的结果会产生行政行为的外部效力，影响到特定的行政相对人。内部监督更多的是行政职权在行政机关内部的再分配，因此主要在第二节考察，以下主要考察外部监督。

外部监督也有两种情况：一是对下级行政机关抽象行政行为的监督，包括省、自治区直辖市的人民政府有权改变或者撤销下一级人民政府制定的不适当的规章；县级以上地方各级政府有权改变或者撤销其工作部门不适当的命令、指示以及下级政府的不适当的决定、命令。这在本节已有考察，这里不再重复。另一种就是对下级行政机关具体行政行为的监督，监督形式为行政复议。根据我国《行政复议法》，确定复议机关的基本原则是被复议机关的直接上级，具体包括：对县级以上地方各级人民政府部门的具体行政行为不服的，可以向该部门的本级人民政府，也可以向上一级主管部门申请复议；对实行垂直领导的海关、金融、国税、外汇管理等行政机关和国家安全机关的具体行政行为不服的，只能向其上一级主管部门申请行政复议；对地方各级人民政府的具体行政行为不服的，向上一级地方人民政府申请行政复议；对省、自治区直辖市人民政府依法设立的派出机关所属的县级地方人民政府的具体行政行为不服的，向该派出机关申请行政复议。但是这一原则有一个例外，因为国务院不参与行政复议，因此对省、自治区、直辖市人民政府的具体行政行为不服的，只能向作出该具体行政行为的省、自治区、直辖市人民政府申请复议。此外，行政复议可以对相关的抽象行政行为进行附带审查，但这种审查最终还是要将抽象行政行为转交给有权处置的行政机关，因此也属于这里所说的对于下级行政机关抽象行政行为的监督。

专门行政机关的监督即行政监察机关对其他行政机关的监督。根据我国《行政监察法》，县级以上地方各级人民政府监察机关负责本行政区域内的监察工作，对本级人民政府和上一级监察机关负责并报告工作，监察业务以上级监察机关领导为主；县级以上各级人民政府监察机关根据工作需要，经本级人民政府批准，可以向政府所属部门派出监察机构或者监察人员。监察的对象包括：本级人民政府各部门及其公务员；本级人民政府及本级人民政府各部门任命的其他人员；下一级人民政府及其领导人员；县级人民政府的监察机关还对本辖区所属的乡、民族乡、镇人民政府的公务员以及乡、民族乡、镇人民政府任命的其他人员实施监察。监察机关的职责包括：检查国家行政机关在遵守和执行法律、法规和人民政府的决定、命令中的问题；受理对国家行政机关及其公务员和国家行政机关任命的其他人员违反行政纪律行为的控告、检举；调查处理国家行政机关及其公务员和国家行政机关任命的其他人员违反行政纪律的行为；受理国家行政机关公务员和国家行政机关任命的其他人员不服主管行政机关给予处分决定的申诉，以及法律、行政法规规定的其他由监察机关受理的申诉；法律、行政法规规定由监察机关履行的其他职责。此外，我国于 2007 年设立国家预防腐败局（属于国务院直属机构，局长由监察部部长兼任），职责包括“负责全国预防腐败工作的组织协调、综合规划、政策制定、检查指导”，目前已有上海、湖北、湖南、河北、河南、四川等省市设立了地方的预防腐败局。这是我国专门行政机关监督体系发展的新动向。

行政监督权属于行政权的自我监督，这种监督的“死角”在于“谁来监督监督者?”在自上而下的层层监督体制下，总有位于顶端的行政机关难以受到监督，因此还需要其他监督和制约方式。不过，对于地方国家行政机关来说，由于始终存在着上级行政机关，所以这一问题并不突出。目前行政监督的职权配置存在较大问题的是“双重领导”体制所造成的“双重监督”的冲突，即一级地方人民政府既要受上级人民政府的监督，同时又要受同级人大的监督；一个地方政府的工作部门既要受上级行政机关的监督，同时又要受本级人民政府的监督——当然，这两种“双重监督”的性质是不同的：前者表现为行政职权与人大职权之间的冲突，后者则表现为行政职权内部的冲突；但是在我国目前的体制框架内，这两种不同性质的冲突又常常表现出相同的深层原因，这就是中央与地方的关系，具体可参见本书第三章。

第二节　地方国家行政机关职权的再分配

一、地方人民政府

在我国，县以上各级地方人民政府除了下设的各种工作部门外，自身还设有办公机构处理日常工作，同时还根据实际需要，在办公机构下设置各种科室。乡级人民政府则不设工作部门和办公机构，而设置若干助理处理日常事务。

根据《地方组织法》，县级以上的地方各级人民政府行使下列职权：

（一）执行本级人民代表大会及其常务委员会的决议，以及上级国家行政机关的决定和命令，规定行政措施，发布决定和命令；

（二）领导所属各工作部门和下级人民政府的工作；

（三）改变或者撤销所属各工作部门的不适当的命令、指示和下级人民政府的不适当的决定、命令；

（四）依照法律的规定任免、培训、考核和奖惩国家行政机关工作人员；

（五）执行国民经济和社会发展计划、预算，管理本行政区域内的经济、教育、科学、文化、卫生、体育事业、环境和资源保护、城乡建设事业和财政、民政、公安、民族事务、司法行政、监察、计划生育等行政工作；

（六）保护社会主义的全民所有的财产和劳动群众集体所有的财产，保护公民私人所有的合法财产，维护社会秩序，保障公民的人身权利、民主权利和其他权利；

（七）保护各种经济组织的合法权益；

（八）保障少数民族的权利和尊重少数民族的风俗习惯，帮助本行政区域内各少数民族聚居的地方依照宪法和法律实行区域自治，帮助各少数民族发展政治、经济和文化的建设事业；

（九）保障宪法和法律赋予妇女的男女平等、同工同酬和婚姻自由等各项权利；

（十）办理上级国家行政机关交办的其他事项。

乡级人民政府行使下列职权：

（一）执行本级人民代表大会的决议和上级国家行政机关的决定和命令，发布决定和命令；

（二）执行本行政区域内的经济和社会发展计划、预算，管理本行政区域内的经济、教育、科学、文化、卫生、体育事业和财政、民政、公安、司法行政、计划生育等行政工作；

（三）保护社会主义的全民所有的财产和劳动群众集体所有的财产，保护公民私人所有的合法财产，维护社会秩序，保障公民的人身权利、民主权利和其他权利；

（四）保护各种经济组织的合法权益；

（五）保障少数民族的权利和尊重少数民族的风俗习惯；

（六）保障宪法和法律赋予妇女的男女平等、同工同酬和婚姻自由等各项权利；

（七）办理上级人民政府交办的其他事项。

以上的职权界定反映了我国地方各级人民政府的性质：既是地方各级人大的执行机关，同时又与上级人民政府和国务院存在领导与被领导的关系。这一定位，其实是中央与地方关系在地方国家行政机关的反映。

需要注意的是，上下级人民政府的关系，除了中央与地方关系之外，另一个重要的现实问题就是省级、地市级、县级政府的关系。按照现行宪法的规定：全国分为省、自治区、直辖市；省、自治区分为自治州、县、自治县、市；县、自治县分为乡、民族乡、镇；直辖市和较大的市分为区、县。自治州分为县、自治县、市。自治区、自治州、自治县都是民族自治地方。换言之，宪法规定的地方政府层级是以“省级—县级—乡级”的三级制为主、“省级—地市级—县级—乡级”的四级制为辅的。但 1983 年开始推行后来被称为“市管县”的地区行政区划改革，各地的地市级逐渐实体化为“地级市”，从而形成了实际上的“省级—

地级市—县级—乡级”为主导的四级行政区划结构。这一转变的关键在于从“省管县”改为“市管县”，从而改变了地方各级人民政府之间财政、人事、政策等多种因素的流动关系。这一改革的初衷是希望以城市带动农村，从而实现城乡均衡发展；但改革的结果，却造成了普遍的“市卡县”、“市吃县”，反而制约了县域经济社会的发展。[①] 因此自2003年以来各地又开始了“强县扩权”的改革，试图重新回到“省管县”的体制。[②] 这不仅意味着新一轮大规模的行政建制调整，更预示着纵向行政权力配置再度调整的可能性。而这一段“虚实相继”的权力配置的变迁过程，一方面表现出地方国家行政机关职权再分配的复杂性；另一方面也表现出相关的权力运作仍然缺乏规范性，从而使决策难以避免草率和一刀切——当然，这些权力和决策在很大程度上是中央层面的，但是地方仍然可以通过一些制度建设，在落实相关决策的过程中维持权力的平衡，避免“一收就死、一放就乱”的恶性循环，这本身也是地方法制发展中需要解决的一个重要的制度性问题。

二、地方人民政府的工作部门

县以上各级地方人民政府下设有各种工作部门，包括组成部门、直属特设机构、直属机构、政府直属的事业机构[③]等。这些工作部门按照分工，各自拥有某一特定领域的行政职权。但在实践中，有些事项可能涉及多个部门负责的领域，这往往需要几部门在本级政府的协调下共同行动，或者将具有普遍性的职能抽离出来，另行成立新的部门，如综合行政执法部门。但这些部门的分工并不清晰，至少并没有清晰地规范化，因此造成了有利可图时几个部门争相管理、无利可图时互相推诿的情况——这种情况除了不利于社会公众之外，也会增加本级人民政府的协调成本。尽管人民政府可能从这种协调过程中获得某种权威，但这种非规范化的状况是与法治的基本要求相悖的，最终也会损害地方国家行政机关整体上的权威。

这些工作部门大多处于一种双重领导的行政体制中：它们受本级人民政府

① 这些阻碍被概括为三大“漏斗效应”：“一是‘财政漏斗’。由于一些地级市自身经济较小，靠自身财力不足以每年拿出几个亿的资金维持地级市运转，只能靠行政手段对下‘抽血’、对上截留，下级县市敢怒不敢言；二是‘权力漏斗’，争权和争利益的事情不断在一些地级市和县级市之间发生；三是‘效率漏斗’。”任卫东、吴亮：《地级市可能阻碍社会发展中国裁撤地级市分三步》，载《北京青年报》2004年6月9日。

② 葛剑雄：《省管县是“强县扩权”的最终目标》，载《南方都市报》2007年1月28日。

③ 事业机构并非行政机关，但政府直属事业机构（以及和政府工作部门管理的事业机构）通常都通过授权而拥有一定的行政权力。

领导，同时又受对口的上级行政机关领导——双重领导的结果，是形成了行政职权再分配过程中“条块分割”的局面。一方面，地方人民政府掌握了其工作部门的财政、人事等重要资源；但另一方面，在中央与地方的关系上，中央又在整体上占据优势。因此，这些工作部门在双重领导体制下的地位就显得非常微妙了。

《地方组织法》第64条第1款规定：“地方各级人民政府根据工作需要和精干的原则，设立必要的工作部门。”但根据《地方组织法》第64条第3、第4款规定：“省、自治区、直辖市的人民政府的厅、局、委员会等工作部门的设立、增加、减少或者合并，由本级人民政府报请国务院批准，并报本级人民代表大会常务委员会备案。自治州、县、自治县、市、市辖区的人民政府的局、科等工作部门的设立、增加、减少或者合并，由本级人民政府报请上一级人民政府批准，并报本级人民代表大会常务委员会备案。”同时，在实践中，为了与上级行政机关相衔接，地方政府工作部门的设立、增加、减少或者合并也体现出“上行下效”的特点，这也是我国双重领导的行政体制所决定的。

在工作部门内部，通常也会根据工作需要，设立内部的办公机构。尽管这类办公机构不具有独立的行政主体资格，但充分反映了行政机关行使职权的方式、程序和风格。如某些地方为了“加强机关作风建设，提高办事效率”，在政府各工作部门中设立“‘马上就办’办公室”。[①] 事实上，这只是工作部门内部职权再配置的一个个案。大量职权正是通过类似的方式被分解、落实下去。但由于这一层面的配置缺乏法律约束，并且因为是“内部事务”而较少受到社会关注（从有关报导来看，“‘马上就办’办公室”引起了社会讨论只是带有部分偶然色彩的特例）；因此内部办公机构的设置问题长期以来是一个缺乏关注的领域。

三、垂直管理的行政部门

垂直管理是指某些辖区为地方的行政部门，并不受本级人民政府的领导，而仅受上级行政机关的领导。这种管理方式包含两种情况：一种是完全的垂直管理，即自中央行政部门以下，各级相关行政部门仅受上级行政部门领导而不受本级人民政府领导；另一种是半垂直管理，即省级行政部门受上级行政部门（即中央行政部门）和省级人民政府双重领导，省以下各级相关行政部门仅受上级行政部门领导。

我国行政部门的垂直领导体制经历了一个发展的过程：在改革开放之初，中

① 钱昊平：《济宁设“马上就办”办公室》，载《新京报》2011年2月24日。

央与地方关系改革的基本逻辑是权力有步骤地下放与下移,[①] 20 世纪 80 年代初，在财税、立法和行政决策方面都有明显的权力下放的改革措施；但权力下放在激活地方经济的同时，也造成了地方保护主义的风行，以 1994 年分税制的施行为分水岭，随后的改革又表现出中央收权的倾向——这就是垂直管理改革的历史背景。1998 年，中国人民银行省级分行被撤销，取而代之的是 9 家跨行政区域设立的分行，银监、证监、保监等经济监管部门随后均进行了类似的改革，这是垂直管理改革的先声；1998 年和 1999 年，工商行政管理部门和质量技术监督管理先后进行了体制改革，实现了省以下机关垂直管理；进入 21 世纪，垂直管理的部门进一步增多，目前中央垂直管理的主要包括人民银行、证监会、保监会、电监会、海关、铁道、能源、海洋、民航、外汇管理、邮政、烟草、国税、国安等部门，省以下垂直管理的主要有地税、工商、质监、气象、煤矿安全监察等部门。

同时，垂直管理体制仍然在变化发展过程中：一方面，中央许多行政部门仍然在积极谋求垂直化管理以扩张其权力，而由于垂直管理下的各级行政部门经费比较充裕、并且不受来自地方的领导与监督，许多地方行政部门也乐于接受垂直管理；另一方面，垂直管理造成地方政府“空壳化”的弊病日渐显露，一些垂直管理的部门也在重新调整，如国务院办公厅 2008 年发布的《关于调整省级以下食品药品监督管理体制有关问题的通知》提出将食品药品监督管理机构由省级以下垂直管理改为由地方政府分级管理。

应当看到，垂直管理体制改革，无论是“收”还是“放”，都存在两个明显的缺陷：第一，权力无论是归于中央还是归于地方，究其实质仍然是归于国家，即在“国家—社会”的二元视角下，相关权力始终在国家机关内部流转，而不曾流入社会，这就抑制了社会资源对“中央—地方”关系的平衡作用；第二，无论是“收权”还是“放权”，中央与地方的权力界限始终不曾清晰化，而掌控相关权力收放的权力更是不曾制度化和规范化，这就使相关的改革过程充满了机会主义。这两个缺陷的存在，使垂直管理的体制改革仍然难以摆脱“一统就死、一放就乱”的可能。

四、派出机关与派出机构

派出机关是指由县级以上地方人民政府经有关机关批准，在特定行政区域内设立的行使相当于一级人民政府管理职权的行政机关；派出机构则是指某一级人

① 辛向阳：《百年博弈：中国中央与地方关系 100 年》，山东人民出版社 2000 年版，第 248 页。

民政府的工作部门根据实际需要，针对某项特定行政事务而设置的工作机构。

根据《地方组织法》，派出机关有三类：一是省、自治区人民政府经国务院批准设立的行政公署，也称地区专员公署。二是县、自治县人民政府经省、自治区人民政府批准设立的区公所。三是市辖区、不设区的市的人民政府经上一级人民政府批准设立的街道办事处。派出机关对设立它的人民政府负责。在行政法上，派出机关可以成为行政复议的被申请人、行政诉讼被告人和行政赔偿义务人，行政公署还是适格的行政复议机关。因而，派出机关在法律地位上实际相当于一级人民政府。但是，行政公署和区公所实际上已经淡出了人们的视野：这两类派出机关通常被用来管理远离中心城区的广大农村；行政公署在20世纪80年代开始的“市管县”改革中被逐渐撤销并被地级市所取代；区公所也因为不适应县域经济发展的要求，逐渐随着乡镇合并而消亡。只有街道办事处仍然是目前比较常见的派出机关。需要注意的是，目前实践中隶属于某一级人民政府的开发区管委会，事实上也相当于该级人民政府的派出机关。

派出机构的种类很多，日常生活中常见的如公安派出所、工商所、税务所、土地管理所、财政所等，这些都是县级人民政府的工作部门派出的；而国务院的工作部门也会根据需要派出机构，常见的如中纪委监察部派驻在各部委及其直属机构的纪检监察机构（即纪检监察组）、审计署派驻在各部委及其直属机构的审计机构（即特派员办事处）等。1990年的《行政复议条例》最早对派出机构作出明确规定，1999年的《行政复议法》仍沿用了这一规定，即“对政府工作部门依法设立的派出机构依照法律、法规或者规章规定，以自己的名义作出的具体行政行为不服的，向设立该派出机构的部门或者该部门的本级地方人民政府申请行政复议”；而根据2000年的《最高人民法院关于执行〈中华人民共和国行政诉讼法〉若干问题的解释》，行政机关的派出机构在没有法律、法规或者规章授权的情况下，以自己的名义作出具体行政行为，以该行政机关为被告并承担相应责任；行政机关在没有法律、法规或者规章规定的情况下，自行决定授权其派出机构行使行政职权的，以该行政机关为被告并承担相应责任；派出机构获得法律、法规或者规章授权后，在行使其获授权的行政职权时超出了法定授权范围，应当以实施该行为的派出机构作被告并承担相应责任——换言之，派出机构只有在最后一种情况下，才具有相当于行政工作部门的法律地位。

五、行政机关工作人员

我国行政机关工作人员包括三种类型：公务员、事业编制人员、执行公务的合同工或临时工。[①] 首先需要明确的是，行政机关工作人员以行政机关的名义作出行政行为的时候，无论其属于哪一类型，对外都要承担相同的法律责任；相应地，在《行政诉讼法》、《国家赔偿法》等规范中，都统一采用“工作人员”的概念，不再进行区分。但是对内，这三类人员是存在区别的，其中区别明显的是合同工或临时工：合同工或临时工没有干部身份，其与行政机关的关系参照《劳动法》及相关法律法规调整；并且2008年的《国务院关于加强市县政府依法行政的决定》规定：“对被聘用履行行政执法职责的合同工、临时工，要坚决调离行政执法岗位”，这也在一定程度上限制了合同工和临时工的范围。至于事业编制人员，则基本比照公务员。因此，以下主要讨论公务员。

我国公务员是指依法履行公职、纳入国家行政编制、由国家财政负担工资福利的工作人员；同时，区分领导职务和非领导职务，这有些类似于政务官和事务官的区分，但在制度上，两种职务又具有很大的同一性，并没有形成彻底的区隔。

就性质而言，公务员（尤其是非领导职务的公务员）的职权基本上是执行性的，因此公务员履行职权的对外责任归于其所属的行政机关，即使公务员因存在个人责任而受到行政机关的追偿，其对外仍然是行政机关的责任。对内，行政机关有自身的公务员惩戒规则，这里不再展开。需要强调的是，《公务员法》规定：“公务员执行公务时，认为上级的决定或者命令有错误的，可以向上级提出改正或者撤销该决定或者命令的意见；上级不改变该决定或者命令，或者要求立即执行的，公务员应当执行该决定或者命令，执行的后果由上级负责，公务员不承担责任；但是，公务员执行明显违法的决定或者命令的，应当依法承担相应的责任”，这是对公务员抵抗权的规定，具有重要的现实意义；但实践中“向上级提出改正或撤销意见”的证据难以取得，并且“明显违法”往往难以界定，这些都影响了这一条款的实际效果。

应当注意的是，我国乡级机关、县级机关及其有关部门主要领导职务的公务员实行地域回避；并且我国还实行公务员交流制度，通过调任、转任和挂职锻炼等方式实行跨地区专任。这些制度都旨在避免公务员的地域化。但是绝对的非本

---

① 在实践中，行政机关聘用的合同工或临时工是否属于行政机关工作人员，这是存在争议的问题。笔者认为，当合同工或临时工以行政机关名义执行公务的时候，就应当被视为行政机关工作人员，理由如下：第一，行政相对人通常无法辨识合同工或临时工的身份，后者如果不属于行政机关工作人员则不利于保障行政相对人权利。第二，如果以行政机关名义执行公务的合同工或临时工不属于行政机关工作人员，则无异于鼓励行政机关利用合同工或临时工规避自身的法律责任。第三，最高人民法院在2003年印发的《全国法院审理经济犯罪案件工作座谈会纪要》中指出：“虽未列入国家机关工作人员编制但在国家机关中从事公务的人员，视为国家机关工作人员。”这一文件虽然未必能被视为行政法的渊源，但至少具有参照价值。

地化，也会造成行政机关的决策带有短期性、投机性的色彩，同样也不利于地方发展。因此，如何能找到一个制度的均衡点、将“利益回避”和“关心地方”有机结合起来，就成为地方法制发展中一个值得重视的问题。

第三节　地方国家行政机关职权的实现

行政机关的职权极为广泛，难以对地方国家行政机关职权的实现做全面的考察。因此，以下考察几个在地方国家行政机关在实现其职权时具有典型性和代表性的热点问题，以期窥豹一斑。

一、职权的明晰化界定

地方国家行政机关职权的明晰化界定具有重要意义。“地方国家政权机构是否享有明确的法定职权以及是否能够依据法定职能充分发挥作用，直接影响到公众权利的实现程度，是地方法制建设水平的一个重要衡量标准”；[①] 但作为地方国家政权机构重要组成部分的地方国家行政机关，由于行政事务本身复杂多样，再加上各种利益因素的影响，使地方国家行政机关的职权长期处于模糊的状态，由此造成多头执法和互相推诿等情况，不利于权力的制约和权利的保障，在体制上影响了地方法制的发展。对此，一些地方开始尝试对行政机关职权进行明晰化的界定。

2005 年，邯郸市通过自查和法制办审查相结合的方式，依据现行法律法规，最终核查清楚了市直行政机关的行政职权——384 项行政许可权、420 项非行政许可权、521 项行政处罚权、25 项征税权、184 项行政事业性收费权；随后，邯郸市又列出全国首份“权力风险预警清单”。2010 年，湖南省也查列了类似的权力清单并制作了权力运行流程图，并且将核查对象扩大到全部党政官员。[②]

与职权明晰化密切相关的是权力运行的程序化。程序化是制度化的重要表现。对于行政权来说，程序化也是使权力行使规范化的重要手段。因此，制定行政程序法很早就被学界提出，然而，全国层面的行政程序立法迟迟没有取得进展，突破还是出现在地方政府的“先行先试”中：2008 年，《湖南省行政程序规

① 葛洪义：《我国地方法制研究中的若干问题》，载《法律科学》2011 年第 1 期。
② 彭美：《湖南将公布所有党政官员“权力清单”》，载《南方都市报》2010 年 6 月 21 日。

定》颁布实施，这是我国第一部对于行政程序进行特别规定的规范性文件，并且明确提出了许多重要的程序原则，如平等、公开、公众参与、非经法定程序不得改变或撤销行政决定等。但是，湖南的这一改革措施有着较为明显的领导个人色彩。[①] 而就全国其他地方而言，只有四川凉山州于1999年、广东省汕头市于2011年颁布了类似的规范性文件。

二、绩效管理

绩效管理原是一个管理学概念，指为了达到组织目标，通过绩效计划制定、绩效辅导沟通、绩效考核评价、绩效结果应用、绩效目标提升的持续循环过程，持续提升个人、部门和组织的绩效。地方国家行政机关作为一个结构复杂、任务多样、影响巨大的组织，近年来在许多地方也引入了绩效管理的方法。

2009年，哈尔滨市人大审议通过了《哈尔滨市政府绩效管理条例》。这部全国首部政府绩效管理的地方法规的适用于市政府所属工作部门以及区县（市）及其所属工作部门的绩效管理；绩效计划包括绩效目标及其依据、评估标准，以及实现目标的方法和标准；区县（市）政府的绩效评估内容应当包含经济建设、政治建设、文化建设、社会建设、自身建设，部门的绩效评估内容应当包含行政成本、工作实绩、社会效果；绩效评估的过程包括制定评估工作方案、评估动员和前期准备、自我测评、指标考核、满意度测评、综合评估、建立评估档案。此外，该地方性法规还对公众参与和信息公开进行了原则性规定。

尽管到目前为止，只有哈尔滨对政府绩效管理制定了地方性法规，但各地方政府普遍进行了绩效管理的尝试。2011年，监察部印发了《关于开展政府绩效管理试点工作的意见》，并且选择北京市、吉林省、福建省、广西壮族自治区、四川省、新疆维吾尔自治区、杭州市、深圳市等8个地区和发展改革委员会、财政部、国土资源部、环境保护部、农业部、质检总局等6个部门开展政府绩效管理试点工作，表现出政府绩效管理制度在全国范围内进行推广的可能性。

但是，从性质上说，绩效管理作为上级行政机关对下级行政机关的管理与考核工具，虽然不少绩效管理制度都涉及信息公开和公众参与，但并没有从根本上改变行政权自上而下的监督方向；换言之，绩效管理仍然属于传统的行政监督权的范畴。同时，绩效管理本身在实践中也体现出一些问题，最为突出的有两个：第一，是否所有的绩效目标都可以指标化？那些难以定量的目标，如果径行指标化，是否会造成歪曲？如果只有定性而没有定量的目标，是否会造成被考核机关

① 赵凌：《10月1日：湖南政府欲“作茧自缚”》，载《南方周末》2008年9月25日。

的轻视？第二，绩效管理以绩效目标为前提，而一些目标的设置未必符合法治的要求，或者在执行过程中容易造成有悖于法治的情况，如许多地方将“维稳”定为一个重要的绩效目标，在具体实施过程中就有可能引发争议。如何在绩效管理过程中进行更为科学的设计，更多、更合理地引入社会评价，使整个绩效指标体系符合法治精神，避免绩效管理异化为权力滥用和权力寻租的手段，就成为地方法制发展中一个值得注意的新问题。

三、政府信息公开

政府信息公开是保障公民知情权、树立政府公信力、建立良好行政关系的有效途径，也是公众有序参与公共决策的前提；确保政府信息能够及时、准确地获得公开，是行政机关应尽的法律义务。而政府信息公开的制度化建设，也是从地方先开始的：在国务院2007年颁布《政府信息公开条例》之前，已经先后有广州市（2002）、上海市（2004）、成都市（2004）、杭州市（2004）、湖北省（2004）、武汉市（2004）、重庆市（2004）、济南市（2004）、吉林省（2004）、宁波市（2004）、河北省（2005）、贵阳市（2005）、郑州市（2005）、海南省（2005）、苏州市（2005）、陕西省（2005）、辽宁省（2005）、黑龙江省（2005）、本溪市（2006）、深圳市（2006）等通过地方政府规章的形式颁布了信息公开制度。显然，政府信息公开制度最初从沿海发达地区开始出现，这是与当地经济社会发展情况、当地居民的公民意识以及当地政府的开明程度密不可分的；随后，政府信息公开制度迅速被各地政府接受；到国务院《政府信息公开条例》发布之前，政府信息公开制度已经在全国范围内建立。

值得注意的是，政府信息公开制度从地方政府开始建立，很大程度上是由于这一制度的基础在于各种社会需要自下而上的诉求：许多政府信息都与社会公众的生活息息相关，而地方政府正是大部分这类信息的拥有者，并且也在社会公众主张权利时一般所能触及到的范围内。同时，政府信息公开制度的运作实效，也在很大程度上取决于社会公众的争取。有报道曾援引一名基层信息公开负责人的话说，在《政府信息公开条例》要求政府主动公开的信息中，涉及公民、法人或者其他组织切身利益的信息和需要社会公众广泛知晓或者参与的信息“差不多占了所有信息的80%以上。”[①] 2010年，广东省政府印发《关于夏楚辉依申请公开行政复议案的情况通报》，向全省通报了揭阳市残疾人夏楚辉依申请公开行

① 韩永：《信息公开博弈：公民“热”和政府“冷”形成鲜明对比》，载《中国新闻周刊》2008年第26期。

政复议案的情况，要求各地各部门从中吸取教训，维护公民的合法权益，切实做好政府信息依申请公开工作；并且特别提出要认真做好信函分办工作、各办理环节要留存根字据、口头答复要明确记载申请人是否有进一步的公开申请、对不予公开的要同时抄送同级政府或上级行政机关信息公开主管部门备案审查等细节要求，更是社会诉求推动制度完善的典型例证。

四、城市管理综合行政执法

城市管理综合行政执法，简称“城管”。根据国务院和各地方政府关于相对集中处罚权的规定，城管集中行使行政处罚权的范围通常包括市容环境卫生、城市规划管理（无证违法建设处罚）、道路交通秩序（违法占路处罚）、工商行政管理（无照经营处罚）、市政管理、公用事业管理、城市节水管理、停车管理、园林绿化管理、环境保护管理、施工现场管理（含拆迁工地管理）、城市河湖管理、黑车、黑导游等多个方面。其中，城市市容市貌、占道摆摊、乱搭乱建等的整顿治理经常引发社会矛盾，甚至激发恶性刑事案件，使城管的社会形象较为负面。

耐人寻味的是，根据2002年的《国务院关于进一步推进相对集中行政处罚权工作的决定》，包括城管制度在内的集中行政处罚权制度的建立初衷，乃是为了解决“多头执法、职责交叉、重复处罚、执法扰民等问题比较突出，严重影响执法效率和政府形象”的问题——仅就城管制度的实践来看，这一目标并没有完全实现。与许多改革一样，包括城管制度在内的集中行政处罚权制度也是在地方上先行先试的；[①] 而城管制度的进一步完善，也体现在地方政府的探索中：自2002年以来，各地关于城管制度的地方性法规有8部、地方政府规章有25部；而各地也在不断探索具体的改善措施，包括城管执法人员身份和权限范围的界定，提高城管执法人员的素质，明确城管执法行为的法律责任，推行以说理为方式、以解决问题为导向的执法模式，加强城管执法机关与社会各界的沟通等。

但是应当看到，以上这些措施在很大程度上只是治标之策，城管执法所体现的种种问题，基本的原因还在于行政职权不清、责任不明、服务型行政难以落实、对行政权力的约束不力等深层次原因。不过，从城管这样的具体问题出发，经过地方政府各种不同的制度试验，逐渐形成一些关于制度改革的共识，并且能够在各地形成一些具有活力的“小制度”可供比较与借鉴，这些都是具有重要价值的。

---

① 《国务院关于进一步推进相对集中行政处罚权工作的决定》提到：“自1997年以来，按照国务院有关文件的规定，23个省、自治区的79个城市和3个直辖市经批准开展了相对集中行政处罚权试点工作……”。

五、社会管理创新

“社会管理”这个概念本身就反映出在“国家—社会”的二元关系中，“国家”的强势地位，这是在我国数十年来的体制中都稳固存在的重要特征。但是，这种强势地位在巩固国家政权的同时，也抑制了社会资源的功能发挥，从而限制了国家在许多领域中的能力。近年来，随着社会的复杂化和国家权力的扩张，国家在处理一些领域（如外来人员管理、维持社会治安、协调多方权利冲突等）的问题时也难免感到捉襟见肘。于是，社会力量从传统上被漠视甚至被防范的对象，转而成为潜在的合作对象。这就是“社会管理创新”的基本逻辑。2011 年，民政部门对公益慈善类、社会福利类、社会服务类社会组织履行登记管理和业务主管一体化职能，即这三类社会组织无须再另行寻找业务主管机关挂靠，这堪称社会管理创新进入实质性推进阶段的重要信号。

对于地方政府来说，一方面，其在“中央—地方”的二元关系中处于相对弱势的地位，承担了与其能力不相称的责任，处理某些问题时的窘迫更为凸出；另一方面，其在“国家—社会”的二元关系中又处于相对强势的地位，使其可以在与社会力量合作、动员社会资源时采取主动。因此，地方政府有动机、也有能力在社会管理创新方面采取实际性的措施。

2011 年，广东省委发布了《关于加强社会建设的决定》，提出政府向社会组织下放权力的重要政策：“把政府目前能下方的权力都下放；……政府关键是做好服务，提供好对管理者的管理，不是直接管经济社会中的具体事务，而是通过社会组织实现社会管理、社会自治；……通过让渡，政府把一些权力通过让渡到社会组织中，让它们按照一定的规定发挥作用；……政府通过购买服务去发挥社会组织的作用……”。值得注意的是，有关方面也承认，这一决定的出台与广东省“社会管理压力大”，“社会矛盾和问题早发、多发，触底多，难点低”的特点有关。[①] 显然，这是被自下而上的社会要求“逼”出制度创新的典型。

社会管理创新的关键在于从“万能政府”到“有限政府”、从“社会管理”到“社会自理”，这一改革既具有现实的紧迫性，又触及现有体制中许多深层次的因素，因此又是一个需要地方先行先试的、值得期待的领域。

① 薛江华、陈洁琳：《广东创新社会管理：政府放权》，载《羊城晚报》2011 年 7 月 14 日。

第八章

地方国家司法机关的职权

“优化各级司法机关的职权配置，尤其是地方各级司法机关的职权配置，已成为司法改革的一个重要目标。”

在现代法治国家，法律赋予地方国家司法机关相应职权，最终目的并不是为了统治或者管理，而是为了更好地保障公民的权利，并在促进社会进步与公民权利发展和地方法制建设中充分发挥基层自下而上的良性力量，从而为法治国家的实现奠定坚实的基础。地方国家司法机关职权的范围以及职权的行使，都必须依据并且限定在法律规定的框架之内，包括地方国家司法机关具体享有的实体方面的职权范围及其边界的确定，也包括具体行使其职权时应遵守的程序方面的职权行使范围及其边界的确定。职权法定，则地方国家司法机关行使其职权时方能明晰其权力的边界及其应承担的责任范围。无论是从公民与社会权利维护和保障出发，还是从权责统一考量，地方国家司法机关的法定职权亟须合理优化配置，体现在组织结构体系上，对应于不同层级的地方国家司法机关，需分别配置权力大小有别及效力范围不同的职权，所配置的职权应通过法律的形式予以宣示和明晰，如此，则各级地方国家司法机关方能真正规范地行使其职权，履行其职责，实现地方国家司法机关之间分工明确、互相配合的目标。

第一节　地方国家司法机关的法定职权

在我国，司法机关主要是指审判机关和检察机关，即法院与检察院。[①] 司法机关的法定职权分别是指审判机关的法定职权与检察机关的法定职权。按照宪法和法律的规定，概括来说，地方各级人民法院的法定职权就是审判职权，地方各级人民检察院的法定职权就是检察职权。

一、地方国家司法机关法定职权的构成形态

地方国家司法机关法定职权的构成形态是指地方国家司法机关法定职权具体构成的形式和种类。由于审判机关与检察机关的性质与各自体制不同，因此，审判机关的审判职权与检察机关的检察职权在构成形态上也有所不同。

---

① 学术界对司法机关的界定大致可以分四种不同的观点。第一种观点认为，司法机关指法院或国家审判机关。第二种观点认为，司法机关不仅包括审判机关，还包括检察机关。第三种观点认为，司法机关除包括法院、检察院外，公安机关是治安机关，在刑事诉讼中行使侦查、拘留、预审的职能，司法行政机关领导和管理劳动改造机关也属司法机关。第四种观点认为，司法即为执法，司法机关就是执法机关。第一种观点即司法机关仅指法院的观点是对司法机关的一种传统意义及严格意义上的界定，其主要根据是以“三权分立”理论为基础的西方国家的司法实践，这种界定主要为英美法系国家所采纳，为我们更好地理解司法提供了借鉴的范式，但由于司法体系的独特性，与英美法系国家存在明显的差异，因此该观点是否适合的国情一直是一个备受争议的问题。第二种观点包含了法院和检察院，这一观点的主要争议之处实际上就是检察机关能否作为司法机关的问题，也是目前学界讨论较多且争论较大的地方，将检察机关纳入司法机关的范畴，其主要依据：一是《宪法》的体例安排和结构体系；二是党的政策长期以来也是将检察院和法院作为司法机关来对待的，这可以从党的十五大、十六大、十七大报告中得到印证；三是与大陆法系国家的立法与司法实践相一致。第三种观点将司法行政机关和公安机关等均纳入司法机关范畴，其主要依据是《刑法》第94条对司法工作人员的界定，根据该条的规定，司法工作人员“是指有侦查、检察、审判、监管职责的工作人员”。因此认为，这一规定实际上明确了侦查机关和监管机关的司法机关性质。严格来说，侦查或监管人员虽然在一定程度上参与了司法活动，但其职能仍然是行政的而不是司法的。第四种观点即将司法机关等同于执法机关的观点显然过于宽泛，因为执法既包括国家行政机关的执法活动，也包括国家司法机关的执法活动，而这两种不同形式的执法活动是有着较大差异的，这一观点混淆了司法与行政的性质界限，忽视了司法活动的特殊性。各种观点的争论涉及极为复杂的司法传统、司法理论与司法实践，考虑到本章主题，以及讨论问题侧重于技术与实证的分析角度，从司法实践的情况以及司法改革的实际情况来看，本章采纳第二种观点的看法。

（一）地方审判机关法定职权的构成形态

《宪法》和法律对地方各级人民法院的法定职权在构成形态上既从构成形式与种类方面作出了总体性的规定，又从审判机关内部体系上做了层级分配式的级别区分，同时还针对地方每一不同级别人民法院的内部组织形态与组织人员构成作出了不同职权的再分配的详细规定。

从审判机关法定职权的构成形态来看，审判机关的法定职权包括审判业务职权与审判管理职权两个不同方面的职权。审判业务职权注重审理裁判案件业务因而具有专业性质，审判管理职权则注重对审判进行管理因而带有较强的行政化色彩。就第一个方面而言，根据法律的规定，审判机关的审判业务职权主要包括审理裁判职权、司法解释职权、司法监督职权、司法指导职权、司法调解职权与司法执行职权六大类。这其中，审判机关的司法解释职权由最高人民法院独占行使，因而不在本章讨论范围之内。就第二个方面而言，即审判机关的审判管理职权而言，如果从《宪法》和法律的条文规定来看，并没有法院司法管理职权的明确规定。但是近年来党的政策文件和最高人民法院的相关文件中，司法管理或审判管理却得到了屡次的强调。[①] 对此，蒋惠岭曾指出，法院管理与法院是同时产生的，自从 1983 年《人民法院组织法》删去“法院的行政事务由司法行政机关管理”后，人民法院既行使审判权，同时也行使法院司法行政事务的管理权。[②] 因此，我们将审判管理职权纳入审判机关法定职权构成的形态之一。审判管理职权在构成形态上主要包括案件审判流程管理职权与审判质量管理职权两个方面的内容，地方审判机关的法定职权构成形态见图 8－1。

审判机关的以上各类法定职权要真正落实，必须结合地方各级人民法院的具体级别层次进行合理的配置。从审判机关的体系构成来看，法律按照三个不同的层次将以上七种不同类型的法定职权分别配置于基层人民法院、中级人民法院和

---

① 党的十六大报告提出：“改革司法机关的工作机制和人财物管理体制，逐步实现司法审判和检察同司法行政事务相分离”。1999 年最高人民法院颁布的《人民法院五年改革纲要（1999～2003）》明确提出“建立符合审判工作特点和规律的审判管理机制”，第一次以法院改革纲领性文件的形式正式提出了审判管理制度改革的基本任务。之后，最高人民法院颁发的《人民法院第二个五年改革纲要（2004～2008）》又提出，“改革和完善司法审判管理制度，为人民法院履行审判职责提供充分支持和服务”。而在最高人民法院的《人民法院第三个五年改革纲要（2009～2013）》中，又进一步强调，“改革和完善审判管理制度。健全权责明确、相互配合、高效运转的审判管理工作机制”。最高人民法院 2010 年颁发的《关于加强基层人民法院审判质量管理工作的指导意见》以及 2011 年颁发的《最高人民法院关于新形势下进一步加强人民法院基层基础建设的若干意见》等也都强调了要加强对审判的管理，后者还明确要求：“进一步创新审判管理。坚持服务审判理念，确立有利于审判工作良性发展的管理体系”。

② 蒋惠岭：《论法院的管理职能》，载《法律适用》2004 年第 8 期。

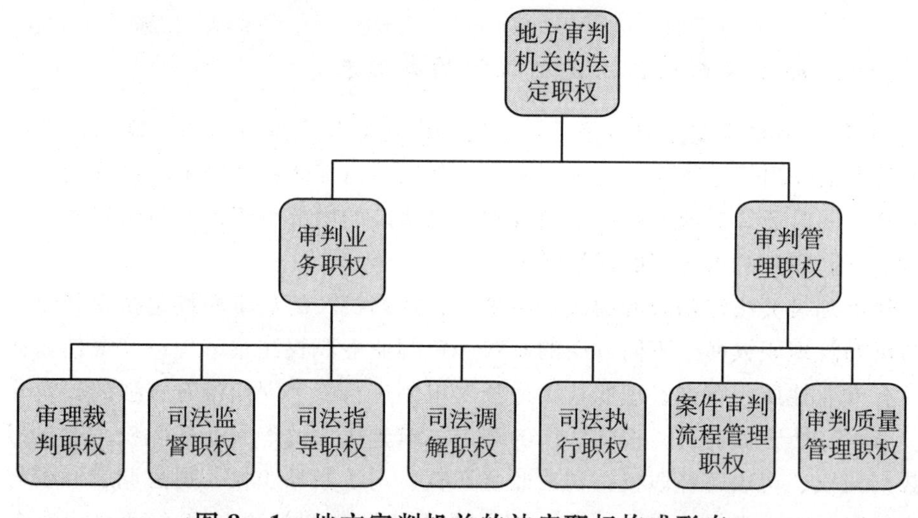

图 8-1 地方审判机关的法定职权构成形态

高级人民法院，并且针对三级法院不同的内部组织结构进行了具体的职权形态构建。

（二）地方检察机关法定职权的构成形态

与地方审判机关相比，对于地方各级检察机关的法定职权构成形态，法律的规定则略有不同。

《人民检察院组织法》虽然也对地方各级人民检察院的不同级别做了规定，却并未根据地方各级人民检察院的级别不同而对其职权构成形态作出进一步的配置区分，而是在《人民检察院组织法》第五条将各级不同级别人民检察院的职权内容做了一个统一的规定。之所以出现这种差异，一个重要的原因还在于审判机关与检察机关的体制有所不同，上下级人民法院之间的关系根据法律规定是监督与被监督的关系，这意味着上级法院只能通过法律规定的方式和程序来对下级人民法院的职权行使进行监督，而不能直接越俎代庖地代替下级人民法院行使职权。而在检察制度中，“检察一体化”是检察机关行使法定职权的原则之一，在这种体制下，法律对上下级检察机关之间关系的界定是领导与被领导的关系，同时，在地方各级人民检察院内部，由检察长统一领导检察院的工作。这意味着，上下级人民检察院之间及其内部成员之间的关系与上下级人民法院之间及其内部成员之间的关系是有区别的。上下级人民检察院之间存在的是一种上命下从的命令与服从关系。基于此，地方各级人民法院与地方各级人民检察院的法定职权在构成上自然也就呈现出不同形态。在这种体制下，下级检察机关需服从上级检察机关的命令，检察官需服从检察长的命令。上级检察官有权亲自处理属于下属检察官承办的案件和事项，同时还有权将下属检察官承办的案件和事项转交其他下属检察官承办。

根据法律的规定，检察机关的法定职权在构成形态上主要包括了四个方面的内容，即检察机关的公诉职权、司法解释职权、职务犯罪侦查职权、诉讼监督职权四大类。这其中，检察机关的司法解释职权由最高人民检察院独占行使，因而不在本章讨论范围之内，地方检察机关的法定职权构成形态见图 8－2。

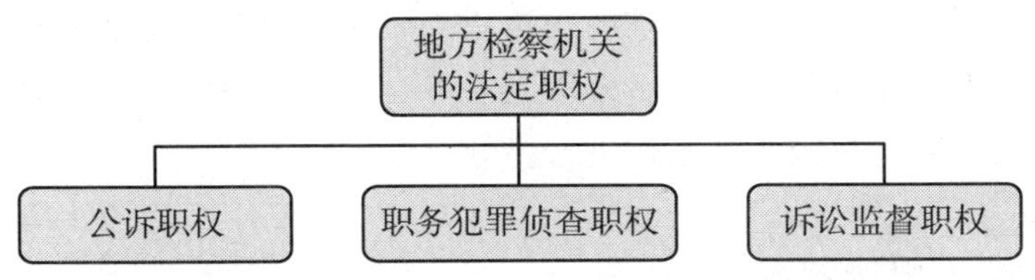

图 8－2　地方检察机关的法定职权构成形态

二、地方审判机关法定职权的内容

地方审判机关的前述七种法定职权的具体内容依地方各级人民法院的级别不同而有差异。差异主要是因为基层人民法院与其他两级地方人民法院的地位和作用不同造成的。

（一）审理裁判职权

法院作为审判机关，行使审理裁判职权，审理案件，作出裁决或判决以解决纠纷，这是法院最基本的功能，也是地方审判机关最重要的功能。审判是法院最核心与最基础的职权。具体来讲，审理裁判权还可以分为司法管辖职权、司法释明职权、司法调查职权、司法审查职权等更为微观的职权种类。

（二）司法监督职权

地方审判机关的职权是国家公共权力的一种，任何一种国家公共权力的行使，都需要进行监督，司法职权的行使当然不能例外。司法监督职权是地方各级人民法院根据不同层级以自上而下的方式来行使，上级人民法院对下级人民法院可根据法律规定的程序和方式进行监督。在现行的司法体制中，基层人民法院是处于最基层的一线审判机关，因此，基层人民法院只能接受上级人民法院的监督，对其他审判机关不能进行监督，因而基层人民法院是不具有司法监督职权的。

（三）司法指导职权

各级地方审判机关包括基层人民法院在内，都能行使司法指导职权，不过在方式和范围上却略有分别。基层人民法院的司法指导职权主要是指基层人民法院对人民调解委员会的工作进行司法业务指导。中级人民法院的司法指导职权主要是通过审理案件、总结审判经验、组织法官培训等形式，对基层人民法院的审判业务工作进行指导。高级人民法院的司法指导职权主要是通过审理案件、制定审判业务文件、发布参考性案例、召开审判业务会议、组织法官培训等形式，对辖区内各级人民法院的审判业务工作进行指导。

（四）司法调解职权

司法调解职权是地方各级审判机关在审理案件的过程中，根据当事人自愿的原则，在事实清楚、分清是非的基础上，对案件进行调解时行使的一种职权。审判机关行使司法调解职权，应以当事人之间的私权冲突为基础，以当事人一方的诉讼请求为依据，并以当事人之间处分自己的权益为内容，是司法公权力对公民私权利自我处分的让与。司法调解职权的行使方式主要包括诉前调解与立案调解两种形式。

（五）司法执行职权

司法执行职权是一种具有国家强制执行力的职权。地方各级审判机关行使司法执行职权的本质就是地方各级审判机关将生效的法律文书转化为现实的一种活动，也是审判结果最终得以实现的关键。司法执行职权又可以分为执行裁决权与执行实施权两种类型。

（六）案件审判流程管理职权

地方审判机关案件审判流程管理职权的产生源于“立审分立”审判管理体制的改革，以立案庭为程序控制中心，以审前准备程序为重点，并将案件流程控制与审理裁判分立，其目标是实现司法公正与效率。案件审判流程管理职权的行使贯穿于人民法院对立案、送达、财产或证据保全、交换证据、排期、开庭、评议、宣判、结案、归档等案件流程中的不同环节进行全程规范化跟踪管理的各种活动之中。

（七）审判质量管理职权

审判质量管理职权是地方审判机关审判管理职权的一个重要组成部分，通过对地方审判机关审判工作的量化评价来提高审判的质量。审判质量管理职权的行使需要一套精细合理的质量量化标准，对地方审判机关在诉讼过程中的实体公正与程序公正、审判的效率、审判的效果等各方面进行监督和管理。

三、地方检察机关法定职权的内容

根据法律的规定，地方检察机关的公诉职权、职务犯罪侦查职权及诉讼监督职权的具体内容如下：

（一）公诉职权

地方检察机关的公诉职权是地方检察机关运用国家公权力对违反刑事法律构成犯罪的人诉请国家审判机关依法追究其刑事责任的一种职权。公诉职权在世界各国几乎都是检察机关独享的一种国家权力，具有专属性，是检察职权的核心内容。公诉职权主要包括审查起诉职权、补充侦查职权、提起公诉职权、出庭支持公诉职权、不起诉决定职权、公诉变更职权六个方面。

（二）职务犯罪侦查职权

职务犯罪侦查职权是地方检察机关在刑事诉讼中，为了揭露与证实职务犯罪和职务犯罪人的刑事责任，依照法定程序搜集证据、查缉犯罪嫌疑人而行使的特定职权，其行使主体只能是检察机关。地方检察机关的职务犯罪侦查职权主要包括检察机关对直接受理的职务犯罪案件的侦查职权，对公安机关、安全机关等部门负责侦查的案件所行使的补充侦查职权以及检察机关认为需要自己侦查的案件的侦查职权三个方面。

（三）诉讼监督职权

诉讼监督职权是地方检察机关依照法定程序对诉讼活动是否合法实行监督的职权。地方检察机关诉讼监督职权的内容主要包括对刑事诉讼中立案、侦查、审判及刑罚执行等活动的监督，以及对民事诉讼和行政诉讼活动的监督。

第二节　地方国家司法机关职权的再分配

在这里，宪法和法律对地方国家司法机关职权虽有规定，但这些规定大都是概括性和原则性的，缺乏具体细致的职权分工安排和职权配置处理。这与长期奉行“宜粗不宜细”的立法指导思想有关。但是在改革开放过程中，传统社会结构正在逐步分解，现实社会的复杂性日益增加，社会纠纷在数量上呈现出急剧增长的趋势，在类型上也日益复杂化，这给地方各级司法机关提出了新的问题，地方国家司法机关的职权，也就成为一个必须由“粗”到“细”，进行具体的职权再分配的时代命题。也正因如此，党的十七大报告提出了“深化司法体制改革，优化司法职权配置，规范司法行为，建设公正高效权威的社会主义司法制度，保证审判机关、检察机关依法独立公正地行使审判权、检察权”的改革目标。之后，这一目标在中央以及最高人民法院的相关文件得到进一步的强调。①

不难看出，司法机关的职权问题已经引起了高度的重视，优化各级司法机关的职权配置，尤其是地方各级司法机关的职权配置，已成为司法改革的一个重要目标。在这样的背景下，对地方各级司法机关的职权进行更具指导性和操作性的再次分配，以更好地实现其各项职权，不仅十分必要而且也具有非常重大的现实意义。

一、地方审判机关职权的纵向再分配

根据《宪法》和《人民法院组织法》的规定，人民法院的组织体系由最高人民法院、地方各级人民法院和专门人民法院组成。地方审判机关即地方各级人民法院是指“按照行政区域在各地设置的审判机关”②，即基层人民法院、中级人民法院、高级人民法院。

（一）基层人民法院的职权再分配

根据《人民法院组织法》的规定，基层人民法院包括：县人民法院和市人民法院；自治县人民法院；市辖区人民法院。③ 根据《人民法院组织法》及最高人民法院的司法解释，基层人民法院根据地区、人口和案件情况还可以设立若干

① 2008 年 11 月 28 日中共中央政治局通过《中央政法委员会关于深化司法体制和工作机制改革若干问题的意见》制定的新一轮司法改革的总方案中也提出“优化司法职权配置，规范司法行为”的改革指导思想。2009 年 3 月 17 日，最高人民法院发布的《人民法院第三个五年改革纲要（2009 ~ 2013）》也指出：“深化人民法院司法体制和工作机制改革的目标是：进一步优化人民法院职权配置，………改革和完善人民法院司法职权运行机制。以审判和执行工作为中心，优化审判业务部门之间、综合管理部门之间、审判业务部门与综合管理部门之间、上下级法院之间的职权配置，形成更加合理的职权结构和组织体系。”

② 黄素萍、杨德志编著：《司法机关组织法》，中国政法大学出版社 2006 年版，第 21 页。

③ 《中华人民共和国人民法院组织法》第 17 条。

人民法庭。人民法庭是基层人民法院的派出机构和组成部分，不是一个审级独立的地方审判机关，人民法庭的判决和裁定就是基层人民法院的判决和裁定。[①]

基层人民法院的法定职权包括：

（1）审判刑事、民事和行政案件的第一审案件，但是法律、法令另有规定的案件除外。基层人民法院对它所受理的刑事和民事案件，认为案情重大应当由上级人民法院审判的时候，可以请求移送上级人民法院审判。

（2）处理不需要开庭审判的民事纠纷和轻微的刑事案件。

（3）指导人民调解委员会的工作。

（4）人民法庭的职权包括：审理民事案件和刑事自诉案件，有条件的地方，可以审理经济案件；办理本庭审理案件的执行事项；指导人民调解委员会的工作；办理基层人民法院交办的其他事项。[②]

（5）人民法院审理民事案件，根据当事人自愿的原则，在事实清楚的基础上，分清是非，进行调解。[③]

（6）人民法院执行发生法律效力的民事判决、裁定，行政判决、裁定，以及刑事判决、裁定中的财产部分。[④]

概括来说，基层人民法院的法定职权包括审理裁判职权、司法指导职权、司法调解职权和司法执行职权四个方面的内容。

（二）中级人民法院的职权再分配

根据《人民法院组织法》的规定，中级人民法院包括：在省、自治区内按地区设立的中级人民法院；在直辖市内设立的中级人民法院；省、自治区辖市的中级人民法院；自治州中级人民法院。

中级人民法院的法定职权包括：

（1）审判案件，包括：法律、法令规定由它管辖的第一审案件；基层人民法院移送审判的第一审案件；对基层人民法院判决和裁定的上诉案件和抗诉案件；人民检察院按照审判监督程序提出的抗诉案件。中级人民法院对它所受理的刑事和民事案件，认为案情重大应当由上级人民法院审判的时候，可以请求移送上级人民法院审判。

---

① 《中华人民共和国人民法院组织法》第 20 条；最高人民法院《关于人民法庭若干问题的规定》（法发〔1999〕20 号），第 4 条。

② 《中华人民共和国人民法院组织法》第 20 条、第 21 条；最高人民法院《关于人民法庭若干问题的规定》（法发〔1999〕20 号），第 6 条。

③ 《中华人民共和国民事诉讼法》第 85 条。

④ 《中华人民共和国民事诉讼法》第 201 条；《中华人民共和国刑事诉讼法》第 220 条；《中华人民共和国行政诉讼法》第 65 条、第 66 条；《中华人民共和国人民法院组织法》第 40 条。

（2）监督辖区内基层人民法院的审判工作。中级人民法院对基层人民法院已经发生法律效力的判决和裁定，如果发现其确有错误，有权提审或者指令基层人民法院再审。

另外，在讨论基层人民法院职权再分配时所列明的第5项和第6项内容，并非基层人民法院专有，中级人民法院也有这两项职权。同时，中级人民法院还对基层人民法院行使审判业务指导职权。

（三）高级人民法院的职权再分配

根据《人民法院组织法》的规定，高级人民法院包括：省高级人民法院；自治区高级人民法院；直辖市高级人民法院。根据《人民法院组织法》和诉讼法的规定，高级人民法院的法定职权包括：

（1）审判案件，包括：法律、法令规定由它管辖的第一审案件；下级人民法院移送审判的第一审案件；对下级人民法院判决和裁定的上诉案件和抗诉案件；人民检察院按照审判监督程序提出的抗诉案件。

（2）监督辖区内下级人民法院的审判工作。高级人民法院对下级人民法院已经发生法律效力的判决和裁定，如果发现确有错误，有权提审或者指令下级人民法院再审。

另外，高级人民法院还有调解、执行与指导下级人民法院三项职权。

（四）地方上下级人民法院之间案件受理范围的再分配

如果从案件流程来看，法院行使审判职权的第一个环节就是受理案件，这是一个关键的环节，只有案件被受理，法院才能继续行使其他职权；案件如果不被受理，则法院不能继续行使其他职权。这就涉及地方上下级人民法院之间对案件进行级别管辖的具体范围，地方各级人民法院根据级别不同都有各自不同的受理案件的标准。然而，无论是《人民法院组织法》还是《诉讼法》，对此都只是做了抽象规定，原则性较强，操作性较弱，因此需要再次分配予以细化和增强可操作性，方能真正达到使地方各级人民法院各司其职的目的。地方各级人民法院在民商事案件方面的案件受理标准的再分配尤为典型，本章以此为例对地方各级人民法院受案范围的再分配予以说明。

1. 基层人民法院的案件受理范围。

一般来说，相对于中级人民法院和高级人民法院而言，最高人民法院对基层人民法院的案件受理标准并不作出统一的规定。但近年来，最高人民法院明显加强了对基层人民法院案件受理范围的规范。最高人民法院在1999年8月颁发的《最高人民法院批准各高级人民法院辖区内各级人民法院受理第一审民事、经济纠纷案件级别管辖标准》就对广东省、山东省、湖南省、安徽省、重庆市、贵州省、内蒙古自治区、新疆维吾尔自治区、宁夏回族自治区、西藏自治区的基层人民法院的案件受理范围做了明确的规定。[①] 另外，由于近年来知识产权案件数量剧增以及知识产权案件的复杂性日趋加剧，最高人民法院在 2010 年 1 月又颁布了《最高人民法院关于印发基层人民法院管辖第一审知识产权民事案件标准的通知》，对部分地方的基层人民法院知识产权民事案件的受理标准作出了统一规定。[②]

在司法实践中，有些地方的基层人民法院案件受理范围是由高级人民法院来统一规定的（当然要报最高人民法院批准）。广东省在这方面比较典型，也规定的比较详细，广东省高级人民法院 2008 年 3 月颁发的《关于调整第一审民商事纠纷案件级别管辖标准的通知》就对基层人民法院的案件受理范围作出了如下规定："基层人民法院管辖下列第一审民商事纠纷案件：（1）广州、深圳、佛山、东莞市辖区的基层人民法院管辖诉讼标的金额为 5 000 万元以下（不含本数，下同）的案件，以及诉讼标的金额为 4 000 万元以下且当事人一方住所地不在本辖区或者涉外、涉港澳台的案件；（2）珠海、中山、江门、惠州市辖区的基层人民法院管辖诉讼标的金额为 3 000 万元以下的案件，以及诉讼标的金额为 2 000 万元以下且当事人一方住所地不在本辖区或者涉外、涉港澳台的案件；（3）汕头、潮州、揭阳、汕尾、梅州、河源、韶关、清远、肇庆、云浮、阳江、茂名、湛江市辖区的基层人民法院管辖诉讼标的金额为 2 000 万元以下的案件，以及诉讼标的金额为 1 000 万元以下且当事人一方住所地不在本辖区或者涉外、涉港澳台的案件。"[③] 同时还规定，即使是属于中级人民法院管辖的破产案件，也可以在受理后指定基层人民法院审理。而且该通知还特别指出，婚姻、继承、家庭、物业服务、人身损害赔偿、交通事故、劳动争议案件，以及群体性纠纷案件，不受级别管辖标准的限制，由基层人民法院管辖。[④] 因此，基层人民法院案件受理范围的划分主要有三个标准：一是按照诉讼标的额的大小来划分；二是中级人民法院指定其受理的破产案件；三是例外标准，即如果涉及的是婚姻、继承、家庭、物业服务、人身损害赔偿、交通事故、劳动争议案件，以及群体性纠纷案件这些类型的案件时，可以突破级别管辖的限制，交由基层人民法院受理。

---

① 具体规定可参见《最高人民法院批准各高级人民法院辖区内各级人民法院受理第一审民事、经济纠纷案件级别管辖标准》(1999)。

② 关于具有一般知识产权民事案件管辖权的基层人民法院管辖第一审知识产权民事案件的标准，参见《最高人民法院关于印发基层人民法院管辖第一审知识产权民事案件标准的通知》（法发〔2010〕6 号)。

③④ 《广东省高级人民法院关于调整第一审民商事纠纷案件级别管辖标准的通知》（粤高法〔2008〕111 号)。

第三个划分标准与2008年2月最高人民法院颁发的《关于调整高级人民法院和中级人民法院管辖第一审民商事案件标准的通知》基本上是一致的，根据该通知的规定："婚姻、继承、家庭、物业服务、人身损害赔偿、交通事故、劳动争议等案件，以及群体性纠纷案件，一般由基层人民法院管辖"。[①] 广东省的规定与最高人民法院的规定在表述上的唯一区别就是去掉了"一般"二字。这也就意味着，对于这些类型的案件，不存在"一般"和"特殊"之分，也不存在级别管辖的限制，均由基层人民法院受理。可以看出，基层人民法院受理案件的范围呈现扩大的趋势，这对于基层人民法院职权的行使和实现提出了更高的要求。

2. 中级人民法院与高级人民法院的案件受理范围。

相对于基层人民法院而言，最高人民法院对中级人民法院与高级人民法院的案件受理范围曾多次发文予以规定，显得更加重视，也更为规范化。最高人民法院通常都是将中级人民法院和高级人民法院的受案范围放在一起进行规定。

最高人民法院对中级人民法院与高级人民法院民商事案件受理范围进行明确规定的文件主要是2008年2月颁发的《最高人民法院关于调整高级人民法院和中级人民法院管辖第一审民商事案件标准的通知》以及2008年3月颁发的《全国各省、自治区、直辖市高级人民法院和中级人民法院管辖第一审民商事案件标准》两个文件，其中后一个文件规定得非常详细，该文件对部分地方中级人民法院与高级人民法院的案件受理范围分别进行了统一规定。[②] 其后，一些地方的高级人民法院根据这两个文件对本辖区的中级人民法院和高级人民法院的案件受理范围进一步作出了规定。比如，前述广东省高级人民法院2008年3月颁发的《广东省高级人民法院关于调整第一审民商事纠纷案件级别管辖标准的通知》对广东省内的中级人民法院和高级人民法院的受案范围与最高人民法院的规定就保持了一致。

---

① 《最高人民法院关于调整高级人民法院和中级人民法院管辖第一审民商事案件标准的通知》（法发〔2008〕10号）。

② 以广东省为例，文件的规定如下：一、高级人民法院管辖下列第一审民商事案件：（1）诉讼标的额在3亿元以上的案件，以及诉讼标的额在2亿元以上且当事人一方住所地不在本辖区或者涉外、涉港澳台的案件；（2）在全省有重大影响的案件；（3）认为应由本院受理的案件。二、中级人民法院管辖下列第一审民商事案件：（1）广州、深圳、佛山、东莞市中级人民法院管辖诉讼标的额在3亿元以下5 000万元以上的第一审民商事案件，以及诉讼标的额在2亿元以下4 000万元以上且当事人一方住所地不在本辖区或者涉外、涉港澳台的第一审民商事案件；（2）珠海、中山、江门、惠州市中级人民法院管辖诉讼标的额在3亿元以下3 000万元以上的第一审民商事案件，以及诉讼标的额在2亿元以下2 000万元以上且当事人一方住所地不在本辖区或者涉外、涉港澳台的第一审民商事案件；（3）汕头、潮州、揭阳、汕尾、梅州、河源、韶关、清远、肇庆、云浮、阳江、茂名、湛江市中级人民法院管辖诉讼标的额在3亿元以下2 000万元以上的第一审民商事案件，以及诉讼标的额在2亿元以下1 000万元以上且当事人一方住所地不在本辖区或者涉外、涉港澳台的第一审民商事案件。

综合来看，中级人民法院与高级人民法院的案件受理范围的划分主要是以诉讼标的额的大小并结合当事人的住所地以及是否具有涉外、涉港澳台因素为标准。诉讼标的额的确定又主要是依据当地的经济发展水平来作出不同规定，经济发达地区比经济不发达地区的诉讼标的额相对要高一些，部分地方的差距可能更大。以高级人民法院为例，最高的是广东省高级人民法院，其受理案件的诉讼标的额标准为3亿元以上；最低的是青海省、宁夏回族自治区、西藏自治区三个地方的高级人民法院，其受理案件的诉讼标的额标准为2 000万元以上。

二、地方审判机关职权的内部再分配

由于地方各级人民法院的法定职权规定得过于概括，还需要在地方各级人民法院系统内部进行具体的再次分配。根据2011年《最高人民法院关于新形势下进一步加强人民法院基层基础建设的若干意见》的规定，"基层基础建设，审判工作是中心"，[①] 不难看出，审判职权的行使是司法改革的主要对象，也是地方各级人民法院职权再分配的重心所在。地方各级人民法院的审判职权必须通过一定的审判组织和法官来行使。因此，其职权的再次分配最终必须落实到地方人民法院系统内部具体的组织机构与组织人员。职权的再分配与人民法院的组织体系和具体的办案法官密不可分。而"人民法院90%左右的案件在基层"[②] 的现实情况无疑在提醒我们，基层人民法院的职权内部再分配更应该成为重中之重。基层人民法院的职权内部再分配也是最具有典型性的分析样本。因此，本节将围绕基层人民法院职权的内部再分配，对地方各级人民法院职权的内部再分配进行介绍和分析，并按照审判业务职权与审判管理职权两个不同方面来进行讨论。

（一）审判业务职权的内部再分配

按照法律的规定，地方各级人民法院的审判业务职权被分别配置于独任庭、合议庭以及审判委员会这三个组织机构。

1. 独任庭的审判业务职权配置。

根据《人民法院组织法》第9条的规定，"简单的民事案件、轻微的刑事案件和法律另有规定的案件，可以由审判员一人独任审判"。这是独任庭审判业务职权配置的直接法律依据。结合诉讼法以及最高人民法院的相关司法解释，独任庭的审判业务职权范围包括：审理事实清楚、权利义务明确、争议不大的

①② 《最高人民法院关于新形势下进一步加强人民法院基层基础建设的若干意见》（法发〔2011〕4号）。

简单民事案件；对依法可能判处三年以下有期徒刑、拘役、管制、单处罚金的公诉案件，以及事实清楚、证据充分，人民检察院建议或者同意适用简易程序的刑事案件、告诉才处理的案件和被害人起诉的有证据证明的轻微刑事案件；以及审理下列基本事实清楚、法律关系简单、权利义务明确的行政案件：涉及财产金额较小，或者属于行政机关当场作出决定的行政征收、行政处罚、行政给付、行政许可、行政强制等案件；行政不作为案件；当事人各方自愿选择适用简易程序，经人民法院审查同意的案件。[①] 可以看出，由于独任庭审判案件的特殊性，其审判业务职权的配置在独任庭、合议庭、审判委员会三者之中是最为明晰的。

2. 合议庭的审判业务职权配置。

根据《人民法院组织法》第 9 条的规定，“人民法院审判案件，实行合议制”。这是合议庭审判业务职权配置的直接法律依据。合议庭是人民法院的基本审判组织，除了独任庭审理的案件，应由合议庭审理并作出裁判。根据 2002 年最高人民法院颁发的《关于人民法院合议庭工作的若干规定》，地方各级人民法院合议庭的职权包括：根据当事人的申请或者案件的具体情况，可以作出财产保全、证据保全、先予执行等裁定；确定案件委托评估、委托鉴定等事项；依法开庭审理第一审、第二审和再审案件；评议案件；提请院长决定将案件提交审判委员会讨论决定；按照权限对案件及其有关程序性事项作出裁判或者提出裁判意见；制作裁判文书；执行审判委员会决定；办理有关审判的其他事项。[②]

除了对地方各级人民法院合议庭作出以上的整体审判业务职权配置以外，《人民法院组织法》第 9 条还对合议庭的审判业务职权进行了落实到人的明确分配，“人民法院审判第一审案件，由审判员组成合议庭或者由审判员和人民陪审员组成合议庭进行；人民法院审判上诉和抗诉的案件，由审判员组成合议庭进行。”据此，合议庭的审判业务职权在内部人员再分配上又可以划分为审判员独立行使以及审判员与人民陪审员共同行使两种类型。

就合议庭的人员配置而言，又可以分为审判长与其他人员两种，合议庭的其他人员由审判员、人民陪审员组成。根据《人民法院组织法》第 9 条的规定，“合议庭由院长或者庭长指定审判员一人担任审判长。院长或者庭长参加审判案件的时候，自己担任审判长”。根据最高人民法院 2002 年颁发的《关于人民法院合议庭工作的若干规定》第 4 条的规定，“合议庭的审判活动由审判长主持，全体成员平等参与案件的审理、评议、裁判，共同对案件认定事实

---

① 《最高人民法院关于开展行政诉讼简易程序试点工作的通知》（法发〔2010〕446 号），第 1 条。要注意的是，本条同时也作出了明确的限制，即发回重审、按照审判监督程序再审的案件不能适用于独任庭。

② 《最高人民法院关于人民法院合议庭工作的若干规定》（法发〔2002〕25 号），第 5 条。

和适用法律负责”。因此，在合议庭中，不同的人员被配置的职权是有区别的。

首先，审判长的职权是主持合议庭的审判活动，并参与案件的具体审理过程，合议庭其他人员则是以与审判长平等的身份参与整个案件的审理裁判过程，其他人员与审判长一起共同承担责任。根据最高人民法院《关于人民法院合议庭工作的若干规定》第 6 条的规定，审判长的职权可以分为以下各项：指导和安排审判辅助人员做好庭前调解、庭前准备及其他审判业务辅助性工作；确定案件审理方案、庭审提纲、协调合议庭成员的庭审分工以及做好其他必要的庭审准备工作；主持庭审活动；主持合议庭对案件进行评议；依照有关规定，提请院长决定将案件提交审判委员会讨论决定；制作裁判文书，审核合议庭其他成员制作的裁判文书；依照规定权限签发法律文书；根据院长或者庭长的建议主持合议庭对案件复议；对合议庭遵守案件审理期限制度的情况负责；办理有关审判的其他事项。[①] 除此之外，第 7 条还规定：“合议庭接受案件后，应当根据有关规定确定案件承办法官，或者由审判长指定案件承办法官。”也就是说，审判长还有指定合议庭中具体案件承办法官人选的职权。不难看出，审判长的身份有别于合议庭的其他人员，具有典型的双重性，一方面，审判长与合议庭其他人员一样，是合议庭行使审判业务职权的一员；另一方面，正如最高人民法院在《人民法院审判长选任办法（试行）》中明确规定的，审判长对合议庭工作负有组织、指挥和协调等方面的职权。对审判长第一个方面职权的分配应属审判业务职权的再分配是无异议的。问题在于，对审判长第二个方面的职权配置也能被纳入“审判业务职权”的配置范畴吗？答案显然是否定的，实际上，后一种职权配置更应该被纳入到“审判管理职权”的配置范畴之中。

其次，人民陪审员制度是我国司法体制中的一项特殊制度，其直接法律依据是 2004 年 8 月 28 日由第十届全国人大常委会第 11 次会议通过的《关于完善人民陪审员制度的决定》，以及最高人民法院《关于人民陪审员管理办法（试行）》的有关规定。虽然，根据法律规定，人民陪审员可以参与地方各级人民法院包括基层、中级以及高级人民法院合议庭的审判业务活动，[②] 但从司法实践来看，其主要参与的还是基层人民法院合议庭的审判业务活动。依据全国人大常委会《关于完善人民陪审员制度的决定》第 1 条的规定，“人民陪审员依法参加人民法院的审判活动，除不得担任审判长外，同法官有同等权利”。第 13 条规定：“人民陪审员参加审判活动，应当遵守法官履行职责的规定。”第 11 条进一步明

① 《最高人民法院关于人民法院合议庭工作的若干规定》（法发〔2002〕25 号），第 6 条。
② 《全国人民代表大会常务委员会关于完善人民陪审员制度的决定》（2004），第 14 条。

确规定，“人民陪审员参加合议庭审判案件，对事实认定、法律适用独立行使表决权”。由于合议庭在评议案件时实行少数服从多数的原则，“人民陪审员同合议庭其他组成人员意见分歧的，应当将其意见写入笔录，必要时，人民陪审员可以要求合议庭将案件提请院长决定是否提交审判委员会讨论决定”。[①] 同时，“人民陪审员的回避，参照有关法官回避的法律规定执行”。[②] 另外，《人民法院组织法》第 37 条也规定，“人民陪审员在人民法院执行职务期间，是他所参加的审判庭的组成人员，同审判员有同等权利”。以上规定充分说明，地方各级人民法院合议庭中的人民陪审员在职权再分配上被赋予了与合议庭其他审判人员（除了不能担任合议庭审判长之外）同样的审判业务职权。

3. 审判委员会的审判业务职权配置。

自从 1999 年 10 月最高人民法院颁发《人民法院五年改革的纲要（1999 ~ 2003)》明确规定审判委员会是法院内部最高审判组织之后，关于法院所特有的审判委员会组织是否具有审判职权的争论告一段落。地方各级人民法院审判委员会的审判业务职权再分配，主要依据《人民法院组织法》第 10 条的规定，“各级人民法院设立审判委员会，实行民主集中制。审判委员会的任务是总结审判经验，讨论重大的或者疑难的案件和其他有关审判工作的问题”。诉讼法也对此作了相关规定，如《刑事诉讼法》第 149 条就规定，“对于疑难、复杂、重大的案件，合议庭认为难以作出决定的，由合议庭提请院长决定提交审判委员会讨论决定。审判委员会的决定，合议庭应当执行”。据此，地方各级人民法院的审判委员会的审判业务职权包括：总结审判经验；讨论重大的或者疑难的案件；讨论其他有关审判工作的问题。

长期以来，审判委员会不直接主持或参加案件的庭审过程，却被配置审判业务职权，这一点颇为学界诟病。因此，在最高人民法院颁发的《人民法院第二个五年改革纲要（2004 ~ 2008)》中，提出“高级人民法院、中级人民法院可以根据需要在审判委员会中设刑事专业委员会和民事行政专业委员会。改革审判委员会的成员结构，确保高水平的资深法官能够进入审判委员会。改革审判委员会审理案件的程序和方式，将审判委员会的活动由会议制改为审理制”的建议。并且提出“审判委员会委员可以自行组成或者与其他法官组成合议庭，审理重大、疑难、复杂或者具有普遍法律适用意义的案件”。[③] 在最高人民法院颁发的《人民法院第三个五年改革纲要（2009 ~ 2013)》中，“完善审判委员会讨论案件

① 《全国人民代表大会常务委员会关于完善人民陪审员制度的决定》(2004)，第 11 条。

② 《全国人民代表大会常务委员会关于完善人民陪审员制度的决定》(2004)，第 12 条。

③ 最高人民法院《人民法院第二个五年改革纲要（2004 ~ 2008)》(法发〔2005〕18 号)。

的范围和程序，规范审判委员会的职责和管理工作"① 又再次被提及。由此可见，在司法改革的过程中，地方各级人民法院的审判委员会的审判业务职权，不是被削弱，而是得到了强化。

（二）审判管理职权的再分配

地方各级人民法院审判管理职权的再分配所涉及的问题面比较大，如果从法院外部对审判进行管理的角度来看，更可能会涉及国家的政治体制问题，基于本章的篇幅限制以及关注视角的内向性特点，本节将主要讨论地方各级人民法院内部的审判管理职权再分配的情况。同时，对于法院的一般性事务管理，如安全保卫、后勤服务、设施维护、车辆交通、信息通讯等，它们与法院的审判职权的关系较远，并且这类管理职能存在于任何一个机关中，对于问题的讨论不具有针对性的意义，因此也不在本节所讨论的范围之内。

根据地方各级人民法院近年来审判管理职权的发展来看，我们可以大致将其审判管理职权的再分配分为两个方面：一是案件审判流程管理职权的配置；二是审判质量管理职权的配置。

1. 案件审判流程管理职权的配置。

在地方各级人民法院对案件审判流程管理职权的进行再次分配时，我们发现，其最终都会落实到专门的内设组织机构，通常是地方各级人民法院内设的立案庭（也有法院称为审判管理办公室），其职权范围也因地方各级人民法院的具体情况不同也会有所不同。但总体来看，无论落实配置到哪个组织机构，其职权范围基本上都包括了以下几个方面：立案、分案、送达诉讼文书、排定开庭时间、确定结案时间、送达裁决文书，以及卷宗的归档等。

2. 审判质量管理职权的配置。

地方各级人民法院在对审判质量管理职权的再次分配上，涉及两个不同的层面，一是上级人民法院对下级人民法院的审判质量进行管理，此时审判质量管理职权被配置给了上级人民法院；二是地方人民法院对本院审结的案件的审判质量进行内部自我管理，此时的审判质量管理职权被配置给了法院内部的相关组织机构。无论是哪一种情况，审判质量管理职权往往最终会落实配置到一个地位独立于审判业务部门的审判管理组织机构。为了保证该审判管理组织机构能有效地行使职权，各地方人民法院通常还规定该审判管理组织机构直接对法院院长和审判委员会负责。至于该审判管理机构具体行使其审判质量管理职权的方法或指标，2008 年最高人民法院颁发的《关于开展案件质量评估工作的指导意见（试行）》

① 最高人民法院《人民法院第三个五年改革纲要（2009～2013）》（法发〔2009〕14 号）。

对此做了详细的规定，根据该指导意见的规定，“评估指标体系划分为审判公正、审判效率、审判效果 3 个二级指标。二级指标由 33 个三级指标组成”。其中，审判公正指标 11 个，审判效率指标 11 个，审判效果指标 11 个。[①]

三、地方检察机关职权的再分配

与地方各级人民法院的职权再分配相比，地方检察机关的职权再分配无论是在法律层面还是在司法实践当中，其面目都显得更加模糊不清，究其原因，可能还在于法律的规定过于原则。地方人民检察院的公诉职权、职务犯罪侦查职权与诉讼监督职权这三个方面的职权也必须进行更加合理科学的再分配。

从检察职权与检察机关内部组织机构的关系来看，法律对地方各级检察机关内部组织机构的规定有一个变化过程，而且变动的方向与法律对地方审判机关内部组织机构的规定相异，这一点值得我们注意。在 1979 年颁布的《人民检察院组织法》中，第 20 条对检察机关业务机构的设置作了明确的规定，“最高人民检察院设置刑事、法纪、监所、经济等检察厅，并且可以按照需要，设立其他业务机构。地方各级人民检察院和专门人民检察院可以设置相应的业务机构”。1983 年对《人民检察院组织法》进行修改之后，改变了原来列举式的立法模式，只对检察机关内设组织机构作了原则性的规定，第 20 条被修改为：“最高人民检察院根据需要，设立若干检察厅和其他业务机构。地方各级人民检察院可以分别设立相应的检察处、科和其他业务机构”。

自 2002 年机构改革以来，地方各级人民检察院以法律赋予检察机关的法律监督职权为依据，一般都设立了反贪污贿赂、反渎职侵权、职务犯罪预防、侦查监督、公诉、监所检察、民事行政检察、控告申诉等检察机构。但是，由于法律规定的原则性，地方各级人民检察院在对检察职权进行配置时，出现了组织机构膨胀的现象。[②] 从省级检察院、地市级检察院到基层检察院，机构设置基本上都是上下对口。根据调查，目前地方各级人民检察院中，“人员编制几百人的省级院一般有内设机构 18 个左右，而人员编制仅百余人甚至几十人的基层检察院，一般也有内设机构 16 个左右”。[③]

---

① 《最高人民法院关于开展案件质量评估工作的指导意见（试行）》（法发〔2008〕6 号）。

② “以某基层检察院为例，该院机构设置与上级院完全对口，在编干部共 110 名，其中业务科室人员为 66 人，非业务科室人员为 44 人，即业务科室人数与非业务科室人数之比为 3∶2。但是，业务科室的人员并非人人办案，大部分业务科室的科长不具体办案，加上有科室设有专职的内勤，这样，该院业务科的办案人员实为 55 人，刚好占全院总人数的一半。”吴建雄：《检察业务机构设置研究》，载《国家检察官学院学报》2007 年第 3 期。

③ 吴建雄：《检察业务机构设置研究》，载《国家检察官学院学报》2007 年第 3 期。

因此，法律对于地方各级人民检察院职权的具体配置，并不像对地方各级人民法院的职权配置那样清楚具体地落实到具体组织机构，将更多的职权配置自主权留给了地方各级人民检察院。从司法改革的各种文件以及司法改革的实践来看，这也正是目前地方各级人民检察院改革的一个重点内容。本节将侧重于从职权自身的内容方面对地方各级人民检察院的职权再分配问题进行讨论。

（一）公诉职权的再分配

根据《人民检察院组织法》第5条第（4）项的规定，人民检察院的职权之一就是“对于刑事案件提起公诉，支持公诉”，因此，在地方各级人民检察院的检察职权再分配中，公诉职权是其配置的重要职权之一。

根据《刑事诉讼法》与相关法律法规和司法解释的规定，地方各级人民检察院的公诉职权范围包括以下6个方面的内容：

（1）审查起诉职权。《人民检察院组织法》第13条规定：“人民检察院对于公安机关要求起诉的案件，应当进行审查。”《刑事诉讼法》第136条规定：“凡需要提起公诉的案件，一律由人民检察院审查决定。”审查起诉是公诉部门受理侦查部门移送刑事案件后行使的第一项职权，也是地方各级人民检察院公诉职权的第一项内容。地方各级人民检察院在行使该项职权对案件进行审查时，必须依法查明与案件有关的相关情况是否符合法律的规定。[①]

（2）补充侦查职权。《人民检察院组织法》第13条规定：“对于主要犯罪事实不清、证据不足的，可以退回公安机关补充侦查。”《人民检察院组织法》第16条规定：“人民检察院起诉的案件，人民法院认为主要犯罪事实不清、证据不足，或者有违法情况时，可以退回人民检察院补充侦查。”《刑事诉讼法》第140条规定：“人民检察院审查案件，对于需要补充侦查的，可以退回公安机关补充侦查，也可以自行侦查。”因此，该项职权并非公诉部门对每一个案件都会行使的职权，需要符合一定的法定条件。而且，在诉讼过程中的审查起诉和法庭审理两个不同的阶段都可以行使该项职权。

（3）提起公诉职权。《刑事诉讼法》第141条规定：“人民检察院认为犯罪嫌疑人的犯罪事实已经查清，证据确实、充分，依法应当追究刑事责任的，应当作出起诉决定，按照审判管辖的规定，向人民法院提起公诉。”

（4）出庭支持公诉职权。《人民检察院组织法》第15条规定：“人民检察院提

---

① 《中华人民共和国刑事诉讼法》第137条对此作了非常详细的规定：“人民检察院审查案件的时候，必须查明：（一）犯罪事实、情节是否清楚，证据是否确实、充分，犯罪性质和罪名的认定是否正确；（二）有无遗漏罪行和其他应当追究刑事责任的人；（三）是否属于不应追究刑事责任的；（四）有无附带民事诉讼；（五）侦查活动是否合法。”

起公诉的案件，由检察长或者检察员以国家公诉人的身份出席法庭，支持公诉。”

（5）不起诉决定职权。除了在《人民检察院组织法》第5条、第13条中对不起诉决定职权作出原则性规定以外，《刑事诉讼法》对该职权的行使也是非常重视，并用了6个条款来规范决定不起诉的情形（即第140条、第142～146条）。

（6）公诉变更职权。地方各级人民检察院公诉变更职权的现存法律依据主要来自于1998年最高人民法院《关于执行〈中华人民共和国刑事诉讼法〉若干问题的解释》第177条、第178条以及最高人民检察院于1999年颁发的《人民检察院刑事诉讼规则》第348条、第351条、第352条以及第353条。在这两部司法解释中，规定了检察机关在人民法院宣告判决前可以追加、变更和撤回起诉。

（二）职务犯罪侦查职权的再分配

根据《人民检察院组织法》第5条第（2）款的规定，地方各级人民检察院“对于直接受理的案件，进行侦查”。结合《刑事诉讼法》对“直接受理案件”的相关规定来看，地方各级人民检察院的侦查职权与许多大陆法系国家有所不同。地方各级人民检察院仅对部分刑事案件有侦查职权，即职务犯罪侦查职权。这是我国地方各级人民检察院检察职权配置的一个特殊之处。

根据《刑法》与《刑事诉讼法》的规定，地方各级人民检察院的职务犯罪侦查职权的范围主要包括《刑法》第八章、第九章规定的贪污贿赂犯罪和渎职犯罪案件。另外，1998年最高人民检察院颁发的《关于人民检察院直接受理案件立案侦查案件范围的规定》，对地方各级人民检察院直接受理侦查案件的范围进行了更为具体详细的规范，该规定详细列举了地方各级人民检察院直接受理侦查案件的范围达4类53种，不可谓不细致，是对该职权配置内容的进一步完善。

（三）诉讼监督职权的再分配

根据《人民检察院组织法》第5条第（4）项的规定，人民检察院“对于人民法院的审判活动是否合法，实行监督”。据此，地方各级人民检察院依法对人民法院的审判活动进行监督，其涉及的范围包括刑事诉讼、民事诉讼及行政诉讼三大类不同的诉讼活动。因此，可将该职权统称为诉讼监督职权。其具体配置情况可分为以下几个方面的内容。

1. 刑事诉讼监督职权的配置。

由于地方各级人民检察院传统上具有“刑强民弱”的特点，行使刑事诉讼监督职权成了它们的一贯强项，其导致的结果是，地方各级人民检察院对刑事诉讼监督职权进行再次分配与配置方面，形成了相对比较完整的框架结构。在此，可以依据《人民检察院组织法》、《刑法》、《刑事诉讼法》以及最高人民检察院

1999 年颁发的《人民检察院刑事诉讼规则》等法律及司法解释的规定，对该项职权的配置进行一个简单的概括，即地方各级人民检察院的刑事诉讼监督职权包括以下 5 种职权：刑事立案监督职权、刑事侦查监督职权、刑事审判监督职权、刑事判决和裁定监督职权以及刑罚执行监督职权五大类。

2. 民事审判和行政审判监督职权的配置。

地方各级人民检察院的民事审判和行政审判监督职权又可以分为两个方面：一是程序监督；二是实体监督。程序监督是对人民法院民事和行政案件法庭审判活动的监督。实体监督是对人民法院的民事判决和裁定、行政判决和裁定的监督。其中最主要的职权配置就是民事抗诉职权和行政抗诉职权。

第三节　地方国家司法机关职权的实现

近年来的司法改革为地方各级司法机关实现其各自的职权提供了广阔的空间和良好的平台，地方各级司法机关也纷纷从实际情况出发，结合法律的规定与当地的实际情况，按照司法改革的精神，对自身的法定职权的行使进行了不同程度的创新和改革。其中一些地方国家司法机关的做法为地方国家司法机关职权的实现积累了丰富的经验，有的已经得到了中央的认可并加以推广。可以说，地方国家司法机关在实现其职权方面，充分发挥了来自地方和基层的能动性和创造性，为地方法制建设提供了不少值得探讨和研究的样本。

一、审判业务职权的实现

地方审判机关直接面对其管辖范围内日益增多的案件数量与案件类型，在司法资源有限的情况下，为了保证司法工作的质量，也为了更好地实现公平与正义的目标，对作为审判机关核心职权的审判业务职权进行了多方面的尝试，在实现其审判业务职权方面作出了许多有益的探索。其中比较典型的有以下几个方面。

一是为了解决地方各级人民法院在行使审理裁判职权过程中出现的审理裁判案件结果"同案不同判"问题，地方人民法院从本地的实际司法情况入手，以案例指导的方式来减少法律适用及其结果的不确定性，并随后得以在全国各地法院推广，最终也得到了最高人民法院的肯定。实际上，早在 2002 年 7 月，为了及时指导本地区法院的审判工作，河南省郑州市中原区人民法院就根据该院的《关于实行先例判决制度的若干规定》，在其辖区内推行"先例判决"制度。同年10月，天津市高级人民法院在民商事审判中实行“判例指导”制度，并制定了《关于在民商事审判中实行判例指导的若干意见（试行）》，根据该意见，“判例具有指导性，不具有规定性。本市三级法院法官应在审理民商事案件时认真参考，但不得作为判决依据在判决书中运用”。[①] 2003年4月，河南省郑州市中级人民法院在对中原区法院的经验经过调查研究后，将该制度的名称改为“典型案例指导”制度，并在郑州市中级人民法院推行该制度。依其《实行典型案例指导制度的暂行规定（试行）》的规定，“指导性典型案例仅作为指导本院审判人员办案的依据，不具有法律约束力”。[②] 2003年6月，江苏省高级人民法院也依照其《关于建立典型案例发布制度加强案例指导工作的意见》推行“典型案例指导”制度。2004年3月，四川省高级人民法院也开始实施“典型案例”发布制度。无论名称如何，这些法院都制定了明确的制度，对发布案例的目的、性质和作用，选择案例的条件和范围、选择案例的程序、案例的内容、案例的废止、奖惩等各方面都作出了规定。

这些地方各级人民法院的举措在当时虽然引起了巨大的争议，但是却为司法改革提供了新思路，并以该制度在司法实践中的实施与经验得到了最高人民法院的关注。这一点很快就在最高人民法院《人民法院第二个五年改革纲要（2004～2008）》中得到了反映。最高人民法院在《人民法院第二个五年改革纲要（2004～2008）》中明确指出要“建立和完善案例指导制度，重视指导性案例在统一法律适用标准、指导下级法院审判工作、丰富和发展法学理论等方面的作用”。[③] 2010年11月26日最高人民法院颁发《关于案例指导工作的规定》，标志着案例指导制度在我国正式得以确立。

案例指导制度对于有效地实现地方各级人民法院的审理裁判职权无疑具有突破性的意义，该制度为地方各级人民法院的案件审理裁判提供了参照标准，既有助于实现“同案同判”的职权行使目标，也极大拓展了地方各级人民法院职权实现的空间，同时也丰富了我国的审判理论和审判制度。考虑到我国的成文法传统，可以毫不夸张地说，地方各级人民法院在行使其审理裁判职权的过程中对案例指导制度所已经作出的探索，正在以及将要继续进行下去的司法实践，[④] 是地方国家司法机关实现职权的一个典型范例。

---

①② 周道鸾：《中国案例制度的历史发展》，载《法律适用》2004年第5期。

③ 最高人民法院《人民法院第二个五年改革纲要（2004～2008）》（法发〔2005〕18号）。

④ 案例指导制度的关键是案例的选择，从这一角度来看，地方司法机关职权实现的实践依然具有重大意义。例如，最高人民法院在《人民法院工作年度报告（2009）》中就提到“最高人民法院……公布了四川省高级人民法院和广东省高级人民法院分别以‘以危险方法危害公共安全罪’判处醉酒驾车致多人伤亡的成都市孙伟铭和佛山市黎景全无期徒刑两起醉酒驾车犯罪典型案例，具体指导人民法院对此类案件的审判，遏制了酒后和醉酒驾车犯罪的多发、高发态势，维护了人民群众的生命健康安全”。

二是为了解决长期存在的司法执行的实施效果问题，各地法院也对司法执行职权的实现机制进行了积极创新。作为中央政法委员会与最高人民法院号召地方各级人民法院学习的典型，山东省东营市中级人民法院的做法较有代表性，东营市中级人民法院在实现其执行职权方面，推行了不少创新举措。2001 年，东营中院制定了《关于执行工作实施三权分离制度的实施意见》，设立了专门的执行合议庭，将法院的司法执行职权进一步细分为执行裁决权、实施权、命令权三种不同的职权，并实行“三权分离”，由中院统一管理、统一协调、统一指挥全市法院的执行工作。该工作机制取得了良好的效果，从 2000～2003 年的 3 年期间，全市法院共提级执行、指定 300 余件，提级案件执结率 100%，交叉执行案件 500 余件，全市法院共执行各类案件 18 724 件，执行标的额 17.68 亿元。① 2007 年，该院执结率达 96%，执行标的到位率达 80%，中止率低于 15%；执结率已连续 8 年超过 95%。其执行“三统一”，执行裁决权、实施权、命令权的“三权分离”的改革被称为“东营模式”。到了 2009 年，该经验被进一步总结为“管案、管事、管人”相统一，“责任制、考核制、追究制”相结合，“审判长、执行长、警长”相衔接的管理模式。这一模式充分发挥了执行工作的整体优势，到 2009 年，该院连续多年执行结案率保持在 95% 以上，执行标的到位率达 80%，执行当事人上访保持了“零记录”。

重庆市法院在案件执行职权的实施制度上，则探索出了“三权分离”、“四段运行”的执行工作模式。重庆市第一中级人民法院将法院的实体裁决权和评估、拍卖管理权从执行局剥离出去，实现执行实施权、裁决权、管理权的“三权分离”，即执行局行使执行实施权，担负立案审查、执行调查、财产控制和处分、妨碍排除等职权。审判监督庭行使执行裁决权，担负裁决执行异议、执行复议的职权。司法行政处行使评估、拍卖管理权。“四段运行”是指按照执行实施权的权能不同，将执行过程分为执行启动、执行调查、财产处置、结案管理四个阶段，针对每个阶段和节点进行有效的监督和控制。执行启动主要做好执行前的准备工作，包括对案件材料形式审查、签收、分案、案件材料信息扫描录入等，做到“三清”，即案件清、数据清、移送清。执行调查主要是强化执行手段，深入查找被执行财产，相机采取搜查、曝光、悬赏、审计、行为限制以及搜查、罚款、拘留等措施，用活用尽强制执行措施，对逃避、抗拒执行的被执行人坚决予以制裁。执行处置阶段主要是执行财产委托评估、拍卖等事项的衔接、变现价款的分配、流标财物的移交、结案及案件质量管理等。结案管理阶段主要是通过设置专人对需结案的案件逐案审查，不符合结案条件的案件退回，继续完善相关手

① 《人民法院报》2003 年 11 月 14 日 04 版。

续。各阶段都分别规定了时间期限，以保证执行工作不拖延。执行权横向的“三权分离”和纵向的“四段运行”大大提高了执行效率，重庆市第一中级人民法院 2010 年 1～11 月的案件执结率达到 90.3%，实际执行率达到 80.8%，均创历史新高。①

法院执行职权的“三权分离”机制，体现了权力制衡的理念，有利于预防执行过程中的腐败现象，而无论是“东营模式”，还是重庆法院的“四段运行”机制，都有利于提高地方审判机关有效实现司法执行职权，保证执行效率。地方审判机关在司法执行职权方面的制度创新，是地方审判机关在实现其审判业务职权上的务实之举，也是审判业务职权实现的必要保证。

三是为了提高法院解决纠纷的实效，地方各级人民法院在实现司法调解职权方面还积极推出了多种创新举措，尤其是纠纷解决的各种新机制，以促进地方审判机关司法调解职权的实现。上海市浦东新区人民法院的改革就较为典型。早在 10 年前，上海市浦东新区人民法院就率先推出了民商事案件快速裁决机制，10 年间速裁案件 53 528 件。5 年前，率先探索以“法院附设调解员”、“非诉调解前置”和“司法直接确认”为特征的诉前调解机制，5 年间化解纠纷 42 713 件；3 年前，率先尝试执前督促履行，3 年间督促履行员成功督促 9 597 个义务人在案件进入强制执行程序前全面履行义务。② 2009 年 12 月，法院又成立了诉调对接中心，推行“司法确认 + 诉前调解 + 快速裁决 + 执前督促”的“四合一”纠纷处理模式，诉调对接中心的纠纷处理流程见图 8－3。

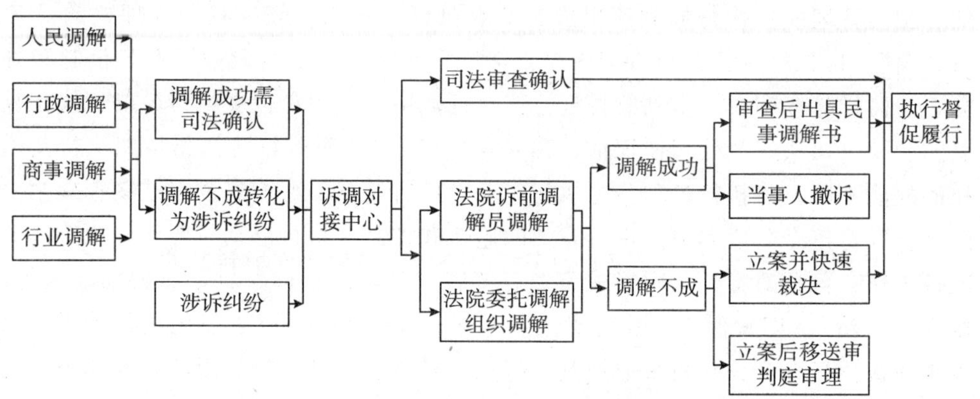

图 8－3　诉调对接中心的纠纷处理流程

① 《人民法院报》2010 年 12 月 19 日 04 版。

② 《人民法院报》2011 年 7 月 14 日 05 版。

循着时间的轨迹，我们可以看到法院为有效实现其司法调解职权而作出的机制创新的尝试一直未曾间断，诉调对接中心的建立，是其最新的举措，却未必是其最后的尝试。与之前的举措相比，诉调对接中心机制的最大特点就是使司法与多种替代性纠纷解决机制有机结合起来。尽管以前社会上有过多种自发的甚至是官方设立或支持的解纷机制，却无法与传统的司法强制权有效衔接，而立法又不轻易赋予其执行力，这些机制一直处于两难境地，一定程度上阻碍了地方人民法院司法调解职权的实现。诉调对接中心的建立以及围绕它施行的一系列制度，对以前的部分制度进行了吸收，同时又克服了以前存在的问题。诉调对接中心针对纠纷的不同类型分别成立了婚姻家庭、侵权赔偿、劳动争议、金融商事等八个专业组，调解员按特长分组，各组配备 1 名该类案件审判经验丰富的诉调法官，负责对调解员进行业务指导，并规定调解员对调解过程中从当事人处获得的信息予以保密，在规定的时间内因调解失败立即转入诉讼程序的情况下，诉前调解信息不带入诉讼程序，一旦诉前调解双方当事人达不成调解协议的，应立即移入审判庭处理，防止诉讼拖延。诉调对接中心灵活处理了进与出的关系，将各种纠纷解决方式纳入了一个统一的平台，中心同时还广泛借助人民调解、商事调解、行业调解、行政调解等社会力量，邀请消费者协会、中国贸促会浦东分会、浦东医患纠纷调解委员会、政府信访办等 12 家单位派驻代表进入诉调对接中心，充分发挥了委托调解、邀请调解的作用，形成整体联动解决矛盾纠纷的格局，使诉调对接中心成为了司法与社会力量的最佳结合点。诉调对接中心建立之后，法院在实现其审判业务职权方面的效果十分显著。2011 年 1 ~ 6 月，浦东法院诉调对接中心成功调解民商事纠纷 9 621 件，占全院民商事结案的 35%，纠纷平均解决周期仅为 5. 61 天；执前成功督促履行 2 984 件，总标的额 3. 39 亿元，占全院执行结案的 32%，从申请人向法院递交执行申请书到经督促义务人全面履行义务的期间平均 11 天。[①] 由此可以看到，地方人民法院在实现其司法调解职权上秉持着贴近现实，贴近基层的精神不断地去尝试，并在尝试中吸取经验，其追求的目标不仅仅是职权的有效实现，更有助于社会及公民权利的维护和保障。

二、审判管理职权的实现

为适应社会发展，也为更好地实现地方国家司法机关的职权，地方国家司法机关还在审判管理职权的实现上作出了许多有益的探索。其中，对法院组织机构的设置进行改革，一直是审判管理职权改革的一个重点内容。

---

① 《人民法院报》2011 年 7 月 14 日 05 版。

随着近年来环境保护问题的日益突出，地方国家司法机关对此作出了积极的回应。贵州省贵阳市中级人民法院最早于2007年11月在全国法院首设环境保护审判庭。江苏省于2008年先后在江阴人民法院、无锡市锡山区人民法院、无锡市惠山区人民法院、无锡市中级人民法院、宜兴市人民法院、滨湖区人民法院设立了环境保护审判庭（合议庭）。2008年12月，云南省昆明市中级人民法院设立环境保护审判庭，之后，云南省相继在玉溪市中级人民法院、玉溪市澄江县人民法院、通海县人民法院成立了环境保护审判庭。2010年11月，北京市首家环境保护审判庭在延庆县人民法院正式成立。2011年6月，海南省海口市中级人民法院设立了环境保护审判庭，而海南省高级人民法院的环境保护审判庭也已经正式获得海南省机构编制委员会的批准成立并开始办公，成为全国法院系统高级人民法院中设置的首家环境保护审判庭。①

从2007年到现在，从基层人民法院到中级人民法院再到高级人民法院，在审判职权实现上的机制创新揭示出地方国家司法机关为实现职权所作出的努力。同时，相关的制度建设也在实践中不断地加以完善。在贵州省贵阳市中级人民法院设立环境保护审判庭时，公益组织是被排除在公益诉讼的原告主体之外的，而无锡中院则大大扩展了环保公益诉讼的主体资格，不但包括各级检察机关、各级环保行政职能部门，而且将环境保护社团组织、居民社区物业管理部门纳入诉讼主体范围。云南省在2009年年底召开的全省法院环境保护审判庭建设及案件审理座谈会上，制定了环保案件“审判指南”，将环境公益诉讼主体拓展为“检察院及在境内经过依法登记的、以保护环境为目的的公益性社会团体”②。延庆县人民法院环境保护保审判庭则实施了“三合一”和“双轨制”模式。③ 海南省高级人民法院环境保护审判庭则更是根据其在海南省各级地方国家司法机关中所处的级别依法将其职权范围做了更大范围的扩展。④ 这些地方国家司法机关的尝试，必然会对环境保护的司法保护法律制度产生积极的影响。

除了设立环境保护审判庭这一新型的审判组织机构比较引人注目之外，地方

① 《海南高院成立环境保护审判庭》，载《人民法院报》2011年1月23日。另外，根据该报道，海南省第一中级人民法院、海南省第二中级人民法院、三亚市中级人民法院增设环境保护审判庭也已获得批准。

② 西南政法大学司法研究中心：《中国司法改革年度报告（2009）》，第25~26页。

③ “三合一”就是将刑事、民事、行政三大诉讼程序整合为一体，只要是与环保有关的案件，均由环保审判庭负责审理。“双轨制”是通过以行政手段和司法手段并举的形式，整合行政与司法各方力量，形成环保合力。今年设立的海南省海口市中级人民法院环境保护审判庭也采取了“三合一”模式。

④ 海南省高级人民法院环境保护审判庭的职权范围包括：审理海南省辖区范围内涉及水资源污染、空气污染、放射性污染、噪声污染和环境破坏等各类二审民商事案件（含资源环境公益诉讼案件）；审理涉及因环境保护方面不服行政机关作出具体行政行为而发生的二审行政诉讼案件；审理行政机关因不履行环境保护职责而发生的行政不作为诉讼的二审行政案件。

各级司法机关为实现职权还创设了其他的一些审判组织机构。2010 年，广东省高级人民法院就在广东省中山市中级人民法院、中山市第一人民法院、中山市第二人民法院、广州市黄埔区人民法院、珠海市香洲区人民法院、佛山市顺德区人民法院、东莞市第二人民法院等 7 个地方法院试点设立了家事审判合议庭，其主要职权就是集中审理因婚姻关系、亲子关系引发的人身权纠纷，以及与该类人身权纠纷相关联的财产权纠纷。由于家事案件具有高度的人身属性，当事人在诉讼中不愿意过度公开个人隐私，涉家暴案件的受害人搜集证据十分困难，需要合理分配举证责任。广东省此举，显然不仅有利于实现审理此类案件的专业化，也有利于更好地处理家事纠纷。另外，北京市丰台区人民法院 2011 年 7 月成立了北京市首个涉军民事案件专业合议庭，专门审理涉军婚姻家庭、侵权赔偿、财产所有权纠纷、合同纠纷、劳动争议等各类纠纷，这也是为了解决目前丰台区人民法院受理涉军民事案件日渐增多的一种积极探索。

从以上例子可以清楚地看到，地方各级人民法院由于所处的地方不同，在其管辖区域内碰到的问题也不同，有些情况也许在别的地方不是问题或者至少尚未成为公众关注的问题，然而在当地却成为了大问题或者引起了公众的强烈关注，然而地方国家司法机关只有积极面对这些问题并采取有效的机制改革和创新去解决问题，才能更好地实现司法职权并保障社会及公民个人权益。如江苏省的法院之所以设置环境保护审判庭，是因为 2007 年“太湖蓝藻”事件的爆发；广东省设置家事审判合议庭则是因为广东法院家事案件数量较大，增速较快，而且多发生在基层人民法院的管辖范围内，因此才选取了 1 个中级人民法院和 6 个基层人民法院来试点。正因为如此，不同地方的人民法院才尝试设立新型的审判组织机构来解决其面临的地方性问题。从实践情况来看，新型审判组织机构的创设，不仅仅是多了一个审判组织机构那么简单，更重要的是，新的审判组织机构为解决面临的新问题，就必然要建立起相应的新制度，前述设立环境保护审判庭的新模式不仅证明了这一点，广东省高级人民法院设立家事审判合议庭同样也印证了这点。为配合家事审判合议庭的工作，广东省高院颁发了《家事审判合议庭操作指引》、《家事审判合议庭工作规范指引》、《人身安全保护裁定适用指引》作为指导，各试点法院也为此制定了《家事审判工作流程》、《人身安全保护裁定实施细则》、《家事纠纷诉讼指引》等工作规范。这些新的制度明确了家事审判合议庭的工作职责、立案范围、审理流程等机制，并探索实行了“财产申报、不公开审理、当事人亲自到庭”、“人身安全保护裁定”等适应家事案件特性的家事案件审判制度。由此我们发现，新型审判组织机构的创设最终不仅可以帮助地方各级人民法院更好地行使审判职权，为审判制度的改革和进一步提升到理论层面奠定了良好的基础，同时也更有利于社会和公民权益的实现和保障。

第三编

地方国家机关的“小”制度

第九章

大权力与“小”制度

“一定程度上，‘小’制度是地方层面正式制度和部分非正式制度的综合。”

“小”制度，是相对于各种正式的国家层面的政治制度、法律制度和经济制度而言的。如果说大权力意味着国家层面的正式制度，是人们有意识创造的一系列正式的政策法则，包括法律、政治规则、经济制度等，那么，与大权力有所不同的是，“小”制度指的是地方国家机关和组织在为了实施国家法律以及本地方的有关地方立法的过程中，所创设和生成的各种工作制度。“小”制度的产生有两种方式：第一，在国家层面，出自上级机关实施法律的压力，基于“自上而下”推行法律等的需要而产生的，从这个角度来说，“小”制度是大权力的补充、细化和制约；第二，在社会层面，面对公众的直接制度需求和社会治理压力，基于法律制度“自下而上”形成的过程而产生的，是基层智慧的体现，从这个角度说，“小”制度又是大权力的前提、源泉和实现方式。但不管怎样，“小”制度都是作为大权力的有益补充、必要约束乃至直接来源而存在的，有其存在的意义和价值，不仅仅是大权力的附属物。

在明确上述基本立场的前提下，本章的主要内容是阐述在国家法律规定范围内，在上级机关实施法律的压力以及公众和社会舆论实现相关法律权利的双重压力下，各个国家机关所制定的各种具有应对性质的“小”制度的基本内涵和具体含义。本章试图在明确地方法制基本理论框架内所使用的“制度”含义的基础上，探讨并阐述具体的“小”制度与本机关所具有的法定大权力实现之间所存在的内在关系，以及各种具体“小”制度在实现权力制约中的作用，并对各种具体的“小”制度的类型进行初步的划分。

第一节 “小”制度的含义

在不同的学科领域，“制度”一词的使用有各种不同的内涵，如在政治学、经济学、法学、社会学领域，都有对“制度”的相关研究，学者们各自关注了本领域内各种制度的具体内容、运行状况和不同制度之间的关系。通常来讲，目前国内外在关注经济制度的研究以及制度在经济发展中作用的研究方面进行的比较深入，尤其以西方新制度经济学的研究方法和主要观点为基础，形成了相对系统而深入的理论框架。① 但在政治制度领域的研究相对比较薄弱，研究的重点主要集中在探讨政治制度与行政管理体制之间的相互关系层面上。事实上，人们习惯把生产制度、经济制度、政治制度和思想文化制度以及各种组织中的制度形式看做一种上层建筑，将其和国家根本制度联系起来，这是一种简单化的做法，也不利于理解地方法制理论框架中的制度概念。因此，探讨“小”制度，有必要对其做具体的语义及概念分析。

一、“小”制度的内涵

（一）“小”制度的概念与含义

法制是法律与制度的综合，因此制度不完全等同于法律制度。制度的首要基

① 其中以熊彼特、诺思、奥尔森、哈耶克、科斯等人为代表，拓展了制度研究的视野。他们的著述也是相当丰富的，例如，[美] 约瑟夫·熊彼特，何畏、易家详译：《经济发展理论》，商务印书馆1990年版；[美] 约瑟夫·熊彼特，吴良健译：《资本主义、社会主义与民主》，商务印书馆1999年版；[美] 约翰·康芒斯，于树生译：《制度经济学》，商务印书馆1962年版；[美] 道格拉斯·C. 诺思，刘守英译：《制度、制度变迁与经济绩效》，上海三联书店1994年版；[美] 道格拉斯·C. 诺思：《经济史中的结构与变迁》，上海三联书店、上海人民出版社，1994年版；[美] 曼库尔·奥尔森，吕应中译：《国家兴衰探源：经济增长、滞胀与社会僵化的新描述》，商务印书馆1999年版；[德] 柯武刚、史漫飞，韩朝华译：《制度经济学》，商务印书馆2002年版；[英] 弗里德利希·冯·哈耶克，邓正来译：《自由秩序原理》，生活·读书·新知三联书店1997年版；[英] 弗里德利希·冯·哈耶克，邓正来译：《个人主义与经济秩序》，生活·读书·新知三联书店2003年版；[美] 罗纳德·哈里·科斯等：《财产权利与制度变迁》，上海三联书店，上海人民出版社1994年版；[美] 罗纳德·哈里·科斯，盛洪、陈郁译：《企业、市场与法律》，格致出版社、上海三联书店、上海人民出版社2009年版。

础是规则，凡是能够被制度化的东西必然是有关人们行为的准则，是由一定的规则构成的，只不过这些规则有着不同的属性。同时制度化也意味着一定组织和体系的形成，所以制度可能具体表现为各种法律条文、组织机构乃至非正式规则。在本章中，一般意义上的制度化意味着各级各类国家机构工作职能与程序的规则化和在国家体制范围内处理和解决问题。制度不仅仅指法律制度和规则，更指制度化了的、具有一定开放性的、由人们共同遵守的办事规程或行动准则。这就要求我们必须尊重体制内的制度，尽量以制度化的方式推进法制建设及法治进程，而这种制度化也就包含了大权力和“小”制度两方面的内涵。

由于地方法制是地方在解决具体问题的过程中，所涉及的由“自下而上”因素推动的地方实施法律的规则与制度的总称，是“各级地方国家机关和社会公众及其组织，根据本地实际情况的需要，在应对地方实施宪法法律所产生的各种具体法律问题的过程中，自下而上所作出的制度性反应或者形成的规则与制度的总和”。[①] 所以本章所使用的“小”制度这一概念，也是在地方法制基本理论框架下，在前述制度定义中的公正性程序和开放性规则层面上使用的。

也就是说，所谓的“小”制度，是相对于各种正式的国家层面的政治制度、法律制度和经济制度而言的。如果说大权力意味着国家层面的正式制度，是人们有意识创造的一系列正式的政策法则，包括法律、政治规则、经济制度等，那么，与大权力有所不同的是，“小”制度指的是地方国家机关和组织在为了实施国家法律以及本地方的有关地方立法的过程中，所创设和生成的各种工作制度。[②] 国家所颁布的各项法律在地方的实施离不开各种各样的具体制度，以保证正式法律及制度充分地贯彻实施，而正是这些在地方层面产生的具体制度，使大权力具有了鲜活的生命力，避免其被规避或无法实行，也可以对大权力中的负面因素进行约束和控制。这些制度和规则，虽然不像国家的法律那样被庄重而广泛地宣示，不少只是某个单位自己内部建立的，如某个基层人民法院创立的作为便民措施的立案交费办法、某个行政机关为方便群众监督而制定的公开办法等，但它们使人民群众与法律建立了直接而密切的联系，也使法律走进了大众的生活。如果没有这些具体的、烦琐的制度和规则，法律是无法最终得以实现的。一定程度上，“小”制度是地方层面正式制度和部分非正式制度的综合。

① 葛洪义：《中心与边缘：“地方法制”及其意义》，载《学术研究》2011年第4期；葛洪义：《我国地方法制研究中的若干问题》，载《法律科学》2011年第1期。但这里对此定义稍微做了调整，以更符合地方法制理论框架的要求。

② 在某种意义上，“小”制度也包含着隐藏在具体办事程序、工作流程之后所代表的价值取向、风俗习惯甚至意识形态等，但由于这些因素不易于考察，也有些偏离本书的主旨，因此本书不具体关注这些问题，只是需要特别指出，“小”制度不完全是正式的制度，其本身蕴涵着非正式制度的一些属性，而恰恰是这些属性将其和大权力区分开来。

（二）"小"制度的特征

一方面，和国家层面的大权力相比较而言，作为一种制度化的规则，"小"制度有着正式制度的一般特征：

（1）明确性、可查阅性，往往以法律、规章、条例、条约等文字形式存在。

（2）权威性、强制性，即以整体权力，整体对个体的强制力、约束力为实现基础，往往以国家政权为最终保障。

（3）整体性，以维护整体存在及其根本利益为目的。①

（4）稳定性，正式制度一旦形成，在一定时期内会保持相对稳定的状态。

另一方面，和大权力有所不同的是，"小"制度又有着某些非正式制度的特征。非正式制度包括价值信念、伦理道德、文化传统、风俗习惯、意识形态等。按照诺思的说法，"（非正式制度）来自社会所传达的信息，就是我们称之为文化的遗产的一部分。"② 非正式制度的建立一般是早于正式制度的，某些正式制度正是对非正式制度的逐渐替代，当然，不排除部分不是经由非正式制度转化而来的正式制度的存在，但这种替代可能只是非正式制度中的一小部分。强调"小"制度中的非正式制度因素，有助于我们纠正以往的那种"自上而下"的治理模式和思维习惯，破除把围绕法律展开的活动截然分为法律制定和法律实施两个阶段的虚幻故事，③ 确立法律是可以逐渐生成而非仅仅由国家制定的观念，同时也可以充分认识制度的形成过程。

（1）针对性，"小"制度一定程度上是和活生生的社会现实结合起来的，其形成往往应对某些现实生活的直接需要并与之相联系，相对于大权力而言，会具有更强的针对性。

（2）自发性，"小"制度的形成，是地方的各种单位、机构、团体、组织对社会中普遍存在而又不一定能为正式制度及时反映的文化传统、风俗习惯等的制度化，同时和自上而下所创设的制度不同，"小"制度有着一定的开放性，是在地方层面所自生自发形成的。

（3）延续性，非正式制度的变迁是相对缓慢的，由于其自生自发的性质，其改变和演进不是瞬间完成的，而是有一定的延续过程，同时即使发生改变，在变迁中先前非正式制度的许多因素也将在新规则中被加以传承。④

---

① 唐绍欣：《非正式制度经济学》，山东大学出版社 2010 年版，第 77 页。

② ［美］道格拉斯·C. 诺思，刘守英译：《制度、制度变迁与经济绩效》，上海三联书店 1994 年版，第 3 页。

③ 葛洪义：《中心与边缘："地方法制"及其意义》，载《学术研究》2011 年第 4 期。

④ 唐绍欣：《非正式制度经济学》，山东大学出版社 2010 年版，第 19 页。

(4) 非强制性，“小”制度的实施不完全依靠强制性的实施机制，或者说其强制力有别于大权力。虽然“小”制度也是人们在面对实际问题时的理性设计，但很多时候这种非正式制度安排是出于习惯而非理性，主体内在的自觉或良心反而能够更好地维持“小”制度的运作。

(5) 博弈性，“小”制度的形成是地方层面各方利益相互博弈的结果，建立在具有开放性的法律规则概念上，而不是单方面“自上而下”的强加，同时也是参与各方通过相互博弈而促成的，制度形成的重要动力是民众为保护权利而进行的斗争，斗争的压力促使各方之间的互动与改进，最终导致“小”制度的形成。

当然，不可否认的是，制度也会出现失灵和“异化”的情况，[①] 非正式制度中的一些负面因素也是需要我们尽力避免的，如关系、人情、地方保护主义以及潜规则的存在，一定程度上也反映出部分非正式制度中不利于社会正常发展的一面。

二、“小”制度的产生

法治的实现绝非一朝一夕之功，也非建立了完善的法律文本、执法机构就能够达成的。法治的最终成功与否，要看整个社会的人们是否真正主要依照法律来处理大小纠纷，安排世俗生活。对于像中国这样一个有着数千年人治传统的国家，尤其要认识到这个巨大转变的艰难与历久。在这里，考察“小”制度发生发展的过程就成为研究如何具体而微地推动中国社会摆脱人治传统走向依法而治的必要功课。

（一）“小”制度在现代中国地方产生的背景

提出建立现代意义的法治国家，不过是近十年的事情。1949 年新中国成立后，虽然也在现代共和国家的体制建构上作出不少努力，但是，直至 21 世纪初，我们并没有积蓄下根本性的扭转力量，质言之，并不能必然导致走上法治之路。建构法治国家是一个巨大的社会变革，其对社会的深远影响远超过那些仅仅为了实现政权更迭而发生的流血战争。在改革或说变革的推动上，中国一向是依赖上层力量的发动。但是，必须清醒的认识到，法治国家的形成，仅仅依赖上层力量的发动是远远不够的，它更需要依赖广大公众自觉地信赖、遵守和履行法律。也

① “异化”是黑格尔、马克思等人使用的德国古典哲学术语，指在一定条件下把自己的素质或力量转化为跟自己对立、支配自己的素质或理论，是用以表达本质的存在、主体向客体转化关系的概念。

就是说，在中国这样的国家，法治离不开上层的发动，但更离不开民众特别是地方的推动。

在中国这样的一个幅员辽阔的国家，没有立法和法治经验的我们，新中国成立后最初通过的法律大多具有一种宣示功能。如我们的《宪法》，是宣示中华人民共和国的国体、政体以及人民所拥有的基本权利，它还不完全是作为一个行为依据或司法判决的依据存在的。又如我们的婚姻法，更多的是宣示男女平等、婚姻自由等理念，若想依靠它处理现实生活中复杂的婚姻财产关系，它可能是力所不能及的，所以各地都要出台符合本地实际的实施条例，作出更为细致的行为规范和司法依据。某种意义上，这可能是国家法治面临的公共难题。即法律文本的建构和法律的实施必须经由地方的创设、细化，才能将国家治理落实为地方秩序。而所谓的地方创设与细化，不一定是完整、规范的地方法律文本，很多做法可能是拿不上台面、公开程度不高，或者处于内部执行的文件、办法、通知、暂行办法等，又因为各个地方的实际情况与实践水平具有一定差异，因而就形成了林林总总的“小”制度。

（二）“小”制度对于国家法治的作用机制

众所周知，在没有法律的时代，如封建时代，人们办事的依据更多的是风俗、各种各样的习惯、社会公认的公平标准，在遇到纠纷时，由地方官员主持裁决。如何决断，带有很大的随意性，或者因人而异。新中国成立后的很长一段时间，我们虽然在很多领域出台了法律，但法律在现实中并不发挥调整社会关系的作用。实际起作用的是各种各样的被我们笼统称为“政策”的东西，甚至连政策都算不上的内部规定。中国有句著名的俗语，“上有政策，下有对策”。如果撇开这句话的贬义，那么，这里所指的那些下级地方为了完成上级所加给的任务而出台的“对策”，包括上级根本没有考虑到地方具体实际而由地方自己积极主动建立的规则制度，就是我们所讲的“小”制度。

“小”制度的作用机制非常简单。有人经常强烈地感觉到，法律规定是一个样，实际办事又是另一个样。这就是“小”制度在起作用的结果。当然，这种“法律规定的情形”和“实际的情形”，有时候前者是积极的，后者是消极的；有时候则相反，法律规定是滞后的，实际情形是超前的，更符合实际的。这要具体分析。总的来看，“小”制度更符合地方的实际情况，或者说它的存在本身就代表着存在这样那样的实际情况，使我们的法治实践不得不然。

以长期困扰中国人的户籍制度为例。1954 年《宪法》规定，中华人民共和国公民有“居住和迁徙的自由”。但实际上实行的城乡分割二元体制，几乎完全剥夺了公民自由迁徙的自由。在大大小小的城镇，办理“农转非”，实现户口的迁移，成为一种让人羡慕的事情。在这里，国家法律和实际执行的政策出现分离甚至对立。而在同等条件下，给谁办理“农转非”，完全由掌握这一权力的官员说了算，我们虽然有法可依，但大家明知是有法不依，社会依旧处于人治状态。改革开放以后，随着各地经济发展差距拉大，对人才和劳动力的需求出现差异，各地开始实行差异化的“农转非”政策和人才落户政策。开明的城市，通过出台地方政策的方式，建立本地的人才引进“小”制度逐步降低城市的落户门槛。以广州为例，为适应经济社会发展对人才的需求，类似的规定屡作调整，仅20世纪90年代就先后出台了《关于严格控制广州市人口机械增长的若干规定》(穗府〔1992〕111号)、《关于严格控制广州市人口机械增长的补充规定》（穗府〔1993〕63号）和1999年的《关于调整广州市人口机械增长管理办法的通知》三个有关规定。其中《关于调整广州市人口机械增长管理办法的通知》指出，一方面要“继续按照国家和省的政策对广州市人口总量和结构实行宏观管理”；另一方面要根据实际引进人才需要“由实行人口机械增长指令性计划管理改为指导性计划管理”。这说明，广州市开始在奉行国家政策“控制人口总量”的前提下，开始建立根据城市发展需求引入人才的小制度。无疑，这样的“小”制度是更加实事求是的。进入21世纪，随着经济社会的进一步发展，这些“小”制度日渐成熟，最终促成了河南、安徽、吉林等省完全拆除农民落户城市门槛。虽然1982年《宪法》中并没有再次确认“迁徙自由”，但是在各地有关户籍管理的“小”制度叠加冲击之下，“迁徙自由”在一些省份正在变为现实。

在这里，我们看到，“小”制度的逐步探索，因应了社会发展进步的需求，保障了人民合法权益的实现，也客观上推动了国家法治的前进。当然，每一个“小”制度的出台可能只是进步一点点，而很多地方、很多个“小”制度推开，就形成了一种潮流。而在这个过程中，正如“农转非”的审批逐步由掌握在某些官员手中，到目前成为城市公开办事大厅的一个普通审批程序，“小”制度最终发挥了促成“人治”到“法治”转换、推动国家法治进程的作用。

三、“小”制度的类型

“小”制度的类型多样，对其类型进行概括和研究，是对基层政治智慧和工作经验的总结。但由于“小”制度所涉及的内容比较广泛，其存在形式也非常复杂，因此确定一个什么样的标准来对其分类并进行讨论也是一个难以轻易决断的问题。大体上，由于本书关注的是基层在面对实际社会问题时地方层面所作出的实践性反映，因此最终所确定的“小”制度的类型是以一种以点带面的形式出现的，主要以当今社会存在的一些热点问题和我国特有的一些基本工作制度为考察对象来进行归类，以此为标准这里大致归纳了 3 种类型的“小”制度——工作程序、公开制度和协商机制。但这并不能涵盖所有的“小”制度的类型，它们只是目前我国地方层面所存在的“小”制度的典范。

（一）工作程序

针对具体工作的开展而制定的各种工作程序，是地方层面创设出的最具特色的“小”制度。通过将各种形式的办事流程、接待程序等制度化，“小”制度发挥着在地方层面的积极作用。广义的工作程序包括国家机关的工作程序、社会组织（包括企业）的工作程序，以及公民进行某种特定活动的程序。本书所讨论的工作程序特指地方国家机关行使权力的程序，这也是地方国家机关行使权力的基本途径。在中国传统中所重视的是自上而下所产生的权力及权力的正式表达，权力的合法性来自中央权力的赋予。但实际上，权力的实际运行是和工作程序联系在一起的，任何权力都必须通过一定的程序行使。在实际操作层面的工作程序往往不是由法律明确规定（或只做原则性规定），而需要由具体实施的部门来加以界定，这就构成了形形色色的工作程序。

（二）公开制度

无公开则无民主。当前，从国家机关到社会团体、群众组织，都有相应的各种形式的公开制度，公开主体专指国家机关及负有相关公共管理职能的事业单位、财政拨款的社会组织和团体等，本书所关注的“小”制度层面的公开制度，主要集中在国家机关的信息公开方面。国家机关的信息公开制度是现代法治社会的一项基本制度，其理论基础建立在人民主权、人民的知情权以及正当程序或程序公正理念之上。公开制度可以使信息的传播与交流变得相对通畅，避免因信息封闭而造成的各种不利后果，如双方地位不对等、虚假信息引发恐慌等。

（三）协商机制

协商机制是地方各种权力运作和发挥实际作用的一种重要制度，也是最具特色的一种“小”制度。虽不见诸成文的法律及制度中，却在实际的决策和各种决定作出的过程中起着不可替代的重要作用，协商作为一种工作方法，也普遍存在于当前包括党政机关在内的各种组织机构的日常工作中。在正式的制度层面，除了我国的政治协商会议制度之外，协商机制被很多地方通过立法、决策、执法等活动作为必要工作程序而予以制度化。在非官方或者社会管理领域，协商机制也越来越多地被引入实践，为交换意见、统一认识、达成共识发挥着越来越重要的作用。

在确立对“小”制度概念正确理解的前提下，我们需要认识到，“小”制度和大权力其实都是一种制度化的力量，只是大权力制度化的程度相比“小”制度来说可能适用范围更广，或者说其背后的力量来源比“小”制度更强。但这并不意味着大权力比“小”制度更高级。需要注意的反而是，“小”制度的出现对于大权力而言，表现为一种特殊的存在，它或者是大权力的前提，或者是对其功能不足的补充，或者是对其实施的具体化操作，或者是对其运行的制约，甚至可能是大权力形成的先声——“小”制度很多时候正是大权力的真正来源。但需要指出的是，本书的重要意图之一在于阐述地方层面“小”制度所具有的力量，因此突出了“小”制度的内容、功能及积极作用，而这并不意味着我们要否定或抛弃大权力本身所具有的功能，也不意味着“小”制度就是万能的、毫无瑕疵的，对这一点我们要有清醒的认识。从这个意义上说，大权力与“小”制度不是简单的决定与被决定关系，也不能单纯把某一方视为另一方的前提，相反要从两者的良性互动中对其进行充分的考察，这也是我们将要在后面展开的内容，主要体现在“小”制度有助于大权力的实现，也对大权力进行限制与制约两个方面。

第二节　“小”制度与大权力的实现

大权力如果不能落实，等于没有权力。大权力与小制度的关系，就如同人的大脑和四肢，大脑发出指令，由四肢去完成任务。一切大权力的拥有者，无论是个人还是机构，都需要具体的相关权力执行机关（一般是下级机构、或者更基层的机构），按照有关权力运行的规则、规范，将大权力的意图转化、落实为权力拥有者或机构所希望的权力执行结果。

一、“小”制度与大权力实现的基本关系

（一）“小”制度作为大权力的来源与支撑

大权力需要“小”制度为支撑。因为没有各种各样的“小”制度，大权力就如同空中楼阁，无法运行，也无法对社会发生作用。但是，我们也要注意到，“小”制度并非简单地依赖大权力而存在。恰恰相反，“小”制度可能往往是大

权力的先声或前提，也是大权力等制度化形式的主要来源。合理的“小”制度安排可能会促使稳定有效的大权力的出现，而且从社会的角度来看，“小”制度更具有生命力，以自下而上的力量推动大权力的建构与实现。当然，大权力也会为“小”制度的稳定和改进提供条件。只是这种良性互动需要一定的前提，如大权力必须与“小”制度保持目标的一致性。

“小”制度是大权力的先声，也是引发大权力反应的基础，是大权力的主要来源。这一点在改革开放以来地方政府的创造性立法等具体实践中表现得尤为明显，也最能反映地方法制建设的成就。如从早期的以经济为中心进行法制工作，到后来越来越重视如烟花爆竹燃放、机动车污染、户外广告、食品安全、文化保护、消费者保护等社会问题，再比如由“孙志刚案”推动的收容遣送制度的废除、由“洛溪大桥收费事件”推动的对路桥收费合法性与合理性的质疑等等。[①]地方层面各种“小”制度的建立不仅反映了地方法制建设的巨大成绩，也由此推动更为深远的在大权力层面的反映与变革。其内容可能覆盖了立法、司法、政府法制、法律服务等方面的制度创新。[②]

其实，从最为根本的意义上讲，法律本来是一种地方性知识，地方不仅指空间、时间等，也指特色（Accent），即把对所发生的事件的本地认识与对可能发生的事件的本地想象联系在一起。[③] 当我们在地方法制理论框架下看待法律时，始终应该采取一种社会学意义上的法律概念，展示法律内涵的丰富性及其与社会之间的内在关系，把社会看做法律的基础而非相反，要看到在国家的所谓正式规范之外，地方层面从来都是各种制度化机制的基础和源泉。

（二）“小”制度作为大权力的细化与补充

在某些情况下，“小”制度的产生来自于自上而下的压力，当大权力所规定的事项不足以独立实施时，或者某些办事流程缺失导致大权力的实现出现困难时，如某些法律规定比较模糊，或者可操作性不强。此时在不违反相关法律规定或者无须特别授权的前提下，可以通过创设具有针对性、可操作性和灵活性的制度来保障大权力的实现。从这个意义上说，“小”制度无疑是大权力的细化与补充。

---

① 葛洪义主编：《广东法制建设的探索与创新》，华南理工大学出版社 2009 年版，第 2 页。

② 如广东省高院在 2001 年 9 月制定了《广东法院立案工作规定（试行）》，对立案机构手里审查各类案件的程序和要求，分门别类进行了详尽规定，解决了在大权力缺失情况下立审不分、审判管理缺乏规范性、影响审判质量和效率等问题，一定意义上为在全国范围内推行规范化的立案工作奠定了基础。葛洪义主编：《广东法制建设的探索与创新》，华南理工大学出版社 2009 年版，第 73 页。

③ ［美］克里福德·吉尔兹，邓正来译：《地方性知识：事实与法律的比较透视》，梁治平主编《法律的文化解释》（修订版），三联书店 1998 年版，第 126 页；［美］克里福德·吉尔兹，王海龙、张家瑄译：《地方性知识》，中央编译出版社 2000 年版，第 222 页。

如前所述，国家机关内部在“小”制度形成的过程中存在各种形式的博弈，这种博弈在自上而下所颁布的规则发布时表现的尤其明显。从这个意义上说，大权力的实现依赖于“小”制度背后各方力量的博弈结果。规则一旦制定和发布，势必激起其他各种未能参与或者未能有效参与规则制定的社会力量的干预和抵制。理论上，未能在制定过程充分博弈的规则，博弈就会延续到实施过程中。[①] 因此不同国家机关对规则的制定都有具体的制度设计，如地方立法的程序设计、辩论、党派设计、院外集团、专家论证、群众意见征集、立法调研等，这都是为了减少法律实施的阻力；各个国家机关为了实施法律在机关内部也设计了多种工作制度，如官员的考试录用制度质量跟踪制度、监督制约机制、集体讨论制度、审批制度、错案追究制度、晋升制度、薪酬制度、保障制度、奖惩制度等。

根据博弈理论，在没有外部规范约束行为者的情况下，行为者会陷入典型的“囚徒困境”或者“囚徒困境”的变型境地，理性的行为者会作出不利于自身和集体利益最大化的行动选择。[②] 要克服“囚徒困境”，要么需要一个关系紧密群体，[③] 在多次的博弈合作的前提条件下互相信任从而摆脱“囚徒困境”；要么需要有外部规范对行为者进行约束。这些能够发挥实际作用的制度是社会各方力量博弈的结果，其中有些是源自于基层的智慧，是对现实问题最为真实的反映。从这个意义上来说，“小”制度是大权力的细化和补充，面对基层问题产生的“小”制度，兼具正式制度与非正式制度的特征，也反映了各种社会力量的博弈过程。乡土社会的逐渐消亡瓦解了非正式规范解决“外部性”问题[④]的能力，但“小”制度一定程度上可以克服非正式规范的完全自发性质，提高规范干预的效力。

二、实现国家角色的合理定位

（一）国家角色的合理转换

长期以来，在关于国家角色定位的讨论中，往往把国家的角色界定为同时是

---

① 葛洪义：《我国地方法制问题的研究框架与基本理论》，载全国“法治进程中的地方法制建设”专题学术研讨会论文集 2009 年 12 月，第 2 页。

② ［美］罗伯特·C. 埃里克森，苏力译：《无需法律的秩序——邻人如何解决纠纷》，中国政法大学出版社 2003 年版，第 194～200 页。

③ 如我们传统中国的“乡土社会”中生活的人群就是这样的一个群体。

④ 外部性问题指的是，当一个人从事某项行为时，其行为影响到他人的福利，然而他既没有为此对他人进行补偿（当他损害他人的福利时），也没有为此获得补偿（当他增加他人的福利时）出现的问题，此时人的活动超出其预想的范围，导致群体内的秩序影响到群体外的福利。［美］曼昆，杨治宜译：《经济学原理》，清华大学出版社 2006 年版，第 204 页。

运动员和裁判员，因此认为国家不能同时充当两种角色，而应该仅限于裁判员角色。但目前存在的问题是，即使国家仅仅扮演裁判员的角色，是否就理所应当地担任起所有规则制定者的角色？由国家事无巨细地制定并推行各种规则，又是否会存在其他问题。这就涉及对国家的角色合理定位，尤其是对以往的那种国家万能主义的认识的反思。其实，国家并不是万能的，原因在于国家的知识是有限的，而这种有限性决定了国家理性的有限性，如果此时国家非要扮演万能的角色，结果可能有两种：一种是由于政府部门及其工作人员将其自身利益掺和进社会经济运行的全过程中，从而产生腐败；① 另一种就是导致国家层面正式制度的单一化、表面化和空心化，不利于制度的落实。认识到这一点之后，20 世纪 90 年代以来在我国施行的一系列措施显示着国家角色的转换。如伴随着城市的社会单位制向社区制的过渡，催生了“权力中心下移，权力明确下放”趋势，国家权力逐渐从社会领域退出并向社会回归，基层政府的制度创新和组织创新促成了街区权力分化与重组，随之而来导致社区秩序发生明显的变化，也引起了一系列的制度创新。②

其实，在马克思、恩格斯批判黑格尔法哲学时已经指出，从来没有可以任意制定法律、随意发号施令的统治者，在国家与社会两分的理论框架下，国家与社会之间存在着一种互动关系，但二者到底谁决定谁是争论较多的问题。③ 但一直以来，我们对国家的角色有一种过于依赖的倾向，而忽略了社会的作用。人们往往会关注大权力的直接行使，却忽视在社会中产生的“小”制度的作用。大权力更注重宏观层面的内容，但由于基层情况的千差万别，刻板的法律规定可能无法应对不同地方的具体情况，虽然中央与地方的划分，并不会引起中央的法律与地方的法律之分，但强行推行国家机关法定大权力所规定的内容，或者忽视相应的配套制度，则可能会降低国家机关的办事效率，一定程度上也会减损国家的公信力。

---

① 汪洪涛：《制度经济学：制度及制度变迁性质解释》，复旦大学出版社 2009 年版，第 124 页。

② 蔡禾、卢俊秀：《制度变迁背景下的社区权力与秩序》，载《广东社会科学》2007 年第 6 期，第 175 页。

③ 黑格尔在《法哲学原理》中，将国家作为伦理理念的实现认为社会公正取决于国家。但马克思提出了针锋相对的观点，认为国家从来不是道德意义上的善，而是社会意义上的斗争的产物，最终是由社会决定的。[德] 马克思、[德] 恩格斯，中共中央马克思、恩格斯、列宁、斯大林著作编译局译：《德意志意识形态》，人民出版社 1961 年版；[德] 黑格尔，张企泰、范扬译：《法哲学原理》，商务印书馆 1997 年版，第 164 页；葛洪义：《中心与边缘：“地方法制”及其意义》，载《学术研究》，2011 年第 4 期，第 30 页注释③。

（二）“小”制度在实现国家角色定位方面的作用

“小”制度的重要性在于提供一种在社会层面可以遵循的、共同的游戏规则。告诉人们哪些行为可为，哪些行为不可为，并进一步指导人们如何去行为。地方政府可以通过制定相对灵活的“小”制度，克服前述缺点，提高办事效率，实现公正目标。此时国家的角色和治理理念应当适时调整，通过转换国家尤其是政府角色万能的观念，适度依赖“小”制度，或许可以实现国家角色的合理定位。如在城市社区的管理方面，对权力的分化和重组，对社区中各种性质团体的建设与培养，对群众的组织与调动，都依赖基层的各种“小”制度的作用。

三、实现对公民权利的救济

（一）权利救济的基本内容

虽然权利理论在西方是一个基本的理论，对个体权利的充分保护在现代西方社会没有太大争议，但在我国却并非如此。由于长期以来的集体本位思想影响，对个体权利的保护和救济并不具备与生俱来的合法性，只是在经过20世纪80年代的开始“权利”大讨论之后，[①] 在一批学者的不懈努力下，权利本位理论不仅被理论界所接受，也被我国普通百姓奉为基本的生活信条，人们开始逐渐接受要对公民权利进行保护与救济的观念，也逐渐认识到，权利救济是法治框架下的基本内容，而对公民权利进行充分保护是法治国家实现的一个基本条件，和对权力进行制约同样甚至更为重要。

所谓的权利救济，是指法律上的权利被侵害时，如何用法律上所规定的方法，寻求帮助来维护自己的权利。在传统的理论框架下，诉讼救济是主导的方式，对权利救济是以一种一元的方式进行的，主要包括民事诉讼、刑事诉讼、行

---

① 党的十一届三中全会后不久，法理学界曾就法学研究对象进行了一次广泛讨论，有学者就提出“法学应以‘权利义务’为自己特殊的研究对象”。其后不少学者进一步阐发了这一思想。1988年在长春举办首次全国法学基本范畴研讨会上，多数与会学者就此达成了共识，提出应“以权利与义务为基本范畴重构法学理论体系”，“权利和义务贯穿于法的一切方面和一切过程的始终，凡是有关法的问题莫不围绕权利、义务及其界限这一中轴而聚集和旋转”，从而揭开了权利问题大讨论的序幕。邓正来也认为，这次会议使得“权利本位论”不仅为作为一门独立学科的法学提供了政治上的或意识形态上的正当性论证，而且还把法学中诸多被视作具有某种政治禁忌的论题从当时极“左”政治或僵化的意识形态中解放了出来，使之成为公众的和学术的论题。葛洪义：《论法律权利的概念》，载《法律科学》1989年第1期；葛洪义：《法律·权利·权利本位——新时期法学视角的转换及其意义》，载《社会科学》；1991年第3期及邓正来：《中国法学向何处去》，商务印书馆2006年版。

政复议和行政诉讼实现权利救济，其中国家赔偿、法律援助制度等是司法救济的重要组成部分。但也有学者认为，单纯的司法救济已经无法满足当前社会的需要，除了司法救济模式之外，还有上访救济模式和群体救济模式。前者指的是依据《宪法》第41条的规定，公民享有申诉、控告和检举的上访权利。呈现出的是公民权与公权力之间的紧张关系。后者主要是指《宪法》所规定的公民所享有的游行、示威、结社等以群体方式要求或实现合法权益的一种权利救济模式。总的来看，前述权利救济途径都属于制度性救济的范畴，大致可以分为诉讼救济、代替性纠纷解决机制、监督解决机制和特殊解决机制几种。① 另外，除了这些制度化的权利救济模式外，还有一些非制度化的权利救济模式，常常与违法甚至犯罪联系在一起，充满暴力和过激行为。

（二）以“小”制度实现权利救济的必要性

目前的问题是，由于当前我国处于剧烈的社会转型期，社会矛盾相对较多，虽然有对公民的权利保护与救济的基本制度框架，但由于各种原因，一方面我国公民的法定权利救济途径相对较少；另一方面又面临着正式的救济途径成本太高，或者正式制度无力救济的尴尬局面。因此当公民权利受损时往往不是向正式的制度求援，而是通过极端的方式如“跳楼秀”、无休止上访、向黑社会求助等体制外解决方式来解决。在这种情况下，正式制度的无力与非制度化暴力的两个极端，都无助于公民合法权利的保护与实现。在树立司法权威，依赖司法救济的同时，也要注意不能滥用司法资源。现实的情况是，在经过“畏讼”、“厌讼”阶段之后，20世纪90年代以来一系列司法改革所取得的成效之一是，人们开始热衷于“打官司”。这其中可能有诉讼费用降低的因素，也有人们观念转变的因素。但这就引发了另外的问题，很多诉讼纠纷的发生源于最开始就没有做好相应的防范措施，人们只学到了“有纠纷找法院”，却没有学会如何预防纠纷。如买卖一方仍然基于朴素的乡土观念做生意，不愿意为了“一纸合同”伤及对方的面子。当纠纷出现之后，想到去打官司。但结果显而易见，于是当事人开始“缠讼”，法院则开始面对大量类似的案件，疲于应付。导致的恶果就是法院受案数量居高不下，但解决的效果并不好，由此又可能引发司法权威受损的问题，反而不利于司法改革的进一步深入。

但各种社会问题既然产生于基层，如果能够引导并发挥地方各级国家机关的主动性和创造性，运用形式多样的纠纷解决机制，创造并提供解决问题的公平、

① 李俊：《从一元到多元：公民权利救济方式的比较研究》，载《华东师范大学学报》（哲学社会科学版）2007年7月，第79页。

便利的“小”制度，或许更能够保护并实现公民的合法权利。“小”制度中的救济方式，属于制度化的权利救济模式，一方面具有制度化的色彩；另一方面又有不同于某些正式制度的成分，更为灵活和方便，如代替性纠纷解决机制、监督解决机制和特殊解决机制中都有一些“小”制度的内容。成熟的“小”制度不仅可以改变一元的诉讼救济模式无力应付大量诉讼案件的局面，也可以避免当事人追求私力救济等非制度化的方法进行权利救济，一定程度上能够降低群体性事件的发生，也能避免黑社会势力的介入，维护社会稳定。毕竟，在社会层面公权力不能充分发挥作用的地方，总需要借助某些外部力量的干预与调整，如果这个领域不能由制度化的力量来进行规制，那么只能让步于非制度化的极端力量，而这是每个法律人都不愿意看到的。

四、实现中央和地方权力的合理配置

“小”制度在权力配置，尤其是中央和地方的权力配置方面，也能发挥一定的作用。

葛洪义教授认为，中央与地方权力分配的格局，对地方法制有重要意义，经济体制改革的深远意义在于，以法律的方式构建新型中央与地方的关系。[①] 计划与市场、集权与分权、中央与地方关系等问题归根结底都是权力的分配与配置问题。但在当前形势下，可能是复杂而难以通过正式方法处理的问题，因为在国家层面上在短时期内不能通过正式制度改变现有的分权格局，但要调动地方的积极性，达到中央、地方的权力适度均衡，又需要一系列的较为正式化的制度，这时一个很重要的途径就是依赖“小”制度来实现权力的合理配置。正确处理前述关系，有助于国家经济的发展和法治建设的实现，对我国的法治建设也具有广泛、深远的影响。[②]

我国的法治建设是和中央与地方合理分配权力的需要联系在一起，这些关系一定程度上决定了地方法制与法治实现的效果。因此也有学者认为，在中国这样的超大型国家中，中央集权和地方分权都有其合理性和科学性，中央和地方的积极性都应予以充分的尊重和考虑。在合理划分中央与地方权限时，应在遵循“发挥中央与地方两个积极性”原则的前提下，努力找到中央与地方权力的合理

---

① 葛洪义：《地方法制的意义——中央与地方关系的法律化、制度化问题初探》，载《学习与探索》2010年第1期，第76页。

② 葛洪义：《法治建设的中国道路——自地方法制视角的观察》，载《中国法学》2010年第2期，第54页。

分治点。[1] 而“小”制度或许就是能够实现这个合理分治点的媒介，从这一点来看，“小”制度对于大权力来说是必不可少的，各种地方层面的“小”制度的建设有助于在不触动敏感问题及硬性规定的前提下，逐步实现中央与地方权力的均衡、政治权力的合理配置。

中央与地方的关系问题，其实一直是地方法制理论所关注的主要话题。它不仅仅涉及权力的划分与配置，还涉及对法律概念的认识。在前面的论述中，我们已经基本破除了对法律国家主义和法律中央主义的迷信，认识到法律不仅仅是国家权力的产物，也不一定就是中央自上而下推行的唯一结果，法律必须包含社会的因素和限制国家的因素。[2] 这样一来，国家权力的体制与法律也就没有绝对必然的联系，不存在一个与国家权力的中心和边缘相对应的法律的中心区域与边缘地带；如果法律来源于社会，那么，法律实践最重要的领域或许恰恰就在最接近社会和个人的“地方”。[3] 从这个意义上说，“小”制度的重要价值就在于凭借其自生性和开放性从社会、地方层面来保障大权力的实现。

第三节　“小”制度对大权力的制约

一、制度与权力的关系

“小”制度除了能够实现权力内容外，在某种程度上也可以实现对权力的制衡，具有一定针对性的“小”制度可以在实际工作中，对可能存在的权力过于集中或权力运作失常的情况进行弥补与平衡，在这一过程中使各项正式制度更为规范、合理，这主要体现在制度对权力的约束作用方面。

（一）权力运行离不开制度制约

西方学者对权力概念的讨论是十分深入而充分的，从古希腊、罗马时代开始，包括亚里士多德、孟德斯鸠、霍布斯、马基雅弗利以及韦伯、马克思、罗

① 封丽霞：《集权与分权：变动中的历史经验——以新中国成立以来的中央与地方关系处理为例》，载《学术研究》2011 年第 4 期，第 37 页。

② 葛洪义：《中心与边缘："地方法制"及其意义》，载《学术研究》2011 年第 4 期，第 31 页。

③ 於兴中：《法理学检读》，海洋出版社 2010 年版，第 31 页。

素、帕森斯、吉登斯、福柯、阿伦特等在内的学者都有大量关于权力的精彩而丰富的论证，尤其是丹尼斯·朗的总结性评论，为我们认识权力概念提供了很好的视角，限于篇幅在此不再赘述。大体上，权力（Power）一词，在英语中通常用作能力（Capacity）、技巧（Skill）、或禀赋（Talent）的同义语。或者被学者们定义为“获得未来任何明显利益的当前手段”①、“预期效果的产生”②、“在社会关系中参与者……实现自己意志的概率”③，等等。通常来讲，权力是某些人对他人产生预期效果的能力，是一种影响或控制他人行为的力量，包含有“支配”和“强制”之意。④ 权力又蕴涵着权威，有单纯的强制力也有合法性基础，以个人及集体资源为作用对象，是人类社会中形成的重要概念。现代社会中的权力是国家、政党及政治组织特有的一种统治力量，既具有社会整合的作用，也有对社会资源进行分配和实现政治主体权利的作用。

而制度与权力之间既有一定的一致性与统一性，也有着各自的特征。首先，制度与权力之间有一定的联系。无论是制度还是权力，尽管在具体范畴和内容上存在差别，但它们都有意识形态的成分，也存在某些方面的重合，比如前面提到的制度与权力都蕴涵着“权威”的内容。从这个意义上讲，两者具有紧密的联系性，权力的运行离不开一定的制度制约，单纯的权力运作可能会遭遇阻力、障碍，难以健康运行。其次，制度可以对权力产生制约。权力的运行可以是规范的，也可能是混乱的。要保证权力的合法、规范运行，要靠制度的支撑去完成，靠制度的约束去实现。最后，制度与权力之间有相互促进性。从一定意义上讲，制度和权力都是一种力量，一种作用。两者如果能够结合在一起，这种力量就会发展得更为顺畅、有力。

但在现代社会，尤其是在法律领域，我们关注的不是权力本身的整合作用与控制力量，而是更多地关注对权力的约束。权力必须受到约束已经成为一个基本的常识，因为“一切有权力的人都容易滥用权力，这是条万古不变的经验。有权力的人使用权力一直到遇到有界限的地方才休止。”⑤ 但如何对其进行约束则一直都是值得深入研究而又耐人寻味的话题。一般而言，对权力进行约束有监督和制约两种途径，⑥ 但一直以来我国对权力监督的讨论和规定比较多，无形中也

---

① ［英］托马斯·霍布斯，刘胜军、胡婷婷译：《利维坦》，中国社会科学出版社 2007 年版。

② ［英］伯特兰·罗素，吴友三译：《权力论——新社会分析》，商务印书馆 1991 年版。

③ ［德］马克斯·韦伯，林荣远译：《经济与社会》（上卷），商务印书馆 1997 年版。

④ ［美］丹尼斯·朗，陆震纶、郑明哲译：《权力论》，中国社会科学出版社 2001 年版，第 3 页。

⑤ ［法］孟德斯鸠，张雁深译：《论法的精神》（上卷），商务印书馆 1961 年版，第 154 页。

⑥ 也有学者把对权力的约束分为权力模式、权利模式、制度模式和混合模式。但实际上所谓的各种权力约束模式要想发挥作用，最终都需要制度化的结果，而权力约束的模式其实也是以实现个人权利为目的，所以这种划分方法并无太大意义。

把监督视为对权力进行约束的主要途径，而对权力制约的讨论较少，认识也不够深刻。[①] 事实上，虽然权力监督是对权力约束的重要形式，在现代社会中也发挥着不可替代的重要作用，但不管是狭义的检察机关的法律监督权，还是非制度化的舆论监督、群众监督、社会团体的监督等，由于其非制度化的设计，往往都过于强调外部力量的运用，在监督力度上难以把握适当的度，容易使权力监督流于形式化、空洞化，也容易产生凭借监督权力来进行权力寻租而滋生腐败的问题。所以通过制度化的力量来约束、制约权力，成为一个基本的选择。

（二）制度建设水平决定制约的有效性

权力制约主要关注如何以制度化形式来对国家权力进行有效制衡和限度控制，在最大限度上减少乃至杜绝权力滥用的现象。权力制约是一个与分工、分权相联系的工作机制，主要强调平级或权力均衡状态下的互相约束，它并不完全从属于西方国家的分权体制，在我国的现有体制框架内，一样可以存在权力制约。如“就具体的职权而言，我国国家机关之间一直广泛存在着分工：法院与检察院、公安机关之间有分工；司法机关与行政机关有分工；人民代表大会与政府、司法机关也有职权的不同，这些不同，决定了国家机关相互之间职能上的相互掣肘和约束。”[②] 我们完全可以通过制度化的内部工作机制，通过制度化的机制来更为有效地实现对权力的约束。

从制度设立的层面看，权力约束的实现是依赖制度建设的发展水平的，没有合理、有效的制度，就不会有公正、有效、合法的权力运作。而权力有效运作的最终目的是为了权利的实现，所以没有以权利保护为中心的制度，也就不会有好的公正实现权力的制度。在马克思的国家与社会二元划分的理论前提下，我们看到了国家和社会之间无法相互替代的关系。[③] 那么，法治国家可能并不意味着国家必须通过制定法律来调控社会生活的一切，而更可能意味着通过个体以及各种社会组织的力量参与的方式来解决社会自身问题，从而反过来以制度化的方式限定国家权力的边界。

从这个意义上说，“小”制度就是通过制度化的权力制约机制在某种程度上实现对权力的制衡，具有一定针对性的“小”制度可以在实际工作中，对可能

---

① 葛洪义：《“监督”与“制约”不能混同——兼论司法权的监督与制约的不同意义》，载《法学》2007 年第 10 期，第 3 页。

② 葛洪义：《“监督”与“制约”不能混同——兼论司法权的监督与制约的不同意义》，载《法学》，2007 年第 10 期，第 6 页。

③ ［德］马克思、恩格斯，中共中央马克思、恩格斯、列宁斯大林著作编译局译：《德意志意识形态》，人民出版社 1961 年版。

存在的权力过于集中或权力运作失常的情况进行弥补与平衡，在这一过程中使各项正式制度更为规范、合理。

葛洪义教授认为，权力制约相对于权力监督而言，有着经常性、有效性、民主性等优点：

（1）经常性。属于日常工作中因分工而产生相互约束，例如，检察机关不起诉，法院就不能自行抓人来审判；检察院可以起诉，但是它无权定罪。这些都是法院、检察院的日常工作，不做就是失职，而且做的时候是分工去做，彼此构成约束。

（2）有效性。是两个或两个以上国家机关或者同一个国家机关内部不同部门之间的博弈，可以有效构成相互之间的约束。百姓监督国家机关的权力，某个国家机关监督另一个国家机关的权力，只有通过现实的政治博弈才可以享有，物质的力量只有依靠物质的力量才能够打破，没有均衡的力量对比，就不可能进行有效的制约。这个博弈的机制就是建立在权力分工的基础上。

（3）民主性。通过工作分工，形成了一个广泛的决策参与机制，保证了法律的实施。其不足则在于：群众参与比较有限，无法涵盖各类权利主体，有时候还会导致效率低下。[①]

通过制度化而形成的参与机制、工作机制、监督机制能够相对稳定、有效、公正地对权力进行约束，从而达到权力制约的目的。

二、地方“小”制度如何制约大权力

（一）确定权力界限

每个社会都以自己的方式对政治权力的限度作出界定，没有哪个社会愿意长期容忍不受限制的专权。但在传统中国社会，民众对权力和政治体制几乎没有任何影响，官方的滥权往往给民众带来无尽的伤害，虽然中国文化与历史的经验中产生了一些对权力和威权体制的限制因素，对专制权力进行一定的限制，但这些都是非制度化的，因而导致权力的无界限。如发生在1768年的对一个普通事件处理的失控与不良后果的蔓延，向我们展示了专制权力异化的恶果。官府发起的对妖术清剿的运动以及由此释放出的权力，被普通民众肆意滥用，“在这个权力对普通民众来说向来稀缺的社会里，以‘叫魂’为罪名来恶意中伤他人成了普

① 葛洪义：《“监督”与“制约”不能混同——兼论司法权的监督与制约的不同意义》，载《法学》2007年第10期，第5页。

通人的一种突然可得的权力。对任何受到横暴的族人或贪婪的债主逼迫的人来说，它提供了某种解脱；对害怕受迫害的人，它提供了一块盾牌；对想得到好处的人，它提供了奖赏；对妒忌者，它提供一种补偿；对恶棍，它是一种力量；对虐待狂，它是一种乐趣。”① 权力不能被清晰界定和使用，是产生前述问题的根本所在。当然，我们并不是用现代的标准去苛求传统中国社会的统治方式，也不是在完全否定传统统治方式的积极意义与存续的合法性。而只是想说明，不受制度化规则界定的权力所可能产生的不良后果。

如前所述，具有一定开放性的规则是制度的主要表现形式，确定界限是“小”制度的基本功能，“小”制度通过一系列针对性的规则为人的活动以及权力范围划定界限。因为权力越到国家层面越集中，也越难以清晰界定。所以对各种权力作出细分和界定，细到具体单位、处室和具体岗位的职责职权，是地方行使权力的前提，地方具有天然的便利。这种界限一般包括权利和义务的明确，也包括活动空间和活动范围的确定。② 规则的限制就表现在，用较为明确的形式为人们的行为设定行为的边界，指引人们可以做什么、不能做什么以及如何去做。“小”制度是以规则的形式设定行为的框架，规范、协调人在社会中的行为，规定各个部门以及人们的活动空间和创新的可能性。各种有形、无形的“小”制度所形成的边界限制人们行为的方向和路线，并划定了政府部门和私人的活动空间。

（二）规范权力运行秩序

人类社会的秩序是通过人类的实践活动创造并生成的，是人类生成和发展的根本条件和要求。因为“秩序在人类生活中也起着极为重要的作用。大多数人在安排他们各自的生活时都遵循某些习惯，并按照一定的方式组织他们的活动和空闲时间。”③ 亨廷顿也认为现代国家的首要问题是“建立一个合法的公共秩序”。④ 有序的权力运行机制可以使社会以凝聚的方式给人们带来稳定的环境和较高的效率，制度通过规范权力的运行秩序，为实现人与人之间的正常合作创造条件。麦考密克则认为，法律是最为典型的制度性规范秩序，现代社会中作为法

---

① 同样的事例在我国历史上屡见不鲜，权力干涉往往会在一些偶然事件中进入社会而引起大的动荡。比如“文革”时期普通老百姓由于最高领袖的号召而获得来自顶端的革命造反权力，凭借这个权力最底层的人也可能一跃成为上层人士。[美] 孔飞力，陈兼、刘昶译：《叫魂——1768 年中国妖术大恐慌》，上海三联书店 1999 年版，第 2 页，第 300 ~ 301 页。

② 辛鸣：《制度论——关于制度哲学的理论建构》，人民出版社 2005 年版，第 115 页。

③ [美] E. 博登海默，邓正来译：《法理学：法律哲学与法律方法》，中国政法大学出版社 2004 年版，第 223 页。

④ [美] 塞缪尔·亨廷顿，王冠华等译：《变化社会中的政治秩序》，上海三联书店 1989 年版，第 7 页。

律最重要形式的国家法，以及其他形式的法如国际法、欧盟法、教会法、伊斯兰法、体育组织等的法律，都有对秩序（Order）的共同诉求。秩序意味着一套复杂的对于所有人行为模式在秩序领域中的“约束”，通过使其行为符合规定的模式，秩序被普遍接受。秩序所能带来的这种模式的可能性，很明显是依靠一套可理解的理性的总体结构。因此存在假定的系统化的有关行为模式或“规范”的特性，成为秩序的支撑。[①] 制度化对于秩序的形成来讲，是必需的一个过程。

对于权力的运行秩序来说，应以权利保障为核心，这是法治社会的一个基本认识，要明确并实现这一目标，需要依赖“小”制度所创设的一系列规则，同时要厘清权力来自权利的授受关系、权利对权力的制衡关系和权力对权利的回归关系。权力运行秩序的确立最终还是要以对公民权利的保护作为最终目的，“小”制度的创设也要始终围绕这一目的展开。唯其如此，权力才能持续、健康地运行下去。

三、“小”制度对大权力制约的形式

（一）合理配置权力的制度

（1）促进政府与社会分权。政府与社会分权的主要表现形式为政府与各种社会组织的共同治理。即政府与社会组织各自在其权力范围内运行，共同管理社会，为社会提供公共服务。过分集中的政府权力容易引起腐败，因为过分集中的权力不仅不好规范与监督，而且权力过大也不易从外部进行监督。政府与社会分权是避免政府权力过分集中的重要手段，也是现代社会的一个主要手段。政府通过转移职能把部分职责转交给社会组织，不仅能够降低政府管理社会、服务社会的成本，而且可以防止政府过分包揽各项职权的弊端，一定程度上减少权力的腐败倾向。

（2）促进政府与市场分权。政府不仅应该与社会分权，而且应该与市场分权，实行公共资源配置市场化。完善的市场机制具备公开性、机会公平性和效率最大化的特点，实行公共资源市场化配置，不仅可以使资源配置达到最大限度的公平，有效防治腐败，而且可以使资源配置效率最大化。为实现政府与市场分权，政府应该努力完善市场机制，积极推进公共资源交易方面的制度改革，如土地矿产资源开发使用、政府采购、国有产权交易、国有资产经营管理制度等的

① Neil MacCormick., *Institutions of law: an essay in legal theory*. Oxford: Oxford University Press Inc, 2007, P. 11.

改革。

（3）促进政府内部分权。导致政府权力不受约束的另一个重要原因是政府内部权力过分集中，政府行政活动中的决策、执行、监督三者合一，这不仅会使政府权力部门化，而且会使部门权力利益化。当政府各个部门在权力运行中既是规则制定者又是执行者时，这种权力运行模式很明显是不规范的。因此，建立决策、执行、监督三者相互分离的“小”制度是可以采取的一项措施。①

（二）恰当界定权力的制度

（1）以“三定”界定大权力内容。在合理配置大权力，实行一定的分权之后，政府权力变得相对清晰，接下来可以通过各种具体而细化的制度进一步明确权力主体与权力客体，即通过定职能、定机构、定编制的“三定”，来使每个机构、每个岗位明确自己的职能。

（2）以权力清单明晰大权力范围。政府各个机构、各个岗位运转的最佳状态是明确各自的权力范围，如果能够在分权和定权的基础上开出权力清单，做到每个部门、机构、岗位的权限可以被列出，则无疑可以避免权力的模糊状态，使清晰的权力可以被监督和制约。②

（三）保障大权力运行的制度

（1）以公正的规则与程序保证大权力运行的规范性。公正、合理、制度化的程序既是防止大权力运行不规范的关键，又是限制过于宽泛的自由裁量的重要手段，以公正为导向的程序性制度设计无疑可以成为保障权力运行的重要制度，规范大权力的运行。

（2）以公开和透明的制度保证权力运行的可监督性。在权力清单、权力运行规则及程序制定出来之后，还有必要进行公开化、透明化的制度建设。如政府以电子政务的形式在网络上向社会公布相关信息，或者以岗位职责和办公程序的方式在政务办公大厅公布必要信息，或者以办事指南的方式向公众发布公告，等等。毫无疑问的是，“权力不在阳光下运行，则腐败的阴影就无处不在”，美国学者伯尔曼说：“没有公开则无所谓正义。”③ 因为“一切肮脏的事情都是在

---

① 陈朝宗：《权力制约与权力监督的制度创新研究》，载《福建行政学院学报》2008 年第 5 期，第 37 页。

② 陈朝宗：《权力制约与权力监督的制度创新研究》，载《福建行政学院学报》2008 年第 5 期，第 38 页。

③ ［美］伯尔曼，梁治平译：《法律与宗教》，生活·读书·新知三联书店 1991 年版，第 48 页。

‘暗箱作业’中完成的，追求正义的法律程序必然是公开的、透明的”。[①] 公开化和透明化是防止权力暗箱操作的前提。当前我国已经在法律法规层面实施了《中华人民共和国政府信息公开条例》，但在具体的落实过程中还存在若干问题，不少公民无法顺畅援引该条例实现自身权利，因此有必要通过制度化措施来保障其落实。

（3）以“责任制”实现权力运行可追究性。决策权、执行权、监督权等权力的落实最终都必须具体到明确的个人，一定意义上，制度化的可追究的责任制，才是大权力行之有效的最终保障。当然，要搞清楚谁是责任追究人，如何具体追究相关的责任等等，这都是比较复杂的。一方面预示着责任政府建设任重道远，另一方面也显示了“问责制”的复杂性。[②]

① 王利明：《司法改革研究》，法律出版社2001年版，第52页。

② 陈朝宗：《权力制约与权力监督的制度创新研究》，载《福建行政学院学报》2008年第5期，第38页。

第十章

工作程序

"任何权力都必须通过一定的程序行使，有程序就有了以相应程序规范指导和制约下的权力的运作空间——这就是工作程序的意义所在。"

广义的工作程序包括国家机关的工作程序、社会组织（包括企业）的工作程序，以及公民进行某种特定活动的程序。基于本部分的主题，本章所讨论的工作程序特指地方国家机关行使权力的程序，这是其行使所掌握权力的基本途径。由于中国传统历来视权力是自上而下产生的，权力的合法性是来自中央权力的赋予，所以比较重视权力的正式表达；但实际上，权力的实际运行与工作程序的关系重大，任何工作都需要一定程序，而且特定程序会对该项工作产生重大影响。从历史上看，中国历史中不乏善于"弄权"者，这些人的"专长"之一就是会操作工作程序，通过工作程序而创造了一些新的非正式的权力，也通过工作程序将一些看似庞大的权力消解于无形。① 在实践中，社会上对于机关工作作风长期以来存在着"门难进、脸难看、话难听、事难办"的批评，但批评归批评，这些现象仍将长期存在，这是由于除了工作作风之外，造成这些现象的原因还在于缺乏适当的工作程序。概而言之，任何权力都必须通过一定的程序行使，有程序就有了对权力的以相应程序规范指导和制约下的运作空间——这就是工作程序的

① 例如，清代州县衙门里的书吏，这些人并无正式的官方身份，也没有正式的权力，但是通过受案、记录、誊写等工作程序，攫取了相当的权力，甚至可以在某些方面把缺乏行政经验的州县官架空。瞿同祖，范忠信、晏锋译：《清代地方政府》，法律出版社 2003 年版，第 65 ~ 94 页。

意义所在。对于国家机关而言，通过工作程序对其权力进行规范和制约，也就可以形成对私权利的保障；同时，权力运作的程序化意味着为相关的私权利主体提供了选择的可能，这也是对其尊重的体现。对于地方国家机关来说，直接面对大量来自社会的私权利诉求，同时需要落实法律和上级国家机关要求的各项职责，于是就有更强的意愿通过工作程序的规范化和明确化来化解来自上下两方面的压力；而工作程序的规范与明确，在客观上推动了地方法制的发展——这就是我们在讨论地方国家机关的“小”制度时，关注其工作程序的原因。

第一节　工作程序的含义、类型与特点

一、工作程序的含义

（一）工作程序与权力

工作程序是各级各类公权力机关具有行使权力的基本方式和必要过程。权力本身并不是以实体化的状态独立存在的，在其实际运行中必须由各级各类机关进行分工后、以一定的方式和过程加以行使。而已经被分割的次级权力，同样仍然是被进行分割的，最末端的具体权力则同样受程序的控制而受到了一定的制约。因而，通过工作程序，权力就成为各个条、块机关合法的操作与控制对象，各级各类国家机关也都是如此合法地对自己和其他的相关权力进行着有效的操作与控制的，这种操作与控制的体系，就是我们通常所说的制度。换言之，权力与权力基于的制度，是两个不同的概念。理解了这一点，就不难发现，对于专制皇权的那种绝对化理解显然过于简单了，因为即使是至高无上的皇权，也必须在制度之中行使。而近代以来，公权力所基于的制度向着马克斯·韦伯所说的“形式合理性”的方向发展，而形式合理性的重要表现就是程序化的增强；[①] 在这一背景下，工作程序的独立性和重要性就凸显出来。

当然，公权力机关的法定职权也会包括程序性的内容，我们称之为程序性权力。但是从实际操作的角度，这种程序性权力不可能精细到操作手册或流程图的

① ［德］马克斯·韦伯，康乐、简惠美译：《法律社会学》，广西师范大学出版社 2005 年版，第 216～226 页。

程度，否则将为立法带来庞大的负担，并且会抹煞法律制度的灵活性。[①] 因此，在实际操作层面的工作程序并不由法律明确规定（或只做原则性规定）——这就使工作程序具有相当大的弹性空间，从而对于如何执行法律带来了较大的变数；同时，工作程序所受法律规则的强制约束较少，从而很容易出现公共权力机关以某种冠冕堂皇的理由为名而维护一已小团体私利为实的情况。这些都令对于工作程序的研究与对于权力（尤其是法定权力）的研究存在区别；这一区别，对于法定权力相对较小，但对于私权利影响甚大的地方国家机关来说，尤为重要。

（二）工作程序与工作方法

从某种意义上说，工作程序也是一种工作方法。不过，我们传统上对于工作方法的强调，却一直缺乏程序的角度。

在我国传统的思想中，现在所说的“工作方法”在内容上可以归入领导人“统治之术”的范畴，而与更强调规则和规范的“程序”有所不同。这种区别最典型的表现体现在韩非子的思想中，在韩非子“法、术、势”的体系中，程序可以归入“法”的范畴（当然，这里的“法”是传统意义上的），而工作方法则更多地带有“术”（权术）的色彩。[②]

自近代以来，对于工作方法的强调仍然缺少程序的内容。毛泽东曾多次并亲自对领导干部的工作方法提出指导意见。他曾说过，“一切工作，如果仅仅提出任务而不注意实行时候的工作方法，不反对官僚主义的工作方法而采取实际的具体的工作方法，不抛弃命令主义的工作方法而采取耐心说服的工作方法，那么，什么任务也是不能实现的。”[③] 当然，在战争年代，由于工作任务的紧迫性和革命斗争的残酷性，主要是从有效性方面来考虑工作方法，而对工作程序尤其是创设规则和遵守规则方面就考虑较少。新中国成立后，毛泽东对于党和国家的制度建设也进行了大量的思考与实践，其中许多内容直至今日仍然是制度的重要组成部分。但由于思考角度的限制，在工作程序的建设方面仍然没有占据重要的地位。他所做的《论十大关系》等，对于领导干部如何进行领导和如何思考问题，提出了许多有意义的思考，但这些内容在规则和程序方面的建设性仍然较弱。

---

① 冯健鹏：《极度的精密在法律中应受非难》，载《人民法院报》2006 年 5 月 8 日。

② 韩非子提出的“人主之术”包括：不要表示才智；不要表示好恶；不可信人，尤“毋专信一人”；不可以臣备臣；使臣有必言之责，又有不言之责。萨孟武：《中国政治思想史》，三民书局 1987 年版，第 136～141 页。这些权术，也可以说是传统上君主（以及其他领导者）的工作方法。

③ 毛泽东：《关心群众生活，注意工作方法》，《毛泽东选集》第一卷，人民出版社 1991 年版，第 140 页。

时至今日，在说到工作方法——尤其是行使公权力的工作方法——的时候，人们讨论更多的是“领导艺术”或“工作艺术”；而对于具体操作层面的工作程序，往往视其为细枝末节。换言之，自古至今，我们并非没有工作程序（或者说“工作手续”），而是没有对其引起重视。但是，工作程序恰恰是公权力机关与公众接触的渠道，是权力与权利的触碰点；在法治建设的过程中，通过工作程序更可以见微知著地了解法制的实际运作状况。地方国家机关的工作是权力与权利直接接触最多的领域，而地方国家机关的工作程序也就成为衡量地方法制发展的一个重要窗口。

二、工作程序的类型

因为工作程序是各级各类公权力机关行使权力的必要过程与方式，因此它们的内容是非常丰富和复杂的。事实上，除了本书主要研究的公权力机关的工作程序之外，其他的各类组织也都离不开工作程序。限于研究目的，下面仅对各公权力机关所涉及的主要工作程序的类型进行讨论。分类是为了认识方便，下面对工作程序的分类并不能包括所有的工作程序。

（一）既有工作程序与自设工作程序

根据工作程序的产生来源，可以将工作程序分为既有工作程序和自设工作程序。

既有工作程序，可能是法律规范所设立的，也可能是上级领导机关所设立的；对于公权力机关来说，它们已经存在并成为权力运作的既定内容。在地方国家机关，既有的工作程序有些是中央制定、地方执行，有些则是上级地方国家机关制定、下级地方国家机关执行。但无论哪种情况，从权力的角度，既有的工作程序都体现了权力自上而下流动的模式。

自设工作程序，可能是前任领导所设立的，也可能本机关领导新设立的；对于公权力机关来说，它们都是行使权力者根据自己的需要而重新作出的制度上的安排。尽管只有少数地方国家权力机关有权制定规范性法律文件，但各级各类机关都需要对行使权力的实际操作过程进行指引，因此或多或少都存在自设工作程序。自设工作程序通常需要解决权力行使的实际问题，具有自下而上的特点；同时，自设工作程序是公权力机关自己给自己制定规则，既要不能与上位规则相抵触，又要能够解决实际问题，最好还能将自身的利益最大化——与自上而下所赋予的既有工作程序相比，自设工作程序所要考虑的内容相当丰富，并且存在着更多的现实利益的冲突与妥协，因此也是地方法制视角下主要关注的对象。

（二）决策工作程序与执行工作程序

根据工作程序所处的阶段，可以将工作程序分为决策工作程序和执行工作程序。

决策工作程序是指各级各类公权力机关在其法定职权范围内进行决策时的工作程序。由于这类程序基于某种程度的决策自主权，因此在设置时具有较大的弹性空间。尽管由于我国实行民主集中制的领导体制，权力主要以集中的方式行使，召开相关领导参加的会议是决策程序的重要方式；但传统上，决策会议的程序化程度并不高，成文的议事规则往往过于原则化，更有会外决策、会上走过场的情况。近年来，在地方层面，公权力机关的决策——尤其是涉及重大公共利益的决策——越来越多地引入信息公开、公众参与、专业评估等程序因素，这是与地方决策直接面对各种社会矛盾和必须协调各方具体的利益等特点有关的。

执行工作程序是指各级各类公权力机关在执行法律或上级命令时的工作程序。由于法律或命令都有实体上的目标要求，因此这类工作程序的弹性空间较小。但执行的前提是对法律或命令进行解释，而任何解释都有主观判断的空间；同时，与具体的操作相比，法律和命令往往都较为原则化，或较强调目标的完成，因此执行的工作程序仍然有一定的弹性空间。另外，执行工作程序的一个特点是它往往是直接与社会大众接触的，因而也最容易感受到来自于社会的权利诉求；这就使执行工作程序的形成体现出更多的自下而上的色彩。

（三）业务流程中各环节的工作程序

任何组织的活动都需要通过一定的业务流程来进行，业务流程中不同环节也就需要不同的工作程序。由于各公权力机关行使职权的具体方式差异较大，因此并没有一定之规。目前较为常见的各环节工作程序包括审批程序、登记程序、备案程序、立案程序、听证程序等。当然，以上所列举的远远称不上完备。之所以要强调各环节的工作程序，是因为与前述的分类相比，这些工作程序是具体的、直观的，因而也是与公民权利直接相关的；同时，这些具体、直观的工作程序也是实证分析的材料。当然，由于不同类型的国家机关拥有不同的业务流程、每种业务流程拥有多个工作环节、即使同一环节的工作程序在不同地方往往也有不同的做法，因此全面的考察不是本章所能完成的。但是，特定环节的工作程序是工作程序的最小独立单位，也是实证分析的对象；本章第二节所分析的工作程序，也是针对国家机关业务流程特定环节的。

三、工作程序的特点

（一）形式合理性与正当程序的评价标准

工作程序的评价标准，即判断某种具体的工作程序好坏的标准，由于价值判断的多样性，其评价标准也是多样化的，并且总是与判断者自身所处的角度有关。例如，对于去国家机关办事的群众来说，工作程序的评价标准通常是能否便捷地办完事，并且保障其权利；而对于国家机关工作人员来说，工作程序的评价标准则包括能否完成法律或命令所要求的任务，能否将风险最小化而将利益最大化等。而从法治的角度来看，公权力机关工作程序的基本评价标准在于其能否有效地约束权力——如能有效约束权力，则保障权利也在其中了。

而判断某种工作程序是否能有效约束权力的具体标准，可以从两个层面加以考察：首先，相关的工作程序必须是符合形式合理性的；其次，符合形式合理性的工作程序，还必须符合正当程序的要求。

形式合理性是马克斯·韦伯在分析现代社会——尤其是现代社会的法律——时提出的概念。从一般的意义上说，形式合理化的特征包括：形式化的符号体系；逻辑一致的演算（广义的运算，包括一切形式的推理）规则；运算结果（结论）的精确性和可重复性。[①] 现代意义上的程序本身就是形式合理性的体现；而如果将程序宽泛地理解为某种手续（这是我们自古至今都不曾缺乏的），那么可以将工作程序的形式合理性概括为：含义明确和固定的概念术语体系；抽象化的规定可以适用于各种具体情况；前述适用的结果是可预期和可重复的。这种程序本身就具有对权力的最基本的约束，即约束公权力的恣意：一方面，这种程序独立于公权力行使者的意志，并且通过形式化的规范，约束个案中可能的恣意；另一方面，程序界定各程序参加者的角色分工和角色责任，以此限制各程序参加者的恣意。所以美国联邦最高法院大法官威廉·道格拉斯会说："正是程序决定了法治与恣意的人治之间的基本区别。"[②] 从有效约束权力的目标来看，形式合理性仅是基本的要求，还不够完备；因为形式合理性在某种程度上仍然是价值中立的，符合形式合理性的工作程序也可以被用作扩张权力。所以符合形式合理性的工作程序，还必须符合正当程序的要求。

"正当程序"（Due Process）最初是针对审判程序的司法原则，以英国普通

① 郑成良：《论法律形式合理性的十个问题》，载《法制与社会发展》2005年第6期。

② 季卫东：《法律程序的意义》，载《比较法研究》1993年第1期。

法中的“自然公正二原则”——即“任何人都不能充当自己案件的法官”和“任何一方的诉词都要被听取”[①] ——为代表。之后相关研究扩展到其他国家公权力机关的程序中，成为一种具有普遍性的法律原理。例如，美国学者贝勒斯基于法经济学分析所提出的八项“程序利益”，即和平性、自愿性、参与性、公平性、可理解性、及时性、止争性、信心价值或表面正义；[②] 再如美国学者泰勒基于社会心理学的方法归纳的“影响对程序公正的感受”七个因素，即程序权威方公正行事的动机程度、对程序权威方诚实与否的判断、程序权威方遵守相关道德原则的程度、程序所提供的陈述机会的范围、决策的质量、纠正错误的机会、程序权威方的行事是否有偏袒；[③] 以及我国学者季卫东提出的程序的四项基本原则［（正当过程、（判断者）中立性、（法律决定的）条件优势、（行为与结构互动关系的）合理化）、六项构成要素（当事人的平等、参与、问责、程序结果的实行力、对违背行为的威慑效果、容纳和适当处理异议）］以及八项判断标准（一般性、公开性、尽量不溯及既往、明晰性、非矛盾性、现实可能性、稳定性、权力与法律的一致性）[④]；等等。对于工作程序而言，可与从作为正当程序原则滥觞的“自然公正二原则”出发，明确两个基本的程序价值：“任何人都不能充当自己案件的法官”要求中立，这种中立既可以是要求执行时的那种利益回避，也可以是要求决策时的那种尽可能容纳利害关系各方；“任何一方的诉词都要被听取”要求平等，即程序中的各方参与者必须处于平等的地位，有平等的机会进行表达和博弈。为了实现中立和平等，就需要第三个程序价值：公开，即程序中的各种信息都应当向参与各方公开（除非有合理的不公开理由），当程序结果涉及社会公共利益时，还应当向社会公开（除非有合理的不公开理由）——中立、平等和公开，可以被视为工作程序的三个具体的评价标准。

（二）自上而下与自下而上的改革动力

地方国家机关工作程序的另一大特点是其改革的动力来自于两方面的压力：一方面，地方国家机关的权力在很大程度上来自于包括中央在内的各种上级国家机关的认可乃至直接赋予，因此它们受到来自上级的关于政绩等因素的压力；另

---

① ［英］彼得·斯坦、约翰·香德，王献平译，郑成思校：《西方社会的法律价值》，中国法制出版社2004年版，第112～113页。

② ［美］迈克尔·D. 贝勒斯，邓海平译：《程序正义——面向个人的分配》，高等教育出版社2005年版，第158～164页。

③ T. Tyler, What is Procedural Justice: Criteria Used by Citizens to Assess the Fairness of Legal Procedures, *Law & Society Review* Vol. 22, No. 1, 1988.

④ 季卫东：《法律程序的形式性与实质性——以对程序理论的批判和批判理论的程序化为线索》，载《北京大学学报》（哲学社会科学版）2006年第1期。

一方面，地方国家机关又不同程度地直面地方群众，是地方群众的权利诉求的直接承受者。在上下两方面的挤压下，地方国家机关很自然地通过工作程序的改善，在落实自上而下安排的职权和任务、处理自下而上的权利诉求，同时最大限度地规避风险。

自上而下的改革动力，体现在地方国家机关通过工作程序的改善对中央立法进行充实，以此来实现立法所赋予的职权和上级国家机关所交予的任务。具体而言，这种模式就是：首先，地方为了落实法定职权或上级交予的任务，结合当地实际，在既有的法律框架内发展出各种工作程序，并通过实践进行探索和调整；其次，各地由于经常需要落实相同或相似的职权和任务，存在经常性的交流、比较和竞争，在此过程中使相关的工作程序在全国或区域范围内传播，并在传播过程中进一步发展；再其次，当这种工作程序的制度化建设具有全国性意义时，中央就会通过立法或其他方式确立相关的规则框架；最后，以中央确立的规则框架为基础，地方结合自身实际情况，继续对工作程序进行调整或发展出新的工作程序——由此形成一个制度发展的循环。对于权力而言，一方面，工作程序只能在中央立法的框架内展开，这对于制定工作程序的地方国家公权力机关而言是一种约束；另一方面，中央立法只能通过具体的工作程序才能落到实处，这对于中央立法权来说也是一种约束。这种中央权力和地方权力形成彼此约束的权力制约模式，与“地方与中央互动”的工作程序改善模式密不可分。这种制度发展的循环模式，是以改革开放中所秉持的“地方先行先试”的理念为背景的。这一理念在制度探索和社会转型过程中起到了重要的作用，但从法制统一的角度来看则不无问题。[①] 然而，由于工作程序的性质、内容和位阶，因此其通常无碍于“法制统一”，从而能够更加充分地发挥“地方先行先试”的积极作用。但也应当看到，“地方先行先试”往往是指“地方国家机关先行先试”，因此前述制度发展的循环，整体上仍然处于国家公权力内部，这就使相关的制度发展仍然有一定的局限性。从“国家—社会”的二元结构来说，地方国家机关工作程序的发展，仍然需要来自于社会的推动力。

自下而上的改革动力，体现在来自于社会的权利诉求对于工作程序改善的推动。这种推动的基本方式是公众通过合法渠道维护自身的权益，在此过程中推动工作程序的改善。这种公众活动与通常被理解为暴力、无序的所谓“群体性事件”有根本的不同，也与传统的维权渠道如诉讼、复议、调解等有所区别。这类博弈的方式可以归为表达自由（言论、集会、游行、示威等）的行使，即通

① 封丽霞：《地方“先行先试”的法治困境》，《法律方法与法律思维》第6辑，法律出版社2010年版。

过和平且合法的方式，表达自己的利益诉求，以期达到影响政府决策从而维护自身权益的目的。例如，2007 年的“厦门 PX 项目事件”、2008 年的“上海磁悬浮争议”、2009 年的“广州番禺垃圾焚烧厂事件”等，共同推动了当地政府公共决策程序的改善。这种推动模式具体表现为：因为某一公共事件涉及广泛，庞大的利害关系群体，在各种信息渠道的交流下逐渐形成共同的利益诉求（尽管在大多数情况下都缺乏有效的组织），进而形成与国家公权力机关讨价还价的基本能力。正因为具备了这种能力，利害关系群体才有了选择的余地；而在一个初步建立起法治框架的社会中，最理性的选择，莫过于通过和平、合法的方式表达自身的诉求，进而影响决策。在地方层面，这种讨价还价更容易实现，这主要是因为：首先，地方上的公共事件范围相对较小，这就使相关群体更容易感受到自身利益所受到的触动，同时也令利害关系人之间的信息沟通更加方便；其次，与中央国家机关相比，地方国家机关所掌握的资源较少，因此也更有可能与社会上的利害关系群体达成妥协，甚至有可能在某种程度上将社会力量用作与其他方面讨价还价的砝码。值得注意的是，这种自下而上的推动通常表现为群体性维权的形式，否则便不足以形成与国家机关讨价还价的能力。但是在实践中仍然存在个体性维权并推动工作程序改善的个案，如 2008 ~ 2010 年发生在广东的“夏楚辉依申请公开行政复议案”，最终促使了广东省建立了依申请公开政府信息制度的信函收发、回复告知、抄送备案、情况通报等工种程序。[①] 但是这类个案的成功，在某种程度上更依赖于许多外部因素，包括地方政府的开明程度、媒体的仗义执言、相关社会力量的支持，乃至各种时机和偶然因素等。不过，个体性维权的推动仍然是值得重视的，因为个体性维权比群体性维权的数量更大，而工作程序的改善所涉及的直接利害关系相对较少（尽管从长远来看，这种改善的影响是深远的），因此如果个体性维权在关注个案争议的解决之外还关注于工作程序的瑕疵，那么对于工作程序改善的推动仍然是具有重要现实意义的。

综上所述，地方国家机关之所以愿意改进其工作程序，在很大程度上是由于其在我国现行体制中面临来自两方面的压力挤压。于是，地方国家机关通过将其各种工作程序的明确化和规范化，厘清自己的法定权限和法定责任，将来自两个方面的压力导入程序化的处理途径，是地方国家机关缓减其压力、巩固其权威的理性选择；而这一选择，由于很多时候在客观上对公权力实现了一定程度的规范和制约，因此也能促进私权利的保障。本章对相关工作程序的实证考察，也正是站在保障私权利的角度来进行的。

① 《关于夏楚辉依申请公开行政复议案的情况通报》（粤府办〔2010〕36 号）。

第二节　决策性工作程序

地方国家机关的决策行为既是其将法定权力、规划目标转化为实际行动的基本途径，也是应对来自地方的权利诉求的基本途径。因此，决策在是地方国家机关行使职权的重要环节，其工作程序的合理化也就成为地方法制建设的重要组成部分。本节选择三个具有代表性的决策性工作程序加以考察：针对涉及面广泛、私权利主体数量巨大的重大行政决策程序，以及针对具体个案、私权利主体数量特定的行政审批程序和行政处罚程序。

一、重大行政决策程序

由于行政权自身运作的特点，行政决策通常以行政会议的方式进行，封闭性和非程序化的色彩较重，相关工作程序的明确化和具体化程度也较低。但是近年来，一些地方政府积极探索重大行政决策工作的程序化；其中一些地方已经制定了相关的地方政府规章，具体包括昆明市（2004）、重庆市（2005）、太原市（2005）、深圳市（2006）、鞍山市（2006）、甘肃省（2007）、广西壮族自治区（2007）、天津市（2008）、江西省（2008）、青海省（2009）、杭州市（2009）以及广州市（2010）；从形式上看，大部分是对重大行政决策程序的综合性规定，但也有一些是对于特定程序环节的规定，如《深圳市人民政府重大决策公示暂行办法》、《鞍山市政府重大决策事项合法性论证程序规定》、《太原市政府重大事项决策听证办法（试行）》和《杭州市人民政府重大行政事项实施开放式决策程序规定》。虽然从数量上看，现有的规章并不多，但所涉及的地方囊括了东西南北、涵盖了发达地区与欠发达地区，因而是工作程序改革中值得关注的趋势。

从现有的规范来看，对于重大行政决策程序，通常都设定了以下五个环节：

第一，确认重大行政决策。这是启动环节，只有被确认为“重大行政决策”的事项，才进入相关的工作程序。在现有的规范中，通常是采用“实体事项罗列”加“兜底条款”的方式加以确认。在罗列的实体事项中，通常都包括地方中长期发展战略的确定和调整、政府预算和重大项目资金事项、重大民生事项等；兜底条款则通常表述为“其他需要政府决定的重大行政管理事项”。此外，有些地方的规章还设置了排除范围，明确排除了一些实体事项（包括人事任免、内部规章制度的制定等)。但是，即使是明确罗列的实体事项，也多用“重大的”、“重要的”作为限定语，因此在很大程度上还是模糊的；而兜底条款更是将这种模糊性放大了。换言之，哪些事项需要进入重大行政决策程序，在实际操作中仍然缺乏某种“形式合理性”。值得注意的是，江西省和重庆市将进一步明确“重大事项”的权力授予下级行政机关；昆明市对“重大事项”的确认程序做了特别规定，这些都有助于弥补重大行政决策确认环节的模糊性，提升其形式合理性。

第二，决策建议。基于行政权的特性，决策建议权归于拥有相关职责的政府行政首长或分管领导，这些主体在提出决策建议后就立即进入下一环节（起草决策草稿)。同时，许多地方还规定了其他主体向政府提出建议的情况，这类建议需要相关的地方政府认可后才进入下一环节。这类大致分为两种：一是行政机关内部主体，包括政府各职能部门、下级政府和其他行政主体；二是行政机关之外的主体，包括人大代表、政协委员、公民、法人、其他组织等。前者的建议途径循行政机关内部程序进行，无须特别规定；后者的建议途径因涉及外部法律关系，所以有必要加以明确。现有规范对此有一些涉及，如《青海省人民政府重大行政决策程序规定》规定“省人大代表、省政协委员可以通过人大代表建议、议案和政协委员提案或者其他方式向省政府提出决策事项建议”；“公民、法人和其他组织可以通过省政府有关部门、西宁市、各自治州人民政府、海东行署向省政府提出建议”；《甘肃省人民政府重大决策程序暂行规则》规定“公民、法人和其他组织认为某些重大事项需要提请省政府决策的，可以通过市州政府和省政府有关部门提出建议”；《广州市重大行政决策程序规定》规定“公民、法人或者其他组织可以直接向政府或者通过政府各职能部门向政府提出决策建议”等。不过对于行政机关之外的建议主体来说，更重要的是合理的结果反馈，这也是“公开”这一程序评价标准的要求。但是，目前只有天津市有“市人民政府应当……将结果及时反馈”的原则性规定。

第三，起草决策草稿。当决策建议列入政府议程后，就进入起草决策草稿阶段。起草者由行政机关指定，可以是行政部门也可以是社会主体。同时，除了要求草稿具备必要性、可行性论证的一般性要求外，还有一些程序要求对这一环节的权力进行了约束，例如，天津市、重庆市、广州市和昆明市都规定，当存在较大争议时，“应当拟订两个以上可供选择的决策备选方案”；《江西省县级以上人民政府重大行政决策程序规定》规定“决策承办单位应当组织 3 名以上专家”进行论证；同时，许多地方还强调对草案内容的决策风险评估、合法性评估和成本效益评估。显然，对起草的专业性要求越高，就越能在这一环节引入社会化的社会力量，对行政权力形成约束。值得注意的是，各地的规范在这一环节基本上都没有涉及利益回避的问题，这是有悖于“中立”的程序评价标准的；尽管行政权的特性使行政决策难以像司法那样要求完全的利益回避，但通过程序上的要求，在决策起草阶段尽可能排除行政人员的私利、确保参与起草的专业性社会组织或个人的中立地位，并且避免草案过度袒护社会关系中某一方的利益，还是可以做得到而且是有必要的。

第四，社会参与。在重大行政决策过程中引入社会参与环节，是程序公开的要求，也是各地相关制度探索中普遍存在的亮点。应当看到，这一成就的取得，与近年来各地群众在重大公共事件（如“厦门 PX 项目事件”、“上海磁悬浮争议”、“广州番禺垃圾焚烧厂事件”等）中积极、理性的利益表达密不可分。社会参与的主要形式是听证和公示并征求意见。其中，听证的方式在我国各地的行政决策中已经采用了多年，积累了一定的制度经验，如广州市 2010 年制定的《广州市重大行政决策程序规定》中就明确要求“听证代表由听证组织部门根据听证事项的内容和影响范围分不同利益群体按比例确定，现职公务员不得被选为听证代表”，就是针对多年来的听证实施效果进行的制度创新，体现了“中立”和“平等”的标准。不过在公示制度上，尽管许多地方都规定了多种形式，但具体的程序性要求并不明确；如许多地方都要求相关信息要在政府网站上公示，但仅此仍难以避免类似于 2008 年上海市有关部门将存在争议的磁悬浮设计规划图挂在公众不熟悉的网站、“悄悄公示”的做法，① 从而影响社会参与的效果。

第五，决策审定。重大行政决策的审定一般须经政府全体会议或者常务会议审议决定。当然，这一环节与前述几个环节也不是截然分开的。如《杭州市人民政府重大行政事项实施开放式决策程序规定》规定“有关新闻媒体可以按照规定向市政府办公厅报名后选派记者参加市政府常务会议，进行有序的采访报道”；这一环节的公众参与，其目的仍然在于限制行政权力。同时，有限制行政权力作用的程序规定还有设定审议期限、规定审议材料范围等；此外还有一些借鉴了代议机关议事规则的程序规定，如《广州市重大行政决策程序规定》规定“决策草案搁置期间，决策起草部门可根据实际情况变化提请政府再次审议，是否再次审议由政府行政首长决定”，客观上也有限权的作用。

二、行政审批程序

行政审批是指“政府行政系统在特定当事人的请求下对法律禁止的状态或

① 杨传敏：《上海磁悬浮线路方案引起沿线居民争议》，载《南方都市报》2008 年 1 月 13 日。

法律不予许可的状态赋予其是否在广延领域内取得权利或权益的行政行为”。①不过通常更为人们所熟知的“行政审批”特指公民、法人和其他组织提起的行政审批；由于种种原因，我国长期以来在这类行政审批方面的制度不甚合理，一个事项的行政审批往往需要盖无数的公章、跑无数的部门，极大地增加了社会运作成本；甚至有时候后面的审批还没完成，前面的许可就已经过期。行政审批制度不完善的背后，是行政权力得不到有效约束，而在由计划经济向市场经济转型的社会背景下，不受约束的行政权力通过行政审批进行权力寻租，也并不罕见。我国自20世纪80年代以来就提出行政审批制度改革；2004年《行政许可法》实施，更是行政审批法制化的重要标志；在此背景下，地方由于在招商引资、社会保障等需要重重行政审批的领域承担着更重的责任，因此也积极地探索相关的改革，其中就包括关于行政审批工作程序的制度探索，以下对此进行考察。行政审批的种类非常繁多，但就程序而言，一般包括以下三个环节：

第一，确认审批事项。行政审批程序的第一个环节就是确认审批事项，即当事人明确所办事项是否属于行政审批，需要进行几项审批，分别找哪些部门申请审批。如果这一环节的规定模糊不清，甚至各部门之间还相互矛盾，势必极大地影响整个行政审批程序的展开。而对这一环节的改善，最重要的就是对行政审批的项目及其办理机关进行明确。国务院自2002年起，取消了5批行政审批项目，清理、调整和下放了大量行政审批项目；在此背景下，各地方政府在贯彻落实国务院相关决定的同时，也进行了行政审批项目的取消、清理、调整和下放，例如，山西省取消和调整了10批行政审批项目，辽宁省取消和调整了7批行政审批项目。不过，从程序的角度来说，更重要的是通过这种取消、清理、调整和下放，将行政审批事项加以明确化、规范化，因此，更具有直接意义的是在前述改革的过程中，公布相关行政审批项目的目录。近年来，随着行政审批项目的改革，一些地方已经公布了单独的行政审批项目目录，而目录化的行政审批项目通常数量有限，与以往“无限政府”的印象大相径庭。如铁岭市2010年所列的目录里，市本级部门保留的行政审批项目51项，国家、省直属驻铁部门行政审批项目54项，市本级部门日常监管项目73项，由市本级部门初审、省主管部门审批的项目54项，年检（审）项目62项，非审批便民项目20项。这种目录化列举的方式，本身就是对行政机关审批权力的限制；而与目录化相关的行政审批项目明确化与规范化，则为进一步约束行政审批权力奠定了基础。

第二，提出申请。对于申请者来说，在提出申请阶段对于程序方面最关心的是便捷高效。从各地近年的改革实践来看，相关的改善措施包括：（1）申请材

① 关保英：《行政审批的行政法制约》，载《法学研究》2002年第6期。

料和申请流程的公示。公示申请审批所要提交的材料，可以让申请人事先准备充分，避免因为材料的原因往返奔波；公示申请流程，则方便申请人合理安排后续工作。目前，许多地方的行政审批办理机构将申请材料和申请流程的说明悬挂在办事地点，有效地进行了信息的公示。(2)“一站式”申请。由于许多事项需要申请多个行政审批（如开办企业，要向工商、税务等多个部门提起审批申请），如果几个办事机构再相距遥远，申请成本就会大为增加。对此，许多地方采取了行政审批“一站式”申请的措施，即把各行政部门负责审批的科室集中在一个统一的行政服务中心（除了审批之外，这类服务中心通常还包括了登记、核发证照等功能）对外受理审批申请。当前，由于机构协调和制度成本等因素，比较常见的模式是在地方政府的一个行政部门内部或者某一行政管理领域（如重大投资、社会保障等）；在整个地方建立统一的“一站式”行政审批服务中心的，只有西藏、湛江、青岛等少数几个地方。(3) 申请费用合理化。申请费用的收取和缴纳是行政审批程序中极易产生权力寻租的环节。对此，目前相关的制度设计主要包括：申请材料的受理窗口与缴费窗口分开、行政审批统一收费窗口、公示收费标准和收费依据等。

第三，进行审查。在行政机关受理了申请材料、进入实质性审查阶段的时候，对于申请人而言，关键的程序保障在于合理的审查期限与合理的审查结果告知方式。在审查期限方面，现有的法律法规很少有具体的规定，多为行政审批机关自行设立，但各地行政审批制度改革的趋势都是缩短审查期限；同时，采用“一站式”审批模式的地方，通常也会采用统一的期限规定，例如，《西藏自治区一站式行政审批服务中心工作细则（试行）》规定“办理时限按工作难易程度分为1日、3日、5日、7日和1个月”。在审查结果告知方面，目前常见的方式包括当面告知、信函告知、公示告知等，通常都会留下书面证明以便事后核查；同时，公示告知也是政府信息公开的一种方式，可以引入社会监督，以形成对行政审批权的制约。

三、行政处罚程序

行政处罚权是地方国家行政机关的重要职权，也是与社会公众密切相关的一项权力。因此，行政处罚的规范化和程序化，对于保障公民权利、确保地方国家行政机关依法行使职权具有重要的意义。我国最早对行政处罚程序进行专门规定的是1990年颁布的《北京市执行环境保护法规行政处罚程序若干规定》（现已失效），此后各地出现了一些就某一类行政处罚的程序进行专门规定的规范性文件，如《江苏省环境保护行政处罚程序暂行规定》(1992)、《长沙市人民警察巡逻执法处罚程序规定》（1993）等。自《行政处罚法》于1996年颁布实施以来，各地又纷纷制定了涉及行政处罚的地方性法规、地方政府规章以及其他形式的规范性文件，其中不乏程序性的规定。与《行政处罚法》相对应，各地的相关规范通常都包括如下程序：

第一，简易程序。简易程序由于对行政主体的限制较少，因此更容易引发滥用职权的情况。对此，各地在具体实施行政处罚的程序性规范中，普遍要求"在适用简易程序时，法律、法规规定的必经程序不能简化"。在具体程序上，也对《行政处罚法》的规定做了进一步细化，例如，一些地方要求简易程序中"执法人员不得少于两人"，而这在《行政处罚法》中是一般程序的要求。再如《廊坊市行政处罚程序规定》特别强调"不得因当事人的陈述、申辩加重处罚"——这虽然是行政法一般原理的体现，但是在行政处罚的简易程序中对此进行重申，仍然具有重要的现实意义。

第二，一般程序。各地对于行政处罚一般程序的规定基本上是对于《行政处罚法》相关要求的细化。值得注意的是行政处罚的听证程序：在《行政处罚法》中，对于听证程序做了专章的规定，但具体的程序内容只有一个条款（第42条）。而在《行政处罚法》颁布的同一年，上海市和江苏省就制定了行政处罚听证程序的地方性法规，各地出台了关于行政处罚听证程序的地方政府规章近三十部，各地关于行政处罚的地方立法中涉及听证程序的就更多了。这些程序规范围绕《行政处罚法》第42条的要求，将听证程序加以细致和扩展，令其更具有可操作性，同时符合行政法的一般原则。

第三，执行程序。《行政处罚法》设专章规定了行政处罚的执行程序。在各地的相关规定中，值得注意的是对于异地交通违法罚款的程序设置，许多地方（如湖南、广东等地）都开设了通过邮局汇款方式进行异地缴纳的程序（具体内容参见本章第四节），这是一个地方通过制度创新来更好地履行职责的典型例子：在《行政处罚法》颁布实施的1996年，我国的私家车尚不普及，异地交通违法罚款的情况更是罕见，因此在立法中也不会特别加以规定；但是随着私家车的普及，异地交通违法罚款也逐渐增多，传统的罚款缴纳方式给当事人造成了极大的不便，而通过邮局汇款方式进行缴纳，尽管只是程序细节上的微调（甚至不会体现在规范性文件中），但既方便了当事人，也有助于行政机关更好地履行职责。

此外，一些地方还在法律的框架内，就某些特定事项制定了特别的处罚程序。例如，廊坊市对于"凡法律、法规、规章明确规定对违法行为责令限期改正或者责令限期办理（登记）的"、"法律、法规、规章规定责令改正并实施处罚的，违法行为情节较轻，在规定期限内能够改正的"、"法律、法规、规章规定可以直接给予处罚的，违法行为情节轻微，当事人及时纠正，未造成危害后果的”三种情形，设立“三步式”执法程序，即：（1）教育规范。行政机关责令行政管理相对人停止违法行为，履行法定义务，教育规范期限一般为3日，在此期间内停止违法行为的，不予处罚。（2）限期整改。经教育规范违法行为仍不停止的，应当下达书面整改通知书，载明已经发生的违法事实，并依法提出明确具体的整改要求和整改期限，改正违法行为的，不予处罚。（3）依法作出行政处罚。行政管理相对人逾期拒不改正或整改不符合要求的，按照法定程序实施行政处罚。

第三节　议事性工作程序

议事是地方国家机关在行使职责的过程中普遍存在的工作环节。尽管由于各机关不同的属性，存在集体负责制和首长负责制的区别，但无论哪种负责制，都需要议事的过程。从一个更大的层面来看，国家机关的议事过程其实是“国家—社会”二元结构中整个商谈体系的一部分；换言之，国家机关的议事过程与社会当中各种观点的协商与交流过程是有密切关联的，无论多么封闭的议事过程，参与者都或多或少地受到社会当中某种或某些观点的影响。因此，议事过程本身就是沟通“国家”与“社会”的一个渠道，只不过这一渠道在实践中并不总是畅通的。对于地方国家机关来说，由于其直面来自社会的种种权利诉求，因此充分开拓与其直接沟通的渠道，有着特别重要的意义。从这个角度来说，地方国家机关议事性工作程序的合理化，不仅有助于地方国家机关行使法定职权、落实上级国家机关的指令，更有助于畅通与社会的协商渠道，更好地应对来自社会的权利诉求；而这一点正是地方法制建设中重要的一环。由于地方人大是地方国家机关中典型的议事性机关，因此选择议事程序和立法程序加以考察，由于立法听证在程序上相对独立且具有特殊的重要性，因此单独进行考察。

一、人大及其常委会议事程序

人大及其常委会是实行集体负责制的国家机关，各项职权的行使都以议事为必经程序。因此，人大及其常委会的议事程序既是其各项职权的基础，同时也是各类国家机关议事性工作程序中最为典型、最为常见的。

从历史上看，孙中山编译美国通行的会议规则，并于1917年以《民权初步》为名发表的议事规则，是我国最早的系统性阐释议事程序规范的著作。后来，《民权初步》被编入《建国方略》之中，在当时具有广泛的影响。但是，在相当长的历史时期中，以《民权初步》为代表的议事规则实际上很难在中国的代议机关中真正施行。1982年《宪法》通过后，《全国人民代表大会常务委员会议事规则》于1987年颁布施行，《全国人民代表大会议事规则》于1989年颁布施行，标志着我国代议机关议事程序真正迈向规范化的开始。在此之后，各地方人大纷纷制定了自己的议事规则。到目前为止，我国各省、自治区、直辖市以及部分的地级市都制定了人大及其常委会的议事规则。当然，人大议事规则和人大常委会议事规则是两个不同的规范性文件，但从议事本身的角度来看，两者又多有相通之处，因此以下一并考察。在各地方人大及其常委会的议事规则中，通常包括以下程序：

第一，会议的召开。会议的召开程序，首先是通过程序的方式，确立了会议的许多规则。例如，人大会议每年召开一次，由常委会召集；常委会会议每两个月召开一次，由常委会主任召集等。这一方面是对我国人大制度中多年来的实践事实的一种确认；另一方面也是对人大及其内部机构权力的一种限定。值得注意的是，地方人大及其常委会的议事规则在议会召开程序的内容上基本沿用了全国人大及其常委会的相关规定，但是在许多地方的常委会议事规则中，不约而同地存在会议公开程序的内容，如北京和浙江等地的人大常委会议事规则规定，常务委员会举行会议的时候，经主任会议决定，可以“允许”或“组织”本地公民旁听会议；而山东省、贵州省、内蒙古自治区、南昌市等地已经专门制定了本地公民旁听常委会会议的办法。

第二，议案的提出和审议。议案的提出关系到代表、委员或其他主体的提案权，本身带有一定的实体性。各地的议事规则基本上沿用了全国人大及其常委会的议事规则，而后者又多是实习性法律规范在程序上的反映。值得注意的是，部分地区（如北京市）的人大议事规则没有像全国人大议事规则那样将“议案的提出”单独列出，这与地方人大会议时间更加紧凑、更加难以在事先拟定的日程之外接受和处理相关主体提出的提案有关，而这一点反映了我国人大体制存在的不足，而在地方的实践中更为显著。在议案的审议环节，《全国人大常委会的议事规则》注重和其他职权在程序上的衔接，如在审议过程中启动质询、组织调查委员会等，这个特点也被各地的人大常委会议事规则所沿用；此外，在审议阶段，一些地方的议事规则也有些值得注意的细节，如《全国人大常委会议事规则》规定“常务委员会全体会议听取议案说明后，由分组会议进行审议”，而广东等地的人大常委会议事规则在“分组会议进行审议”的基础上，允许“全体会议进行审议”，这除了反映出地方人大常委会人数较少、方便全体会议审议之外，更可以在很大程度上避免人大体制中“分组讨论”的弊端（详情参见本书第六章第二节）。

第三，发言和表决。发言环节最基本的规则是发言条件和发言时限。各地在沿用全国人大及其常委会议事规则相关规范的基础上，也有一些增补，如天津市人大议事规则规定“发言内容与议题无关或者事先未经会议主持人许可而超过规定发言时间的，会议主持人可以制止”。不过总的来说，无论是地方还是中央，在发言规则方面都显得薄弱；随着人大越来越多地讨论更富争议性的议题，这一问题势必逐渐凸显，而地方人大由于面临争议议题较多等原因，必定首当其冲。在表决环节，值得注意的是表决的方式：全国人大常委会的议事规则规定“采用无记名方式、举手方式或者其他方式”，但举手显然会给代表或委员的投票造成外来压力，因此一些地方也做了改进，如广东省人大常委会议事规则规定“采用无记名方式或其他方式”，并且法规案和人事案必须采用无记名的方式进行表决。

此外，许多地方的人大或其常委会的议事规则中还包括行使特定职权的程序，如听取和审议报告、质询、调查委员会等。从程序本身的属性来看，其大多属于前三种程序中的一种或几种，从程序内容来看，基本上只是反映实体法的特定要求，因此这里就不再展开了。

二、地方立法工作程序

地方立法权[①]是地方国家权力机关的重要职权。在实践中，地方立法不仅有地方性法规、自治条例、单行条例、经济特区的法规等多种形式，并且在数量上也是极为庞大的。[②] 因此，相关工作的程序化，即是地方国家权力机关行使其职责所需要的，同时也是约束其权力的有效途径。

在《立法法》于2000年颁布实施之后，各地普遍制定了地方立法的专门规定。关于立法程序的专门规定也有15部，其中有11部（重庆市、青海省、甘肃省、四川省、吉林市、宁夏回族自治区、河南省、银川市、兰州市、洛阳市、西宁市）是在2001年——也就是《立法法》颁布实施的第二年——颁布的，这至少可以说明，许多地方在当时已经有了相当的制度积累。在多年的立法实践中，许多地方对相关工作程序的探索逐步深入，例如，广东将立法工作程序与立法技

① 这一概念在学理上有争议，相关的讨论参见本书第六章。

② “到2010年年底，我国已制定现行有效法律236件、行政法规690多件、地方性法规8 600多件”。吴邦国：《全国人民代表大会常务委员会工作报告》，2011年3月10日在第十一届全国人民代表大会第四次会议上。

术结合起来，制定了《广东省人民代表大会常务委员会立法技术与工作程序规范（试行）》(2007)。此外，不断完善的地方立法专门规定中，也涉及许多工作程序的规定。需要指出的是，地方人大的立法和地方人大常委会的立法在程序上存在一些区别，但这些区别基本上都是技术上的，因此下面的考察不做严格的区隔，只在具体涉及的地方指明相关区别。一般而言，地方立法通常都包括以下四个环节：①

第一，制定年度立法计划。立法计划本非立法程序本身的环节，但在实践中我国各级地方人大常委会普遍采用立法计划的方式，并且存在中长期立法规划（通常与本届人大常委会的任期或者与国民经济五年计划相一致）和年度立法计划两种。其中，年度立法计划的制定程序性较为明确，并且与通常所理解立法程序衔接更密切，因此这里将制定年度立法计划也归入地方立法的工作程序。年度立法计划通常由地方人大常委会法制工作委员会编制并提出计划、报主任会议决定、由常委会审议决定。在此过程中，编制计划和拟定立法项目的环节是较为开放的，例如，《广东省人民代表大会常务委员会立法技术与工作程序规范（试行）》规定“省人大常委会可以向社会公开征集立法项目建议”；“省人大常委会法制工作委员会应当将立法计划征求意见稿征求省人大代表、省直有关单位、各地级以上市人大常委会、各自治县人大常委会、省人大常委会立法顾问的意见，必要时召集有关专家进行论证”等，如能充分利用，则可以形成对相关权力的一种制约；同时也是程序公开的要求。但是在其他环节，程序就较为封闭了。

第二，提案与起草。提案是指在人大会议或人大常委会会议上提出制定地方立法的议案（以下简称“法规案”），这是开启地方立法工作程序的环节；而根据现有的规范，在提出议案的同时，提案者就需要提交初步的法规草稿，因此提案与起草是密切关联的。在提案程序上，各地基本上是参照全国人大及其常委会的立法程序的：(1) 人大主席团向人大提出法规案；(2) 本级人大常委会、政府、法院、检察院、人大专门委员会向人大提出法规案，由人大主席团决定列入议程；(3) 一个代表团或若干代表联名向人大提出法规案，由人大主席团决定列入议程；(4) 人大常委会主任会议向人大常委会提出法规案；(5) 本级政府、法院、检察院、人大专门委员会向人大常委会提出法规案，由主任会议决定列入议程；(6) 人大常委会若干委员联名向人大常委会提出法规案，由主任会议决定列入议程。此外，非由主任会议提起的、向人大常委会提出的法规案，主任会议还有权将法规案交专门委员会、工作委员会或办事机构审议后再决定是否列入

① 一些地方将立法后评估也列入立法工作程序，但立法后评估无论在程序还是在实体上均有相当程度的独立性，因此本书对此不再展开。

议程——可见，在提案环节，主任会议或主席团的权力是很大的，但这与我国人大制度本身的权力结构有关。同时，在这一环节中，有提案权的均为国家公权力机关或其内部机构；当然，如果代议制足够发达，各种社会意见都能通过民意代表及时传输到有关机关，那么这样并无不妥；但如果代议制的运作状况并不足以实现民意的有效传输，那么这样的程序就不尽公开了，而结果就是权力在这一环节较少受到约束，尤其是本身就非常强势的行政权。在这种情况下，对于草案起草的程序规范就显得重要了：对于法规草案本身进行规范，可以有效地约束有提案权的国家机关；但由于地方立法的专业性和信息不对称的痼疾，又不可能对于草案实体内容进行过于具体的规范，因而只能诉诸程序上的约束，也就是草案起草阶段的工作程序。例如，《广东省人民代表大会常务委员会立法技术与工作程序规范（试行）》规定“起草地方性法规草案，应当就需要立法解决的问题进行充分的调查研究，并通过书面征求意见、网上征求意见和召开座谈会、论证会、听证会等多种形式，广泛听取各方面的意见”；甘肃、重庆等地规定可以委托高等院校等社会力量进行起草。不过从程序上看，这些规定仍然是不完善的，因为“广泛征求意见”仍然失于抽象，起草法规草案的社会力量也不能完全避免利益输送；所以在规范上进一步设置更为具体的征求意见和利益回避程序，可以进一步提升相关工作程序的实际效果。

第三，讨论与审议。在概念上，“审议”是指人大会议或人大常委会会议对法规案的审查，而“讨论”则既包括前者在审查过程中的讨论过程，也包括社会各界对法规案相关问题的讨论。在规范上，传统的工作程序只有审议环节，其具体内容与中央立法是一致的，这里不再赘述。值得注意的是对于“讨论”的程序规定，这既意味着传统上对于“审查”这一环节议事因素的加强，也意味着将社会意见纳入体制内的努力。

第四，表决与批准。在表决环节上，地方立法程序的规范基本上与全国人大及其常委会的立法程序一致；而表决之后的备案并不影响地方性法规的效力，因此这里不再单独讨论。值得注意的是“较大的市”的人大及其常委会制定的地方性法规需要报省、自治区的人大常委会批准后方可实施，这一环节是地方立法所特有的。通常，报请批准的机关应当提交书面报告、规范文本及其说明和必要的资料；并且由主任会议决定列入常委会会议议程，或先交有关专门委员会审查提出审查意见，再决定列入常委会会议议程；然后由常委会做合法性审查（一次审议即交付表决）。此外，《广东省人民代表大会常务委员会立法技术与工作程序规范（试行）》规定“较大的市的地方性法规草案在提交市人民代表大会及其常委会会议表决的一个月前，应当送省人大常委会法制工作委员会征求意见，并附上法规草案说明，其中法规草案审议过程中争议较大的问题，应当附上分歧意见和协调情况方面的材料”，这一程序上的设定实际上将省人大常委会的审查前置到了表决之前，从实务的角度来看的确可以加强两级地方立法机关的沟通，有助于地方立法的审慎制定。

三、立法听证程序

严格来说，地方权力机关的立法听证程序属于地方立法程序的一个环节，只是如前所述，立法听证在程序上相对独立，并且作为沟通国家机关与社会意见的方式，在一定程度上具有超越立法（无论是中央立法还是地方立法）职权的重要意义。因此，本章需要单独加以考察。

与大多数人大工作程序所呈现的“地方沿用中央”的状况不同，立法听证程序无论是在实践上还是在规范上，都更多地表现为地方的“先行先试”：1999年，广东省人大常委会就《广东省建设工程招标投标管理条例》的修订召开立法听证会，是我国人大历史上第一次立法听证的实践。[①] 在规范上，2000年颁布实施的《立法法》确立了立法时“听取意见可以采取座谈会、论证会、听证会等多种形式”的原则，但并未细化；将立法听证的规则加以程序化令其具有可操作性的，则是地方法规层面的探索，如深圳市于2001年颁布了《深圳市人民代表大会常务委员会听证条例》，这是我国第一部地方人大常委会关于听证的专门法规，山东省于2002年颁布了《山东省人民代表大会常务委员会制定地方性法规听证规定》，这是我国第一部关于立法听证的专门法规。截至目前，山东省（2002）、福州市（2003）、汕头市（2003）、甘肃省（2004）、哈尔滨市（2004）、宁夏回族自治区（2004）、天津市（2006）、长沙市（2008）就立法听证颁布了专门的地方性法规，其中不乏程序性规定；而在地方立法规则、信息公开规则中对于立法听证进行专门规定的程序内容，就更多了。这一状况，除了“地方先行先试”的改革特征外，也与立法听证本身有助于吸纳社会意见的特点有关：固然，广泛吸纳社会各方意见，这是中央与地方立法近年来共同的改革特征。但相比之下，地方立法更有条件，也更有意愿：一方面，地方立法所涉及的事务更加地方化，因而与人们的日常生活更为密切，诸如宠物条例、禁烟条例、市容卫生条例等，所争议的问题更加具体，所涉及的范围也更小，从而比较容易引起广泛的讨论；另一方面，充分吸取社会意见，也为地方立法提供更多的正当性支持，令其能够获得更多的博弈筹码。因此，无论是在实践还是在制度上，地方在立法听证方面始终走在前面，这也就不难理解了。

① 朱香山、林俊杰：《10年前，广东首开立法听证之先河》，载《检察日报》2009年7月20日。

在现有的规范中，涉及立法听证程序的大致都包括以下几个环节：

第一，听证的提起。听证的提起即立法听证的启动条件，包括实体条件和程序条件。实体条件通常包括：与公民、法人和其他组织重大利益相关的；依法设定行政许可、行政强制措施或者行政处罚罚款数额较大的；对制定、修改或者废止地方性法规的必要性有较大争议的；在常务委员会会议审议中有重大分歧意见的；其他需要举行听证会的等。从规范的行为模式上说，实体条件的指引都属于授权式，即出现以上情况时“可以”举行立法听证。而相比之下，程序条件的规范就较为具有强制性：一般来说，常委会举行听证会须由主任会议决定；专门委员会、工作委员会举行的听证会，有些地方可以自行决定（如深圳），有些地方则须主任会议或常委会领导决定（如长沙）。此外，有些地方还规定，一定数量的常委联名向常务委员会提出听证建议的，由主任会议决定是否举行听证；公民、法人和其他组织向常务委员会提出听证建议的，先由有关专门委员会或常务委员会工作机构研究，提出意见，再由主任会议决定是否举行听证（如长沙）。在确定举行听证会之后，需要确定听证的主持人。从公平的角度来说，主持人不能与听证事项有利害关系，这在各地的听证程序规则中大多有所体现，有些地方（如深圳）规定“有关组织和个人对确定的陈述人身份或者利害关系各方陈述人的人数有异议的，可以在听证会开始前向听证机构提出，由听证机构决定是否变更或者追加陈述人”，从程序上进行了一些保障，当然这种保障对于听证机构而言仍然缺乏足够的强制力。

第二，听证陈述人的确定。听证陈述人是指参加听证会或者以其他形式提供与听证事项有关事实的人。确定陈述人是影响听证效果的极为关键的一个环节，如果选择不当，不仅得不到真实的社会意见，甚至会令社会大众对于立法听证乃至整个地方立法丧失信心。听证陈述人的确定需要遵循公平原则，这一方面要求代表各种利益的陈述人大致对等，如《广东省人民代表大会常务委员会立法技术与工作程序规范（试行）》规范：“听证陈述人由听证机构按照与听证事项有利害关系和持不同观点的各方人数基本相当的原则确定”，天津规定“公民、法人或者其他组织报名参加听证会并要求作为陈述人时，应当简要说明对听证事项所持观点”，这是实现对等的先决性程序要求；另一方面要求从报名者中产生陈述人的具体方法要公平合理，如许多地方都规定要大致按照报名的先后顺序确定陈述人，还有些地方采用抽签的方式确定陈述人，不过这两种方式在实践中都存在不透明的情况，容易引起“暗箱操作”的诟病，有必要从程序公开的角度，对其进一步加以完善。

第三，听证过程。听证过程通常包括主持人宣布听证开始并宣读必要的说明、陈述人发言、陈述人辩论等环节，必要时还有旁听人发言。其中，最关键的当属陈述人发言和辩论环节。深圳市规定“陈述人陈述事实前，应当公开声明，保证其所陈述事实的真实性，并在其声明书上签名”，这是对于司法审判中证人作证程序的模仿，其法律效力和实际效果如何，值得进一步关注。通常，听证规则要求主持人保证各种观点的陈述人有平等的发言机会，并且陈述人的发言能够大致按照不同观点交叉的次序进行。此外，各地的听证规则一般还要求陈述人不得超过规定时间、不得进行与主题无关的陈述等。在辩论环节，为了使发言集中，通常是主持人归纳几个争议集中的问题，以便陈述人展开辩论。但总的来说，各地的听证规则中关于辩论的规定仍然偏重于原则化，并且过于以主持人为中心，以至于实践中难以展开真正的辩论，这也是现有的听证程序需要进一步改善之处。

此外，听证结果的法律效力，虽然是一个实体问题，但对于整个听证程序也有重要影响。在实践中，有些地方将听证结果完全视作“仅供参考”，甚至只是走走过场，或者与立法机关意见相符的就“采纳”、不符的就无视，这些都与听证结果缺乏法律效力有关，这直接影响了公民参与的实效，也影响了社会公众对于立法机关的信赖。在这一点上，广东省的许多相关地方法规都规定“常委会应当重视听证报告提出的意见和建议。专门委员会、工作委员会应当将听证报告作为立法工作的重要依据，对没有采纳的重要意见应当予以说明。”应当说，这是一个重要的制度进步。但这样的规范仍然存在不够明确之处，如“重要依据”具体有哪些表现、怎样的意见属于“重要意见”等，仍有待于进一步明确。需要注意的是，立法听证与行政听证不同：后者属于一种具体行为，听证在组织上容易做到全面性，因此许多国家都确立了行政听证的案卷排他原则，即需要举行听证之后才能作出的行政行为，其决定只能依据通过听证所获取的信息；而立法属于抽象行为，全面的听证在操作上不具有可行性，因此也不宜直接套用案件排他原则。但是，借鉴这一原则的精神，对听证意见以及其他公众参与意见的效力做一些在实体上或程序上具有强制力规范（当然强制程度可以因参与形式而有所不同），对于加强公民参与的制度无疑是大有裨益的。

第四节　群众办事的工作程序

地方国家机关行使职权的一大特点就是直接面对社会权利诉求的机会远比中央国家机关为多；如前所述，这也是促使地方国家机关改善工作程序的压力之一。因此，地方国家机关直接面对权利诉求的相关工作程序，就是整个工作程序建设中非常重要的一部分。对于公民、法人和其他组织而言，将权利诉诸国家机关，必然有一个办事的过程；而这个过程是否有明确且合理的程序一步步引导当事人进行恰当的预期和理性的选择，在很大程度上决定了当事人所诉求的权利能否实现，同时也意味着相关国家机关的权力能否受到有效的约束。从这个意义上说，群众办事的工作程序对于地方法制的建设也有重要的意义。

一、备案登记程序

"行政登记"这一概念在我国的实践中使用得比较笼统和模糊。在学理上，有观点认为行政登记包括调查统计性登记和确认许可性登记两种，其中的调查统计性登记"不以实质审查和发放证书为要件，行政机关通常只是进行书面统计和记载"。[①] 按照这样的区分，只有调查统计性登记具有"备案"的性质，相关的工作程序才是执行性的；而确认许可性登记在性质上其实属于前面考察过的行政审批，相关的工作程序是决策性的。这种区分在学理上当然不无道理，但从工作程序的角度来看则过于绝对化了：即使在确认许可性登记中，有一些工作程序也存在执行性的备案或登记环节，这也是本节所考察的对象；与前面对于行政审批程序的考察不同的是，这里侧重的不是需要进行决策的"审批"行为，而是执行法律法规要求的"备案"与"登记"行为。

当然，尽管备案登记并不需要独立的决策，但仍然需要对相关法律法规进行解释（例如，解释什么情况属于"材料齐全"）；这种解释的权力如果缺乏制约，同样也会侵犯公民、法人或其他组织的权利，因此需要程序加以规范。与此同时，地方国家行政机关的职责中包括大量需要备案登记的事项，如果工作程序缺乏规范化，就会降低行政效率、减少行政业绩，甚至增加行政机关行使职责的风险，因此地方国家行政机关也有动力进行相关工作程序的合理化建设。行政备案登记程序主要包括确认事项、提出申请、进行备案登记这三个环节，其模式与行政审批是类似的。目前，各地普遍存在大量的行政备案登记事项，但工作程序大多体现为各工作部门自己制定的具体备案登记事项的"须知"或"规定"；地方政府对于行政备案登记本身进行系统规定的，只有《广州市行政备案管理办法》（以下简称《备案管理办法》）（2011年施行）；以下以这一规章为例，对相关程序上的亮点进行考察。

第一，与行政审批严格区分。如前所述，行政备案登记与行政审批在性质上是不同的。但在实际中，许多地方都将备案登记与行政审批的程序混为一谈，在

① 司坡森：《试论我国行政登记制度及其立法完善》，载《政法论坛》2003年第5期。

备案登记的程序中加入实质性审查的环节，从而造成“名为备案登记、实为核准审批”的结果，变相扩大行政机关的权力。《备案管理办法》将备案登记明确界定为“行政机关为了加强行政监督管理，依法要求公民、法人和其他组织报送其从事特定活动的有关材料，并将报送材料存档备查的行为”；并规定“行政备案实施机关不得以行政备案名义变相实施行政许可和行政确认”。显然，这种严格区分是对行政权力的自我约束，而这种自我约束的产生则与各地方之间的对比以及来自社会的诉求有关。在“《广州市行政备案管理办法》行政相对人座谈会意见”中，有若干参会企业提出了类似的意见：“关于食品标识登记备案。在实际操作中，此项备案变成许可，对企业生产造成影响。公司在上海、天津和苏州的分公司均不用办理此项审查性的备案”；“关于A级锅炉、第三类压力容器、大型游乐设施危险性较大特种设备登记备案。深圳列为告知性行政备案，广州市却要进行实质性审查。应该可以放开为告知性备案”。[①] 当然，仅此还不能说这些意见决定了规章的相关内容，但至少反映出社会主体试图通过程序的完善维护自身利益的诉求。

第二，错误更正与材料补齐。在备案登记程序中，申请人提交的材料有误或者不齐是难免的；在这种情况下，如果没有相关的程序规范，行政主体就有可能滥用权力，如不断指出材料错误或者不断要求补交材料，令申请人疲于奔命，从而为权力寻租制造机会。对此，《备案管理办法》明确规定“报送材料存在可以当场更正的错误的，应该允许备案报送人当场更正；报送材料不齐全或者不符合法定形式的，应当一次性告知备案报送人需补正的有关材料”；并规定“不按规定一次性告知备案报送人必须补正的全部内容的”行政机关及其工作人员“由上级行政机关、同级政府监察机关或者法制机构责令改正；情节严重的，由任免机关或者监察机关对直接负责的主管人员和其他直接责任人员依法给予行政处分”。这样，不仅从程序上堵住了权力滥用的漏洞，并且在实体上设定了法律责任。

第三，备案不得收取费用。目前，行政备案登记不得收取费用，已经成为各地普遍的做法。《备案管理办法》也明确规定“行政机关实施行政备案，不得收取任何费用”。不收取费用，除了减轻申请人的经济负担、促使其尽快备案登记之外，还可以将行政机关对相关事务的介入程度降到最低，以减少变相审批乃至滥用行政权力的可能性。值得注意的是，目前有一些地方的行政机关在受理备案登记的过程中，以“表格费”、“工本费”等名目变相收取费用。对此，《备案管

① “《广州市行政备案管理办法》行政相对人座谈会意见”，广州政府法制网，2010年6月3日，网址 http：//www. gzlo. gov. cn/sites/gg/htmls/20100603000001. jsp，最后浏览时间：2011年8月16日。

理办法》规定“报送文书需要采用格式文本的，行政备案实施机关应当向备案报送人免费提供行政备案报送文书的格式文本”；尽管在座谈会中，有行政机关提出“难以提供免费格式文本”，[①] 但这依然成为明确的程序要求。

二、缴费程序

“缴费”是日常生活用语；按照法律概念的分类，缴费行为可能涉及缴纳税款、缴纳公共服务的费用（如水电费等）、缴纳各类罚款或罚金等，这些行为在法律性质上各不相同，当然不能混为一谈；但是对于当事人来说，都需要经过一个向特定机构缴费的过程，而这一过程是否合理，又在很大程度上影响到社会公众对于国家机关的印象。由于相当一部分收费对象是地方国家机关，所以各地为了方便快捷，在缴费程序上进行了积极的探索，其中有些行之有效的程序已经在全国形成一定的普遍性，这充分反映了地方法制对于国家机关履行职权的意义。以下选择几个典型的缴费程序为例加以考察。

第一，异地交通违法罚款的缴纳程序。如前第二节所述，异地交通违法现象的普遍出现，是与我国私家车的普及密切相关的，而于1996年颁布实施《行政处罚法》显然无法对此进行特别的规定。在这种情况下，许多地方结合本地实际，设立了邮政代办异地缴纳交通违法罚款的业务。具体而言，就是邮局按照自愿、便民、利民的原则，经相关国家机关授权，按照有关法律法规的规定，为交通违法当事人提供代办交通违法缴纳罚款一系列手续并将相关处罚单据以邮政特快专递方式寄递违法当事人的服务。以广东省为例，在广东省内交通违法并取得《公安交通管理行政处罚决定书》或《公安交通管理简易程序处罚决定书》的交通违法行为，委托邮政缴纳罚款在200元以下，并在缴纳罚款有效期内，委托地在交通违法地以外的广东省其他地市的，均可通过邮局办理代办缴纳的业务。整个业务流程包括：（1）委托人到省内任一邮政网点提出代办委托；（2）将罚款及服务费汇至违法地邮政交通违法处理代办中心；（3）代办中心收到汇款并到银行缴纳罚款；（4）代办中心反馈罚款缴纳信息给交警并清除违法处理记录；（5）代表中心向委托人寄递罚款收据；（6）委托人收到罚款收据，代办手续完成。同时，委托人自汇款后10个工作日内如还没有收到邮政部门寄出的缴纳罚款收据，可致电当地邮政局的服务热线咨询。邮政代办异地缴纳交通违法罚款的工作程序消除了当事人异地缴纳罚款的烦琐手续，是典型的地方国家机关为了更

① “《广州市行政备案管理办法》行政相对人座谈会意见”，广州政府法制网，2010年6月3日，网址 http://www.gzlo.gov.cn/sites/gg/htmls/20100603000001.jsp，最后浏览时间：2011年8月16日。

好地履行职责而进行的制度创新；而这一创新的基础则在于特定的社会力量为了维护自身利益而进行的推动，这种自下而上的推动力正是地方法制得以发展的源泉。

第二，社会保险缴费程序。随着社保在我国的逐渐普及，缴纳社保费也成为越来越多的公民经常性的活动，而社会保险缴费程序也逐渐成为各地国家机关履行职责过程中常见的人民群众办事程序。由于我国地域广大，加之社会保险核算与征缴较为复杂，所以给群众缴费造成了许多不便。近年来，各地以简化程序、方便群众为目标，对社会保险缴费程序进行了一定的改良。如石家庄市建立由社保局、税务局、商业银行三家共享社保费缴纳信息的社保费联网系统，减少了当事人往返奔波的麻烦，并且令缴费时间变得宽松；呼伦贝尔市将缴费核定业务移交地税系统直接办理，避免了乡镇参保缴费人员每到缴费期都要到市社保局缴费服务大厅开具缴费核定单据，再返回当地地税部门缴纳养老保险费的窘况；海口市制定了针对没有任何变化的缴费单位的申报缴费简易程序，缴费单位在当月没有发生人员、工资增减变动的情况下，按上月缴费数据缴纳当月应缴纳的各项社保费……各地出台的各具特色的缴费程序还有很多，但一个共同的特点是简化程序、方便群众，同时也减少办公成本。与邮政代办异地缴纳交通违法罚款的工作程序类似，各地在社保缴费程序上进行的改良也是出于自下而上的推动使然，而各地如果能通过交流和比较，逐渐形成集各地制度优点的缴费程序，最终会对整个社保征缴体制形成正面的推动作用，也就凸显了地方法制对于法治国家形成的积极意义。

三、法院立案程序

法院的立案程序是司法权介入法律关系的启动环节，是整个司法程序的重要组成部分，也是调控司法权行使的重要程序装置。在我国的法律体系中，三大诉讼法对于立案程序做了原则性的规定，而最高人民法院 1997 年发布的《最高人民法院关于人民法院立案工作的暂行规定》（以下简称《立案规定》）更是对立案工作进行了系统规范。根据《立案规定》，立案工作的范围包括：（1）审查民事、经济纠纷、行政案件的起诉，决定立案或者裁定不予受理；审查刑事自诉案件的起诉，决定立案或者裁定驳回；对刑事公诉案件进行立案登记。（2）对下级人民法院移送的刑事、民事、经济纠纷、行政上诉案件和人民检察院对第一审刑事判决、裁定提出的抗诉案件进行立案登记。（3）对本院决定再审、上级人民法院指令再审和人民检察院按照审判监督程序提出抗诉的案件进行立案登记。（4）负责应由人民法院依法受理的其他案件的立案工作。（5）计算并通知原告、上诉人预交案件受理费。相应地，《立案规定》明确了立案程序的主要环节，包括：接收材料、审查立案、决定立案或报审批、移交审理等。尽管从司法权的性质来看，各级地方人民法院并不是严格意义上的“地方机关”；但它们同样为了执行相关的法律规范要求而设立了种种工作程序，也是值得我们关注的。以下考察几项具有代表性的工作程序建设：

第一，立案窗口建设。立案窗口是立案程序开启环节的重要场所，其制度建设直接影响立案程序的运作。近年来，许多地方的法院积极进行了立案窗口的建设，北京、广东、陕西等地高院都出台了立案窗口建设的专门文件。相关的制度建设除了进一步明确和落实相关法律及司法解释所规定的立案职权外，还有许多工作程序上的探索，例如，都注重在立案窗口通过不同的程序流程，对各种立案情况进行分类引导；都强调在各类流程、各个环节留下书面材料，以便核查；都注重在立案窗口公开张贴或放置供立案者免费取阅的相关材料，如诉讼指南、诉讼须知、举证须知等；都对立案窗口接待人员的行为规范做了要求。在各地的实践中，逐渐形成了立案窗口的基本功能、基础设施、工作制度、岗位要求、行为规范、接待用语等基本制度因素。同时，北京和广东在当事人前来立案时会发放免费的风险告知书，帮助当事人避免一些常见的诉讼风险、降低诉讼成本；这两地还对立案窗口的便民措施进行了规定，如《北京市法院立案窗口工作规范（试行）》规定“遇有非正常天气，应本着便民原则，提前开放接待场所”。此外，广东省高院于 2004 年发布了《创建立案、信访两个“文明窗口”考核验收标准》，制定了 4 大项目、8 个考核内容、41 条考核标准的考核标准体系。

第二，立案材料要求。当事人提交的立案材料是决定后续环节进入哪个程序流程的关键，因而是立案程序中非常重要的因素；也正因为如此，围绕立案材料的审查，极易发生滥用权力的情况。三大诉讼法及相关的司法解释对于立案材料均有要求，而许多地方法院也在实践过程中围绕这些要求，在立案程序中设置了种种要求：一方面是对各类案件以及各种情况下所需要的立案材料进行明确的规定，这在各地法院对于立案程序的规范中都有所涉及，北京市高院更是于 2004 年发布《北京市高级人民法院关于民事案件立案材料要求的规定（试行）》、《北京市高级人民法院关于行政案件立案材料要求的规定（试行）》、《北京市高级人民法院关于刑事案件立案材料要求的规定（试行）》和《北京市高级人民法院关于执行案件立案材料要求的规定（试行）》4 个立案材料要求，对此做了系统规范。另一方面，通过具体的程序，对立案材料的去向进行明确的规范，如在立案窗口的相关工作程序中明确各类立案材料的具体负责岗位，对立案材料的改错与补齐程序进行规定等。

第三，执行案件立案程序。这里所说的执行特指民事案件的执行，这种权力在性质上不同于严格意义上的司法权，因而执行工作就成为我国法院所承担的较为特别的法定职权。与之相对应的是，我国法院的立案工作程序，不仅按照三大诉讼法的划分有民事立案程序、刑事立案程序、行政立案程序，而且在很多地方还有相对系统化的执行立案程序，如北京市高院2004年发布的《北京市高级人民法院关于执行案件立案材料要求的规定（试行)》等。值得注意的是，最高人民法院对于执行立案的问题，除了几个批复外，并无系统的规范；只是在《关于人民法院立案工作的暂行规定》中规定“执行案件的立案工作可参照本规定执行”。因此，相关的工作程序仍然处于各地探索的阶段。然而，法院的执行权具有准行政权的属性，执行立案又是启动这一准行政权的环节，因此对这一环节的程序规范，对于约束这一权力乃至约束整个法院的权力，都具有重要的意义。综合各地对于执行案件立案程序的规定，主要的程序特点包括：（1）立案与执行分离。立执分离和立审分离一样，都是为了避免权力过于集中，并且由于执行权的准行政权性质，立执分离的意义更为重要。各地确保立执分离的程序安排包括对立案部门可直接立案的案号类别规定、执行部门在工作中发现需立案办理的执行案件时向立案部门建议审查立案的程序等。（2）要求申请执行的法律文书有给付内容，且执行标的和被执行人明确。这限制了立案部门受理的范围，但避免了确认判决或形成判决进入执行程序后案件久拖不结，法院立执部门之间产生矛盾、当事人对法院执行工作产生不满情绪等后果。（3）要求申请执行人提交其所了解的财产线索和相关证据。这是对申请执行人举证责任的强调，有利于执行工作的开展，同时也是立案与执行合理分工的表现。但如果对这一点过度强化，则可能矫枉过正。《广东法院立案工作规定（试行)》规定“申请人不提供上列证据材料的，应当责令其提供，并暂缓登记立案（限期六十日)。限期届满后，申请人提供被申请人财产状况确有困难的，应当立案”，这种程序模式有助于为执行案件举证责任在现实状况中找到一个平衡点。

第十一章

公开制度

“相比较于计划经济时代权力在铁板一块的铁幕后秘密运作，公开是中国迈入法治的第一门必修课。”

无公开则无法治。公开制度是现代法治社会的一项基本制度。其理论基础是人民主权、知情权以及正当程序或程序公正理念。因为主权在民，故人民有权掌握国家机关的权力运作情况与结果。因为公民的知情权，故国家机关不得向公民隐瞒事关公民利益的信息。因为程序正义的要求，无公开的权力极易导致不公正和腐败，所以权力行使者必须公开其行使权力的相关信息。同时，公开也是市场经济社会的内在要求，没有公开，市场主体无法在可预期的情况下从事投资、生产、交易等正常的市场经济活动。

公开的程度与水平决定地方法制建设的水平，也反映了公权力接受人民监督的程度。一方面，公开必须有一整套制度为其支撑、保障，没有法治作为后盾，也无法实现真正持久的公开透明，公开制度的建构水平就成为地方法制建设水平的重要指标。另一方面，阳光是最好的反腐剂，公开制度作为打开权力暗箱，让阳光照射到权力运作全过程的基本制度，体现着权力受到约束与监督的程度，自然也是观察法治水平的重要镜面。

一般而言，公开的实现是一个民间个人或社会组织推动、政府响应或被迫作出反应的过程。许多国家的信息公开制度都是环保主义团体、历史真相调查组织、媒体或者其他 NGO 长期关注、斗争才得以建立起来的。这样，在国外讨论信息公开制度时，一些学者习惯于首先关注这些社会机制的发育程度，甚至以此来评价信息公开制度的发展水平。近年来，伴随依法治国方略的确立，我国在推动公开方面付出了很大努力。而由于基层地方国家机关更加直接地面对人民群众的权利诉求，要对百姓要求公开透明的权利主张作出回应。所以改革开放以来，关于公开方面的尝试更多的是从地方开始的。相比较于计划经济时代权力在铁板一块的铁幕后秘密运作，公开是中国迈入法治的第一个必修课。在这个过程中，处于改革开放前沿的南方诸省市，又因其在多个领域的“先行先试”，创造了更多的新鲜经验与值得肯定的制度成果。分析这些制度与法律实施的密切关系，研究其对权力制约的作用，对于我们从细节上深入了解法治的作用机制大有裨益。

第一节　公开制度的概念、类型及特点

在立法尚未完善时，地方国家机关的公开制度多半具有很大的探索性质，往往因一人之主张、一事之推动、一时之流行，而出台某一方面的公开制度，且多半并非经过系统规划和科学安排。近年来，一些法治发达地方开始在政务公开等方面大胆探索，建章立制，出台一些促进公开的“小”制度，这些“小”制度一般是地方政府或者有关机构根据自身情况确定公开的方式、范围，因此有必要首先对其进行概念与类型考察。

一、公开制度的概念

公开，与秘密相对。公开制度，就是国家机关将机构组成、人员组成、职权职责等信息以及权力运行的过程和结果向公众公开的规范性文件、法规、制度、规章等。

公开制度，有广义与狭义之分。广义的公开制度，包括一切主体建立、发布的有关公开的规章制度。如政府部门建立的各类政务公开制度，村民自治组织建立的村务公开制度，甚至包括各类民间机构发布的在特定范围内进行公开的制度，等等。狭义的公开制度指国家机关通过立法活动建立的关于国家机关信息公开、权力运行过程和结果公开等一系列公开的制度，即通常所说的信息公开制度。

信息公开制度中的“信息”，一般是指以政府为主体的一切负有公共事务管理职能的组织（包括行政机关，法律法规授权组织、受委托组织，政府财政拨款的

社会团体、组织等公务组织）在行政管理过程中产生、收集、整理、传输、发布、使用、储存和清理的所有信息。这些信息通常涉及社会政治、经济、科技、文化等方面的内容，通常包括：（1）政府机构信息，（2）政务信息，（3）政策法规信息，（4）为社会各界服务的信息，（5）反馈信息，（6）交流信息。[①]

本章所研究的公开制度接近于狭义概念上的公开制度，一是在公开的主体上主要是指包括党委、政府、人大常委会、法院、检察院等机构在内的各级国家机关；二是在公开的内容方面，不但包含上述各类机关的静态信息（如机构设置、职责职权、权力范围等），还包括这些国家机关如何行使权力的信息，包括权力行使的方式、过程、结果，如决策过程、决策结果、决策依据等信息。这些信息公开，是民主和法治的基础，对于满足人民群众知情权，便于人民群众行使监督权，推动公民有序政治参与，促进有关国家机关公开透明运用权力具有重要价值。

二、公开制度的类型考察

当前，各种公开制度繁多，以任何一种单一的方式对其进行分类，可能都难以窥其全貌，须从公开制度的主体、公开的内容、公开的对象、公开的形式等多个方面对其加以分类考察。

以公开制度的主体为分类标准，大致可以分为以下几个类型：行政公开、司法公开、立法公开。行政公开即其公开主体是行政机关，包括各级人民政府和相关职能部门；司法公开的主体是司法机关，包括人民法院、检察院等；立法公开的主体主要是有立法权的地方人民代表大会及其常务委员会。

以公开制度的内容为分类标准，则可罗列出以下类型：政府信息公开（或称政务公开）、立法信息公开、检务公开、审判公开等。

政府信息公开包含甚多，根据2008年5月1日施行的《中华人民共和国政府信息公开条例》，县级以上各级人民政府及其部门应予重点公开的信息内容有十一条，主要包括：行政法规、规章和规范性文件；国民经济和社会发展规划、专项规划、区域规划及相关政策；国民经济和社会发展统计信息；财政预算、决算报告；行政事业性收费的项目、依据、标准；政府集中采购项目的目录、标准及实施情况；行政许可的事项、依据、条件、数量、程序、期限以及申请行政许可需要提交的全部材料目录及办理情况；重大建设项目的批准和实施情况，[②]

① 鞠晗：《关于政府信息公开制度建设的几点思考》，载《中国信息界》2011年第5期。

② 《中华人民共和国政府信息公开条例》第10条。

等等。

检务公开也是最高人民检察院近年来着力推动的一项重要信息公开制度，1998年10月，最高人民检察院决定在全国检察机关实行“检务公开”，公开的内容包括：人民检察院的职权和职能部门的主要职责；直接立案侦查案件的范围；贪污贿赂、渎职犯罪案件立案标准；办案期限；办案纪律；犯罪嫌疑人的权利和义务；被害人的权利和义务；证人的权利和义务；举报须知；申诉须知等十个方面，简称“检务十公开”。2006年6月，在“检务十公开”的基础上，最高人民检察院出台了《关于进一步深化人民检察院“检务公开”的意见》，在“检务十公开”的基础上，进一步拓展了“检务公开”的内容。

审判公开，是指在诉讼程序中，一切审判活动，除了依法不公开的以外，都要公开进行，不仅向当事人公开，而且最大限度地向社会公开。一般而言，审判公开的主要内容包括审判前要公布案由、被告人姓名、开庭时间和地点；庭审现场与庭审过程公开（依法不公开的除外）；判决结果公开；判决文书公开；等等。

以公开制度的目的为分类标准，大体可以分为这样几类：决策公开、程序公开、执行公开等。决策公开，即政府公开其重大决策的过程，2008年12月公布的《杭州市政府开放式决策程序规定（征求意见稿）》要求：事关群众切身利益的重要改革方案，与群众日常办事服务有关的重大调整等，除了依法不得公开的，统统都要向市民公开①。近年来在各地纷纷出现的听证制度，也是把决策的关键环节进行公开的重要制度探索。程序公开，主要是要把办事程序和进展情况及时向社会公众和当事人公开，程序公开与实体内容公开往往相互交织。2008年，大连市要求水、电、气、公交等公用事业单位要将办事程序、收费标准、办事纪律和办事时限等作为办事公开的重点。② 执行公开，包括行政执法信息的公开，人民法院执行判决公开等。人民法院执行公开，是近年关注的热点，2006年12月，最高人民法院出台《最高人民法院关于人民法院执行公开的若干规定》，专门就执行公开的方式、内容、执行费用情况等公开事项予以明确规定。

此外，根据公开的方式分类，则有主动公开、依申请公开等类别。主动公开即信息公开的义务主体根据法律法规的规定，主动将有关信息通过上网、公报等形式向社会公众公开。依申请公开，则是利益相关人或组织根据法律法规的规定向国家机关提出某公开事项请求，国家机关依法审查后，可决定予以公开或不公开。

---

① 《决策依法公开不需要任何理由》，载《东方早报》2008年12月22日。

② 《与市民利益相关的办事程序都要公开》，载《大连日报》2007年5月19日。

三、当前我国公开制度的特点

公开制度建设推动着中国开放和民主的进程，近十年的发展可谓突飞猛进。中国社科院法学所周汉华指出，七八年以前，政府信息公开还是一个比较敏感的话题，许多人并不知道什么是政府信息公开（当时用 Google 搜索到的相关信息大约只有 100 多条），甚至有些媒体也不敢涉及这个领域。今天，不但国务院制定了条例，近一半有立法权的地方政府制定了政府信息公开地方性法规或者地方政府规章，谈论信息公开都已经成为某种时尚或者热点。[①] 考察我国当前的各种公开制度，具有以下几个鲜明特征：

一是公开制度的制度化水平逐步提高。国务院颁布的《中华人民共和国政府信息公开条例》2008 年 5 月 1 日正式施行。推动了包括中央政府在内的各级人民政府的政务信息公开。条例颁布之后，中央多次敦促地方切实贯彻执行条例，加大信息公开力度。2011 年年初，中央再次督促各级行政机关严格执行政府信息公开条例，包括详细全面公开各类预决算等，而且要求各部门要逐步公开出国出境、出差、公务接待、公务用车、会议等经费支出。[②] 当然，应该看到，信息公开的国家立法尚无突破性进展，这使信息公开的有关规定只是局限于地方政府机关，且因其规定比较原则模糊，更多的是发挥一种宣示和导向的作用。诸多具体的信息公开事项仍需中央以会议和文件的形式推动，政策意味浓厚。

二是公开的范围和内容逐步扩大。1988 年 5 月，河北省藁城县政府在全国率先推出“两公开一监督”制度，此举被视为开启中国公共权力公开运行的标志。所谓“两公开一监督”，即“公开办事程序、公开办事结果，依靠群众监督”。此时，公开的内容一般为与百姓密切相关的“办事”领域。随后，中央纪委在 1996 年提出建立“政务公开制度”的要求。政务公开成为中央着力推动信息公开的重要抓手，并被写入党的十五大、十六大报告。政务公开的内容在概念上显然已经远远超出最初的办事范围，从办事便民到参政问政、参与立法。2000 年 12 月，中共中央办公厅、国务院办公厅下发《关于在全国乡镇政权机关全面推行政务公开制度的通知》，明确了在乡（镇）推行政务公开的一系列重大问题，并对县（市）政务公开提出要求。2008 年出台的《中华人民共和国政府信息公开条例》虽没有对信息公开的内容与范围进行更加明确的规定，但在中央的推动下，各级政府更加积极主动地探索信息公开的内容。2009 年，湖南省江

---

① 周汉华：《我国推行信息公开制度的意义与特点》，中国社会科学院网站。

② 《中央督促各级行政机关严格执行政府信息公开条例》，新华网，2011 年 7 月 3 日。

永县政府制定了《县政府常务会议和全体会议信息公开办法》，明确人大代表、政协委员、专家学者、新闻记者和公民可以列席、旁听县政府常务会议。① 与此同时，关于预算公开、三公消费公开等敏感领域的事项公开在中央推动和群众呼吁下艰难但逐步推进。

三是公开的方式和渠道日益多样。传统的信息公开渠道一般包括政府公报、新闻发布会以及报刊、广播、电视的报道等。在互联网和信息化社会，信息公开的一件重大推力是互联网的诞生，这个技术飞跃使信息公开的常态化成为可能，并为政府与公众实时沟通搭建了平台。1999 年，中国“政府上网工程”在京正式启动，该工程旨在推动各级政府部门将为社会服务的公众信息资源汇集上网，实现信息资源共享，全面推进国民经济信息化。② 这项工程计划在 2000 年实现 80% 的政府部门上网的目标。经历 20 多年的发展，各级政府普遍实现了政府上网，电子政务建设全面启动，政府办事效率和公共服务质量大幅度提高，政府决策的科学化民主化水平逐步提升，政府行为得到进一步规范。在网络技术发展的基础上，不少地方国家机关紧跟时代发展潮流，相继开通官方博客、官方微博，使得信息公开的方式更加多样。

公开制度建设促进了百姓办事便利，权力运作透明，推动了民主法治发展。但从总体看，我国的公开制度建设仍处于起步阶段。表现为：一是法制化水平有待提高。国务院虽然出台了《中华人民共和国政府信息公开条例》，但其中规定过于原则和模糊。信息公开法尚未出台，无法在更高层面规范和引导全部国家机关的信息公开行为。二是政府信息公开的积极性主动性尚待提高，尤其是当涉及真正核心的政务信息时，往往避实就虚，如预算细节，尚难做到彻底、全部的公开。三是社会信息化差距、技术“瓶颈”影响信息公开的进程。例如，政府网站管理不到位以及电子政务市场操作不规范，各自为政、重复建设，数字鸿沟普遍存在；公民对各项公开的参与意识、监督手段都有待提高，社会舆论监督的环境尚待改善。我国公开制度建设道路依然任重道远。

第二节　立法公开的“小”制度

立法权通常与国家的最高权力相联系，体现或代表国家主权或人民主权，并

① 《江永县人民政府办公室关于印发〈县政府常务会议和全体会议信息公开办法〉的通知》，江永县人民政府网站。

② 《政府上网工程启动大会在京召开》，载《人民日报》1999 年 1 月 22 日。

且管辖具有普遍意义的事物。在现代法治社会，人民是国家权力的主人，理所当然应该参与一切立法活动。国家机关立法是否公开透明，直接体现了其治理的法治化和现代化水平，也体现了是否真正做到主权在民。即便在代议制立法机关，立法活动也并非完全在代议机关内关门进行。将立法的全过程置于公民视野之内，提高公共参与的程度，不但关系到对人民民主的尊重与体现，也有助于立法者打起十足精神，综合权衡各方诉求和利益，提高立法质量，使所立之法畅行久远。

我国一向注重立法公开。在制定 1954 年《宪法》时，就曾将草案初稿下发各大行政区、各省市、自治区和 50 万人口以上的省辖市，组织了大规模的宪法草案大讨论，提出了 5 900 条修改意见。改革开放以来，我国在立法公开的制度探索方面取得了长足进展，特别是处于改革前沿的广东、浙江、上海等地方国家权力机关，因其开放改革方面的“先行先试”，经济活动活跃需要政府管理更加透明公开公正，因此发展进程中遇到的问题早发多发，相应在推动立法公开的进程中扮演了重要角色。

一、立法信息的公开

立法信息即法案从纳入立法规划，到付诸起草，到审议、通过、颁布全过程中的有关立法性文件的总和。立法信息，既包含法案实体内容的信息，也包含立法程序方面的信息。公开立法信息的意义是显而易见的，国家要进行什么立法，规范什么事情，不仅仅是权力机关的事情。法律所规范的对象是全社会的人，因此作为一个公民，当然有权利知道这些为什么要进行立法，即将要出台的法律有哪些内容，其中的规定是否有道理、有依据。同时，公开立法信息也有助于人民群众参与立法，提高立法的可行性、科学性。

（一）公开立法计划

立法信息的公开首先是立法项目的公开。立法工作任务浩繁，在立法者人手有限、精力有限的情况下，应当先立什么法，后立什么法，这本身就是立法权力运用的一个重要问题。公开立法计划，有利于公众从立法活动的开端就掌握情况、参与进来、进行监督。这方面公开制度比较典型的做法是向社会公开征集立法规划项目。从 20 世纪 90 年代起，一些地方就开始建立编制地方立法规划制度，如天津市从 1991 年起开始编制立法计划。但当时的做法是每年市人大常委会的立法计划，由市人大常委会党组向市委请示，经市委常委会研究同意后，以市委文件批转执行。[①] 近年来，不少地方开始注重立法规划项目编制的公众参与，尝试以公开征集的方式问需于民，了解民众的立法需要，以增强立法的针对性。2003 年 11 月开始，广东省人大常委会首次向省人大代表、有关行业协会、各地级以上市人大常委会书面征集立法项目和法规草案稿。使公民参与立法，从对拟定的法规条文发表意见，转入法规的立项甚至法规草案的拟就层面。[②] 最近几年，广州市人大连续就《地方性法规制定计划建议项目（稿）》向社会各界人士公开征求意见，市民群众可就所列项目的必要性、紧迫性和可行性提出意见，也可就其他需要制定、修改、废止的地方性法规的事项提出建议项目。总的来看，地方人大常委会面向社会公开征集地方立法项目建议，大体可以分为以下三种情况：第一种是长期向社会公开征集立法项目和法规草案草稿。第二种是征集今后五年立法规划项目。第三种是征集年度地方立法计划项目。作为公民参与立法的一项新的制度安排，地方人大向社会公开征集立法项目建议的活动，有利于了解民情、民意，协调社会各种利益关系，有效预防立法的偏颇和缺失，使人民的意志在立法上获得充分的表达。[③]

（二）公开立法草案

立法信息公开另一典型制度，是立法草案公开的制度。法律法案的制定，关系到广大人民群众的切身利益。人民群众要参与立法，表达对法案的意见和建议，其前提是立法机关及时公开草案。2008 年 4 月，全国人大常委会委员长会议决定，今后全国人大常委会审议的法律草案，一般都予以公开，向社会广泛征求意见。2004 年，济南市政府法制办推出“透明立法”制度，规定济南市所有的地方行政立法在草案形成之后，都要向社会公开。2007 年 1 月，作为全国第一部规范公众参与行政立法工作的地方政府规章，《广州市规章制定公众参与办法》颁布施行，将行政规章立法公开上升为政府规章，该办法明确“列入年度规章制定工作计划的规章，起草部门在形成规章送审稿提交市政府法制机构审查前，应当向社会发布公告，征求公众意见。”这是广州市行政立法公开制度探索的重要成果。办法出台后，广州市积极跟进评估办法的执行效果，在该办法施行 3 年后，广州市就施行中存在的一些问题进行了总结研究，及时对办法进行了相应的修改和完善。[④]

---

① 陈洪江：《切实搞好地方立法计划》，载《天津人大》2005 年第 5 期。

② 何群：《广东人大立法工作 30 年回眸》，载《人民之声》2008 年第 7 期。

③ 艾志鸿：《关于地方人大公开征集立法项目建议的几点思考》，载《海南人大》2004 年第 8 期。

④ 参见《关于〈广州市规章制定公众参与办法〉（修订对照注释稿）的公告》，广州市政府法制办，广州政府法制网。

无论是人大立法法案的公开还是行政规章法案的公开，都对立法公开具有重要的推动意义。法案公开是解决公共参与立法不平衡的利器，为广大公众提供了同等的立法信息，避免了一些群体利用对立法信息享有的某种优势，获得立法上利益的可能。法案公开也为公众提供了一种廉价的、低成本的参与形式，针对法案的内容，公众可以通过互联网、电话、信函等多种形式，迅速便捷地表达自己的观点和看法。这对于人民群众特别是弱势群体表达利益诉求，提供了有效的机制和途径。①

二、立法活动的公开

立法活动公开即立法会议和立法程序等立法活动的公开。立法活动向社会公众公开是方便公众参与的重要环节，同时也便于公众监督，对于提高立法的科学性具有主要意义。

（一）立法会议的公开

一般而言，立法会议公开主要指地方人大常委会立法会议的公开。全国人大常委会从第七届（1988 年）开始设立了旁听席，邀请工、青、妇等群众团体旁听常委会会议，但这还不能算真正意义上的公民旁听，这种指定特定群体人员旁听的做法更近似于列席。真正意义上的常委会立法会议公开是从地方开始的。1999 年 1 月 23 日，贵阳市人大常委会办公厅发布公告：凡年满 18 周岁、具有完全行为能力的市民，都可自愿报名参加旁听市人大常委会会议，并可在会上作简短发言，公告同时公布了上半年常委会会议的议题以供市民选题参会。短短几天，报名旁听的市民达 108 人，他们中有工人、农民、机关干部、个体户、教师和学生：年纪最大的 84 岁，最小的刚满 18 岁。② 中国国际广播电台报道称，这在全国尚属首次。实际上，1995 年 8 月 24 日，山东省潍坊市十二届人大常委会第二十次会议首次邀请普通公民旁听常委会会议，有学者称，这可能是公民旁听地方人大常委会会议的最早实践。③ 2009 年 4 月 24 日，十一届全国人大常委会第八次会议审议通过的《全国人大常委会议事规则修正案》没有“旁听制度”相关条款，官方称因场地所限，还不能做到请普通公民旁听人大常委会会议，待

① 许安标：《法案公开与公众参与立法》，中国人大网 2009 年 5 月 26 日。

② 利平：《贵阳市的人大旁听制度介绍》，中国选举与治理网 2003 年 2 月 17 日。

③ 谢安民、周培珍：《公民旁听人大会议：价值、内涵与问题》，载《人大研究》2010 年第 8 期。

条件成熟时再作规定。[①] 多年来，地方人大对公民旁听人大常委会会议做了不少积极探索，目前大部分省级人大常委会已实行了旁听制度，市、县人大常委会也在逐步推行，但各地的做法却并不一致。广州市人大于2002年2月开始正式实施公民旁听常委会议制度，常委会议设有15个旁听席位，按规定，年满18周岁具有完全民事行为能力的广州公民均可申请旁听市人大常委会会议。比较各地做法可以发现，大部分地方立法会议的公开仅限于旁听，贵阳市则允许旁听市民作简短发言，此举比仅仅旁听更进一步，对于立法机关及时集纳民意无疑更能发挥积极作用。

（二）公开立法论证环节

立法活动公开的另一典型做法是在立法论证环节召开立法听证会。立法听证是一种公民直接参与立法的有效途径，它是指立法中就某项立法提案要不要制定为法律或者在法律草案起草审议中就法律条款内容直接公开听取社会意见，并根据这些意见作出立法决策的程序。2005年9月，在全国人大常委会初次审议的个人所得税法修正案草案规定个人所得税工资、薪金所得减除费用标准为1 500元之前，全国人大法律委员会、财政经济委员会和全国人大常委会法制工作委员会在北京举行听证会，对这一减除费用标准是否适当，进一步广泛听取包括广大工薪收入者在内的社会各方面的意见和建议。这是国家立法机关第一次就立法问题举行立法听证会。在地方立法机关层面上，立法听证的实践探索和制度建构早已展开。1999年9月9日，广东人大常委会就《广东省建设工程招标投标管理条例（修订草案）》首次公开举行立法听证会，28家新闻媒体参加了采访报道。半年后，这一彰显民主精神的立法听证程序被全国人大肯定并被载入《中华人民共和国立法法》，这是广东地方立法史上的先例，在全国也是一大创举。《立法法》第三十四条、第五十八条均规定，立法机关应当广泛听取有关机关、组织和公民的意见，听取意见可以采取座谈会、论证会、听证会等多种形式。虽在立法法中，立法听证并非立法的必经程序，但对于推动各级人大广泛利用立法听证推动立法公开仍然起到不可估量的推动作用。2001年国务院制定的《行政法规制定程序条例》和《规章制定程序条例》对行政立法听证制度又做了相关规定。2001年5月，杭州市人民政府正式出台《杭州市实施立法听证会制度的规定》，该规定明确了应当组织立法听证会进行听证的事项，包括：（1）创设审批、收费事项的；（2）涉及企业、公民切身利益的；（3）其他应当听证的事项。

① 谢安民、周培珍：《公民旁听人大会议：价值、内涵与问题》，载《人大研究》2010年第8期。

杭州市的实践，使立法听证由立法的选择程序上升为立法的必经程序。① 地方实施中央政策的积极性，在一定程度上推动了法治的进步。同时，地方的推动，也为中央国家机关的立法公开积累了经验。至 2005 年 9 月，在个人所得税法的修改中，全国人大法律委员会、全国人大财经委员会、全国人大常委会法制工作委员会联合举行个人所得税工薪所得减除费用标准的听证会，风生水起并受社会广泛认可的地方实践终于推动中国最高国家立法机关迈出立法听证的第一步。

三、其他形式的立法公开

立法活动的公开，还包括邀请专家参与立法起草活动、召开立法论证会、座谈会等其他方面的公开。

（一）专家参与立法起草

1993 年，广东省八届人大常委会就《广东省经纪人管理条例》立法首开我国委托专家学者起草法规草案的先河，引起了新闻媒体的广泛关注。随后，浙江省也在立法起草的开放作了一定的探索，试行建立法规起草小组制度，尝试从比较单一的政府部门起草方式更多地转到人大、政府、社会团体、专家学者等多层次起草模式。浙江省人大在其立法总结中明确提出，专业性较强的法规，可以试行委托专家学者起草。对关系到部门利益调整以及综合性较强的法规，应由人大有关专门委员会直接组织起草，吸收专家、学者共同参与调研、起草、论证，形成立法工作者、专家学者和实际工作者相结合的法规起草机制，以发挥各自的优势和长处，提高法规起草质量。②

引入专家智慧参与立法起草工作，可以有效地避免立法的部门化。在这个方面，1997 年 7 月，广州市第十一届人大常委会在全国率先建立了立法顾问制度，并成立立法咨询专家库，通过向广州地区的大专院校、科研机构等单位聘请专家学者和立法实际工作者为常委会立法顾问，使立法得到社会的智力支持，有效地提高了立法的质量。目前，召开立法顾问论证会成为广州人大立法工作的必经程序。制定每个法规草案至少召开一次立法顾问论证会，立法顾问的意见被整理后，提供给常委会组成人员审议法规案和法制委员会统一审议时参考。③ 当然，目前专家参与立法也不可以避免地存在一些问题，如专家参与做得不足的地方存

① 《杭州市实施立法听证会制度的规定》，杭州市人民政府令第 168 号。

② 《九届浙江省人大五年立法工作回眸与展望》，《2003 年浙江蓝皮书 · 法制卷》。

③ 陈建智、罗玉忠：《改革开放以来广州人大工作扫描》，中国人大网 2009 年 3 月 16 日。

在仅把专家当做摆设、专家的选择具有倾向性等问题，做得较好的地方出现了专家专断立法的趋势等，这些问题都需要在实践中不断探索完善、加以避免。

（二）从完善立法技术的角度扩大公民参与，是推动立法公开的又一重要途径

2000 年 4 月，规范性文件《广州市地方性法规草拟技术规范》施行；2001 年 5 月，地方性法规《广州市地方性法规制定办法》施行。通过完善立法程序、规范立法技术，对广州市地方性法规的立项、起草、审核等程序进行细化。[①]《广州市地方性法规制定办法》明确，列入常务委员会会议议程的地方性法规案，应当征求公众、行政相对人或者利害关系人、市人大代表、市政协委员、各有关社会团体等各方面的意见。并规定，征求意见可以采取召开座谈会、论证会、听证会，实地调研，委托社情民意调查机构调查以及在本行政区域发行的报纸或者互联网上公布征求意见等多种形式。重要的地方性法规案应当在本行政区域发行的报纸或者互联网上公布征求意见。[②] 2007 年颁布的《广州市规章制定公众参与办法》则就规章立项、起草、审查、实施等各环节的公众参与进行了详细规定，并提出了采取座谈会、开放式听取意见、听证会、论证会等方式广泛征求公众意见的公众参与方式，[③] 推动了广州市行政立法公共参与的进程。

第三节　政务公开的“小”制度

无公开则无民主。列宁说：“没有公开性而谈民主制是很可笑的。”[④] 1822 年，詹姆斯·麦迪逊在谈论政务公开的必要性时写道，一个大众的政府没有大众化的信息或者获取大众化信息的方式，将只不过是一场闹剧或悲剧的序言，或者两者兼之。

政务公开制度作为对公共权力运行进行制约与监督的一项重要制度，对推动依法行政、建设阳光政府，加快建设法治国家具有重要意义。所谓政务公开，是指国家行政机关和法律、法规以及规章授权和委托的组织，在行使国家行政管理

① 陈建智、罗玉忠：《改革开放以来广州人大工作扫描》，中国人大网 2009 年 3 月 16 日。
② 《广州市地方性法规制定办法》，广州人大网。
③ 《广州市规章制定公众参与办法》，中国广州政府门户网站。
④ 《列宁选集》第一卷，人民出版社 1972 年版，第 247 页。

权的过程中，通过一定的形式，依法将有关行政事务的事项向社会公众或特定的人公开，使其参与讨论和决定国家事务、公共事务和公益事业，对行政权实行监督的原则或制度。① 党中央、国务院对推行政务公开十分重视。党的十五大、十六大都明确提出要推行政务公开。2000 年 12 月，中共中央办公厅、国务院办公厅发出《关于在全国乡镇政权机关全面推行政务公开制度的通知》（中办发〔2000〕25 号），对乡（镇）政务公开作出部署，对县（市）级以上政务公开提出了要求。2004 年 3 月，国务院印发《全面推进依法行政实施纲要》（国发〔2004〕10 号），把行政决策、行政管理和政府信息的公开作为推进依法行政的重要内容。2005 年 1 月，党中央印发《建立健全教育、制度、监督并重的惩治和预防腐败体系实施纲要》（中发〔2005〕3 号），明确提出“健全政务公开、厂务公开、村务公开制度”。地方政府对政务公开的探索始于 20 世纪 90 年代，虽然并没有系统的制度安排，但其积淀的丰富实践经验，为自下而上推动全国的政务公开发挥了不可忽视的积极作用。

一、政务活动公开

政务活动是由国家行政机关和法律、法规以及规章授权和委托的组织从事经济建设、社会管理等一切与公共利益相关的活动。这里，我们主要探讨的是各级地方国家行政机关即各级地方政府的政务活动公开实践。当前，人民群众和新闻媒体比较关注的政务活动公开事项主要有信息公开、决策公开、预算公开等。

（一）政务信息公开

政务信息公开是确保公民知情权，便于群众监督和参政议政的前提。实践中，我国地方各级政府对各类信息一般是进行保密处理。2002 年 11 月，《广州市政府信息公开规定》正式施行，成为我国由地方政府制定的第一部规范政府信息公开行为的政府规章，被法律界称为国内首部“阳光政府”法案。该法案规定了事权、财权、人事权三方面信息公开的内容和方式方法。在财权公开方面，明确了预算公开等几种应当公开的内容：（1）经本级人民代表大会通过的政府年度财政预算报告及其执行情况；（2）重要专项经费的分配、使用，重要物资招标采购情况和重大基本建设项目招投标情况；（3）政府投资建设的社会公益事业情况。并确定了重大决策的预公开制度，规定涉及个人或组织的重大利益，或者有重大社会影响的事项在正式决定前，实行预公开制度，决定部门应当

① 杨建顺：《论我国政务公开的理念与课题》，中评网、杨建顺博客，2004 年 5 月 11 日。

将拟订的方案和理由向社会公布，在充分听取意见后进行调整。[①] 2005 年，广州市被国务院确定为全国开展政务主动公开和依申请公开制度建设试点城市。广州市政府于 2006 年 11 月还配套出台了全国第一部全面、系统规范依申请公开政府信息工作的地方政府规章——《广州市依申请公开政府信息办法》，为信息公开进一步夯实了制度基础。2005 年 7 月，广东省第十届人民代表大会常务委员会第十九次会议通过《广东省政务公开条例》进一步明确和规范了广东省政务公开的相关内容和方式方法，并于 2006 年 2 月印发了《广东省人民政府政务公开内容目录》，此外，还先后出台了《中共广东省委办公厅、广东省人民政府办公厅关于在全省乡镇推行政务公开的意见》、《中共广东省委办公厅、广东省人民政府办公厅关于在县级以上政权机关全面推行政务公开制度的意见》、《广东省违反政务公开、厂务公开、村务公开条例责任追究的暂行办法》等规范性文件作为配套。值得肯定的是，《广东省政务公开条例》明确规定了政务公开为免费公开："政务公开义务人向政务公开权利人提供政务信息不得收取费用"[②]。

（二）政务决策公开

政务决策是政务活动的核心，与人民群众的利益密切相关。政务决策公开有利于加强群众监督，维护公共利益，促进决策公正。在推动政务信息的同时，政务决策公开逐渐成为人民群众关注的焦点。近年来，广东、浙江等地均在重大行政决策公开方面作出了一定的有益探索。例如，杭州市的"开放式决策"制度。2009 年 1 月杭州市政府印发了《杭州市人民政府开放式决策程序规定》（杭政函〔2009〕11 号）。2009 年 8 月，杭州市又出台了《杭州市人民政府重大行政事项实施开放式决策程序规定》。根据该规定，实行开放式决策的事项包括以下八类：（1）拟提交杭州市人民代表大会及其常务委员会审议的政府工作报告、全市国民经济和社会发展计划报告、财政报告等；（2）城市总体规划、市域城镇体系规划、经济社会发展规划、重大专项规划；（3）地方性法规草案、重要的市政府规章草案；（4）涉及人民群众切身利益的重要改革方案与公共政策；（5）人民群众日常办事程序和社会公共服务事项等的重大调整；（6）涉及人民群众生产生活的重大公共活动、重大突发事件应对方案；（7）加强市政府自身建设的重大事项；（8）市长提出的其他重大行政事项。[③] 几乎在同时，广州市政府制定的《广州市政府重大行政决策程序规定（征求意见稿）》开始公开征求意见并于

---

① 黄熹、曹莉莉：《广州政府信息今起全面公开》，载《羊城晚报》2003 年 1 月 1 日。

② 《广东省政务公开条例》，广东省政府门户网站。

③ 《杭州市出台〈杭州市人民政府重大行政事项实施开放式决策程序规定〉》，浙江省法制办网站，2009 年 8 月 13 日。

2010年广州亚运开幕前夕公布。2010年9月广东省政府法制办也起草制定了《广东省重大行政决策专家咨询论证办法（试行）》、《广东省行政决策社会听证办法（试行）》。《广州市政府重大行政决策程序规定》提出，政府重大行政决策应当遵循科学、民主、合法的原则，除依法应当保密的外，决策事项、过程和结果应当公开。根据该规定，类似BRT（城市快速公交）建设、城中村改造以及大规模交通改造等政府重大行政决策将必须通过座谈会、公共媒体征求公众意见，并组织专业论证会及听证会。与杭州市的列举式公开不同，广州市的重大行政决策公开实行的是“公开是原则，不公开是例外”的原则，但也对重大事项进行了列举：(1) 制定经济和社会发展重大政策措施；(2) 编制和修改各类经济、社会、文化发展和公共服务总体规划；(3) 使用重大财政资金，安排重大政府投资项目，处置重大国有资产；(4) 开发利用重大自然资源；(5) 制定城市建设、环境保护、土地管理、劳动就业、社会保障、文化卫生、科技教育、住房保障、交通管理等方面的重大政策措施；(6) 制定行政管理体制改革的重大措施；(7) 其他需要政府决定的重大行政管理事项。同时规定，以下事项不适用该规定：(1) 政府规章的制定，地方性法规建议案的拟定；(2) 政府人事任免；(3) 政府内部事务管理措施的制定；(4) 突发事件的应急处理；(5) 法律、法规和规章已对决策程序作出规定的其他事项。就决策公开的方式而言，杭州市的开放式决策大胆提出了市政府常务会议审议重大行政事项时实行视频直播的做法，并与市民开展互动，是“开放式决策”程序的重大创新。杭州市还对市政府常务会议的会务安排、视频直播互动、会议信息公示、社会公众参与方式、审议程序等内容作了明确规定，保证市政府常务会议的审议、决策过程的高度公开透明。① 广州市则采用委托有关专家或者专业研究机构起草决策草稿、召开专家咨询会、听证、媒体公布、问卷调查等多样化的方式实现公共参与。

在推动重大决策公开的前夕，2010年5月，广州市还探索建立了重大民生决策的公开制度，出台了《广州市重大民生决策公众征询工作规定》。所谓重大民生决策，是指在环境保护、劳动就业、社会保障、文化教育、医疗卫生、食品药品、住房保障、公共交通、物价、市政公用设施、征地拆迁、公共安全等领域与广大群众利益密切相关、社会涉及面广、依法需要政府决定的重大决策。这两个规定的出台，基本涵盖了广州市政府应予的重大决策项目，根据不同情况，采取了灵活多样的公开形式，构建了比较完善的决策公开体系。

---

① 《杭州市出台〈杭州市人民政府重大行政事项实施开放式决策程序规定〉》，浙江省法制办网站，2009年8月13日。

（三）与市场相关的政务活动公开

在行政活动中，有一类牵涉政府与市场关系的行政行为尤其为社会关注，如行政审批活动的公开。仅以土地审批为例，最早的土地开发活动，政府将拟开发的地块交由哪个房地产商是不公开进行的。如此，批地拿地的能力成为决定房地产开发成败的关键，因此产生的腐败不胜枚举。如何改变这一“暗箱操作”传统，地方的“先行先试”为全国的制度建立提供了直接经验。1997 年，杭州在全国最早实行了土地储备制度，两年后的 1999 年，杭州市又最早实行经营性土地一律公开“招拍挂”的制度。根据这一制度，政府的经营性土地行为，必须公开进行。2002 年 7 月，建设部的《招拍挂出让国有土地使用权规定》实行，才将此举在全国推广，地方率先探索的意义不言而喻。虽然“招拍挂”制度一度被认为是推高房价的罪魁祸首，但客观来看，与秘密交易相比，把土地转让的关键环节透明化运作，至少在程序公正上是一个重大进步。2011 年，国土资源部印发了《关于坚持和完善土地招标拍卖挂牌出让制度的意见》（国土资发〔2011〕63 号），对“招拍挂”制度给予了再次肯定和强调。此举表明，权力公开是不可逆转的趋势，伴随公开出现的问题，可以在探索中完善，但不能因此否定公开本身。

二、办事公开

推行办事公开是指政府机关及其有关职能部门向社会、向人民群众公开办理和处理民生事务的制度。办事公开体现了为人民服务的宗旨，是政府服务人民群众的重要前提，也是服务型政府建设的重要内容。党的十五大曾明确提出：“坚持公正、公开的原则，直接涉及群众切身利益的部门要实行办事公开制度”。党的十六大和十六届五中全会进一步指出：“完善办事公开制度，保证人民群众依法直接行使民主权利，管理基层公共事务和公益事业”。

（一）设立办事大厅

近年来，我国各地在办事公开方面进行了不少探索。一个重要的创新是把地方重要的行政审批集中设立办事大厅，即把散落于城市各个角落的审批机构集中起来，面向公众开放，公开办事流程，提供一站式服务。早在 20 世纪 90 年代末，宁波市就将各部门审批事项集中到阳光大厅（即行政服务中心）办理，并于三年前进行了改革，归并审批处室、明确一局一名分管领导、实行“一个窗口对外，一站式服务”，据统计，现宁波43个行政部门内设的审批处室从原来的189个减少到49个，缩减了74%，直接从事审批工作的人员大幅减少，审批效率比法定时限提高70%以上。[①] 与此同时，宁波市还探索出“一事一表”的标准审批流程，阻断滥用自由裁量权，在提高行政效率的同时，维护了行政公平，提高了政府公信力。在中国社会科学院近两年发布的中国地方政府透明度2009年度报告和2010年度报告中，宁波在43个省会和副省级城市中均居第一名。[②]

鉴于集中办事大厅实行办事公开的高效便民，近年来，各地纷纷进行了类似的改革，有力地推动了政务公开的深化。作为较早推动行政审批改革的城市，广州市政府比较注重推动办事公开，构建标准化审批流程，例如，按照方便市民和企业申请、查询、监督的要求，优化审批环节，实行跨部门信息共享和电子材料互认，实现一次提交，多次共享，推进审批服务优质化。

（二）建立网上办事平台

随着互联网走入千家万户和政府上网工程的深入推进，各地在推进集中办事大厅的同时，开始构建和完善网上办事大厅，为人民群众足不出户办事提供条件，进一步提高了办事效率。在探索政府上网较早的广州，各职能部门都建立了网上办事平台。例如，广州工商网不仅及时公开政务信息，而且开通网上咨询、网上办事等服务功能，广州67万家企业都有“电子执照”，可在网上办理登记注册、年检等事务。广州市公安局的金盾网也设立了网上服务大厅，承办的主要项目有交通业务办理、出入境业务办理、治安业务办理等三大类，可在网上完成签证申请、驾驶证年审、机动车办理、驾驶人业务办理、养犬管理等。如市民要申请港澳通行证的签证，只需在网上填写表格，服务人员将上门收取证件，办理完毕后再以快递方式寄回，实现了真正的足不出户。“中国广州政府”门户网站自“网上办事大厅”栏目推出以来，其网上办事功能不断完善，业务不断增加，截至2005年1月底，“网上办事大厅”栏目共整合政府网站群网上办事项目601项，其中在线办理业务199项，表格下载353项，办理结果查询150项，涉及工商、外经、人事、卫生、文化、经济、财税金融、规划建设、土地房产、民政福利、公安司法、劳动保障等政府部门和公共服务机构的办事项目。2011年4月，为建设智慧广州，广州市在全国率先推出“广州市民网页”，标志着广州市政府利用互联网为市民提供便民服务方面继政府服务网上办理工程之后迈出了新步

---

① 郑黎：《宁波深化行政审批改革建设透明政府》，新华网，2011年5月26日。

② 《中国政府透明度年度报告（2010）》、《中国政府透明度年度报告（2009）》、《中国社科院2011年法治蓝皮书》、《中国社科院2010年法治蓝皮书》，社会科学文献出版社。

伐。市民网页的主要功能包括政务信息发布、信息订阅查询、网上办事、政民互动和云服务等五大功能，不仅提供交通违章、社会保险、公积金、水费、电费、燃气费、移动话费、电信话费等 8 大类民生信息订阅服务，15 个政府部门共 39 种事项的办事进度和结果查询服务，市民还可通过市政府门户网站“百姓热线”向 40 多个政府部门提出政策咨询和建议，随时查询在各市直属政府部门办事的进度，办理结果也会在第一时间内发送到市民网页，并以短信或邮件等方式通知个人。① 这种整合各职能部门网站办事平台的做法，实现了办理事项网上提交、受理、办理，办事过程公开、可查，既为广大市民提供了便捷的办事服务，又避免了推诿拖延、效率低下及权力寻租。

（三）公用事业办事公开

公用事业单位是政府履行公共服务职能的重要载体，是政府向广大群众提供公共产品和公共服务的重要平台。全面推行公用事业单位办事公开，也是政务公开的重要组成部分。2005 年 2 月召开的国务院第三次廉政工作会议明确要求：“推进政务公开，要从人民群众普遍关心和涉及人民群众切身利益的问题入手，学校、医院和供水、供电、供气、供热、环保、公交等与群众利益密切相关的公共部门和单位，要全面推行办事公开制度，向群众公开服务承诺、收费项目和标准。”2005 年 3 月，中办、国办专门下发了《关于进一步推行政务公开的意见》，进一步明确推行政务公开的指导思想、工作目标、主要任务、重点内容和公开形式等一系列问题。广州市政府 2006 年 12 月出台的《关于全面推行公用事业单位办事公开的意见》要求，对有关公用事业单位的服务资源进行有效整合，将有关公共服务事项纳入政务服务中心（窗口办事大厅）统一办理，方便了市民群众办理生活密切相关的服务事项。

此外，在办事公开方面的探索中，山东曲阜市 2010 年前后推出的“马上就办办公室”也不失为一种推动公开、提高效率的创新。据有关报道，“马上就办办公室”的主要职责：更高效率的履行好部门和业务岗位担负的工作事项；上级和市委、市政府作出的各项重大工作部署；“三重”工作及上级领导批办的重要事项；行政审批项目及面向企业、群众的公共服务项目；群众和媒体建议、反应、投诉的事项；其他需要“马上就办”的事项。因为“马上就办办公室”不是增设新机构和人员，而是作为一个纯粹提高办事效率的机构存在，得到了媒体和群众的肯定。当然，其实际运作效果，还有待实践检验。

类似便民办事公开制度，中央政府由于不直接面向公民个人，不可能首先建

① 倪明：《市政府开通市民网页》，载《广州日报》2011 年 4 月 18 日。

立制度，也不可能在无地方经验的情况下，贸然进行规定。只能在地方先行探索的基础上，再总结地方经验，逐步向全国推广。从法治的角度看，法律真正有益于民众，首先体现为依法办事和办事公正。而这两者，都需要地方执法机关积极探索具体的落实方式。办事公开制度做得好的地方，必然伴随着一个观念的扭转，这就是实现从首先考虑便于管理到首先考虑方便群众的转变。事实表明，只有把群众需要放在第一位，才能真正做到法律、执法和政府服务的以人为本，真正做好办事公开的有关制度建设。

三、行政执法公开

在我国，80%以上的法律，90%以上的法规和规章由行政部门负责执行。行政执法公开，是指行政执法机关按照国家法律、法规、规章授予的职权，对所办理的涉及管理对象切身利益的行政执法事项，通过一定方式将办事依据、办事制度、办事程序和办事结果向社会公开的制度。我们较早确立了行政执法的公开原则，1996 年 10 月施行的《中华人民共和国行政处罚法》规定：行政处罚遵循公正、公开的原则。并提出：对违法行为给予行政处罚的规定必须公布；未经公布的，不得作为行政处罚的依据。该法还引入了行政处罚执法听证程序，同时规定了几种应当举行听证的行政处罚情况。

（一）行政执法职权公开

在地方，广东等地较早开始对行政执法公开的探索，比较引人关注的是行政执法职权公开透明运行方面。2007 年 9 月，广东省出台了《关于进一步推进行政执法职权公开透明运行工作的意见》（粤府办〔2007〕76 号），要求各级政府切实推进行政执法公开明示制度，包括分解执法职权，明晰执法责任；依法制定并公布行政执法职权运行流程图；扩大行政执法职权公示范围。该规定虽然侧重于职责职权等静态执法信息的公开，但不可否认为进一步推动行政执法公开奠定了必要基础。

（二）公开行政执法自由裁量标准

除了一般的规范公开行政执法依据、执法程序、执法结果外，如何通过在公开制度的探索中规范行政执法的自由裁量权，直接关系到执法对象的切身利益。公正是另一种意义的公开，即执法结果的公平、公开。法律的稳定性、现实的复杂性、立法者的局限性以及法律条文表述的概括性决定了行政权力中自由裁量权存在的必然性，规范和约束自由裁量权是执法公正的题中之义。2008 年 5 月 12 日，国务院《关于加强市县政府依法行政的决定》明确要求市县政府及其部门“要抓紧组织行政执法机关对法律、法规、规章规定的有裁量幅度的行政处罚、行政许可条款进行梳理，根据当地经济社会发展实际，对行政裁量权予以细化，能够量化的予以量化，并将细化、量化的行政裁量标准予以公布、执行。”① 在这方面的探索中，广州市的做法是，出台了全国第一部全面规范行政执法自由裁量权的政府规章《广州市规范行政执法自由裁量权规定》，选择城管、卫生、税务等几个典型部门先行开展试点，严管行政执法人员“自由裁量空间”，逐步完成规范行政执法自由裁量权的量化、细化工作，逐项清理本单位的行政执法职权事项，梳理执法依据，分解执法职责，界定执法权限，其中关键是将自由裁量的标准向社会公开，以便接受群众监督。通过这一制度，在一定程度上确保了“同样的违法行为，同样的处理结果。不管谁作决定，结果都是一样”。② 之后，湖南省以省政府令的形式制定了全省统一的适用规则——《湖南省规范行政裁量权办法》（省政府令第 244 号），要求省、市、县三级政府部门应分别依据上级部门制定的裁量标准制定本地的标准。与其他省（市）笼统下发类似《关于开展规范行政处罚自由裁量权工作的意见》相比，广州市、湖南省的做法更为规范、有效，对于国务院的精神，不仅仅是从文件到文件的落实，而是从文件到立法的落实，对于地方法制的发展具有积极的推动意义。

在大的执法公开环境中，地方政府各职能部门的执法公开也不断探索开展，如长沙市雨花区司法局 2009 年 8 月出台的《行政执法公开制度》，主要内容是明确了应当向社会或管理对象公示的事项；再如广州市城市管理综合执法局 2007 年 12 月公布的《行政执法公开制度》，明确了行政强制措施的告知义务、执法范围和处罚标准。当然，有些部门规章在制定的水平上仍然比较粗浅简陋，整个规章不到 10 条，不排除有马虎应付的嫌疑，还需在实践中认真对待，加以完善。

第四节　司法公开的“小”制度

公开是最好的防腐剂，也是实现正义的必要手段。英国有句古老的格言：“正义不仅应当得到实现，而且应以人们能够看得见的方式加以实现”（Justice

① 《国务院关于加强市县政府依法行政的决定》，国发〔2008〕17 号，中央政府门户网站。

② 舒涓：《广州出台规章规范行政执法自由裁量权全国首创》，载《广州日报》2009 年 4 月 22 日。

must not only be done, but must be seen to be done)。美国学者伯尔曼断言:“没有公开则无所谓正义。”[①] 因为“一切肮脏的事情都是在‘暗箱作业’中完成的,追求正义的法律程序必然是公开的、透明的”[②]。随着依法治国进程的深入推进,人民群众对司法公正的呼声更加强烈。推动司法公开成为各级司法机关彰显公正的重要工作。但是,与政务公开不同,司法公开因为涉及审判机关和检察机关两个独立的系统,在国家没有统一的信息公开法前,司法公开尚没有统一的规范,有关的公开制度建设基本依赖地方的主动探索推进。本节将分别考察法院和检察院两个系统的司法公开制度。

一、审判公开

审判公开是人民法院司法公开的核心,是指人民法院开庭审理案件的过程和判决的宣告都公开进行,允许公民旁听,允许新闻媒体依法公开采访、公开报道。首次明确提出“审判公开”理念的是18世纪意大利法学家贝卡利亚。青年时代的马克思就对审判公开加以充分肯定:“自由的公开审判程序,是那种本质上公开的,受自由支配而不受私人利益支配的内容所具有的必然属性。”今天,审判公开作为一项司法基本要求,已在世界各国以及有关国际组织的立法中得到确认。[③] 新中国第一部《宪法》即1954年《宪法》第76条对审判公开原则作了明确规定:“人民法院审理案件,除法律规定的特别情况外,一律公开进行。”现行宪法(1982年《宪法》)第125条则一字不改地重申了这一规定。

当然,在我国,《宪法》规定与实际执行情况不一定同步。事实上,我国审判公开工作的重大进展是在改革开放以后。1983年9月颁布的《人民法院组织法》第七条规定:“人民法院审理案件,除涉及国家机密、个人隐私和未成年人犯罪案件外,一律公开进行。”进一步明确了公开审判原则。1999年和2007年分别制定了《关于严格执行公开审判制度的若干规定》、《关于加强人民法院审判公开工作的若干意见》,出台了《司法公开示范法院标准》,围绕如何保障当事人在诉讼过程中依法获得审判工作信息的权利、如何保障当事人的诉讼权利、如何使人民群众的基本权利得到充分的司法保护展开,对人民法院审判公开的基本原则、基本要求以及规范审判公开工作进行了明确规定。《司法公开示范法院标准》从立案公开、庭审公开、执行公开、听证公开、文书公开、审务公开等

① [美]伯尔曼,梁治平译:《法律与宗教》,生活·读书·新知三联书店1991年版,第48页。

② 王利明:《司法改革研究》,法律出版社2001年版,第52页。

③ 付子堂:《审判公开有利于权利保护》,载《人民法院报》2009年5月6日。

几个方面比较全面地考核各级法院的司法公开情况。

考察审判公开的进程，自上而下的推动和自下而上的推动是相互作用的，其中，自上而下的推力主要表现为立法的确认、最高法院对审判公开的工作部署等，是主要力量；地方的主动探索及其取得的经验，也有很多为决策者吸取后在全国推广，成为审判公开制度创新不可或缺的动力。

相对于宪法关于“公开审理”的规定，地方审判公开经历了一个由“审理公开”到“判决公开”的过程，即经历了从让公众了解如何进行审理到让公众看得到如何作出判决的过程。

（一）审理活动公开

从1980年公开审判“林彪、江青反革命集团案”开始，迈入新时代的中国人民对审判公开的热情就开始激活。这其中，也发生过因为理论准备不足而出现各地大搞将犯罪分子游街示众的过火现象。之后，伴随法学研究的推动和实践的深入，我国审判公开的探索逐步回归谨慎和理性。1998年6月，北京一中院在全国法院系统率先承诺全面落实公开审判制度，凡年满18岁的中国公民均可凭有效身份证件自由旁听法院依法公开审理的案件，结束了旁听需要介绍信的时代。1998年7月中央电视台首次对北京一中院一起知识产权纠纷案的庭审进行直播，成为轰动一时的大事件，此后，庭审直播重大案件逐渐成为一种“时尚”。1999年7月，北京一中院还首创公民自由查阅裁判文书的制度。随后的十年间，北京一中院又继续在公开的深化上下工夫，努力推动四个深化：从形式上的公开向实质上的公开深化；从诉讼流程公开向裁判依据公开深化；从对当事人公开向对社会公众公开深化；从审判事项公开向审务公开深化。[①] 短短几年间，北京一中院几乎涉足庭审公开、证据公开、裁判文书公开、审务公开等所有的审判公开领域，均获得卓有成效的经验。

在南方城市广州，审判公开也进行得如火如荼。20世纪末，广州中院明确要求，所有证据都要在法庭公开举证、质证，任何证据未经法庭质证，法官不能进行认证，不得作为定案的根据。21世纪初，广州中院一审案件的公开开庭率达到100%，真正做到凡是依法能公开的，一律公开进行。同时，广州中院积极推动裁判文书改革，重点加强了对质证中有争议证据的分析、认证，增强判决的说理性。通过公开裁判文书，实现记录裁判过程和公开裁判理由，使裁判文书成为向社会公众展示司法公正形象的载体，进行法制教育的生动教材。

---

① 焦红艳、李松、黄洁：《法院公开审判破冰十年：旁听不再需要介绍信》，载《法制日报》2008年6月22日。

（二）判决活动公开

如果说上述实践仍旧停留在审理公开的阶段，广州海事法院则在判决公开方面进行了独到的探索。该院率先在全国实现了网上公开生效裁判文书。尤为可贵的是，该院还率先在全国探索了在判决文书中公开法官意见，努力让公众了解判决是如何作出的，实现由“审”的公开迈向“判”的公开。其具体做法是，改革过去“本院认为”的表述，合议庭意见一致时，表述为“本合议庭认为”；意见不一致时，表述为“审判员×××认为……”，最后以少数服从多数的原则，根据多数意见作出判决；独任审判时，是以“本审判员认为……”的形式进行说理和作出结论，法院不但要求每个办案法官的意见统统写在判决书上，还要审判员详细列明当事双方分别提供了哪些证据，说明什么问题，是否采纳，采纳和不采纳的理由是什么。[①] 这一改革措施，使判决的推理过程公开于当事人和社会公众面前，解决了当事人和社会公众对“本院认为”存在的“到底是谁认为？怎么认为？为什么这样认为”的困惑，在一定程度上做到了判决的公开。一直以来，审委会案件讨论是块“禁地”。作为一项纪律，审委会讨论案件的过程和内容及相关记录也是绝对机密。在审判委员会改革甚至存废问题讨论日益激烈的今天，广州海事法院再次在审判委员会的改革上作出大动作，2011 年 5 月，广州海事法院审委会首次邀请 4 名广州市人大代表应邀列席旁听，在广东省率先公开审判委员会讨论案件的情况。2011 年 4 月，广东省高级法院颁布《广东省高级人民法院关于在全省法院进一步推进司法公开的意见》，在贯彻落实最高人民法院制定的《关于司法公开的六项规定》和《司法公开示范法院标准》的基础上，进一步推动全省各级法院开展司法公开工作，其中特别就二审公开的问题作出规定，提出“积极推行二审案件公开开庭审理，逐步提高二审案件公开开庭的比率”，“双方当事人不同意书面审理，要求公开开庭的，应当公开开庭审理；一方当事人不同意书面审理，要求公开开庭并有正当理由的，应当公开开庭审理。”[②]

总结近年来审判公开的发展进程不难发现其特点：从形式走向实质，从表面走向深入，从一般的信息公开逐步走向判决决策的公开，乃至审判委员会等最终决策机构的公开，逐步接近并剥开正义的核心，最终使一切审判活动都在阳光下运行。

---

① 郭国松：《为司法公正建立制度屏障——与广州海事法院院长对话》，载《南方周末》2001 年 10 月 26 日。

② 《广东省高级人民法院关于印发〈广东省高级人民法院关于在全省法院进一步推进司法公开的意见〉通知》，（粤高法发〔2011〕26 号），2011 年 4 月 12 日。

二、检务公开

检务公开是指检察机关依法向社会和诉讼参与人公开与检察职权相关的不涉及国家秘密和个人隐私等有关活动和事项。

（一）检务信息公开

人民检察院的职能职权众多，主要是刑事案件侦查权、批准或决定逮捕权、公诉权、对刑事诉讼的法律监督权、对民事审判和行政诉讼的法律监督权、特种案件检察权等。上述职能职权都关系到公民的人身自由等基本权利保护，推动检务公开，无疑对于检察权的公正行使具有积极意义。

从1998年的“检务十公开”，到2006年6月出台了《关于进一步深化人民检察院“检务公开”的意见》（以下简称《意见》），最高人民检察院在推动检务公开上保持着与最高法院（分别于1999年和2007年推出司法公开的文件）几乎同样的节奏。但2006年最高检的检务公开《意见》仍然较多地是集中于静态信息的公开上，例如，检察官任职资格和管理、回避制度、保障律师依法执业规定、不起诉案件公开审查规则、严格执行诉讼权利义务告知制度、健全主动公开和依申请公开的制度等，仅有“案件处理情况”是与当事人关系密切的动态信息。

2008年5月开始，广东省人民检察院下发《广东省人民检察院关于进一步解放思想全面推行阳光检务的决定》，在全国率先通过试点探索与全面推进相结合来推行“阳光检务”。主要做法包括：全省检察机关通过建立案件办理情况查询机制；建立检务公开大厅；推行申诉案件公开审查制度以及检察文书说理制度；建立和完善新闻发布会和新闻发言人制度；建立“检察开放日”制度、“检察官接待日”制度；邀请人民监督员、特约检察员、专家咨询委员参与案件监督；邀请人大代表、政协委员、各民主党派、工商联和无党派人士代表、新闻媒体代表和企业界代表座谈；征求社会各界对加强和改进检察工作的意见建议；等等。全面推进“阳光检务”工作。

（二）检察工作重点环节公开

2009年3月1日，广东省人民检察院又出台《关于在公诉工作中全面推行阳光检务的若干意见》、《广东省人民检察院关于刑事案件不抗诉说理工作的规定》及《广东省人民检察院关于刑事案件不起诉说理工作的规定》，进一步探索建立

"阳光检务"工作中的"阳光公诉"长效机制。上述全面总结和提炼了广东省检察机关公诉部门开展"阳光检务"的成功经验，具有较强的操作性。如《关于在公诉工作中全面推行阳光检务的若干意见》围绕受案、审查、不起诉、出庭支持公诉、审判监督等公诉工作的重点环节，通过完善建立办案进展查询制度、规范权利告知制度、听取被害人意见制度、规范律师阅卷制度、实行不起诉公开审查制度、推行检察文书说理制度、加强庭审说理工作等八项措施，确保检察机关真正将公开义务落实到公诉工作的每一个环节。《广东省人民检察院关于刑事案件不抗诉说理工作的规定》及《广东省人民检察院关于刑事案件不起诉说理工作的规定》重点就检察机关开展不起诉、不抗诉说理工作的范围及方式进行了规定，使检察机关的说理工作以群众看得见的方式固定下来，切实达到检务公开的要求。

广东省的检务公开，在完成最高检察院有个检务公开的规定动作的同时，有不少值得肯定的探索和创新，如推行检察文书说理制度、听取被害人意见制度、实行不起诉公开审查制度等，均使检务公开向着公众需要的方向、向着促进司法公正的方向更加迈进了一步。

（三）其他检务公开的创新举措

此外，其他地方的基层检察院的检务公开，也在检务公开方面做了不少可圈可点的尝试。如作为湖南省检务公开试点单位，湘潭市岳塘区人民检察院主动创新检务公开的内容方式，建立了讯问职务犯罪嫌疑人实行全程同步录音录像，加强了对职务犯罪侦查部门的侦查活动的监督，使侦查工作更加规范；试行量刑建议权改革措施，将量刑建议作为公诉意见的一部分当庭发表；大胆启用庭前证据开示；主动要求人民监督员对不服逮捕决定、拟撤案和拟不诉的三类案件和应当立案而不立案、超期羁押、违法搜查扣押冻结、应当给予刑事赔偿而不依法予以确认或不执行刑事赔偿决定、办案人员徇私舞弊和贪赃枉法等五种情形的职务犯罪案件进行监督①；等等。上述检务公开的做法，特别是同步录音录像询问职务犯罪嫌疑人、庭前开示证据、当庭发表公诉人量刑建议等，对于杜绝刑讯逼供、推动司法公正、维护当事人权益具有一定的积极意义，为基层检察机关的检务公开积累了经验，对于其他基层检察机关推动检务公开具有重要的参考价值。

三、执行公开

执行即是指人民法院已经发生法律效力的判决、裁定付诸实施的行为。执行

① 朱培立、刘向军：《从"检务公开"到"阳光检务"的跨越》，载湖南在线2009年5月26日。

难是当前我国司法领域的老大难问题。如何破解执行难，一直是包括最高法院在内的整个法院系统都在努力解决的问题。与此同时，关于执行权是司法权还是行政权的争论仍在进行，执行机构是作为行政部门存在，还是作为法院的内设机构存在，仍有争议。在执行乏力的大格局下，推动执行公开仍旧是各地基本一致的共识。毫无疑问，在这种大背景下，公开有助于促使当事双方达成妥协，有利于公正执行和执行终结。

2006 年 12 月，最高人民法院公布《关于人民法院执行公开的若干规定》，明确了执行公开的有关内容和方式：人民法院应当通过通知、公告或者法院网络、新闻媒体等方式，依法公开案件执行各个环节和有关信息；应当向社会公开执行案件的立案标准和启动程序，执行费用的收费标准和根据以及执行减、缓、免交执行费的基本条件和程序。同时，最高院还公布了《关于人民法院办理执行案件若干期限的规定》，规定明确，被执行人有财产可供执行的案件，一般应当在立案之日起 6 个月内执结；非诉执行案件一般应当在立案之日起 3 个月内执结。其目的是使执行进一步公开透明，保障当事人的知情权和监督权，确保执行人员及时、高效、公正、廉洁办理执行案件。

（一）执行信息公开

近年来，广州市法院系统在探索执行公开中破解执行难，探索形成了主动执行的“广州模式”。主要内容为“四个主动”：一是加强立案、审判与执行的衔接配合，通过引导当事人及时申请财产保全、督促达成调解协议的当事人当场兑付，减轻执行工作压力；在征得债权人同意的前提下，主动将债务人逾期不履行义务的案件移送执行。二是主动推进执行进程，加大集中查控、快速变现财产的力度，创建短信互动平台，及时反馈执行情况。三是主动用足强制措施，借助媒体曝光“老赖”，加强对其融资、经营、出境、高消费等活动的限制；拘留“老赖”282 人次，罚款 39 万元；构成犯罪的，依法追究刑事责任。四是主动形成执行合力，完善执行指挥中心建设，实现执行资源统一调配；在党委领导下健全执行联动和威慑机制，与公安、房管、税务、车管、工商、银行等部门以及区、街、村居委建立执行协作机制。通过主动执行改革，推动了执行工作的整体发展。全市法院共执结各类案件 57 281 件，实际执行率同比提高 16.44 个百分点，执结标的金额 73 亿元，同比增长 13.42%；其中，市中院执结 3 378 件，执结标的金额 16 亿元。[①] 广州中院主动执行的成效受到最高法院的充分肯定，并在全

① 吴树坚：《广州市中级人民法院工作报告——2011 年 2 月 23 日在广州市第十三届人民代表大会第六次会议上》，广州市人大网站，2011 年 2 月 23 日。

国推广。在广州模式中，处处可见执行公开的作用，并且，广州模式的公开已经从普通执行信息的公开迈向执行过程和手段的公开，这样更加有利于赢得当事人的信赖和配合。如“加强立案、审判与执行的衔接配合”，要求执行机关以开放姿态主动迎接执行任务；如“创建短信互动平台、及时反馈执行情况”，使当事人能够掌握执行的进展；再如“媒体曝光‘老赖’”，能够发挥舆论公开的威力，迫使被执行人履行法律义务。

（二）开庭执行

推行开庭执行也是执行公开的又一探索。2000 年，河源市中院制定出台民事、经济、行政案件《开庭执行程序暂行办法》，该办法规定：由申请执行人向法院提出申请开庭执行，双方当事人经过财产的申报、举报以及对财产进行举证、认证和调查辩论，在执行庭的调解下达成履行方案。如果双方当事人仍无法达成履行债务的协议，被执行人的财产即进入强制执行程序。随后，山东省高级法院出台《山东省高级人民法院关于公开开庭执行若干问题的意见（试行）》，2004 年制定的《莱阳市人民法院执行流程规则》规定：“执行案件一般实行排期开庭执行”[①]，将开庭执行作为一般原则确立。今天，开庭执行已经成为一种较为普遍的执行方式，它有利于提高执行效率，增强执行工作透明度，强化当事人举证意识，化解当事人之间矛盾，保证案件顺利执结。[②]

（三）执行全程公开

此外，上海市第一中级人民法院也积极推动执行全程公开，做了一些有益的探索，如将执行的最新进展第一时间告知当事人；在网上专门设立“执行专栏”；每周三下午设专门的执行信访接待；会邀请人大代表、政协委员、廉政监督员等旁听执行听证，参与现场执行；等等。广东省高院推出“执行日志”制度，将执行过程、措施和结果等信息全公开，把立案、承办法官和合议庭、采取的执行措施、执行款到账、财产分配、结案等信息录入“执行日志”，便于当事人查阅，同时必须归档备查。在一定程度上推动了司法公正，缓解了社会矛盾。

① 《莱阳市人民法院执行流程规则》，莱阳市人民法院网站，2004 年 12 月 14 日。

② 吴胜林：《试论公开开庭执行》，人民法院网，2003 年 12 月 3 日。

第十二章

协商机制

“协商一方面反映出各种国家机关相互之间、国家机关内部各部门之间、各位负责人之间合作的关系以及谨慎行使权力的态度；另一方面，也是有些国家法律在面临难以获得刚性实现的情况下，各方如何通过协商共同找到一条兼顾各方利益的折中途径，顺利推进工作，使正义尽可能获得伸张。”

协商，“协”即协调、协同、协作，“商”即商量、商议、商谈。协商，就是共同商量以求取得一致意见。协商自古有之。在古代雅典，民主的实践中含有很大的协商成分，它力图使不同背景的人们能够“通过政治的互动作用来表达和交流他们对善的理解。”① 公元前15世纪雅典的伯里克利曾说“我们并不把协商看做是行动的绊脚石，相反我们认为协商是采取任何明智行为必不可少的前提。”可见当时古代雅典人赋予协商多么崇高的地位。②

协商决策是长期以来中国人正在实践着的民主形式，无论封建时期的精英合意（如明朝的内阁大学士、清朝的军机处等），还是革命时期的军事三人小组，以至新中国成立后的政治协商制度，均可窥见协商的影子。新中国成立初期，政治协商在新中国政治发展中发挥着重要的作用，《中国人民政治协商会议共同纲

---

① ［美］戴维·赫尔德，燕继荣译：《民主的模式》，中央编译出版社1998年版，第21页。

② 朱旭华：《协商民主及其对中国基层民主建设的启示》，天津师范大学硕士学位论文，2009年3月1日。

领》曾起临时宪法作用。改革开放后，邓小平明确地赋予政治协商制度以社会主义民主的内涵。1980年，邓小平指出："人民政协是巩固和扩大我国革命的爱国的统一战线的重要组织，也是我国政治体制中发扬社会主义民主和实行互相监督的重要形式"。1991年，江泽民提出了"两种民主形式"的观点，指出："人民通过选举、投票行使权力与人民内部各方面在选举、投票之前进行充分协商，尽可能就共同性问题取得一致意见，是我国社会主义民主的两种重要形式。"协商民主在社会主义民主实践中的作用日益受到重视。

协商是法律实施的特殊方式。在推进法治建设30多年后，中国人"要按规定（法律）办事"的习惯正逐步养成，但爱面子的中国人内心清楚，只有事前加强沟通协商，将法律或者规定转化为符合各方诉求的共识，才能达成一致、促进合作。这样，既尊重了面子，又遵守了规定，才会最终有利于"办成事"。而没有主动的协商沟通，缺少了相互默契与配合，互相之间可能是硬碰硬，冷脸相对，最后虽然也是"按规定"来操作，但结果往往是"办不成事"。

通过多种方式听取（征求）各种意见，或者经过深入讨论，然后作出符合实际的决策，是中国党政机关一直以来重要的工作方法。中国一直有会议大国的称呼，会议，就是集中研讨、讨论，除了纯粹的传达精神、部署任务的会议，多半有协商的功能。虽然事实上很多会议并没有冠之以"协商"的名义，但并不影响其协商的实质。协商一方面反映出各种国家机关相互之间、国家机关内部各部门之间、各位负责人之间合作的关系以及谨慎行使权力的态度；另一方面也是有些国家法律在面临难以获得刚性实现的情况下，各方如何通过协商共同找到一条兼顾各方利益的折中途径，顺利推进工作，使正义尽可能获得伸张。研究协商这一最具有中国特色的工作制度，对于理解我国国家治理方式的内在肌理具有重要的意义。

第一节　协商的概念、类型与特点

协商作为一种工作方法，普遍存在于当前包括党政机关特别是地方党政机关在内的各种组织机构的日常工作中。在制度层面，除政治协商会议之外，协商也被很多地方立法、决策、执法等活动作为一个必要程序予以制度化。在非官方或者社会管理领域，协商机制也越来越多地被引入实践，为交换意见、统一认识、达成共识发挥着越来越重要的作用。考察协商机制的类型与特点，无疑有助于我们对丰富而复杂的协商实践获得更加深刻的认识。

一、协商的概念

协商的概念其实并不复杂。美国政治学者迪戈·甘贝塔指出，协商就是所有人在作出集体决策之前依次发表看法和聆听意见的交谈。[①] 将协商定义为发表意见并听取他人意见的交谈过程。美国宪政学者乔恩·埃尔斯特认为，协商民主，就是通过自由而平等的公民之间的讨论进行决策。[②] 从乔恩·埃尔斯特对协商民主的定义中可以看出，作为一种处理问题、获得共识、作出决策的途径或方式，协商就是在“自由而平等的公民之间的讨论”。

协商在中国源远流长。当今，政治协商制度是中国的基本政治制度。但是，在英文的表达中，中国人民政治协商会议的“协商”用的是“Consultative”，这个词的原意实际上是“咨询的”。协商民主近年也备受国外政治和法学理论界的关注，不过，国外研究者普遍所谈的协商民主是“Deliberative Democracy”。从词义上来看，Deliberative 包含着“慎思”（Consideration）和“讨论”（Discussion）两个方面的含义。Deliberation 的过程实际上是一个在适当讨论之后，个人依据其学识和良知在对相关证据和辩论进行充分思考的情况下决定支持某一集体行动的过程。[③] 笔者认为，协商之意，当然不仅限于咨询（Consultative），而应该是 Deliberative，即平等、理性地开展讨论和商谈。换句话说，协商意味着决策的过程是以讨论的方式进行的，且参加讨论的公民或其代表者必须珍视理性与公正的价值。[④]

综上，无论是从字面含义还是学者的定义，协商的核心内涵都是讨论，是人们为了达成符合各方利益（或各方均能接受）的决策与共识而自主、平等、理性地进行的商谈与讨论。为什么要在决策之前把人们组织起来进行讨论，按照詹姆斯·D. 费伦的说法，大概包括有“减少或克服有限理性”、“有助于在团体的监督下促进最终选择合法化”、“做正确的事情”等几个目的。[⑤]

二、协商机制的类型考察

鉴于协商机制在实践中的多元、多样与复杂，拟从协商主体、协商目的、协

---

① 陈家刚：《协商民主概念的提出及其多元认知》，载《公共管理学报》2008 年第 3 期。

② Jon Elster，Introduction，Jon Elster，*Deliberative Democracy*. Cambridge：Cambridge University Press，1998，P. 1.

③ 金安平、姚传明：《“协商民主”不应误读》，载《中国人民政协理论研究会会刊》2007 年 10 月 28 日。

④ 肖巧平、黄一军：《宪政视野下协商民主概念分析》，载《理论观察》2009 年第 4 期。

⑤ ［美］詹姆斯·D. 费伦，王文玉译：《作为讨论的协商》，转引自陈家刚编《协商民主》，上海三联书店 2004 年版。

商内容、协商方式等角度考察协商机制的类型。

（1）按照协商主体分类，则有党政部门协商、官民协商、民间协商等类型。党政部门协商，即党委部门与政府部门直接的工作协商。随着城市发展和管理中重大活动、重大事项、重大项目的增加，越来越多的事项需要党委与政府部门通力协作。其具体表现为，为推动某项工作而成立的联席会议制度。如全国很多城市都在进行的创建文明城市活动，因为涉及党委、政府的大多数部门，所以必须建立相应的机构和联席会议制度，通过增加协调协商力度，把复杂的工作任务分解为各职能部门的具体工作目标。党政协商还可能表现为政治层面，把地方发展的重大问题通过引入协商程序加以论证，然后再提及党委、人大和政府的正式会议讨论、通过、执行。例如，江西省安远县党委、政府把政治协商作为科学民主决策的“助推器”和“减震器”，高度重视发挥政治协商作用，切实把政治协商纳入决策程序，做到主动协商，主导协商，凡规定需要进行政治协商的内容，未经协商的，原则上不提交县委决策、县人大常委会表决通过、县政府实施。①

官民协商，即官方与民间人士为了某一问题的解决而进行的协商行为。可以是官方主动，也可以是民间推动。例如，近年一些地方（北京、广州）相继发生反对垃圾焚烧厂的事件。各地政府纷纷通过官民沟通与民众展开互动“寻找共识、寻找良策”。2010 年 2 月 22 日，北京市市政市容委邀请在 2009 年 9 月 4 日组织百余奥北居民“反建阿苏卫”在农展馆举横幅抗议的、网名称“驴屎蛋”的黄小山作为反对垃圾焚烧的唯一市民代表，赴日本、中国澳门特别行政区考察垃圾处理。双方均认为“前一段发生了很多不愉快的事情，对抗和指责解决不了问题，沟通才是有益的”。2010 年 4 月 9 日，广州的“巴索风云”和“阿加西”两位反对垃圾焚烧的业主代表也受广州番禺区政府邀请，到澳门参观考察垃圾焚烧厂。他们意识到：“仅仅依靠反对并不能推动事情的解决”；“垃圾问题不是对抗能解决的，我们认为要居民和政府停止无休止无技术含量的争吵，在理智的状态下沟通，携手面对，共同研究，找出一条解决垃圾围城的路子”。如今，北京的“驴屎蛋”和广州的“巴索风云”等人已从民间维权者成为积极推动垃圾分类、减少垃圾总量的志愿者。②

民间协商，即当事双方或利益相关的多方当事人为某一问题的解决而主动协商的机制。其实，在民间，协商是极其普遍的。因为民事主体一般不具有强制对方的权力，必须通过平等协商对话才能照顾彼此利益，达成共识与协议。订立契约的行为，本身就是一种协商后的结果。作为一种处理平等民事主体之间的利益

① 赖华：《重视协商作用　江西安远党政决策不过协商关不落槌》，人民网，2011 年 5 月 6 日。
② 单光鼐：《官民良性互动》，载《南方周末》2011 年 2 月 25 日。

纠纷的程序，协商机制最近也越来越多的引起学界和官方的认同。一个典型的例子就是各方力推的工资集体协商机制。

（2）按照协商宗旨（目的）分类，有决策型协商、协调型协商、沟通型协商。决策型协商，就是通过协商来形成决策，以协商推动科学决策、民主决策。以协商助决策，在我国很多地方已有不少实践。2010 年 6 月，广东省颁发《中共广东省委政治协商规程（试行）》，把是否重视政治协商纳入领导班子和领导干部考核的重要内容。按照该《中共广东省委政治协商规程（试行）》，行政区域重大调整、省政府投资的重大问题在决策前和决策执行中都将进行协商，做到对重大问题的协商在党委决策之前、人大表决之前、政府实施之前。这是全国第一部省级政治协商规程。

协调型协商，即当一个工作的开展需要多个部门相互配合、共同完成时，相关职能部门为确保工作顺利开展而进行的协商。在我国，有一种被称为“牵头制”的普遍的行政工作方式，即某项工作由某个单位牵头开展。一般领导交代任务后，牵头部门将召集相关部门负责同志，开会协调，分工负责，分头行动，最后由牵头部门汇总完成情况，完成后将执行情况反馈给领导。

沟通型协商，即协商的目的并非为了决策，也非为了协调工作的开展，而是加强沟通了解，增进信任，在沟通中发现彼此的新问题、新东西，进而对工作作出修正和调整。例如，据 2008 年 8 月的新闻报道，当年，浙江省全省要召开 1 000 场次左右的民主恳谈会和民主听证会中筛选出来的，主题涉及素质教育、企业脱困、电子信息产业、汽车维修、看病难、旅游、安全生产、中小企业融资难、零就业家庭援助、烟花爆竹管理等，涵盖了老百姓生活的方方面面内容。大多座谈会都邀请了党政机关部门领导，直接与市民对话，听取市民意见。[①]

（3）按照协商的内容分类，可以列举出以下几种：政治协商、司法协商（人民调解制度）、工资集体协商等。政治协商，政治协商以中国人民政治协商会议为代表。司法协商的典型则是人民调解制度，我国 2010 年通过了人民调解法，把原有的调解手段法制化、上升为法律。全国人大法制工作委员会副主任信春鹰认为，调解是中华法律文化中根深蒂固的一种冲突解决方式。随着和谐社会建设，对调解的作用给予进一步的重视。调解的主要功能是把纠纷解决在基层，大家平心静气，用这种协商的手段通过互相的理解和谅解，达成对纠纷解决的一致。无疑，调解的推广、调解的强化、调解的法律化会加强基层民主。[②] 近年来，工资集体协商备受各级政府重视。所谓工资集体协商，就是指用人单位与本

---

① 梁国瑞：《与厅局长面对面 10 场民主恳谈会邀请市民参加》，浙江在线新闻网站，2008 年 8 月 7 日。

② 信春鹰：《人民调解法协商解决纠纷 会加强基层民主》，中国网，2011 年 3 月 10 日。

单位职工以集体协商的方式，根据法律、法规、规章的规定，就劳动报酬、工作时间、休息休假、劳动安全卫生、职业培训、保险福利等事项，签订集体的书面协议。

此外，按照协商的形式分类，则有会议协商、书面协商、个别协商、对口协商等互动形式。此不再赘述。

三、协商机制的特点

协商机制在现实政治、经济、文化生活中之所以得到广泛应用，并发挥着不可替代的作用，主要是因为其具有一些其他制度不可比拟的特点。

（1）协商参与的广泛性。参与的广泛性，是协商民主所继承的传统民主理论的部分。协商民主追求大众民主，所捍卫的是民主主义的基本立场，它向往政治参与面的尽可能的广泛，认为所有人都应当被保证有权利参与与其利益相关的决策。[①] 广泛的参与则代表广泛的民主。这正是协商民主不同于或者说优于选举民主（竞争性民主）的特点。

（2）协商主体具有独立性。主体独立是指参与协商的双方或各方，在身份上和地位上都是独立的。独立的主体方能以独立的立场阐述和维护自身利益，为协商谈判奠定前提条件，此处所谈的独立性，颇类似于民事资格，即可以而且有能力为自己的行为独立负责。在工资协商中，参与者工人代表、企业代表、公会，都是各自独立利益相关方，或都有各自的利益诉求，可以自由而不受其他因素制约的为自己争取利益的最大化，如此方能确保协商的有效。

（3）协商主体地位平等。在民事活动中，一切当事人法律地位平等，任何一方不得把自己的意志强加给对方。此民法中重要的平等原则，同样适用于协商行为。协商不是一方意志的推销，而是各方对话，要达到真正的意思自治，平等是其重要前提。在协商机制中任何一方都不能凌驾于他方之上，无权单方发号施令，指使、命令另一方。协商过程中……不存在特殊成员的利益具有超越其他任何公民利益的优先性，参与者行为不受先定权威的规范或要求的限制，而只根据协商的前提和结果行动，提出建议，或者批评、辩论必须具有充分的理由，协商不接受强力。[②] 这种地位平等对于在协商中处于劣势和弱者地位的谈判者来说，也是一种保障。

（4）协商过程的开放性和公正性。协商的本质要求是开放，即面向全体的

① 杨炳超：《协商民主：内涵、背景及意义》，载《东岳论丛》2010 年 2 月。
② 陈家刚：《当代西方协商民主理论》，载《学习时报》2004 年 3 月 25 日。

利益相关者而不是特定的人或内部人，其过程也是开放、透明的。同时，协商过程必须遵循正当程序的要求，使参与协商的各方要都能平等表达各自的意见、建议，而非“一言堂”。协商难免引起争论、争执，要通过公正的议事规则（如“罗伯特议事”规则），使协商遇到不同意见而争执的情况时，采取平等原则、辩论原则、多数原则，确保协商顺利进行。2011 年 8 月印发的《广州市重大行政决策听证试行办法》规定“公务员不得被选为听证代表”，在促进协商的透明和公正方面作出了新的制度探索。

（5）协商目的的合作性。现实中，各方都存在着一定的利益取向，难免会发生利益冲突，但利益冲突只有在双方合作的基础上才能得到解决，各方利益也只有经过合作才能实现。协商意在寻求合作，或者说，协商本身就是一种合作的态度，就是希望在相互沟通、商量中达成共识，解决问题。所以，商量而不是对抗，合作而不是斗争，是协商和协商者永远之宗旨。

（6）协商结果的认同性。协商本身也是说理的过程，协商者在听取彼此的理性阐述的同时，也是检验、检讨自身理性的过程。在这个过程中，参与协商的各方可以根据对方的说理阐述，实事求是地调整自己的观点、立场和预期，从而逐渐接近各方都能接受的中点。因此协商获得的结果比简单投票获得的结果更容易获得多方的认同，也更让人信服，从而更利于执行和落实。

第二节　决策型协商

在作出涉及公共利益的决策之前，进行理性而充分的协商、讨论、论证，无疑有利于提高决策的科学性。伴随地方党委、政府决策的透明和民主，从 20 世纪 90 年代开始，很多地方已大胆探索在决策阶段加强民主协商（如浙江温岭的实践），广泛吸纳民意，以提升决策的科学性，同时，聪明的领导更加清楚，加强决策协商也有利于减少“一言堂”或者“关门”决策所带来的政治风险，从长远来看，显然有利于个人的政治前途。2006 年 2 月通过的《中共中央关于加强人民政协工作的意见》，在吸纳地方实践的基础上，充分肯定了民主协商对于决策的重要意义，该意见指出：“人民通过选举、投票行使权利和人民内部各方面在重大决策之前进行充分协商，尽可能就共同性问题取得一致意见，是我国社会主义民主的两种重要形式。”① 这一论断，强调了协商民主是同选举（票决）

① 《中共中央关于加强人民政协工作的意见（摘要）》，新华网，2006 年 3 月 1 日。

民主并列的一种重要的民主形式，从侧面印证了协商对于促进民主决策、科学决策的意义。

一、政治性协商

政治协商是我国既已存在的协商制度。当西方协商民主还主要停留在学者层面上，还是一种民主理想的时候，我国的协商民主早已经通过政治协商会议这种组织形式在实施。在我国的基本政治制度中，人民政协的政治协商作为中国特色社会主义民主政治的重要组成部分，吸纳各个党派、各个阶层、各个界别、各个民族、各个宗教的政协委员，按照政治协商、民主监督、参政议政的要求，为国家的建设和发展献计献策，发挥积极作用。

政治性协商的主要贡献，在于确保和扩大民主，使不同界别的人士有机会参与决策、阐述立场、发表见解。近年来，地方对政治协商的探索，表现为方法的创新、程度的深化、内容的实质化，即协商的时间不再拘泥于一年一届的政协会议，政治协商努力突破仅仅是“政协拍拍手”，探索参与党政日常重大决策并发挥协商作用。在过去的实践中，政治协商主要形式是每年一次的政治协商会议，出席会议的委员围绕党和国家的重大决策及重要国计民生问题，进行民主协商。2007 年，党的十七大报告明确提出，“把政治协商纳入决策程序”，推动协商程序进入权力运行过程更加实质与核心的部分。

近年来，一些地方开始探索发挥政协在党委政府日常重大决策中的协商作用，将政治协商作为前置程序引入决策过程，取得了相当成熟的经验。例如，2009 年 8 月，广州市在全国率先出台《中共广州市委政治协商规程（试行）》，把政治协商纳入决策程序，就重大问题在决策之前和决策执行过程中进行协商，力求做到“对重大问题的协商在市委决策之前、市人大常委会通过之前、市政府实施之前”。根据该《中共广州市委政治协商规程（试行）》，广州市委每年以民主协商会、谈心会、专题座谈会、通报会、书面建议等多种形式开展与民主党派的协商。协商的内容包括：中国共产党广州市代表大会和委员会的重要文件；拟提请市人民代表大会和常务委员会审议的重要地方性法规（草案）；市委提出的按规定需要协商的市级领导人人选；广州市经济社会发展的中长期规划；广州市政治、经济体制改革方面的重要决策；广州市有关城乡建设的总体规划和行政区划的重大调整；市政府工作报告；关系广州市民生和事关全局的重大问题；其他需要同市各民主党派协商的重要问题等。并明确规定，需要进行协商的内容，未经协商的，原则上不提交市委决策、市人大常委会表决通过、市政府实施。[①] 广州市委对于重大决策采取民主协商的探索，既挖掘了人民政协商既有的民主协商潜能，又对市委决策与政协现有的工作机制进行了富有创新性的对接和突破，有效扩大了地方重大决策的协商参与，提高了决策的透明度与科学性，在全国政协系统引起良好反响，受到社会各界、境内外媒体的好评。在2010年举行的广州市政协十一届四次会议上，时任广州市政协主席朱振中表示，政协在参政议政方面的意见和建议被政府部门充分采纳，政协说话不再是“说了也白说”，而是“说了不白说”。朱振中举例说，在对珠三角改革发展规划纲要的实施细则进行政治协商时，提出了77条意见和建议，市发改委在修改、完善实施细则时采纳了54条，部分采纳了18条，只有5条没采纳，而且市发改委还对采纳和未采纳的意见进行了详细的解释说明。[②] 广州市的探索，虽因其试行不久，尚难对其成效作出更多评估，但广州市努力促进协商决策日常化、制度化的做法无疑值得肯定。在广州经验的基础上，2010年6月，广东省委常委会审议并原则通过了《中共广东省委政治协商规程（试行）》，把协商决策纳入省委重大决策过程，同时规定了“协商五个程序”，即制定协商计划、做好协商准备、召开协商会议、汇总协商成果、协商成果办理与反馈，进一步在程序上规范了决策协商的操作规程，促进了协商意见的落实，确保了协商的效果。

二、行政决策协商

从行政学和公共管理学的视角来看，“行政决策”一般是指国家行政机关为履行行政职能，就面临所要解决的问题所作的目标确定、行动设计和方案抉择的过程。由于行政管理范围和内容极其广泛，行政决策对象也极为广泛，包括政治、经济、文化、社会生活等各个领域的国家事务和社会公共事务，一定条件下也包括行政机关自身的管理和建设。[③] 在我国，大部分涉及公共利益的具体决策由行政部门作出并执行。行政决策的民主程度直接关系公共利益是否得以实现。近年来，我国对行政决策的科学性给予了较高的关注，国务院2004年4月印发的《依法行政实施纲要》确定了“公众参与、专家论证、政府决定”的行政决策机制，是对我国过往行政决策中行政决策权由行政机关独占的一种改变。[④]《依法行政实施纲要》提出的“公众参与、专家论证”，为地方积极探索在行政

① 《中共广州市委政治协商规程（试行）》，载《广州日报》2009年9月7日。

② 《广东省明确将政治协商纳入决策程序》，载《广州日报》2010年6月11日。

③ 费文婷、丁立、王天品、王晓姝：《上海市重大行政决策程序研究报告》，载《政府法制研究》2009年第3期。

④ 肖北庚：《引入“协商民主”推进行政决策民主化》，载《长沙晚报》2009年2月7日。

决策过程中进行民主协商预留了空间。

自20世纪80年代以后，我们能够发现很多关于引入协商民主进入行政决策的制度实践。特别是21世纪开始，从世界范围看，已有越来越多的探索实践：在巴西，有几个地区，如阿雷格里市，自1988年以来每年在16个区举行1 000人参加的讨论市财政预算的协商大会，让公民直接参与讨论财政预算极其重大发展项目问题。2003年，美国费城开展了关于美国用于国外援助开支的费用等问题的民意调查。2004年，加拿大不列颠哥伦比亚省举行了超过11个月的有关选举改革决策的公民议会。2007年，北爱尔兰奥马地区就教育政策决策问题举行了协商民意调查。2007年在澳大利亚举行的菲利普港社区高层会议，有1 000人参与，就发展社区未来十年的远景社区规划决策开展讨论。①

在我国，类似的制度探索在中央和地方不断出现。众所周知，长期以来我国政府实行的是首长负责制，但是，随着依法行政的深入推动，以重大决策集体讨论制度避免首长负责制可能存在的独断专行，已被国务院三番五次强调。从2004年始，国务院多次发文重申要坚持重大行政决策集体决定制度，集体决定已经成为行政首长负责制背景下保障科学民主决策的重要制度选择。所谓集体决策，要有集体合意的过程，也就必然无法绕开领导集体讨论协商的程序。实践中，集体决策一般体现为党委和政府领导班子集体开会的形式，如党委的省（市、县）常委会，政府的政府常务工作会议、省（市、县）政府全体会议、省（市、县）长办公会等。通常，类似的决策会议会通过集体讨论协商作出决策，如果出现领导班子成员无法统一意见，也不排除通过投票决定的可能。但无论如何，讨论与协商都是集体决策的必经程序，都在达成共识、形成决策的过程中扮演首选角色，这是数千年来中国人“爱面子”与“和为贵”的文化心理在领导方式中的反映。

应当注意到，尽管中央政府已经作出原则要求，但究竟在多大范围、什么程度上、对什么事情进行协商，具体的实践仍需要地方发挥积极主动性去探索，在这个过程中，认真去协商还是做做样子给上级看，效果自然不同。令人欣慰的是，在一些经济发达的地区，认认真真进行协商并探索出很多宝贵经验的实践还是不少，其协商决策中参与决策的人员范围已经远远超过集体领导中的领导班子，甚至扩展为普通市民，其中较为知名的协商决策模式发生在浙江省台州市温岭市（县级市）。

1999年6月，温岭在国内第一次进行了以“协商民主”为本质特征的扩大

---

① 费文婷、丁立、王天品、王晓姝：《上海市重大行政决策程序研究报告》，载《政府法制研究》2009年第3期。

公民政治参与的开创性、建设性探索，以此为代表的“温岭民主恳谈”于2004年获得了“中国地方政府创新奖”。其运作方式，试举一例，2005年年初，温岭市泽国镇政府在听取了包括镇人大代表、政协委员在内的各方面关于年度城镇建设项目的意见后，提出了需要建设的涉及道路、桥梁、旧城改造等30个项目，共需资金13 692万元，而镇政府2005年预计可用城镇建设资金只有4 000万元。镇政府必须对30个建设项目作出选择。按照温岭已实行了多年的“民主恳谈”做法，镇政府此时应该组织各方面代表召开民主恳谈会，通过乒乓球摇号，从12万人中选出275名代表，实行决策听证，在听取和吸收参加恳谈的各方人士意见后，再进行集体讨论决定。泽国镇党委书记表示，民意代表协商讨论的结果和决策层原有的倾向性选择还有很大的差别。[①] 这充分表明，通过协商来促进决策结果更加符合百姓期待与利益有着不可替代的作用。来自温岭等地方的探索为协商民主在更广领域的拓展提供了新鲜经验。

鉴于协商在行政决策中日益突出的作用以及良好的社会反响，一些地方开始推进行政决策协商程序的制度化探索。2010年3月，湖南株洲市印发了《株洲市人民政府重大行政决策程序规则》、《株洲市重大行政决策听证办法》,[②] 将专家论证和决策听证、集体审议引入作为必经程序引入政府重大决策，在多个环节扩大了协商讨论的范围与深度。2010年9月制定出台的《广州市重大决策听证程序规定》，规范完善重大行政决策的听证机制，发挥专家学者在行政决策中的咨询作用，规定了“决策起草部门应当组织专家咨询会”、“还可以通过听证会、座谈会、问卷调查或者其他方式征求社会公共意见”等，加强和强调了协商决策的功能。这些地方政府规章的出台，一方面在制度上将协商确定为政府重大决策的必经程序；另一方面明确了协商的形式如专家咨询会、听证会、座谈会等，同时对违反程序的惩罚措施作出了规定，对于推动行政决策协商的常态化、制度化有着积极的意义。

三、立法协商

在立法工作方面，协商机制的作用发挥得更为充分。这首先是因为，立法机关作为代议机关，“议”本身就是一种协商。人大代表们参与立法活动的主要方

---

① 傅丕毅、杨金志、蔡玉高：《“泽国试验”：政府上项目，公民来拍板》，载《半月谈》2006年第12期。

② 《湖南省株洲市人民政府办公室关于印发〈株洲市人民政府重大行政决策程序规则〉、〈株洲市重大行政决策听证办法〉和〈株洲市规范性文件管理实施细则〉的通知》（株政发〔2010〕6号），2010年3月8日。

式，就是通过人大会议、常委会议、主任会议等各种会议表达选民意志。这种体制内的协商机制，与党委和政府的集体决定制度一样，是一种宝贵的制度资源，是把协商推向更广泛领域的基础，需要我们给予足够的重视。同时，注重立法的公共参与，是近些年日益凸显的趋势。随着"开门立法"、"开放式立法"等一些理念的提出，立法活动逐步由立法机关的深宅大院走向公众视野，通过协商形式推动立法的公共参与，征求公众对立法草案的意见与建议，是各地实践中比较一致的选择。广州市人大在立法方面较早引入协商机制推动公众参与，将深入调查研究，听取各方意见特别是人民群众的意见和建议，贯穿法规制定的全过程。其主要做法包括，在草拟新一届常委会立法规划方案前，向社会公开征集立法建议项目；在起草阶段，组织常委会组成人员、人大代表参与法规的调研、起草等工作；在草案征集意见阶段，广泛征求"一府两院"有关部门和区、县级市人大常委会以及社会各界对法规草案的意见，在报纸和人大信息网站上刊登法规草案征求市民意见，组织人大代表或人民群众座谈、委托社情民意中心组织民意调查及发出函件征询意见，制定了《广州市人民代表大会常务委员会立法听证办法》，选择涉及公民权益的法规草案举行立法听证会。[①]

不难发现，广州市的开门立法，建立几个不同层次的协商机制，一是常委会组成人员和人大代表的内部协商，主要是通过调研的形式开展；二是与"一府两院"有关部门和区（县）人大常委会的协商，主要体现为书面协商的方式；三是与专家和普通市民的协商，体现为刊报、上网征求意见和举行立法听证会、座谈会、专家咨询会等。立法不仅是出台一个文本，还要确保该文本符合实际进而发挥规范社会的作用，三种立法协商机制，兼顾吸纳了党委、政府和专家市民等各方对于立法草案的智慧和意见，对提高地方立法的质量，平衡反映各方利益诉求，确保未来出台的法规的可操作性与可执行性，具有重要意义。特别需要指出的是，广州市的立法听证会还在全国较早设立辩论环节，把立法中存在争议的环节，拿出来进行辩论。[②] 如此，广州市人大通过各种形式多方位拓宽人民群众参与立法的渠道，广泛吸纳各方立法意见和建议，形成了比较完善的立法协商机制，推动了立法决策的民主、科学。2008 年，深圳、上海、江苏也相继在立法听证会中引入辩论机制，进一步推动了立法协商实践的开展。

在行政立法决策的扩大公共参与方面，广州也敢为人先。2007 年 1 月，广州市制定实施了《广州市规章制度制定公众参与办法》，对公共参与程序作出了具体细致的规范，通过听证会、论证会等协商形式"使公共参与式民主迈出了

① 李善培：《广州市第十一届人民代表大会常务委员会工作报告》，载《广州日报》2003 年 4 月 5 日。

② 《广州立法看重民意　全国首创"网站开门立法"》，载《羊城晚报》2009 年 12 月 22 日。

渐进过程中的一大步”（姜明安语[①]），为公众全过程参与立法开辟了法律化、制度化的轨道，是全国首部规范公共参与行政立法的地方政府规章。

第三节　议事型协商

如前所述，从传统来看，比之于选举和投票，协商是更早更广泛地存在于我国尤其是我国民间的一种处理纠纷和决定公共事务的方式。20 世纪 80 年代特别是 90 年代以来，中国城乡社会已经发展了许多新的协商制度形式——民情恳谈会、民主恳谈会、民主理财会、民情直通车、便民服务窗、居民论坛、乡村论坛和民主听（议）证会。[②] 随着村民自治、社区自治的开展，民间的议事协商实践已经相当普遍与成熟。

一、社区议事

社区，包括城市居民小区、乡村的自然村落，是社会生活最基层的单元和组织。公民的大部分时间在社区中度过，居家生活的大部分事务（水电、保安、停车、绿化等）与社区管理相关，在社区自治的原则下，主要的社区管理由社区居民自己决策，居民们通过成立各种自治组织进行自我管理，从各地的实践看，居民自治组织处理事务的首选方式是协商。社区议事的主要形式有以下几种。

在大规模的商品住宅小区没有发展起来之前，社区议事的主要承担者是居委会（村委会）及居民（村民）会议。作为传统的、法定的社区管理机构，居委会和村委会具有半官方的性质，对下，主要代表党委政府管理基层居民单元之事务，宣传有关政策，办理本居住区居民的公共事务和公益事业，调解民间纠纷，协助维护社会治安，等等；对上，则可向人民政府或者其他的派出机关反映居民的意见、要求和提出建议。作为自治机构，一般来说，除了选举居委会和村委会的主任之外，大部分事务由两委组织群众协商解决。比如，讨论制定居民（村民）公约，讨论决定涉及全体居民利益的重要问题。20 世纪 90 年代中期以后，

① 杨中旭：《广州开国内先河：法规出台须经公众参与认可》，载《中国新闻周刊》2006 年 7 月 13 日。

② 何包钢：《中国协商民主制度》，载《浙江大学学报》（人文社会科学版）2005 年第 3 期。

城市商品住宅小区勃兴，以小区为单位组成业主委员会开展社区协商逐渐成为城市社区协商议事的新形态。与居委会或村委会是由政府根据法律推动建立不同，因与开发商或相关部门进行利益博弈需要，由业主或业主代表组成的业主委员会而进行协商决策更多的是一种自发行为。故其协商议事更接近公民社会自治的本来面目，更有利于提升公民的权利观念和民主参与意识。因为这样的协商完全是自发推动，较少受到社会特别是官方媒体的关注，所以已经很难考证什么地方最早开展了这样的社区协商。直到21世纪初，出于维稳和加强执政能力建设等考虑，有关部门才对推动小区居民的自治有了认同和自觉，例如，河南省安阳市梅园庄街道党工委根据社区工作需要，于2000年10月在街道办事处所属的11个社区全部建立了“社区协商议事会”。[①] 社区协商议事会由街道党政领导，社区居委会干部、社区居民代表、社区老党员代表及社区单位负责人组成。2002年开始，一支10余人的社区居民自发在钢六区社区综合楼前进行健美操锻炼，逐渐发展到100余人，每晚播放歌曲扰得附近居民难以入睡，周边居民意见很大，居民个人多次找组织者协商，阻止居民锻炼，两方矛盾升级，达到剑拔弩张的状态。社区协商议事会了解此事后，及时召开协商议事会，将双方代表召集过来，协商议事会老党员、居民代表积极劝说，同时想办法解决矛盾冲突，会后，街道党政领导与社区单位协商锻炼地点。在协商议事会的努力下，将锻炼的起点改为社区单位游泳馆和果园社区居委会门前，成功化解了双方的矛盾。[②] 同样的经验在河南省洛阳也不鲜见，2007年10月，在河南省洛阳的一些小区，经过业主大会表决，暂时由业主委员会代表全体业主自主管理小区各项物业，开始在小区内实行“小区自治”，于是，在南昌路办事处，没有物业的院落，居民议事协商会应运而生。据了解，这里的居民议事协商会由社区党组织、社区人大代表、政协委员、居民代表、知名人士、辖区单位代表、部分楼栋长组成。议事协商会的主要职责是“共商社区百事，共叙家长里短”，小区内的事儿任何一个人说了都不算，小区内所有日常事务，大到财务收支，小到买把笤帚都要经议事协商会委员表决通过后才能执行。[③] 近年来，类似的实践不胜枚举，其称呼也不尽一致，如广州市北京路的居民议事厅、杭州市清波街道清波门社区的议事协商会等。

协商是社区自治的主要方式，这与自治组织的特性有很大关系。因为自治组织没有国家赋予的执法权，它不能靠强权或强制执行来解决问题、化解纠纷，其主要的工作方式就是靠沟通、协商、说服。就是以各种灵活的方式，使当事各方坐在一起，协商讨论问题的解决办法。在很多小区，这种工作方法已经从经验层

①② 《发挥社区协商议事会作用　积极构建和谐社会》，梅园庄街道办事处，中国殷都网。

③ 吴永亮、谢丽玲：《议事协商：“议”出和谐“商”出融洽》，载《洛阳日报》2010年11月26日。

面逐步向制度化的方向发展。例如，在成都市成华区槐树店社区居委会，不但成立了社区协商议事委员会，而且还制定了“社区协商议事委员会工作制度”，该制度包括：季度例会制度、讨论表决制度、审议修改制度、分片负责制度、民主培训制度。其中，讨论表决制度规定，对社区内服务性机构（包括物业公司）提供的服务质量及涉及社区公众整体利益的有关事务及时进行讨论、表决，半数以上通过可形成决议或决定，讨论表决前应广泛征求社区成员意见，表决结果应向全体社区成员进行通报。① 类似的制度也见于杭州的德加社区。在这里，表决作为协商的一种决策方式纳入协商机制。在协商之后进行表决，把两种民主方式相互融合，一方面使票决成为协商后的票决，增加了投票的理性；另一方面使协商有了票决机制为后盾的协商，避免了议而不决的情况。

鉴于基层协商议事的丰富实践和中央对社会建设的强调与重视，各地开始在地方治理的层面更加注重协商议事的作用，为适应城乡基层民主发展需要，建立健全基层党组织领导下的充满活力的基层群众自治机制，有些基层政府开始通过制度规章制度推动基层的协商议事。如宁波市北仑区于 2009 年年底出台《关于推进区域协商议事组织建设的意见（试行）》，计划通过 2～3 年时间的努力，基本形成包括城市社区、工业园区和农村新社区在内的城乡基层区域协商议事组织体系。②《关于推进区域协商议事组织建设的意见（试行）》明确了区域协商议事组织建设的主要职责和机构设置，即按照“以党建促共建、以共建促和谐、以和谐促发展”的要求，开展协商区域公共事务、整合区域社会资源、加强各类组织和群体之间的沟通协调等工作，推进区域和谐发展。

二、民主恳谈

在互联网搜索引擎输入“民主恳谈”，获得的主要结果都是关于浙江温岭民主恳谈经验的文章。民主恳谈是一种新型的基层民主形式，但温岭创建民主恳谈制度的初衷并不是为了构建一个民主形式，而是探索在市场经济新环境下如何加强和改进农村基层的思想政治工作。

1999 年 6 月，温岭市松门镇党委在市委的指导下，创设了民主恳谈的初始形态——农业农村现代化教育论坛，并召开了主题为“推进村镇建设、改善镇容镇貌”的第一期论坛。结果，受到群众的热捧，当年就举办了四期，参加群

① 《社区协商议事委员会工作制度》，www. chengdu. gov. cn，2010 年 8 月 26 日。

② 《北仑区部署开展区域协商议事组织建设工作》，载东方党建网（宁波市委组织部网站）2009 年 12 月 17 日。

众600多人，提出问题110件，当场解释、答复84件，承诺交办26件，被当地群众誉为松门的“焦点访谈”。1999年年底，温岭市委号召各乡镇开展形式多样的民主对话活动。2000年下半年，又将各地名目繁多的“村民民主日”、“农民讲台”、“民情恳谈”等统一为“民主恳谈”。[①] 此后，民主恳谈逐步从一个农村思想政治工作平台转型为汇集民意、民主协商的平台。2001年，温岭出台“意见”，把民主恳谈定位为“民主、服务、教育”，对民主恳谈的形式和内容做了规范化、制度化的设置，提出和确定民主恳谈的程序和方法、决策的实施过程、结果的监督等规定。在镇一级主要解决经济和社会发展中群众普遍关心的热点、难点问题。在村一级，民主恳谈作为村级民主议事机制，针对村级财务公开、村里公共事务和农民群众切身利益密切相关的事项进行对话协商，提升群众自我治理的能力。[②]

温岭的村镇民主恳谈是一种包括了协商议事和决策实施的完整治理过程。尤其难能可贵的是，他们还将这一整套做法总结并予以制度化。为扩大基础群众有序政治参与提供了一套比较成熟的模式，即便在今天看来，这种将重大公共决策交由公众全程参与、协商解决的实践仍然具有很大的超前性。

当然，如果仅以一个群众性论坛的视角观察民主恳谈，创设于1992年广州“羊城论坛”比浙江温岭的民主恳谈更早7年。根据有关材料，1992年5月由广州市委、市人大共同创办的“羊城论坛”，第一期讨论《禁止销售燃放烟花爆竹管理规定》就非常轰动，一开始就成为市民表达民意的平台。羊城论坛每期除邀请普通百姓为民意代表外，还邀请立法机关和有关政府部门的领导到现场与群众同场讨论。《羊城论坛》具有开放性、平等性、亲民性、互动性等几大特点。一是在开放的公众场所举办。它不是一台封闭式的论坛，举办地点在位于市政府门前的人民公园，市民可以免费进入。二是向社会公众开放。从2003年开始，论坛每月举办一期，邀请的嘉宾、任何市民及其他人都可以举手发言，参加讨论。广州市电视台等媒体还事先播出论坛举办的预告。它不是一台自编自演的“政治秀”，而是广大市民群众积极参加、踊跃发言的论坛。三是参加论坛的人士在身份上是平等的。在论坛上，政府官员不是高高在上，而是作为与普通市民平等的身份参与讨论，无论是政府官员，还是人大代表、专家学者和普通市民，都必须举手并经主持人同意才能发言，发言时间一般均限制在3分钟之内，而且不念讲稿。四是论坛的论题贴近实际、贴近群众、贴近生活。群众关注和需要解决的问题，就是论坛选择的论题。议题非常广泛，涉及政治、经济、文化等人民

①② 卢剑峰：《参与式民主的地方实践及战略意义——浙江温岭“民主恳谈”十年回顾》，http：//www.world-china.org/newsdetail.asp？newsid=2781。

群众关心的社会热点问题。五是互动性，在论坛上，人大和政府官员、人大代表、专家学者和普通市民各抒己见，热烈讨论，从不同的角度，表述不同的观点，甚至就一些问题展开激烈的争论。通过讨论，澄清了一些误会，达成了共识，找到了解决问题的新思路、新举措、新办法。①

比较温岭的民主恳谈和广州的羊城论坛，前者逐步发展为一种民主协商决策的新型民主模式，能议能决；后者创办更早但一直停留在论的层面，虽然为政府决策提供了来自基层的参考意见，但是能否最终影响决策，要看决策者如何处理。从这个意义上看，民主恳谈对基层民众的民主训练是全方位的、动真格的；而羊城论坛更多的是发挥沟通交流的作用，具有一种宣示意义、教育意义。

三、工资协商

工资集体协商是市场经济国家工会的通行做法，指职工代表与用人单位代表依法就企业内部工资分配制度、工资分配形式、工资支付办法、工资标准等事项进行平等协商，在协商一致的基础上签订工资协议的行为。近年来，工资集体协商机制在政府、工会的推动下，逐步成为维护职工合法权益的主要手段和制度。早在 2000 年 10 月，当时的劳动和社会保障部就通过了《工资集体协商试行办法》，但在实践中一直步履维艰。

伴随社会转型期劳资冲突的进一步凸显，尤其是一些讨薪跳楼、跳桥甚至行凶杀人事件的发生，近年来，工资协商机制再度引起社会关注。一些地方开始以更加积极主动的姿态探索落实工资协商机制的途径。2003 年，因长年拖欠工人工资而人心思变、上访不断的浙江温岭新河镇羊毛衫企业，在上级部门的授意下，正式成立羊毛衫行业工会，与羊毛衫行业协会对等，在成功召开羊毛衫行业职工第一次代表大会后，代表新河镇 100 多家羊毛衫工厂工人与行业协会展开工资协商，并现场与行业协会签订了《羊毛衫行业工资（工价）协商协议书》。此后新河镇羊毛衫行业每年都举行一轮工资集体协商，工资（工价）协议书实行一年一签。工资集体协商确保了工人的工资每年都有 10% 以上的增幅，劳资纠纷引发的上访逐年减少，企业员工流动性降低，生产长期趋于稳定。② 新河镇的经验和做法引来了来自全国各地的工会组织前来学习取经。

因为工资集体协商对于促进地方社会稳定与和谐方面的积极作用日益显现，

---

① 陈建智：《羊城论坛：构建社会主义和谐社会的成功实践》，人民网，2004 年 12 月 3 日。

② 徐军德、刘晓晓：《新河羊毛衫行业工资集体协商的三赢模式》，载《温岭日报》2011 年 3 月 23 日。

在党的十七大之后，以人为本和和谐社会建设日益上升为地方政府的重要工作目标后，地方政府推动工资集体协商的积极性进一步被激发。近几年，各地陆续推出落实工资集体协商的制度。河北省政府提出，“从 2008 年到 2009 年，用两年时间在各类企业普遍推行工资集体协商制度。”江西省劳动关系三方联合下发的《关于推进工资集体协商五年覆盖计划的通知》中提出“2008～2012 年，用五年时间基本实现全省企业建立工资集体协商制度”。宁夏回族自治区总工会与自治区劳动和社会保障厅、经委、国资委、工商联和私营企业协会等六部门联合下发《关于推进企业工资集体协商的实施意见》，要求企业全面建立和推行职工工资集体协商、签订工资专项协议制度。一些地方还相继调整职工工资指导线、最低工资标准等，为职工工资增长提供了政策保障。如北京市 2008 年最低工资标准由 730 元提高到 800 元；河北省今年两次上调最低工资标准，并明确不执行者将被罚款最高 2 万元；天津市确定企业工资指导基准线为 15%，同时要求建立工资集体协商指导信息定期发布制度；重庆市发布的企业工资指导线增长基准线为 15%，并规定职工未涨工资经营者也不能涨，等等。[①] 据中华全国总工会透露，截至目前，全国已有 13 省（区、市）以党委或政府名义下发文件，推动开展工资集体协商工作；23 个省（区、市）人大制定“集体合同规定”或“集体合同条例”等地方性法规。[②] 鉴于地方的积极推动和实践的充分开展，全国总工会 2009 年表示，2010～2012 年，力争用 3 年时间基本在各类已建工会的企业实行集体合同制度。其中，2010 年集体合同制度覆盖率达到 60% 以上；2011 年集体合同制度覆盖率达到 80% 以上。对未建工会的小企业，通过签订区域性、行业性集体合同努力提高覆盖比例。[③]

考察工资协商机制的发展脉络不难发现，地方在推动该制度从文本设想到落实为具体实践的过程中发挥着举足轻重的作用。劳动和社会保障部早在 2000 年就已颁布《工资集体协商试行办法》，但是，因为没有地方的积极响应，这个《工资集体协商试行办法》只能作为一个法律文本被束之高阁。据北京市总工会介绍，《工资集体协商试行办法》发布后，北京市就随之推行了工资集体协商，但 10 年来，仅有 1.7 万家企业建立了工资集体协商制度，数据“很不理想”。[④] 近年来，工资协商机制的全面铺开，一是得益于工会职能的到位，过去，工会依附于资方，更多是帮资方管理工人，没有真正为工人利益着想。二是得益于各地党委政府的高度重视和积极推动特别是制度上的确认。足见，法律从文本到成为现实中人们普遍遵行的规则，需要执法者尤其是地方执法者一以贯之的执行，同

① 《全国各地工会推动建立工资集体协商制度综述》，载《工人日报》2008 年 8 月 5 日。

②③④ 耿雁冰、宋旭景、谢文兴：《全总：3 年内全面推行工资集体协商》，载《21 世纪经济报道》2010 年 7 月 29 日。

时，权利人仅凭一纸法律文本，也无法得到权利的救济，必须获得地方执法者的认同和积极配合。换句话说，即中央（政府）解决了“有法可依”问题，还要地方政府尽力尽责做到“有法必依、执法必严”。

第四节　协调型协商

协是协作，调即调整。所谓协调，就是适时调整以使和谐、统筹、均衡，促进彼此协作，达至共同目标。或者说，就是正确处理组织（中国人通常称为“单位”）内外各种关系，为组织正常运转创造良好的条件和环境，促进组织目标的实现。

在复杂的现实环境中，协调是人们开展各项工作、进行生产生活的重要方法。大到一个国家各个地方的发展、各个领域的发展均衡问题，小到几个朋友约会吃饭，都需要协调，或者是协调时间、协调人员，或者是协调资金、协调其他资源配置等。而人们进行协调的主要方法，就是协商。因此，探讨协商机制的运用，必然要谈协调性协商。

一、地方党政协商

地方党政关系问题一直以来是我国政治体制中的重要理论和现实问题。特别是在一些地方，因为没能理顺党政关系，时常出现以党代政、党政不分的现象，甚至出现书记、市长相互顶牛的现象。一般认为，地方党委是领导核心，担负着对本地区的政治、经济、文化、社会等各项事业实行全面领导的责任，主要发挥“总揽全局、协调各方”的作用。地方政府是党在地方执政的重要载体，必须服从同级党委的领导，重大问题向党委请示报告，通过政府决策程序把党委的主张、意图、决策转变成政府的政令并付诸实施。在具体工作中，政府主要履行经济调节、监管、社会管理和公共服务等职能，负责经济事务和具体的社会管理事务。①

从党委的角度来看，“总揽全局”，就是把主要精力放在抓方向、议大事、管全局上，把握政治方向、决定重大事项、安排重要人事、抓好宣传思想工作、维护社会稳定。“协调各方”，就是要统筹协调好党委、人大、政府、政协以及

① 陈仕其：《理顺地方党委和政府的关系》，载《南方日报》2005 年 3 月 8 日。

人民团体和其他方面的关系，使各方面都能各司其职，各尽其责，相互配合。[①]因为党委无法直接去到第一线负责执行，需要与政府协调的事情有很多，大到全局性发展计划的制定（如五年计划）、每年的政府工作报告的修改讨论，小到某个具体工作的落实，如综治维稳工作、意识形态工作的部署，等等；党委不可能通过命令的方式进行，一般都是通过与政府间的相互协商协调推动。

以在各地都轰轰烈烈进行的创建文明城市为例，因为创建文明城市涉及工商、城建、环保、交通、卫生、教育等几乎所有的政府职能部门，党政协商、加强协调就成为推动工作开展的重要手段。那些成功“创文”和进展比较顺利的城市，无不在党政协调机制上理顺了关系。如山东济宁市建立了“创文”长效机制，市委、市政府专门成立了由书记、市长任组长的领导小组和常委宣传部部长、副市长任主任的办公室，集中办公。这种党委负责人和政府负责人联署办公的方式，宣传部部长和副市长一起担任办公室主任副主任的办法，就是为了加强协商协调力度，调动政府的执行力量。

一般而言，党委政府的协调协商形式比较灵活，常见的有常委会、联席会议、临时工作机构等。从字面上看，常委会是地方党委常委参加的会议，但实际操作中，一般除常委外，非常委的副省长（市长、县长）也要出席常委会，共同协商决定一些涉及全局的重大事项，需要政府解决的，可以马上抓落实。此外，联席会议制度是比较常见的党政协商机制，如在实践中很多城市都建立了以维护社会稳定为目的的社会治安综合治理联席会议制度。2007 年 7 月，湖北省综治办召集省法院、检察院、公安厅、司法厅、国安厅以及武汉市综治办、公安局主要负责人，分析当前治安形势，研究解决对策。此举标志该省社会治安形势分析联席会议制度正式建立。[②] 根据有关报道，湖北建立社会治安形势分析联席会议制度，旨在及时掌握社会治安动态，分析把握社会治安规律，增强社会治安综合治理工作的主动性、针对性、实效性，为科学决策提供及时、准确、全面的社会治安情况，超前化解不利因素，促进平安建设。如果说湖北的联席会议带有更多务虚的特点，那么，宁夏的综治联席会议制度则是实实在在的工作机制，2009 年，宁夏社会治安综合治理委员会制定出台《自治区纪检（监察）、组织、人力资源社会保障、综治五部委社会治安综合治理工作联席会议制度》，联席会议成员由自治区纪检委（监察厅）、党委组织部、人力资源和社会保障厅、综治办分管领导和职能处室负责人组成。根据工作需要，可通知其他有关地区、部

① 陈仕其：《理顺地方党委和政府的关系》，载《南方日报》2005 年 3 月 8 日。

② 梅华峰：《湖北省社会治安形势分析联席会议制度建立》，载《湖北日报》2007 年 7 月 12 日。

门、单位的负责同志列席会议。[①] 联席会议的主要职责是贯彻落实上级单位的有关规定、要求，研究社会治安综合治理领导责任制执行过程中的重要情况、重大问题，对发生严重危害社会稳定重大问题的地方实施领导责任查究，督促各级、各部门党政领导干部切实肩负起本地区、本部门社会治安综合治理工作的领导责任。作为非常设机构，联席会议一般有职务高于成员单位级别的领导同志作为召集人，根据情况决定会议的召开，召集人通过职务优势发挥促进协商决策、加强协调配合作用。此外，党委、政府中也有一些常设机构，事实上发挥着协调党政相关部门的作用。如各地普遍设立的“社会治安综合治理委员会”，简称“综治委”。综治委一般有来自党委和政府部门的职能部门作为成员单位，如苏州市综治委成员单位包括来自政府的公安局、法院、检察院、司法局、国安局、农业局、发改委、经贸委、教育局、财政局、人事局、建委、城管、交通局、文广局、卫生局、安监局、民族宗教局、工商局，以及来自市委的市委“610”办、市纪委和监察部门、市委组织部、市委宣传部、信访局等部门和工青妇等人民团体。[②] 这些机构在各自分工履行各自领域的维护社会稳定职责的同时，又通过会议和书面的协调协商，在一些重要时间节点，共同关注、研究和防范某些妨碍社会稳定的动向，做到信息互通、资源共享、工作配合，共同完成维稳任务。此外，类似的党政协调协商沟通机制还有意识形态联席会议制度、打击走私联席会议制度等。可见协商机制作为一种工作方式，已经深入人心并于实践中得到广泛运用。

二、政府部门间协商

政府部门之间的协商也是一种很常见的协商协调方式。在我国现行的执法格局下，执法权被分割到很多职能部门，如工商管理负责对企业违法经营行为的检查，公安局负责发现和制止、杜绝各种危害社会治安与人身安全的行为，海关具有打击走私的职责，文化部门负责文化市场的检查管理，等等。但是，并非所有的执法机关都有行政强制执行的权力。多数情况下，需要部门间配合完成执法，例如，基层工商拟对某经营窝点进行突击取缔时，一般会请求同级的派出所派出警员跟随执法，以免执法现场出现暴力抗法时陷于不可控状态，甚至造成人身伤害。此时，就需要执法部门之间进行预先协商，共同敲定行动方案，统一行动时间，统一确定协调指挥人选，以确保行动的顺利高效开展。

---

① 常晓东：《宁夏出台五部委联席会议制度　保障综治措施落到实处》，中国平安网，转引自青海平安网。

② 《苏州市社会治安综合治理委员会成员单位参与综合治理的职责任务》，中国苏州网，2008 年 6 月 13 日。

近年来，地方政府在政府工作规则的探索上取得了不少经验，其中包括加强部门间的工作协商协调。例如，随着政府职能的不断调整和社会转型步伐的加快，政府各部门之间的沟通协作及需要共同解决的问题也越来越多，2007 年 10 月，大连市政府专门出台了《大连市政府局际联席会议管理制度》，其宗旨和任务就是“为了协商办理涉及多个职责部门的事项而建立的一种工作协商和运行机制，各成员单位按照共同商定的工作制度、规则和措施，及时沟通情况，协调意见和行动，以推动工作的落实。”①《大连市政府局际联席会议管理制度》对建立联席会议制度进行了程序上的规定，“建立联席会议，须由牵头部门提出联席会议名称、召集人、工作任务、成员单位及工作规则等内容的草案，在与相关单位协商形成一致意见的基础上，报市长或分管副市长审定后，由主办部门（牵头单位）发文成立，抄市政府办公厅、市编办备案。”② 对联席会议的召集、议事和执行也给予了明确：“联席会议成员单位要明确分管领导和具体工作责任人。需要提交联席会议研究的事项，可由召集人主持召开联席会议进行研究，成员单位分管领导和责任人要出席会议并积极配合，认真协调解决与本部门有关的问题；涉及重大事项或联席会议无法议定的问题，可由召集人提请分管副市长或副秘书长召开协调会议研究决定。”“联席会议议定的事项，由牵头单位起草会议纪要，经成员单位会签后，以联席会议名义制发，各相关单位须按议定事项认真落实。”③

事实上，2004 年 9 月印发的《大连市人民政府工作规则》就规定了涉及多个相关部门的行政事项，部门间应当进行协商，例如，“市政府各部门提请市政府讨论决定的重大决策建议，……涉及相关部门的，应充分协商。”再如，“部门间如有分歧意见，主办部门的主要负责人要主动协商，不能取得一致意见的，应列出各方意见，提出办理建议。”④ 此外，值得关注的还有“贵阳市环境保护联席会议制度”以及辽宁省建立多部门协商打击食品药品领域犯罪机制等。

我们注意到，在很多地方政府，部门间协商协调正日趋常态化、规范化。这既是工作的客观需要，也是当前我国政府职能划分不科学的一种表现，前不久推行的大部制试图在某种程度上减少这种类似“五龙治水”的现象，但结果远没有想象的那么简单。无论如何，部门分工总是存在的，有分工，就必然在一些跨部门的事项和问题的解决中要进行协调协商。通过协商，不同部门对于同一个问题的法律适用、自由裁量权运用可以事先进行研究，达成一致；没有积极地协

①②③ 《辽宁省大连市人民政府办公厅关于印发市政府局际联席会议管理制度的通知》，大连市人民政府办公厅，大政办发〔2007〕147 号。

④ 《大连市人民政府关于印发〈大连市人民政府工作规则（试行）〉的通知》，大连市人民政府办公厅，大政发〔2004〕77 号。

商，不同部门对于同一问题可能在运用法律上难免出现不一致甚至分歧，使当事人无所适从，以至对执法者权威的产生质疑。因此，推动协调协商的开展，不但确保工作顺利开展，避免推诿扯皮，也有利于促进作风转变，推进服务型政府建设。

三、司法协商

在司法活动中，大多数民事纠纷是当事双方或多方协商解决，即便是自行协商达不成一致，也可能在司法部门的主持或调解下最终达成一致，实在无法协商解决的，才诉至法庭。在行政和刑事案件中，协商也越来越发挥出其积极作用。

近年来，为了应对日益不堪重负的审判压力，一种被称为协商性司法的模式开始在国外兴起。其表现形式多种多样，如英美的辩诉交易和污点证人豁免制度；德国的处罚令程序与附条件不起诉、意大利的"基于当事人请求而适用刑罚的程序"与简易程序；澳大利亚的未成年人案件"交易不起诉"制度；等等。过去，人们经常认为诉讼应该而且必须经过审判处理。但在美国，90%的案件凭借辩诉交易结案，根本没有经过审判。在1994～2004年的10余年间，庭审协商程序已经被德国实务界广泛而有效地加以适用了。据估计，目前德国50%以上的案件都经过了这种协商。[①] 换句话说，协商不但在处理民事纠纷中居于重要地位，而且已经走入传统观念认为不容私意亵渎的刑事领域。

2002年4月，我国牡丹江市出现国内首例刑事司法协商案件，被称为国内诉辩交易第一案，基本案情如下：被害人王玉杰与被告人孟广虎因车辆争道而发生争吵，后被告人孟广虎及同伙将被害人王玉杰打成重伤。案发后15个月内，因公安机关未能抓到孟广虎同案的其他犯罪嫌疑人，故无法判断被害人的重伤后果是何人所为。为尽快了结本案，经公诉机关与辩护人协商：只要被告人认罪，并自愿承担民事责任，控方同意建议法院对被告人适用缓刑从轻处罚。最后法院采纳了控辩双方的交易结果，以故意伤害罪判处被告人孟广虎有期徒刑三年，缓刑三年。开庭时间仅用了25分钟。[②] 该案例实际上是一起中国式的诉辨交易，诉辨双方通过事前的协商达成一致，获得当事双方均能接受的司法结果，这种在英美国家已经很常见的协商性司法，近年来已经在我国悄然进入地方司法实践。

我国的民事案件审理，一直有着丰富的调解实践。在刑事案件中，也一直有刑事和解的传统，但范围限定在自诉案件。如《刑事诉讼法》第一百七十二条

① 马明亮：《协商性司法：一种新司法模式》，载《刑事法评论》第17卷，2007年。

② 参见《法制日报》2002年4月19日。

规定："人民法院对自诉案件，可以进行调解；自诉人在宣告判决前，可以同被告人自行和解或者撤回自诉。"同时，我国还存在微罪不起诉和酌定不起诉制度，并授权检察机关可以对微罪不起诉的被不起诉人作出赔礼道歉、赔偿损失等起诉处分替代措施。2007 年，广东东莞的两级法院在多宗刑事附带民事赔偿的案件中，提倡对民事部分进行调解，并对作出经济赔偿的被告人给予从轻处罚。[①] 这种被称为"赔钱减刑"的做法在国内也一度掀起轩然大波，社会普遍担心这样的做法一旦推行开，会导致有钱人花钱减刑，使正义无法伸张。根据东莞市中院的解释，这种赔钱减刑的做法有三个前提，第一，被告人的认罪态度好，并主动对受害人作出经济赔偿；第二，法官要征求受害人或其家属的意见，他们同意调解，愿意接受经济赔偿并在一定程度上谅解被告人的罪行，才可能调解；第三，要看被告人罪行的严重程度。如果社会影响恶劣，即使被告人赔钱，也不可能获得减刑。[②]

协商性司法的核心价值在于通过控辩双方的对话、协商，在合意的基础上谋求控辩审三方都乐于接受的司法结果。[③] 协商性司法体现了司法审判由以"事实为依据"和对犯罪事实的追求，转向为对当事双方意愿的尊重。无疑，新中国成立以来我国的刑事司法，已经在某种程度上陷入对事实近乎偏执的追求，这增加了导致超期羁押和积案成山的几率。迟来的正义为非正义，偏执于还原事实本身反而不利于息讼宁人，促进社会公正。而从"和为贵"的角度出发，通过司法协商推动刑事和解，或许更有利于运送正义，维护社会稳定，同时也提高了司法审判的效率。当然，任何事情都有"度"的把握，追求协商和解并非放弃对真相的调查和还原，相反，只有查清犯罪的基本事实，在被告人服罪认罪的基础上推动协商和解，才能既获得"和"的效果，又确保正义得到伸张。

---

① 《广东东莞尝试赔钱减刑　抢劫犯赔 5 万元获轻判死缓》，载《北京晨报》2007 年 1 月 31 日。

② 杨育才：《广东东莞中院回应赔钱减刑　不等于"有钱减刑"》，载《新闻晨报》2007 年 2 月 1 日。

③ 马明亮：《正义的妥协——协商性司法在中国的兴起》，北大法律信息网，2003 年。

第四编

制度化的社会力量

第十三章

公益机构

“公益机构作为整体性社会力量，开始逐步介入社会治理的进程，并改变传统政府管制模式。在推动地方法治建设的社会力量中，公益机构是具有典型代表性的社会组织。”

在传统的国家——社会二元划分的分析框架下，国家或代表国家的政府并不能完全取代社会组织向社会全面提供公共产品和服务，近现代福利国家发展的事实证明，政府有其自身的局限性，而社会问题的解决最终必须依靠社会自身的力量，政府的角色应当是辅助性的，即当社会无法解决自身问题的时候，才需要政府适当地介入。在社会自身发展过程中，公益事业一直是社会发展必不可缺的因素，并逐渐成为现代社会治理结构的重要组成部分。一般认为，在公共产品和服务中，除了事关国家安全、稳定或需要执法操作的事务，其他的具体事务都可以并且应当由政府机关以外的机构来承担。在地方发展与治理过程中，公益机构作为社会领域提供公共产品和服务的重要一方，与政府、企业相并立，是社会治理及公共利益维护的积极力量，并因其具有组织性、自治性以凝聚社会个体力量，而成为与政府公权力、企业经济权力相制约的社会力量。

第一节 作为社会力量的公益机构

一、作为社会力量的公益机构的概念

公益事业是地方经济与社会发展的重要内容，公益事业的进步是经济与社会发展程度的重要标志，也是地方社会管理与法制建设的有机组成部分。通常，我们将从事公益事业、承担着向社会提供公益类公共服务职能的社会组织称之为公益机构。然而，我国的法律中并没有“公益机构”的概念，公益机构还不是一个内涵和外延明确的概念。目前，中国的公共服务，由政府机关、事业单位、非政府组织（包括社会团体和民办非企业组织）以及部分国有企业的下属单位等共同提供。

这种情况的形成与我国正处于由计划经济体制向市场经济体制转轨的过渡期有直接关系。不过，近十几年来的社会变革和政治体制改革实践显示，政府机关正逐步退出需要执法操作以外的公共服务领域，由事业单位和其他社会组织填补政府留下的空白。尽管社会组织的出现初步改变了中国的公益事业只是由国家直接承担或者国家出资委托承担的状况，但目前中国的各类社会组织力量薄弱，事实上大多数公益事业由事业单位举办，大多数事业单位承担公益职能。因此，公益机构在我国通常也被称为事业单位。

虽然事业单位是公益机构的主要构成部分，但两者并不能混同或完全替代。公益机构在更广泛意义上，与非营利组织（NPO）、非政府组织（NGO）、社会组织或“第三部门”等概念经常交互使用，虽然这些概念在使用过程中并不能得到清晰界定，但这些概念却具有一些共同的内涵或属性，换言之，不同概念在使用过程中，侧重于突出或强调这类组织或机构不同的面向或特征。“非政府组织”强调提供社会公共产品或服务的组织与政府机构的区别；“第三部门”概念则是在“政府—企业—公共领域”框架下突出强调公益机构所具有的公共属性；“非营利组织”强调这些组织机构以公益为首要目标，而不是追逐利润，与公益机构概念非常接近。相比较而言，公益机构概念更加强调组织机构的职能目标，具有更大的包容性，能够将一些具有政府背景或支持的机构纳入讨论范围。

在借鉴上述各类概念的基础上，我们可以将公益机构界定为：以维护和增进社会公共利益为首要目标，向社会及个人提供公共产品及服务的社会组织和机构。在我国，承担公益职能的社会组织和机构大致上包括两类，即“公益服务类社会组织”和“公益性事业单位”。两者的区别在于前者的资金主要来自于社会，民间和基层的社会力量是其产生和发展的主要推动力；后者的资金主要来自于政府的财政拨款，其从事公益事业的性质、范围等都由政府主导，具有浓厚的官方背景。

公益服务类社会组织就其性质而言属于社会团体，我国《社会团体登记管理条例》中将社会团体界定为“中国公民自愿组成，为实现会员共同意愿，按照其章程开展活动的非营利性社会组织”。[①] 公益服务类社会组织是向社会提供公益性公共服务、由民间或社会力量设立和管理的非营利性社会组织。《广东省民政厅关于进一步促进公益服务类社会组织发展的若干规定》第二条将“公益服务类社会组织”定义为“承担面向社会，为社会公众和社会发展提供公益慈善服务，具有社会性、保障性和非营利性特点的社会组织。包括基金会、公益性民办非企业单位和公益性社会团体”。

事实上，我国在相当长的历史时期内，公益事业最基本的特征是政府设立的“事业单位”甚至政府机构直接承担。我国的事业单位是由国家出资举办的办事机构，据统计，“我国有126万个事业单位，共计3 000多万正式职工，教育、卫生和农技服务从业人员三项相加，占总人数的3/4，其中教育系统人员即达到一半左右，另有900万离退休人员，总数超过4 000万人。”[②] 事业单位不仅承担提供公共产品、公共服务以及行政执法的职能，也直接参与经营，横跨了政府机关、企业和公益机构三个部门。但是，由于事业单位的经费主要由政府财政承担，发展何种内容的公益事业、提供何种水平的公共服务往往都由政府的计划决定。这就导致了我国事业单位在提供公益性服务和产品时存在范围狭窄、水平不高、效率低下等问题。[③]

近20年来，各类社会公益组织的涌现及功能发挥，打破了传统事业单位垄断社会公益事业的局面，并由此引发对事业单位改制及发展社会公益组织的一系列改革举措。公益机构的整体结构及职能转变，对我国社会治理方式、市场运行机制、权力和资源配置、文化价值观和社会秩序，都产生了不可低估的深刻影响。公益机构作为整体性社会力量，开始逐步介入社会治理的进程，并改变传统政府管制模式。在推动地方法治建设的社会力量中，公益机构是具有典型代表性

① 社会团体是依法独立享有权利和承担义务的社会组织，主要包括各种政治团体（如各民主党派）、人民群众团体（如工会、妇联、共青团）、社会公益团体（如残疾人基金会）、文学艺术团体（如作家协会）、学术研究团体（如数学学会）、宗教团体（如佛教协会）。社会团体虽然都是非营利性的社会组织，在某种程度上具有公益性社会职能，但专门从事社会公益事业的组织才是我们所称的“公益机构”。

② 杨琳：《事业单位改革全面开闸》，载《瞭望》2011年第15期，第36页。

③ 苏杨：《中国公益机构的现状分析及改革思路》，载《行政论坛》2006年第3期。

的社会组织。公益机构从事非营利性的公益事业，为基层群众提供必要的公共服务，帮助人们维护和实现权利，促使政府转变职能，实现社会公平正义。尤其是那些由民间力量发起成立的公益机构，如社区义工组织、环保组织等，与基层社会具有最直接的联系，在参与地方公益事业，推动地方公益事业法制建设方面具有积极的意义，因此，公益机构作为制度化的社会力量是地方法制的重要组成部分。

从历史上看，西方国家社会公益机构的出现及其职能的发挥，在实现公民自助互助、防止专权、促进自由和民主等方面发挥了重要作用。对我国当下而言，在社会转型过程中，公益机构作为国家和社会的联系桥梁和纽带，作为国家权力缩减后社会管理和服务的替代者、补充者，对于强化政府和社会力量的合作、缓减国家权力向社会权力位移的压力、化解社会变革的震荡、保障社会秩序和建立自主自律的社会运行机制，无疑具有重大的积极作用。①

二、作为社会力量的公益机构的特点

从实践来看，当代公益机构之所以能得到蓬勃发展，在于自20世纪以来发生的各类经济危机及社会危机，让人们清醒地认识到传统的市场经济向私人提供各类产品的模式有其自身无法克服的“市场失灵”情况；同时由政府大包大揽的福利国家模式也逐步显露出的政府能力有限性及缺陷。公益机构在政府与市场之外，向社会提供公共产品及服务，能够有效弥补政府及市场的缺陷。因为公益机构非政治性、非营利性、自治性和志愿性以及民间性等特点决定了其能在资源配置、社会公正、社会沟通及对话、社会自我矫正等方面具独特的优势。

非政治性意味着公益机构作为一个组织或团体存在，不同于政治结社，其目的不在于争取或达致政治目的，并相应地保持政治中立立场，不参与政党政治。非政治性能有效避免社会公益机构因国家政治变动或政党纷争而陷入困境，保持对社会公众提供公共产品及服务的持续性。

非营利性是指在公益机构运作形式上，与市场有偿提供产品及服务不同，公益机构组织的最终目标不是财富积累或者实现利润。尽管公益机构为了维持其运行在向社会公众提供服务时也可能会收取一定的费用，获得一定的收益，但是这种收益不能用来作为可分配的利润，而是用于雇用、培训人员、改善服务设施等。非营利性实质上即公益性的另一种表达，从而与市场化的营利目标相区别。市场机制之所以能够满足人们需求，在于一个完全竞争性的市场可以通过价格对

① 马长山：《NGO的民间治理与转型期的法治秩序》，载《法学研究》2005年第4期。

供求双方自发调节，达到有效的资源配置。但是，对于不可分割和非排他性的物品，如环境保护，则市场机制失效，不可能通过营利性组织提供；对于教育、医疗、文化等外部效应较强的产品，在基本需求层次就不能完全靠市场机制来满足；出于效率追求之外的目的，如扶贫、扶助弱势群体等，更侧重于社会公平的考虑，也不可能通过市场机制完成。这些领域需要政府或者公益机构来实现，其中公益机构是政府履行公共职能的补充，在某些方面并具有比政府更有利的优势。

自治性意味着公益机构在组织形式及运作上保持独立性，实行自我管理，自我决策，并相应地对自身行为承担法律责任。自治性使得公益机构能够与政府机构保持一定的距离，不受制于政府，同时也不受制于企业或其他非营利性组织。自治性对于公益机构的另一层意义在于，它能够有效保障公益机构对政府行为及市场经营组织的有效监督和制约。当政府决策或行为有失社会公正，或不利于社会公益；以及市场经济活动主体有损于公益，如环境污染、产品缺陷等，公益机构的自治性能够让其汇集社会声音对政府以及市场行为进行监督和批评。

志愿性指公益机构的活动以志愿为基础，在组织管理和其他的一些活动中都有不同程度的志愿者参与。同时，公益机构的志愿性在于其接受社会各界的志愿捐赠，以维持公益行动。志愿性是以公益活动中的利他主义和互利主义为基础的，但是志愿性并不意味着公益机构的所有成员或大部分成员都是志愿人员，或者其全部收入或大部分收入都来自志愿捐赠。事实上，在西方国家非营利组织的大部分活动资金都来自政府支持，“其中西欧国家政府支持更加重要，在爱尔兰、比利时、德国、以色列、芬兰、法国，政府提供的资源达到非营利组织总收入的60%～80%，其他发达国家及拉美、中欧、东欧各国或地区则以经营收入为主，尤其拉美各国经营收入高达70%～85%”。①

民间性是指公益机构应当是介于政府与市场之间的社会机构，不依附于政府，不是政府组织的组成部分，不承担政府职能，其决策及行动并不由政府控制。换言之，公益机构应当是由社会个人经由结社自由而达成的社会民间组织或团体，虽然也会接受政府的资助，但在体制上独立于政府。目前，我国大部分公益机构虽然号称民间组织，在官方文件中也以民间组织谓之，但事实上或由官方主办或主管，或有着浓厚的官方背景，并承担着大量的政府职能。

三、作为社会力量的公益机构的发展

自20世纪80年代中期以来，我国在中央层面对公益事业体制及相关的事业

① 樊纲等：《城市化：一系列公共政策的集合》，中国经济出版社2009年版。

单位体制进行过系列改革探索：1985 年 3 月，中共中央发布了《关于科学技术体制改革的决定》，启动了科研体制改革；1985 年 4 月，国务院先后批转了文化部《关于艺术表演团体改革的意见》及卫生部《关于卫生工作改革若干政策问题的报告》；1985 年 5 月，中共中央发布了《关于教育体制改革的决定》。其他领域的体制改革也陆续在 20 世纪 80 年代中期启动。这些改革包括以下四个方面的举措：（1）改革事业单位的具体管理与运行方式；（2）调整行政管理体制，把部分过去由政府承担的事务交给市场；（3）对相关事业单位实施企业化改革；（4）在社会事业发展中引入民间和社会力量。[①] 这种公益事业体制和事业单位改革的方向应该说是正确的，也比较符合公益事业社会化的国际潮流，但是，体态庞大的公益事业和事业单位的改革采取自上而下的推进模式使改革并未达到预期的效果。改革的结果往往事与愿违，事业单位在举办公益事业时出现了两个十分突出的问题："该卖的没卖，不该卖的卖了"。那些本应由市场和社会承担的公益事项却由事业单位垄断经营，破坏了市场竞争秩序；而那些应该由公益性事业单位承担的公益事项却被推向了市场，如高校产业化、公立医院市场化等。社会上反映强烈的"上学难、上学贵"，"看病难、看病贵"等问题在某种程度上就是由于公益机构改革错位所导致的。新一轮的事业单位分类改革尝试破解上述难题，改革的成败与否我们可以拭目以待，但必须注意的是，无论事业单位改革如何进行，事业单位都不可能承担所有的公益事业，事业单位只是向社会提供基础教育、基础科学研究、卫生防疫、基本医疗、科技推广等公益服务，其他的公益服务，如社区服务、环保宣传、公益助学、慈善救助等，都应当由民间和基层的公益机构来承担。

民间公益机构在我国起步较晚，但却是充满活力、发展迅速的社会组织。我国的民间公益机构是在改革开放以后才开始逐渐出现的，在起步阶段民间公益机构受到观念、制度、资金等各方面的制约，发展非常缓慢。但是，随着经济与社会发展，民间公益组织开始不断涌现。由社会力量自发组成的民间公益组织活跃在基层的各个领域，在助学、敬老、扶贫、环保、助残、救灾以及关注留守儿童、农民工子女、智障患者等方面为社会提供公益性服务。民间公益组织产生于基层、服务于基层，通过民间渠道筹措资金，吸引志愿者加入公益服务，在向社会提供公共服务的同时获得自身的发展，是推动公益事业和社会发展的活跃力量。

根据民政部发布的《中国慈善事业发展指导纲要》统计，截至 2010 年年底，在民政部门依法登记的各类社会组织数量由 2005 年年底的 31 万个增加到 44 万个，其中基金会数量从 975 个增加到 2 200 个。据媒体报道，截至 2010 年 9

① 苏杨：《中国公益机构的现状分析及改革思路》，载《行政论坛》2006 年第 3 期。

月底，广州市登记注册的社会组织共 4 073 个，其中社会团体 1 404 个，民办非企业单位 2 649 个。① 而实际上我国民间公益组织的数量远不止于此，许多民间公益组织由于找不到挂靠的主管单位而无法登记处于地下状态，有些民间公益组织甚至登记注册为企业。从这些不完全的统计数据可以看出，我国在改革开放以后，民间公益组织发展迅速，民间活跃的公益力量成为我国公益事业的重要组成部分。

一方面是社会公益组织蓬勃发展，而我国公益机构的另一重要组成部分——事业单位，却因为机构臃肿、效率低下，严重制约了其为社会提供优质、高效和灵活的公益服务。事业单位的改革势在必行。目前正在推进的事业单位分类改革，按照社会功能将现有事业单位划分为主要承担行政职能的、主要从事生产经营活动的和主要从事公益服务的三个类别，不同类别单位实施不同的改革与管理。“分类推进事业单位改革的根本方向和目的是推动公益事业发展、为人民群众提供优质高效的公益服务。”② 由政府推进的自上而下的事业单位改革并不涉及所有的公益机构，这种改革也不是对我国整个公益事业体制和制度的改革。实际上，事业单位仅仅承担了部分公益职能，而基金会、民间的公益性组织和社会团体也同样是重要的公益力量。特别是民间公益组织和社区公益组织往往具有专业性、灵活性和基层性特点，在为基层社会提供公益服务方面，民间的公益组织和社区公益组织是不可替代的力量。

民间公益组织在自下而上地推进我国公益事业的体制改革与制度化建设方面具有重要的意义。例如，在全国最早开展“社会公益组织孵化器”项目的上海浦东新区，运用“政府支持、民间力量兴办、专业团队管理、政府和公众监督、民间公益组织受益”的运作模式，培育孵化民间公益机构、培训职业化社会工作者和志愿者。这种模式不仅架起了政府与民间公益机构之间的桥梁，也使民间公益机构获得良性发展的重要基础。经培育孵化的民间公益机构深入社区、服务社会，为社会提供了多元化、专业化的公益服务，也带动了更多的人参与到公益事业中。③ 这种社会公益机构的发展和运行模式无疑是值得重视和鼓励的，公益不是由政府和事业单位所垄断的，大量的民间公益机构也是公益事业的主体。

我国事业单位的分类改革在各地有不同的制度安排，山西、上海、浙江、广东、重庆五省（市）先期开展的改革试点就呈现出各自不同的特点。虽然改革

---

① 程景伟、穗民宣：《民政部部长肯定广州扶持社会公益组织发展》，中国新闻网。

② 王东明：《分类推进事业单位改革　不断满足人民群众公益服务需求》，载《求是》2011 年第 17 期。

③ 柳岳龙：《上海浦东：NPI 助力社会公益组织发展》，载《中国社会报》2009 年 2 月 19 日，第 001 版。

的方向都是将事业单位合理分类和改制，加强公益类事业单位的公益性，但各地在改革的顺序、方式和措施等制度安排上都有所不同，这些试点改革为中央和全国探索事业单位改革的合理机制起到了重要作用。然而，事业单位的改革毕竟还是全国一盘棋，这种自上而下的改革并没有为地方政府的制度创新留下太多的空间。相比之下，民间和基层公益机构在自身的发展过程中却与地方政府之间具有更为密切的联系，地方法制环境是影响民间公益机构发展的重要制度性因素。

第二节　公益服务类社会组织

一、公益服务类社会组织的形成

根据2010年1月1日起实施的《广东省民政厅关于进一步促进公益服务类社会组织发展的若干规定》第二条的界定，公益服务类社会组织是指，为“承担面向社会，为社会公众和社会发展提供公益慈善服务，具有社会性、保障性和非营利性特点的社会组织。包括基金会、公益性民办非企业单位和公益性社会团体”。据此，公益服务类社会组织主要包括三大类：基金会、公益性民办非企业单位和公益性社会团体。从广东省民间组织管理局提供的信息来看，除基金会范围较为明确以外，公益性民办非企业单位和公益性社会团体基本上涵盖了行业协会、地方商会、农村专业经济协会、民办教育培训机构、民办福利机构、社区服务机构、各类文化体育事业团体、社会中介服务机构、志愿者团体等，几乎囊括了除事业单位以外的所有具有公益性质的民间组织。

广东省率先放开公益服务社会组织的登记注册管理机制，赋予除基金会以外的其他民间组织以合法身份从事公益事业，被视为中国民间组织公益行动的破冰之举。因为在此之前，很多民间组织依据法律法规根本无法进行登记注册以获得合法身份，只能游走于法律的边缘从事公益活动。而基金会类的公益机构长期以来一直被政府牢牢控制，并成为政府直接管理和指导的机构。1988年颁行的《基金会管理办法》，虽然将基金会定位为民间非营利组织，但是却将其视为金融机构或准金融机构来进行管理，要求必须由业务主管单位同意、中国人民银行审查批准和民政部门登记注册方可成立基金会。依据该管理办法，很多民间慈善类基金会根本无法获得合法身份，只有政府认可并予以批准的大型公募基金会方能从事慈善事业。此举极大地限制了我国公益慈善事业的发展，并且有政府直接监管和指导的基金会基本上成为“二政府”，享有相应地的行政级别，与事业单位无异。而民间想要成立私募基金会几乎不可能，例如，李连杰2006年开始在全球设立“壹基金”，并在北京、上海、成都设立办公室，但是直到2010年12月深圳民政局批准予以登记，“壹基金”方获得独立从事公募慈善活动的法律身份。

根据1989年《社会团体登记管理条例》苛刻的要求，大部分民间社会团体都无法通过民政部门设定的前置审查要求和条件，无法获得合法身份，只能以非法身份偷偷摸摸地从事社会公益事业。1998年国务院颁发新《社会团体登记管理条例》；几乎与此同时，也颁布了《民办非企业单位登记管理暂行条例》。至此，公益服务社会组织的三大类别都有了相应的法律规范和依据。虽然这些规则对公益类服务组织的发展有着极大地制约和防范，但是仍然阻止不了我国社会公益组织的井喷式发展。据统计：社会团体，1988年全国登记4 446个，1991年猛增至8万多个，1992年又猛增至15万多；民办非企业单位，一开始就登记了5 901个（1999年），2001年达到12万多；2007年登记近17万4千个。①

在20世纪80年代，几乎所有的社会组织都是具有官方背景，并且大部分是一早就已经成立的各类学术研究机构和政府主管下的协会组织，如中国法学会、作家协会等。这类社会组织的负责人基本上都是由上级主管部门的领导兼任或由退居二线的领导担任，缺乏独立性和自治性，并且成为实现党和政府政治使命的有力助手。据统计，目前超过1/3的全国性社团存在党政机关领导干部兼任负责人现象，总人数达到3 660人次。甚至相当一部分社会组织，与行政主管部门实际是“一套人马两块牌子”。社会组织实行登记管理机关和业务主管单位的双重管理体制，强化了社会组织的准入条件，带来了多头管理、监管职责难以落实的问题。同时，双重管理抬高了准入门槛，大量社会需要的社会组织因找不到“婆婆”而无法进行登记。而这些“婆婆”往往关起了审批的大门，不愿意给自己找麻烦。所以能够成立登记的多数是业务主管部门直接或间接发起，行政色彩浓厚，许多是业务主管部门的内设机构，被社会上称为“二政府”。这不仅影响了社会组织的健康发展，也削弱了社会组织作为独立法人应有的自主性和活力。②

二、公益服务类社会组织的现状

近年来，我国政府也逐步认识到民间公益组织发展的重要性，逐步开始为民

① 中华人民共和国国家统计局：《中国统计年鉴（2007）》，中国统计出版社2007年版。

② 《广东出新政：推动公益服务类社会组织大发展》，http：//www.mingong123.com/news/5/ldlzy/200912/0892966c2d8ffc42.html，2009－12－23。

间公益组织的发展创造了一些法律条件，如2004年6月1日开始实行《基金会管理条例》，规范了公益基金会的注册和管理。2008年1月1日开始实施的《企业所得税条例》中，规定了企业发生的公益性捐赠支出，不超过年度利润总额12%的部分，准予扣除。这些法律的出台，为中国企业从事公益事业创造了一定的条件。特别是近几年来，在社会管理机制创新方面，更加强调社会组织的功能和作用，尤其是在地方政府层面，越发强调政府对市场和社会的放权。2005年“政府工作报告”中指出，“坚决把政府不该管的事交给企业、市场和社会组织，充分发挥社会团体、行业协会、商会和中介机构的作用”①。广东省委书记汪洋也多次强调：“应该由市场做的事情要交给市场，应该由社会组织做的事情要交给社会，该放的权要坚决放掉。”②

根据民政部与广东省签订的相关协议，赋予广东省在社会组织参与公共服务方面以“先行先试”的任务。2006年，广东省把行业协会的业务主管单位改为业务指导单位，取消业务指导单位的前置性审批，推动行业协会的民间化和自主性。至2011年，广东100%的行业协会业务主管单位改为业务指导单位，100%的现职国家机关工作人员退出行业协会职务，100%的行业协会实现“自愿发起、自选会长、自筹经费、自聘人员、自主会务”。通过管理体制改革，“政”“会”实现分离。③ 2009年7月，民政部与深圳市签署了推进民政事业综合配套改革合作协议。深圳市民间组织管理局局长马宏指出，在深圳，政府与行业协会的关系经历了三个发展阶段：父子关系阶段、主仆关系阶段、伙伴关系阶段。现在是加速发展时期，培育社会组织，有利于建立多元共治新型社会管理格局。④经过一系列改革，截至2011年4月，广东省共有28 509个社会组织，其中社会团体13 058个，民办非企业单位15 249个，基金会202个。⑤

从广东省实施的社会组织体制改革来看，取得了明显的效果。社会组织管理体制运行的效果，从数量布局看，行业协会每年10%以上速度增长，异地商会近两年出现“井喷”式情况。至2009年年底，全省各级依法登记的异地商会达到200家左右，是前几年登记总量的7倍。公益服务类社会组织进入发展的黄金时期，以每年15%的幅度增长。经济活动增长率超过10%，行业协会成为调整经济结构，促进行业发展和经济建设的生力军，承接政府职能转移和购买服务的比例，分别达到70%和50%以上，成为政府改善社会管理和社会公共服务的得

---

① 《政府工作报告——2005年3月5日在第十届全国人民代表大会第三次会议上》，http：//news.xinhuanet.com/newscenter/2005-03/14/content_2695463_5.htm，2005-03-14。

②③④⑤ 《广东 2.8万社会组织助力和谐》，《人民日报》2011年4月6日，第17版。

力助手。①

观念上的变化引发的体制变革，给公益服务类社会组织的发展提供了良好的发展契机。与此同时，公益服务类社会组织与政府之间的关系也日趋伙伴化，而不是传统上的监管或主管的关系，这种关系上的变化一方面反映出政府治理观念的变革；另一方面也证明了社会组织在提供公益服务方面，的确有着政府无法替代的优势。

三、公益服务类社会组织的发展趋向

从目前进行的公益服务类社会组织的制度变革来看，针对社会组织的法律规制正从监管、主管趋向放开、指导、扶持。一方面，政府意识到公益服务类社会组织的存在对减轻政府负担、缓解社会矛盾、促进社会福利事业有着积极的不可替代的优势；另一方面，大量的社会组织依托政府支持逐步走向制度化、组织化和规范化，在内部管理、财务制度、公开透明、运作效率等方面有着显著改善。在更广阔的社会公共领域，社会组织正在并将继续发挥更加重要的作用，从目前的情况来看，我国公益类社会服务组织的发展将在社会管理机制、社会权益维护、公益慈善事业、地方法制参与等方面起到越来越积极的作用。

在社会管理机制创新方面，从中央到地方正在积极探索新的社会管理机制。胡锦涛总书记提出，要“积极推进社会管理理念、体制、机制、制度、方法创新，完善党委领导、政府负责、社会协同、公众参与的社会管理格局，加强社会管理法律、能力建设，完善基层社会管理服务，建设中国特色社会主义社会管理体系”②。其中“社会协同、公众参与”就是要求公益服务类社会组织作为政府社会管理体制重要的一个环节，积极协助政府做好社会治理工作。在从传统政府包办一切社会福利事业到政府逐步放权、吸收社会组织参与，再到两者协同，既是社会管理观念的变革，同时也意味着社会管理机制的变革，将会给社会组织的发展带来极大的契机，并推动社会组织在社会公共领域发挥更加积极重要的作用。传统上，社会公益服务组织作为慈善机构，其力量和影响力十分有限，我们相信，经过下一阶段的改革，政府与社会服务组织的关系将会逐步趋向伙伴关系。这一点，已经在西方国家社会管理过程中得以验证，1998 年，英国政府和非营利组织的代表共同签署了一份《英国政府和志愿及社会部门关系的协议》，

---

① 《广东省社会组织在社会公共服务中的重要作用》，http://www.gdngo.org.cn/news-view.asp?NID=438，2010 年 5 月 14 日。

② 《中共中央政治局召开会议　研究加强和创新社会管理问题》，http://politics.people.com.cn/GB/1024/14779718.html，2011 年 5 月 31 日。

该协议协议确认了志愿及社会部门对于社会的重大益处，同时表明政府应当进一步发挥在促进志愿活动和对志愿及社会部门提供支持方面的积极作用。该协议最为重要的体现，在于确认了政府与社会组织之间的关系，是合作与伙伴关系，而不是领导与被领导、指导与被指导的关系。根据协议，政府的责任主要包括：承认和支持志愿及社会部门的独立性；以参与、明确、透明的原则提供资助，并需要就融资方式、签署合同、承包等方面征询志愿及社会部门的意见；对可能影响志愿及社会部门的政策制定需要征询他们的意见；促进互惠的工作关系；政府和志愿及社会部门一起建立评估系统，每年对协议的实施情况进行评估。①

在社会权益维护方面，公益类社会组织的作用将会越来越积极。在当下社会转型期间，已很难再按传统式的阶级板块来对社会成员进行简单的划分和归属，而是形成了多元化、自主化、个性化、世俗化的"社会公众"，从而产生了多元复杂的自由、权力和利益诉求，并带来了严重的社会失衡，如果处理不好就必然会引发社会动荡和危机。因此，这就一方面需要公共权力去认真地回应和面对；另一方面也需要民间利益的理性汇集，化冲突为和谐。我国近年社会组织的兴起，正是这种民间利益和权利诉求的自我凝结与整合，它架起了公共权力与民间社会的互动桥梁，既使国家能够直接与多元明确的代表性利益进行沟通对话，进行科学民主决策，也使民间权力和利益诉求能够理性地、力量性地进入国家体制框架，得到了有效的伸张和保障，同时，还能促进利益群体内部和不同利益群体之间的自我管理与协作。这样，就实现了互动协调和信任合作，化解了社会冲突和矛盾，减缓了社会转型的震荡，促进社会和谐，保障改革发展和民主法治建设的顺利进行。② 例如，海南省企业协会在 1997 ~ 1998 年间，就通过向有关国家机关、新闻媒体等进行情况反映，多方奔走呼吁，协调促进了海口狮子楼大酒店董事长雷献强受非法拘禁案、海口兴华实业发展公司总经理段树生被非法收容审查案等问题的解决。

在社会公益慈善福利事业的发展方面，社会组织将会通过由政府购买服务、社会公众志愿参与、分散性资助等方式促进地方及社会各项福利事业。在政府购买服务方面，广东省已经"先行先试"走在前列。2009 年，有 138 个全省性社会团体承担政府委托、转移职能 326 项，有 184 个全省性社会团体共获得政府购买服务收入 9 820.8 万元。广东省民间组织管理局副局长黎建波介绍，近年来，广东省社会组织每年经济活动总量超过 500 亿元，它们在提供公共服务、协调利

① 详见樊纲等：《城市化：一系列公共政策的集合》，中国经济出版社 2009 年版。

② 马长山：《NGO 的民间治理与转型期的法治秩序》，载《法学研究》2005 年第 4 期。

益关系、扶贫解困、缓解社会矛盾等方面发挥了重要作用。① 民间社会组织由于具有自组织性和志愿性的特点，而将更加有助于吸引社会公众以志愿的方式加入到社会公益活动中。

公益类社会服务组织作为民间团体，因其具有的民间性、社会性，在其广泛的业务活动领域内，往往成为社会特定阶层的代表，发挥着利益代表、民主参与、自治管理、对话协商、社会服务、对外交往等功能，致力于权益主张和保障、解决社会问题、化解利益冲突、进行社会治疗和服务、维护社会秩序等目标，成为政府、社会部门和不同群体利益的协调中介和平衡器，从而形成一种多元开放、互动回应的民间治理机制和民间秩序。正是这种民间治理机制和民间秩序，与国家法秩序之间形成了一定的互动和张力，② 对地方法制建设有着积极的推动作用。一方面，公益类社会服务组织通过包括听证会、地方人民代表大会、政协会议等制度内途径，以及通过提供意见和建议、咨询论证等非正式形式，积极参与地方法制建设；另一方面，各类社会组织，尤其是行业协会等社会团体，往往会通过自身形成各式具有内部拘束力的章程、规约对社会行业管理、企业权益维护等进行规范，以自治方式及所形成的社会规范秩序是地方法制中的重要组成部分。例如，温州低压电器行业协会按其《企业竞争自律公约》、温州五金商会按其《锁具维权条例（公约）》等进行行业规制而形成的民间秩序，就为国家打击假冒伪劣、维护产品专利权和公平竞争秩序，提供了必要的补充和支撑。③

第三节　公益性事业单位

一、公益性事业单位的形成

事业单位是我国在特定历史条件下形成的一类公立机构。新中国成立初期，在照搬苏联经济管理模式的同时，我国也基本上照搬了苏联的事业管理模式。长期以来，中国的各项事业均被视为“社会”活动，而不是经济活动。并且，在社会主义计划经济体制下，所有的社会福利事业及公共产品服务的提供均由政府

---

① 《广东　2.8 万社会组织助力和谐》，载《人民日报》2011 年 4 月 6 日，第 17 版。

② 马长山：《NGO 的民间治理与转型期的法治秩序》，载《法学研究》2005 年第 4 期。

③ 贾西津等：《转型时期的行业协会——角色、功能与管理体制》，社会科学文献出版社 2004 年版，第 116 页。

一手承办。事业单位正是基于此种需求而产生的，并与行政机关、企业组织相区别，由政府设立并向社会及政府部门提供公共产品和服务的政府机构。这种对于事业活动性质与功能的片面认识，以及对事业的行政主导模式，导致事业发展严重地脱离于经济发展，并造成事业功能的政治化与事业单位的行政化。中国传统的事业管理体制的形成与发展，在传统的计划经济体制下，具有一定的历史必然性和现实合理性。新中国成立后，国家集中了必要的人力、物力和财力，大力发展各项科学、教育、文化、体育和卫生事业，改变了极端落后的社会面貌，增强了综合国力，改善了人民的生活水平和精神面貌，取得了很大的成绩。因此，在特定的历史时期，事业单位的存在，以及由国家承办社会事业的方式有其合理性。

事业单位的定义在不同时期有着不同的概括和表述，通常这些定义都是围绕事业单位的基本特性来确定的，即服务性和不以为社会积累资本和盈利为目的。最主要的原因是事业单位在组织形式、服务功能及作用方面的情况比较复杂。最早对事业单位进行定义出现在 1963 年 7 月《国务院关于编制管理的暂行办法(草案)》中，“凡是未国家创造或改善生产条件，促进社会福利，满足人民文化、教育、卫生等需要，其经费由国家开支的单位为事业单位。”

随着社会主义市场经济改革的不断深入，经济体制和政治体制改革的进一步深化，事业单位在举办主体、作用和服务功能等方面，出现了许多新的变化。目前对事业单位的比较全面的定义应该是“为社会公益目的，由国家机关举办或者其他组织利用国有资产举办的，从事教育、科技、文化、卫生等活动的社会服务组织。”[①] 这一定义，至少指出了公益事业单位四个方面的特征：一是公益性，事业单位运行的目的是为了社会公益事业发展，而不是以追逐利润为目的，这是事业单位与企业单位的重要区别；二是政府属性，即与其他社会组织不同的是，事业单位或者由国家机关举办或设立，或者由其他组织利用国有资产举办；三是服务性，事业单位虽然具有政府属性，但是又不同于政府机关和行政机关（侧重于管理职能），其主要面向社会，行业范围涉及教科文卫等诸多领域，为社会提供公共产品或服务；四是资金来源的单一性，即事业单位从事的社会公益活动，其资金来源主要是国家财政拨款。

虽然事业单位以公益性为首要目标，但是由于在计划经济体制下政府包揽所有社会事务，因此，事业单位的设立几乎囊括了所有的社会活动领域。从事业单位涉及的社会领域及服务产品来看，基本上可以将我国 20 世纪 80 年代的事业单位分为五大类：一是行政辅助型，如一些经授权代替行使行政机关部分行政权力

① 岳云龙、李建主编：《事业单位登记管理须知》，团结出版社 1999 年版。

的单位；二是监督型，如行业或专业监察大队、交通规费稽征部门、各类基金管理中心、技术监督质量检验、卫生防疫、药品检验监督等；三是公益福利型，如基础科研单位、中小学校、福利院、养老院、图书馆、博物馆等；四是经营开发型，这类单位主要面向市场，以技术或劳务为社会提供各类服务以获取经济效益，如设计单位、机关后勤等；五是中介服务型，主要是指作为事业单位存在的各种社会中介组织，它在政府与企业之间，以及诸多社会活动中以第三者的身份充当公证或技术服务的角色，如法律顾问处、会计师事务所、公证机构等。

从20世纪80年代开始，我国逐步推进事业单位体制改革，其中包括引进竞争机制、实行承包制，以及相应的人事制度改革。90年代，事业单位体制改革的核心在于推进政事分开和事业单位社会化改革，将大量的事业单位管理权力下放给地方及交给社会办理，同时推行与国家行政机关不同的人事制度和财务制度，并最终建立起事业单位法人制度。客观而言，30多年来的改革的确给我国的事业单位体制带来了较大的改进，但是并没有从根本上解决事业单位所具有弊病，包括事业单位体制行政化、运作官僚化、运行效率低下。由于在事业单位改革中，忽略了事业单位所具有的社会公益属性，将本该以非营利为目标的事业单位或向社会提供基本公共产品的单位推向市场，例如，医疗机构的市场化改革，导致社会整体医疗成本偏高，以及社会弱势群体得不到基本医疗救助。另外，本该由市场提供服务或交由社会办理的事项，却一直让一些事业单位垄断或把持，并以此成为事业单位追逐创收和寻租的工具，例如各种标准的制定、资格的评审、认证等。正因为如此，过去对事业单位体制的改革并不是成功的。

二、公益性事业单位的现状

根据有关资料，我国现有的事业单位种类繁多、数量庞大，据估计，截至2004年，全国共有国有事业单位130多万个，各从业人员2 997.13万人，广泛分布在科研、教育、卫生、体育、新闻出版、广播电视、城市公用、社会福利等众多行业，涉及12大行业，100多个小的类别。其中，中央单位172.15万人，地方单位2 824.18万人。事业单位中专业技术人员1 844万人，占总人数的62%；事业单位中，教学人员1 155.18万人，卫生人员302.11万人，这两类人员占事业单位人员总数的49%。① 目前中国有各类事业单位国有资产近3 000亿元，中国70%以上的科研人员、95%以上的教师和医生都集中在由政府出资举

① 郭爱玲、丁巨胜、张晨：《非营利视角下的事业单位人力资源管理》，载《甘肃理论学刊》2004年第4期。

办的各类事业单位，其各项事业经费支出占政府财政支出的30%以上。[①]

经过多年的改革，目前我国单位基本上可以分为以下三大类：

第一，行政支持类事业单位，主要是指直接承担政府行政职能，为政府服务，根据国家法律和法规授权、受政府委托承担具体行政行为或提供行政支持，从事监管、资质认证、执法监督等活动的准行政组织的事业单位。如金融监督机构、工程与环境质量监理机构、交通监理机构、卫生监督机构、资格认证机构、政府部门直属的政策研究机构和信息统计机构等都属于此类。

第二，社会公益类事业单位，主要是指承担公共事业发展职能、为社会服务，根据社会共同需要，面向社会提供公共服务和公益物品，承办国家交办的涉及社会公众基本权益的事项及职能，以及政府提倡和鼓励发展的具有较强“公益性”事业任务，主要从事教育、科学、文化、卫生、体育、公共基础设施建设等活动。如基础科学研究、义务教育、公共卫生、公共图书馆、环境保护等就属于这一类。

第三，生产经营类事业单位，主要是指面向特定社会群体提供专业性服务，承担中介沟通职能、为市场和企业服务，具有一定经营性，从事服务、咨询、协调等活动，具有较强“私益性”的社会事业单位。如职业培训机构、社会中介机构、新闻媒介出版机构、广播影视机构乃至部分政府直属的宾馆、招待所等都属于此类。这类事业单位通常由于具有比较稳定的收入来源，具备自我经营、自我管理、自我发展的能力，可以参与市场竞争。

虽然，上述事业单位都具有一定的公益性，严格来讲，我国公益性事业单位主要是指第二类，即主要涉及社会公益活动的非营利事业单位。根据《中华人民共和国公益事业捐赠法》的界定，公益事业主要是指：“（1）救助灾害、救济贫困、扶助残疾人等困难的社会群体和个人的活动；（2）教育、科学、文化、卫生、体育事业；（3）环境保护、社会公共设施建设；（4）促进社会发展和进步的其他社会公共和福利事业。”[②] 同时在该法中将涉及这些公益活动领域的事业单位称之为“公益性非营利的事业单位”，与公益性社会团体并列为社会公益事业的活动主体。

从当下情况来看，公益性事业单位在向社会提供公益服务活动中，并没有产生社会预期的效果，根源在于长期以来一直将事业单位（无论是公益性非营利事业单位，还是其他事业单位）视为准行政机关，其编制、人事制度及财务皆由政府主管，其编制内人员亦为“国家干部”身份，由此所产生的弊端直接影

① 《中国考虑实施事业单位改革　预计涉及几千万人员》，http：//news. china. com/zh_cn/domestic/945/20040324/11650799. html，2004－03－24。

② 《中华人民共和国公益事业捐赠法》第3条。

响着事业单位的公益事业。

首先，公益非营利事业单位长期享受国家机关地位，官僚作风严重。导致的结果就是在公共资源配置和公共产品的分配上效率低下，职责不清，责任不明。例如，在社会公共教育产品及服务的提供上，政府主导下的教育机制饱受诟病，但问题一直未得以真正解决，主要问题就在于相关教育机构和事业单位竞相追逐盈利并利用优质资源寻租，却对社会办学力量予以管制。其结果就是社会平等受教育权无法得以实现，而社会为寻求优质教育产品不得不付出更多的成本。

其次，公益非营利事业单位长期以政府财政拨款为依托，对社会资源的重新整合和利用的意愿低下，无法有效并充分调动社会志愿力量参与社会公共产品的再次分配。同时，由于事业单位利用准政府机关地位为社会力量参与公益事业设置制度障碍，并以此作为盈利和寻租的工具，导致事业单位社会动员能力急剧衰减，已经无法取得社会的信任，其公益事业的成效便大打折扣。一个非常明显的例子便是我国扶贫计划实施二十多年来，国家贫困县的数字有增无减。

最后，由于公益非营利事业单位与政府关系密切，无法真正成为各种社会力量及不同阶层的利益代表，也不可能作为一种社会力量代表弱势群体或特定阶层与政府展开对话、协商与谈判；甚至在很多情况下，这些公益非营利机构本身就是政府公益事业政策及社会公共事务政策和法律的制定者。因此，在当下社会利益纠葛及弱势群体与政府政策、行为对立的过程中，无一例外地，涉及的公益非营利事业单位都保持了沉默。当这些事业单位与政府保持一致，或充当政府助手的情况下，根本无法指望它们能够在政府行为越权或政策失当的情形下，能够站出来作为一种集体力量代表社会与政府展开协商或对话，也就不可能成为维护社会权益的社会力量。

综合而言，虽然我国的公益事业单位对我国社会发展起到了积极的作用，但若想真正实现其公益职能，成为介于政府与市场之间的第三部门，在社会公共领域凝聚社会力量妥善解决社会问题，维护社会公共利益，就必须在机构性质、职责设定、人事制度、财务制度和内部管理机制等各方面进行脱胎换骨的改革。

三、公益性事业单位的发展趋向

我国公益性事业单位的发展及变革，并不是单一的自上而下的改革，有时候是社会发展及市场变化在倒逼体制的改革。例如，律师制度方面，在 20 世纪 80 年代，根据 1980 年颁布的《律师暂行条例》第 13 条的规定，“律师执行职务的工作机构是法律顾问处。法律顾问处是事业单位”。从当时的情况来看，我国将律师视为国家法律工作者，为社会提供法律服务，因此才将法律顾问处归置为事业单位。但是随着市场经济的发展，律师业务范围不断拓展，律师行业逐渐成为服务行业。从 20 世纪 90 年代开始，公立的律师事务所开始发生变化，并逐渐转制为“合伙制”。在公立律师事务所全面私有化之后，律师界已不存在任何“事业单位”。然而，从 1998 年的《律师法》颁布开始，律师事务所名正言顺地从“事业单位”变成了“执业机构”，开始了市场化经营与竞争。在此过程中，有律师事务所提出“一切为当事人权益着想”的宗旨，却遭到政府的批评，认为律师首先应当以维护国家法律为己任，其次才是当事人的利益。但是现在，不为当事人利益着想的律师被认为是不合格、不称职的律师。律师事务所从国家事业单位转制为市场化企业，其结果是律师界已经成为社会权益维护的重要力量。

从当下我国社会发展及其需要来看，我国的公益性事业单位的发展及改革的趋向是非常明显的，首先便是分流改制。直接承担政府行政职能，为政府服务，根据国家法律和法规授权、受政府委托承担具体行政行为或提供行政支持，从事监管、执法监督等活动的准行政组织的事业单位，将会改制为行政机关或并入行政机关；而生产经营类事业单位的改革目标将会非常明确，如律师事务所、公证机构等，将以企业或公司的形式直接进入市场，通过市场竞争为社会提供公共产品和服务。而大量承担社会公益事业的单位，将朝社会化、专业化、非营利化和组织化发展，并将成为重要的社会力量，参与到社会治理机制中，与政府、市场相结合，为社会提供各种公益服务和帮助。

社会化意味着公益事业单位虽然是政府发起设立或利用政府财政支持成立的，但是其主要职责应当是面向社会的自治法人单位，有自主权和决定权，享有独立的财务制度和内部人事管理制度，并面向社会公开其运行情况，接受社会监督。更为重要的是，公益事业单位的社会化将要求政府只履行监管职责，在正常情形下不能介入或干预事业单位的运行，保持事业单位的中立性。社会化有助于保持公益事业单位的自治性和志愿性，并以此获得社会信任，继而能够面向社会整合社会资源，为社会提供公共产品和服务。

专业化要求公益性事业单位必须根据社会分工的要求，公益功能明确，在其优势行业或领域为社会提供专业的公共产品及服务，而不是求大求全。专业化要求公益性事业单位的公益活动领域、对象、方式和目标应当是单一的或定向性的，如吸收专业人才（如社工等），通过专业团队以项目管理方式进行公益活动。专业化程度越高，意味着向社会提供的公共产品和服务就会越精细和越到位，其社会资源的利用率和公益活动的效率就会越高。

非营利性强调公益性事业单位的运作目标不是追逐利润和经济效益，不是搞创收，不是变相收费和寻租；非营利性也不意味着公益性事业单位不得盈利，而是要求其盈利不得在单位内部进行分配，只能归入社会公益事业用途。非营利性将会是我国公益事业单位改革中的一个难点，因为之前为减轻政府财政负担，很多事业单位实行经费自筹机制，即事业单位必须想尽一切办法筹集资金维持自身运作，包括办公经费、编制外人员工资以及公共建设工程经费等，这才导致我国目前单位收费比收税还多的现象。比较典型的就是公立医疗机构和学校，名目繁多的收费项目直接增加了社会公众接受公共产品和服务的成本，虽然经过多次清理，但仍然难以根除乱收费现象。经费自筹机制让公益事业单位成为追逐财富积累和利益的营利机构，因此，如何在改革中根除其逐利的劣根性，是我国公益性事业单位改革成败的关键点。

组织化对公益性事业单位而言，要求其能够成为该事业单位公益活动领域的组织力量，是其服务的社会特定群体或阶层的利益代表，也是社会弱势群体的利益代言人。公益性事业单位必须以其服务的群体或阶层的权益维护和保障为最终任务目标，通过有组织的活动及行动倡其权护其益。例如，通过长期或定期的、有组织的个案辅助，为社会个体提供必要的信息咨询、辅导和援助；代表特定社会阶层或群体进行集体维权；或者以社会公益的代表参与公益诉讼；以及通过听证会、座谈会、研讨会、调研、舆论表达等各种方式参与地方立法和行政决策过程中，充分表达所代表的特定社会阶层或群体的权益诉求，以一种整体性、组织化的社会力量维护社会公平和正义。

从政府的层面而言，为社会提供必要的基础公共产品和服务是其责任和义务，公益性事业单位作为政府设立或以政府资金设立的机构，一方面，必须向社会提供低成本高效益的公共产品和服务；另一方面，公益性事业单位也应当逐步脱离政府的管控，成为自治的、中立的社会力量，成为沟通政府与社会的中介和桥梁，并以组织化的形式参与到社会治理当中，与政府一起共同构筑功能明确、治理完善、运行高效、监管有力的管理体制和运行机制，最终形成基本服务优先、供给水平适度、布局结构合理、服务公平公正的中国特色公益服务体系。

第十四章

营利组织

“营利组织通过有偿提供法律服务产品的经营活动，客观上为地方法制的发展提供了独特的推动力。”

本章所讨论的营利组织特指为权利主体提供帮助以实现其权利，从而在地方法制框架内发挥特定作用的社会组织的一种。与公益机构不同的是，这类组织是营利性的，即遵循市场原则、其对于各类权利主体的帮助是有偿的。这种“有偿服务”的运作模式，使营利组织在推进权利保障时具有既不同于国家机关，也不同于公益机构的特点。同时，由于权利主体的诉求通常首先出现于地方层面，并且这类营利组织本身也是一种来自于地方的社会力量，所以这类营利组织通常以在地方的活动为基础。于是，这类营利组织的有偿服务也就首先成为推动地方法制发展的重要因素，而其各种类型的营利组织不同的制度化方式，也深刻地影响了其参与地方法制发展的动因与机制。

第一节　作为社会力量的营利组织

一、作为社会力量的营利组织的概念

营利组织（Profit Organization）是指组织所有者以营利为目的的组织。事实

上，营利组织与非营利组织（如公益机构）在运作中都会产生收益，[①] 扣除成本（包括维持组织和扩张组织的成本）后即为盈余；区别在于营利组织将盈余分配给组织的拥有者（如股东）或经营者，而非营利组织则将盈余分配给组织所倡导的服务对象或服务内容。营利组织的典型形式是公司，此外还存在合伙企业、独资企业、经营性事业单位等。

营利组织在法制的视角下有三重意义：第一，营利组织通常具有独立法人资格，其本身就是一个独立的权利主体，存在特定的权利诉求（通常是财产权），因此需要一定的法律制度对其权利加以确认和保障；第二，营利组织出于社会责任而关心法制建设，如赞助法律教育等；第三，营利组织的经营活动与法律制度直接相关，甚至直接就是法律制度的一部分，有偿地向社会提供法律服务产品。其中，第一种意义涵盖了所有的营利组织，并且这种意义下的营利组织与其他类型的权利主体没有根本的区别，因此本章不做专门的讨论。第二种意义是营利组织所独有的，但社会责任与法制本身并无直接的关系，所以也不在本章的讨论范围内。本章讨论的是第三种意义上的营利组织，即有偿提供法律服务产品的专门性营利组织——这是营利组织中的一类（以下如无特别说明，所提及的营利组织均特指这类专门的营利组织）。从执业者的角度也可以将其称之为法律职业。目前我国法律职业的从业人员主要包括法官、检察官、律师、公证员以及其他政府、机关、企事业单位中从事与法律相关工作的人员。其中，法官与检察官是编入国家公务员序列的法律职业群体，是国家公权力的行使、承担者，不属于民间或社会力量的范畴，而"其他企事业单位中从事与法律相关工作的人员"的制度化程度仍然不足，因此不作为本章的考察对象。律师与公证是制度化地、专门地、按照市场规律运作的法律服务供给机构，按照交换原则有偿地提供维护人身财产自由与保障交易安全与效率的各类法律服务产品，因此是这类营利组织的典型代表，[②] 也是本章将要具体分析的对象。

营利组织之所以能够形成一种社会力量，主要由两方面的原因：第一，营利

① 这里的"收益"既包括非经营性收益（如募捐），也包括经营性收益（即以盈利为目的的活动所产生的收益）。非营利组织也会从事法律允许的经营性活动，参见杨道波：《公益性社会组织营利活动的法律规制》，载《政法论坛》2011年第4期，第156~162页；同时，在国外的实践中也出现了以公益为目的的所谓"社会企业"，参见薛夷风：《社会企业对我国传统公司观念的挑战——再论公司的营利性》，载《当代法学》2011年第3期，第102~108页——因此，传统上将"是否从事以盈利为目的的经营活动"作为区分营利组织和非营利组织的标准，在目前来说已并不准确。

② 需要说明的是，我国《公证法》第6条规定："公证机构是依法设立，不以盈利为目的，依法独立行使公证职能、承担民事责任的证明机构。"但是正如前面所述，本章对于是否营利组织的区分标准为盈余的分配方式，而并不拘泥于"是否从事以盈利为目的的经营活动"；同时，从本章第三节的考察可以看出，公证业并非从性质上就必然是公益性的，从对于法制发展的角度来看，一个盈利的公证业也许是有利的。因此，本章将公证也纳入营利组织的范围加以讨论。

组织的组织化程度较高。在实践中，营利组织本身就具有较之一般社会组织和群体更高的组织化程度，而有偿提供法律服务产品的营利组织因为经营活动的需要，更为注重专业化、体系化的制度建设以便与法律体系相适应，因此也有具有更高的组织化程度。而更高的组织化程度，必然带来更有效的群体意志表达方式和执行方式，从而形成强大的社会力量。第二，营利组织有偿提供法律服务产品的经营活动被体制所认可。营利组织的这种经营活动能够令社会中大量现存的或潜在的利益纠纷以合法、和平的方式解决，并且这种解决过程在某种程度上有赖于法院、检察院等国家机关的职权行使。因此，营利组织能够为体制所接受，并且在体制内与体制外沟通的过程中发展壮大。

二、作为社会力量的营利组织的特点

作为一种制度化的社会力量，营利组织有偿地向权利主体提供各种法律服务产品。这种特殊的经营活动使营利组织在推进权利保障时具有既不同于国家机关，也不同于公益机构的特点。而这些特点也影响到营利组织与地方法制的关系。概括而言，包括以下几个方面：

第一，以平等、自愿、协商一致为前提。营利组织提供的法律服务产品以契约为载体，即服务提供方（营利组织）和服务接受方（各种权利主体）在平等、自愿、协商一致的前提下达成合意，并在此基础上进行法律服务产品的交易。具体而言，首先，服务提供方与服务接受方在法律地位上是平等的，不存在管理与被管理、命令与服从的关系；其次，法律服务产品的交易关系是双方自愿形成的，在一个理性的社会环境中，自愿形成的社会关系意味着对于双方都是有利的，而协调双方行为的核心通常也就是利益因素；最后，法律服务产品的具体交易内容是通过双方协商一致而达成的，这就意味着法律服务产品要面对多样化的权利诉求，因而必然也是多样化的，并最终适应复杂的社会利益配置体系——其中，平等意味着“营利组织—权利主体”的关系与“国家机关—权利主体”的关系是根本不同的；而自愿和协商一致则使得“营利组织—权利主体”的关系与“公益机构—权利主体”的关系也存在明显的区别。由于各种权利诉求通常都源于个别化的、日常化的利益纠纷，因此法律服务的具体内容也必然要以解决这类纠纷为基础导向。从中央与地方关系的视角来看，地方国家机关并不希望中央国家机关插手这些具体的纠纷以免影响自身的政绩同时也力图避免中央权力向地方扩张的可能，而中央国家机关也不愿耗费太多的精力应付各地的这种琐碎之事，于是这类利益纠纷更多地就需要地方国家机关加以解决，营利组织的法律服务也就更多地与地方国家机关的职权行使发生联系。

第二，以专业的法律服务为对价。营利组织以向权利主体提供专业的法律服务为对价，换取服务报酬，这是营利组织与同为制度化社会力量的公益机构在运作机制上最明显的区别。正因为营利组织提供的是专业的法律服务，而专业法律服务的成本通常都是很高的，也只有通过收费的方式，才能令这种服务具有可持续性。尽管这种有偿服务形成的商业化定位最终在一定程度上导致“法律职业的危机”，但摆脱“危机”的具有可操作性的方法在于职业伦理的重塑，[①] 而难以否定其有偿服务的基本运作方式。同时，恰恰是因为有偿服务，所以权利主体才有足够的正当性要求营利组织提供更有针对性的专业法律服务，而营利组织也才有了进一步提升服务质量的条件；也正因为如此，营利组织具有公益机构不可取代的意义，而对于权利主体来说，“花钱保护权利”也就和花钱购买其他服务一样不足为怪了。而这种法律服务的交易本身也是地方化的，受到当地法制发展水平的重要影响；由于我国各地法制发展水平不平衡，法律服务的交易也表现出各地不平衡的状态；而当一个地方的人越来越多地倾向于通过购买专业法律服务的方式维护自己的权利，这本身也会对当地的法制发展产生越来越强的推动。

第三，以市场竞争为动力。与市场经济下其他营利组织一样，提供法律服务产品的营利组织同样是以市场竞争为发展和壮大组织自身的动力的。营利组织通过市场竞争，逐渐在服务价格、服务质量、服务种类等方面进行改善；对于权利主体来说，由于市场竞争的存在而能令其享受到更为优质的法律服务产品；对于社会整体来说，市场竞争的结果则是通过营利组织的优质服务解决了大量现实的利益纠纷——在市场环境下，经营法律服务产品的营利组织通过市场竞争达到自身、客户和社会三赢的结果，这种机制对于所有的营利组织而言都是一样的。而实现这种结果的条件，如非垄断的环境、信息对称、资源配置的足够自由等，也与经济学一般理论并无二致，因此这里不再赘述。值得注意的是这种竞争动力机制与地方法制的密切关系：营利组织之间良好的市场竞争本身就是纠纷解决机制的重要组成部分，促进了纠纷解决机制整体质量的提升。同时，经过充分的市场竞争而形成优质的营利组织及其提供的法律服务，又是国家与社会两个领域互相沟通的良好中介与途径——由于这两方面都体现为自下而上的、来自于社会的力量，因此其效果通常也是首先作用于地方层面的法律制度，从而成为地方法制发展的一种动力机制。

第四，以制度化为保障。以上考察的营利组织通过有偿法律服务的方式经营的种种机制，最终都需要制度化的保障。对于一般意义上的营利组织而言，有部分的制度化程度较高，如股份有限公司等；有部分的制度化程度则较低，如独资

---

① 李学尧：《法律职业主义》，载《法学研究》2005 年第 6 期，第 3 ~ 19 页。

公司、合伙企业等，甚至可以完全不依赖制度的力量而全凭经营者个人。但是对于经营法律服务产品的营利组织而言，始终需要维持较高的制度化程度，否则便难以与制度化程度很高的纠纷解决机制以及其他法律事务相适应。这种制度化的保障包括两个层面：第一层面是营利组织整体上的制度化，如竞争机制、协调机制、同行评议机制、职业伦理实现机制等；第二层面是各营利组织内部的制度化，如内部规章制度的完善和良好运行，这可以视为第一层面的相关制度在各营利组织内部的延伸。从我国的现状来看，这两个层面的制度，尤其是第一层面的制度，有许多是以国家为主导的、自上而下“贯彻落实”的；但由于前述法律服务产品的经营与地方的密切关系，因此许多具体的制度内容仍然是先产生于地方的实践，而后者也因此长期保持旺盛的创造力。

三、作为社会力量的营利组织的发展

作为社会力量的营利组织在我国的发展，大体上可以概括为“从国家机关到社会组织”的过程。当然，尽管都是一种制度化的社会力量，但不同类型的营利组织的发展经历是不完全一样的，这除了经营活动性质的原因之外，还与该类型的营利组织的社会化程度有关；因此，很难针对营利组织的发展过程做抽象的描述（具有代表性的两类营利组织的发展过程的具体描述，参见本章第二节、第三节）。不过，营利组织“从国家机关到社会组织”的发展过程中，有一些具有普遍性的特点值得重视。

改革开放后，从中央到地方科层化的官僚政治体系在我国引入法律机制来实现社会治理和纠纷解决；当这一法律的治理机制被采纳后，科层系统的各个机构和部分就必须为之提供满足法治运行要求的各项支持的可能性。但是，这一政府主导的法治化模式，虽然需要有作为社会力量的营利组织，却并非官僚机构关注的重点；对营利组织有热切需求的是社会与市场，在营利组织进一步发展壮大并最终作为一种监督权力、保障权利的制度化力量登上体制舞台的过程中，社会与市场始终是最重要的推动力。

在此过程中，科层制政府扮演了复杂的角色：一方面，科层政治的发展需要有别于传统农耕社会结构的经济关系和身份群体的出现，因为在传统的社会里，如在中国古代，社会治理的基础是高度同质化的价值观与道德意识，尽管行政官员兼理法律事务，但由其主导的冲突解决数量十分有限，国家权力对社区的控制力并不强。而在现代社会，建立一个有影响力的政治系统，以国家的名义统一提供普遍适用的规则体系，并垄断对社会冲突的裁判权力，是树立政治权威的有效途径；营利组织经营着对于这一事业有促进作用的商业活动与经济交往，当然是受国家欢迎的。但另一方面，市场活跃又会导致新的社会群体和组织的产生与壮大，从而取得相对于政治国家的独立性；而这又是国家所不愿意看到的，因为科层制政府追求集权的强烈冲动，要求对任何职业群体及其组织予以有效控制，确保其权力的触角无所不在。因此，独立的营利组织对于科层制国家（尤其是针对现代化转型尚未完成，有着半传统色彩的中国）来说，既是一种有益的资源，也是一种风险和威胁。

正因为如此，营利组织与地方法制产生了特殊的关系：一方面，以有偿提供法律服务产品作为经营方式的营利组织，深刻地受到地方法制发展情况的影响。购买法律服务产品的都是社会中的权利主体，他们的诉求都源于基层的日常生活，所以相关的法律服务首先都要在地方层面开展。同时，营利组织的经营活动虽然可以在科层制国家的体制内运作，但又不可能获得后者全心全意的支持。这就使营利组织必须面向基层、面向地方。当然，一些大规模的营利组织也具有全国性的影响力，但这种影响力的基础仍然在于其在一个地方或多个地方的经营业绩，这是一种自下而上累积的力量，而与单一制国家自上而下的权力流动完全不同。也正因为如此，营利组织对于地方法制的发展非常敏感，这也与地方国家机关有着根本的不同——在现行体制下，发展法制对于地方国家机关来说，既意味着完成中央或上级的任务，也意味着自己的政绩，但这些都是对上负责的，并且或多或少都带有工具性的色彩；而对于营利组织来说，地方法制的发展状况直接关系到它们的经营环境甚至关系到它们的生死存亡，因此一个体系完备并且良好运作的法律体系是营利组织内在的要求。另一方面，营利组织通过有偿提供法律服务产品的经营活动，客观上为地方法制的发展提供了独特的推动力。律师等营利组织对于法治国家的推动力，这在学界早有讨论。① 而由于前述营利组织经营活动以地方为基础，因此这种推动力也首先作用于地方层面；更重要的是营利组织的经营活动产生了独有的利益整合方式，即营利组织整体的利益，作为社会利益体系中相对独立的部分，既可以整合各组织之间不同的具体利益，又以整合的结果参与社会各一般利益的互动与博弈，在此过程中消减具体利益与社会整体利益的直接冲突，也就是“运用法律并做法律容许的事情，纵然是为个别的利益，但实际上受益者却并不限于当事人”；② 同时，无论是整合具体利益还是参与社会整体利益的互动，都蕴涵着理性化、程序化的因素，这些因素也会影响外部社会环境，使社会整体也越来越呈现与这种理性化、程序化相协调之处——这种利益整合的方式，既源于自下而上的利益诉求，又以地方层面为主要活动范围；而

① 例如，孙笑侠教授很早就提出了“法律职业是法治的第三种推动力”的命题。参见孙笑侠、李学尧：《论法律职业共同体自治的条件》，载《法学》2004 年第 4 期，第 22～29 页。

② 贺卫方：《律师的政治参与》，载《中国律师》2001 年第 3 期，第 46～47 页。

在科层制的国家结构中，地方层面通常是比较容易发生改变的。因此，整合的结果当然首先直接影响到地方法制的发展；而这种对于地方法制的推动，核心是营利组织独有的利益整合方式，这是公益机构所不具备的。

当然，正如前述，不同类型的营利组织各自的具体发展过程是各不相同的。以下分别考察两种具有典型意义的营利组织：已充分社会化的律师组织，和社会化尚不彻底的公证组织。

第二节 律师组织

一、律师组织的形成

律师是一个具有悠久历史的职业，具有复杂的发展过程。因此，以下首先对律师职业的发展过程进行概要的梳理，然后对于作为一种社会力量的律师组织在我国的形成过程进行考察。

（一）律师职业的发展

一般认为，西方的律师制度起源于古罗马。随着手工业和商业等经济的繁荣，促进了公法与私法的分化，法律和命令变得日趋复杂，并与辩论式诉讼制度一起，大大推动了社会对精通法律的专门人才的需求，职业法律家作为新的社会分工角色出现，并随着法律制定的广泛与复杂化而发展起来。古罗马从共和国后期到帝国时期，存在着一些从事与法律相关职业的人。虽然这些人可以被统称为Giurista（英语作Jurist或Jurisconsult）；但是在具体内涵上，Giurista有狭义和广义两种用法：狭义的Giurista仅是指从事法律教育和咨询活动的法律顾问，也就是通常所说的“法学家”；广义的Giurista除了法学家之外，还包括在审判活动中为当事人进行辩护的法庭演说家，或称“辩护士（Avvocati）”。[①] 在古罗马，这些从事法律活动的人属于自由职业者，并可以向委托人收受报酬。

到了欧洲中世纪，随着领主司法权的广泛出现，封建领主对于其领地内司法事务拥有特权，“这时期的诉讼程序并不需要辩护律师，领主就是法官”。[②] 律师

---

① 金敏：《古罗马的法庭辩护士》，载《浙江社会科学》2006年第4期，第59页。

② ［法］马克·布洛赫，张绪山译：《封建社会》（上卷），商务印书馆2004年版，第197页。

职业因此进入了萧条期。直到17世纪以后，伴随着资产阶级民主革命的胜利和启蒙运动在思想文化上对专制思想风卷残云般的清理，平等、民主、自由的观念深入人心，大众的权利欲望得到释放，1679年英王查理二世签署了《人身保护法》肯定了被告获得辩护的权利，1791年美国《权利法案》规定刑事案件被告从犯罪时起，允许辩护人介入诉讼，1808年拿破仑《刑事诉讼法典》系统地规定了律师制度，亚洲国家日本在明治维新年后也于1876年规定了律师制度的基本内容。其后，西方国家的律师参与的活动领域越来越多，业务分工越来越细致深入，专业化特色日益明显，非诉讼事务的比重也逐渐扩大，律师对经济、社会、政治生活的介入更加普遍和深化，律师的影响力与贡献已远远超出了法庭之上的活动。

中国的律师制度系舶来品，但中国古代曾先后零星出现过“辩护士”、“讼师”等称号或职业，《周礼·秋官》中有“凡命夫命妇，不躬坐狱讼”的记载，涉及奴隶主贵族的出庭豁免权和允许代理的规定；春秋末期，有郑国人邓析聚众教授法律知识和诉讼技巧，“学讼者不可胜数”，其“操两可之说，设无穷之辩”的做法，在历史上留下了很大的争议和影响。从秦汉到魏晋，官方和学界都对法律较为重视，从而也使与法律有关的群体处于相对显赫的地位。但是后世对法律和法学逐渐轻视：唐宋的科举制度设六科，其中有明法科，但已经无法与时人所重的明经、进士两科相比；汉末设立的律博士一职在元代被废；明清注重八股取士，法学就更加无人关注了。学习法律的人“地位很低，政治上无出路，不可能做大官，因此不受鼓励，为人所轻视”。[①] 尽管到了清代，出现了学习法律的三类职业：书吏、讼师和刑名幕友，但是这三类职业都不是官方任命的，因而没有官方身份；同时也没有来自官方的工资收入。其中，书吏则只是粗通律例，主要从事文书事务，收入主要靠陋规和舞弊，社会地位较低；讼师“熟习条文，并善于舞文弄墨”，但总是“怂恿人打官司，以不正当的手段从中取利……是一种不正当的职业”；[②] 只有刑名幕友社会地位较高，但仍得不到体制的正式承认，社会影响也有限。

我国近代的律师制度始自清末修律，其直接起因是清政府的司法权为列强的“领事裁判权”所蚕食，统治者认识到：“夫国家者主权所在也，法权所在，即主权所在，……中国通商以来，即许各国领事自行审判，始不过以彼法治其民，继渐以彼法治华民，而吾之法权日削。……其所援为口实者，则以中国审判尚未合东西各国文明之制，故遂越俎而代谋。……法权既失，主权随之，言念及此，

① 瞿同祖：《瞿同祖法学论著集》，中国政法大学出版社1998年版，第412~413页。
② 瞿同祖：《瞿同祖法学论著集》，中国政法大学出版社1998年版，第413~414页。

可为心寒”。① 1906年《大清刑事民事诉讼法》专设“律师”一节，可谓中国律师制度的萌芽。辛亥革命后，北洋政府和南京国民政府时期分别颁布了《律师暂行章程》和《律师章程》，到20世纪30年代，南京上海等大城市的律师群体已逾千人，律师制度和律师职业群体初具规模。

新中国成立后，原国民政府律师制度被废除。1950年7月政务院发布的《人民法庭组织通则》第六条规定：“县（市）人民法庭及其分庭审判时，应保障被告人有辩护权及请人辩护的权利”，其后中央政府法制委员会在关于1951年颁布的《法院暂行组织条例》的说明中，强调公开审判要保障“当事人和他的合法辩护人在法庭上有充分的发言权和辩护权”，1953年上海率先设置“公设辩护人室”为刑事被告人提供辩护，1954年《宪法》确认“被告人有权获得辩护”，1955年北京、上海等城市开始试行律师制度，1956年国务院批准了司法部《关于建立律师工作的请示报告》，同时颁布了《律师收费暂行办法》，新中国的律师制度至此初步形成，在刑事辩护、民事代理等领域发挥了重要作用。但不久之后，从1957年“反右”运动开始直至“文革”结束，律师职业和律师制度基本被废除。“文革”结束后，律师职业才获得了逐步恢复和重建的机会。

（二）作为社会力量的律师组织

作为营利组织的律师行业，通过提供各种法律服务产品换取报酬，同时也以其理性化、规则化的经营方式影响着社会，从而使其形成一种制度化的社会力量。在世界许多国家，律师组织都在法律服务领域内外都拥有广泛的社会影响力。中国的律师业虽然时间较短，并且命运多舛，但一直以来始终作为一种社会力量，发挥独特的社会作用。

早在清末中国出现第一批律师的时候，在当时特定的历史环境下，这些律师在法律领域之外发挥着重要作用。在被迫与西方打交道的清政府看来，这些律师既是中国人，又熟悉西方的游戏规则，是“知己知彼”的天然途径，因此对他们寄予了更多政治上的期望。例如，作为第一个华人律师的伍廷芳，在英国取得律师资格不久即受到清政府的重视，李鸿章认为“此等熟谙西律之人，南北洋须酌用一二，遇有疑难案件，俾与洋人辩论”，“闻伍廷芳在香港作状师，岁可得万余金，若欲留之，亦必厚其薪水”。② 从律师自身的角度来看，中国早期的律师对政治也有浓厚的兴趣，这主要有两方面的原因：第一，法律本身就与政治

① 故宫博物院明清档案部编：《清末筹备立宪档案史料》（下册），中华书局1979年版，第821～824页。

② ［清］吴汝纶：《李文忠公全集（译署电稿）：第7卷》，文海出版社1962年版，第20～21页。

有密切联系，在经历巨大转型的过程中，西方法律本身（特别是西方法律中的核心价值，如自由、平等、人权等）对于当时的政治通常都有直接的影响，因此，以法律为业就自然而然地对政治产生更多的兴趣。第二，最早的一批律师许多具有留学背景，在国外对西方法政体制获得的直接认识和较为宽松的政治环境，也为法科留学生关心政治创造了条件。

民国时期，华人律师正式获得了执业的合法地位，其作为一种社会力量的影响就更加扩大了。早在民国初期，律师业的发展就令当局也意识到了这一点：律师在辛亥革命之后纷纷挂牌执业，甚至有公会组织的出现，其中最早的是1912年1月成立的上海律师公会，此外还有稍晚些成立的江苏律师总会、江宁律师会等。但是由于缺乏正式的制度，所以其专业性和稳定性都存在问题。时任内务部警务司长的孙润宇在1912年的《建议施行律师制度呈孙大总统文》中指出："……自光复后，苏沪各处，渐有律师公会组织出现，于都督府领凭注册，出庭辩护，人民称便，足为民国司法界放一线之光明。但因无法可据，往往依都督个人之意向，可以存废。固各处已设之律师机关，非但信用不昭，且复危如巢幕。若竟中止，则司法前途势必重坠九渊"。[①] 而孙中山也在稍早的《大总统令法制局审核呈复律师法草案文》中指出："查律师制度与司法独立相辅为用，夙为文明各国所通行。现各处纷纷设立律师公会，尤应亟定法律，俾资依据，合将原呈及草案发交该局，仰即审核呈复，以便咨送参议院议决。切切此令。"[②] 尽管由于后来政局的变化，令孙中山等人的意图无法彻底实现，但律师业仍然维持着一定程度的营业活动。

在法律服务之外，民国时期的律师还活跃于政治领域：具体包括：第一，推动当时法律制度的完善与发展。例如，当时的全国律师协会曾于1931年和1933年两次提出设立冤狱赔偿制度，1934年更组织了"冤狱赔偿运动委员会"，最终推动了冤狱赔偿法的制定。[③] 第二，对当时政府的暴政进行反抗。1923年，身为律师的施洋参与并领导了京汉铁路工人总罢工，并在刑场上视死如归，就是早期中国律师从事政治活动的典型代表。在发生于1936年的"七君子事件"中，因主张抗日而被政府逮捕的七人中就有三名律师（沈钧儒、史良和沙千里）；事件发生后，上海和苏州两地一大批著名律师更是组成了强大的律师团（辩护律师包括张志让、张耀曾、江一平、江庸、汪有龄等，均为当时声望卓著的大律师），最终使对"七君子"的有罪指控不能成立。律师的政治活动直到中华人民共和国成立前夕依然活跃。在1949年9月召开的中国人民政治协商会议第一届

---

① 转引自邱远猷、张希坡：《中华民国开国法制史》，首都师范大学出版社1997年版，第622页。

② 转引自张晋藩主编：《中国司法制度史》，人民法院出版社2004年版，第503页。

③ 张晋藩主编：《中国司法制度史》，人民法院出版社2004年版，第540～541页。

全体会议上，662 位出席代表中有 14 人具有执业律师资格和律师经历，成为律师活跃于政治的象征。

二、律师组织的现状

我国目前的律师组织，经历了一个从国家机关逐渐社会化的过程，而这一过程深刻地影响了作为一种社会力量的律师组织目前的许多状况。

1980 年 8 月 26 日，延宕了二十多年的《律师暂行条例》终于获得颁布实施。该条例第 1 条明确规定“律师是国家的法律工作者”，显示出当时国家对法律这一职业的界定：这种界定一方面固然包含有与律师通常被认为的“自由职业者”格格不入的某种国家中心主义；但是另一方面，考虑到此前律师所遭受的“丧失阶级立场”、“替坏人说话”等指责，这种界定其实也是一种“正名”，在某种程度上有利于律师职业在当时环境中的发展。此后，律师制度在法律法规和实践探索两个方面展开：1983 年，司法部召开律师工作体制改革座谈会。1984 年，一些法律顾问处改为律师事务所，并开始改变收入和支出由国家包办的体制。1986 年，中华全国律师协会成立；同年 8 月，第一次全国律师资格考试举行。1988 年，深圳出现了全国第一家个体律师事务所；保定成立了全国第一家合作制律师事务所；与此同时，司法部下发了《合作制律师事务所试点方案》。[①] 到 1989 年 10 月，全国已有律师事务所 3 500 余家，专职和兼职律师 31 000 余人。[②]

1993 年，在原有改革的基础上，司法部下发《关于深化律师工作改革的方案》，指出“律师是为社会服务的专业法律工作者”，这显然比前述《律师暂行条例》的提法有所改变；同时提出“不再使用生产资料所有制模式和行政管理模式界定律师机构的性质，大力发展经过主管机关资格认定，不占国家编制和经费的自律性律师事务所”；此外，司法部同年发布的《关于深化律师工作改革中应注意的几个问题的通知》中再次强调“律师事务所是一种自律性的法律业务机构”——这些都显示出律师职业社会化的转变。1996 年 5 月 15 日，《中华人民共和国律师法》获得通过，这标志着律师职业的制度建设上了一个新的台阶。此后，《中华人民共和国律师法》在 2001 年和 2007 年两次修订；其整体的改革方向是逐渐扩大律师的执业范围（如律师个人可以开办事务所）、加强职业保障（如规定律师在会见犯罪嫌疑人或被告人时“不被监听”、在法庭上有条件的发言免责权等），这些都有利于律师的执业，从而推动律师群体的扩大与发展。此

---

① 肖胜喜主编：《律师与公证制度教程》，中国政法大学出版社 2002 年版，第 17 页。

② 张晋藩主编：《中国司法制度史》，人民法院出版社 2004 年版，第 650 页。

外，2001 年修订的《中华人民共和国律师法》将律师资格纳入全国统一司法考试的范围，也有力地促进了律师和法官、检察官等不同种类法律人的整合。

到 2006 年，我国执业律师已经达 11.8 万多人，其中专职律师 103 389 人，兼职律师 6 841 人，公职律师 1 817 人，公司律师 733 人，军队律师 1 750 人，法律援助律师 4 768 人。另外，还有律师辅助人员 3 万多人。具有本科以上学历的律师已占律师总数的 64.6%，研究生以上学历的律师已经超过 1 万人。同时，律师执业组织形式逐步完善，全国共有律师事务所 11 691 个，其中合伙律师事务所 8 024 个，合作律师事务所 1 746 个，国家出资设立的律师事务所 1 742 个。全国律师每年办理诉讼案件 150 多万件，每年办理非诉法律事务 80 多万件。每年律师开展义务法律咨询 260 多万件，办理法律援助案件 10.3 万多件。① 同时，相关数字还在逐年上升。例如，2010 年我国律师共办理诉讼代理、辩护案件 200 多万件，非诉讼法律事务近 100 万件，办理法律援助案件 63 万多件，② 为各种权利诉求提供了有力的社会支持。

除了通过法律服务为社会提供权利保障的支持外，律师还通过各种方式推动社会的法治进步和公民的权利保障。除了担任各级人大代表和政协委员之外，律师还在各个领域积极发挥社会作用，其中具有典型意义的方式包括：（1）积极参与立法。2003 年，重庆市人大法制委员会委托重庆索通律师事务所起草《重庆市物业管理条例（草案）》，并经重庆市人大讨论最后通过。③ 此后，天津市、山东省、郑州市也都委托律师起草规范性法律文件。在河南省，两名律师花了四年时间起草了一部关于公益诉讼的立法草案，自 2006 年起就试图联系全国人大代表将该草案送交全国人大。④ 2011 年《刑事诉讼法》修订，其中涉及许多争议性问题，也引起了全国各地律师的积极讨论和参与。（2）担任政府法律顾问。早在 1989 年，司法部就颁布了《关于律师担任政府法律顾问的若干规定》；不过律师作为政府法律顾问的大量出现，是在 2004 年《全面推进依法行政实施纲要》颁布之后，是以国家大力推进依法行政、社会要求各级政府依法办事的情况为背景的。目前，已有多个地方政府延请律师担任政府法律顾问，通过多种形式使律师的专业技能为推进依法行政服务。例如，2011 年湖南省成立法律顾问团，38 名成员中有美国、英国、法国等国外律师 4 人，中国香港执业律师 1 人，

① 于呐洋、王宇：《我国执业律师达 11.8 万人》，载《法制日报》2006 年 6 月 13 日。

② 赵大程：《深入推进律师工作改革发展建设，努力为经济社会发展创造三个良好环境》，在七届中华全国律师协会第三次理事会上的讲话，2010 年 12 月 27 日。

③ 秦力文：《重庆市人大常委会委托市律协承担立法课题研究》，载《法制日报》2007 年 5 月 16 日。

④ 张锡磊：《2 名市民 4 年写出公益诉讼法希望提交全国人大》，载《郑州晚报》2006 年 7 月 12 日。

北京、上海、广东等外省市执业律师6人，省内执业律师17人。[①]

总之，作为营利组织的律师，一方面通过有偿的法律服务为各种具体的权利诉求提供解决方案；另一方面以其自身的专业力量进行社会活动，推动权利保障的制度化。这两方面的活动，使律师成为当前保障权利的一种专门的制度化社会力量。

三、律师组织的发展趋向

我国律师组织作为一种制度化的社会力量，其社会功能的充分实现有赖于一定的社会条件。其中，有两个突出的社会因素对于律师组织发挥力量影响甚大：一是律师与客户的信赖关系，二是律师与国家机关的关系。

（一）律师与客户的信赖关系

律师以提供法律服务产品为生，因此其客户群体的信赖关系直接影响到律师的经营。而由于律师客户群体的广泛性，这种信赖关系还会扩大到律师组织与社会的关系，直接影响律师组织社会力量的发挥。

应当承认的是，当前我国律师与客户之间的信赖关系并不理想，这是由多方面原因造成的：首先，在我国目前实际存在的社会治理机制中，道德、宗族伦理文化、传统情理观念和习惯等仍然有重要影响，而这些秩序工具与法治文化的差异，使律师的角色极不稳定；其次，律师对正式规则和非正式规则两套知识的娴熟掌握，使律师确有机会不当地利用自己的优势地位，成为“权力掮客”；最后，律师承受着来自客户的强烈追求实用法律效果，甚至不惜规避法律的强大压力，加之诉讼的烦琐、巨大成本耗费、难以稳定预期的司法结果等因素，强化了社会（客户）对律师的不信任。当客户的愿望与律师提供服务的最终结果发生偏差时（这并不罕见），律师的形象便坍塌了，轻则能力受到质疑（通常不仅质疑律师个人的能力，还质疑律师作为一个职业整体的功能），重则受到道德上的谴责与强烈批评——这种不信赖关系，使律师组织作为一种制度化的社会力量，其能力的发挥受到严重影响，甚至形成了不信赖律师的社会文化，由此进一步阻碍了法治文化的建立。

值得注意的是，这种状况也与市场机制的运作情况有关：在一个理性化的市场经济法律制度占据重要地位的社会里，律师职业最主要的客户群体是商人，律师大量地涉足商事交易领域，为经济的市场化法律化运作提供安全与效率背书，促进了经济的发展与进一步的分工与交易的繁荣；反过来，经济交往产生的巨大

---

① 曹晓波：《湖南成立38人法律顾问团为政府当参谋》，载《法制周报》2011年9月20日。

利润也为律师的经济地位提供了稳定的支撑。在中国，从高度集中的指令性计划经济到市场、计划的双轨制，再到今天的形态，可以说有了长足的进步，但是理性化法制化的程度仍有待提升，以至于经济交易领域对律师（法律）服务的需要仍不足以支撑起一个数量并不庞大的律师阶层。

但是应当看到，律师、文化与市场之间的关系是交互影响，互为因果。以律师职业的团结奋斗是法治文化生长巩固的原因，法治文化的昌盛又为生产的进一步解放创造条件，市场安全与效率、平等的提高又与经济繁荣、生产进步一起，为各种权利主体，尤其是“草根”阶层的权利实现创造了基础——在制度设计上，请律师也是需要付费的，律师专业性与业务能力的提高与经济条件的保障也是分不开的，于是市场交易的繁荣又成了律师业贡献更大作用的制约性条件。同理，律师执业环境的优化与律师职业功能的发挥，需要一个文明的、理性的、普遍的法治文化，而法治国家的建设与人民群众普遍“依法办事”的习性形成，又必须由包括律师在内的各种社会力量的经营，这些都需要律师一步一个脚印地为之奋斗，切实地贡献出自己的力量。

（二）律师与国家机关的关系

如果说，律师与客户的信赖关系是市民社会内部关系的体现，那么律师与国家机关的关系同样影响律师了作为社会力量发挥作用。

在律师与国家机关尤其是工作交往最密切的司法机关的关系上，普遍被接受的观点是：国家对律师执业权利的落实不够、保障性措施不到位，导致许多《中华人民共和国律师法》等法律文件中明确规定的执业权利普遍地难以实现；这其中，律师反映最为激烈和集中的是刑事诉讼中辩护人权利保障不足，以及各种诉讼程序中为查清事实需高度依赖的调查取证权的虚弱。

以上海的情形为例，作为全国市场经济组织最为活跃、现代化程度最高的地区，其律师执业权利的保障和实现的水平在全国居于前列，但仍然有相当比例的律师认为他们参与刑事诉讼的执业权益的被侵犯或虚置。结合 2008 年 6 月新修订的《中华人民共和国律师法》开始实施的背景，上海市律师协会委托华东政法大学律师事务研究所对刑事诉讼中律师的参与程度、法定权利被限制的情况进行了书面问卷调查和实地、座谈会调研，获取的相关情况的数据如下：

第一，律师在刑事诉讼案件中，依照法律规定应享有的会见犯罪嫌疑人、被告人的权利行使有障碍，在全部 645 名受访者（上海本地的执业律师）中，有 44.34% 的律师认为律师会见权行使受阻情况“比较严重”，25.89% 的律师认为其会见权“严重受阻”，以至达到“几乎无法实施的地步”，这在“侦查阶段表现得尤为明显”。

第二，律师阅卷权无保障。在审查起诉阶段，一半左右的律师认为阅卷权实现的情况一般或没有保障，在案件审判阶段基本满意的比例有所提高，达到75%左右，显示出人民法院对阅卷权行使设置的障碍较少。另外，阅卷过程中存在着对查阅和允许复制的范围理解不一致、复印收费过高、允许查阅的材料不全面等问题，且在阅卷权利受阻时没有救济途径。

第三，律师调查取证的权利没有相应的实施制度作为支撑。64.5%的律师认为《刑法》第306条的规定对律师调查取证行为构成了心理压力，担心人身风险直接导致律师畏惧和放弃取证。在律师调查取证的过程中，有关个人或组织对调查不予配合、拒绝提供证据材料的比例高，一般遇到此种情况的律师占受访总数的74.26%。在新律师法中，对于律师的调查取证权，仅规定被调查者“可以”配合，而不是义务性地提供协助。同时，申请人民检察院、人民法院调取证据存在难有回应的问题，即使获得准许，也不一定能有效实现。

律师执业权利尤其是辩护权益得不到保障，其原因是复杂和多方面的：如辩护律师与侦查、公诉机关职责目标上的对抗与对立，抽象的法定权利缺少细化可操作的实施细则，公职人员在其所属机构内部受到的约束如岗位职责的约束较小，各类国家机构长期存在的官僚主义作风，律师执业权利被妨害后救济渠道不存在或者不通畅等。这些原因综合起来，其影响远远不只限于对律师刑事辩护权的影响，而是影响到了律师作为社会组织的整体上的力量发挥。

需要注意的是，在我国国家权力极度膨胀、公民社会单薄的现实语境中，以单个律师通过个案抗争的方式来争取自身权利的落实可能效果有限，且极可能背上相当的人身风险以及牺牲事业发展机会；即便抛开国家公权力不谈，即使是通过市场化竞争的方式，律师或公民、组织个体所能拥有的资源于国家垄断占有的各种资源相比，也是“九牛一毛”。因此，面对这一状况，除了推动国家公权力机关本身的法制化运作之外，在律师组织自身的角度，充分发挥行业内部的组织联合体与政治国家之间的沟通、协商作用，不失为一条相对可行的途径，也是律师组织作为制度化的社会力量在今后进一步发展的必要趋向。

第三节　公证组织

一、公证组织的形成

和律师类似，公证也是一个具有悠久历史和复杂发展过程的职业，并且目前在世界上还存在不同的职业模式。因此，以下首先对公证职业的发展进行概要的梳理，然后对于作为一种社会力量的公证组织进行考察。

（一）公证职业的发展

公证职业最早可以追溯到古埃及、古希腊等地的抄写员（Scribe）。当今各国公证人称法各异——法国的“notaire”，意大利的“notario”，荷兰的“notaris”，德国的“notar”，英美的“notariat”、“notary”、“notary public”都源于拉丁文中“nota”的词根，意为“记号”；它的演化体“notae”意指简体、速写体，在罗马法与欧洲古法中，指皇帝的书记人员记录皇帝口授内容时使用的简化文字或符号。在古罗马，有专门的官员负责记录法院诉讼、议会记录，誊写国家公文，处理民间事务，这些官员的助理就担任了抄录之事。古罗马后期速记术发明后，这类人有了专门的名称叫“notarius”，也就是当代包括拉丁公证人和以美国为代表的非拉丁体系公证人的祖先。但 notarius 还不是拥有崇高威信的公共官员，而仅仅是具有一定个人威信、提供服务的速记员，由自由人或奴隶担任。[①]后来，低级的罗马速记者不再叫 notarius，这个名称固定给了更高贵的职位，包括各省法院中的书记员、典籍掌管员、国王的大臣、司法部门的最高长官，他们主要负责法院记录，帮助法院裁判并处理法院的非诉案件。比起 notarius，现代拉丁公证人更像之后出现的另一种职业——tabellio。Tabellio 是一种专门代写法律文书的自由职业者，他们是随着商品经济的繁荣和发展，应广大罗马平民的需要而出现的。他们是一种具有私人性质的罗马公共职员，在罗马公共集会场所或市场设立摊点为当事人代拟契约等文书并在上面签字作证，向公众提供专业意见和帮助，同时，他们也准备契约文件、遗嘱文件或财产转让书，在提供服务后可以依照国家的规定向当事人索取相应的酬金。[②] 这种代书人制度就是“现代拉丁公证制度的始祖”。[③] 虽然 tabellio 和现代意义上的公证人已有不少相似之处，它们已经成为一种私人职业，遵循制作文件的严格规范，并在国家密切地管理和监督下保持着对工作的诚实，但它们还没有形成一个职业：它们没有在法律职业的体系中维护共同的理想，守护共同的利益。后来 notarius 和 tabellio 这两种职业出现了合流，两种不同称谓指代的是同一种职业，这种职业以 notarius 闻名。

公证人真正成为一种独立的法律职业是在中世纪，“仅仅是复归到罗马传统的 tabellio 模式下，同时，日耳曼法将有限的公证职能与司法的公共信用混合，

---

① Noel Cox, The Notary Public—the Third Arm of the Legal Profession, *New Zealand Business Law Quarterly* 6 (2000).

② 叶青、黄群主编：《中国公证制度研究》，上海社会科学院出版社 2004 年版，第 15 页。

③ 江晓亮主编：《公证操作实务全书》，法律出版社 1999 年版，第 19 页。

从而填补了罗马官员与现在的公证人仅有的一点区别”。[①] 但这是一个渐进的过程：在10世纪到12世纪，公证人回到罗马法的路径上，作为一个私人法律职业而不是司法官员。因为日耳曼人的力量，公证人基本权力的发展到达了顶峰：他们不是作为一个司法官员而是作为得到国家授权的私人职业保留着鉴别证明的权力。13世纪，西欧出现了罗马法复兴和大量的法典编撰，其中很多地方也出台了公证法。公证人出具的文件获得了增长的威望，“因为只有这样才能解释我们所发现的13世纪公证人代表公共权威来鉴别证明文件并且他的参与给予了文件权威性”。[②]

现代公证的决定性发展发生在1228年，意大利波伦亚大学出版了《公证大全》，成为现代公证的开端。[③] 此后公证人在社会生活和法律职业中起到越来越突出的作用。1803年法国率先颁布了《公证人法》，1804年的《拿破仑法典》也对公证制度作出了相应规定。法国的公证法典化开启了现代公证制度的新纪元。接着，比利时、意大利、土耳其和日本等国家也陆续仿行法国的公证制度，以法国为代表的公证制度在世界上产生了巨大的影响。

目前，公证职业有两种模式：一种是以法国为代表的拉丁公证国家的公证人；另一种是以美国为代表的非拉丁国家的公证人，两者在法律职业及社会生活中的地位和作用极其不同。

拉丁公证制度的基本原则是：公证人是一种特殊的法律职业，他们被特别授权，使当事人的行为及合同获得法律上的认可；以法定形式起草并使之成为有效证据；向那些寻求其职业帮助的人提供法律咨询；公证人在公证人事务所内独立行使职权。公证人在拉丁公证国家占据非常重要的作用，社会地位显赫，以至于国际拉丁联盟的会徽上有一句话：“公证——我们写的就是法律”。1948年10月，法国和其他采取该种公证制度的国家一起组建了国际拉丁公证联盟；中国公证员协会于在2003年正式加入了国际拉丁公证联盟。

以美国为代表的非拉丁公证国家，公证人所起的作用就小得多。从准入门槛上看，除了少数参照拉丁式公证制度的州，美国各州依照彻底的自由市场经济原则，政府对公证事务实行自由主义和不干预政策；基本上任何经历清白、品德良

---

① Pedro A. Malavet, Counsel for the Situation: The Latin Notary, A Historical and Comparative Model, 19 *Hastings Int'l & Comp. L. Rev.* 389, 392 (1996).

② Enrique Gimenez-Arnau, Derecho Notarial Espanol 75 (1964). See Pedro A. Malavet, Counsel for the Situation: The Latin Notary, A Historical and Comparative Model, 19 *Hastings Int'l & Comp. L. Rev.* 389, 392 (1996).

③ Eduardo Bautista Ponde, Origen e Historia del Notariado 152 (1967). See Pedro A. Malavet, Counsel for the Situation: The Latin Notary, A Historical and Comparative Model, 19 *Hastings Int'l & Comp. L. Rev.* 389, 392 (1996).

好、拥有正常判断能力的成年申请人都可在本州被授予公证人职务。其他方面的差异也很大，如公证收费十分低廉，作为个体私人营业者的公证职务基本上都只是兼职。但最重要的是：美国的公证证明仅意味着当事人亲自出现在一个公证人面前，在某文书上作出的签名、盖章，该签章被经公证人确认是由此当事人作出的。除此之外，公证人对该法律文书本身内容上的真实性、合法性不予负责，公证文书的证明效力也不大于未公证的文件。①

显然，拉丁式公证职业更有可能成为一种制度化的社会力量；因此，本书所讨论的公证职业和公证组织，如无特别说明，均是指拉丁式公证。

（二）作为社会力量的公证组织

公证人和律师一样都保护当事人的合法权利，只是与律师在事后对当事人提供法律服务不同，公证人是在纠纷发生之前依据当事人的申请进行公证，通过预防性的证明活动对客观事实负责，证明实际权益的存在，从而维护权利，降低利益纠纷的可能性。所以欧洲有句谚语：公证人一多，法院就得关门。② 与律师类似，公证人也是通过其专业技能，为当事人提供服务，并以此换取服务报酬以维持组织的运作。尽管许多国家都强调公证职业的“非营利性”，但是从前述公证的营业模式来说，其与公益机构存在根本的区别，而更接近于本章第一节所分析的营利组织的特征；即使公证职业普遍存在的对于特定申请人减免公证费用的做法，也类似于律师对于特定当事人的法律援助。因此，作为制度化社会力量的公证组织，也存在与律师组织相似之处。

公证组织发挥社会作用的首要基础在于公证人的证明职责。在公证书做成之前，公证人必须概览所要证明的法律行为、事实或文书，根据其专业素养，对当事人所提供资料的真实性和合法性进行综合考察和审核。在审核的过程中，必须严格遵循法律的实体和程序规定。虽然这个过程未必像法官或律师那样遇到许多法律推论和解释的技能，但公证的时间有限而社会需要灵活、具体问题常有超越法律条文规定的情况出现，而且原则上公证人不能随意拒绝当事人的公证要求，所以公证人也必须具备专业的法律推理和解释技能。

在证明职责之外，公证人还广泛地承担咨询、参与谈判等诸多职能。在法国，公证人的服务对象非常广泛，分享着法律市场上的很大部分，包括相当可观的法律咨询工作；大量有关不动产交易、家庭继承和所有权的法律事务是由公证

① 吴翠丹：《私权自治——美国公证制度的显著特征》，载《中国公证》2005 年第 8 期，第 48 ~ 51 页。

② 司法部律师公证指导司：《中外公证法律制度资料汇编》，法律出版社 2003 年版，第 606 页。

人承担的，公证人也参与不动产买卖的谈判，甚至充当房地产经纪人。在西班牙，强制性的法律教育，精湛的法律专业技能使公证人在提供证明之外还可以作为一个被信任的建议者和咨询者为当事人服务。在德国，公证业务也十分广泛，几乎涉及民商法领域的各个方面，尤其是在不动产、公司、继承和家庭这几个传统业务领域，真正做到了全方位、深层次的参与，例如，在不动产领域，公证人在证明之外，还可以参与协商、制订规则、负责策划、参与销售和不动产的管理。在这些领域，公证人的角色类似于从事非讼事务的律师。此外的其他事务，诸如提存等业务，也有公证人活跃的身影。

正是由于公证人在社会生活多个领域的活跃，使公证组织通过多种方式对各种权利主体的诉求进行维护，成为保障权利的一种不可取代的制度化社会力量。

二、公证组织的现状

我国有悠久的"私证"历史，但现代公证制度则是移植国外制度的产物。1935年7月，中华民国司法院颁布了《公证暂行规则》，这是我国历史上第一部公证法规，但并未获得实施。1943年3月，国民政府颁布了《公证法》，但由于当时的社会环境，公证组织的社会作用仍然非常有限。

新中国成立后，我国第一个涉及公证的规范性法律文件是1951年颁布的《人民法院暂行组织条例》，规定法院管辖"公证及其他法令所定非讼事件"。值得注意的是，当时设立公证制度的一个重要考虑是在当时特定历史环境下对国家财产的保护。当时的《人民日报》曾经发表文章，指出"政府机关特别是企业、贸易部门与军队后勤机关在和私营企业与私商进行交易、订立合同时，应该采取严肃的态度，克服麻痹思想与官僚主义的作风。应该经过一定的司法程序，使公私交易得到法律的保证，杜绝私商投机取巧的可能"；并且特别提到"南昌市人民法院的公证工作，在这一点上起了相当的作用，防止了国家财产的损失，保证了公私合同的执行"。[①] 随着局势的变化，1959年起司法行政机构被撤销，公证处也只保留了涉外公证的业务。

1980年司法部颁布了《关于逐步恢复国内公证业务的通知》，其中提到"最近，一些公证处反映，不少人民群众来信、来访，迫切要求恢复国内的公证业务"，因此逐步恢复国内公证业务。1982年国务院正式颁布《公证暂行条例》，其中规定："公证处是国家公证机关"；公证处的"主任、副主任、公证员、助理公证员分别由直辖市、县、市人民政府依照干部管理的有关规定任免"。换言

① 《建立公证工作保护国家财产》，载《人民日报》1951年4月19日。

之，公证处是国家机关，公证员则是国家机关工作人员。

1993 年召开的党的十四届三中全会将公证处定性为“市场中介组织”，启动了公证体制社会化的改革。2000 年国务院批准《司法部关于深化公证工作改革的方案》，其中明确提出“改制的公证处应成为执行国家公证职能、自主开展业务、独立承担责任、按市场规律和自律机制运行的公益性、非营利的事业法人”；“公证处要按照国家规定，建立法人财产制度”；“公证赔偿实行有限责任，以公证处的资产为限”。2006 年 3 月 1 日《公证法》正式实施，进一步明确了公证组织的社会组织属性。

截至 2010 年，全国公证机构数量已达 3 007 家，比 1980 年增长 5 倍；公证从业人员有 2 万余人，比 1980 年增长 15 倍；年办证量 1 000 余万件，比 1980 年增长 110 多倍。[①] 公证人员在广泛的业务领域通过专业的法律服务，为各种权利诉求提供支持。

但是由于相关的制度仍不完善、公证职业内部也存在模糊地带，因此公证组织的公信力和社会地位仍然受到一些质疑。例如，在 2004 年的“宝马彩票案”中，[②] 公证人员在进行彩票开奖公证的过程中，在重要的公证程序环节上不正确履行职责，致使公证程序不合法，公证结果不真实，导致大奖被他人骗取，不仅自身构成了犯罪，也造成了社会上对于公证业的信任危机；甚至有公证员自己也感觉到“身份地位到业务内容，都处于尴尬的灰色当中”。[③] 事实上，这种“尴尬的灰色”不仅存在于公证员，而且也存在于整个公证组织。而公证组织只有进一步发展为类似于律师事务所这样的营利组织，才能真正发挥制度化的社会力量，其自身的定位和前景也能得到清晰的界定。

三、公证组织的发展趋向

与律师组织不同，公证组织在我国的社会化程度还非常不足，“制度化的社

---

① 王亦君：《中国公证发展方兴未艾——专访中国公证协会会长段正坤》，载《中国青年报》2010 年 8 月 31 日。

② 2003 年 3 月 23 日，西安市 6 000 万元即开型体育彩票销售现场，青年刘亮抽得特等奖。次日，西安市体育彩票管理中心以刘亮所持是假彩票为由表示暂缓兑奖。事件曝光后，省、市公安、纪检监察部门介入调查。经查证，彩票发行承包人杨永明等人诬陷刘亮持有假彩票，并且串通他人制作假彩票、冒领大奖。西安新城区公证处原公证员董萍及其助理对体彩中心提交的存在漏洞的抽奖规则没有认真审核并提出修改意见；对抽奖奖袋密封保管不规范，致使抽奖袋在抽奖前脱离公证员的监控；没有严格审查参加抽取特等奖人员的主体资格，没有认真审查中奖登记表，导致部分中奖奖票被杨永明和其雇员抽走，最终导致大奖被他人骗取。原公证员董萍因涉嫌玩忽职守吊销公证员资格，被判处有期徒刑两年，缓期两年。

③ 文晔：《公证人之惑》，载《新闻周刊》2004 年 6 月 28 日。

会力量”因而也非常有限。公证组织的发展趋向，取决于其能否在制度上确保社会化的发展方向。其中至关重要的仍然在社会和国家两个方面，具体而言：一是实现充分的行业自治；二是理顺与国家公权力的关系。

（一）行业自治

按照《公证法》规定，公证协会是公证人自我管理的团体，协会分两级：中国公证协会和省、自治区、直辖市的地方公证协会。公证协会是公证业的自律性组织，依据章程开展活动，对公证机构、公证人的执业活动进行监督。但是目前在公证自治团体中，公证协会的组成人员的构成及选举方式并不能充分体现公证人的自治：中国公证员协会的全国会员代表、理事、会长、副会长都由等额选举产生，其他职务选举的竞争性也很小。同时，公证协会也不能实施完善的自我管理和监督职能。公证协会的职责主要包括制定行业规范，维护公证员的合法权益，对会员进行职业道德和执业纪律教育、培训和惩戒等，但是这些职能并没有都落于实处，协会对公证人的工作组织，业务交流和培训，职业监督和惩罚制度也尚不健全。公证协会与其说是公证人的自治组织，不如说是行政主管部门的派出机构。

在这种情况下，要实现充分的行业自治，首先要提高公证协会中公证人的代表能力，形成有效的意思表达机制，特别是要提高协会中领导层（理事、常务理事、秘书长、会长等）中执业公证人的比例，使执业公证人在公证协会中拥有充分的话语权。要做到这一点，一方面，要真正做到公证协会与行政机关脱钩，实行人、财、物的分离。另一方面，要改革当前公证协会的选举办法，引进充分的竞争机制，使那些来自一线部门的人才更有机会成为公证协会的领导人，为公证人争取利益。同时，在协会的行业管理与司法行政机关的行政管理相结合的“两结合”管理体制之下，行业协会在配合行政机关管理的同时，还需要注重维护本协会成员的共同利益和本协会的自治运作；并且要注重行业规范、从业人员行为准则的制定，从而在规范的设计和运行上掌握话语权。

在此基础上，扩大公证协会的权力范围，尤其是对公证机构的指导权、监督权和惩戒权。在尊重公证机构独立执业的前提下，公证协会要加强对新业务的把关和培训，加强对公证机构及公证人执业行为的规范。建立有效的监督机制，及时制止公证人可能影响公证行业社会声誉的行为。同时，建立一套包含申饬、警告、罚款、暂停执业和剥夺资格的惩戒体系，以维护公证行业的健康发展。

（二）与国家公权力的关系

与律师组织相对彻底的社会化不同，公证组织在许多方面仍然与国家公权力纠缠不清，以至于影响了公证组织作为一种社会力量的发挥。这种情况主要体现在以下两个方面：

一方面，我国公证人仍然存在与国家公权力有关的三种不同身份，即公务员编制、事业编制和合伙制的公证人。这一状况与我国经济社会发展极度不平衡有关。行政编制的公证人一般都处在经济不发达地区，经济发展落后，在民商事交往中很少有迫切的使用公证证明的需要；在证源非常少的情况下，为了维持公证工作的正常运转，国家采取了对公证人的待遇加以包揽的做法。但是，这种做法使公证组织始终无法彻底形成一种社会化的力量以满足社会的需求，并且这种身份的区隔也使公证人无法团结一致维护自身的集团利益。

另一方面，我国公证组织的经营领域还受到国家公权力的侵蚀。不同于西方国家公证权源渊源的多样性，我国公证人的证明缺乏对神圣的宗教权力和独立的司法权的依靠，其证明领域的来源仅限于国家公权力的让度。虽然现行《公证法》颁布后，证明权来自法律的授予并且权力来源存在向社会发展的趋势，但是在行政权一头独大、市民社会有待培育的现实情况下，公证人的证明权仍然很容易受到行政权的侵蚀。同时，经公证的可以强制执行的债权文书实际上还是要通过法院的强制执行，然而法院本身就存在“执行难”的问题，并且法院对自身权力被人分享也心存戒备，这就令经公证的债权文书很难得以执行。所以较之公权力的证明，公证证明存在诸多劣势。行政机关若与公证组织争利，公证组织很难与公权力相抗衡。因此，能否促使公权力退出本不该干预的证明领域，攸关公证组织今后的发展趋向。

第十五章

自治组织

"来自于个人的志愿联合或者社会自治组织的'自下而上'的力量，参与、影响地方法制建设实质上也是直接以基层社会的力量在推动我们社会制度的变革。"

本章所考察的自治组织是指社会成员为维护自身利益或社会公共利益而自发组建的，非由政府领导和控制的非营利性群众组织。来自于社会自治组织的"自下而上"的力量，参与、影响地方法制建设实质上也是直接以基层社会的力量在推动我们社会制度的变革。目前我国的各类社会自治组织获得了极大的发展，这些组织通过参与政治活动、向决策部门反映问题、通过各种渠道直接表达意见等方式参与和影响公共决策。但是总体而论，我国社会的自治组织目前还处于初级发展阶段，组织设立和发展的原动力不足，组织影响的社会认知度低、公信度差，内部治理模式有待完善；我国现行关于社会自治组织法律规制也存在着立法不统一、多头监管、体系混乱、法律规范粗糙等一系列问题。我国社会自治组织要在社会治理中发挥其应有功能，完善自身组织建设，实现公民自我管理、自我服务、自我发展的基本功能，必须要在自治组织的法律规制方面进行一系列的改进。

第一节　国家法制化进程中的自治组织

一、自治组织的概念

自治组织是一个较难准确定义的概念。与自治组织类似的有非营利组织（NPO）、非政府组织（NGO）、公民社会组织（CSO）、草根组织（GRO）、志愿者组织（VO）、人民组织（PO）① 以及第三部门（Third Sector）等概念。国际范围内关于类似组织的称谓虽然不一，但其话语背景却大致相同：在国家制度下关注介于政府和基层社会之间的各种有组织的社会治理力量。组织性是其最基本的前提。美国莱斯特·萨拉蒙（Lester Salamon）教授所提出的关于该类组织的五个特征（组织性、非政府性、非营利性、自治性和志愿性）成为较流行的辨识类似组织的基本属性。日本学者重富真鉴于不同国家和地区的差异，结合亚洲国家的具体情况，将萨拉蒙的非营利组织的特征修正为：（1）非政府性；（2）非营利性；（3）自发性；（4）持续性；（5）利他性；（6）慈善性。其关于非营利组织的定义旨在强调，发展中国家的该类组织存在和发展的背景是从经济和社会上救助弱势群体，利他性、慈善性因此应当成为类似组织的重要标志，② 以区别那些主要以相互扶助为目的的社区非营利组织。

1998 年前，我国官方把类似的组织含混地称之为“社会团体”。1998 年后，随着国务院将设于民政部的原社会团体管理局改为民间组织管理局，“民间组织”从此成为中国官方对此类性质的组织的正式称谓。另外，我国学界和官方还常常将类似组织称之为“社会中介组织”③、“民办非企业单位”等。

社会团体之称始于 1950 年政务院《社会团体登记暂行办法》的颁布。1989 年国务院颁布的《社会团体登记管理条例》第二条列举的社会团体包括：“协

① 中国（海南）改革发展研究院编：《政府转型——中国改革下一步》，中国经济出版社 2005 年版，第 187 页。

② 王名、贾西津：《中国非营利组织：定义、发展与政策建议》，范丽珠主编：《全球化下的社会变迁与非政府组织》，上海人民出版社 2003 年版，第 263 页。

③ 如江泽民在中共十五大报告中提出“培育和发展社会中介组织”，并将之与“基层群众自治组织”相提并论；温家宝在《2005 年政府工作报告》中也将“中介机构”与“社会团体、行业协会、商会”等相并列。参见 1997 年 9 月 12 日《中国共产党第十五次全国代表大会上的报告》；温家宝 2005 年 3 月 5 日《2005 年政府工作报告》。

会、学会、联合会、研究会、基金会、联谊会、促进会、商会。”在向市场经济的改革中，随着民办社会组织的不断增多，中共中央办公厅、国务院办公厅于1996年8月26日发出《关于加强社会团体和民办非企业单位管理工作的通知》，开始将“民办非企业单位”与“社会团体”相提并论。1998年10月25日国务院发布的《民办非企业单位登记管理暂行条例》规定：“民办非企业单位，是指企业事业单位、社会团体和其他社会力量以及公民个人利用非国有资产举办的，从事非营利性社会服务活动的社会组织。”当年同日修订发布的《社会团体登记管理条例》第二条规定：“社会团体，是指中国公民自愿组成，为实现会员共同意愿，按照其章程开展活动的非营利性社会组织。国家机关以外的组织可以作为单位会员加入社会团体。”至此，我国官方就以“民间组织”、“社会团体”、“民办非企业单位”和“社会中介组织”四个名称或统或分或混的指谓那些类似于国际社会所谓的非营利组织或者非政府组织。

前述所有组织在广泛意义上都属于自治组织无疑。但在中国的现实语境下，自治组织并不等于上述所有组织的简单相加。在自治的多种形式中，村民自治、社区自治、民族自治、地方自治的组织架构及其运作模式都是非典型性的，难以进行标准化定义。因而，任何关于自治组织的定义都很难准确界定这类组织的本质属性。如有学者认为：“社会自治组织为一特定概念，指政府外的承担一定公共管理职能的组织。”① 还有学者将自治组织定义为：“一定范围的社会成员自主自愿组成，实行自治自律，为维护和发展共同事业、共同利益和社会公共利益，对其成员提供一定的公共管理和公共服务，不以盈利、政治及宗教为目的的社会组织。”② 这些关于自治组织的定义显然难以概括当代中国社会活跃的各种各样的社会自治组织。

从国家与社会二元化的角度看，所有由特定人群志愿组织的、非政府的、不依靠政府财政拨款支持的非营利性社会组织都可以称之为社会自治组织。自治或曰社会自治，是相对于国家或者地方政府的治理而言的。“自治意味着不像他治那样，由外人制定团体的章程，而是由团体的成员按其本质制定章程（而且不管它是如何进行的）。自治意味着，领导人和团体的行政班子是依照团体的制度任命的，而不像不自主的团体那样由外人任命（不管任命是如何进行的）。”③

藉此，本章亦不试图对自治组织进行简单定义，只认为该类组织是社会成员为维护自身利益或社会公共利益而自发组建的，非由政府领导和控制的非营利性

① 赵明：《社会自治组织的发展与经济法的保障》，载《社会科学研究》2005年第6期，第88～90页。

② 刘杰：《社会自治组织概念探析》，载《太平洋学报》2006年第8期，第54～65页。

③ ［德］马克斯·韦伯，林荣远译：《经济与社会》（上卷），商务印书馆1997年版，第78页。

群众组织。对该类组织的辨识应当从志愿性、非营利性、非政府性、自治性、组织性、合法性等特性去把握。

二、自治组织的类型与特征

（一）自治组织的常见类型

目前对我国的自治组织进行系统分类是比较困难的。原因之一是现代国家的自治组织本身就是在国家控制不断强化和社会自治呼声及自治运动不断加强的两强趋势中发展的，国家控制和社会自治的博弈使自治组织的实践形态和特质更具有隐蔽性和过程性，较难进行一般的分类。原因之二是现阶段我国各类自治组织的发展存在时间短、限制多、功能少、自治程度低等诸多问题，进行一般分类的自身和社会条件都还不成熟。本章仅对国内学术界现有关于自治组织种类划分的成果作一般介绍，以方便对自治组织范围的认识。

应松年和薛刚凌在《行政组织法研究》一书中专章研究了“社会中介组织”，认为其是“存在于政府与个人之间，以自治为核心，承担部分公共行政职能的非政府组织。”并将社会中介组织的类型概括为七类：（1）社区组织（包括村民委员会和居民委员会）；（2）行业组织；（3）职业协会；（4）农业合作社；（5）技术性监督机构；（6）公证和仲裁机关；（7）利益团体（包括妇联、工会、共青团、残联等）。①

刘杰采用混合标准，通过列举的方法把我国目前的自治组织分为五大类：②

（1）职业自治组织，主要指由从事相同职业的社会成员组成的自律性社会组织。如医师协会、律师协会、会计师协会、审计师协会、作家协会、音乐家协会、经理人协会等。组织的目的是职业自律自治，协调组织成员的内部关系和组织及成员的外部关系，提供执业指导，组织专业培训和交流，维护成员的合法利益，并受托提供部分公共服务和进行公共管理。

（2）行业自治组织，主要由从事同类生产、经营及服务的企业，或者由从事同类公益服务的事业单位或者个人组成的组织。组织以行业服务为主，进行行业自律；代表行业与政府进行沟通，协助政府从事行业管理；协调会员与会员、会员与行业内非会员以及会员与其他行业经营者、消费者和其他社会组织的关系；维护行业利益，代表行业进行反倾销、反垄断、反补贴调查，或者向政府提

---

① 应松年、薛刚凌：《行政组织法研究》，法律出版社 2002 年版，第 230 ~ 241 页。

② 刘杰：《社会自治组织概念探析》，载《太平洋学报》2006 年第 8 期，第 54 ~ 65 页。

出调查申请等。

(3) 学术性自治组织，主要由从事同类专业且具有一定水平的专家学者及专业技术人员及有关团体组成的自律性组织。如各种学会、协会、研究会等。组织目的主要是进行学术界自治自律，推动科学研究，组织学术交流，促进科学发展，协助政府制定和实施科学技术与社会发展政策，维护成员的合法权益。

(4) 社区自治组织，主要指由一定区域的居民所组成的自治组织。如居民委员会、村民委员会、业主大会（或委员会）等。社区自治组织——特别是村民委员会和居民委员会与其他地缘性自治组织有较大不同，它具有成员范围较为固定、开放性较小、地域性强等特点。社区自治组织依法设立，是我国的一项基本政治制度。其核心内容是民主选举、民主决策、民主管理、民主监督。

(5) 综合自治组织，主要指由从事不同职业、行业或者事业的单位或者个人所组成的组织。如工商联合会、社科联、文联、科协等。综合自治组织的成员种类多样、范围广泛，企业、团体和个人均可成为其会员。综合自治组织中的部分组织像全国总工会、共青团、全国妇联、中国文联、中国法学会等影响广泛，政治地位特殊，其机构编制与经费均来自政府预算，学者们多不将其当成非政府的、自治组织看待。

对外经济贸易大学法律硕士陶志诚在其硕士论文中，依不同标准对自治组织进行了系列分类。首先，依自治组织分布领域的不同，把自治组织分为地缘性组织、行业性组织、职业性组织、学术性组织与联谊性组织五大类；其次，依自治组织产生原因的不同，将自治组织分为地缘型自治组织和人缘型自治组织两类；再次，依服务对象的不同，将自治组织分为公益型和互益型两类；再其次，依起源的不同，将自治组织分为法定型组织和任意型组织两类；最后，依成员资格取得的不同方式，把自治组织分为基于契约的自治组织和基于身份的自治组织两类。[①] 其分类标准和分类方法对种类繁多、分布领域广泛的自治组织进行系统划分提供了非常有益的启迪。

民政部民间组织管理局在进行统计时，把我国的社会团体按活动区域分为中央级、省级、地级、县级四类；民办非企业单位按性质被分为法人、合伙、个体三类；基金会按性质被分为公募性、非公募性以及境外代表机构三类。

（二）自治组织的特征

作为社会自秩序建立的主要力量，自治组织应当具有以下特征：

---

① 陶志诚：《社会自治组织的司法保护与司法规制》，硕士学位论文，对外经济贸易大学 2007 年，第 4～6 页。

(1) 组织性。要有自己的专有名称、章程、机构设置、固定的工作人员，以及与之功能相匹配的内部治理模式。组织章程中应明确规定组织的管理机构组成、职权任期、运作方法以及对该组织的业务执行、业务检查的规定。应是长期的、持续的存在，而不是临时或业余的办事机构，能够有效处理日常事务。

(2) 自愿性。指组织的建立完全出于成员（无论是个人成员还是单位成员）的自愿，加入组织或者退出组织是一种个人权利，不应受到任何限制；任何人或任何机构均无权以任何非正当理由强制一个人加入或者退出某一组织。

(3) 非营利性。组织活动不以营利为目的。组织只能以维护和发展共同事业，承担对组织成员的公共管理和公共服务，实现一定的公共利益为活动目的。其从事合法的经济、贸易及商业活动所得收益，只能用来支持其非营利宗旨的实现；不允许分配其利润或者收入给组织的创立人、管理者、工作人员或者组织成员。

(4) 非政府性。组织虽然承担一定的公共服务与公共管理的职能，弥补政府在社会管理和服务方面的某些不足，具有公共性，但是，组织同时有明确的自身利益，每个组织都代表着不同，甚至相互冲突的利益且以合法方式维护这些利益，其利益追求具有独立性与自主性，这使其区别于完全以公共利益为活动目标的政府部门。更为重要的是，组织不以任何形式在财政开支上依赖政府拨款或经费资助，领导者或管理人员不接受政府任命。

(5) 自治性。无论是组织的内部治理还是外部治理，均通过组织成员的自愿选择来实现。组织进行自我管理、自我服务，政府不对组织的管理和运作进行直接干预，政府制定的法规只是组织的最低行为规范。为更好地服务组织成员，赢得社会公众信任，组织应该制定更高的行为规范，通过对组织成员遵守组织章程和行为规范的优劣表现的奖惩，鼓励或敦促成员的行为与组织规范保护一致。

(6) 合法性。现代社会，结社自由虽然是作为社会动物的人的基本权利规定于国家宪法之中，但它并不意味着出于任何动机和目的的结社都是当然合法的。自治组织只有在遵守现行国家法律法规并在其框架之内的设立和运作才是合法的，前提是国家法律法规完全符合人类理性或者是科学发展的规律或需要。

另外，自治组织还应当是非政治、非宗教性的组织，即它不可以从事一般正常活动范围内的活动，不以问鼎国家政权为宗旨或目的；它也不可以从事任何宗教礼拜、礼教活动，不得以任何方式试图统一组织成员的信仰，对成员进行精神控制。

三、社会自治组织化的历史

社会自治的历史，早在希腊化时期就已经开始。西方社会在彼时开始了由城邦时代迈向帝国时代的进程，个人与国家、政府与社会开始发生疏离，“作为政治动物，作为城邦国家或自治国家一分子的人已经与亚里士多德一道完结了：作为一个个人的人则是同亚历山大一道开始的。”① 到罗马帝国时期，市民社会在国家的支持下已经获得了一定程度的发展。反映在法律观念上，则是把个人与国家分开，国家被假定为法律的产物，个人权利在国家政治生活中获得了尊重，私人权利甚至被看成国家权利的最高准则。但是，市民社会是难以在帝国的监护下很好成长起来的，国家对个人权利和自由的确认与保护也必然有其局限性。随着罗马帝国的覆灭，黑暗中世纪的开始，市民社会被神圣国家吞没，“个人”在宗教神权的统治下完全消失了。直到中世纪晚期，随着新兴城市的兴起，商人、逃出庄园的工匠、手艺人以及律师等新自由人完全摆脱了封建等级依附关系，成为城市中一个全新的阶层。这一阶层以其特有的斗志和信念，展现了商业经济中的个体活动和追求，并发展成为后来第三等级，构成近代市民社会的主体。②

11～15 世纪，西欧地区有 5 000 个左右的城市和市镇诞生，一些地区有一半以上的人口从农业转向商业。③ 城市虽然仍以特许状形式被封建领主所控制，但它已经获得了相当大的自由权和自治权，成立了自己的议会，制定了自己的法律，出现了同业分会和手工业者协会④等早期社会自治组织。

西方国家社会自治组织迅速发展开始于 19 世纪中叶资本主义的发达。在当时，由于仅靠政府与企业无法解决的社会问题大量涌现，各类自治组织也就应运而生，它是推动市民社会发展为相对独立于国家与市场之外的第三部门。当今非政府组织的大发展则是以政治民主化、经济市场化、社会现代化、全球化为特定背景。自 20 世纪 90 年代开始至今的全球化阶段中，社会自治组织蓬勃发展：一是各国产业结构与社会形态发生重大转变，政府改革与私有化导致非政府组织大发展；二是发展中国家的民间组织开始成为重要力量；三是发达国家非政府组织大量介入国际事务。至此，以民间组织为代表的公民社会出现了欲与国家、市场“三分天下有其一”的发展势头。⑤

中国也有着悠久的社会自治的历史传统。“政权不下县”是中国传统治理的一大特色，县以下的乡村是由乡绅治理的。乡绅阶层是传统中国社会一个不可忽视的重要阶层，在政治、经济、文化领域全面发挥着基石作用。乡绅的社会地位

① 塔恩：《希腊文明》，转引自马长山：《国家、市民社会与法治》，商务印书馆 2001 年版，第 26 页。

② 马长山：《国家、市民社会与法治》，商务印书馆 2001 年版，第 52～54 页。

③ ［美］伯尔曼，贺卫方等译：《法律与革命》，中国大百科全书出版社 1993 年版，第 438 页。

④ 马长山：《国家、市民社会与法治》，商务印书馆 2001 年版，第 55 页。

⑤ 陈向阳：《非政府组织在中国的现状与挑战》，载《中国经济时报》2005 年 5 月 26 日。

和各种权力，相当一部分是统治者默许或授予的，统治者的目的是让乡绅在皇权不易支配到的乡村社会里负起教化民众、承担赋税、维持治安和平衡乡村社会结构的责任，以补充地方行政资源和力量的不足。同时，乡绅又得到乡村民众和宗族势力的支持，成为乡村民众的代表，构成了官府之外的一股重要势力。这股势力既是沟通官方与民间的桥梁，又是官府和民间所期望的教化民众、造福乡里的不二人选。[①] 由于乡绅阶层的存在，政府与基层社会之间就形成了一个缓冲地带，政府借助乡绅实现了更有效的治理目的。近代以来的一系列革命和乡村改造运动最终使乡绅阶层消失，国家权力直接延伸到基层社会，直至"进村入户"。

中国自明朝以后，各种同业行会日益完善和普及，各业行会在协助政府管理市场的同时，力图通过垄断市场，维护自己的既得利益。对于同业行会的管理，明朝政府实行当行制度，每一行户都需要在政府编审的簿册上登记注册，而且几年还要进行一次审编。[②] 明朝人沈榜曾有记载："铺行之起，不知所始。盖铺居之民，各行不同，因以名之。国初悉城内外居民，因其里巷多少，编为排甲，而以其所货注之籍。遇各衙门有大典礼，则按籍给值役使，而互易之，其名曰行户。"[③] 同业行会发展的同时，各类会馆也渐渐兴起。明清会馆构成复杂，种类较多，不完全或者说主要并不限于同业行会。吕作燮先生曾将之大致归为三类："一是北京的大多数会馆，它们是为了给同乡的官僚、士绅和科举之士居停之用。二是北京的少数会馆和苏州、汉口、上海等工商业城市的大多数会馆，它们是工商业者的同乡行帮会馆。三是四川这样的移民会馆。"[④] 1895 年 9 月康有为在北京发起成立的改良派团体——强学会，一般被认为是中国历史上第一个政治性现代社团。强学会仅仅生存了 5 个月，1896 年 1 月被清政府取缔。

到 1949 年前，中国社会的民间自治组织已经遍布各行各业，主要存在五种类型的民间社会组织：一是行业性质的"会馆"、"行会"等；二是慈善互助性质的"育婴堂"、"互助会"、"红十字会"等；三是学术性质的"学会"、"学社"等；四是政治性质的"救国会"、"青年团"等；五是文艺性质的"印社"、"棋社"等。1950 年，中央人民政府通过社团重新登记的办法，清除了一些政治上带有反动性质的组织，包括一些带有浓厚封建色彩的慈善组织和互助会以及具有宗教色彩的组织同时也被清理。民间组织的非政治性历史也由此开启。

---

① 杨海坤、曹寻真：《中国乡村自治的历史根源、现实问题与前景展望》，载《江淮论坛》2010 年第 3 期。

② 贾西津、沈恒超、胡文安等：《转型时期的行业协会——角色、功能与管理体制》，社会科学文献出版社 2004 年版，第 53～54 页。

③ 《宛署杂记》卷一、三《铺行》。

④ 吕作燮：《明清时期苏州的会馆和公所》，载《中国社会经济史研究》1984 年第 2 期。

第二节　社会自治对地方法制的意义

国内法治理论研究流行一种通行的观点，认为现当代民族国家法治建设一般会沿袭以下进路来考虑自己国家法治化的路径选择：英国“自下而上”的自然演进方式，或者德国“自上而下”的政府主导模式，或者是两者的结合。无论是英国式的自然演进、德国式的政府推动或者是混合型（两者的结合型）的法治建设进路，其方向选择或者说其路径特征主要是看推动和影响国家法治建设的主导力量来自哪里。英国法治成长于封建贵族、教会、市民与王权之间的多元对抗与妥协，其决定性的力量来自于不断壮大和成熟的市民社会与资本主义。在这一过程中，封建贵族、教会、市民议会与国王的斗争，“自下而上”不断对强大的王权形成了有效的法律约束和制衡。19 世纪的德国统治者则是迫于内忧外困的压力“自上而下”推行了一系列法制改造，其法治建设的主导力量来自于上层统治者的自觉。

在我国社会主义法治国家建设形式上已经由政府“自上而下”推动的情况下，是否存在和可能有来自于“自下而上”推动和影响，这些“自下而上”的推动力量和影响因素来自于哪里，它们以什么样的方式、在什么范围和程度上正在和将会影响国家的法治建设等问题，是地方法制研究所要真正面对和讨论的问题。从“自下而上”角度观察“地方”作为国家法治化建设的推动力量，意味着“地方”的概念具有丰富的、多重的以及混合的含义，它不仅包含有政治的、经济的以及地理的意义，同时它还具有社会学的意义。另外，还需要强调的一点是，在推动或者影响国家法治变革的意义上，地方还具有“个体”的意义，即个人或者个人的志愿联合，通过积极行动与社会问题、制度和公共权力建立联系，使这种行动最终变成推动社会制度变革的力量。就法治建设推动力量的视角而言，个人的志愿联合行动或者说社会自治组织对地方法制建设和法治国家建设的意义没有本质差异。来自于个人的志愿联合或者社会自治组织的“自下而上”的力量，参与、影响地方法制建设实质上也是直接以基层社会的力量在推动我们社会制度的变革。因而，本章关于社会自治对国家法治建设的意义的讨论，实质上着力于相对国家控制的基层社会的重建。

一、社会自治是民主法治的基础和重要特征

民主与法治在终极意义上，是人类自由自觉、民主自律活动价值取向的必然

要求和反映。民主制度的类型虽然形形色色，五花八门，但它现今却是一切国家政权的基础。用马克思的话说，它是“人民的自我规定”和“人的自由的产物”。[①] 在民主制度中，国家“必须实现法律的、伦理的、政治的自由，同时，个别公民服从国家的法律也就是服从自己的本身理性的即人类理性的自然规律。”[②] 民主制被人们普遍接受的一个主要原因是，它是一种多数人的统治，比专制和少数人的统治更可信。同时，当多数人的决策可能损害少数人的利益时，成功的民主制还为保护少数人的利益设计了种种合作机制，允许他们通过政党、社团、运动等集体行动来表达诉求、请愿、给政策施加影响。由此可见，结社自由与民主和自由天然具有相通的内在价值。康芒斯把社团组织看做是民主的生命线，吉尔特和梅兰特则把社团视为现代法制的思想基础。因此，“在一定意义和程度上，结社自由就是民主与法治的微缩景观，它使民主与法治价值的合法性获得了稳定的社会支持。”[③]

结社自由的民主形式就是各种政见不同、利益不同、兴趣不同的人民组成各种团体，在公共领域公开而明确地表达自己的政见、利益和兴趣。社团组织的章程、活动代表着组织成员的整体意志和利益，组织成员完全志愿自主地参与组织的共同活动，平等地决定其活动方式和内容，承担成员义务和享有成员权利，自觉维系组织内部的共同秩序。其为社会提供公共服务和管理的活动，既与国家权力相衔接，同时也制约国家权力的滥用，并能在社会领域实现其成员自我管理、自我服务、自我发展的需要。社团组织能有效培养和提高成员自助协同意识和适应并改变危机情境的能力，塑造成员的自由观念、平等互助精神以及自主自律的行为模式。社团生活排斥外在强制而具有自主性，拒绝先赋角色而具有平等性，否定自然乌合而具有秩序性。因而，它能成为市民社会中民主与法治精神的天然因子，为民主法治创造了有利条件，并使民主法治更具有普遍的效力。

社会主义民主政治是以人民掌握国家一切权力为社会基础建立起来的。社会主义的本质是人民当家做主。在社会主义民主制度下，人民通过各种形式和途径，行使管理国家政治、经济、文化和社会事务的权利。就我国人民民主的具体实践来看，基层社会的各种自治组织是我国公民行使其民主权利的有效形式。政治上，公民通过以村民自治为核心的农村基层民主、以社区居民自治为核心的城市基层民主和以职工代表大会为核心的企事业单位基层民主等形式，渗透到社会生活的方方面面，具有全体公民广泛与直接参与的特点。经济上，公民通过各种形式的行业协会、商会、工商业联合会等形式，在市场经济领域平等表达和追求

---

① 《马克思恩格斯全集》第1卷，人民出版社1956年版，第281页。

② 《马克思恩格斯全集》第1卷，人民出版社1956年版，第151页。

③ 马长山：《国家、市民社会与法治》，商务印书馆2001年版，第251页。

自己的利益，进行行业自律自治，维护市场公平竞争的秩序和社会公共利益。文化上，公民通过组织和参加各种学会、研究会，如作协、文联、社科联等，以知识探讨与兴趣追求的志愿结合为宗旨，不以谋求思想统一和精神控制为目的，进行自由平等的思想表达，开展各种科学研究和探索，实现文化繁荣与进步。在社会领域，通过建立各种联谊会、志愿组织等形式，对社会发展中存在的带有普遍性各种社会问题，如贫穷、饥饿、自然灾害、环境污染、公共事件等问题，表达意见、呼吁政府关注、采取志愿行动，促进社会和谐发展。

人类社会数千年的文明进化表明，社会自治越发展，民主政治就越发达，社会生活就越有活力，社会就越稳定越和谐。在民主多元的社会中，自治组织“由于对国家（甚至可能对政党）保持独立性，不仅能够限制统治者的武断专横行为，而且也可以有助于造就更好的公民：他们对别人的偏好有更深的了解，对他们自己的行为更具自信，在为了公共福祉而情愿奉献方面更加具有文明的心灵。”① 改革开放以来，随着市场经济的建立和社会利益多元化的发展，我国社会生活中各类自治性组织迅速发展壮大。通过这些自治组织的活动，不仅有效实现了公民对国家及社会公共事务管理的有序参与，减轻了政府的管理成本，而且还使公民的主体意识更加自觉，参与公共事务管理和公益事业的热情更加高涨，为社会主义法治秩序的建立创造了良好的环境。

二、社会自治的核心是市民社会的培育

近年来一个较为普遍的认识是，只有市民社会与国家二元并立的矛盾发展，才构成法治的基础和根据。而东方社会的特点则是专制权力肆虐，“市民社会一直无法逾越国家所设下的界限。”② 日本学者川岛武宜就日本的情形曾直言：“我们缺乏市民社会和作为其政治反映的国家。在这种态势的支配下，向中世纪甚至向‘神话时代’的复归，否认个人自由，比近代法意识及伦理更容易被人们所接受。但是，这样的话，今天的法律的实效就不能靠人们的自发意识，也即‘从下面’得到保障。结果只能是靠权力‘从上面’强制地控制”。③ 传统中国社会，是典型的东方国家，不存在西欧那种城市市民社会和市民阶级的发展的结论应该不存在太大争议。在这样的历史背景下，来自西方世界的“市民社会与

---

① ［美］菲利普·施米特、特丽·林恩·卡尔，杨光明译：《民主是什么，不是什么?》，刘军宁编：《民主与民主化》，商务印书馆 1999 年版，第 27 页。

② ［澳］詹姆斯·科顿，林本炫译：《东亚民主政体的进步与局限》，刘军宁编：《民主与民主化》，商务印书馆 1999 年版，第 290 页。

③ ［日］川岛武宜，王志安等译：《现代化与法》，中国政法大学出版社 1994 年版，第 48 页。

国家二元架构”的模式能否用来分析近现代中国社会的变化？当代中国市场经济和法治国家建设目标的追求，是否会沿袭西方社会的历史轨迹，同样必然发生国家与社会的二元并立呢？答案应该是肯定的。就全球范围的经验观察而言，市民社会与政治国家的二元架构，是现代化进程所不可避免的。

那么，中国是否具备孕育市民的社会条件或者说中国能否型塑一个与国家并立的市民社会呢？许纪霖先生认为，20 世纪初，中国市民社会在政治衰败与军阀混战的背景下得到了长足发展。其时，中产阶级和知识阶层崛起，公共领域出现，契约关系逐渐展开，中间组织社会作用日益广泛。但是，由于当时国家的衰败和政治的四分五裂，不能给市民社会的发展提供可能的法律保障，社会与国家之间既不可以产生良性的互动循环，也未发展成互相对抗关系，而是处于隔膜状态。这一方面使现代化得以在社会底层迅速推进，另一方面又在更深层次上阻碍了其进一步的发展，最终只导致了“全能主义”政治的产生。[①] 有学者因此认为，正是由于历史原因，近代以来的中国市民社会始终处于发展不充分的雏形阶段，在中国政治、经济发展未能有效发挥其应有功能。[②]

学界有一种看法，认为当下中国是在现代性、反思现代性和全球化复杂交织的情境下追赶现代化的，肩负着建构、反思和超越的多重使命，这就使得中国市民社会的发展既是演进的，同时又是建构的。[③]

中国市民社会在现代化进程中有不断酝酿和发展的演进趋势，是指改革开放后，中国社会的结构正在发生重大的变迁，市场经济带动了多元利益主体通过各种形式的自治组织来表达主张、诉求和维护利益的行动；劳动力市场的开放改变了原有计划经济时代人口不流动的状况，不同的人群在各自的村落（城市是街道、里弄）里相对封闭的自我管理的社会基础正在发生变化。社会的流动大大加强，大量人口外出，基层社区、传统少数民族聚居区的人口数量和结构均处于变动不居的状态，中国社会已经由传统的“熟人社会”进入“陌生社会”，对门相居不相识的距离感在城市和新兴城镇普遍存在。原有的行政化组织管理和利益分配模式已经严重不适应变化了的利益格局和人际关系，基层社会迫切需要自治自律的内在冲动十分强烈。

当代中国市民社会的型塑具有建构的性质，是指经过多年的理论探讨和相关思想的传播，“要实现良好的社会治理，真正在社会领域实行善治，既需要强有

---

① 许纪霖：《中国：现代化变迁中权力聚散的循环》，姚申主编：《东亚：经济、政治与文化阐释》，学林出版社 1999 年版，第 183 ~ 185 页。

② 朱英：《转型时期的社会与国家——以近代中国商会为主体的历史透视》，华中师范大学出版社 1997 年版，第 585 ~ 588 页。

③ 马长山：《国家、市民社会与法治》，商务印书馆 2001 年版，第 209 页。

力的社会管理，更需要高度的社会自治”① 的观念不但为大多数知识精英、利益集团所认可，而且还被中央政府以及权力精英所接受并转化成其进行公共决策的意愿。有研究者早已注意到，中国社会的自治组织的设立和发展，一小部分是社会特定群体自发诉求的结果，更多的则是政府有意培育和扶持的产物。后一类所谓的自治组织，“受到党政机构的严格控制，缺乏应有的独立性，与其说是公民的自治组织，还不如说是政府控制公民的工具。”② 在这个意义上，当代中国的市民社会形成就是建构性的。政府自觉培育市民社会的结果，必然使政府在与市民社会的关系中占有优势甚至主导地位。“强大政府”过去是、现在是、未来一定时期内将仍然是中国政府与社会关系的基本格局。在这一格局下，政府可能会一如既往地对经济领域和社会领域的自治组织采取“双重管理”的原则：对经济领域社会自治的冲动，为适应市场化改革的需要，全面放开；对社会领域的结社问题，以“稳定压倒一切”的考虑考量，采取“尽力限制”的策略。

改革开放以来，中国社会的一个变化就是人的利益性越来越强，而组织化程度却越来越低。大量的利益诉求和表达，都是以个体而不是以组织的名义出现的。政府的管理和利益协调，面对的是一个个分散的个体。对国家而言，个体自组织的缺乏，除了公共治理“交易成本”高昂外，还蕴涵着相当大的风险。无组织的个体是极其软弱的，政府可以借助公共权力随意征地拆迁、制定政策；无组织的个体又是极端危险的，他们可能会以各种极端方式、包括以生命为代价，表达诉求和主张。③ 相对于一个组织以及政治国家而言，个体的力量显然是极其微弱的。但是，当个体以极端形式进行利益诉求或主张表达时，对社会变革同样会形成一种不可忽视的推动力量。近年发生的几起典型事件，例如，“孙志刚事件”致使被社会诟病多年的收容审查制度被废除；张先著的“乙肝歧视案”的诉讼，最终致公共权力机关宣布取消升学、就业中的小三阳（“二对半”）检查，并不得作为公民升学就业的限制；唐福珍们的“暴力抗法”，最终催生了《国有土地上房屋征收与补偿条例》的颁布等事件，都是由个案演化成公共事件并最终导致某项法律或制度改变或出台的事例。但是，这些改变无一不是以高昂的社会成本甚至以个体生命的牺牲为代价的。

中国当下的实现情况是，地方政府形式上是国家宪法法律的具体实施者，是法治理念和法治原则的实际诠释者。但是，中国社会特有的文化传承与现行体制又决定了实际运行当中的政治法律制度中的“地方权力机构”被权力者人为驾驭的特征，在这一特征映衬下，实质上影响和推动基层社会公共政策变革的举足

① 俞可平：《更加重视自治》，载《人民论坛》2011 年第 2 期（下），第 8 ~ 9 页。
② 康晓光：《转型时期的中国社团》，载《中国社会科学季刊》1999 年冬季号总第 28 期。
③ 徐勇：《“防震圈”、自治秩序与基层重建》，载《探索与争鸣》2011 年第 7 期，第 18 ~ 19 页。

轻重的力量就是“各级地方政治精英”。之所以如是说，原因在于当下中国社会，“地方政府”作为一级政治组织，是中央权力的具体贯彻者、执行者，法律上虽然有地方法规和政策的创制的权力，但其创制地方法规和政策的权力必须在国家宪法和法律所许可的范围内，不得违反国家宪法和法律，不得和中央政策相抵触。更何况，首长负责制的权力运行系统实际上又把一个地方的经济文化社会建设的各种权力最终集中在了地方首长手中（在现行中国共产党党委领导的权力运行体制下，一个县的最高权力者是县委书记，一个市的最高权力者是市委书记，一个省的最高权力者是省委书记），由间接选举的法律上的地方各级首长（县长、市长、省长等）实际是由更高一级的实际权力持有者任命的。虽然地方政治精英的精英身份和精英地位不是来自于其在地方的政治阅历或政治贡献，而是来自于更高一级实际权力持有者甚至中央的赏识或认同，但是其在地方实际拥有的至上权威仍然足以保证他们可以在一定程度和范围，在制度建构和法律实施中有所创新，前提自然是来自更高一级权威的认可或者是默许。基于此，在当下中国市民社会培育问题的讨论中，地方权力机构及地方政治精英的影响因子必须给予必要的考量。

三、地方自治政府是基层社会自治重要载体

基层社会自治的话题离不开地方政府。“在欧美，地方政府被视为民主政治训练的场所、公民道德和意识培养的基地、切合公民需要的公共服务和产品提供者、中央政府集权倾向的制衡者之一。”① 地方政府是一个国家政治制度的重要组成部分，每一个国家只有一个中央政府，但却有数量众多的地方政府。我国学界在一般关于个人、社会与国家的关系解析中，地方政府往往淹没于其中。国家与社会二元主义的理论，不仅把个人完全从神圣国家中解放了出来，而且同样确立了个人在社会生活中的主体地位。在有关社会控制的讨论中，国家对人民的统治（现在人们更喜欢用治理）、支配权力，对社会的管理权力被予以充分关注；个人通过自由结社，自律自治，与国家权力发生勾连并对其形成必要限制现实也被予以充分肯定。但是，在这样一些讨论中，作为国家政治制度重要组成部分的地方政府以及地方政府与社会的关系似乎还没有给予应有的重视。

“第二次世界大战以来，地方政府在现代发达国家中的地位越来越重要，其承担的公共服务职能随着福利国家的出现而越来越多，……地方政府成为公众关

① 万鹏飞：《译丛总序》，[瑞典] 埃里克·阿姆纳、斯蒂格·蒙丁主编，杨立华、张菡、吴瑕译：《趋向地方自治的新理念?》，北京大学出版社2005年版，第1页。

注的焦点，成为各种潜在矛盾的对象。"① 当下中国，一方面，中央政府正式对外宣称，有中国特色的社会主义法律体系已经建成，国务院也于2007年下发了《全面推进依法行政实施纲要》；另一方面，司法执法领域仍然存在大量有法不依、执法不严、司法不公的混乱现象，对法律公正性的怀疑和对司法的不信任已经成为一种较为普遍的社会情绪。这种相互矛盾的关于法治发展的印象，"似乎是在暗示：凡是中央、国家层面的工作，都是成绩显著的，而地方与基层则经常出现歪嘴和尚乱念经的情况。"② 当下中国社会由政府主导的法治国家建设所取得的正面辉煌成就与社会层面对法治现状的种种不良印象与评价形成的鲜明对比说明，地方政府在民主法治化中的角色不仅在现代发达国家，而且在像中国这样的新兴市场经济国家中都需要被重新思考。

根据挪威学者弗朗西斯科·契伦伯格的理论，中央与地方政府关系的变动可以从自治模型或者整合模型的角度来分析。"第一种模型认为，由于地方政府与居民的问题和需求很接近，所以地方政府应该高度自治；第二种模型认为国家是拥有至高无上的统治权的政治机构，但它可以给各种附属政治机构授权。"③ 换句话说，在自治模型下，国家局限于对地方活动的监管，地方是高度从属中央的，中央与地方是两个分离的领域；在整合模型下，中央与地方的关系被看成一个功能性问题，地方政府只有参与到整个社会过程中，才有一定的谈判以及进入中央国家权力的空间，所以它们之间的关系是合作性质的。但是，实际上地方政府与中央之间不是简单的服从或者合作关系。因为地方政府与民众的日常生活更为息息相关，与多样的地方地理和社会生态环境的联系也更为紧密，地方经济和社会发展状况、地方利益集团以及地方性社会活动都可能对地方公共政策的内容产生影响。

在地方与中央的关系线索中，显然并不简单地只存在于"地方"与"中央"两个因子，其关系也并不只存在纵向监管从属与横向的整合和合作两个维度。基于地方政府的存在与地方的、区域性的社会经济条件之间的紧密联系，以及其公共决策受地方利益集团和地方性社会活动影响的现实状况的考察，西方学者将地方政府与社会之间的关系问题引入了地方自治的范畴，并形成了关于地方政府和社会间关系的三种不同理论——社群主义、功能主义和治理理论。

在社群主义者看来，地方政府不过意味着一个领土意义上的社区，社区内的

① 万鹏飞：《译丛总序》，[瑞典] 埃里克·阿姆纳、斯蒂格·蒙丁主编，杨立华、张菡、吴瑕译：《趋向地方自治的新理念?》，北京大学出版社2005年版，第1页。

② 葛洪义：《法治建设的中国道路——自地方法制视角的观察》，载《中国法学》2010年第2期，第51~58页。

③ [瑞典] 埃里克·阿姆纳、斯蒂格·蒙丁主编，杨立华、张菡、吴瑕译：《趋向地方自治的新理念》，北京大学出版社2005年版，第4页。

居民个个都是负责任的成员。社区是建立在共同道德标准和市民美德的基础上的，地方政府应该形成一种能够识别自我利益和集体利益的态度和价值，公民应该受到教育去承担作为一个积极公民应尽的责任。在中央与地方的关系上，地方政府被看做是一个分权性的行政或者是政治代理机构；在地方政府与社会的关系上，地方政府被看做与社区是一体的，地方政府应该是社区居民一致同意之下建立的一个自治组织，它还被看做为社区居民政治社会化和培训的工具。

功能主义理论把地方政府看做是一个服务生产者。认为地方政府应该调整国家政策以更好地适应地方的需要，服务的提供也应该公平、公正地执行和获得。这个理论建立在政治和公共行政部门应该有一个明确区分的假设前提之上，即政策制定是政治家的事，而执行则是公共行政部门和相关专业机构的工作。公民是公共服务最重要的消费者和使用者，他可能成为有选择自由的消费者，也可能成为集体使用者，究竟会成为哪一种消费者，要看地方政府这种地区性的、社团性的政治和行政机构是以社区之内还是社区之间的团体为基础进行组织。①

治理理论从一个新的、创造性的视角来理解不断变化的过程。治理关注在不同网络结构中政策是如何被定义和执行的，而不是认为在科层结构内或者市场中它是怎样的。它认为任何一个单个成员都无力单方面解决社会和经济问题，社会中的所有参与者都和统治有关，虽然他们有一些可以自由处理的、相当大的预算和人事权，但是在不同公共领域，没有任何一个中央或者地方政府在接近大众媒体或者对军队和民主立法上享有至高无上的权威。

社群主义和功能主义都认为，在一般意义上，国家和社会有而且也应该有一个分离，但是，治理理论却模糊了这种分离，在治理理论的视野中，国家变成了一个由具有至高无上的引导或管理权力的政府和社会参与者所共同构成的组织网络集合。

在转型时期的中国社会，地方政府的变革不论是被动还是主动，总之是这种变革正在实实在在地发生。在某些方面，许多地方政府已经意识到其功能应该由一个管理型统治型的政府向一个服务型治理型的政府转变，甚至一些地方政府已经开始服务型政府的自觉实践。这一社会变革的趋向提示我们，作为我国基层政治组织的地方政府，正在顺应时代潮流或多或少地提高它们的自治程度。为政府职能转变和基层自治的需要，它在培育其社区内公民成为一个积极的、负责任的公民以及引导地方社会各种功能的自治组织建立方面的努力已经取得一些成就。虽然不同国家和社会的地方政府的变革呈现不同模式和特性，但是，笔者相信，

① ［瑞典］埃里克·阿姆纳、斯蒂格·蒙丁主编，杨立华、张菡、吴瑕译：《趋向地方自治的新理念》，北京大学出版社2005年版，第9~10页。

欧美社会地方政府自治的理论与实践，必定会为我国社会地方政府正在进行的、不同程度的自治化努力提供有益的经验借鉴和理论启示。

第三节 我国地方法制建设中的自治组织

一、我国自治组织发展的历史与现状

早在20世纪初，我国民间的各类政治组织、经济组织、社会组织就开始纷纷成立。清末民初的修律变革和随后爆发的旨在推翻清朝的革命运动，催生了20世纪中国社会第一波结社热潮。到1911年，仅是政治上激进派所组成的革命团体，如孙中山领导“同盟会”等，就有193个。截至1913年，全国的商会组织已经达到1 076个。1912～1921年，仅仅江苏一个省，社会团体的数目就达到了1 403个。[①] 1919年五四运动之后，随着新文化运动的开展和各种革命思想的传播，20世纪初中国社会第二波结社热潮再起，成百上千个青年团体、学会、文学俱乐部和互助合作社等在各大城市出现，大学教授和青年学生成为其中的主力。[②] 随后的一二十年中，为革命和政治的需要，当时中国社会的两大政党共产党和国民党都花了大量力气组建工会、农会和其他组织以赢得广泛的政治支持。到1927年第一次国共合作破裂前后，中国已经建立了700个工会，拥有两百万会员，以及22 000个农会，拥有9 153 093个会员。[③] 1942年，国民党政府颁布《非常时期人民团体组织法》，规定社团必须在政府进行登记。当年登记团体共有17 250个。两年后的1944年，登记数量达到了26 126个。当然，这个数字不包括日占区和当时解放区的社团。[④] 全国社团的实际数据因此无从得知。1945年日本投降后，即开始三年半的内战，直到1949年新中国成立，这期间社团数量也无辑可考。

新中国成立之初，为了应付严峻的国际形势和实现赶超式的发展战略，国家需要在重新建构的基础上，集中一切社会资源和力量投入到社会主义改造和事业

① 参见陶鹤山：《市民群体与制度创新——对中国现代化主体的研究》，南京大学出版社2001年版，第80、88、75页。

② 王世刚、李修松：《中国社团史》，安徽人民出版社1994年版，第358～372页。

③ 北京大学国际政治系编：《中国近现代史统计资料选编》，河南人民出版社1985年版，第170页。

④ 刘健清：《中华文化通志·社团志》，上海人民出版社1998年版，第423～424页。

建设中去。在这一背景下，中央政府对成立于新政府建立之前的、以旧制度旧秩序为基本存在和运行环境的各类民间组织进行清理整顿，就势在必行。1950 年政务院发布《社会团体登记管理暂行办法》，根据该办法内务部于 1951 年发布《社会团体登记管理暂行办法实施细则》，随后开始对社会团体进行第一次清理整顿。清理整顿的过程中，一批政治倾向明显的社会团体（如中国民主同盟、九三学社等组织），被转化为政党组织予以保留。一大批政治上反动的社团和带有浓厚封建色彩的慈善组织、互助会以及宗教色彩学浓郁的组织被清除。经过清理整顿，我国大陆的社会团体数量大幅减少。1965 年，大陆的全国性社会团体发展到将近 100 个，地方性社团 6 000 个左右。①

1956 年之后，社团事务不再由单个的政府部门统一管理，社团无需集中登记注册。根据社团业务归口管理的原则，在此后长达三十多年的时间里，几乎所有党政机关（如文化部、国家体委、国家科学技术委员会、中国科学院，以及宣传部门）都参与社团管理，每个部门都负责与自己业务相关的社团。这种情况一直持续到 1989 年才发生改变。由于这个原因，在这三十多年里，政府也缺乏对社团的系统统计。②

1989 年国务院颁布《社会团体登记管理条例》，条例规定民政部门是唯一的社团登记管理机关。除少数明确规定免予登记的社团之外，条例颁布前已经存在的所有社会团体必须到民政部门重新登记，而且规定所有需要登记注册的社团必须为自己找到一个主管部门，没有主管部门的社团不予以登记，只能自行解散；今后凡新设社团一律要进行登记备案。1989 ~ 1991 年的社团重新登记注册和统一归口管理，是“十年动乱”后第一次大规模对社团的清理整顿，这次清理整顿是以思想文化领域反对资产阶级自由化思潮为社会背景的。在 1989 ~ 1991 年的社团清理整顿当中，大量社团无法找到业务主管单位。结果，注册社团总数从 1989 年的 20 万家左右跌到了 1991 年的 11 万家。

20 世纪 90 年代以后，中央政府开始强化对民间组织的管理工作。从中央到地方，各级民政部门均设置了专门的民间组织管理机构，确定了固定的专职工作人员；并通过对社团的重新登记，确认各类合法民间组织，打击与取缔各类非法组织。1992 年，民政部门中民间组织管理的机构设置和人员编制已经数量惊人：“全国 30 个省、自治区、直辖市均已设置了社团管理处（室），配备社团管理干部 217 人；270 个地市、直辖市辖区和 700 个县、市也建立了社团管理机构，分

---

① 吴忠泽、陈金罗主编：《社团管理工作》，中国社会出版社 1996 年版，第 5 页。

② 王绍光、何建宇：《中国的社团革命——勾勒中国人的结社全景图》，载《浙江学刊》2004 年第 6 期。

别调配专职或兼职社团管理干部605人和726人"。[①] 此后，随着国家对民间组织监督管理工作重要性的认识和强化，民间组织管理机构的地位也随之发生了一些新的变化，主要表现就是一些地方提高了民间组织管理机构的行政级别。譬如，1999年，"北京、上海都设立了副厅级的民间组织管理机构。北京编制140人，设立9个处，其中包括50人的监察大队。上海行政编制50人，设5个处。青海、湖北等省今年（2000年）也都设立了民间组织管理局。"[②] 随着民间组织管理机构人员编制和财政经费的增加，尤其是专门执法机构的建立，政府对不依法进行登记以及因各种客观原因不能进行登记的"非法社团"的打击力度明显加强。经过持续多年的清理整顿，从1995年开始，各种民间组织的数量都呈逐年下降趋势，如1996年经合法登记的社团数量为18.5万个，1997年为18.1万个，1998年为16.6万个，1999年为13.7万个，2000年为13.1万个，2001年更是降低至12.9万个。

进入21世纪以后，中央政府对民间组织的社会作用有了新的认识，民间组织的建立与运行得到了不同形式的肯定与鼓励，我国社会的民间组织以开始了新一轮快速发展。到2009年，共有各类民间组织431 069个，其中社会团体238 747个，民办非企业单位190 479个，基金会1 843个。[③] 实际数量可能远不止这个数，有学者估计，我国实际存在并运行的民间组织数量大概在300万个左右。[④]

二、自治组织对公共决策影响与参与

在传统社会中，财产和人格是重要的权力源，而近代市民社会兴起后，组织则成为异军突起的权力源。[⑤] 因为在市民社会中，从传统血缘和等级社会结构下解放出来的大量独立的理性"经济人"不再表现为原子化的乌合之众，他们在社会角色分化、利益联结以及权利追求过程中结合成为众多"组织"。这些组织是为了一定目标而结成的利益团体以及围绕一定的利益目标为协调各自的行为所

① 范宝俊：《认清形势解放思想开拓我国社团管理工作新局面——在全国社团管理工作会议上的讲话》（1992年9月16日），民政部社团管理司管理处编：《社会团体管理工作手册》（内部资料），1996年7月，第107页。

② "民政部部长多吉才让在加强民间组织管理工作会议上的讲话"（1999年12月6日），民政部民间组织管理局编：《民间组织管理最新法规政策汇编》（内部资料），2000年6月，第137页。

③ 中国社会组织网（国家民间组织管理局主办），http：//www. chianpo. gov. cn/web/listTitle. do.

④ 中央编译局局长俞可平在中国社会创新奖启动仪式上发表讲话时指出，目前在各级民政部门正式登记注册的社会组织已超过40万个，实际存在的社会组织可能超过300万个。俞可平："中国要进行社会创新培育公民社会"，人民网，http：//www. sina. com. cn 2010年5月27日8：28。

⑤ 马长山：《国家、市民社会与法治》，商务印书馆2001年版，第161页。

作出的安排，它们通过与不同功能背景中的各种主要制度模式相联系而得以合法化。例如，学校通过把自己的目标定位于传播广泛的文化价值观，如教育与培训而获得合法性，同时也通过使自己的结构和程序与教育组织所规定的“运行模式”相一致而获得合法性。① 合法性功能是组织存在的基本前提。自治组织的形成从一开始就是在国家与社会二元界分的条件下，自由人为自我满足、自我管理、自我服务、自我发展而建立的一种联合，在国家能力不能、不足或者不够的领域通过自治组织进行自律自治，以此生成自在秩序，作为国家主导的正式秩序的必要补充。从国家专一的控制之中获得一定程度的自治空间是自治组织存在的现实根据。在这个意义上，可以说分享与制衡国家权力就是社会自治组织天然的内在属性。

自治组织对国家权力分享与制衡的天然属性，使现代政治国家在正式秩序的建构中分外重视那些具有明显政治倾向的民间组织的组织安排和组织运行。以新中国为例，1949 年 6 月 15 日，新政治协商会议在北京举行第一次全体会议，参加会议筹备的 23 个单位中，属于自治性质的人民团体就有 5 个，即中华全国总工会、中华全国民主青年联合总会、中华全国民主妇女联合会、中华全国学生联合会、上海人民团体联合会；另外，当时还没有建立组织的一些特定群体，也被安排以团体的身份参与大会筹备并作为一个“单位”参加会议：产业界人士、文化界民主人士、民主教授、海外华侨民主人士；这 4 个特定人群中的一些后来分别演绎成工商联、科协、台胞联谊会、归国华侨联谊会等组织。就是说，当时参加第一届政协会议的民间单位共有 9 家，这 9 家单位占到当时参加政治协商会议 23 家单位的 36%，是一个相当不低的比例。说明当时已经取得领导地位的中国共产党已经很清楚地认识到社会自治组织在国家政治社会生活中具有不可或缺的重要作用。

同样，由于自治组织在设立与发展过程中，其决策与行为选择会在一定程度和范围内与政府意愿或目的不统一，从而展现出其欲脱离或者摆脱政府控制的斗争天性。它们以自由作为其设立和发展的基础，充满活力和生机，存在着发展成为一支独立政治力量并影响现行政治结构和秩序的可能。这也是以问鼎统治权力为核心目标的政治国家对社会自治组织存在和发展的最大担忧，自治组织与政府在控制与放任中的博弈关系因此成为多元民主主义国家政治社会治理中的一道靓丽风景。在这一博弈关系中，无论社会自治组织有多少存在的现实合理性，它首先都要满足国家法律规定的合法性。通过法律强制，对社会自治组织的设立、运

① ［美］W. 理查德·斯科特，姚伟、王黎芳译：《制度与组织》（第三版），中国人民大学出版社 2010 年版，第 30 页。

行、监管甚至清理取缔就成为国家惯常性技术手段。

新中国成立后，我国民间组织先后经历了两次大的清理整顿，同时也经历了两次快速发展。两次清理整顿，一次发生在新中国成立初期，当时是为应对复杂的国际局势和顺利推进社会主义改造和建设事业，通过《社团登记管理暂行办法》的颁行，清理了一些政治上反动、落后的社会组织；另一次发生在1989年反革命暴乱之后，以反对资产阶级自由化为社会背景，通过《社会团体登记管理条例》的颁布，清理取缔了一批不符合条例规定和精神的社团。新中国成立后民间组织的两次快速发展。一次是改革开放之初，当时，中央为了调动广大群众的积极性，加快经济发展，也为了提高新一代领导人的政治合法性，政府在政治思想领域有意识地发动了一次大规模的思想解放运动，主动宣扬并部分恢复了公民的个人权利。与此同时，为了交流管理经验和促进技术创新，在经济领域组建了一大批行业协会；为了推动学术研究，也为了赢得知识分子的支持，政府还放开了对学术团体的限制，允许学会围绕本专业的发展展开“纯学术”活动；为了方便对外交流，在这一时期还出现了第一批“新”社团，基本上都是中央党政机关发起成立的，组建社团的主要目的是为了进行对外交流。① 这一时期，我国各类社团由改革开放之初的数千个，发展到1990年的近20万个。另一次社团快速发展开始于21世纪之初，各类民间组织的数量由2001年的12万个左右迅速发展到了2009年的43万个左右（这是正式登记在册的“合法”民间组织的数据，实际数量可能远远不止这个数）。

21世纪之初我国各类民间组织的新一轮快速发展显然再一次印证了国家控制与社会自我治理相互博弈的关系。随着我国经济社会市场化程度的不断提高，中央政府重新开始关注和重视民间组织的发展，并对其在和谐社会建设中发挥的积极作用寄予很大的希望。党的十六届四中全会（2004年9月16日召开）明确提出：要“发挥社团、行业组织和社会中介组织提供服务、反映诉求、规范行为的作用，形成社会管理和社会服务的合力”。2006年10月11日党的十六届六中全会通过的《关于构建社会主义和谐社会若干重大问题的决议》，再次明确肯定了民间组织在社会政治经济发展的重要作用：“鼓励社会力量在教育、科技、文化、卫生、体育、社会福利等领域兴办民办非企业单位。发挥行业协会、学会、商会等社会团体的社会功能，为经济社会发展服务。发展和规范各类基金会，促进公益事业发展。引导各业社会组织加强自身建设，提高自律性和诚信度。”

值得指出的是，在现阶段我国的政治社会生活中，一些身份和地位都比较特殊的群众性组织——如人民团体中的“八大团体”（总工会、共青团、妇联、科

① 康晓光：《转型时期的中国社团》，载《中国社会科学季刊》1999年冬季号总第28期。

协、侨联、工商联、台联、青联），参与和影响公共决策的方式有其独特性，不可与一般民间自治组织相提并论。至于其他各类经合法登记的民间组织，虽然其在国家政治社会生活中的地位与作用不能与人民团体相比，但是，它们同样在参与和影响公共政策制定中发挥着积极作用，笔者也相信这些影响和作用会越来越大，越来越重要。概括而言，目前我国除人民团体之外的各类社会自治组织参与和影响公共决策的方式主要有以下几种：

（1）组织的领导直接参与政治机构并担任职务，与政府特别接近的一些民间组织，尤其是工商联、共青团、妇联、工会、计生协会、老年协会、某种行业协会往往都有代表参加从中央到地方的各级人民代表大会和政协机关，作为一种惯例，工商联的会长在各级政府的人民政协中通常还兼任副主席。①

（2）参与政治活动，向决策部门反映问题，提出要求，呼吁支持，并对地方经济社会发展计划及政府工作发表意见，提出批评，参与政治选举活动等。例如，北京三个著名的环保组织——自然之友、地球村和绿家园近年来一直通过开展环保宣传、参与环保行动、批评破坏环境的行为、提出种种环保建议等方式主动与政府取得合作。②

（3）直接参与政策制定。例如，有的地方政府允许民间组织参与政策的制定，规定工会组织可以参加物价、工会、工资改革等临时性工作小组，对物价和工资等政策发表意见；有时，国家权力机构也会邀请民间组织对专门政策的制定和实施发表意见，如九届人大一次会议在修改宪法之前，曾就修改条款中涉及非公有制经济的定性问题，特别听取了各级商会的意见。③

（4）组织成员通过任职各级人大代表或者政协委员直接对公共决策表达意见。他们通过合法途径，以合法方式在各级人民代表大会和政协会议上组织提案、通过会内外会的联络，对各种会议的提案审议、表决、通过施加直接或间接影响。

（5）以组织名义，通过各种渠道，直接表达意见，对公共决策乃至法律制定施加影响。例如，在《劳动合同法》制订过程中，在华外资企业联合会不仅表现出了高度的参与意识，而且通过各种方式对立法进程施加影响；在《邮政法》的修订过程中，上海多家民营快递公司联名向全国人大、国务院、发改委、主管部门陈述自己的主张，意图影响立法。

---

① 俞可平：《中国公民社会的兴起及其对治理的意义》，载《中国公民社会的兴起与治理的变迁》，社会科学文献出版社 2002 年第二版，第 212、213、207、212、215 页。

② 陆建华：《大陆民间组织的兴起——对北京三个绿色民间组织的个案分析》，载《中国社会科学季刊》2000 年总第 32 期。

③ 俞可平：《中国公民社会的兴起及其对治理的意义》，载《中国公民社会的兴起与治理的变迁》，社会科学文献出版社 2002 年第二版，第 212、213、207、212、215 页。

三、自治组织发展中存在的问题与法律规制

（一）自治组织发展中存在的问题

总体而论，我国社会的自治组织目前还处于初级发展阶段，组织设立和发展的原动力不足，组织影响的社会认知度低、公信度差，内部治理模式有待完善，以下问题比较突出：

（1）缺乏自治，政府色彩浓重，“民间”性不足。现阶段我国许多自治组织都是由政府牵头自上而下组建的；部分自治组织的负责人是由政府官员兼任的，甚至一些自治组织的负责直接由政府任命；一些全国性的大型自治组织的人员编制由政府确定，经费开支也由政府拨付。这些组织的管理方式有明显行政管理的痕迹，办事僵化，官僚习气浓厚，缺乏活力和创新精神。据统计，目前我国77%的社团领导位置由主管部门或“挂靠单位”的领导所占据。尽管这种做法后来受到政府的批评，中央甚至明确规定现职处以上党政机关干部不得担任民间组织的主要领导，希望以此来从制度上保证民间组织的自主与自治。但是几乎所有重要的民间组织的主要领导都由从现职领导职位退下来或由机构改革后分流出来的原政府党政官员担任。民间组织的成员也普遍很欢迎具有“官方”背景的人士进入组织领导层，他们认为“一个社团的状况通常取决于参与的单位领导的份量”①，主要原因是我国社会目前还缺乏党政架构以外解决公共事务的他种渠道，官员或者拥有官方背景的组织干部拥有或者曾经拥有的权力和资源更有利于组织工作的开展。

（2）组织意愿不足，对外协调能力较弱。由于一些自治组织的设立与发展存在被“授意”的种种状况，组织建设未充分体现和尊重成员意愿，组织的代表性较差。日常运作中不能集中、综合、表达组织意愿，捍卫组织成员的共同利益，因而也就得不到成员的广泛支持和拥护。一些组织由于缺乏代表性，因此也就不具备与政府进行议价的能力和机会，实际上也就丧失了影响和参与公共决策的能力。

（3）设立门槛过高，生成和发展困难。根据现行社团登记管理条例规定，申请设立社团须经业务主管部门同意，这导致找不到主管部门或者一些机关为避免麻烦不愿意作主管部门时社团登记困难；条例规定拟设立的社团需具备法人条件，且对社团设立规定了最低会员和最低资本金要求，也使一些小型社团组织无

① 高丙中：《社会团体的合法性问题》，载《中国社会科学》2000年第2期。

法获准登记；另外，社团设立还需登记主管审查批准，而批准与不批准的权力掌握在登记机关手中，申请者缺少不予以批准时的有效救济手段。现行社团登记管理条例这些限制性条件的设置，使社团设立的困难程度大大增加，不利于社团组织的健康有秩发展。

（4）过分追求组织利益，社会公信度较差。自治组织不应以营利为目的，尤其是组织中的负责人与工作人员不应利用组织机构为自己谋取私利。现实却是几乎所有自治组织都在从事营利性活动，更有甚者，一些自治组织还和业务主管单位或者合作单位勾结起来，利用行政权力或公共服务职能谋取非法利益，导致组织的社会认知度和公信度大大降低。2011 年“郭美美事件”引发了中国红十字会的公共信任危机，一系列涉嫌滥用红十字资源的现象在被曝光的同时，中国红十字会的慈善资金的募集能力也因此大大降低。

（二）法律规制

关于社会自治组织的管理，我国现在还没有一部统一的、专门性的法律法规来进行规范。现行唯一专门对社会组织进行法律监管的法规就是 1989 年制定、1998 年修订的《社会团体登记管理条例》。从该条例的规定来看，该条例立法时显然并没有把所有符合“志愿性、非营利性”的社会组织都纳入该条例的法律监管范围。如我国现行法律明确规定基层公民的自治组织——村民自治组织、居民自治组织，[①] 还有数量更为庞大的业主大会（委员会）组织就没有被纳入登记管理范围，它们由其他专门的法律法规进行调整。另外，该条例还把“参加中国人民政治协商会议的人民团体”、“国务院机构编制按理机关核定免予登记”、“机关、团体、事业单位批准成立且在其内部开展活动的组织”三类社会组织排除在社团登记管理的法律规范之外。

总体而论，我国现行关于社会自治组织法律规制存在着立法不统一、多头监管、体系混乱、法律规范粗糙等一系列问题。具体表现为：

现行关于社会自治组织规制的法律法规，除《社会团体登记管理条例》（1998）外，还包括一些单行法律法规对一些特定社会自治组织的设立、职能、组织架构进行特别立法，如规范基金会的《基金会登记管理办法》（2004）、规范工会组织的《工会法》（2001）、规范律师协会的《律师法》（2008）、规范消费者

---

① 2010 年年底，基层群基层群众自治组织共计 68.2 万个，其中：村委会 59.5 万个，比上年减少 0.4 万个，降低 0.7%，村民小组 479.1 万个，比上年减少 1.4 万个，村委会成员 233.4 万人，比上年减少 0.6 万人；社区居委会 87 057 个，比上年增加 2 368 个，增长了 2.8%，居民小组 130.7 万个，比上年增加 1.2 万个，居委会成员 43.9 万人，比上年增长 1.9%。民政部：中国社会组织和自治组织发展成效显著，2011 年 6 月 16 日 17：59。资料来源：中国新闻网。

协会的《消费者权益保护法》(1994)、规范证券业协会的《证券法》(2006)、规范注册会计师协会的《注册会计师法》(1994) 等。这些由单行特别法律法规规范的自治组织，除要符合社团登记管理的一般规范外，还必须符合相关单行法的特别规定。

另外，还有四类具有典型社会自治性质的组织，完全没有纳入社团登记管理条例规范的范围之内。它们分别是：(1) 由地缘关系决定的基层公民自治组织。一是村民自治组织，由《中华人民共和国村民委员会组织法》(1998) 规范；二是城市居民自治组织，由《中华人民共和国居民委员会组织法》(1989) 规范；三是物业小区的业主自治组织，由《物业管理条例》(业主委员会部分，2007) 规范。(2) 参加中国人民政治协商会议的人民团体。参加政协会议的人民团体有八个，即中华全国总工会、中国共产主义青年团、中华全国妇女联合会、中国科学技术协会、中国全国归国华侨联合会、中华全国工商业联合会、中华全国台湾同胞联谊会、中华全国青年联合会。这八大全国性人民团体，拥有数量惊人的基层组织。据不完全统计，至 2002 年八大全国性人民团体共有基层组织 5 378 424 个，成员数千万人。(3) 国务院批准免予登记的团体。除参加政治协商会议的八大团体外，以下 14 个团体经国务院批准可免予登记，免予登记意味着其活动不受社团登记机关的监管。这 14 个团体是：中国残疾人联合会、中国文学艺术界联合会、中国作家协会、中国法学会、中国人民对外友好协会、中华全国新闻工作者协会、中国国际贸易促进委员会、中国红十字会，中国外交学会、中国宋庆龄基金会、黄埔军校同学会、欧美同学会、中国职工政治思想工作研究会、中华职业教育社。① (4) 机关、团体、事业单位批准成立且在其内部开展活动的组织。有研究者将其称为"草根组织或虚拟组织"，包括读书会、合唱队、郊游俱乐部、业余体育爱好者协会、文学社、宗教团体、兴趣团体、老人会、联谊会、学生社团、疾病康复团体等。1999 年 8 月上海的一项调查发现在 92 个单位中一共有 4 658 个读书小组，其中 1 061 个关于社会科学、1 600 个关于科学技术、648 个关于经济与管理、644 个关于文学和艺术、705 个关于兴趣爱好的。② 目前全国范围内的该类组织的数量难以统计。大多数草根社团都是在社区中活动，拥有较强的自主性，并常常由志愿者运作。③

本书认为，我国社会自治组织要在社会治理中发挥其应有功能，完善自身组

---

① 《民政部关于对部分团体免予社团登记有关问题的通知》(2000 年 12 月 1 日民政部民发〔2000〕256 号)。

② 尹继佐主编：《2001 年上海社会报告书》，上海社会科学出版社 2001 年版，第 244 页。

③ 王绍光、何建宇：《中国的社团革命——勾勒中国人的结社全景图》，载《浙江学刊》2004 年第 6 期。

织建设，实现公民自我管理、自我服务、自我发展的基本功能，必须要在自治组织的法律规制方面进行一系列的改进：

（1）在社会自治组织立法时，应充分考虑以下问题：一是要考虑对公民社会自由的切实保护；二是要考虑对公共表达需要的保护，社会需要一种独立于其成员个人意志的、更加有效的群体或公众意思的表达方式；三是要对经济领域存在的市场与政府的“双重失灵”有正确认识，基于有效防止无序的市场化和市场经济中公共权力过度供应或短缺供应的问题，来确立社会自治组织的立法目的和原则。

（2）对自治组织的主体资格进行规制时，应体现结社自由与社团管制的平衡。结社自由是公民的基本权利，但是，必须注意结社权是一种特殊的权利，各种自治组织的兴趣无疑会危及现在的政治经济秩序的现有格局。只有谨慎合理地运用结社自由权才可能会促进政治与社会的良性发展，否则可能会导致社会动荡或其他恶果的发生。因而，保障结社自由权就需要对结社自由首先进行必要的限制与监督。一定要认识到对自治组织进行法律规制时，任何采取过度放开与过度限制立场都可能会危及社团的生成与健康发展。社会自治组织天然通过与政府的比照界定自己。在两者关系的对比中，政府通常被描绘成是大而僵化的、没有灵活性的、官僚主义的、等级森严以及无法接触穷人的。[①] 而蓬勃发展的自治组织却存在着发展成为一股独立政治力量并影响现行政党政治的可能性，极易对现行政府的权威及政治秩序构成强有力的挑战。政府与社会自治组织应该在国家与社会的二元界分中矜持的各自信守自己的疆域。[②]

（3）由于自治组织中的各种行业协会的行为天然地接近于联合行为，其也就必然内在地隐含着不正当竞争和垄断的风险，一旦各行业协会、商会所在行业处于激烈的市场竞争中，这类自治组织就很容易把天然的协调能力转化为共谋能力，用以作为不正当竞争和垄断行为的工具，实施有损于竞争者、客户、消费者以及组织内弱小成员利益的行为。由于其是以组织名义进行的统一行动，社会危害相当大。[③] 规范自治组织的法律，应该预先考虑到反对垄断与不正当竞争的必要。欧盟竞争法和德国法都很清楚地区分了企业与经济（企业）联合会，后者包含同业公会、农会、经济社会等，其对经济（企业）联合会所禁止或者允许的行为作为明确规定，一切旨在影响市场竞争质和量的行为都在禁止之列。[④]

---

① 何增科主编：《公民社会与社会团体》，社会科学文献出版社 2000 年版，第 336 页。

② 周志忍、陈庆云：《自律与他律——社会团体监督机制个案研究》，浙江人民出版社 1999 年版，第 42 页。

③ 储贺：《市场秩序论》，经济管理出版社 1999 年版，第 234 ~ 237 页。

④ 雷兴虎、陈虹：《社会团体的法律规制研究》，载《法商研究》2002 年第 2 期，第 47 ~ 56 页。

（4）社会自治组织所管理的事务，应当是公共权力机关不该、不宜或者不便插手其中，而营利组织又无力协调和解决的事务。这类事务包括：①政府不该管，但是从企业和社会的需要来看，还需要有人管的事务，必须由自治性的行业协会来承担。如一般性行业标准的制定、执行和行业自律等。②政府需要管，但是单靠政府难以管到位或者政府管理效率较低的事务。如行业信息统计、规划的编制与实施、质量监督管理、价格争议、垄断或者不正当竞争调查等。③成员有需求，但是单个成员又难以做到，或者即使做到也会付出高昂成本的事务。如行业人才、技术和职业培训、推动行业法律完善。向政府反映成员呼声等公益性事务。④国家经济发展需要，但是政府又不宜出面的事务。如对国外商品、资本、劳务进入设置必要限制，保护本国工商业以及应对其他国家针对本国企业的价格补贴或者倾销调查、诉讼等。

（5）加强自治组织的内部治理，严格规范其经费来源，避免因利益诱惑而使其丧失应有立场。[①] 即世界各国在非政府组织规范立法时普遍遵循的“利益回避”原则。主要内容包括：①禁止利润分配。组织从事经营活动所获利润，只能用于组织的公益事业，不得进行任何形式的利润分配。②禁止图利自身。组织员工应给付合理薪酬和福利，但理事通常不应支薪；组织资源不得提供用于组织公益目的之外的任何活动。③禁止非常规性交易。指利用职位等影响或控制组织使其进行交易，该交易带来不合理的利益且有害组织。④禁止资产复归。即组织终止运作时，不得将组织的任何资产分配给组织相关人员。为此应考虑规定：①自治组织不得接受政府拨款或资助；②自治组织不得接受成员应交纳会费以外的资助；③自治组织所有会员均等额交纳会费，不以其资产多少而有差别。唯有如此，方有利于自治组织真正实践其自律公益使命，维护社会公共利益。

---

① 刘治斌、褚万霞：《行业协会法律规制及其立法研究》，贾宇主编：《西北法律评论》（第二卷），陕西人民出版社 2007 年版，第 133 ~ 134 页。

第十六章

舆论意见

“舆论意见作为社会力量的组成部分，是中国式民主制度的一个最有活力的领域，也是现代中国法治国家转型的自下而上的推动力的发动者。将舆论意见纳入体制内的意见表达机制，则可尽量把民众发散的要求和偏好选择整合成政治系统能够处理的问题。”

舆论意见是社会力量的重要组成部分，舆论监督是民主制度建设的一部分。“现实世界中的政治社会都可以发现或多或少的是：共识的或冲突的；整合的或分裂的、或称非整合的；同质的或异质的。”① 舆论意见是中国式民主制度的一个最有活力的领域，这种生命力主要体现在舆论、意见与地方政府之间的关系领域，所以是一个地方法制领域的问题。

舆论意见与公共领域的形成关系密切，是社会制约国家、国家联系社会的信息平台，是现代中国法治国家转型的自下而上的推动力的发动者。舆论意见的制度化，也即构建“意见表达机制”，就能够对法制的发展与完善产生相当大的影响。当前中国新闻舆论监督体制实现基层民主自治与主流传媒相融合的制度变革，这是在中国特定社会语境下探索中国特色社会主义公共传媒模式，以回应后现代性在中国社会不断扩展和生长的现实状况和客观需要。② 把握住舆论意见的

① ［美］乔·萨托利，冯克利、阎克文译：《民主新论》，东方出版社 1998 年版，第 106 页。

② 蒋慰慧、郑涵：《中国新闻舆论监督制度变迁再思考》，载《当代传播》2011 年第 3 期，第 20 页。

实质及其制度化方式、现状，才能较好地对法制建设中的权利主张与制度回应进行更深的探讨。

第一节　作为社会力量的舆论意见

真理是通过各种意见、观点之间自由辩论和竞争获得而非权力赐予的，必须允许各种思想、言论、价值观在社会上自由地流行，才能让人们在比较和鉴别中认识真理。

一、舆论意见概述

舆论意见是公众对现实社会以及社会各种现象、问题所表达的信念、态度、意见和情绪的总和，体现了人们按照自我主观意志、价值尺度改造客观世界的努力，是人类所特有的社会精神现象。重视文化、观念和话语的力量，彰显舆论意见的批判精神，主张用动口而不是动手的力量来影响和制约政治权力，突出了舆论意见在地方法制建设中的重要作用。

（一）舆论意见的概念

“舆论”是自古而来的一个概念。“舆人”是与坐车官吏相对应的一般百姓的广泛含义，出现了“舆人之涌”、“舆人之颂”、“舆人之议”、“舆人之谤”等概念。这样，“舆论”一词在中国的古典含义可以理解为“普通百姓的看法”。而“意见”的含义在现代汉语词典中的解释是“对事情的一定的看法或想法；认为不对因而不满意的想法。”综合而言，“舆论意见”具有如下内涵：在主体上应该代表一定数量的“多数人”；从内容上是这些多数人基于一定的需要和利益；表现形式是通过言语、非言语形式公开表达的态度、意见、要求、情绪，通过一定的传播途径，进行交流、碰撞、感染，整合而成的、具有强烈实践意向的表层集合意识，是“多数人”整体知觉和共同意志的外化。统一在此内涵上，“舆论意见”与“舆论”两词在本书中如没有专门说明的话不作特别区分使用。

舆论不仅包括人们对于具体对象的意见，而且更多地包括人们对于社会某一领域或部分乃至整体社会的直觉；表现形式也不止于公开的意见，还包括道德观念的流露与通过行为表达的道德观念、关于社会的各种无定形的情绪表现。①

舆论作为公众的意见，是一种社会思潮，代表和反映了社会上相当一部分人的普遍愿望。作为多数人对社会问题的共同意见，舆论意见在社会意识结构层次中的位置，居于感性社会心理和理性社会意识的结合部，在社会意识结构中居于表层，是浮动的浅表性社会意识，具有情绪性和理智性、主观性与客观性、片面性与真理性矛盾统一的特点。舆论意见中混杂着理智和非理智的成分，这是舆论在意见质量上的一个显著特征。② 也因为此，舆论的发展方向并不确定，具有较强的可塑性。这就为舆论引导提供了较大的发挥空间。

具体而言，在当下中国，客观存在两个舆论场。一个是党报、电视台等"主流媒体舆论场"，即制度化的舆论意见（或称制度内舆论意见），忠实地宣传党和政府的方针政策，传播社会主义核心价值观；另一个是依托于口口相传，特别是互联网的"民间舆论场"，即非制度化的舆论意见（或称制度外舆论意见），人们在微博、BBS、QQ，或是茶余饭后议论时事，针砭社会，品评政府的公共管理。互联网成为"思想文化信息的集散地和社会舆论的放大器"，改写了"舆论引导新格局"。制度化监督和非制度化监督都是我国监督体系中重要的监督形式。两者既有共同点，又有不同点，既区别，又联系，相互监督，相互促进，共同维护社会有序、健康、和谐的发展，保证公共权力和社会权力的正确行使。

作为社会力量的舆论意见，指的是后者。而这一种舆论意见才是本书所关心的；在书中没有特别指明的话，仅只作为社会力量的舆论意见。从舆论意见的社会力量性质来看，舆论意见是一种非权力性质的表达，必须借助体制内的力量，实现自身的追求。由此，舆论监督与我国监督体系中其他监督形式的本质区别就在于舆论监督是一种没有强制力的监督。

（二）舆论意见的力量性

舆论意见的活动场域，首先可以理解为一个由民众集合而成的公共的领域，但民众有权要求在这一受上层控制的公共领域中能够议论、质疑甚至反对公共权力自身。这就是舆论意见的活动场域得以成立的根本。它一方面明确划定一片私人领域，在自由公开批判的时候，能够拒绝公共权力无理侵入；另一方面在运转过程中又跨越个人家庭的局限，关注公共事务。这使它又不等同于狭隘的私人领域。

---

① 陈力丹：《舆论学——舆论导向研究》，中国广播电视出版社 1999 年版，第 11 页。

② 许海、唐远清：《群体性事件本质、成因及防治的舆论学解析》，载《当代传播》2011 年第 4 期，第 48 页。

1. 舆论意见力量的特性。

舆论的力量是以其具有的制裁功能为基础的。一般来说，舆论的制裁主要有意见制裁和交往制裁。[①] 前者主要表现为其他社会成员的评价对社会成员的约束作用，这使社会成员尽量避免周围的社会成员对自己的轻蔑；后者则表现为其他社会成员对其采取冷淡和回避的态度，使其遭受精神上的痛苦和经济上的打击。可见，舆论的制裁力量是软性的，但其带来的后果是承受者可以直接感受和持续感受的。[②]

相较于刑罚而言，舆论的制裁功能具有更为及时的特点，它不需要司法中的特定的烦琐程序。在特定情况下，舆论预先警告的咆哮远比法律静悄悄的恐吓更能阻止罪过的发生。同时，法律死守条文，而舆论却像是“一只清理角落和缝隙的压缩空气喷嘴，法律的笨拙扫帚对这些角落和缝隙却无能为力”。[③] 另外，舆论的制裁也是廉价的，仅仅通过使一个人知道人们对他的社会评价来控制一个人，远比通过法律程序来实现这一点容易得多。

当然，舆论取代不了法律。舆论没有一个统一的标准，是多有分歧的裁决，而且有时还是不道德的裁决，如常见的“笑贫不笑娼”就是一个比较典型的例子。所以舆论在方法上是落后的，要求是含糊不清的，对制裁的定性和定量都是不确定的，它的步骤程序是粗糙的。

2. 舆论意见对地方法制的重点关注。

舆论意见已经成为了民主政治的社会基础。[④] 在许多轰动一时的舆论监督个案中，包括湖北省当阳市女市长范晓岚撞死女童案、山西省黑煤窑事件被撤女官员段春霞复出案、辽宁省西丰县县委书记张志国引咎辞职及复出案、深圳海事局党组书记林嘉祥猥亵女童案、南京市江宁区房产局局长周久耕抽天价烟案等，主角清一色都是地方官员。但是，舆论意见都是直指地方法制本身。网络舆论监督与地方官员之间的“亲合性”是非话语机制作用的结果。[⑤]

地方法制成为舆论监督的重点对象，这是一个很有意义的事实。中央与地方担负着不同的职责，他们履行职责的方式不太一样，地方官员因为直接关联着民众的利益，相对中央而言，地方法制可能为民众更不信任。[⑥] 他们手中掌握着巨大的权力。这些权力通常有着范围很宽的裁量余地，其行使经常呈现一种“神

---

① ［美］E. A. 罗斯，秦志勇、毛永政译：《社会控制》，华夏出版社 1989 年版，第 68 页。

② 陈冬春：《法律与其他社会权威在农村——以舆论为例》，载《理论界》2011 年第 7 期，第 55 页。

③ ［美］E. A. 罗斯，秦志勇、毛永政译：《社会控制》，华夏出版社 1989 年版，第 72 页。

④ 谢岳：《舆论意见：美国民主的社会基础》，载《江苏社会科学》2002 年第 2 期，第 123 ~ 129 页。

⑤ 王炳毅：《网络舆论与地方官员监督》，载《网络法律评论》2011 年第 1 期，第 109 页。

⑥ 当然，这样的说法并不意味着地方比中央腐败更多或更容易发生权力滥用情况，他们职责的履行都需要监督，而履行过程中都存在着权力滥用或者腐败的各种可能。

秘”的外观。特别是地方官员滥用职权、贪污受贿的案例频频见诸媒体，尽管让民众对中央反腐的决心有了充分的认识，但也使得民众的担忧和愤怒一而再、再而三地被点燃。因此，地方官员及其背后的地方法制的不当行为也就更容易受到人们的关注。

（三）舆论意见的分类

舆论意见按其存在形态，可分为隐性舆论意见、显在舆论意见和行为舆论意见。行为舆论意见是舆论的一种特殊存在形态，是指主要以行为方式表达的舆论意见，这种情形中通常还会夹杂着语言和文字的意见表达，严格来说是一种综合型舆论。行为舆论意见常因外界对舆论主体的强烈刺激而起，其间夹杂着强烈的情绪宣泄和情感冲动，其所产生的影响较之其他形态的舆论也更为巨大。一般地说，行为舆论的意见表达强度要大于一般的显在舆论意见。个人处于群体之中的时候，个性减弱，受群体意志支配的程度加强。① 游行、示威、静坐、罢工、罢课、群体性绝食、群众自发参加的悼念活动等都属于行为舆论意见。群体性事件便是行为舆论的一种，是行为舆论的一种激化表达方式，其本质是一种“以聚众行动表达一致意见，显示集体意志，肢体示威的舆论形态”。②

二、舆论意见的传媒载体

从古代社会到现代社会，舆论对政治生活的作用越来越重要，但是这种变化却是依赖于众多的非话语机制才得以发生，包括交通、信息传递、政治制度等诸多方面的巨大进步。③ 历史学家斯宾格勒指出，每种民主都有其相应的技术基础，比如投票箱的发明导致了代议制民主的兴起。而大众传媒在这个意义上可以看成当代民主的技术基础。④ 大众传播媒介已不再仅仅是充当意识形态的工具，它越来越多地成为兼顾社会舆论各种信息的“集散地”。而这个“集散地”就是哈贝马斯所言的每个人都可以进去的、以舆论意见为主导的“公共领域”。

（一）传媒载体的地位及作用

要考察大众传播与舆论的互动关系，就必须看到传播媒介在现代社会组织结

---

① 陈力丹：《舆论学——舆论导向研究》，中国广播电视出版社 1999 年版，第 95～96 页。

② 刘建明：《舆论学概论》，中国传媒大学出版社 2009 年版，第 84 页。

③ 王炳毅：《网络舆论与地方官员监督》，载《网络法律评论》2011 年第 1 期，第 107 页。

④ 转引自汪凯：《转型中国：媒体、民意与公共政策》，复旦大学出版社 2005 年版，第 56 页。

构中特殊的地位及角色作用。[①] 第一，与舆论形成起点有关的信息、知识，大多是由大众传播提供的。人们不可能亲历所有的事情，媒介成为客观现实与人的主观经验之间的重要纽带。第二，围绕争论焦点而展开的舆论动向，在很大程度上也依赖于大众传播的传播功能。通过大众媒体，人们了解社会和政治系统的运转情况，并表达自己的看法。当某种看法在较大的范围内形成一致时，就会对政治系统产生压力，从而促成政策的改变。这样，大众传播媒介自然而然成为舆论的主要传播路线、扩展装置和回馈装置。[②]

（二）基于传媒载体的传播演变及其特点

马克思认为舆论意见“具有连植物也具有的那种为我们所承认的东西，即承认它具有自己的内在规律，这种规律它不能而且也不应该由于专横暴戾而丧失掉。”[③] 人类表达一些看法或者获取别人的看法需要借助一定的途径，而这一途径历经了从人际传播到大众传播的演变。

在人类文明早期，人际传播是信息交流的主要方式，且以面对面地直接传播为主。因此，在人际传播语境下的舆论影响力也是闭合的，存在于特定的社会关系中。这种状态对公共领域的政策影响是不特定和隐秘的，无法外化到经验层面进行归纳观察，具有鲜明的个案特性。

随着社会的发展和传播科技的进步，人际传播手段与交往方式发生了根本性的变化。造纸术的改进和邮驿制度的建立，同时由于文字的运用和教育的发展，面对面的人际传播得以扩大。而等到报纸、广播、电视三大传统大众媒介出现迅猛发展，传播就不可避免地发生了翻天覆地的变化。相对人际传播闭合的渠道，大众传播渠道是公开的渠道；相对人际传播以社会关系为核心的特点，大众传播则是宽容的、接纳的，它希望更多人加入到传播活动中。大众传媒的出现使古典的人际间的“舆论”演变为现代的“舆论意见”提供了技术基础。

而等到网络环境出现，舆论意见更成为一种社会意识，它一经产生，就具有不依赖于意识主体的相对独立性，有着内在的发展规律。在现实的背景下，我国传统媒体面临着双重压力，艰难地生存在“擦边球”与“捅漏子”之中：一方面要接受各种新闻纪律的审查；一方面它又要面临市场的压力，这些压力主要包括同行业的竞争、读者的选择以及网络技术的挑战。其传播秩序具有明显的人为构造的痕迹。

① 胡远珍：《大众传媒舆论形成分析》，载《湖北大学学报》2002 年第 4 期，第 95 ~ 97 页。
② 汪凯：《转型中国：媒体、民意与公共政策》，复旦大学出版社 2005 年版，第 59 页。
③ 《马克思恩格斯全集》第 1 卷，人民出版社 1956 年版，第 190 页。

（三）基于传媒载体的舆论领袖

所谓舆论领袖（Opinion Leaders），是指“在信息传递和人际互动过程中少数具有某种影响力的中介角色者”。[①] 舆论领袖现象的产生和发展是与人类社会的发展相伴相随的。

在口语传播时代，生产力极其低下，“武力”是成为“舆论领袖”的条件。只有那些在自然灾害中还能全身而退的人、与野兽搏斗并能战胜它们的人，他们的经历才能成为人们生活的经验。到了文字传播时代，由于公众接受教育的机会很少，以及手抄本的费用昂贵，此时只有统治阶级更容易接触到文字信息、更容易成为信息的传播者，并最终成为“舆论领袖”，而这一切背后起决定作用的正是权力。在印刷传播时代，由于知识的普及，成为“舆论领袖”也变得更加困难，要想能够影响到他人、左右他人的言行，必须系统掌握某个行业或领域的知识、成为某个行业或领域的行家、专家才可以，这就是权威的作用。[②]

而在电子传播时代，由于信息的快速、远程传递，不是谁都能担当起舆论领袖这个角色的。在当下，公共知识分子由于社会地位、专业权威，在机遇和被接受度方面比一般人更容易成为舆论领袖，专家意见的作用日渐凸显，这也与社会转型与市民社会成长的时代背景有着密切的关联。

“英雄莫问出处”，其实谁都有可能被称为或者至少在一定程度上被公认为舆论领袖。随着以网络为标志的新媒体不断扩展，只要时机和话题恰当，原本默默无闻的草根人士，可能涉及的话题刚好是他们长期关注的，或者他们的话语被认为是具有专家效果的，也可能“一鸣惊人”，这样的事件已经屡见不鲜。

（四）新媒介语境下的舆论意见

新媒介是相对于广播、电视、报纸等传统媒体的一个概念，是指在计算机信息处理技术基础之上出现和影响的媒体形态，包含 BBS、博客、播客、手机、数字电视、移动电视等已经出现和正在出现的各种媒介新形式。新媒体具有个人性、即时性、互动性与社区性等特征。网络舆论是一种舆论，具有舆论的本质属性，不同的是它依赖网络技术，以互联网为传播途径。网络的通讯能力克服了许多基于身份的不平等，从而从根本上改变了控制着公共决策的官僚体系。[③]

---

① 邵培仁：《传播学》，高等教育出版社 2007 版，第 310 页。

② 郭庆光：《传播学教程》，中国人民大学出版社 1999 年版，第 31、196 页；王本朝、杜积西：《传播学教程》，重庆大学出版社 2007 年版，第 182 页。

③ Tim Jordan Cyber power: *The Culture and Politics of Cyber spa the Internet.* London: Routledge, 1999. P. 82.

1. 新媒介语境下舆论意见的群体极化。

在传播科技史上，每出现一种新的更为先进的传播媒介，都会扩大人们传播新闻和发表意见的自由度，但每一种技术或科学的馈赠都有其黑暗面。"在网络和新的传播技术的领域里，志同道合的团体会彼此进行沟通讨论，到最后他们的想法和原先一样，只是形式上变得更极端了。"① 拉塞·斯皮司（Russell Spears）与其同事也通过研究证明：网络中的群体极化现象更加突出，大约是现实生活中面对面时的两倍多。②

当下中国在这种背景下的舆论意见存在着两个倾向：对外表现为网络民族主义，对内表现为网络批判现实主义。这两种倾向集中表现为活跃在中国互联网上的"愤青"现象。网络民族主义除了以互联网作为情绪发泄和言论发表的平台之外，已开始在中国特色的政治氛围里，小心翼翼地试探水温，进行化言论为行动的尝试，这已在保钓人士自行租船前往钓鱼岛水域宣示主权的行动中得到体现。传统媒体担负着"舆论导向"责任，正面报道、成就报道是主要的，至少也是平衡报导，而互联网上所见的则完全不同，基本是问题揭露和现实批判。③在湖北巴东县"邓玉娇案"、云南晋宁县"躲猫猫事件"、浙江杭州市飙车案中，每个事件各不相同，但都像个巨大的漩涡，多方人士被裹挟其中。而这些事件的舆论意见，可以说都是一边倒。整个社会中只要持不同意见，甚至只要略显差异，就会陷入"不管说什么，都会被网民骂死"的窘境。

2. 新媒介对于舆论意见参与博弈的影响。

新媒介对于舆论意见参与决策博弈产生了深远而重要的影响。

（1）有助于消减信息不完全。在新媒介上，舆论自发现象下的公众就相关议题不断通过各种渠道搜集相关信息，寻找和发现新的线索，提出新的论据。2008 年发生的"周老虎"事件，就是在网民不断质疑和寻求新的证据中逐步使事件真相大白于天下的。

（2）扩大了个体意见的影响力。新媒介对舆论传播和发酵具有革命性意义，既改变了参与的方式，又增加了参与的深度。2010 年年末，由网友发动的"解救乞讨儿童"活动在社会上达到一呼百应的效果，甚至得到了各地公安部门的大力支持和政府的积极配合。

（3）提升了政府的管理能力。2008 年 6 月 22 日胡锦涛总书记通过人民网与

---

① ［美］凯斯·桑斯坦，黄维明译：《网络共和国——网络社会中的民主问题》，世纪出版集团、上海人民出版社 2003 年版，第 47 页。

② ［美］Patricia Wallace，谢影、苟建新译：《互联网心理学》，中国轻工业出版社 2001 年版，第 88 页。

③ 赵金、闵大洪：《网络舆论民意表达的平台》，载《青年记者》2004 年第 10 期，第 37～39 页。

网友在线交流时指出："通过互联网来了解民情、汇聚民智，也是一个重要的渠道。"政府也正是通过这一新媒介问政于民，从而为自身提升管理能力和吸纳民智、开启社会的民主政治进程进行公共的科学决策提供充分条件。2006 年与 2007 年深圳"两会"期间，奥一网和南方都市报连续推出"有话问市长"大型互动平台，打造了网络问政的雏形。[①]

（4）消减了监督的障碍。新媒介的低成本、急速性、匿名性以及去中心性，创造了一个有利于监督者、不利于被监督者的监督环境。传统的舆论监督方式所面临的障碍——被监督者封锁消息、拒绝采访、阻止言论发表、打击报复、提起针对监督者的诉讼等，[②] 在网络环境中得到了很大的克服。相比于中央官员，网络的这些优势在监督地方官员时更为凸显。

（5）加大了"信息断裂"。网络的技术性为企图表达利益诉求的公众设立了一个门槛。而我国以城市和农村发展分化为代表的不平衡性导致了一种现象的产生——"信息断裂"，这就导致了网络话语权的垄断。这种信息断裂的存在，会导致占有大量优势资源的人群操作网络舆论，从而使网络舆论沦为这些人群获取"自身利益的平台"。

三、舆论意见的作用

舆论意见是法治秩序的非制度要素和动力来源。在具体的个案论证或制度形成过程中，舆论意见除了以专家论证等方式直接介入各种具体的决策外，还经常以"舆论领袖"形式引领公众的思维方向。整体而言，中国特色的舆论意见将政府的公共管理推向了民主化、法制化和效能化的轨道上。

（一）舆论意见作用的定位

舆论意见的作用，就其对地方法制的作用来说，是对权力的监督。从古今中外的政治实践来看，对权力的监督方式总体上有两种：（1）以权力监督权力，即通过高级权力监督低级权力，或者是平行权力之间的监督和制约来实现；（2）通过权利监督权力。也就是通过公民权利来限制、阻止和遏制公权力的滥用。权利监督舆论意见是以社会力量的身份进行的监督，属于典型的权利监督权力，是自

① 蔡慧：《"网络问政"：协商民主理论视域下的中国网络政治景象》，暨南大学 2010 年硕士论文，第 27 页；普德法、李斌：《深圳市长：对网友尖锐的批评政府要海纳百川》，载《南方都市报》2007 年 3 月 24 日第 4 版。

② 王宗文：《权力制约与监督研究》，辽宁人民出版社 2005 年版，第 432 页。

下而上的监督，并不具备强制性。其原因主要在于以下几个方面：

(1) 舆论监督的主体。从今天来看，舆论监督的主体包括新闻单位和普通公民。尽管新闻媒体是在党和国家领导之下的单位，但是在现代社会，新闻媒体市场化、产业化迅猛发展的情况下，舆论监督的权利属性更为明显。

(2) 舆论监督的运行方式。舆论监督的运行是遵循“法不禁止即为同意”的原则，只要没有违背法律，就可以按照自己的方式进行活动。而权力监督却是必须严格地按照法律规定的程序，执行对权力的监督。

(3) 舆论监督的强制性。舆论监督仅仅提供一种道德上、舆论上的谴责，不能对公权力提出挑战，在直面公权力的时候往往缺乏一种强制力。通常的解决方法是通过舆论监督把事情曝光后，引起体制内具有强制力的国家机关的重视，从而产生强制性进而解决这一矛盾。

(4) 舆论监督运行的后续效果。舆论监督可以在开始后停止，这是监督主体的自由。而权力监督是根据法律的规定，必须开始的，如果权力监督停止就是违法。

（二）舆论意见作用的分类

(1) 权力制约。舆论意见发生监督作用，主要是通过两种方式：①通过舆论意见的张扬，给被报道者产生精神上的压力，使得他们不敢滥用权力；②通过舆论监督，引起国家公权力部门的注意，从而启动更具有强制性的审查。如“跨省追捕”、河南的“赵作海”事件等。

(2) 提升政府公共管理水平。舆论意见为政府公共决策提供“原生态”基础，促进政府决策的透明化、公开化，保障决策民主性与公信力。同时，舆论监督能够凭借自身优势，把社会焦点问题尽快反映出来，引起行政权力主体的重视，尽快形成相关的法规和政策，推动政府公共决策科学性，提高决策公信力。另外，舆论监督可以校正不合理的决策，及时遏制公共决策执行的异化。

(3) 缓解社会矛盾。舆论意见作为民间力量的诉求，可以使得社会上积蓄的利益冲突被表达出来并得到有效宣泄，从而使这些矛盾可以提早被发现并得到解决。

(4) 实现民众的民主权利。民众从自己的视点出发，通过各种媒介表达出各自不同的意见，捅破了政府与公民间的隔膜，有利于公民民主意识和责任意识的培养，从而增进了民众的自主性。而舆论意见的存在可以为公民参与权的行使提供了广泛、自由、理性的平台，直接扩大了民众参与国家和社会事务管理的权利，因为能够直接参与国家法治生活的毕竟是少数人。互联网络的发展不但加速了开放式政府的形成，进一步强化着社会监督的效力，保障了公民的民主权利，也推动了公民政治发展。2011 年 4 月 25 日个人所得税修正案草案公开征求意见的一天内，就收到 10 万多条意见，体现出公众极高的关注度和参与度。

（5）促进了法治功能的传播。舆论意见凝聚了很多私人权利，承载了民众的话语权，促进了法治功能的传播。首先是立法制定上的传播功能，推动对民意进行官方回应，影响法律规范制定。其次是司法审判上的传播功能。相对集中的公共舆论意见对公共决策运行和司法审判施加相当程度的影响和压力。2002 年的“刘涌案”由死刑改判死缓，最后在舆论意见的强大压力下改判死刑立即执行就是其影响司法审判的典型案例。

（6）换取公民对秩序的尊重。只有通过民主参与的方式，法律与决策才能获得最大的认同，这是因为，法律与政策的服从者本身就是制定者。[①] 借助意见舆论之媒介而展开的公共参与能够让法律与政策获得更大的支持，从而使得法律与政策本身能够得到合法化的论证。

四、舆论意见活动场域的边界

舆论意见的活动场域中“公众”是由私人领域中的“私人”所组成的，具有开放性和流动性，而这些私人组成的公众所共同关注的普遍利益又不可能不与个体在商品交换、社会劳动领域中的个体利益密切联系在一起，因此活动场域的界线也必然是模糊、不确定的。

这种活动领域的私人化和私人领域的公共化现象，一方面表现为公共问题与私人问题的同化状态，把公共问题做私人化处理，用私人判断、私人趣味、私人兴致化解公共领域的问题。另一方面还出现了公共领域入侵私人领域的现象，即“集体关注”对于家庭私人事务干预的强化以及现代经济生活对于私人生活日益广泛的影响。比如“人肉搜索”使私人生活日益丧失其私密性。以上两个方面的困境，可以归结为社会体制和治理的问题。就社会体制而言，涉及如何跨越社会发展和传统意识形态的障碍，建立一个安全有序的公共领域。就社会治理而言，就必须防止公共权力滥用，建立公共表达的空间和渠道。

在公共领域入侵私人领域中，更为值得重视的一个问题就是公权力介入的边界。由于公共领域主要构成要素，即公众、舆论意见与公众媒介、场所，这些要

① 哈贝马斯认为，现代法律所遭遇的困境是“具有合理推动力的信念和外部制裁的强制”之间的张力，即义务感与强制之间的矛盾关系，而只有通过商谈民主的形式，才能真正化解这一矛盾：“作为私人的法权主体，若他自己不通过对其政治自主的共同运用而澄清正当的利益和标准，并且就哪些相关方面的平等者应该受平等对待，不同者应该受不同对待达成一致，是无法充分享受平等的主观自由的”。参见［德］哈贝马斯：《在事实与规范之间：关于法律和民主法治国的商谈理论》，三联书店 2003 年版，第 31 页、前言第 7 页。

素在不同程度上都需要公共权力提供"照管"或保护，所以公共权力对公共领域的侵蚀也就势在必行。在 2009 年发生在广州番禺"垃圾焚烧选址事件"中，不同的媒体的报道数量与报道立场也不一样。如表 16 - 1 所示。[①] 就其内在原因，《番禺日报》是事件发生地的党委机关报；《南方都市报》由广东省委宣传部与省政府新闻出版局管理，既不受番禺区委、区政府职能部门的管理，也不受广州市委、市政府职能部门的管理，拥有相对超脱的立场。《广州日报》归广州市委、市政府职能部门管理，不受番禺区委、区政府职能部门管理，但番禺垃圾焚烧选址事件不仅是番禺区的事情，也是广州市的事情，因此，《广州日报》对番禺垃圾焚烧选址事件的报道立场介于《番禺日报》与《南方都市报》之间。

表 16 - 1　　广州番禺"垃圾焚烧选址事件"的相关报道

	报道阶段（2009 年）	报道数量	报道立场
南方都市报	起源期：9. 24 ~ 10. 23	0 条	未见报道立场
	扩大期：10. 23 ~ 11. 22	21 条（3 条评论）	公众立场、舆论监督
	解决期：11. 23 ~ 12. 31	29 条（17 条评论）	公众立场、舆论监督
广州日报	起源期：9. 24 ~ 10. 23	3 条	官方立场
	扩大期：10. 23 ~ 11. 22	6 条	支持垃圾焚烧
	解决期：11. 23 ~ 12. 31	19 条	支持垃圾焚烧
番禺日报	起源期：9. 24 ~ 10. 23	0 条	未见报道立场
	扩大期：10. 23 ~ 11. 22	4 条	官方立场
	解决期：11. 23 ~ 12. 31	4 条	官方立场

另外，随着媒体市场化进一步扩展，公共领域演变为"货币和权力媒体的行动领域"，主体间交往明显受制于货币与权力媒介的控制，以语言为媒介的沟通与共识日渐为利益交换所操纵，丧失了目的性而沦为工具性手段。国际政治经济形势的复杂多变，西方反华势力、分裂组织打着新闻自由和言论自由的大旗，也使网络舆论引导难度加大。

第二节　舆论意见的制度化演变

舆论意见虽然不直接参与决策程序，但是，从人类社会发展的历程来看，它

① 董天策、胡丹：《试论公共事件报道中的媒体角色——从番禺垃圾焚烧选址事件报道谈起》，载《国际新闻界》2010 年第 4 期，第 53 ~ 57 页。

们是作为人类社会法与道德的基本规范而存在。《荀子·劝学篇》云："故学至乎礼而止矣，夫是谓道德之极。"在西方，"道德"一词源于拉丁语"摩里斯"（MORSE），其意一般是指风俗、习惯，后引申其义，有道德原则、道德规范、行为品质和善恶评价等意思。人类真正实行法治不过是几百年的历史，而在漫长的历史长河中，人类社会基本秩序的维系以及精神动力主要是靠道德、德治。而这些构建为道德的风俗、习惯与社会规则等，其直接表征就是舆论意见。立足于中国最近二十余年基层民主自治这一政治变革的法律框架和社会变动，建构新闻舆论监督领域的基层民主自治与主流传媒彼此融合的体制，是中国特色社会主义新闻舆论监督体制内的结构性变革，是当前中国新闻舆论监督制度变迁的主要突破口之一。[①]

我们知道，缺乏强制力已经成为舆论监督的软肋。如果舆论意见从社会力量的定位进入体制内的意见表达机制，则可大大强化舆论意见影响地方法制建设的效用。就国家的公共管理而言，可以更为有序，成本也更低。同时，舆论意见有其自身的特点和规律，这些特点和规律既有发挥舆论监督的积极作用，同时也具有非理性的负面效应。所以将舆论意见逐渐纳入制度化、规范化和法制化的轨道上来，"无非是限制公民的选择范围，尽量把他们发散的要求和偏好选择整合成政治系统能够处理的问题"。[②] 这既是发挥其舆论监督作用的必经之路，也是扬其长避其短的必要之举。

一、制度化与非制度化的舆论意见

表达看法的方式很多，包括私下议论、电话、书信、短信和公开场合议论等，这是一种制度外的监督，或者说是一种非制度化的社会力量的监督。而主渠道的监督（包括人大、政协、报纸、广播、电视等）就是典型的制度内的监督，或者说这些舆论意见种类已经制度化了。

在法制监督的意义上，制度化监督和非制度化监督主要都是对公共权力进行监视、督查和管理。在我国，两者都必须坚持中国共产党的领导，必须坚持宪法和法律的原则。在这个意义上，它们都是代表人民的，都是具有广泛的群众基础与集体性的。

两者的不同点也是明显的。其一，非制度化舆论意见形成与演变基本上是自

① 蒋慰慧、郑涵：《中国新闻舆论监督制度变迁再思考》，载《当代传播》2011年第3期，第19页。

② 王绍光：《民主四讲》，三联书店2008年版，第170页。

发的，其监督具有高度的透明性。而制度化的舆论意见则不一定。如报纸杂志的内参。其二，地位和性质不同。制度外的舆论意见在国家整个监督体系中处于最基础的地位，实际上就是一种群众监督、公民监督和老百姓监督。而制度化的舆论意见可以说更为官方一些。报纸、电视等传统媒体的舆论传播一般是以消息通信、评论员文章、典型报道等方式进行的，属于自上而下的“沙漏式”传播模式，政府“把关”功能很强。“如果传媒属于政府，那么也就不是新闻舆论监督，而是政府自律的问题。”① 其三，拥有的职权不同。制度内舆论监督一般更具刚性，比如一般都能行使知情权等所采取的带有强制性和约束力的手段和方式。而制度外舆论意见则是一种软性的监督，它的力量在于舆论的影响力，影响力不在于它拥有有形的权力，而在于舆论造成的一种精神方面的道德压力。其四，监督的形式不同。制度外舆论监督主要采取通过媒体发布的方式表达公众的意见等。而制度内舆论意见可能采取听报告、询问和质询、特定问题调查等方式。其五，社会功能不尽相同。制度内的舆论意见的社会功能主要是监测社会环境，调整、制衡社会功能，推动社会健康发展，它是一种动态平衡的社会监督。而制度内的舆论意见则主要宣传党和政府的方针政策，引导社会舆论。

制度化的舆论意见与非制度化的舆论意见之间具有相互联系、相互监督、相互作用的关系。打通两个舆论场，通畅渠道，引导民间舆论场走上理性建设性的轨道，发挥制度外舆论意见在地方法制建设中的良好作用。而打通两个舆论意见场，呼唤民众的理性表达和有序参与，政府显然负有更大的责任。

二、舆论意见的演进

从古到今，无论哪一种体制的国家或者政府都非常重视舆论导向。古希腊时期的柏拉图就曾说过，政府对人民的言论不能放任不管。② 无数历史经验证明，作为反映人心向背的社会舆论，始终是影响人们的行动和局势发展的重要因素。

（一）中国的舆论意见

利用舆论的做法，本身是没有阶级性的。当代中国，舆论监督作为一种权利而存在，有其存在的政治基础和法律基础。中国古代即有“防民之口甚于防川”的论断。到20世纪80年代中期，“舆论监督”一词开始比较频繁地见诸报刊。

① 郑涵、沈荟：《当代中国新闻舆论监督的角色定位与历史语境刍议》，载《当代传媒制度变迁》，上海三联书店2008年版，第208页。

② 王树成：《新形势下舆论引导的战略思考》，载《理论前沿》2003年第6期，第13页。

而过去新闻实践话语中的"批评报道"、"负面报道"等，也逐渐为"新闻舆论监督"、"舆论监督报道"所替代。

中国古代就有一整套有关舆情管理的制度，大致有如下几个方面：(1) 收集舆情。清代著名思想家魏源系统地总结了古代获取舆情的渠道，如彻膳宰、进膳旌、诽谤木、敢谏鼓……[①]自然还有我们现代人比较熟悉的采诗观风、吏民上书、朝议和官员巡察等。采诗观风最有名的当数《诗经》的《硕鼠》。(2) 舆情管控。对舆情的管控主要有疏、堵和软控制之分，但是在君主专制、高度集权的中国封建社会，对舆情的管控往往是堵大于疏，控制大于引导，"罢黜百家，独尊儒术"、"文字狱"，并将"腹诽"、"腹议"和"心谤"入罪。而中国古代先民在进行舆论监督的同时，往往局限于进谏尽忠的纲常观念，为君主集权和开明专制服务，而非为了分权制衡与人民当家做主。清末维新派凭借报刊，以前所未有的规模和气势，让"变法图存"、"变法图强"的思想为大众所接受，促进了维新运动的发展。[②] 在一般法制建设方面，清末上海城市颇有社会影响的交通事故也成为人们关注的对象，并且基本一致地顺应了普通市民阶层的民意而采取了谴责强者与同情弱者的态度，所以在述及或报道此类问题之时才会出现如此明显的舆论倾向。[③] 但是，舆论监督与君主专制存在不可避免的冲突和矛盾，因此最终伴随君主集权的极端强化而走向衰败。[④]

在1949年以前，文人论政是中国新闻最宝贵的财富，也是中国新闻舆论监督的启蒙。在那个时代，文人论政的形成有这样几个条件：第一，借助于中间力量得以成长。20世纪20～40年代中国的政治格局是左中右并存，中间力量基础广泛。第二，当时的中国社会为民间报业的生存提供了制度保证。那一时期，就报业管理制度而言，大体上可以说是一种登记制，而不是审批制。第三，早期中国的报纸基本掌握在有理想的中国知识分子手中。从《大公报》、《申报》到《新闻报》、《观察》，这些报刊成为当时传播先进思想的载体。[⑤] 民国时期旅外徽州人所办刊物虽然以改良家乡社会、建设新徽州为己任，但作为媒介，只能起舆论监督的作用，无法保证地方政府乐意接受监督，从善如流。[⑥]

---

① 徐向红：《现代舆情学》，中国国际广播出版社1991年版，第83页。

② 刘兴豪、尹帮才：《论维新报刊舆论的社会影响力》，载《广西广播电视大学学报》2011年第2期，第60页。

③ 邵建：《清末上海城市交通事故与社会舆论——以〈申报〉相关报道为线索》，载《社会科学》2011年第7期，第173页。

④ 程少华：《中国古代舆论监督历史探源》（上），载《新闻研究导刊》2011年第4期，第77页。

⑤ 王永亮：《文人论政与新闻舆论监督》，载《当代传播》2011年第4期，第33页。

⑥ 张小坡：《民国时期旅外徽州人所办刊物与改造徽州社会的舆论动员》，载《安徽大学学报（哲学社会科学版）》2011年第4期，第156页。

中华苏维埃政府曾被称为“空前的真正的廉洁政府”，与舆论监督有着密切的联系。苏维埃中央政府机关报《红色中华》体现了以下鲜明的特点：内容丰富、语言通俗；发行量最多、影响力最大；鼓励与批评相结合；党和政府的支持与保护；群众的积极参与；公开署名；及时公布处理结果等。[①]

毛泽东特别重视舆论的力量，在1949年用阶级分析的方法将舆论分为两大类，也还用公正与否来区别舆论。[②] 毛泽东1955年提出“舆论一律”和“舆论不一律”的论证，是从人民民主专政对敌人和对人民两种作用的角度论述的。但是问题在于，毛泽东讲的人民内部舆论不一律的种种可行的具体做法，很长时期内没有得到实现。到了“文化大革命”时期，报刊上的每句话几乎成了法律，可以随心所欲地置任何与需要一律的“舆论”略有不同的意见于死地。毛泽东同志主张对敌人实行“舆论一律”、人民内部的舆论“不一律”又无法执行是他的斗争思想的必然结果，失误之处主要在于新中国成立之后仍然沿用战争时期的宣传政策，甚至将其进一步巩固、强化，这在很大程度上不能不阻碍新中国成立后言论自由的发展，导致错误地延续了战争宣传政策而导致的历史悲剧。[③]

舆论监督这一提法在正式文件中首次见于1987年党的十三大报告中，自此以后，这一提法反复出现在十四大、十五大、十六大和十七大的报告中。中华人民共和国的根本大法是舆论监督权利的法律基础。我国宪法对于公民的言论自由权、知情权和批评建议权的确认，构成了舆论监督的法理基础。

21世纪以来，政党意识形态传媒和商业传媒分流发展，进而实现权威主义体制之下的中国传媒体制结构转型，这不仅是最近三十多年中国传媒产业发展的现实态势，也是促使中国传媒领域与中国特色社会主义市场经济和政治变革发生联动的重要动力之一，有可能与权威主义新闻出版体制形成互动和补充关系，而且为将来中国传媒发展体系以及新闻舆论监督的制度变迁提供基本的实现形式。但是，这一体制转型更多的是解决中国当代传媒产业的发展问题，而对于新闻舆论监督的潜在影响远大于实际意义。[④] 而另一方面，这种权威主义体制之下的中国传媒体制结构转型，其弊病也非常突出，传媒生态方面商业性和公共性失衡就是显著的例子，这是亟待解决的大问题。

---

① 孙伟：《中央苏区时期的舆论监督及其机制：以〈红色中华〉为中心》，载《江西师范大学学报（哲学社会科学版）》2011年第3期，第65页。

② 陈力丹：《毛泽东论舆论》，载《当代传播》2011年第4期，第7~8页。

③ 丁聘、吴廷俊：《舆论“一律”与“不一律”的历史路径及走向探析》，载《国际新闻界》2011年第3期，第102页。

④ 蒋慰慧、郑涵：《中国新闻舆论监督制度变迁再思考》，载《当代传播》2011年第3期，第18页。

中国舆论意见发展的一个特色在于专家作为舆论意见的重要组成部分不断强化。知识精英多学科、多层面的知识论证有利于多方位、多层次地反映和还原事实真相，同时，又进一步提升了舆论意见。就专家引导理性的事件，不能不提到“孙志刚事件”。我们发现法学专家的介入，使舆论有了一个非常明显的理性转向，将公众由对事件感性的认识引申到理性的反思最后到合理的对策的出台。从事件最终的结果可以看出，公众对抗性的情绪回归到了合作性的理性，政府也进入积极的行动中去，最终结束了收容遣送制度，取而代之的是《城市生活无着的流浪乞讨人员救助管理办法》。专家意见同时也增强了民众的凝聚力，其增强民众凝聚力的原因并不在于专家本身，而在于专家意见本身所具有的现实合理性，它本身也是以一种自由和理性的行动为基础的。但是全民道德失范现象在知识精英身上也得到了相应的体现。另外，知识精英在新闻舆论监督中也出现表达的专业局限性以及对专业话语权滥用的问题。

中国共产党在领导舆论工作中的基本经验之一是要在反“右”、反“左”两条战线作战。邓小平指出，解放思想就是使思想和实际相符合，使主观和客观相符合，就是实事求是。新闻工作必须排除“左”“右”干扰，当实事求是派。[①]针对互联网造就的“去中心化”特质，胡锦涛总书记2008年6月20日与人民网网民在线交流时指出“高度重视互联网的建设、运用、管理”。

（二）西方舆论意见的演进——以新闻自由为视野

西方新闻自由理念经历了一个漫长的发展历程。17世纪，新兴的资产阶级就积极争取言论出版自由，为革命作好思想舆论准备。早在旧制度末期，法国一些政治和文化精英就明确地意识到，一种被称为公众舆论的无形力量，成为凌驾于绝对王权之上的新权威。1789年大革命的发生，给启蒙时代文人所谓的这种社会精神赋予了历史维度和意义。[②] 新闻自由理念最初的表现形式一般被认为是出版自由，而出版自由最早由约翰·弥尔顿提出，“让我有自由来认识、抒发己见，并根据良心作自由的讨论，这才是一切自由中最重要的自由”。[③]

在美国，资产阶级革命同样以“新闻自由”作为思想上的武器。独立战争之后，美国民主之父杰斐逊也为言论和新闻自由作出了最有力的理论贡献。18世纪，有两个宪法性文件载入了新闻出版自由的理念。一个是1789年法国的

---

① 童兵：《两条战线作战：舆论导向的基本经验》，载《中国广播电视学刊》2011年第7期，第14页。

② 洪庆明：《理解革命发生学的新路径和新视——18世纪法国的政治、话语和公众舆论研究》，载《史学理论研究》2011年第3期，第86页。

③ ［英］约翰·弥尔顿，吴之椿译：《论出版自由》，商务印书馆1958年版，第45页。

《人权宣言》，提出“每个公民都可以自由地从事言论、著述和出版，但在法律规定之下应对滥用此项自由承担责任”。一个是1791年通过的美国宪法第一修正案，提出“国会不得通过建立尊奉某一宗教，或禁止宗教自由之法律；不得废止言论与出版自由；或限制人民集会、请愿、诉愿之自由”。发生在19世纪末20世纪初的美国黑幕揭发运动，促成了美国政治、经济等领域的一系列立法，对美国社会的成功转型起到了非常重要的作用。①

资本主义社会早期政府对舆论的规制带有强烈的资产阶级统治的痕迹，大部分通过施行严格的法律制度、财团控制和包装的“意见商品”及加强对舆论的技术性控制等方法，在“观念的自由交换市场”中打造现代西方国家舆论市场的一整套“综合音响”。

随着资本垄断与兼并的加剧，西方新闻自由制度面临三大挑战：由于传媒资本的垄断与集中，政府控制新闻传媒的实力减弱，反过来对传媒的依赖性增强；传媒由于自身实力的加强和外界压力的相对减少，失控的倾向加大，表现为滥用新闻自由的现象严重；由于传媒作用与地位的加强，公众通过传媒参与社会政治生活的障碍加大。② 在互联网技术革命兴起后，西方网络舆论演变和发展的主线在于如何在纷繁复杂的舆论现象和广泛的公民权利与政治权利之间寻求权利与义务的统一。③

在日本突发核事故处置过程中，信息的公开与舆论的管控之间的协调起到了重要的作用。日本核事故对我国的突发核事件中信息发布与舆论传播有一定的启迪作用。④

三、舆论意见制度化的方式

按照结构功能主义的观点，舆论力量作为影响法治进程的政治角色，其结构性地位至关重要，它的合理性与合法性直接影响到意见表达机制的功能。而网络作为一种新兴的传播媒介，其宣扬的民主价值远远未达到可以为人类带来一种民主价值的境地，“如果我们过分夸大网络民主的作用和功能，最终带来的只是民

---

① 卢俊卿：《美国黑幕揭发运动与我国新闻舆论监督》，载《新闻爱好者》2011年第14期，第12页。

② 童兵：《比较新闻传播学》，中国人民大学出版社2002年版，第129页。

③ 杨志军、冯朝睿、谢金林：《政府规制网络舆论的缘由、策略及限度研究》，载《学习与实践》2011年第8期，第106页。

④ 赵彦磊、黄波、王彬：《日本福岛核事故对突发核事件中信息发布与舆论传播的启示》，载《社科纵横》2011年第6期，第237页。

主的幻像和乌托邦。"① 故而舆论意见需要纳入制度内，这不是一个是否可能的问题，而是一个政府如何去做的问题。

（一）舆论意见制度化的意义

实践证明，公民个体式的参与往往容易导致"参与的低效"或"参与的无序"。前者主要因为公民个体的力量太小，参与行为容易被忽视、被湮没；后者主要是因为公民个体的参与容易情绪化或者被片面误导，参与行为容易走向极端，甚至变成非理性、具有破坏力的"噪声"。舆论意见制度化的作用在于，一方面可以起到"扬声器"的作用，它把各种正当的、合理的、建设性的"声音"（意见诉求）放大，及时、清晰地传递给党和政府；另一方面还可以起到"过滤器"、"调节器"的作用，把各种非理性的"噪声"过滤掉，整合、传递其中的合理性因素，并调节人们的非理性情绪和偏颇的视角。

在"如何去做"的问题上，将舆论意见的制度化视为一种必然来进行全面、系统和深刻的研究，同时寻求政府制度化的边界，成为当前迫切需要着手展开的课题。当下，政府加强舆情应对，实施有效监控，强化政策监管和有效引导，努力将"非主流"舆论意见纳入自己麾下。

（二）舆论意见制度化的方式

把舆论力量制度化放置于目前中国的"维稳"现状中显得更有意义。如果政府的"维稳"只是采取"外科手术"式的技术手段，就只能产生一种机械的外在稳定，并且很有可能走到自己的反面，即"维稳"的努力越大、投入越大，社会越不稳定。这就不难理解，对政府来说，舆论意见制度化是"维稳"，扩大民众有序参与地方法制的重要形式。国家预防腐败局公布《2011 年工作要点》中首次提出要"引导社会力量有序参与预防腐败"。

一是政府强化法制规范建设与综合执法。依法治理舆论意见是政府规范舆论监督的指导思想与直接措施。一方面，加强对舆论的法律法规建设，提高现有法律法规的效力，解决适用问题并不断地完善司法解释，同时针对各类舆论主体强化法律义务，加强对网络信息发布、侵权行为和损害国家利益行为的综合整治，使微博等各种舆论的管理有法可依。在互联网时代，《全国人民代表大会常务委员会关于维护互联网安全的决定》、《中华人民共和国电信条例》、《互联网信息服务管理办法》、《计算机信息网络国际联网安全保护管理办法》等法律法规对

① 郭小安：《网络民主在中国的功能及限度》，载《中南大学学报（社会科学版）》2008 年第 5 期，第 636 页。

此均有明确规定。另一方面，相关政府机构加强综合执法，对滥用自由表达权利，随意威胁、中伤、诽谤、侮辱他人及制造和传播虚假信息、恶意言论等行为，进行严厉查处。对于2011年发生的多起关闭类似“我行贿了”的事件，北京市检控申处处长罗守梁解释其原因是“这种形式是不合法的。”①

二是加强主流媒体的舆论引导能力。面对微博客形成的繁杂凌乱的传播局面，政府改变传统受众观念，建立平等的交流机制，提高主流媒体“国家队”的议程设置能力及其影响力，巩固自身舆论引导地位，增强公信力，在舆论引导中抢占话语权。

三是有关部门和主流媒体积极参与网络媒体建设。政府、主流媒体主动培养拥有主流话语权的网络“舆论领袖”，占领网络舆论高地。当网络媒体与传统媒体共同关注某件事情时，就会产生强烈的共鸣、累积效果，使舆论的声音越发响亮，“孙志刚案”和“华南虎事件”就是这方面的成功案例。事实上，传统媒体在舆论信源提供上有关注优势，而网络媒体则在放大事件影响、提供舆论平台、集中反映民意上优势显著，两者应当相互配合，取长补短，使监督效果最大化。② 这一新闻舆论监督体系与权威主义传媒体制转型构成多元联动，这是当前中国公共领域和传媒制度变迁的发展方向。这一变革将会有力地推进当代中国新闻舆论监督及其体制发展，协调新闻舆论监督和传媒产业的竞争关系。

四是政府通过强化对行业自律和网民自律的要求，推动制定行业自律公约，积极引导微博、QQ等现代传媒业务的有序发展。近年来关于网络实名制与网络管制的探讨、研究和实践，也正是意在通过外部管制解决当前网络舆论中出现的一系列问题。2008年12月30日，洛阳市成立了全国首个网络发展促进会，市委书记发去贺信，认为“洛阳网友有了自己的‘娘家’”。

政府推动鼓励相关政府机构、行业组织、群众团体等开展文明上网活动，开展文明网站、文明版主等强化道德约束的创建活动，通过这些活动引导网络道德风尚与环境。

五是加强技术的制度规范。中国国务院新闻办公室2010年《中国互联网状况》白皮书说，中国主张合理运用技术手段遏制互联网上违法信息传播。通过有力的执法和有效的网络传播内容控制技术，严格执行微博、网站备案登记、准入管理、接入管理、电子支付业务等制度，建立健全微博、网站新闻信息采集发布的审查把关制度，敏感字屏蔽、主动删除甚至进行封号处理，净化舆论环境。

---

① 巴全东：《“我行贿了”网站只“飞”了十天　民间反腐网站的短命之旅》，载《新周刊》2011年7月4日。

② 孙士生：《强化网络舆论监督　提高虚拟社会管理水平》，载《领导科学》2011年第20期，第36页。

如果发生搜索引擎公司主动或者被要求滥用这种市场支配地位，通过人工干预搜索结果、操纵网络的运行和结果，就可能构成对信息网络传播的威胁。这样的行为会构成一种借助于事实上的垄断地位所产生的舆论控制。这一点让我们想起了20世纪90年代初对微软主宰网络浏览器的忧虑。①

六是发挥体制内的民主机构的作用。我国体制内有很多民主监督机构，如政协与民主党派。这些机构在履行政治协商、民主监督和参政议政的三大政治职能过程中，将提案与舆论意见有机结合起来，以达到更好的优势互补效果与良好的社会功效。而提案与媒体形成合力可促进问题得以更好解决，实现舆论意见效能成果的最大化。

而同时，通过吸收网民特别是其中的舆论领袖进入权力机关也是舆论意见作为社会力量在制度化过程中的一种表现。在2009年“老牛”在当地首次以网民的身份当选洛阳市人大代表。与此同时，包括网友flush在内的几位洛阳知名网友也被推选为洛阳市政协委员。这一事件本身突出了网民参政议政作用，但由此带来的一个直接后果就是网民从“体制外”进入了“体制内”，其反映的舆论意见也就被制度化。

七是邀请专家提出意见。专家意见是舆论意见中一个不可忽视的特殊组成部分，经常以“舆论意见”形式引领公众的思维方向，并经常发挥着重要影响。可以说，专家介入具体的法制实践已经不是一个新鲜的事物，甚至已成为一个常态化的制度。如2008年《厦门市人民政府制定规章和拟定法规草案的程序规定》、2011年《厦门市规章立法后评估办法》等。

（三）新媒介下舆论意见制度化的困难

对网络舆论进行监控、规制和引导方面存在无法回避的规制限度或难度问题：行政控制之难的主体限度、维护表达自由的客体限度及经济和社会效应的现实限度。②

1. 维护表达自由：新媒介下舆论意见制度化的客体限度。

在互联网时代，政府作为制度化舆论的主体，如果不能给予其规制的客体——广大网民自主表达的自由权利，或者对网民的表达自由权利视而不见听而不闻，持否定甚至是高压打击的状态，最后的沉寂化效应会成为真正的螺旋桨效应，并进而对该国的政治、经济、文化、科技发展，以至于民族精神、公民素质

① 杨雄文：《对〈互联网新闻开放协议〉的著作权法思考》，载《出版发行研究》2006年第9期，第72页。

② 杨志军、冯朝睿、谢金林：《政府规制网络舆论的缘由、策略及限度研究》，载《学习与实践》2011年第8期，第105～107页。

等都有巨大的影响和制约作用。

2. 行政控制程度：新媒介下舆论意见制度化的主体限度。

从舆论的本质和网络舆论的负面效应来看，权利的多样性决定了控制的必要性。如何运用权利限制权力，使其不至于滥用而侵害权利，政府规制的主体限度必然要求其拥有客观、理智和公允的立场，保障人民的知情权、参与权、表达权、监督权。

3. 注意力经济：新媒介下舆论意见制度化的现实限度。

网络舆论的注意力经济效正在并日益成为政府规制网络舆论时无法规避的最大现实限度。网络舆论正是在这些新兴的信息平台和通信工具的发酵作用下，生成和制造“注意力经济”。“人民警察苍井空”已经并非简简单单只是一次舆论引导的矫枉过正，还应该看到其微博营销的一面。[①] 抛去“人民警察苍井空”事件本身的对错不提，西岗区公安分局的关注度得到空前的提高。一次好的舆论引导，并非只是通过政府官方意志的强烈灌输，相反完全可以具备市场化意识，将政治与经济相结合，即让微博营销大显身手。这种注意力对其受众的社会认知、社会判断、社会决策和社会行为打上深深的属于每一个网络受众的“渠道烙印”。

第三节　现阶段舆论意见制度化的现状

和谐社会不是通过杜绝多元而求和谐，而是善于协调多元而构建和谐秩序。现在，舆论监督已被归入我国六大监督体系中，与“党内监督”、“立法监督”、“司法监督”、“行政监督”、“民主监督”一同作为社会主义民主建设的重要组成部分，对促进司法公正、保证社会文明和正义发挥着重要作用。

一、地方法制与舆论意见互动

地方政府在应对重大突发事件方面，强化舆论意见的应对工作领导机制，努力做到及时、客观、全面、真实地发布信息、沟通情况，促使危机向好的方向发展，在最大程度上发挥引导舆论的作用，也取得了很多经验。地方政府在突发事件考验中的种种表现，折射出不同地方法治水平的差异。从当前发生的舆论意见对地方法制发生影响的事件来看，主要有下列四种表现：

① 程毅颖：《“人民警察苍井空”的微博舆论效应》，载《中外企业家》2011 年第 14 期，第 217 页。

其一，回避。如果地方不能及时有效地回应公众具体的诉求，放任舆论意见发酵，可能使小事件演变为公共事件，最终使地方法制的公信力受到损害。例如，在 2011 年 5 月 26 日江西抚州市爆炸事件应对中，面对民众的质疑，抚州市政府没有给出实质性的回答，其公信力在民众心中大打折扣。

其二，回应。在机制上重视舆论，能迅速地采取措施回应，使社会矛盾在第一时间得到化解。在法制生活中，倾听和吸纳舆论意见的工作机制与方法对于地方法制事件的发展趋向往往具有决定性的作用。例如，上海 2011 年 4 月“染色馒头”事件再次体现了第一时间应对、公开透明应对的重要性。纵观整个应对过程，上海市政府刚开始的响应速度和级别无疑是成功的，极大地缓和了愤怒的舆论并巧妙地转移了舆论声讨的焦点，为挽救政府形象打下基础。随后的一系列真诚表态和补救措施也得到认可，尤其是对问题企业的处置和相关官员的问责，避免了舆论的激化，树立了政府的正面形象，“坚决不护短”给了民众最好的交代。事件也再次验证了面对危机真诚、坦诚、有效应对的原则。[①]

其三，制度性影响。决策过程中要正确对待不同舆论意见，如果没有有效地消减反对意见，那么决策出台后的施行仍将遇到不可预见的阻力。例如，2004 年《鼓浪屿旅游票务制度改革方案》从提出起民众就纷纷表示质疑。表面上整个论证过程也采取了听取了人大、政协意见，召开了各种听证会等形式，但实际上对各种反对意见避而不谈，没有把矛盾进行消化，从而导致在《办法》出台后引起更强烈的舆论意见批评、干预和抵制。

其四，制度外影响。舆论意见经常转为现实行动，对地方法制造成更直接的压力。实际上，如果舆论关注的核心问题得不到回应或进行有效沟通，很多民众已经不是作为旁观者对待事件，不满足仅仅在网络上发帖，他们通过电话、直接上门、在街头表演行为艺术、旁听开庭、上街游行等方式来表达他们的情感、态度。例如，在 2007 年“厦门 PX 事件”、“广州垃圾焚烧发电厂选址事件”中，部门市民集体“散步”以示抗议。

其五，压制。以刑事惩治行政化、私人化、利益化为主要表现形式的地方偏刑政策，将直接影响到以知情权、参与权、表达权、监督权为核心内容的公民宪法权实现，对政治民主化、法治化进程无疑会产生显著的消极影响。[②] 民众因发帖对地方政府或官员进行批评而遭刑事指控案件每年都会发生数起，其中绝大多数案件最终以办案机构撤销或纠正错案告结，如“山东曹县段磊诽谤案”、“四

---

① 《2011 年第二季度地方应对网络舆情能力推荐榜》，人民网 http://yuqing.people.com.cn，2011 年 8 月 14 日登录。

② 陈堂发：《网络舆论监督的困局：偏刑主义地方政策》，载《当代传播》2011 年第 4 期，第 17 页。

川蓬溪邓永固诽谤案”、“陕西商州张佰庆兄弟诽谤案”、“河南灵宝王帅诽谤案”等。

舆论意见对地方法制的影响并不仅仅体现在上述的几个现象中。认真对待因各种权利诉求而发表的“舆论意见”不仅是地方法制，乃至国家法律能否得到足够尊重的根本保证，同时，也说明了各级决策部门是否有足够的诚意和能力合理并公正地对待“舆论意见”，是决定法治国家的成败之关键。

权利正当性在根本上还是一个标准问题，它能够为既有权利和新设权利的构建提供逻辑和价值上的证成，它是权利发展的航灯，昭示着前进的方向。[①] 尽管在公共领域中的舆论意见表现不一，参差不齐，但在一次次的实际博弈中，还是形成了一些吸纳舆论的固定渠道，推动了具体的制度性安排。例如，在“厦门PX事件”之后，重大决策向市民征集意见写入了厦门地方政府规章。如《厦门市人民政府制定规章和拟定法规草案的程序规定》的第五条、第十五条，以及《厦门市规章立法后评估办法》第十六条规定等。吸纳舆论意见的良性制度不仅在地方实践，在最高立法机关，草案向公众征集意见也早已成为制度性安排，如《物权法》、《劳动合同法》与《就业促进法》等。

二、制度化中专家意见贬值

“科学”的字眼在人类的思想中代表正确、理智和应当相信与接受。[②] 但是，专家意见也常常出现贬值的情形。不知从何时起，“专家”经常被冠以“砖家”的称呼，声望和公信力却频频遭到质疑。

（一）贬值原因

1. 利益影响。

首先，当今专家言论的阵地之一主要是高度市场化的报纸，这就必然使专家的表达受制于媒体和出版业的市场逻辑及其对经济利益的追求，被纳入到大众消费文化的商业生产体制中，而无法完全服从于公共利益的原则。其次，专家中的相当一部分人被行政机关雇佣或受雇于某些利益集团，从而成为个别利益的代言人和喉舌，但他们却以公共利益代言人的面目出现。最后，专家也同样具有经济人的特征，出于利己动机或个人喜好，作出有违客观事实和科学精

① 杨雄文：《系统科学视野下的知识产权》，法律出版社2009年版，第158页。

② 杨雄文：《法庭科学的审查》，载《贵州民族学院学报》（哲学社会科学版）2007年第5期，第77页。

神的咨询。①

2. 能力缺陷。

在专业分工愈加明细的当代社会，专家的要务仍首推知识本身。就专家个体而言，可能存在知识结构单一，非专业信息有限等能力方面的缺陷，也就是所谓的“学统不存，逞论道统？”

同时，强调专家不仅要具有为公众言说的意愿以切实站在公众立场上介入现实论题，而且也要具备向公众言说的能力——熟练运用公共话语自如表达。例如，水利专家一会儿称“三峡大坝能抵抗千年一遇的洪水”，一会儿又说“能抵抗百年一遇的洪水”，但实际上，前者是指洪水来临时三峡水库加荆江分洪区共同作用能确保下游安全，而后者仅指三峡水库自身的防洪能力。

除此之外，对论证的专家群体而言，可能存在专家结构层次的相对单一、专家规模的不合理。

3. 媒体责任。

媒体在专家公信力丧失的问题上同样负有不可推卸的责任。很多技术型专家的表述往往会被个别媒体断章取义，作为博取关注的卖点。例如，某专家在就“寒冬、暖冬”说具体情况如何要等到冬天结束对比同期温度后才能得出科学结论，结果翌日“寒冬还是暖冬，专家说冬天结束后才知道”的新闻就火了。另外，过于依赖单独信源，未能充分听取多方意见，也有可能造成偏听偏信的问题。这就好比每年的“两会”报道，“雷人”的代表委员未必那么多，但媒体的选择放大了传播效果。《中国青年报》的一项调查就显示，28.5%的人认为媒体放大了专家的负面形象。②

（二）成为舆论领袖的要求

美国社会学家罗杰斯认为，舆论领袖应该是“观念领导者”，首要特点就是“外界沟通”。该特点又有三种表现方式：“观念领导者比追随者有更广阔的渠道接触大众媒体”；“观念领导者比追随者具有更开阔的眼光和世界观”；“相对于追随者而言，观念领导者与创新代理人有更多来往”。③

在中国的语境中，学者从“公共知识分子”的角度来阐述：一是知识分子的心灵必须有独立精神和原创能力，他必须为观念而追求观念。二是知识分子必

---

① 原华尔森集团董事局主席兼总裁谢根荣托人自制的“金缕玉衣”被包括原故宫博物院副院长杨伯达等五位国家级专家鉴定价值为24亿元。

② 郑钦、丁立、詹书远：《是什么让专家成了“砖家”?》，原载《解放日报》，转引自凤凰网 http：//culture. ifeng. com/1/detail_2011_04/24/5945923_1. shtml，2011年9月4日登录。

③ ［美］Rogers. E. M，辛欣译：《创新的扩散》（第四版），中央编译出版社2002年版，第277页。

须是他所在的社会之批评者，也是现有价值的评价者。三是知识分子还需就社会政治问题面向公众写作，具有“应用性”、“当代性”和“结果定位”。知识分子只有具备上述三方面要素才能称之为公共知识分子。[①] 当然，公共知识分子还应该淡泊名利。“没有政治名利场上的束缚羁绊，没有市场纷繁复杂利益的烦扰，知识分子在社会中可以冷静地理智地看待社会问题，发出真实的声音……”[②]

三、舆论意见对司法审判发生影响

近年来，舆论发出的各种声音也影响着司法活动的过程。舆论意见对人民法院审判活动进行监督的形式，概括起来有以下几种：对立案前的披露、对庭审过程的报道、对结案后法律文书的评判，以及对人民法官职务行为的评议。而对司法工作所发生的影响也有几个方面：舆论导向对法律依据的影响、开放性的新闻舆论对封闭性的法律程序的影响、新闻信息的质量对司法裁判的影响，以及新闻舆论对独立行使审判权的影响。[③]

舆论监督和司法独立的规定性，都是根源于我国《宪法》，都是以维护社会正义为根本的价值目标与价值追求，两者彼此间有广泛而密切的联系。首先，正确适当的舆论意见介入形成强大的压力，与司法内在的公正力量相结合，有助于实现司法上的公正。其次，司法审判应具备的公开性和透明性，不仅仅是对于媒体报道和媒体监督司法的需求，更是对于公众对社会问题知情权的满足。最后，舆论意见对司法审判过程的传播，大大普及了法律内容，弘扬了法治精神。纵观这些年，一些在国内引起重大影响的特殊案件，如安徽阜阳劣质奶粉事件、云南“躲猫猫”事件、各类煤矿爆炸坍塌等恶性事件，无不是在舆论监督之下得到了最终的审判，从而使沸沸扬扬的民怨得到平息。

随着舆论监督地位日渐突出，各法院都毫无例外地将舆论监督作为一种重要的监督手段。但是，在实践中出现了“舆论审判”以干扰甚至威胁司法权独立行使之势。在司法个案中，民众不会考虑“故意与过失”，也不会去区分“犯罪未遂与中止”，作为“行外人”，民众内心所坚持正义的大多还是传统的“以牙还牙”的报复主义。民意所代表的也是正义，而此处的正义只是道德层面的正义，是感性的大众思维。

---

① 汝绪华：《论公共知识分子精神与均衡阶层话语权》，载《理论导刊》2010年第7期，第16～19页。

② 朱苏力：《公共知识分子的社会建构》，载《天涯》2004年第5期，第162～174页。

③ 罗哲：《加强新闻舆论监督与促进公正司法的法理视域》，载《湖南涉外经济学院学报》2010年第1期，第18～19页。

舆论能够制造和引导一种“群情激愤”的舆论氛围，基于道德价值评判案件，给公众造成一种“先入为主”的影响。一些媒体往往站在受害者的立场上考虑问题，不能做到法律意义上的公正评判，而且有些媒体超越报道新闻、提供信息、引导舆论的职能，转而担当“民间审判”的角色，这些往往都在很大程度上影响了司法审判的进程。此外，媒体舆论对涉及国家机密、个人隐私以及影响社会稳定的案件的报道，也造成了不小的负面影响。如河南郑州某公安分局局长张金柱酒后驾车撞人逃逸一案，其代理律师一直以“舆论高压”作为审判不公的理由。

审判独立被舆论被动干扰逐渐转变为法院主动向舆论寻求“干扰”。如药家鑫一案，在判决前，审判法院曾向公众征求量刑意见。将量刑这种十分专业的任务交给并不具备专业能力的旁听者“参考”，显然不可能构成相得益彰的法律效果，只会在无形中对法官独立审判的意志和能力，构成一种不必要的干扰和妨碍。舆论监督与被告人获公平审判权利的矛盾性，其根本原因在于审判独立并没有得到真正贯彻，法官不能真正做到只服从于法律。①

四、网络传播“把关”力量削弱

相对传统媒体而言，网络新闻传播中各级“把关人”对信息的控制相对较小，信息准入的标准更加宽泛，如一些网站对传入网上的信息基本不加修改，只做简单合法化把关。超链接、搜索引擎等服务的提供者则由于信息量之大无法进行传统意义上的“过滤性把关”。而且，网络的开放和复杂、传播与更新速度快、范围广、交互性强，反而使得网络媒体更容易充当“放大器”和“加油站”的角色，使虚假新闻得以更加迅速和广泛地滋生蔓延。西岗公安局官方微博“人民警察苍井空”事件中，官方仅仅只关注了苍井空倒也未必就会引来漫天口水，关键是该官方微博开通之后就几乎没有任何更新，而事件曝光后又只是很迎合的更新几句官方套话空话，让官方的“把关”也完全失去了意义，成为了一个虚设的装饰品。

五、道德仍旧发挥作用

在网络舆论传播的整个过程中，无论从社会事件在网络中呈现到意见领袖的

① 谢佑平、刘艺妍：《试论舆论监督与刑事被告获公平审判权利之冲突及平衡》，载《中国司法》2011年第8期，第38页。

评论与概括，还是从网民的关注与共鸣到网络舆论的形成，道德观念始终引导着舆论形成的方向，也筛选着浩如烟海的网络言论的真与假、善与恶。

首先，一般而言，能引起公众广泛关注并进行不同的道德评价，从而形成善恶、真假、对错的探讨甚至激烈争议的事件更有可能成为舆论意见形成的素材。在这一点上，网络舆论与一般社会舆论有着共同的形成因素。

其次，民众也要求网络媒体的从业者具备较高的职业道德与新闻素养，确保报道的事件或传播的信息真实可信。同时，网络舆论的参与者也应当具有较高的道德素养和一定的甄别能力，既要有对蓄意挑起社会矛盾的虚假新闻的鉴别能力，又要有不传播恶意信息以危害他人与社会的道德品质。而对于舆论领袖的要求就更高了，一方面他们应当中立公正，另外舆论领袖对于社会现象和问题的评价与分析必须符合公众内心的道德判断，与他们的善恶判定相一致，才会被公众接受并主动自愿地进行传播。著名影星成龙因在 Twitter 上为菲律宾特警拯救香港人质不力辩护而遭到网民的狂轰滥炸，就是一个很好的例证。这又从另一方面反映出大多数网民们不会盲目跟从权威，而是通过自己的道德评价与善恶分析去验证舆论领袖的观点。

最后，民意在关注权力运行的过程中往往表现出两面性。一方面，民意形成道德与权力运行的有机衔接，强化权力行使的社会效果，建立起权力运行更为坚实的基础；另一方面，道德情感往往使民意陷入情感判断，而很少关注权力运行中的技术化和程序化方式。权力一旦行使，公众最关注的往往是其结果是否符合日常生活中惯常的正义观念，是否符合社会大众的价值和道德观念，若不符合，公众就会觉得权力行使不公正，断而产生对权力行使的不信任。民意一旦形成道德上的结论，便利用道德优势尽情表达自己的要求和倾向，甚至用道德标准去恶意地衡量权力运行中的理性行为，形成民意与权力的冲突。

第五编

权利主张与制度回应

第十七章

权利诉求

“权利诉求是权利的实践和表达，是法律生活中因循意义向度的关于公义、公道的求索，体现为社会成员对其自身所享受权利的积极主张或实际行动，它事实上是法律与权利的更为真实的存在状态。”

关于权利的规定始终是存在的，然而仅仅是权利的规定本身可能难以真实地反映一个社会中权利的实际状态。权利规定的逻辑审思固然重要，但我们同时也必须重视以实证的角度来考察和认识法律的进路。那些仅仅被写在纸上而不起现实作用的法条是不是真正的法律，是不是“活”的法，就是一个非常值得思考的问题。埃利希认为：“唯有进入生活之中的规范，才是活的规范，其他的则纯粹是学说、裁判规范、教义或理论。”[①] 权利诉求就是这种活的法，它自己动态地维持着法律的生命，同时也不断地创造着新的“活法”，从而更新着法律与权利本身。因此，只有从权利诉求的角度来观察，才能真正了解和体察一个社会法治的进步程度与公民权利的实现程度。而权利主体总是生活在具体的地方场域中，其权利诉求总是在具体的生活现实中发生，并通过地方的权利诉求机构或传媒介质来实现，因此，可以进一步地说，考察地方法制这一场域之中的权利诉求，是观察一个国家法治状况的即使不是唯一也是非常重要的研究进路。

① ［奥］欧根·埃利希，舒国滢译：《法社会学原理》，中国大百科全书出版社2009年版，第44页。

第一节　权利诉求的基本内涵

地方法制问题研究所要秉持的即是一种实践的立场，在此立场之上，研究者应当更多地关注与法制运作、公民实践相关的问题。权利诉求就是一种以实践为指向的概念，其蕴含了行动中的公民对权利的理解和主张以及公民争取权利的勇气与努力。从概念上来讲，“权利诉求是指权利主张及其正当性的说明。”① 权利诉求是权利的实践和表达，是法律生活中因循意义向度的关于公义、公道的求索，体现为社会成员对其自身所享受权利的积极主张或实际行动，它事实上是法律与权利的更为真实的存在状态。

一、权利诉求与权利规定

权利概念在动态与静态的层面上分别与权利诉求、权利规定相关。权利规定体现了特定社会中立法者的意志与认识，它主要以立法文本的方式存在，作为权利保护的规范依据而被人解读和援用。然而，对于权利的产生与持存来说，权利诉求具有根源性的意义：没有权利诉求，权利规定仅仅是没有生命的僵死教条；而即使没有权利规定，权利诉求则能够创造出新的权利。“权利存在于文化、权力的场域或网络中，权利的表达和实践不但要受到文化传统的制约，而且与国家权力之间也存在着复杂的互动关系，权利的诉求和保护不仅意味着某种利益关系的建构，而且具有一定的价值宣示和意义获取功能。”② 因此，对于法治传统匮乏、传统治理方式（主要体现为人治）尚未完全丧失其影响力的当代中国来说，要建设现代法治国家，仅仅是进行大规模的立法而对权利进行规定是不够的，正如伯顿所认为的那样，“规则不能主张它们自己的实例，事实情况并不是有序地标着可被适用的规则，在等待着法官。规则不能规定其自身的适用，即使在最清晰的案件中，必须有人来适用它们。”③ 因此，权利的有效表达、主张和实现更加不可偏废，否则，权利不被尊重，法律不被信仰，权利与法律都将形同虚设。

---

① 夏勇：《人权概念起源——权利的历史哲学》，中国政法大学出版社 2001 年修订版，第 32 页。

② 刘培峰：《文化、权力网络中权利诉求的实践与表达——若干司法文本的解读尝试》，载《中国法学》2005 年第 5 期。

③ 转引自［美］安德鲁·马默主编，张卓明、徐宗立等译：《法律与解释：法哲学论文集》，法律出版社 2006 年版，第 51 页。

权利的价值和意义高远、博大且精深，法学是权利之学，因此，法学研究者当然就承担了如何将权利制度化、具体化以及权利诉求现实化的价值分析和实证研究工作。近些年来，我国法学界有关权利的研究取得了丰硕成果，并深深影响了中国的法治建设。上述权利研究内容涵摄非常广泛，包括了但不仅限于以下诸多方面：宪政、宪政文化、人权、权利与权力关系、法治政府、社会自治、国家赔偿、行政许可、行政复议、行政诉讼、行政程序、罪刑法定、死刑复核、刑法人道化、无罪推定、民法理念、私法文化、私法优位、私权神圣、契约自由、物权法立法原则、经济民主、社会公正、消费者权利保护、环境权利、人权与主权的关系、人权国际保护和人权国际化、程序正当、诉讼价值、诉讼结构、诉讼构造、诉讼权利本位、当事人主义的诉讼理念、举证责任倒置，等等。在这些领域之中，立法者之所以会加紧创制、完善法律文本之中具体的权利规定，不仅是其自身内在的自觉，同时也是由与之相对的、外在的权利诉求所推动的。权利诉求不仅是权利规定的现实化途径，也是权利规定创立、发展与完善的外在推动力。

二、权利诉求与权利更新

近些年来，当代中国的权利诉求对于整个社会权利现状的推进是值得高度重视并认真研究的。权利诉求不但激活了长期以来不被人们重视的传统权利类型，而且也持续地催生了若干新的权利类型和权利存在方式。权利本身并非仅仅是死板教条与概念标签，而应当主要体现为社会成员对自己权利状态的自我意识和高度敏感，以及对自身权利的自觉维护与努力申张。我们认为，我国正在如火如荼进行的权利诉求运动在以下两个层面对权利更新产生了重要影响。

一方面，传统的权利类型在权利诉求的过程中得到了重新发现。过去的法律文本和现行的同类法律文本都没有非常明确地在具体的法律条文中确认和规定某种法律权利，但从相关法律的具体条文的规定中可以合乎逻辑而合法地推导出某种将受到既定法律的肯定与保障的法律权利，经由权利主体以自己积极的权利意识为基础的权利要求与行动，传统的权利从一种隐形状态中“脱颖而出”，进而真正地成为法律意义上的权利，例如，民法上的“隐私权”、“生育权”，皆因权利主体的权利抗争而彰显进而获得法律实践的认同或法律确认。对此，法学家也早有论述：“规范，特别是源自罗马法的规范，在千年的历史过程中通过持续不断的扩展和丰富其内容，已经采取了一般的和抽象的形式，以至于它们可以适应各种不同的情境。”① 语言是抽象的和空洞的，但赋予它以鲜活生命力的正是权

① ［奥］欧根·埃利希，舒国滢译：《法社会学原理》，中国大百科全书出版社2009年版，第139页。

利诉求这种实实在在的行动力量。

另一方面，权利主体在主张权利的同时，事实上创造性地催生出若干新型权利。基本的权利分类始终是保持稳定的，然而，具体的权利内容和权利项目会因社会活动方式发生明显的改变。例如，进入网络时代后，知识精英借助网络平台撰写博客评论时政表达观点，这亦是一种体现了独创性的智力成果因而形成一种新型权利——网络版权。同时，随着社会的发展进步，利益主体及利益诉求都不可避免地走向多元化，此种多元利益的格局下，利益主体出于对自身利益的敏感和关注，主体的权利意识开始觉醒并逐渐增强，并采取切实的行动展开权利诉求和斗争，“也只有社会中客观地存在着基于主体为获得、保有或者处置一定的利益而进行的权利竞争和权利斗争，才有可能在法律制度的意义上将相应的权利诉求转化为真实的法律权利。这种转化也就形成了所谓的‘新兴’权利。”① 例如，遭受犯罪严重侵害却无法从犯罪加害人处获得赔偿因而陷入困境的犯罪被害人，向法院陈述自己的遭遇并表达申请物质救助的要求，有的被害人在诉求未果的情况下甚至采取极端的表达方式“恶逆变”为犯罪加害人报复社会，基于此种现状，被害人权益保护日益受到立法者的重视，被害人只是刑事诉讼程序中充当“证据炮灰”的历史开始得到改写，从零星的、非常态的被害救助实践，发展到大多发达国家纷纷进行犯罪被害人国家补偿立法，最终确立了犯罪被害人的“被害补偿请求权”。由此可见，随着社会成员权利意识的增强，权利观念的广泛接受，现实中形成了以权利诉求推进权利现状不断更新的局面，由此，文本权利更多地转向活动权利、公民群众更多地从被治理转向自觉参与权利的运动，而就处于社会转型期的当代中国而言，权利的新发展与权利话语的社会普及基本上处于正向互动之中。

有必要指出的是，“基于利益诉求的任何权利诉求如果要获得法律意义上的认可并被制度化从而成为法律权利，必须在社会意义上保持其政治无害性——即不破坏各种社会利益之间的平衡和不因此而导致社会秩序的混乱，尤其是不能导致社会秩序背后的价值和原则的混乱。”② 权利诉求始终是从个别主体的自觉意识而到群体性同类主体的自觉意识再到整个社会绝大多数主体的自觉意识，这样的自觉意识在整个社会层面的体现就是不同群体属性的社会主体类别最大程度地得到意见的沟通、协调并彼此求得基本共识，这种共识表明社会在整体上对于这种权利诉求给予了认同或者说对于这种权利诉求的消极社会后果给予了足够程度的理性容忍。正如前面所提及的“被害补偿请求权”成为法律权利的过程正是经历了这样一个充分的关于正当性的求证和公共讨论直至达成基本共识的历程。

①② 姚建宗：《新兴权利论纲》，载《法制与社会发展》2010 年第 2 期。

此种共识的达成并非基于"每一个人都是潜在的被害人"的共同恐惧，而是基于国家应负有让每一个国民享有人性尊严的生活之基本保护义务，也即是说，此种共识的达成并非基于利益而是基于价值和原则。

第二节　权利诉求的方式及发展变化

从1978年改革开放开始，随着经济的飞跃发展、社会结构的转型和公民精神的成长，中国人正在走向一个权利时代，民众的权利意识经由启蒙到崛起，权利行动由零星、偶发的非常态发展到成为人们生活的基本内容，其权利诉求的方式和内容也经历了巨大而深刻的变化。下面将从五个层面论述我国民众权利诉求的方式之发展变化：行政指向型权利诉求，法治建设进程中的司法指向型诉求（诉讼），网络时代的"集合型"诉求，极端而剧烈的"造势型"权利诉求，通过个人自我表达的权利诉求。此种类型划分和序列安排是从两个维度来考虑的：一是五种权利诉求方式所对应的时间纬度；二是五种权利诉求方式的形式特征。

一、行政指向型诉求

新中国成立之后，通过对传统家族带有拟制意义的社会组织的创新，社会进行了大规模的改组。整个社会都通过一种社会学意义上的带有"家族"特点的新型组织方式重新组织起来，当然因为组织的思想基础发生了重要变化，因而使组织内部的成员地位亦发生了变化，如工人、农民的地位在新型组织中发生了翻天覆地的变化。但从社会学意义上讲，组织方式的改变虽然是巨大的，但组织自身与前一社会阶段的组织方式仍然存在着一种类比性。谢遐龄教授非常重视这一点。[①] 当然，由于这种社会组织方式并不重视公权力机关性质的研究，也不重视权力机关之间的分工与制约关系，这些问题在组织原则中是认为事先已经得到了解决的，因而，组织自身就可以成为权利诉求的对象，找"组织"成为这种社会构造中权利诉求的自然现象，而"组织"也自然地成为决定每个人权利状况的合法机关。在特殊的情况下，甚至可能担负起更为激进的功能，如成为审判个人的"专门法庭"。

党政机关长期是中国社会普通民众权利诉求的主要目标，它们是中国社会中

① 谢遐龄：《中国社会是伦理社会》，载《社会学研究》1996年第6期。

真正的权力享有者，长期具有排他性的权威。当社会成员的权利主要不以法律的形式得到规定，而主要通过组织制定的规则得到规定之时，权利诉求也就自然地要向党政机关及其领导提出。这主要是一种行政性特色鲜明的权利诉求方式，解决权利诉求的方式自然也带有明显的等级性特点。这是1949年新中国成立之后逐步确立起来的权利主张方式，它使在传统君主专制政治体制与家长制的伦理环境中成长起来的社会成员，很自然地接受了这种与上述社会特点相联系的权利义务关系。

“文革”结束之后改革开放之初，“左”的极端措施逐步受到限制，社会管理开始逐步回归常识。但这一时期，法治在中国缺乏基础，法律领域被称为政法战线，主要承担巩固无产阶级专政、打击敌人的政治使命。因此，个人的权利诉求在国家制度方面是缺乏相应安排的，个人的一些正当的利益要求，只能通过组织渠道向自己所从属的单位和组织领导去反映，由他们经过相应的组织程序来考虑解决。民众心中根深蒂固的观念仍然是通过行政系统来实现权利诉求，这是由国家与社会高度同构的政治现实所决定的。一切的权利诉求都要通过行政系统来提出，司法机关与行政机关相比，究竟是否存在不同，在“文革”结束之初的中国，尚是一个问题。当法制建设不断取得进步，法律在社会生活中的地位开始增强之后，党政机关所代表的行政性诉求机构就必然会逐步让步于司法机关。

不过，由于转型期社会矛盾的多元和剧烈，以及法治建设的艰巨性和复杂性，以信访制度为代表的相关行政指向型的权利诉求制度，在相当程度上仍然延续了这样解决问题的制度供给，社会成员可以利用这样一些制度进行自己的权利诉求。近年来信访制度在维护稳定的体制刚性要求面前给权利者带来了新的制度功能。由于各级地方官员都面临着一个严格的维稳“紧箍咒”，即无论作出多少政绩，都必须保证不要在维稳方面出现问题。因此，许多上访户反而通过这种制度性的约束机制而开始漫天要价，提出一些不合理的要求。事实上，最初这些看似无赖者当初都曾经是善良公民，他们在被逼无奈之下成为社会无赖，反而能够对政府占据一个优势的议价地位。通过这种方式所形成的权利救济途径，虽然不是一种正式的法定程序性权利，但它远远比法律所规定的那些救济渠道要有效得多。在维稳机制下，“信访”者事实上是最不被地方官员欢迎的，然而也是地方官员最为头疼的问题，尤其每当重大的节庆日和重大活动举行期间，地方政府都要调动大量资源来处理这一“定时炸弹”。[①] 事实上，在利用信访制度方面，信访者在某种程度上通过自己的行动也形成了一定的权利诉求。

① 现实中甚至出现了信访局长去上访的滑稽事件，这可以说是行政性纠纷解决机制出现困境的一个最好说明。参见《被拆迁，老信访办主任变上访户》，《新民周刊》2010年1月6日，腾讯新闻网址：http：//news. qq. com/a/20100106/001506_3. htm，最新访问：2011－7－30。

除了上述非法律框架内的行政指向型权利救济途径之外，随着 1982 年《宪法》的颁布施行和经济改革发展对法律的需求，虽然没有一部统一的行政法典，但行政法的法律体系以及依法行政的理念开始逐步确立，作为行政管理对象的行政相对人的权利救济亦随之有了法律途径，其最主要的法律制度设计包含了行政复议、国家行政赔偿和国家补偿。目前，我国的公民、法人或其他组织认为行政机关的具体行政行为侵犯了其合法权利，可以依照《行政复议法》向作出该具体行政行为的上一级行政机关或法定机关提出申请行政复议，复议的范围包含了行政处罚、行政强制、行政许可、行政确权、行政许可等行政管理案件。此种行政救济遵循层级监督的原则，由行政机关作为纠纷双方的居中裁判者，依法判断是非，使侵害公民权利的行政行为得到制止和纠正。由于行政活动广泛而普遍，行政与民众的切实利益密切相关，再加上历来的行政权力强势和傲慢的中国政治传统，行政侵权行为的发生并非罕见，因此行政复议制度确立的纠错机制具有重要意义，它为民众指向行政机关的权利诉求架设了法律桥梁，因而增添了直接向行政公权机关说“你错了”的有法可据的法律底气。当然，行政复议毕竟是行政系统内部的监督和纠错，能否对权利主体的诉求给予公正、公平的裁决并非不是一个问题，因此，多数情形下行政复议程序并非终局性程序而是一个行政诉讼的前置性程序。当行政机关及工作人员违法行使职权，侵犯了行政相对人的合法权益并造成损害，权利主体可以依据《国家赔偿法》申请国家行政赔偿；与此相对应的是，虽然行政机关及工作人员合法行使职权但给行政相对人造成了损失，权利主体可依法申请国家补偿。国家补偿往往因公共利益而发动，但“公共利益”的框定以及补偿的范围、标准皆因利益群体的多元化和诉求的多元化而呈广泛争议，甚至酿造矛盾冲突，近些年来城市、农村因房屋拆迁与土地补偿所引发的层出不穷的暴力冲突甚至群体性事件即可见一斑。如何畅通民众的权利诉求渠道、平衡各方利益和消解社会矛盾，是当前政府所需直面的政治问题。

二、司法指向型诉求

近些年来，随着改革开放的纵深发展以及党和政府开始积极推进法治国家的建设进程，法律在社会中的地位不断提高，司法机关尤其是人民法院开始逐步成为权利诉求的主要对象。

在“砸烂公检法”的荒谬与疯狂彻底结束后，我们的国家开始回归理性并开始探索法治之路。首先，1982 年《宪法》重新组建了国家机构，已经为后来的司法机关的正式地位奠定了良好的制度基础。其次，一批经历过“文化大革命”的党内高级领导人对于政法工作的高度重视，尤其是彭真、万里、彭冲等人对司法机关的建设、国家立法的推动都非常积极。通过司法机关来满足权利诉求，不仅仅要求社会成员的观念更新，事实上更主要是要求政府能够适应这种新的政治理念。拉兹明确将法治作为政治理念来看待，他认为："法治是一种政治理念，一种法律体系可能或多或少地缺少或拥有这种政治理念。法治也被视为是法律体系可能拥有的一种优点，它是判断法律体系的标准。不能将它与民主、平等（法律或其他面前的平等）、人权（尊重人或尊重人的尊严等）等价值相混淆。"① 尤其是进入 21 世纪之后，国家在立法方面的重大努力，使各个领域的治理事实上已基本解决了此前严重的无法可依的问题，法律能够作为社会成员可以依赖的对象。

改革开放尤其是经济建设的不断进步，对于整个社会观念产生了相当巨大的冲击。社会精神内涵的变化尤为显著，这些新的社会观念对社会成员的影响是普遍而广泛的，关于"争取权利"、"诉诸法律"等观念亦开始大范围地传播。同时，随着市场经济的迅猛发展，中国社会迅速由一个由熟人社会过渡到陌生人社会，法律能够发挥作用的范围和机会也大大提高，这都使法院的地位得到了空前的提升，"打官司"、"进法院"成为了曾经有着"厌讼"传统意识的人们最基本的权利诉求方式。从最高人民法院 2011 年的工作报告可以看到，2010 年全年最高人民法院受理案件 12 086 件，全国地方法院受理案件达 11 700 263 件，按全国人口规模来讲，诉讼方式已经开始在各种解纷方式中占据重要地位。②

当然，由于中国的政治体制和既有的政治权力运行传统未必能够如社会客观形势和公众主观需求那样能够作出与时俱进的改变，法院在当代中国政治体制中的地位与其需要承担的社会职能相比，仍然面临着严峻的挑战；而且以现行关于司法体制的政治决策，也难以在近期内将法院的地位进一步提高，这需要在制度与理论方面的继续探索。

诉讼机制始终是运用法律手段解决社会矛盾、实现权利诉求的一个重要途径。从法律发展的角度来看，它在事实上有更为重要的意义，正如埃利希所说："尽管诉讼法的确不是最古老的法，但最早的法条可能是诉讼法的法条，……实体法无疑是早已存在着的，只是还没有用法条表达罢了。"③ 我国目前已全面确立了应对公民权利诉求的刑事诉讼、民事诉讼、行政诉讼之三大诉讼机制，不同类型的诉讼机制在实现权利诉求中的作用方式和重点内容均有所差异。

（1）刑事诉讼法是极为重要的人权法，其立法宗旨在于：有效约束国家公共权力，有效地保护公民权利不因国家权力滥用受到侵害，并在侵害行为发生后

---

① ［英］拉兹，朱峰译：《法律的权威：法律与道德论文集》，法律出版社 2005 年版，第 184 页。

② 《2011 年〈最高人民法院工作报告〉解读》，最高人民法院网站，http：//www.court.gov.cn/xwzx/rdzt/2011qglh/lhjj/201103/t20110311_16863.html，最新访问：2011－7－30。

③ ［奥］欧根·埃利希，舒国滢译：《法社会学原理》，中国大百科全书出版社 2009 年版，第 40 页。

为公民提供有用的救济。“无罪推定”、“不得自证其罪”、“禁止刑讯逼供”、“律师权”等现代刑事诉讼的基本价值及其制度设计无一例外均是指向保障被告人人权为目的的。我国现行的刑事诉讼法是于1979年制定并在1996年进行了第一次修正，在法律专家不遗余力的呐喊声中，修正后的刑事诉讼法吸纳了一些西方刑事诉讼的先进法律理念，在保障犯罪嫌疑人和被告人人权的制度设计方面作出了巨大的努力。但现行的刑事诉讼法仍然存在较多的不足之处，例如，重实体而轻程序、非法证据难以排除，侦查部门权力强大、法院独立性不够、律师权利难以落实，犯罪嫌疑人、被告人的权利因此而遭受侵害致使冤假错案层出不穷，因此刑事诉讼法的第二次修改势在必行。

目前，立法机关正在进行刑事诉讼法的第二次修正，《刑事诉讼法修正案（草案）》向全社会公布并征求公众意见①。法学学者、律师、社会各个阶层的精英们对此反应热烈，通过各种方式表达自己的观点，尤其是律师团体因为在刑事辩护中直面公权机关特别是侦查机关的强势与傲慢，律师权利遭受剥夺甚至面临着“伪造证据”的法律指控，因此对于此次刑事诉讼法的修改空前关注，并强烈呼吁此次修改能在律师权利的保障方面有所突破，如会见权、阅卷权、调查权、取证权、质证权、抗辩权、控告权、违法证据质疑和排除权。如果这些律师权利能在修正后的刑事诉讼法中得到确立且在刑事法实践中有效行使则意味着犯罪嫌疑人和被告人的权利将获得更全面的保障。同时，因注明的“米兰达告诫”而闻名于世的沉默权制度早已深植于人们心中却未曾在中国的刑事诉讼法中得以出现，此次修改，立法者似乎想做这样的努力，《刑事诉讼法修正案（草案）》第14条规定了“不得强迫任何人证实自己有罪”②，但并没有删除现行刑事诉讼法第93条中关于“犯罪嫌疑人对侦查人员的提问，应当如实回答”的规定，这两个自相矛盾的条款竟然同时并存，所以看来沉默权的确立，还就差这“临门一脚”了。还必须指出的一点是，此次《刑事诉讼法修正案（草案）》关于“秘密拘捕”③的规定引起了人们的普遍忧惧：“无法通知”“通知可能有碍侦查”等情形，完全可能成为适用于一切案件的“口袋”理由，导致侦查机关可

①② 《刑事诉讼法修正案（草案）及文字说明》，全国人大网，http://www.npc.gov.cn/npc/xinwen/lfgz/2011-08/30/content_1668503.htm，最新访问：2011-9-14。

③ 《刑事诉讼法修正案（草案）》第36条规定：将第六十四条改为第八十四条，第二款修改为：“拘留后，应当立即将被拘留人送看守所羁押，至迟不得超过二十四小时。除无法通知或者涉嫌危害国家安全犯罪、恐怖活动犯罪等严重犯罪，通知可能有碍侦查的情形以外，应当把拘留的原因和羁押的处所，在拘留后二十四小时以内，通知被拘留人的家属。”《刑事诉讼法修正案（草案）》第39条规定：将第七十一条改为第九十二条，第二款修改为：“逮捕后，应当立即将被逮捕人送看守所羁押。除无法通知或者涉嫌危害国家安全犯罪、恐怖活动犯罪等严重犯罪，通知可能有碍侦查的情形以外，应当把逮捕的原因和羁押的处所，在逮捕后二十四小时以内，通知被逮捕人的家属。”

以随心所欲决定是否通知家属，“秘密拘捕”可能因此而泛滥成灾。对当事人采取强制措施而不通知家属，剥夺了其获得律师帮助的权利，不符合人权保障的法治原则，因此广受批评。综上当前所有的争议点，都在于被告权利界线应保护到哪里，争议的背后，就是警察权、检察权和律师权的争夺，体现了公民基本人权同犯罪侦查权、检察检控权这种公权力的交锋。是打击犯罪优先，还是保护人权优先，是刑事诉讼法修改必须确定的一个大问题。

虽然现行刑事诉讼法赋予了犯罪被害人以刑事诉讼当事人的法律地位，但被害人的权利保护并没有因此而得到增进和加强。在刑事诉讼的程序推进中，被害人常常充当“证据炮灰”的角色，他们需要在侦查程序和法庭审判程序中一次又一次重复自己如何被害的伤痛，造成了“第二次伤害”，然而刑事司法的结果除了因罪犯被判处刑罚在一定程度上满足了被害人内心的报应情感以外，刑事损害赔偿的希望却往往因为加害人没有赔偿能力很难获得实现。特别是在犯罪造成了被害人死亡或者重伤而又无法获得刑事损害赔偿的情况下，不仅仅是被害人本人遭受了灭顶之灾，丧失了重建生活的前提，其家属也因此饱受巨大痛苦，甚至还可能面临着基本的生存问题。国家法律可以为保障犯罪人在刑事司法程序中的权利以及提高其复归社会的能力作出精心的制度设计并投入大量的成本，其基本的生活尚能得到保障；犯罪被害人或其遗属却被丢弃一边，他们默默承受着求助无门的窘境而独自饮泣、黯然神伤，甚至连基本的生活都陷入困境，这不能说是符合公平正义的。基于社会正义的考量，减轻被害人的痛苦，弥补其损失，矫正被破坏的正义，是正义的应有之意，也是刑事司法的价值追求。因此，如何切实保护犯罪被害人的权利，也同样是刑事诉讼法第二次修订不容回避的紧迫问题。

（2）民事诉讼制度的建立，为处理平等的民事主体之间的权利纠纷提供了良好的制度架构。公民或企业可以通过自己主动积极的权利诉求活动，向人民法院提出要求对相应的权利纠纷进行裁决。虽然这种要求在中国的“无讼”、“厌讼”传统中是非常缺乏社会支持的，但随着市场经济的蓬勃发展，由此而引发的民事纠纷呈井喷式增长，出于自身利益的敏感和关注，传统观念的影响正在逐步减弱，“上法院”、“打官司”成为了民众解决纠纷的最基本方式，而在当下我国部分经济发达地区已经呈现出“诉讼爆炸”的势态。

“诉讼爆炸”态势的出现反映了市场经济条件下民间纠纷的爆发式增长以及民众维权意识的高歌猛进，但在实践中一个突出的问题是，民众诉权的实现存在障碍，亦即“起诉难”——实质是“受理难”，其原因在于现行的民事诉讼法对起诉的条件的规定呈“高阶化”倾向。民事诉讼法第一百零八条规定了起诉的条件是：原告是与本案有直接利害关系的公民、法人和其他组织；有明确的被告；有具体的诉讼请求和事实、理由；属于人民法院受理民事诉讼的范围和受诉人民法院管辖。上述规定实际上是把诉讼程序开始的要件与法院作出实体判决的要件混淆起来了，原本应该在诉讼开始以后审理的问题被前置于起诉审查程序中，如原告是否系本案的利害关系人，是否属于法院主管以及受诉法院管辖等。特别是在环境侵权或其他大规模侵权的“公益诉讼”或集团诉讼中，起诉难的问题尤其明显，法院往往以“原告不是利害关系人”为由拒绝立案。要畅通民众权利诉权的渠道，就应保障诉权，因此要对起诉制度进行改革，一个可行的思路便是：降低起诉的条件，在起诉受理阶段不再对实体内容进行审查，一律在诉讼开始以后的程序中对实体判决的要件和案件的实体权利义务问题一并进行审理。因为这些问题本身并不属于诉讼开始的要件，而是实体判决的要件。

在当前建构和谐社会、创新社会管理模式的时代背景下，如何发挥人民调解制度在解决民事纠纷方面的功能和作用，是人们关注的重要问题。一般认为，人民调解制度之所以难以发挥作用，其主要原因之一在于达成的调解协议对双方没有约束力。按照现行制度，双方达成协议后，如果另一方不自动履行的，不能向法院申请执行。当事人一方要寻求司法强制执行的，只能就该民事纠纷向法院提起民事诉讼，通过诉讼获得强制执行的根据。在实践中，正是因为人民调解协议没有约束力，因此，许多当事人便不愿意选择人民调解的路径。为了强化人民调解制度的作用，最高人民法院发布了《关于审理涉及人民调解协议的民事案件的若干规定》，按照该规定，一方不履行调解协议时，另一方可向法院提起诉讼，法院直接对调解协议进行审理和裁判。由于将调解协议视为合同，调解协议成了诉讼标的，也避免了法院对“元纠纷”的事实审理，只是涉及调解协议有效性和权利义务问题，实际上是一种形式上的审查。尽管上述规定将调解协议作为合同，但调解协议与一般的合同有所不同。例如，调解协议如果被确认无效，则“元纠纷”依然存在，当事人仍然可以就该纠纷提起民事诉讼。这样必然导致纠纷解决的进一步复杂化，反而增加了纠纷解决的成本。因此，究竟是通过立法直接规定人民调解协议的效力，还是通过民事诉讼承认协议的效力，是将来民事诉讼法的修改过程中需要认真论证的问题。

（3）我国行政诉讼制度的建立，开始了将政府权力纳入法律管辖范围的努力，体现了司法权对行政权的控制和监督。尽管直到目前行政诉讼中恒定的被告——行政机关，在法院面前还是一如既往地保持着行政公权的傲慢和强势，不容易放下身段接受法院的管辖（实践中，不少行政诉讼案件的法庭审理是在被告缺席的状态下进行的），难以接受败诉的结果，尽管行政庭的审案法官还避免不了可能来自行政公权机关的或明或暗的压力，但毕竟这一制度是基本建立起来了并逐步走向完善。随着民众权利意识的觉醒和依法行政理念的深入人心，“民告官”的行政诉讼案件大量发生，不再因“物以稀为贵”而成为民众猎奇和兴奋讨论的“新闻”。

我国现行行政诉讼法对于诉讼范围作出了限缩规定，如对于抽象行政行为不能起诉，只有具体行政行为才可作为起诉标的，这个规定在实践中经常引发争议。原因在于具体行政行为与抽象行政行为两者之间不易界分，特别是较低层级的抽象行政行为和具体行政行为往往不可分离，对行政相对人的权益造成直接影响，正是由于上述限缩规定，相对人无法向法院表达自己的权利诉求。

三、网络时代的“集合型”权利诉求

随着改革开放的深入和互联网时代的蓬勃发展，中国正在逐渐告别过去那种一切以政治为中心的“上下高度一致”的时代，更多元化的信息和意见在互联网这个场域里进行着交流、碰撞、对抗、博弈。这是一个网络时代，这是一个权利时代，权利诉求之方式及内容因借助新兴的网络介质正发生着巨大而深刻的变化，一个权利诉求事件在网络上经过发帖、跟帖、“拍砖”、“人肉搜索”等系列推进便可形成排山倒海之势，可呈现出一人振臂一呼万人便齐聚响应的“集合型”特征。毋庸置疑，今日中国，网络正在成为一种推动社会运动和社会进步的工具。

（一）网络空间的集体表达

表达自由既是个人自我表达和自我实现的途径，也是实现人民自治的民主政治的重要手段，即通过表达活动，公民参与并实现政治决定，表达权是一项基本人权。但是，表达自由因为同时涉及个人和社会两个维度，其中的冲突也就在所难免，如何在两者之间取得均衡，如何划定表达自由的边界，也就变得十分重要，一定意义上说它甚至对于表达自由能否健康有效地存在具有决定性意义。在传统压制型和管制型的社会管理体制中，政治表达的条件十分落后，普通民众尤其缺乏集体表达反对意见的渠道，官方机构对于社会公众的自我组织和自治活动始终保持着相对谨慎和审慎的态度，即使是在集会结社方面的细微活动，也容易带来不信任并受到一定的行政干预。而网络技术手段为全体公众尤其是年轻一代提供了一个新鲜的公共交流场合与空间，随着网民规模的增长，它自身也成长为一个特殊的公共交往与生活平台，网络成为公众实现言论自由的主要物质条件，民众可以随时敲动键盘表达自己的公共意见。

近年来的社会事件因网络方式的表达与传播，从而形成了许多舆论热点。可以想象，如果不是网络，这些事件可能根本不会受人关注，也不可能得到解决。最为突出的要算2007年轰轰烈烈的“周老虎事件”。地方利益集团试图以一个农民为道具，欺骗中央部门获得经济利益。但当社会公众发现这一现象时，持续不断的欺骗与反欺骗行动掀起了一次影响全国的"打虎"行动。[①]《人民日报》评论员也对此发表了题为《面对公众，政府无权沉默》的评论，[②]很好地呼应了社会公众对这一事件的积极关注。由于这一事件持续时间之长，影响范围之广，参与人群之多，演变成"全民打虎"，不啻为一场具有娱乐色彩的全民权利启蒙运动，中国网民探寻真相和表达意见的行动能力借助网络平台得到了空前展示，曾经被讥讽为"犬儒"的中国人的公共精神得到了培养和历练。言论自由，本来并非什么新型权利，然而，以网络的方式表达自己的意见，冲破传统的因新闻出版方面高度的管理与约束，而开始实现更多的言论自由，则是网络所带来的新现象。

（二）通过网络参与公共事务

根据我国的政治体制，虽然一切权力属于人民，但人民应当通过人民代表大会来参与管理国家和公共事务。而人民代表的产生在目前仍然主要是由指定的方式产生的，这种操作模式也影响到各种其他的代表机构的产生方式。因而，对于普通的公众个人来说，他们对于公共事务的参与权在相当程度上处于一种虚置状态。当然并不是所有人都有参与公共事务的热情与能力，但参与权利本身的存在是无可置疑的。

如果说言论自由尚且还是一种表达的权利，公共事务的参与权，则体现出了公众对公共事务实施干预并推进实质性进程的强大力量。就在笔者撰写本章文字的同时，中国红十字会商业总会"郭美美事件"、动车事故和中央部门三公经费的公布，都成为公众关注的重要内容。"郭美美事件"中的当事各方，都被迫在公众的持续关注和质问下，做了某些方面的交代，同时在制度方面也不得已地作出调整；[③]动车事故中铁道部的表现受到普遍的质疑，形成的公共舆论压力，使铁道部不但基本丧失了其公众形象，而且在官僚体系内部也难以有人为其公开辩护；[④]而且，传统的社会控制手段在此事件中也受到了一定的制约，温州市司法局不允许律师为动车事故受害者家属提供法律帮助的文件，公布之后受到普遍质

① 参见南都网专辑，http：//nd. oeeee. com/sszt/tiger/，最新访问：2011 - 7 - 30。

② 卢新宁：《面对公众，政府无权保持沉默》，载《人民日报》2007 年 11 月 30 日第 05 版。网址：http：//news. qq. com/a/20071203/003153. htm，最新访问：2011 - 7 - 30。

③ 中央电视台新闻频道东方时空栏目于 2011 年 6 月 30 日播出了《真相调查：郭美美事件》，参见腾讯新闻频道的文字节录。http：//news. qq. com/a/20110630/001215. htm，最新访问：2011 - 7 - 30。

④ 参见网易新闻频道"D3115 次与 D301 次动车发生追尾坠桥事故"专题，http：//news. 163. com/special/dongchechugui/，最新访问：2011 - 7 - 30。

疑，不得不改口向公众道歉。[①] 中央部门三公经费的陆续公开，事实上已经形成了改进中央部门预算的一种制度性环境，花纳税人的钱可以不通过人大，但不能不向舆论交代，一些部门的不正常消费不断成为公众质疑的焦点。网易财经频道特别设置了“中央部门三公经费大盘点”的专栏，数据翔实，图文并茂，既便于了解一般情况，也便于作出详细比较，也能够为专家学者的研究提供便利。[②]

在网络空间产生之后，公共事务参与权事实上得到了空前的彰显，公民精神也得到了空前的发扬。如果说此前的公民精神尚处于一种潜在的状态，那么，从“周老虎”、“郭美美”等公共事件开始，公众对公共事务的参与热情就空前提高了。当然，这些参与因为主要是在缺乏制度回应的背景下开始的，因而难免有许多不尽如人意之处。然而，更重要的应当是看到在这些公众事件中公民社会得到的发育与成长的积极趋势。

（三）借助网络集体维权

传统的维权方式只能是一种经过了“层层过滤”间接的表达，甚至有可能被扭曲表述，其结果多半是无功而返。而网络表达的便捷性和自由性大大降低了民意与权力机关沟通的成本，在传统的、常规的权利诉求渠道不通畅时，正是新兴的传播科技给社会带来了新的救济的可能，“网帖”、“博客”、“微博”正在逐渐成为有用的维权工具，网络因其显著而有效的聚合放大效应、联动效应和链接效应已成为民众维权的基本平台。2007 年年初，在《物权法》颁布之前，重庆市九龙坡区杨家坪一处工地上的一幢孤零零的两层小楼顽强地立于洼地中央而岿然不动的照片开始在网络上传播，楼房的主人因不能接受开发商提出的补偿条款三年来拒绝拆迁的“英勇事迹”迅速地在中国网民中掀起了欣喜与赞叹的狂澜，“史上最牛钉子户”赢得了人们几乎没有节制的颂扬。在强大的舆论压力下，开发商终于让步，给出了让“史上最牛钉子户”满意的补偿条件，在此起彼伏的拆迁洪流中，这场关于权利的诉求和斗争赢得了胜利，无疑具有标本一般的意义。从主流话语中的“螺丝钉”到网络时代受人欢颂的“钉子户”，借助新兴媒介的传播，为争取权利而斗争的意识正在更广泛的人群中滋生、成长。

“厦门 PX 项目”事件亦由网络（包括手机短信）所推动，一场“无组织、有纪律的散步”在几天时间之内得以酝酿，对自己生活的城市环境恶化心怀忧

---

① 邓杭：《禁止律师擅自帮助受害者家属引争议，温州市司法局和律协公开致歉》，载《京华时报》2011 年 7 月 29 日，http：//epaper. jinghua. cn/html/2011 - 07/29/content_684982. htm，最新访问：2011 - 7 - 30。

② 参见《中央部门三公经费大盘点》，http：//money. 163. com/special/consumption/，最新访问：2011 - 7 - 30。

惧的人们采取了命名为“散步”的活动向当政者表达了共同的权利诉求。尽管其后“厦门PX当局”仍然摆出“只许政府劈叉（PX），不许百姓散步”的威权态势，然而，于民心大势而言，终究只是螳螂一臂。在轰轰烈烈的民意反对之声中，本已是必建的厦门PX化工项目被当地政府下令缓建，并召开区域环评公众参与座谈会，最终以项目迁建的结局画上句号。这一事件中，喷薄而出的民意改变了政府的既定决策，而且时刻提醒着政府在公众权利与政府计划、环境保护与经济发展之间该如何权衡，这场民意的胜利，改变了官民博弈的基本格局。

但是，并不是所有借助网络进行权利诉求的事件当事人都如上述案件一样幸运的获得了胜利的结局，一些网上维权事件一时间沸沸扬扬，一旦公众的视线挪开，维权者难免会再度陷入权利诉求举步维艰的困境中，因此，互联网上的拦轿喊冤和相应的互联网执政并不能实现普遍正义，互联网并不足以支撑起一套行之有效、一以贯之的普遍规则并消解制度上的贫困。在中国，网络更像是政治和社会表达的集合器，它集街头运动、议会辩论、舆论监督和社会监督于一身，一次次见证了原本可以在法院解决的权利诉求，却不得不首先经过一场场轰轰烈烈的“互联网审判”才能推动；原本可以在行政程序中解决的问题，却要经过互联网上风起云涌的口诛笔伐才能定纷止争。此种互联网议政的过度繁荣说明常规的制度运行并不能切实保障民众权利，此种呈“倒逼”显著特征的“个案式维权”终究不如建构起一种制度更有效力，更符合一个宪政国家的政治伦理。

四、极端而剧烈的“造势型”权利诉求

网络空间的形成对于言论自由和公共事务参与权有积极推动的作用，但近年来党和政府对“维稳”的特别重视，也促使权利诉求以另外的方式表现出来。权利人通过极端的权利诉求方式，制造轰动效应或极端事态，造成悲天悯人乃至六月雪的阵势，在表达了当事人的决心和冤屈的同时还具有一种造势的功能，促使自己的权利得到当政者的注意并迅速解决，这是近年来一些地区尤其是中心城市较为突出的现象。

以广州为例，横跨珠江南北两岸的海珠桥一度隔不了一段时间经常有人上演“跳桥秀”，成为一件全城关注的社会事件。[①] 这一事件也受到全国性媒体的关注，中央电视台中国法治报道栏目专门制作了“广州海珠桥推人跳桥事件”的

① 《前赴后继跳桥秀何时休》，载《南方日报》2009年5月12日，A16版。

节目。[1] 这类事件导致交通严重阻塞，众人围观，警察和媒体到场，个人的权利诉求就得以放大，从而通过极端事态的“要挟”而使权利得到救济。由于事件多发，这一事件有了特定的名称“跳桥秀”。为此，百度百科中也新增了这一词汇。[2] 广州的海珠桥“跳桥秀”，因启发了更多的权利受损者，因此一段时期，海珠桥经常有人“跳”，这一路段的交通经常受到影响，海珠桥俨然成为一座权利诉求之桥。“跳桥秀”的一度盛行，以至于有的读者向《南方日报》建议，在海珠桥边设立一个信访机构。有关部门最后不得不对海珠桥采取了严密的防护措施，以防有人再爬上去。但是，可以想象，走投无路的权利诉求者还会找到新的其他的可攀爬的建筑去主张自己的权利。由于这种救济权利的方式，并非根据法定的诉讼程序或其他救济程序而进行，从而并非是一种正式的救济途径与方式。然而，当社会成员能够以此方式“要挟”有解决自己权利救济的机关和单位时，这种方式就成为首选方式。

社会民众尤其是社会弱者在通过正常的救济渠道不能解决问题，而采取“要挟”式的方式却能够更好地使自己的问题得到解决给人们留下了深刻印象。这事实上将许多安分守己、奉公守法的社会成员推向了一种采取“恶劣”甚至自我伤残的剧烈行动方式来解决问题的惨烈维权模式中。如 2009 年发生在上海市的“钓鱼执法”案件，司机孙中界遭遇“倒钩”，被上海市闵行区城市交通执法大队认定为载客“黑车”，并被扣车和罚款，孙中界四处诉说自己的冤屈无果，悲愤交加，自己用菜刀切断左手小指以示清白。[3] 该事件最终在媒体的报道、网络舆论的压力、上级政府的关注等多重合力之下得以解决，可维权者付出了惨重的代价。2009 年 11 月 13 日，一位叫唐福珍的成都女企业主，为了保护自家三层楼房、抗拒成都市金牛区城管执法局的暴力拆迁，在楼顶天台自焚[4]。此种以生命健康为代价的绝地反抗，凸显了在贫富差距悬殊、社会矛盾激烈的当下社会弱势群体的利益诉求之路何其艰辛。聚集在社会底层的沸腾民怨该如何消解，这是当政者必须正视的社会现实和必须解决的问题。

---

① 参见《广东海珠桥 1 月 12 人跳桥诉求渠道被疑不够畅通》，http：//news. sina. com. cn/c/2009 - 05 - 25/223117886867. shtml，最新访问：2011 - 7 - 30。

② http：//baike. baidu. com/view/2476508. htm，最新访问：2011 - 7 - 30。

③ 《访张中界：为清白再断一指也值》，新华网，http：//news. xinhuanet. com/legal/2009 - 10/27/content_12336331. htm，最新访问：2011 - 9 - 10。

④ 徐剑桥、李秀婷：《拆迁纠纷推动“违宪审查”之路》，载《南方日报》2009 年 12 月 9 日，第 A07 版。

五、通过个人自我表达的权利诉求

传统的权利诉求都表现出社会成员对于公共权力机关的信任和依赖，自己处于一种被动的状态之下，接受着权力者的裁决。随着社会的变迁和网络平台的出现，公众不再权利争议时诉诸公共权力机关，而且借助网络迅速地采用了一些新型的权利诉求方式，它并不在乎法律的判断是什么，而直接地诉诸自己的判断，开始了较为普遍地采取权利自我表达的倾向。在众多网民参与、也引起了社会公众普遍关注的讨论中，除了根据既有规则对相关机构提出批评之外，出现了另外一种值得重视的倾向：一些参与讨论或表示关注的公众，已经对于权力机关遵守其自己制定的规则并不抱希望，甚至对于规则本身并不持一种尊崇和信任的态度，而是提出了更为明确的改革意见和批评。如近期关于个人所得税的大范围讨论即是如此。知名学者于建嵘曾经对中国和西方国家的权利运动作了一个比较，认为当代中国维权实践的特点是规则意识大于权利意识，公民主要是要求政府实施政府自己制定的法律或规则；而西方人的维权是要求政府修改法律以保护其权利。[①] 这一区别的意义在于，肯定了当代中国公民的权利诉求，基本上都是与政府所正式承诺的权力运行方式和执政目标相符合的，没有对政府进行对抗甚至更极端行动的主观态度，对于政府来说是一个极其重要的事实判断。

由于各种复杂原因，尤其是权力机关明显地有利益交换的嫌疑时，公众已经不再对进行正常的权利诉求抱有积极的预期，而更主要的是想表达自己的权利诉求，想提出自己的批评意见。在此背景下，公众的权利诉求的主观动机和目的开始出现分化，或出于对纠纷解决的期待，或为了表达自己的主张，或为了批评政府部门等，仅仅表达自己的权利要求，也已经成为一种权利诉求的目的。这表明，随着观念的多元、利益的多元和生活方式的多元，人们的权利诉求方式也开始多元化，开始出现了一种仅仅诉诸自己的自我判断标准的权利诉求方式，权利的申张者自己并不指望甚至根本没有考虑社会是否接受他们的权利诉求，而仅仅是以自己的方式来直接行动和发言。即使如此，也应当对个人表达给予足够的尊重和保护，因为，“公民是自主的个人，他们的参与使他们具有一种形成公共想象力的能力。”[②]

比较极端的如同性恋者、动物保护者等群体或个人。他们在追求自己的权利

---

① 于建嵘：《刚性稳定：中国社会形势的一个解释框架》，爱思想网，http：//www. aisixiang. com/data/27284. html，最新访问：2011 -7 -31。

② ［美］本杰明·巴伯，彭斌、吴润洲译：《强势民主》，吉林人民出版社 2006 年版，第 273 页。

时，知道社会的主流并不认同他们，但他们本来也没有将自己的诉求上升为法律的期望；动物保护者直接地通过自己的渠道和组织，采取了声势浩大的行动，如拦截河南到北京的运狗车，声称这些狗是偷的，就有理由拦截。[①] 这事实上给当代的权利诉求提供了一幅更为丰富多彩的画面。

表达权是一项基本人权，保护表达自由，有利于人民物质、精神生活以及政治、文化素养的全面提高，同时，表达具有较强的"情绪泄洪"功能，因而保护表达自由对于培养人民温和、和平的参政意识亦具有正向意义，有利于执政党在人民中获得普遍的信任和支持。因此公共权力机关在政治生活中需要增强上述认识，采取更为主动和积极的姿态，从立法、行政和司法多重维度增强对表达自由的法律刚性保护，亦要求执政党同时要在增强对社会公众利益的代表方面作出更多努力。正如托克维尔所说，假如政府认为自己的利益在于禁止人民发表意见，那么，政府将会无所作为，并且会因为酣睡而听任自己迟钝下去。一个国家，如果让它的国民连批评的兴趣都没有，那才真是不可救药。

通过上述分析，我们可以发现，随着信息网络技术的高速发展，权利诉求的类型与方式已经逐步地多样化，权利诉求不再是在高度紧张的官民关系（行政指向型诉求）之背景下公民无奈的抉择，而更多地转变为在日常生活的语境之中公民的意见表达、利益诉求。可以说，这样一种过程体现了我国两大重要的转变，其一是政治的"去国家化"，政治不再服务于国家之目的，其本身也不再等同于国家，政治毋宁是沟通国家与社会、权力与权利的一种参与媒介；其二是社会的"公共化"，借助信息网络技术的发展，公民能够在现有体制的约束之外，找到一个自发联合的场域，从而促进公共领域和公共理性在中国的发展，这一发展必定会将基于自身利益考虑的个体公民整合为一个联合体，从而保障社会的团结与一体化。而只有权利主体通过共同行动而建立起来一种有机的纽带，权利才能在权力面前保持自主性，权利所规定的内涵才能真正得以实现。因此，权利诉求类型与方式的发展，对于我国法治理念的实现、法制建设的发展与完善来说，具有极为重要的意义。

第三节　地方法制视域中的权利诉求

权利诉求问题总是发生在社会生活现实中的、具体的实践问题。地方法制作

---

① 《动物保护组织11.5万元买下520条待宰狗》，网易新闻频道，http：//news.163.com/11/0416/14/71P3ICRE00014AED.html，最新访问：2011－7－31。

为国家统一法治自上而下的实现，相较于“中央”的“地方”充当了法治推动第一线的主导力量，其着重点往往体现在具体工作层面，一般为落实法律、法规的规定，在实际工作中针对具体问题同时结合地方工作的实际情况作出具体安排。各级地方权力机关和社会组织处在与公民接触与对话的第一现场，成为民众权利诉求的首选指向对象，因此“地方”是法治实践与权利诉求的基本载体。与此同时，具体化的权利诉求能够发现问题、累积经验因而给地方带来鲜活而真实的法律实践样态，在“自下而上”的意义向度上反推国家法治的发展和完善。在此意义上，权利诉求与地方法制是一对相生相伴的法律范畴，要了解一个地方的法制建设情况，就必须需要考察该地方的权利诉求生态。

地方法制具有显著的不平衡性特征，即不同地区的地方法制的水平存在着差异，此种差异当然地影响着权利诉求的境况。特定的地区环境造就了特定的公民观念和行为方式及其生存方式，人们总是基于一定的社会经济生活条件和文化传统而产生权利要求，“权利永远不能超出社会的经济结构以及由经济结构所制约的社会的文化发展”。[①] 作为执政者来说，亦因地域差异对民众的权利诉求有着不同的回应态度。从中国目前的现状来看，上述差异可以从如下三个方面予以说明：

第一，市场经济发达的地区，当政者对权利诉求更为宽容并积极创新制度供给。大体而言，市场经济越是发达，市场力量越是强大，当政者越能对权利诉求给予相应的包容。这一点尤其以内陆与沿海、农村与城市之间的区别比较明显。原因不难理解，当市场经济足够发达时，传统的掌握权力者已经不再是唯一的资源、财富与社会声誉的垄断主体，与“官”相比，“商”、“学”等其他行业和领域也逐步获得了一定的自治权利和社会权威。官员能放下传统的社会等级观念，平静地看待其他群体和人员的权利诉求活动。

广东地区受港澳因素的影响，除了在改革开放之初更多地接受了港澳人士大量投入的经济援助之外，更主要的是由于存在着多方面的港澳和海外的影响，对于较正规的官方意识形态宣传始终存在着一种朴素的理性态度。虽然广东同中国内地其他地区一样，同样地存在着受到“左”的极端意识形态和制度的影响，但广东相应地更容易从极端思潮中走出来，并积极面向社会建设事业。这与地方官员的法治意识和现代观念是有一定关系的。

由于地方官员与社区中的普通公民之间在观念上存在着相对较大的共识，从而他们能够对普通公民的批评、人大代表的批评，有着较高的心理承受力或者说良好的职业修养准备。每年全国两会的“广东现象”，就比较明显地体现出这样

① 《马克思恩格斯选集》第3卷，人民出版社1972年版，第12页。

的特点。而其他地区的代表配合、遵从的色彩就比较浓厚。而行政效率的改进与政治宽容度的提高，则正是在这样一年一度的议事中得到逐步推进的。“孙志刚案件”能够引起社会强烈关注，固然与孙志刚本人的大学生身份有密切关系，但也与广东地区发达的资讯和更为开放的新闻媒体有密切关系。可以想象，如果不是发生在广东，这一事件的具体内容被有效的封闭，就难以推动收容审查制度的正式废止。

在一些经济欠发达、民主观念落后的地区，“官本位”思想甚为浓厚，政府及其官员对于来自民众或新闻记者的批评、建议不容易接受，甚至不惜动用国家暴力机器对批评者进行打击报复。近几年，因批评地方政府或官员的行为引发“因言获罪”、“官告民诽谤”的案件层出不穷，例如，重庆市“彭水诗案”、内蒙古鄂尔多斯“吴宝全诽谤案”、甘肃省“王鹏发帖诽谤案”。有的案件发生地的警方甚至取媚于权力，将本属于自诉案件的诽谤案，办成轰轰烈烈的“跨省追捕”的荒诞大戏，并于此大戏中，滥用权力造就了一个刑法典中从未有过的新罪名——“诽谤政府罪”，如河南省灵宝“王帅诽谤案”、辽宁省“西丰警察进京抓记者案”。上述案件中的地方政府及官员为竭力保全自己权贵的尊严和利益而无视、践踏民众的权利诉求，对潜在的权利诉求者形成暴力威慑，他们成了国家推行法治的异己力量，引起了社会公众的强烈愤怒，以至于引起了公安部和最高人民检察院的高度重视并相继颁发通知规范诽谤案的依法办理。① 上述案件中的地方政府及官员显然还没有跳出“防民之口甚于防川”的旧式思维，习惯于凌驾于公民权利之上滥用公权力，殊不知政府所需要的公信和威望恰恰是建立在允许民众批评甚至是不当批评的基础上，上述认识的偏差和行为的粗暴与官员所处地区的政治、经济和文化环境较为落后具有直接关系。

良善的地方法制建设，要求在法律制度的需求者和供给者之间形成良性的互动，首先就表现为政府对民众的诉求必须尽快予以回应并加强制度建设以使其规范化，此种通过基层民众的诉求表达与政府实事求是的回应所形成的自下而上的权利保护模式是地方法制建设的重要路径，而地方法制作为国家民主法治建设的重要组成部分，在“地方经验、中央总结并推广”的模式作用下，此种法制发展可以为地方性秩序的形成创造有利的制度条件与便利，进而进一步推动整个国家的法治建设。在经济发达地区，因为具有经济实力作为物质支持，再加之法治

① 2009年4月3日，公安部发出《关于严格依法办理侮辱诽谤案件的通知》。http：//wenku. baidu. com/view/c3448ac5bb4cf7ec4afed07d. html，2011－9－12最新访问；2010年8月。最高人民检察院下发了《关于严格依法办理诽谤刑事案件有关问题的通知》，要求今后一段时间内，对于公安机关提请逮捕的诽谤案件，受理的检察院经审查认为属于公诉情形并有逮捕必要的，在作出批捕决定之前应报上一级检察院审批。“最高检将建立批捕诽谤案件报上一级院审批制度”，最高人民检察院正义网，http：//www. spp. gov. cn/site2006/2010－08－09/0002128686. html，2011－9－12最新访问。

精神的上扬，往往率先在保障民众权利应对权利诉求方面作出制度创新，例如，经济发达的东部省份浙江省，与2001年便开始施行《浙江省最低生活保障办法》，首次以法规的形式将农民列入社会保障的保护范围，使浙江贫困农民依法享有最低生活保障。在中共中央提出的“加快推进以改善民生为重点的社会建设”、“社会建设与人民幸福安康息息相关，必须在经济发展的同时，更加注重社会建设，着力保障和改善民生”① 目标指引之下，局部经济发达地区开始积极构建民生保障的制度，以应对民众的切实需求。“而在具体的样态上，地方法制的民生主要体现在两个方面：一是在普通民众基本权利的推进上，通过发展市场经济来提高人民群众的物质文化生活水平，通过给予地方更大的积极性来带动市民们的参与意识；二是在社会弱势群体的保护上，主要体现为对城乡二元结构的不合理所做的制度性改善，以及对社会弱势群体的特殊立法保护上。”② 就在社会弱势群体的特殊立法保护上，同样作为东部经济发达城市的江苏省无锡市，在对犯罪被害人救助的地方立法方面首开先河，2009年5月20日，江苏省十一届人大常委会第九次会议批准了全国首部对刑事被害人进行司法救助的地方性法规——《无锡市刑事被害人特困救助条例》。③ 该《条例》满足了因犯罪被害身受重伤或死亡且不能获得刑事损害赔偿因而陷入生活困境的被害人之基本生存救助的权利诉求。该地方立法及其实践给其他地区带来了良好的示范效应，并为国家进行统一的被害人补偿立法积累经验。

第二，媒体传播力量强大的地方，权利诉求容易得到回应。受长期高度管制型管理方式的影响，媒体基本上更倾向于按地方执政者的意志发言，但也因此难以成为具有独立的社会影响力量。不过，在市场经济繁荣的地区，尤其是对外交往较多的地区如广东的珠江三角洲地区，长期与港澳有密切联系，对外开放也进行得较早，媒体更倾向于朝着现代传媒的方向努力。因此，城市地区的媒体力量强于城市化程度较低的地区，上海的《新民晚报》、北京的《北京青年报》等媒体都具有较强的地区性影响力；开放度较高的地区媒体力量也强于开放度弱的地区，广东的媒体具有较强的社会影响力，《南方都市报》在珠三角地区的强势影响力，《南方周末》一度曾成为国内最有影响力的媒体。④ 值得指出的是，广州

---

① 胡锦涛：《高举中国特色社会主义伟大旗帜 为夺取全面建设小康社会新胜利而奋斗》，载《人民日报》，2007年10月25日。

② 徐清飞：《法治与民生——一种地方法制的分析框架》，载《学习与探索》2010年第1期。

③ 《立法救助被害人：无锡开先河》，载《检察日报》，2009年5月25日，第5版。

④ 据有关报道：“2006年，世界品牌实验室（WBL）公布的《中国500最具价值品牌》中，南方周末以20亿元的品牌价值位居周报第一名。2008年，南方周末在由中国商务广告协会和中国传媒大学主办的‘2008中国消费者理想品牌大调查’中，位列报纸类‘理想品牌’第一位。”参见“第一视频·新闻网”，网址为：http：//news. v1. cn/zt/2010－12－27/1293431608442. shtml，最新访问：2011－7－24。

电视台虽然在全国没有像主打娱乐的湖南卫视那样轰动，但是在凝聚社会共识、传播公民精神、彰显新闻理念方面，则具有特殊的贡献，在本地公众中具有强大的影响力。虽然粤语广播在相当程度上限制了其传播面，但其直面基层、关注现实、服务本地的新闻风格事实上取得了相当的成功。从它对自身的定位来看，已经远远与注重商业利益的那些庸俗电视台和更多空洞理念的口号型电视台形成了明显的对比。

第三，特定地方思维方式和关注重点的差异，对权利诉求的实现有重要影响。仍以广东地区为例，广东的媒体，尤其是报纸和电视节目，除了报道国际和国内的重大事件之外，特别重视对身边各类事件的报道，特别关注普通人的生活困难、人生际遇，体现出更多的民间视角、生活感受、草根心态，倾向于扎扎实实地解决生活中张三李四的具体问题，谈话和讨论节目以及新闻评论节目中，所涉及的人和事也都比较微观和具体。一言以蔽之，广东地方的思维方式更为关注个体生活的具体环境所发生的事件，如果把以 CCTV 这种国家层面的宏大叙事和庄严、歌颂、抒情式的新闻风格做一对比，对于广东地区人们的思维方式就会更有明确的感受：广东人的眼中可能几乎看不到“政治意义”，主要是在讨论柴米油盐的事情。然而，如果认真地进行思考，可能就必须承认：作为一个现代国家的普通公民，他所能着手、所有条件行动的，恰恰是对自己生活的社区、单位开始，甚至不仅仅是开始，而且就是目的和终点。有政治学者指出，“共同体源于参与，同时它又使得参与成为可能；公民身份使公民行动知晓了公共性和正义的必要常识，而政治活动则教会了个人作为公民如何进行公共的思考。政治成为了其自身的大学，公民身份成为其自身的训练场，并且参与成为其自身的老师。”① 如果每个公民都能够对自己身边的环境以权利的眼光和态度开始审视并发生声音，并积极开始行动，那么，这样的一个地区或国家，距离法治状态可能是更近而非更远。而津津乐道着欧美与中国、讨论着上下五千年，怎么看都像是一种文字游戏、一种学究式的研究，或者说是一种与生活缺乏真正接触面的侈谈与游戏。

正是由于存在着对于权利诉求的宽容度的地区性差异，有的地区更宽容一些，有的地区对某些问题更容忍一些，像广东地区更愿意自己揭露自己的短处，对于其他地区是一种非常突出的推动和示范。这样的地区差异所起的作用是非常积极和重要的。如麦考密克所说：“‘法治’或者‘法治国’的理念意味着，需要由规则来实施统治和限制权力的行使，并妥善调整公民事务。”② 在这一过程

---

① ［美］本杰明·巴伯，彭斌、吴润洲译：《强势民主》，吉林人民出版社 2006 年版，第 182 页。

② ［英］麦考密克，姜峰译：《法律推理与法律理论》，法律出版社 2005 年版，前言，第 4 页。

中，政府要改变的是自己多年来习惯了的便利做法，要逐步接受重视规则与程序的新要求，虽然有些不适应、不方便，然而，作为人民政府，为了公民权利和利益，应当对自己提出与时俱进的新要求并努力承担好执政者的功能。诺齐克认为："个人拥有权利，有些事情（那些侵犯个体权利的事情）是不能针对个人的，无论是以其他个人还是以集体的名义。这些个人权利是如此坚韧和意义深远，以至于它们向人们提出了国家及国家官员可以做什么（如果能够做什么的话）的问题"。[①] 我们需要重新对个人的权利给予足够的评价，对权利诉求给予更多的尊重。

地方法制视域下的权利诉求，往往根据地域差异而有所不同，地方经济与社会的发展水平、地方媒体的发达程度以及地方思维方式等都对具体语境下的权利诉求产生了较大的影响。但作为一种理论问题研究，我们应当将这种差异视为一种普遍化的问题，这也即，正是由于权利诉求在不同的地方语境之下表现有所不同，我们才必须要花更大的精力去关注地方层面上的权利诉求：地方是多元的、具体而微的场域，而权利诉求也是权利概念在实践层面上的现实化，因而地方与权利诉求就势必将在法制发展与完善的过程中建立起内在的统一关系。而寄希望于一个单一而统一的权利诉求模式来推动我们法制的整体发展，往往只是一种不切实际的幻想。

① ［加］威尔·金里卡，刘莘译：《当代政治哲学》，上海三联书店2004年版，第190页。

第十八章

社会力量的参与

“只有社会力量自觉地以制度化方式参与社会维权及地方法制建设，地方法制才能以自下而上的渐进方式获得进步，依法办事的法治要求才能得以实现。”

伴随着个人财富的增长和权利意识的增强，人们总是试图通过制度和制度外各种途径表达和维护个人权益，尤其是当政府公权力侵害或无法有效保障个人权利的时候，社会力量就成为人们权利保障可倚重和依赖的重要力量。社会力量通过各种正式制度及制度外路径介入个人和社会公共权益保障，成为地方公共事务决策机制、政府权力的约束机制等各种制度变革的重要推动力。在此过程中，原本羸弱的各种社会力量也逐步从不规范步入正轨，从不合法、非正式组织转变为合法的社会维权力量；社会力量的自主性、独立性、行动力等各方面都得以加强，参与地方法制发展的方式、方法及途径也日趋规范。从个体维权到社会力量参与，映射出我国公民社会的觉醒与成长，同时也展现出我国社会管理观念与机制从政府管制型到社会参与型的转向。

第一节　权利诉求与社会力量的参与

诚如本书第十七章对权利诉求所做的讨论表明，我国三十多年经济发展与社会变迁，其成果不仅仅是国家经济财富的急遽增长和人民生活水平的提高，伴随而来的，还有个人权利意识的觉醒及权利保障诉求。权利诉求始终是从个别主体的自觉意识而到群体性同类主体的自觉意识再到整个社会绝大多数主体的自觉意识，这样的自觉意识在整个社会层面的体现就是不同群体属性的社会主体类别最大程度地得到意见的沟通、协调并彼此求得基本共识，共识的产生往往从社会群体对个体维权行动的旁观、同情、认同、支持到参与行动本身，最终形成一股强大的社会合力，有力地推动了国家及地方法制的变革。

一、社会力量缺位下的维权困境

改革开放以来，经济体制改革以及以此为基础的行政体制改革，打破了计划经济时代以“单位”为基点的社会资源配置机制及社会管理机制，个体脱离“单位”而成为具有自主决定和行动权利的个体，摆脱代表国家权力管制的“单位”的羁束并在市场中寻求自身的利益。然而在此过程中，计划经济体制下长期被政府或国家解体的“社会”并没有得以恢复原有机体和功能，社会组织的缺失，以及由此导致的社会力量的缺位，使个体在脱离“单位”的情况下，没有社会归属感，没有可依赖的力量，尤其是当个体权利遭受侵犯，而政府无力提供救济的时候，个体维权便会陷入困境。

长期以来，人们已经习惯了有问题找单位，不管是个人家庭问题还是经济问题，都可以通过单位出面才得以解决。在脱离单位之后，或者单位不再介入私人事务之后，甚至单位本身成为个人权益侵害的主体之时，个人维权唯一可以依赖的便是国家救济。无论是从行政权力寻求救济，还是通过司法途径寻求权利救济，其前提是政府权力本身愿意并且能够提供相应的、公正的救济。在个体与个体之间发生的纠纷，政府权力很容易介入并予以解决。然而一旦个体与政府之间，或者政府与群体之间发生权益争议，便很难通过政府权力获得公正的救济，因为政府本身便是争议的一方，它不可能在既当运动员又当裁判员的情况下，给予社会个体或群体以公正的裁决。

另外，经济发展以及伴随而生的社会利益的多元化和社会事务的快速分化，也使政府无力或无暇顾及社会个体的权益诉求。在政府层面，长期以来都是政府包办所有的社会事务，从个体的生老病死到所有的经济活动，在高度管制下经济活动和社会事务比较单一的计划经济时代，政府尚且应付不及，更何况在社会主体多元、利益多元的市场经济环境下，“政府失灵”是不可避免的。人们习惯了有问题找政府，却不习惯“政府失灵”，尤其是当个体或群体权益无法得到有效保障的情况下，便会衍生出许多“社会事件”。

近几年来，各地频繁出现的“跳楼秀”、“跳桥秀”，以及不断增多的上访事件，反映出的都是个体或群体权益无法得到政府权力的有效救济而不得已而为之的维权手段。不论是跳楼还是跳桥，都是以个体的生命为代价，以此换得社会的关注和政府权力的快速介入，并希望借此达到维权的目的。实践中，这些通过造势维权的方式，经过社会媒体的放大传播，的确引起了政府行政权力的强势介入，并使个体权益诉求得以解决。关键的问题在于，政府公权力的快速介入并解决问题，其出发点并不是基于对当事人权益的保障，而是希望尽快了事息事宁人，避免地方政府形象受损；在社会看来，能够引起政府关注并使自己的权益得以维护，这种极端的或造势的方式便是个体维权的首选，以至于不惜通过自残的方式来维护自己的权益。例如，河南省张海超“开胸验肺”以及上海市孙中界在“钓鱼执法”中断指以证清白的事件，虽然这些事件中的当事人权益最终都得以救济，但我们不得不反思为何社会个体维权何以会陷入如此困境。

在各地频频上演的“跳楼秀”或“跳桥秀”大部分是因为工人工资拖欠的问题，“开胸验肺”事件涉及职业病防治的问题，这些问题原本可以并且应该在社会中予以解决，例如，通过工会等社会力量，对资方或企业在工资支付、职业病防治、工人权益保障等方面予以规制。工会作为工人权益维护的组织，其成立的目的、宗旨就是以集体的力量来维护工人的权益，然而现实中，我国现有的工会组织更多的是政府或企业的附属机构，并不能代表工人而成为工人权益的维护者。正是因为工会及其职能的缺位，才导致社会上劳资纠纷日益增多，而政府不得不疲于应付，甚至将原本由企业或企业主承担的责任推诿给更基层的政府机构，由政府垫付工人工资以此来缓解社会上的劳资纠纷。

因此，在社会力量缺位的情况下，“政府失灵”以及由此导致的社会维权困境和社会事件的频繁上演，压力最终又转移到地方政府身上。为维护社会稳定，地方政府不得不重新背负原本由社会承担的事务，并试图通过“人民问题人民币解决”的经济手段缓解矛盾。社会治理从“政府失灵”转向“政府越位”，不仅不能有效解决社会矛盾和问题，反而会导致政府权责的异化和扭曲，其结果是加剧社会对政府及其公权力的不信任。从社会治理的角度而言，政府应当做的是“职责归位”，并向社会放权，积极寻求社会组织和力量的参与，共同解决社会治理问题。

二、权利诉求与社会力量的成长

社会维权管道不畅，不论对成长中的社会而言，还是对地方政府而言，都是无法承受的现代经济发展之殇。如何修弥和维护社会个体及群体在经济高速发展下的社会不同阶层断裂所带来的权益对立和冲突，不仅是政府的责任，同时也是社会自身必须自我修复和矫正的首要问题。在一系列的社会维权事件背后，我们可以清晰地发现社会力量成长的轨迹，以及社会力量成长所带来的社会维权途径和方式的变化。

从20世纪90年代开始，中国的律师事务所及律师从国家事业单位和法律工作者的地位逐步转制为面向市场竞争的营利性社会服务组织和职业法律人，转变带来的是服务理念和服务水平的提升，同时向社会提供更加全面及周到的法律服务。现在社会各主体已经习惯有事找律师咨询并寻求专业的法律服务，甚至政府机构都需要聘请高水平的律师作为政府的法律顾问。从维护社会稳定及解决社会权益纠纷的角度而言，律师行业的职业化和市场化，及专业法律人力量的快速成长，对社会权利诉求的及时有效地回应，都非常有助于社会个体及群体的权利诉求的实现。例如，在备受关注的征地拆迁过程中，经常爆发群体性事件，有些地方政府派出所谓的“工作组”都无法解决问题，因为被征地农民根本不信任征地主体政府所派出的“工作组”的公信力。但是一旦律师作为社会中立的法律服务组织介入事件后，为双方提供专业的法律服务，充分保障被征地农民的合法权益，事件往往能够得到及时有效的解决。例如，在江西九江城西港区综合开发项目征地过程中，政府派出的工作组7个月都未能解决问题，被征地村民寻求律师帮助，两位律师前后只用了15天就将政府与被征地村民之间的矛盾和问题予以化解，双方达成征地拆迁协议。① 从90年代到今天，在几乎所有有重大社会影响力的社会维权事件的背后，我们都能发现专业法律职业者的力量。

另外，大量社会民间组织的兴起及其功能的发挥，也有助于社会各阶层及个体的权利维护。尤其是在社会弱势群体的权益保障方面，如艾滋病患者、农民工等亟需社会力量参与并提供必要支持和帮助的群体，大量社会组织的出现及成长，直接化解了政府行为的不足和能力有限的问题。例如，1998年8月由农民工个人成立的“番禺打工族文书处理服务部”，该组织成立的目的起初是为了给农民工提供如撰写家信、代写诉状等有偿服务，2002年该组织获得外部资金的支持并取消收费，从而转化为公益性的农民工维权组织，服务部的角色定位为“关心及促进南中国流动工人生活与权益状况的NGO组织”，宗旨是“研究广东外来工权益状况，为贫困打工者提供免费的法律辅导与帮助，推动与促进外来工权益保障事业的发展”，服务对象主要是“珠三角打工的外来人员”，发展理念

① 详见《运用律师代理功能和谐处理敏感案件》，http：//wenku. baidu. com/view/e340e68b6529647d27285249. html，2011－10－4。

和核心价值是“自尊自强、互助关怀”。① 北京的“打工妹之家”则是另一个例子，主要帮助农民工维护在雇佣关系中的合法权益，如追讨工资、解决性骚扰纠纷等。

在环境保护和消费者权益保护领域，社会组织和力量的参与程度更高，并且在参与的过程中逐渐发展壮大。例如，2005 年注册成立中华环保联合会，经过 5 年的发展，其个人会员从 656 人发展到 12 726 人，单位会员由 107 家发展到 265 家，其中国有大中型企业占 5%、民营企业占 50%、事业单位占 14%、NGO 组织占 28%。此外，还建立了 32 人组成的专家委员会，34 家志愿者律师事务所，1 862 名大学生志愿者和 2 个环保大学生志愿者基地。2008 ~2009 年，联合会共介入处理环境维权案件 79 起。其中重庆铜梁、大足碳酸锶十六年严重污染案、湖南省怀化市辰溪县饮用水砷污染事故、福建省江阴工业集中区环境污染案等在国内外引起较大反响。②

在其他社会领域，我们也看到伴随着社会权利诉求的不断增长，社会组织和力量如雨后春笋般的开始成长，并积极参与到社会事务和社会治理当中。例如，大量的商业行会和地方行会，以及关怀社会特定弱势群体的各类社会草根组织，其规模和组织力量都不大，但是在维护特定阶层和利益的行动中都发挥了积极的作用，并有效弥补了政府职能的不足。据不完全统计，中国目前有 70 万到 80 万非政府组织，分布在文化教育、环境保护、卫生住房、社会服务、商会工会、慈善救助、权益维护等诸多社会领域。③ 社会力量正成长为社会治理中的一股强大的积极的力量。

三、权利诉求：政府与社会力量的关系

社会力量的兴起，在很大程度缓解了政府在社会转型期内所产生的“政府失灵”和“市场失灵”的双重社会治理困境，然而由于我国在传统管理体制上长期依赖政府行政力量来解决社会问题，政府对社会力量的崛起抱有很大的戒心，甚至在法律制度上设置了很多对社会组织和团体的限制措施。在政府与社会力量的关系上政府的态度实际上是矛盾的，一方面缘于对社会力量的不信任，尤其是在社会资源的配置上和公共产品及服务的提供的质量方面，对社会组织的能

---

① 岳经纶、屈恒：《非政府组织与农民工权益的维护——以番禺打工族文书处理服务部为个案》，载《中山大学学报》（社会科学版）2007 年第 3 期。

② 详见《环保事业发展进步的社会力量——中华环保联合会工作纪实》，http：//www. chinareports. org. cn/Article/kjww/201101/33892. html，2011 年 01 月 18 日。

③ 汤蕴懿：《当非政府组织失灵》，载《经济观察报》2006 年 1 月 9 日第 043 版。

力没有信心。我国社会力量在成长过程中所表现出的不规范、管理水平低下等情况，也在某种程度上支持了政府对社会力量的成长的偏见；另一方面，政府一直担心社会力量的成长，及其对社会资源的配置和服务的提供，会削弱政府对社会管控的能力和基础，而社会力量在对社会个体及群体的权益维护过程中所表现出的与地方政府的对抗性，更加重了政府对其自身社会管控合法性被弱化的担忧。因此，在新时期，政府应当重新审视并合理定位自身与社会力量之间的关系，重新构建我国社会治理新机制。

首先，政府应当转变社会治理观念，从对社会的全面管制到为社会服务，向社会提供基础性的公共产品和服务。社会自身具有自我调整和矫正的能力，任何试图对社会实现全面管制的国家行为及努力都将是徒劳的，我国在计划经济时代通过对所有社会商品的计划控制，也并没有从根本上摧毁社会的自我修复和调整的功能。① 对地方政府而言，社会转型所带来的阶层分化、利益多元化、群体权益诉求的多元化，远远超出了政府管制能力范围，如果只强调管制而不是松绑，强调政府的主导及监管作用而不是服务、引导，那么社会矛盾和权益诉求最终都将汇流至政府手中，政府将成为社会权利诉求的集中点，加剧政府的社会负担并增加社会维稳成本。任何社会权利诉求都有其合理性，政府应当正视并积极寻求各种社会力量予以解决，而不是将社会权利诉求视为社会不稳定因素，动用各种行政权力手段进行管制和打压，其效果将会导致社会矛盾和权益诉求的叠加效应，不利于社会问题的解决。因此，政府，尤其是地方政府应当重新审视社会治理观念，应以服务型政府为目标，加快政府职能的转变。

其次，在向社会提供公共产品与服务过程中，政府的角色应当从全能型转向辅助型，即不要试图用政府权力解决所有的社会事务，而是力所能及地向社会提供公共产品和服务，尤其是在社会基础公共产品方面，如医疗保障、义务教育等公共服务。而在其他社会资源再分配和公共产品的提供上，应当放权，让社会自身去解决，把自己管不了、管不好的社会事务交由社会力量去解决。应当让各类社会组织和力量成为社会事务和社会治理的主角，分散化、多元化和自治性的社会力量往往能更有针对性地对社会不同阶层、群体提供公共服务和产品。只有当社会力量无力或无法解决时，才需要政府公权力的适当介入，即如前面所讨论的辅助原则。政府应当集中财力和人力在社会基础公共产品的投入方面，而对社会其他公共产品和服务领域，则放手交给社会力量。在社会权利诉求的解决和应对上，应当给予社会力量以充分的信任，让社会组织和团体参与到社会维权过程中

① 1978 年安徽凤阳县小岗村十八位穷得叮当响的农民，他们以近乎悲壮的“托孤”方式，冒着极大的风险签下了“大包干”生死状，并大获丰收，并开启我国土地承包制度以至整个经济制度的改革。从当时的社会发展情形来看，社会已经开始了自我矫正。

来，利用社会力量所具有的专业性、志愿性和多元性去化解社会转型所带来的利益分散、利益多元及权益争议的问题。如各种商业行会、协会、志愿者组织、环保组织、消费者权益保护组织、各类弱势群体权益保护组织等，其专业性和多元化的服务将会起到很好的沟通、协调、援助等作用。

最后，政府应当认识到，社会力量是政府在社会治理过程中的伙伴，而不仅仅是助手。在新时期政府应该将非政府组织视为公民社会最活跃的社会力量，不是在与政府争权，而是在帮助政府治理社会。按照现代社会管理理论，政府与社会组织不但应该是良好的合作伙伴关系，而且是制度性伙伴关系，以使双方受益。“这种伙伴关系强调多元化的民主参与，即公民、民间组织以及基层行政人员等多元主体对公共治理的共同参与，从而达到政府与公民社会良好合作的新境界。”① 在与社会组织的合作中，政府应该重视其主体独立性，在政策制定、合约订立、服务管理、评估监督等各个环节，按照法制原则而非行政原则办事；而作为共治主体的一员，社会组织也应增强责任意识，更加自主地参与到社会管理的工作之中。1998 年英国政府和非营利组织的代表共同签署了一份《英国政府和志愿及社会部门关系的协议》，该协议协议确认了志愿及社会部门对于社会的重大益处，同时表明政府应当进一步发挥在促进志愿活动和对志愿及社会部门提供支持方面的积极作用。该协议最为重要的体现，在于确认了政府与社会组织之间的关系，是合作与伙伴关系，而不是领导与被领导、指导与被指导的关系。我国一些地方政府已经开始转变观念，将社会力量视为社会治理过程中的重要伙伴，并通过社会公益组织孵化、财政支持、政府购买服务等方式，帮助并扶持社会力量的成长，以期能成为社会治理中的重要力量。

第二节　社会力量参与维权的机制

一、社会力量参与维权的方式：反应性和进取性

社会力量的参与是社会维权及推动地方社会权益保障机制不断趋于完善的重要力量。但是，社会力量参与的动机是不同的，有的社会力量参与社会维权及治理的动机在于实现自身的权利；而有些社会力量的参与则是以维护社会公众的利

① 吴志华等：《大都市社区治理研究：以上海为例》，复旦大学出版社 2008 年版，第 178 页。

益为目的；有些社会力量参与社会维权的目的在于影响地方国家机关的立法或决策；而有些社会力量参与则直接以推动地方法律制度变革为目的。参与社会维权的动机或目的不同将直接导致社会力量参与的方式、程度和目标都各有不同。根据动机的不同，社会力量的参与可以分为反应性参与和进取性参与。①

（一）反应性参与

反应性参与是一种议题式的参与活动，社会力量通过对具体事件作出反应的方式参与社会维权：社会力量或者提出具体权利和利益诉求，或者在具体事件中对权力的行使进行监督和批评。具体事件和具体权利诉求是社会力量反应性参与的动机，这就决定了社会力量的反应性参与具有多发性和分散性。社会中每天都在发生的微小事件都会引起当事人的某种反应，例如，一起交通事故，当事人处理和应对事故中对自己权利和利益的维护、对交警部门处理事故制度和措施的检验和监督等都是地方法制的内容。如果社会事件引起了更多人的关注，如“上海市的钓鱼执法案”、“湖北省的邓玉娇案”、“河南省的赵作海案等”，则社会力量会对此作出自己的反应，并以各自不同的方式参与到事件的解决之中。如群体性围观、媒体和网络上的讨论、律师的法律援助、专业学术机构的研讨等。

我国当前社会力量参与维权的方式主要是反应性参与，由于反应性参与从具体权利出发，以追求和实现具体权利为目标，所以基层和地方政府是社会力量权利和利益诉求的对象，也是对权利和利益诉求作出制度化回应的主体。正是在这个意义上，反应性参与是地方法制的组成部分。反应性参与虽然并不直接冲击地方的法律制度，但是社会力量在具体事件中从政治话语和法律框架中寻找实现权利的依据和途径，这本身就是对地方法制的推动。例如，各地在征地拆迁中遇到的“钉子户”以个体的力量进行抗争，他们为自己的权利而斗争在客观上就是对地方法制的参与。正是在解决这样一些具体事件过程中，基层和地方政府的权力行使得到规范，并逐渐形成对具体诉求的制度化回应机制。

在反应性参与中，社会力量的表现通常是随机性的，作为对社会力量的反应性参与，“围观就是力量”非常传神地诠释了这种参与方式。在“南京彭宇案”中，其实整个社会都在围观，从最初的争议到法院的裁判本身，社会各种力量都在关注并评论整个事件的每一个进展。尤其是在法官最后作出裁判，且裁判的结果与社会围观力量的主流意识完全相悖之时，社会力量反应性参与的效果即时显

① 于建嵘教授在《抗争性政治：中国政治社会学基本问题》一书中对中国近三十年的社会冲突进行了基本描述：“80年代末以来，中国的社会冲突经历了以知识精英为主体的进取性争权运动向以工农为主体的反应性维权活动的重要转变。”于建嵘：《抗争性政治：中国政治社会学基本问题》，人民出版社2010年版，第5页。这个分类对分析社会力量的参与方式具有借鉴意义。

现，并在最终意义上改变了整个事件所具有的标本意义。例如，彭宇案宣判后，社会评论认为该案将整个社会的道德伦理后退五十年。该案主审法官最终被调离该法院，当事人之一的徐老太最终选择搬家而远离社会的指责。而社会最直接的反应就是，在之后的媒体报道有老人跌倒后却无人敢上前帮忙的情形时，总是不忘拿彭宇案来做注脚。

社会力量的反应性参与是地方法制中的常态，通过反应性参与，社会力量在具体事件和点滴积累中推动地方的制度改革和创新。地方各级国家机关在解决各种具体事件所引起的矛盾和问题的过程中，探索和尝试着地方的各种制度。因此，社会力量的反应性参与虽然是多发的、分散的，甚至在很多时候存在过激行为和非制度化形式，但是，这种反应性参与实际上正是地方法制在微小之处蕴含的推动力。

（二）进取性参与

进取性参与是社会力量基于有关社会基本权利、价值理念的一致诉求，以改进或变革地方政策、法律和制度为目标的参与方式。进取性参与中的社会力量并不仅仅以维护和实现自身权利为目标，而是着眼于权利赖以存在的法律和制度，从更为抽象和一般性的角度推动法治建设。我国改革开放30多年来，社会力量的进取性参与从未中断，进取性参与成为国家制度建设，特别是地方法制建设的重要推动力。例如，改革开放之初我国在投资、贸易和税收等经济领域进行的立法和制度建设，在很大程度上就是由港商台商、外资企业家、内地民营企业家等群体不懈争取的结果。再如，曾经轰动全国的孙志刚事件，孙志刚案本身并没有太多的疑点和难点，问题在于事件背后的收容遣送法律制度和社会管理机制问题。经过媒体的放大、学术机构的研讨、法学学者上书等方式，收容遣送制度已经成为现代社会治理中直接侵害或妨碍社会个体迁徙自由、人身自由等权利实现的重要制度障碍。社会力量超越“孙志刚案件”本身，对收容遣送制度的整体性、否定性的批判和讨论，并由此而带来的相关条例的废止和新的社会救助管理办法的出台，就是社会力量进取性参与的典型案例。

社会力量的进取性参与比反应性参与更为理性，具有一定的组织性和制度化。在反应性参与中，社会力量中的个体和群体在某些情况下会采取过激行为，如跳楼、跳桥、堵路、自焚等；但进取性参与并不直接以具体利益和权利诉求为目标，而是着眼于制度改革，因此社会力量就不能操之过急，而是在既有的体制和制度框架下，通过理性和组织化的方式参与社会维权。例如，四川成都的“听证达人”胡丽天和那些公民代表们，就是以参加地方政府部门的各种听证会的方式，积极地参与地方法制建设。“这些各具形态的人极具有自己的特色，他们拿着各种资料，按照自己对决策层的理解，形成了这个社会渗透入毛细血管的，最单薄却有力的意见。"① 于建嵘教授认为，进取性争权运动是由社会精英参与和带动的，具有一定的组织性和规模性。② 然而，社会力量的争权和维权最终还是要回到法治建设上来，通过制度改革和创新扩大、维护和实现权利，而制度改革和创新的推动力并非都是来自于社会精英，普通人、"小人物"也同样会成为制度改革和创新的推动者。尤其是在当前这个网络社会中，每个人都有麦克风，每个人都会成为改革的缔造者。蔡定剑教授指出，"'自上'的动力在过去30 年的改革中已基本耗尽，而民间'向上'的动力正在萌芽并蓬勃生长。中国改革的新动力在民间，在于每个人的力量。"③ 所以任何一种社会力量都有可能会以进取性参与方式自下而上地推动地方法制建设。

以"厦门 PX 项目事件"为例，专家学者、新闻媒体、意见领袖、普通厦门人、网民等各类社会力量积极参与，很多社会力量参与的目的并不仅仅是阻止 PX 项目、保护厦门的环境，而是以建设性的态度通过制度化方式推动城市规划、规划环评等政策和制度的改革与创新。如果说进取性参与在以前是知识分子和社会精英的参与方式，但在越来越开放的社会中却是每个人都可以实践的参与方式。

进取性参与并非宏大叙事式的参与方式，而是社会力量就具体问题而提出的制度性诉求。这种制度性诉求的主要对象是基层和地方政府，如城市拆迁办法、征地补偿标准等制度性诉求针对的都是基层和地方政府。所以社会力量不仅仅是通过具体事件的反应性参与地方法制，也通过具体事件进取性参与地方法制。反应性参与和进取性参与之间没有不可逾越的鸿沟，反应性参与在某些情况下会向进取性参与转化。例如，公民个体对城管暴力执法的抗争是通过社会监督制约权力的反应性参与，但是，如果公民的抗争多发，并且某些抗争引起社会公众的广泛关注，那么社会公众就会形成对制度的质疑，提出改革制度的诉求，反应性参与由此转化为进取性参与。

反应性参与和进取性参与不存在孰优孰劣的分别，任何参与形式，无论是争取权利、维护权利，还是提出制度性诉求，对于基层和地方的法制建设都是积极的推动力。对于地方国家机关而言，正确对待社会力量参与最重要的是在于引导社会力量的反应性参与转化为进取性参与，以制度化方式解决地方发展中出现的社会矛盾和问题。

---

① 《听证达人：胡丽天和那些公民代表们》，载《三联生活周刊》2011 年第 32 期。

② 于建嵘：《抗争性政治：中国政治社会学基本问题》，人民出版社 2010 年版，第 5 页。

③ 蔡定剑：《每个人都是改革的缔造者》，载《同舟共进》2009 年第 3 期。

二、社会力量的参与路径：制度化和非制度化

在社会维权和地方法制建设过程中，社会力量的参与是必然的、必要的，但社会力量参与的方式有制度化与非制度化之分。制度化参与方式包括通过参与听证会、积极参与地方立法进程；通过调研、学术研讨等方式向政府机构反映问题或提出建议；向社会发布相关社会维权状况的调查报告、质量报告等；通过调解、法律援助、协助诉讼等方式表达权利诉求和维护权利，是社会力量在体制和制度框架内的参与路径。制度化路径表现的是法律制度及社会治理机制能够并予以社会力量一定的活动空间和参与途径，在实践中，一般表现为政府机构支持或要求社会力量协助政府权力完成社会治理活动。例如，社会力量参与地方立法进程，从法律源头上尽量保证社会权益得以最大维护和保障，尤其是律师作为法律职业工作者，一方面可以以人大代表、政协委员、政府立法顾问等身份，以参政议政的方式参与地方立法活动；或者作为社会公众的一分子，对公开发表征求意见的法律法规、规章草案提出意见；以及接受立法机关和部门的委托，起草法律、法规、规章草案，参与立法全过程。从实践来看，政府立法越来越倾向于选择委托社会力量立法，如2009年海口市为防止部门利益影响立法，委托驻海口高等学校的法律院系、法学研究机构、法律学术团体、律师事务所或者其他能够承担法规起草、修改任务的研究机构，完成五大立法项目。①

非制度化的参与路径，如集体散步、罢工、游行抗议、阻碍工程等超越现有法律和制度框架的参与活动。社会力量采取非制度化的参与路径，往往是因为制度内参与路径或合法参与的管道不畅通，最后不得不采取的手段和方式。如"厦门PX项目事件"，在整个事件过程中，地方环保人士及社会组织也通过一定渠道反映过问题，并提出自己的建议，但是这些反映并没有得到政府部门的回应，最终不得不采取中国式散步的方式来表达意见。实际上，在社会维权过程中，社会力量往往也会选择一些非制度化的路径来表达意见和主张，并希望这些主张能通过社会媒体将事件放大得以在社会整体中予以讨论，并通过社会整体性关注来解决社会维权的困境问题。比较典型的就是网络社区发起的"随手拍解决流浪儿童"行动，2011年1月26日，中国社科院农村发展研究所教授于建嵘开通新浪微博"随手拍照解救乞讨儿童"，希望借微博的力量，寻找那些被拐卖

① 《海口：为防止部门利益影响立法五大法规将委托社会力量拟改草案》，http://www.locallaw.gov.cn/dflfw/Desktop.aspx? PATH = dflfw/sy/xxll&Gid = acf0de1f - 7b9c - 4711 - 883f - d4ed5d65dcd7&Tid = Cms_Info，2009-7-13。近几年来，一些地方如天津、重庆、郑州、青岛、广州等地纷纷委托律师事务所起草法规草案，取得了明显效果。

乞讨的儿童。仅仅5天时间，微博“随手拍照解救乞讨儿童”吸引近万粉丝，网友街拍的200余张被拐儿童照片发布到该微博。于建嵘认为，通过微博，网友们的力量被广泛动员了起来，同时也能为公安机关及时提供线索，帮助家长寻找丢失的孩子。网络针对流浪乞讨儿童的维权行动也惊动了公安部门，“公安部将部署公安机关对强迫未成年人乞讨进行立案调查”①。“随手拍解救乞讨儿童”微博出现后，各地警方迅速出动，加大打击拐卖儿童及强迫儿童乞讨的力度。② 在2月和6月，公安部宣布破获两起特大拐卖儿童案，从“随手拍照解救乞讨儿童”引发微博打拐，到公安部投入专门警力致力于全国范围内的强力打拐，民间与警方的力量在今天已经实现了汇集。如今，微博打拐已经失去了活力，但其所表达的强烈打拐愿望，已经为公安部门所接力。③

在社会力量参与社会维权及地方法制的过程中，制度化与非制度化参与方式并存，制度化参与方式理性、温和、克制并不乏建设性，非制度化参与方式具有激进性、冲突性，虽然能够使矛盾和问题受到重视、得到解决，但却具有某种程度上的破坏性。所以社会力量的制度化参与肯定优于非制度化参与，但前提是存在引导社会力量制度化参与的空间。地方法制在很大程度上是由社会力量推动的，而社会力量制度化参与的程度是衡量地方法制建设水平的重要标准。

社会力量的制度化参与不仅是争取和维护权利、实现社会自组织化的合理途径，也是维护基层和地方社会秩序和稳定的基础。所以基层和地方政府必须首先为社会力量的参与提供必要的制度空间，引导社会力量自觉和理性地参与地方法制建设。例如，地方政府降低公益组织登记注册门槛，就能够为民间公益组织松绑，使大量民间公益组织由地下转为地上，以公开合法的身份参与地方的公益事业。对基层和地方政府而言，社会力量的参与宜疏不宜堵，而疏导社会力量参与最重要的方式就是制度。基层和地方政府的政策、法规和措施在规范自身权力行使的同时，也为社会力量的参与提供了制度空间。例如，《政府信息公开条例》实施以后，各级地方政府都被课以公开必要政府信息的义务，但是公开何种信息、如何公开信息以及公民获取政府信息的途径等都需要地方政府出台具体制度和措施，如果这些制度措施不到位，社会力量要获取信息就可能采取非制度化的方式，如越级上访、散步等。所以社会力量自身的制度化对地方法制很重要，而基层和地方政府的制度化引导更重要。

---

① “随手拍解救乞讨儿童”微博在网络出现后，得到网络及社会媒体的广泛关注和报道，同时政府部门也关注并加强打击力度。

② 详见新浪网《关注解救被拐乞讨儿童》专题，http：//news. sina. com. cn/z/jjet/.

③ 《全民打拐，最好时机已形成》，载《新京报》2011年8月6日，B01版。

"我国的法治建设实际上一直是在与非制度化的方式进行斗争的过程中推进的。"① 以前，"放手发动群众"，通过群众运动的方式监督制约权力、发展生产，社会力量的参与根本没有制度可言；现在社会力量通过跳楼、群体性事件等方式表达权利诉求、维护权利也同样是非制度化的。社会力量都试图通过体制外的方式维护权利，只能说明我们的制度是不健全的。没有健全的制度，基层和地方政府在解决各种具体的社会矛盾和问题时就会出现两种思路：其一是在遵守实施宪法法律的前提下，探索和尝试各种具体的制度措施；其二是临时抱佛脚，"特殊问题特殊处理"，形不成真正的制度。前一种思路能够使地方法制建设在不断积累中持续发展，而后一种思路却会形成恶性循环。也就是说，当基层和地方政府不再尊重制度，以法律和制度解决问题的时候，社会力量很难形成对制度的信心和信赖，也就不可能自觉地以制度化方式主张权利、维护权利和监督权力了。

总之，社会力量的参与由非制度化向制度化的转化是社会维权程度及地方法制建设水平的重要标志。我们不能仅仅寄希望于社会力量自觉地通过制度化方式参与地方法制，而是通过基层和地方政府的制度建设以及对制度的尊重遵守来引导社会力量的参与。只有社会力量自觉地以制度化方式参与社会维权及地方法制建设，地方法制才能以自下而上的渐进方式获得进步，依法办事的法治要求才能得以实现。

第三节　社会力量参与维权的意义

针对社会稳定及社会治理的新格局，中央提出，要"加强和创新社会管理，要牢牢把握最大限度激发社会活力、最大限度增加和谐因素、最大限度减少不和谐因素的总要求，以解决影响社会和谐稳定突出问题为突破口，提高社会管理科学化水平，完善党委领导、政府负责、社会协同、公众参与的社会管理格局，加强社会管理法律、体制、能力建设，维护人民群众权益，促进社会公平正义，保持社会良好秩序，建设中国特色社会主义社会管理体系，确保社会既充满活力又和谐稳定"。② 从建设我国社会管理体系来看，社会力量在维权及参与社会治理的过程中应当是协助政府的重要力量，充分肯定、扶持并鼓励社会力量积极参与社会治理、化解社会矛盾、维护社会权益有着积极的重要的意义。

---

① 葛洪义：《法治建设的中国道路》，载《中国法学》2010 年第 3 期。

② 《胡锦涛：扎扎实实提高社会管理科学化水平》，http：//cpc. people. com. cn/GB/64093/64094/13958405. html，2011 年 02 月 19 日。

一、表达权利诉求以实现权利

市场经济的发展必然会产生社会分化，弱势群体面临的困境将加大社会分配的不平等鸿沟，从而降低社会稳定性。因此，加强和改善弱势群体的社会资源再分配已成为当务之急。就目前而言，规模庞大的弱势群体呈现出明显的“无组织”特征，弱势群体利益保护问题已成为我们经济社会发展的薄弱环节和公平、公正的焦点。社会力量可以利用其非政府、非营利的特质和优势，在弱势群体的利益表达和利益保护中发挥特殊作用，把众多散落的、繁杂的个人意志聚合起来，使其得以在政府决策乃至法律制度中有所体现，从而将矛盾的解决纳入理性有序的轨道，降低社会管理的成本，维护和促进社会的公平、公正，积极构建一个稳定和谐的社会。

在社会活动中，哪些阶层和群体需要借助社会力量来维护自身的权益？在中国，好像每个阶层都在宣称自己是弱势群体，就连执掌国家公权力的公务员队伍都在向社会表白自身的弱势地位。[①] 这种社会集体焦虑和不安全感，实则缘于没有任何一种可依靠的力量来维护自身的权益。在成熟的社会中，任何一个阶层，包括政府雇员和公务员阶层，都有维护自身权益的合法组织或团体，最为直接的就是各群体所组建的代表群体权益的工会。而对于其他特定社会阶层，则有各类社会公益组织，以志愿行动的方式，来维护其合法权益。

因此，社会力量作为社会各阶层及群体的权益代表者，积极主动地参与到地方的政策、决定、制度和措施的制定和实施中，以维护各社会阶层的利益和权利，是形成并稳定社会秩序和社会凝聚力的重要力量。同时，社会力量在参与中逐渐走向成熟，形成某种有效配合的理性和有序的参与机制，推动地方政府在公共政策决策、政府行动及社会资源的再分配等方面充分考虑并维护弱势阶层的权益。

社会力量以合力的方式和机制，一方面，使公民个体和群体的利益诉求得以有效表达，不同意见得以呈现，经过社会舆论的充分讨论形成更为广泛的社会影响力，促成地方政府的及时回应；另一方面，社会力量的参与也是公民个人和群体的法律权利得以实现的有效保障：社会力量的参与不仅为公民的知情权、言论自由权、提出批评和建议的意见表达权等基本权利提供了平台，也推动地方政府

---

① 根据网络调查显示，认为自己是“弱势群体”的党政干部受访者达 45.1%；公司白领受访者达 57.8%；知识分子（主要为高校、科研、文化机构职员）受访者达 55.4%；而网络调查显示，认为自己是“弱势群体”则高达七成。详见《网络调查显示：七成公务员认为自己是弱势群体》，http://edu.ifeng.com/news/detail_2010_12/07/3375575_0.shtml，2010 年 12 月 07 日。

通过制度改革和创新实现具体的权利。公民个体和社会团体的权利并不是国家和政府的恩赐，而是由法律所赋予的，经过改革开放30多年大规模的立法过程，公民的基本权利和重要的基础权利已经在宪法和法律层面上得以确立。但是，权利并不仅仅停留在纸面上，权利是实践，是权利人在从事社会实践活动的过程中通过不懈的努力甚至斗争得以实现的。

权利人为权利而斗争就会以不同的方式积极地参与到地方法制建设中。由于我国各个地区的经济与社会发展并不均衡，在自然条件以及民族、文化、宗教等方面存在着差异，因此，各地人民群众在理解法律权利时肯定会有所不同，其争取和维护权利的机制和方式同样有很大区别。所以各个地方在实施法律、实现权利的过程中必然要将法律上的权利具体化为适合本地区特点的各种制度和措施，以满足当地群众的利益诉求和实现其法律权利。地方法制在某种意义上就是地方政府通过实施法律、改革制度和创新机制的方式，解决地方经济与社会发展中出现和面临的矛盾与问题。这些矛盾和问题在很大程度上与本地区人民群众的各种不同的具体利益和权利诉求有关，例如，政府为了改造城中村进行的拆迁，可能使部分人的生活环境和条件得到改善，但也有部分人可能会出于各种原因而抵制拆迁。赞成者和反对者都具有某种法律上的权利，但是，地方政府若要化解其中的矛盾往往就需要积极地引导社会力量参与到讨论和决策程序中，以在最大程度上满足各方的利益诉求，获得合理的结果。所以社会力量的参与是法律权利得以具体化并以制度化方式实现的重要途径。

二、规范权力行使以制约权力

当社会权利主体占有相当的社会资源、足以形成巨大的社会力量时，可以实现对政府权力的制约。多重独立的社会力量的存在，可以提供一种权力制衡的机制，对国家权力的实体运作施加多方面的影响。社会力量的存在，一方面减弱了社会成员在某些基本需求上对政府权力的依赖；另一方面则增强了社会成员的权利实力，从而在公民权利的保护上扮演着不可忽视的角色。所以通过各种社会力量，将一个个分散、孤立的个体，特别是一些弱势群体组织起来，便会形成一种对公共权力有监督制约作用的社会权利，从而达到政府与社会的良性互动，促使社会更加和谐。从社会治理的角度而言，政府公权力的行使，包括提供基础公共产品和社会服务，必然会受到来自代表社会各阶层权益的社会力量的监督，并在政府信息公开的基础上接受来自社会力量的批评和压力，从而不断调整公共政策趋向整体性公平，以实现社会公正。

政府向社会放权，既是培育良性发展的公民社会，也是逐渐收缩公共权力、规范权力行使的过程。由全能型政府向有限政府、由管理型政府向服务型政府的转变不仅仅是通过政府自觉的体制改革和制度创新来完成，而且是在社会力量参与的推动下实现的。例如，政府信息公开是公民监督政府的重要途径，国务院的《政府信息公开条例》虽然对信息公开制度作出了比较明确的规定，但是，各地方在执行的过程中还必须将其具体化，建立有关信息公开的方式、途径、措施等制度。而这些措施和制度需要通过社会力量的参与被激活，从而发现政策措施在实践中存在的问题，促使地方政府及时作出调整。可以说，没有社会力量的广泛参与，所有监督和制约权力的法律都将会是僵死的条款。

社会力量的参与一方面使政府的权力行使逐渐公开和透明，另一方面则使政府权力的形式受到社会的广泛监督。地方在发展经济过程中出现地方保护主义是不可避免的，在中央和地方分权模式下，中央政府对地方政府的领导和制约也大大削弱，地方保护主义的形成在某种程度上是不可避免的，地方政府变通实施和执行法律往往会超越法律的限度。这不仅会破坏法律的统一性，而且会使公民、企业和社会团体的权利受到侵害。例如，地方政府要求政府部门在公务招待中必须用某品牌的酒，这种行政垄断既破坏市场竞争秩序、违背法律，也同样侵害了其他企业的公平竞争权利。社会力量的参与则能够使政府的权力行使受到有效的社会监督，促使地方政府作出合法与合理的决策。

地方政府如果积极引导社会力量理性和有序地参与到地方法制建设中，非但不会阻碍地方的发展，相反，却能够使地方政府在与社会力量的互动中不断走向成熟，增强地方政府的合法性与权威性。只有得到社会力量拥护和支持的政府，才能够凝聚民心、汇聚民力，从而推动地方经济发展与社会进步。在“厦门 PX 事件”中，厦门地方政府在社会力量的推动下决定迁建 PX 项目，失去的是每年 800 多亿元的 GDP，而得到的却是民心。

社会力量的参与本来就是民主制度的重要组成部分，如果说地方法制建设最根本的目的在于民生，那么民主就是最重要的民生。允许、支持和引导社会力量的发展壮大，实际上就使社会逐渐具有自我调适的机制和功能，一方面使公民、企业、社会团体和民间组织具有充分的发展空间，增强地方经济与社会发展的活力；另一方面使社会团体和民间组织能够为地方社会提供更为高效和优质的社会服务。所以承载着民主和民生的社会力量广泛参与地方法制，规范权力行使以制约了权力，公权力在获得合法性的同时也具有了权威性。

三、形成公共领域以推动地方法制

社会力量作为一条重要的纽带，在其服务的社会基层民众与社会各界之间加强沟通和相互了解。社会力量一方面可以发挥作为政府外脑和智囊的作用，集中民情、民意、民智，把分散的个人意见和利益诉求以集中、制度化、理性、和平的方式向政府反馈，为政府决策提供资讯和参谋，提高政府决策和管理的公开性、民主性和科学性，更加符合民意和反映实际情况；另一方面积极发挥社会力量的桥梁和纽带作用，有利于社会成员充分了解政府决策的理由和依据，从而能够认同政府的决策，增进公民与政府之间关系的和谐，使有关决策得以顺利实施，换言之，社会力量的存在及其作用的发挥，不但不会削弱政府在社会治理中的合法性基础，反而会增进社会对政府治理行为的认同。在社会中的个体领域与国家公共政治领域之间，社会力量存在并形成和维系有别于两者的公共领域，并在公共领域内形成充分开放的、自治的、民主的治理机制，将积极推动地方法制建设，并最终形成现代社会治理的法治状态。

公共领域，是一个与私人领域相对的哲学与社会学概念。公共领域是介于国家和社会之间的一个公共空间，公民可以在这个空间中自由参与和讨论公共事务而不受干涉。公共领域是由个体以及个体组成的群体在对公共议题的讨论中逐渐形成的，个体和群体通过建设性的批评表达意见，在争论和讨论中形成某种公共意见，从而对抗武断的、压迫性的国家与公共权力，维护总体利益和公共福祉。

公共领域是公民社会的重要构成要素。其轴心是以公共场所、民间组织、新闻媒体等为凭借和载体的，广大公众平等、自由地发表意见、交流看法和对话沟通，进而对公共事务进行多元自主的商谈讨论、检视反思、理性批判、价值认同的重要平台，是利益诉求、社会心声、公众意见得以形成、汇集和表达的基本场域，它所形成的理性共识和公众舆论，构成了公共政策的合法性源泉和法治秩序基础。

从孙志刚案、厦门 PX 事件和汶川地震中我们能够看到社会公众对公共政策和公共事务的民主参与、广泛讨论、反思批判和理性对话过程。公众舆论和社会力量的参与推动了公共政策合法性的形成机制。当代中国已进入一个多元化、自主化、世俗化的社会，能够整合社会的已不再是“政治动员”，而是多元利益和权利的承认与保障，因此它更多的不是靠“文革”那种真理训导，而是凭借新时期的理性共识。尤其是当代中国公共领域的兴起，已成为一种庞大的社会力量，它反映着社会变革时期复杂的社会心声和多元利益追求，使公众舆论成为多元社会中“社情民意”的晴雨表。

社会力量的参与以及由此形成的公共领域在地方法制建设中具有十分重要的意义。公共领域中形成的公共意见对地方政府的制度建设和民主决策提供了重要的推动力，一方面使这些制度和决策能够广泛听取民意；另一方面又因公共意见中的建设性批评而能够吸纳民智，在此基础上形成社会力量参与的民决机制和程序。地方法制的合法性和正当性是在公共领域的不断成熟中得到增强的，从而使地方法制避免陷入某种地方保护主义。

公共领域虽然独立于公权力，但却并非对公权力一味地批评和否定，而是以建设性的态度推动公权力与私权利之间的良性互动，使公私分明，同时又使公权力成为私权利实现的重要保障机制，私权利则成为公权力的监督和制约力量。地方政府不是独立王国，地方法制也不是闭门造车，开放社会中的公共领域因社会力量的广泛参与而构成了对地方权力的制约，同时也成为地方法制获取民意的最重要机制。

第十九章

制度回应

“地方政府应当对新兴的参与机制持一种包容的态度，将其纳入自由、理性、规范、有序的轨道，公民意见表达、政治参与的水平，可以衡量一国或地区法治的程度，更是当下中国地方法制建设不可或缺的推动因素。”

通过“国家—社会”的二元视角，我们可以发现，在诸多情形中，中国地方法制建设所取得的进步大致呈现出这样一种模式：

首先由处于特定事件中的民众或个人基于权利救济或维护自身利益而提出某种权利诉求；这种权利诉求由于其所涉权益的重要性或具有普遍意义，经过新闻媒体或网络的传播与挖掘而产生“放大”效应，成为社会各界普遍关注的公共事件或公共话题，甚至引发各类社会力量（公共知识分子、社会公益组织等）的积极参与，进而可能演化为某种巨大的要求国家（地方国家机关）进行制度变革的能量；面对来自于社会层面的强大压力，基于维护统治秩序的考量，中央国家机关或地方国家机关在权衡各种利益的前提下往往会以一定的制度性变革予以回应，从而促成特定的制度变革。

在上述模式中，地方国家机关由于其所处的国家与社会关系结构中的特殊位置，往往能够及时了解基层社会或市场的意图与需求，并且对制度创新的预期收益具有高度的敏感性，因而对于权利诉求与制度创新往往表现出较大的积极性与能动性。但同时亦必须认识到，这种模式是在当下中国规范层面上的利益表达机制、制度变动机制（代议制民主）尚不完善前提下的现实选择，因而不可避免地具有一定程度的偶发性与非规范之特征——由于社会尚不具备针对国家的强大的制约能力，地方国家机关领导人的法治意识、权利诉求事件的重要程度以及所产生的社会压力等因素，往往成为地方国家机关是否作出制度性变革、制度性变革是否彻底的决定性因素。当然，由于社会矛盾加剧、民众权利意识的觉醒，此起彼伏的维权事件有可能演化成一场波澜壮阔的社会运动，由此而产生的巨大的统治压力亦使上述制度性变革模式逐渐趋于常规化，成为中国地方法制建设图景中的“常态”。同时，在这种模式运作过程中，我们还越来越多地观察到了地方国家机关与社会力量、民众之间通过良好的沟通、互动，最终达成共识以解决实际问题的现象，[①] 这也在一定程度上反映出中国的政府治理发生了从传统的“压力型”统治模式向体现国家与社会良性互动关系的“回应型”统治模式的转变。[②]

本书将上述地方国家机关应对权利诉求的制度性变革模式称为转型时期中国地方法制建设的“制度回应路径”。在正式制度层面上的代议制民主尚未十分健全的情势中，这种“制度回应路径”对于推进中国整体法治进程具有重要的意义。回顾中国改革开放30多年的历史可以发现，诸多整体性的实质意义上的法治进步大凡缘起于这种局部性的、地方性的“制度回应路径”。本章将以具有典型意义的拆迁征地事件、“孙志刚事件”所引发的制度变革为分析对象，试图勾勒出中国地方法制建设“制度回应路径”的内在机理——在当下“强国家、弱社会”格局下，民众和社会力量如何运用既有的“制度”空间与地方国家机关展开的互动、博弈，以及国家面对统治压力与制度变革契机的如何作出回应的机制。

第一节 拆迁、征地事件与制度回应

一、惨烈的维权、制度变革诉求与国家回应的局限性

（一）频发的“自焚”事件与制度变革诉求

发生在拆迁、征地活动中的当事人暴力抗法甚至是“以命相搏”（自焚、自

① 单光鼐：《官民良性互动》，载《南方周末》2011年2月25日第16版。

② 季卫东：《社会变革的法律模式》（代译序），［美］P. 诺内特、P. 塞尔兹尼克，张志铭译：《转变中的法律与社会》，中国政法大学出版社2004年版。

杀）的极端事件是近几年来最具冲击力的话题之一，也是转型时期中国社会矛盾激化、有效权利救济机制匮乏的标志性事件之一。最早见诸媒体是2003年8月发生在江苏南京的被拆迁人“翁彪自焚事件”。[①] 实际上，因补偿标准过低、房屋遭野蛮拆迁而发生的维权事件早就伴随着我国大规模的城市化运动呈现出普遍化的态势。早在2000年2月，北京就发生了10 357名被拆迁户联名向北京市第二中级人民法院提起行政诉讼的“万人诉讼”事件。[②] 但司法诉讼等正式权利救济机制实效性的匮乏，使某些拆迁维权事件往往演变成极端的暴力抗法、自杀、自焚案件。根据建设部统计数字，2003年1至7月份全国因房屋拆迁引发三级以上事故共5起，造成26人死亡，16人受伤。[③] 自21世纪初开始，不断被新闻媒体、网络曝光的此类事件逐渐演化成由各种社会力量积极参与、推动的公共事件，其目的已不限于个案中的权利救济，而是旨在寻求有关拆迁征地活动乃至宪法层面上的规范性文件审查与财产权保障机制的制度变革。[④]

2009年的“唐福珍拆迁自焚事件”,[⑤] 产生了“一石激起千层浪”的效果。女企业主唐福珍极其惨烈的维权方式使这一事件成为整个社会关注的焦点，而新闻媒体、学者的积极参与推进则使其演化成一个促成制度变革的重要契机。

唐福珍自焚后不久，2009年12月7日，北大法学院五名学者通过特快专递的形式向全国人大常委会递交了《关于对〈城市房屋拆迁管理条例〉进行审查的建议》，建议立法机关对《城市房屋拆迁管理条例》进行违宪审查，撤销这一条例或由全国人大专门委员会向国务院提出书面审查意见，建议国务院对《条例》进行修改。北大教授的“上书”，将公众的目光聚焦到了法律制度的层面。一些法律界人士也加入到声援北大教授的阵营中。

---

① 杨江：《南京拆迁户自焚事件调查》，载《新民周刊》2003年9月1日。

②③ 孙笑侠：《拆迁工地上寻找法治动力》，载《东方法学》2010年第4期。

④ 有关这方面的典型事例有：2003年7月，杭州市机械工业学校退休教师刘进成发起、金奎喜律师等116人联名上书全国人大，要求对《拆迁管理条例》进行违宪审查；2006年12月21日，北京市才良律师事务所党支部书记王令，以拆迁法律专业律师的名义实名给温总理写信，直言“我国现有的拆迁制度存有较多较大的缺陷，是引发拆迁矛盾的重要原因”。社会力量对于拆迁事件的积极参与，以律师行业为例，在21世纪初10年左右的时间里，全国各地出现了新的律师专业业务种类——“拆迁律师”，还有各地纷纷出现的“拆迁律师网”，百度网搜索“拆迁律师”，显示了10 000 000篇相关信息。参见《律师称法规谬误是拆迁矛盾之源　新条例为何难产》，《时代周刊》2009年12月17日。

⑤ 2009年11月13日，一位叫唐福珍的成都女企业主，为了保护自家三层楼房、抗拒成都市金牛区城管执法局的暴力拆迁，在楼顶天台自焚。在当年4月10日进行了一次强拆受唐家抵抗之后事隔半年，金牛区城管执法局带着拆迁队浩浩荡荡，经精心准备后，拆迁队伍卷土重来，这次他们集结了更庞大的队伍，穿着迷彩服的人、消防队的战士，甚至医务人员，悉数到场。但她的自焚并没有阻止房子被拆，当天房子就变成了一片废墟。2009年11月29日晚11时许，47岁的唐福珍在医院与伤痛搏斗了16天后，因救治无效，医院宣布唐福珍死亡。参见 http：//china. nfdaily. cn/content/2009 - 12/09/content_6928041. htm，2011年8月31日访问。

在经济迅速发展的大规模建设时期，拆迁原本属于不可避免之事。但我国的拆迁活动缘何出现了数量众多的“血案”呢？正如诸多法律界人士所分析，法规谬误是拆迁矛盾之源。① 我国的城市房屋拆迁制度建立于20世纪90年代初，主要依据为1991年国务院颁布《城市房屋拆迁管理条例》（以下简称《条例》，2001年国务院对《条例》进行了一定程度的修改）。该《条例》未能区分以公共利益为目的的拆迁和以盈利为目的的拆迁，而是笼统地对拆迁事项适用许可制度，即只要经过拆迁主管部门批准的拆迁项目，逾期未能就拆迁安置事项达成协议的，拆迁人就可以借助公权力对被拆迁人实施强制拆迁。在以盈利为目的的商业拆迁项目中，拆迁人和被拆迁人之间完全是一种平等的民事法律关系，但按照《条例》的规定，拆迁人却可以借助国家公权力对拆迁人实施强制拆迁，这实际上是公权力对平等民事法律关系的野蛮干预，致使被拆迁人处于十分不利的地位。同时，这一规定也构成了违宪，根据2004年《宪法》修正案的规定，国家基于公共利益可以对公民合法的财产权实施征收和征用。基于公共利益的拆迁属于对个人财产权的征收范围，这意味着只有在此类拆迁活动中，方可动用公权力对被拆迁人实施强制拆迁。但《条例》却将强制拆迁适用于所有的拆迁事项，导致公权力的滥用。另外，《条例》对于拆迁补偿标准也未明确按照国际上通行的市场导向定位，在相当长的时期内，我国拆迁补偿的实际标准均由政府规定，具有相当的随意性，这对被拆迁人的利益构成了极大损害。

基于上述理由，学者和法律界人士提出了制度变革的要求——不仅要废除或修改《条例》中的导致公权力滥用、侵害被拆迁人财产权的规定，而且寄希望于全国人大常委会启动从未动用过的宪法解释、宪法审查程序，从而推动我国宪政、法治建设的实质进步。

（二）中央立法的回应及其局限性

对于上述保障权利与制度变革的诉求，作为中央国家机关的全国人大常委会和国务院作出了一定程度的积极回应。首先，对于废除和修改《条例》的要求给予积极肯定和回应；但对于由全国人大常委会启动释宪和宪法审查程序这一较为敏感的要求，采取了折中的做法：全国人大常委会对此不置可否，但由国务院制定新法以取代《条例》。2009年12月16日上午，国务院法制办在北京金台饭店召开备受关注的《国有土地上房屋征收与拆迁补偿条例（草案）》专家研讨座谈会。法制办邀请了五位上书的北大的法律教授参加这次座谈会。2010年1月29日《国有土地上房屋征收与补偿条例（征求意见稿）》正式向公众公开征求意见。

① 《律师称法规谬误是拆迁矛盾之源新条例为何难产》，《时代周刊》2009年12月17日。

2011年1月19日国务院第141次常务会议正式通过《国有土地上房屋征收与补偿条例》（以下简称《征收与补偿条例》）。[①]《征收与补偿条例》废弃了“拆迁”这一法规范属性不明的称谓，将“征收”限定于基于公共利益的房屋拆迁，并明确了只有符合六种“公共利益”的需要，政府方可征收房屋。并规定旧城区改建需要征收房屋，多数被征收人认为征收补偿方案不符合本条例规定的，应当组织由被征收人和公众代表参加的听证会，根据听证会情况修改拆迁补偿方案。法规亦明确要求多数被征收者对征收补偿方案有异议时，政府必须广开言路举行听证会。可以看到，《征收与补偿条例》的制定在相当程度上吸收和肯定了学者与法律界人士的意见，是对社会力量制度变革诉求的积极回应。在新中国的立法史上，如此重视民意、以公众意见和社会诉求作为立法重要依据的现象实属罕见。因此，《征收与补偿条例》制定在我国立法史上具有重要的意义，是我国法治进程中标志性的事件。

然而，我们亦必须认识到，尽管《征收与补偿条例》制定过程中所体现的国家层面的回应机制彰显了尊重民意、回应社会诉求的精神，但这一法规仍然不可避免地具有一些局限性，尚未触及我国当下城市化进程中保障个人被征收财产利益的最为根本的问题。

在中国目前的土地制度下，由于土地一级市场（即土地征收时）主要以土地管理的计划指标为基本配置，价格机制几乎不发生作用，政府可以通过较低的价格从一级市场上获得土地（征收土地），然后以高价在二级市场上出让，从中牟取差价。这是当下中国“土地财政”和政府具有积极介入拆迁、征地等建设活动的根本原因所在。房屋作为土地的附着物，其价值与其所附着的土地价值成正比。如果说《征收与补偿条例》通过协商、听证等被征收人的参与机制解决了国有土地上被征收房屋的补偿问题（使得房屋的补偿价格与二级市场上的土地价格成正比），那么，在中国城市化过程中发生在农村集体土地上的征收活动却不能适用这一法规，政府仍然可以通过支付较低的补偿将集体土地及其附着物征收为国有，然后以高价出让。

这正是我们看到《征收与补偿条例》实施以后，发生在拆迁、土地征用中的极端维权事件仍然不断发生的原因所在，因为《征收与补偿条例》并不能保护集体土地上农民被征收的财产权益。[②] 按照《土地管理法》的规定，农民获得的征地补偿费是以农地的产出计算，而政府出让的土地是以建设用地的方式出

---

① 《中华人民共和国国务院令》590号。

② 最具影响力的是2010年发生的江西宜黄的拆迁自焚事件和2011年4月22日发生在湖南株洲的拆迁自焚事件。这些事件均涉及农村集体土地上的征收与补偿问题，因而不受《国有土地上房屋征收和补偿条例》的规范。

让，这意味着两者之间存在着一个巨大的利差，正是这个利差让地方政府以极大的热情去征地。

二、地方政府的探索与回应：以广州“城中村”改造为例

（一）当下土地制度的弊端：“同地不同价”

如果说《国有土地上房屋征收和补偿条例》只是在制度层面上解决了国有土地上的私人房屋征用补偿问题，那么，如何保障农村集体土地上被征收财产者的利益则是当下我国城市化进程中各类矛盾的焦点，它关涉农村人口城市化过程中的权益保障、社会稳定乃至社会公正等诸多问题。然而，我国现有法律制度的相关规定无疑是令人担忧的。

我国土地制度中有个非常独特的制度安排，就是国家对土地实行用途管制，集体所有的农地和国家所有的农地具有不同的用途；集体所有的土地只能够用于农业，一旦用于非农用途，则必须先由国家征收为国有土地。既然农村的土地不能够用于非农用途，那么，以土地的农业用途作为征地补偿时的定价依据也就水到渠成。《土地管理法》第 47 条规定：“按照被征收土地的原用途给予补偿”。按照法律的规定，农民获得的征收补偿款由这几个部分构成：土地补偿费、安置补助费以及地上附着物和青苗的补偿费。土地补偿费为“该耕地被征收前三年平均年产值的六至十倍”，安置补助费则按需要安置的农业人口数计算。

但是，以该标准对失地农民进行补偿，能不能保护农民的权益？回答是否定的。在很多地方，农民获得的补偿款，按照当地的物价水平，只能维持三年左右的基本生活。失地农民往往会沦为新的贫困群体。而更让人惊奇的是，在农地补偿款尚不能够维持农民今后生计、不足以保障农民的权益时，国家还对农地征收补偿款有最高限额的限制——《土地管理法》第 47 条指出：“依照本条第二款的规定支付土地补偿费和安置补助费，尚不能使需要安置的农民保持原有生活水平的，经省、自治区、直辖市人民政府批准，可以增加安置补助费。但是，土地补偿费和安置补助费的总和不得超过土地被征收前三年平均年产值的三十倍。”①

这种制度化的“同地不同价”现象，其本质原因在于中国特有的城乡二元

① 傅蔚冈：《同地不同价问题是如何产生的》，载新浪“东方早报”2010 年 2 月 22 日，http://finance.sina.com.cn/review/zlhd/20100222/07487432415.shtml，2011 年 9 月 24 日访问。

结构体制。按照《土地管理法》的规定，农民获得的征地补偿费是以农地的产出计算，而政府出让的土地是以建设用地的方式出让，这意味着两者之间存在着一个巨大的利差，正是这个利差让地方政府以极大的热情去征地。这也是我国特有的“土地财政”现象的根本原因所在，甚至可以认为：政府通过土地出让所获得大量资金，是建立在剥夺被征地农民土地财产的基础上的！处于城市化的过程中广大农村居民根本无法享受土地的财富效应。九三学社中央在全国政协十届二次会议上的一个提案为此提供了佐证，该提案指出：被征用的土地收益分配格局大致是地方政府占 20% 至 30%，企业占 40% 至 50%，村级组织占 25% 至 30%，农民仅占 5% 至 10%。[①]

这种不合理的制度安排导致了大量失地农民的贫困化。对此，以法律界、经济界为代表的社会意见提出了理性而尖锐的批评，并强烈要求对当下的土地制度进行改革。然而，在强大的既得利益集团的挟持下，国家土地制度方面的改革似乎一筹莫展。

（二）广州“城中村”改造：打破土地二元制的尝试

面对矛盾越来越尖锐的农村集体土地征用制度，诸多地方政府在既有的制度框架内进行了积极的改革探索或尝试，这也成为近年来我国地方法制建设的“亮点”之一。其中，以广州市政府在其大规模的城中村改造项目中所实施的改革尝试最为引人瞩目。

如果我们把视角放到广州市中心最大的城中村之一——猎德村的改造项目上来，我们会发现这里的拆迁、征地活动完全呈现出一种新的景象——同样是涉及农村集体土地的建设项目，这儿没有发生一起上访维权事件，流血、自焚等极端恶性事件更是闻所未闻；相反，猎德村的改造却被称为中国城市改造的样本，作为被拆迁户的猎德村民得到了实质性的财产补偿，改造完成后许多村民拥有几套房子，光靠房屋租金生活就很富足，100 多平方米的房子月租金收入能有数千元，有人戏称猎德村从“拆迁户”变成了“拆迁富”。[②]这种和谐的景象并不仅限于猎德村，近年来广州市的一系列城中村改造均取得了同样的效果。

透过猎德村改造的和谐景象，我们看到的是广州市政府的一系列关于农村土地改造与拆迁补偿的改革尝试。援引官方媒体的说法，广州城中村治理分为转制与改造两个部分：首先从“四项转制”入手，将原农村管理纳入城市一体化管

---

① 九三学社中央：《关于尽快解决失地农民生活保障问题的建议案》，全国政协十届二次会议提案第 0001 号。

② 人民网：《没有非正常上访、没有强拆，广州猎德村顺利完成“城中村”改造“头啖汤”大家喝着都高兴》，http：//roll. sohu. com/20110201/n302811700. shtml，2011 - 8 - 31 访问。

理，并逐步把市政、环卫、供电、供气及治安等纳入城市管理范畴。“四项转制”即农民转为村民；村委会转为居委会；集体土地转为国有土地；集体经济转为股份公司。对于随后的城中村改造，广州市坚持“两项原则”，即“市政府不直接投资”和“不进行商业性房地产开发”，以村集体和村民个人出资为主。①

具体而言，上述方案中较为关键的改革措施有：

（1）改变土地“身份”、让利于民。

首先，广州市在实现了农转非和撤农转居两个转变后，以政府令的形式将列入转制范围的集体土地一次性转为国有土地，并对合法的土地使用权人和房屋所有权人核发国有土地使用证和国有房地产证。与此同时，允许取得合法权证明的土地、房产在缴纳相应的税费后进入房地产流通市场。这是广州市的“新政”最为重要的环节，它彻底改变了现有制度下政府从农地转变用途中牟取利差的做法，实际上是一项“让利于民”的措施。从制度层面上看，这项措施将农村集体用地一次性地“转制”为国有土地，从而彻底改变了被改造集体土地身份上的“劣势”，实际上是对土地二元制、“同地不同价”之制度安排的否定，改制以后的土地可以享受国有土地的“身份待遇”。具体而言，广州对于被转制的城中村集体土地适用“一个改变、三个不变”的原则。“一个改变”是指土地所有权的改变，即在农民转为居民后，原村剩余的集体土地一次性转为国有土地；“三个不变”是指其合法土地使用权人和土地用途不改变，原农用地承包人继续拥有国有农用地土地承包经营权，对转制后的土地使用权人核发国有土地使用权证。如该土地、房产进入市场或改变用途，发生扩建、改建，则按规定补缴国有土地使用权出让金及有关税费。这等于将城市化过程中土地升值的财富效应留给了农民。

（2）放松管制、尊重民事主体意思自治。

广州市政府提出“谁受益、谁投资”的原则，由村集体主导城中村改造，发挥村民的积极性。具体而言，即通过“三个一点”的办法来落实资金：第一，由村集体经济或改制后的股份制经济实体部分出资，由村民共同集资和银行优惠贷款；第二，区政府财政部分出资；第三，市政府实施优惠政策，并建设部分基础设施及公共设施。这种改造模式发挥了村集体的主导作用，由此激发广大村民参与到与其切身利益相关的改造、补偿等所有的环节中，其知情权、表达权、参与权与监督权得到了充分的实现。

从法律关系的角度分析，尽管城中村改造涉及城市规划、旧城改造等公益事

① 新华网：《关注广州城中村改造》，2010 年 6 月 23 日，http：//news. xinmin. cn/rollnews/2010/06/23/5381340. html，2011 - 8 - 31 访问。

项，但从本原上考察主要应属于民事法律关系的范畴——即作为民事主体的村集体组织与村民在不违反城市规划的前提下决定如何筹集资金、实施改造与补偿方案等事项所涉及的法律关系。广州的城中村改造方案一改以往政府大包大揽、过度介入的做法，实际上是政府对于社会事务的放松管制，体现了政府对于社会自治、民事主体意思自治的尊重。这也是广州城中村改造项目很少出现关于补偿问题的纠纷或极端维权事件的根本原因所在。只要国家公权力对于社会、市场的自由与自治表现出足够的尊重，社会与市场对于拆迁补偿这类关系个人财产利益事项一般都能自发形成合理的方案。广州市城中村改造方案的成功原因之一在于：因政府放松管制而体现出的对社会、市场的理性尊重。

（三）总结：地方率先突破“瓶颈”问题的制度回应路径

如果说2011年国务院通过的《国有土地上房屋征收与补偿条例》是中央立法基于缓解社会矛盾对于社会层面强烈的制度变革诉求的回应，那么，欲对以《土地管理法》为基础的农村集体土地征用补偿制度进行改革，所要面对的情势则要复杂得多，《征收与补偿条例》并未涉及这一矛盾的核心领域。《土地管理法》所确立的土地二元结构实际上是中国特有的城乡二元结构体制的核心内容之一。如果说，由计划经济衍生而来的城乡二元结构，把人分为城里人和乡下人，是为了保证农村中具有足够的劳动力生产农产品，同时也为了把城市里享受低价格农产品的人数限制到最少，那么，《土地管理法》把集体土地限制在农业用途，就是要通过保持国有土地在非农使用方面的垄断性，以达到政府在土地转让金上的收入最大化，从而为城市化做资金上的准备。这一制度安排实际上是将农民的土地财产利益作为中国城市化进程的牺牲品。尽管社会层面取消城乡二元体制的呼声日高，但从目前的情势来看，这种改革牵扯到政治、经济体制等一系列的环节，尤其是当下地方政府的“土地财政”更是直接以上述土地二元制为基础。因此，取消土地二元制、对国有土地与集体土地财产实施平等保护的改革比国务院颁布《国有土地上房屋征收与补偿条例》要困难、复杂得多，甚至可以认为是当下中国的改革事业中最具挑战性的“瓶颈”问题之一。

这种艰巨的改革不可能“一蹴而就”地轻易获得全局性的突破。广州城中村改造取得的良好效果似乎表明，对于土地二元制这类具有“瓶颈”效应的制度改革可以通过局部区域内的地方法制建设率先取得突破——这似乎已经成为我国地方法制建设中特有的“制度回应路径”。以下尝试以广州城中村改造为例，对这一“制度回应路径”的发生条件与可能产生的影响进行归纳：

首先，实施率先改革的地区已经具备了改革所需要的政治、经济和社会条件。广州之所以能够施行以取消土地二元制为内容的城中村改造方案，与其经济发达、政府财政实力雄厚的客观条件是分不开的。尽管与其他地区类似，广州也存在着政府财政收入依赖土地出让金的“土地财政”现象，但其依赖程度远不如一些内陆欠发达地区严重。另外，广州的城中村现象是其城市化过程中的一个独特现象，具有数量多、布局广、涉及人口多的特点。尤其是许多位于市中心的城中村，被称为“都市里的村庄”，名义上为农村集体性质的土地实际上均发挥着商业与住宅用地的功能。[①] 广州市政府按照一般的农村集体土地征用、补偿模式改造城中村显然已不合时宜，亦将引起拆迁安置与补偿方面的大量纠纷，推出新的城中村改造方案属于形势所迫。

其次，实施率先改革的地方国家机关必须具备足够的制度创新之能动性。在总体性的法律制度安排没有发生变动的情况下，地方国家机关必须以较大的勇气、政治智慧与政策前瞻性率先实施制度创新。就广州的城中村改造而言，尽管推出新的方案客观上属于形势所迫，但其改革方案的关键之处——将集体土地专制为国有土地、尊重村集体组织与村民的自主性，可谓正中现有的土地制度的“身份二元化”、国家过度管制的弊端之要害，也是其取得成功的关键所在。[②] 这与广州地处我国改革开放的前沿地带，政府向来勇于探索敢于创新，朴素亲民、善于听取民意之作风是分不开的。

最后，这种由个别地区率先取得突破的“制度回应路径”能否最终发展成为整体性的制度变革，尚取决于诸多未知的因素。例如，广州城中村改造方案中对土地二元制的否定能否最终发展成为全国性土地制度的变革（改变城乡二元结构的关键），尚取决于其他地区是否具备了改革的客观条件、地方政府的主观能动性以及决定中国整体性政治经济改革进程的其他因素等。但无可否认的是，这种“制度回应路径”在保障农民土地财产利益、有效减少安置补偿纠纷方面产生的良好效果，必将引起广泛的研究与关注，进而成为其他地区效仿与学习的对象。这也可能为中国法治进程中某些难度较大的制度变革提供了一种渐进的、理性的改革模式。

---

① 在广州385平方公里的城市规划发展区域内，共有138个城中村，其规模一般为深圳、珠海、福州等大中城市的2~5倍；城中村几乎遍布城市规划区域内的每一区、每一角落或各种功能区，而且建筑密度很高，尤其是处于市中心的40多个城中村，其建筑密度一般都在60%以上，有的甚至在90%以上，容积率一般高达2.5以上；居住在城中村的外来人口一般为本地人口5~10倍，远高于内陆甚至沿海其他中心城市的水平。于珺：《“都市里的村庄”如何都市化——广州“城中村”改造实录》，载《中国土地》2005年第9期。

② 实际上，在城中村改造方面推出新政的城市并不仅限于广州，但与广州的方案相比，各地改造方案在彻底改变“土地二元制”、尊重民事主体意思自治方面均不够彻底。涂晓芳、刘鹤：《城中村社区治理模式的比较研究》，载《云南行政学院学报》2010年第6期。

第二节 “孙志刚事件”与制度回应

一、作为公共事件的“孙志刚事件”与制度变革诉求

孙志刚，一位27岁的年轻人，在遭受了野蛮的拘禁和残酷的殴打后，以其年轻的生命为代价，触发了中国法律在某一个方面的改革与进步。

“孙志刚事件”发生在“非典”后期的广州。2003年3月17日晚，在广州某服装公司工作的湖北籍大学生孙志刚从网吧出来，走在回住所的路上，却因未携带任何证件（包括暂住证）被广州市天河区黄村街派出所扣留，随后送至“三无”人员收容遣送中转站收容，在此遭到毒打，3月18日晚，孙志刚称有病被送往市卫生部门负责的收容人员救治站诊治，3月20日，孙志刚死亡。法医鉴定其为“大面积软组织损伤致创伤性休克死亡”,[①] 其死亡原因被查明：在收容遣送站里，被收容者因受协管员胁迫不得不殴打孙志刚，因内伤过重致使其死亡。

在孙志刚遇害后的一个月内，其家人向广州市有关部门申诉，要求查明案件真相、追究凶手法律责任，然而投告无门。新闻媒体等社会力量的介入使这一惨案出现了转机。4月25日，广州《南方都市报》率先发出报道《被收容者孙志刚之死》，并配发时评：《谁为一个公民的非正常死亡负责》。自此，发生在一个月前的“孙志刚事件”被传媒所还原。过去的事件借助《南方都市报》被激活、被触发，传媒继而发起了自觉的接力，从消息类占绝大多数的大众报纸到走中高端分析路线的观点报纸，从非党报的市场化报纸到传统的体制内党报纷纷介入，引发了来自传媒（电视、网络、报纸）、公众、专家、政府的一系列讨论与互动。新闻媒体的介入不仅促成了孙志刚案件的公正处理（涉案人员被判处死刑、无期徒刑等刑罚，公安部门、民政部门有关责任人被处以开除公职、撤职、行政记过等处罚），更是引发了关于废除收容遣送制度、建立违宪审查制度的制度变革诉求。

孙志刚之所以被公安派出所野蛮拘禁，是因为相关办案人员将他误认为是属于收容遣送对象的“三无人员”，其规范依据为1982年国务院颁布的《城市流浪乞讨人员收容遣送办法》，这就是中国特有的收容遣送制度的法规依据。这一

① 陈峰、王雷：《被收容者孙志刚之死》，载《南方都市报》，2003年4月25日。

制度源于新中国成立初期，是计划经济条件下维护城乡二元结构的管制手段，目的在于防止农村人口的盲目流动给城市带来压力，其主要内容包括了针对农村外流灾民、流浪乞讨人员的收容、遣返等限制人身自由的强制措施。1990 年，国务院《关于收容遣送工作改革问题的意见》的出台，收容对象被扩大到“三无人员”（无合法证件、无固定住所、无稳定收入），即无身份证、暂住证和务工证的流动人员；要求居住 3 天以上的非本地户口公民办理暂住证，否则视为非法居留，须被收容遣送。这种针对流动人口的严厉管制措施显然与日益走向市场经济、法治社会的中国之发展现状相悖，构成了对公民人身自由、迁移自由、择业自由等基本人权的不当限制。

随着 2001 年《中华人民共和国立法法》的施行，收容遣送制度又面临着与该法相抵触的问题。该法第 8 条和第 9 条规定：对公民限制人身自由的强制措施和处罚，只能通过制定法律来规定，并且全国人大及其常委会不得授权国务院就这类限制公民人身自由的强制措施和处罚在没有正式法律的情况下先行制定行政法规。而属于行政法规性质的《城市流浪乞讨人员收容遣送办法》却规定了收容、遣送等限制人身自由的强制措施，显然直接违背了《中华人民共和国立法法》的上述规定。

基于上述理由，2003 年 5 月 14 日，三名法学博士俞江（华中科技大学法学院）、滕彪（中国政法大学法学院）、许志永（北京邮电大学文法学院）向全国人大常委会递交审查《城市流浪乞讨人员收容遣送办法》的建议书，认为收容遣送办法中限制公民人身自由的规定，与中国宪法和有关法律相抵触，应予以改变或撤销。2003 年 5 月 23 日，贺卫方、盛洪、沈岿、萧瀚、何海波 5 位著名法学家以中国公民的名义，联合上书全国人大常委会，就孙志刚案及收容遣送制度实施状况提请启动特别调查程序。

至此，经过媒体、公众和专家的积极推动而迅速成为公共事件的“孙志刚事件”，其公共性已经不再停留于对个案正义的追求，而是聚焦于中国法治进程的某些关键性制度的建构与革新：制度变革诉求首先指向的是《城市流浪乞讨人员收容遣送办法》这部漠视公民人身自由的“恶法”的存废问题；而基于收容遣送制度的违宪性进一步引发的在中国法治体系中建立“违宪审查”程序的诉求则更具有深远的意义，此程序的意义已经超过废除一部“恶法”，一旦程序建立成功，则关涉其他行政法规与现行法律的“合宪性”问题，“使这次‘公民维权’行动取得了某些成果，使‘激活宪法’的行动成为可能”，这在中国法治史上将会成为划时代的事件。[①]

① 滕彪：《孙志刚事件：知识、媒介与权力》，载天益社区，2005 年 6 月 6 日，http：//www. tecn. cn/data/detail. php？ id = 7007。

二、中央立法的回应及其局限性

对于“孙志刚事件”所暴露的粗陋立法导致对公民基本权利的践踏以及强烈的制度变革诉求，作为中央国家机关的国务院作出了较为积极的回应。

2003 年 6 月 16 日，国务院法制办公室邀请 5 位国内著名的法律专家（北京大学行政法教授姜明安、中国政法大学行政法教授马怀德、国家行政学院教授应松年和袁曙宏、中国人民大学宪法学教授韩大元）召开关于收容遣送制度专家论证会。

2003 年 6 月 19 日，国家民政部下发《关于做好城市生活无着落的流浪乞讨人员救助管理准备工作的紧急通知》，要求凡现在已经没有被收容人员的收容遣送站，应当着手为改设救助机构创造条件。

2003 年 6 月 20 日国务院发布第 381 号令，宣布《城市生活无着的流浪乞讨人员救助管理办法》自 2003 年 8 月 1 日起施行，1982 年国务院发布的《城市流浪乞讨人员收容遣送办法》同时废止。新办法提出了全新的对于城市流浪乞讨人员的自愿救助的原则，取消了收容、强制遣返等限制人身自由的强制手段。自此，中国实现了从“收容遣送”到“救助管理”的跨越。此后，全国各地的收容遣送站纷纷摘牌，改为救助管理站。

在全国上下为“恶法”的废除而欢呼雀跃时，我们必须清醒地认识到，从法治的角度考量，国务院对“孙志刚事件”所作出的回应其意义固然重大，但亦不可高估。

首先，这一事件并未成为确立违宪审查机制的契机，全国人大常委会仍然回避行使宪法监督权，让国务院“自我纠错”固然有意义，但在宪法监督机制不能发挥实效的情况下，无法生成常规性的针对行政立法的纠错机制。实际上，除了此次废止的《城市流浪乞讨人员收容遣送办法》外，国务院制定的诸多行政法规仍然存在着较多的违法、违宪现象。《中华人民共和国立法法》施行于 2001 年，国务院早就应该对 1982 年制定的《城市流浪乞讨人员收容遣送办法》中与该法相抵触的内容进行修正。在此问题上，国务院存在着怠于履行职责的嫌疑。“孙志刚事件”所引起的“收容遣送”向“救助管理”的跨越，实际上可以视为国家迫于强大的社会压力、并且借助特定的政治契机（新一届政府上台）所采取的“亲民”措施，其法治意义不可高估。

其次，收容遣送制度作为城乡二元制产物，其目的在于限制农村人口向城市流动，以维护城市的管理秩序。以“救助管理”取代“收容遣送”固然有助于人权保障，但尚未触及城乡二元制以及在这一社会结构下城市流动人口管理等关键性问题。

三、地方法制建设的深度回应

“孙志刚事件”经过媒体、学者等社会力量的推进，发展成为整个社会关注的公共事件，并引起了一项全国性的制度变革——“收容遣送”制度的废止与“救助管理”的确立。但就地方法制建设而言，其意义并不仅限于此。“收容遣送”制度背后隐藏的实质问题在于——在城乡二元化的既有制度格局下，伴随着中国社会急速工业化、城市化的是大量农村人口涌入城市的现象，如何打破户籍等旧制度的羁绊，为在城市中生活、工作，并为城市发展作出巨大贡献的农村外来务工人员提供平等的社会服务和社会福利，使其转变农民工的身份、融入城市生活，是当下我国城市化、工业化过程中的一大难题。只有解决了这一问题，才能真正消解导致孙志刚悲剧的所谓城市流动人口的管理问题。

对此，作为“孙志刚事件”发生地的广东省的各级政府进行了积极的探索，在打破城乡二元制、农村人口城市化方面进行大胆尝试。这些改革措施已经成为近年来广东省地方法制建设的一大亮点，亦可以视为地方政府对于孙志刚事件所作的更为深层次的制度回应。

2010 年 1 月 1 日起施行的《广东省流动人口服务管理条例》宣布废除“暂住证”，实行居住证制度，广东省正式实施以居住证为核心的流动人口服务管理“一证通”制度。2010 年 6 月 7 日，广东省人民政府出台《关于开展农民工积分制入户城镇工作的指导意见（试行）》，农民工符合一定的积分条件可以入户城镇，成为正式城镇居民，从而享受与城市人相同的社会福利待遇。

（一）“一证通”制度：城市流动人口管理的新机制

以居住证为内容的“一证通”制度旨在贯彻“服务至上”理念，这不仅提升了公安机关对流动人口的管理效能，更为重要的是为流动人口提供更多更好的公共服务。根据有关规定，流动人口凭居住证可在全省范围内享受职业技能培训、社会保险、法律服务和法律援助、计划生育、医疗保健、任职资格评定等公共服务，办理了居住证的流动人口还可以享有在居住地申领机动车驾驶证、办理机动车注册登记手续等四大类公共服务，对符合一定条件的流动人口给予“入户入学”。至 2010 年年底，广东全省共制发居住证 2 694.2 万张，占全省流动人口总数的 97.16%，广东各地各部门以及社会各界纷纷出台系列配套措施为流动人口提供更多、更便利、更人性化的服务。据第一调查网自主网上调查显示，43.9% 的受访者认为广东用居住证取代暂住证，一字之差实现的是一个历史性跨越；体现了广东社会更开放、更包容的心态，有助于提升流动人口融入广东的归属感、认同感。①

以“居住证”取代“暂住证”，在法律上意味着政府管制理念的转变、对外来人口歧视的消除以及平等对待精神的贯彻。尽管长期以来“暂住证”制度被认为在城市流动人口管理方面具有“限制劳动力盲目流动”和“加强治安管理”的功效，但“暂住证”意味着持证者只是城市的“暂时居住者”，尽管他们中的绝大多数和本地居民一样在城市中生活、工作；由于现有户籍制度的限制，他们亦不能享有与本地居民同样的社会福利保障待遇，而“暂住证”制度实施过程中涉及的收费、罚款甚至是限制人身自由等管理措施则让人感受到城市对外来者的排斥、冷漠与歧视。即使是从“限制劳动力盲目流动”和“加强治安管理”的角度观察，“暂住证”制度的合理性也是经不起推敲的。在市场经济条件下，劳动力要素需要在自由流动中完成优化配置，劳动力的流动是一个动态平衡的过程，其中即便有一些“盲目”的成分，也会随着市场体系的完善而逐步消解，而无须政府动用行政手段进行干预。暂住证制度为劳动力的自由流动人为设置门槛，显然违反了市场经济的基本原则。就“加强治安管理”而言，实行暂住证制度也未必是合理的。对与非本地户籍外来人口流动情况的掌握，公安机关完全可以通过一定的渠道（如投靠的亲友、务工的单位、住宿的酒店等），要求相关人员向当地公安机关履行登记备案手续，公安机关就能达到掌握流动人口动态的目的。在加强治安管理的问题上，暂住证制度并不比登记备案更有效，但两者的意义却大不相同——登记备案只是一种日常管理手段，暂住证制度却维系着一种行政权力，以及附加在行政权力之上的一系列部门利益（如收费、罚款等）。最为关键的是，“暂住证”的性质在法律上可以认定为行政许可，即外地人群若要在某个城市生活、工作，必须事先经过政府的许可（办理的暂住证），不办证就不允许在本地居住。这种管制措施实际上对公民的居住自由权构成了不正当的“事先干预”。2004 年 7 月 1 日起实施的《行政许可法》并没有赋予国务院各部委（如公安部、财政部等）和省级政府创设行政许可的权力，所以原来主要由省级政府发布的暂住证规定显然违反了《行政许可法》。在《行政许可法》正式实施后，暂住证制度在法律上已经失去了存在的理由。

而“居住证”则不同，根据《广东省流动人口服务管理条例》的规定，居住证是流动人口在本省行政区域内通用的“居住证明”，并非政府的“居住许可”，对于公民的居住自由权并不构成限制或干预，《条例》并没有以罚款等强制手段强制实施居住证。另外，“居住证”制度改变了“暂住证”单一的行政管

① 新华网广东频道：《广东推行“一证通”制度解决流动人口管理问题》，2011 年 2 月 25 日，http：//www.jmnews.com.cn/c/2011/02/25/07/c_6345075.shtml，2011 年 10 月 1 日访问。

制功能，其实质内容为“以居住证为核心的一证通制度”：将居住证与职业技能培训、社会保险、法律服务、法律援助、计划生育、医疗保健、任职资格评定等公共服务事项“绑定”在一起。这确实可以为外来人口在城市中的生活提供很大的便利，从中可以看到一种全新的“服务至上”的政府理念，体现出城市对外来者的包容、平等对待之人文关怀。由于直接违反《行政许可法》的有关规定，社会各界废除“暂住证”制度的呼声由来已久，但这项明显与上位法相抵的制度至今仍是我国大多数城市管理外来人口的主要办法。其主要原因在于，有关方面没有从“法治”的角度来认识暂住证制度的合法性及其对外来人口权利的不当侵害，而是从所谓的“社会效果”角度看重暂住证制度继续存在的合理性。广东在全省范围内推行“以居住证为核心的一证通制度”，以“居住证”取代“暂住证”，在流动人口管理领域推行法治观念、重视公民权利保障起到了表率作用。更具意义的是，《暂住证》管理手段的制度依托是我国计划经济时代形成的城乡户籍差别、城乡二元化政策，这已经成为我国当下市场经济建设与城市化的严重阻碍，广东省以“居住证”取代“暂住证”的创新对于改革这一落后的制度迈出了坚实的第一步。

（二）“农民工积分入户”制度：改变外来务工者身份的尝试

“农民工积分制入户城镇”是为了实现流动人口与本地城镇人口的相同待遇。按照有关规定，省市两级政府每年确保一定数量的农民工入户指标，原则上农民工积满 60 分可申请入户；将入户条件细化为学历、技能、参保情况等多项指标，并赋予相应的分值，入户条件明确并量化，并为要如何城镇的农民工在住房救助保障、租金补助、子女义务教育、计划生育政策衔接等方面提供更多公共服务，等等。据统计，截至 2010 年 11 月，已经有 10 余万在广东打工的农民工成功获得城镇户口，入户给他们带来了“安定感”、“归属感”以及“享受与本地人同样教育资源、社会福利保障资源”等实惠。①

“农民工积分制入户城镇制度”是一项实质性的改善农民工工作生活环境的措施，有利于引导和推动更多农民工特别是新生代农民工融入城镇、扎根城镇，增强农民工的归属感和积极性。而在广东城镇化处于快速发展的背景下，这一措施可以“大幅度减少农村户籍人口，调整优化城乡和区域结构，加快广东省城镇化进程”。② 但从更为根本的角度看，这一制度是对现有户籍制度、“城乡二元

---

① 中国新闻网：《广东规定农民工可凭积分入户城镇》，http：//news. sina. com. cn/c/2010 - 06 - 07/195220428892. shtml，2011 年 10 月 1 日访问。

② 广东政府网：《广东出台农民工积分入户城镇工作指导意见》，2010 年 6 月 8 日，http：//news. 163. com/10/0608/09/68L7T2LN0001124J. html，2011 年 10 月 1 日访问。

化”格局的改革的尝试，从权利保障的角度看，也是逐步给予农民工群体在利益分配、社会福利保障体系方面平等对待的尝试。

众所周知，广东作为我国经济最为发达的省份之一，大约为3 000多万外来农民工提供了就业机会。可以说，广东经济的繁荣与外来农民工的辛勤奉献是分不开的。然而，在现有的“城乡二元化”制度架构下，农民工一直具有尴尬的双重身份，论出身与户口，他们属于农民；论职业和居住地，他们却是城市产业工人和市民。农民工在城市和农村都成为“边缘人”，找不到身份的认同。因为技术经验和城市生活体验，他们既不甘心认同以前的传统农民角色，又得不到所在城市的工人或市民身份认同。而在实质性的权益与福利保障方面，则处于社会各阶层的底层，由于中国特有户籍制度的存在，与城市户籍的产业工人相比，农民工缺乏工会等权益保障机制，更不能充分享受因为城市经济发展带来的社会福利。农民工成为中国“城乡二元化”格局之下的特殊群体，也是城市被雇佣者中劳动条件最差、工作环境最苦、收入最低的群体。

农民工问题如得不到妥善的解决，将直接影响到中国经济的可持续发展与社会稳定问题。这也是一个关乎社会公平正义，乃至现有社会秩序、统治秩序“合法性”的严肃话题——一个为中国的工业化与经济繁荣作出巨大贡献的庞大社会群体，却无法分享经济发展所带来的利益，其所赖以存在的制度显然是具有歧视性的和不正义的。广东省“农民工积分制入户城镇制度”可以看做是我国地方政府为解决农民工问题率先迈出的“破冰之旅”，它尝试性地开启了一个城市接纳农民工的渠道，具有很大的示范和探索意义。

四、总结：新闻媒体、大众话语平台的促进作用

从“孙志刚事件”所引起的制度变革诉求以及国家层面所作的回应中，我们首先看到的是与前述拆迁、征地事件相类似的制度回应路径：中央立法迫于社会压力作出全局性的制度修正，但对于深层次、结构性的制度问题，尚需依赖于地方法制建设的“先行先试”与“局部探索”。

然而，“孙志刚事件”中所展示的另一个现象也是我们所不容忽视的，即大众传媒（电视、网络、报纸）在这个事件中所发挥的关键作用。正是它们所作的跟踪报导、信息回馈、联袂行动以及对公共话语的协调、组织，才促使个案公正得到及时有效的保障和维护、并使该事件速成为震撼整个社会的关于人权保障与制度变革的公共事件。实际上，在“唐福珍自焚”等一系列维权事件中，我们均能发现大众传媒所发挥的关键作用，但“孙志刚事件”则展示了一个大众传媒搭建公共话语平台，公众、专家、媒体“三驾马车”一齐推动事件向前走，

最终促成制度变革的典型过程。

在这一过程中，我们或许可以得到如下启示：在当下中国的法治进程中，规范制度层面上的利益表达与制度变革机制（代议制民主）尚不十分畅通，有效的、普遍性的公众参与与民意表达不得不更多地依赖于事实意义上的新闻、传媒的自由程度。可以认为，“孙志刚事件”所引发的制度变革在很大程度上是在由新闻、传媒所搭建的大众话语平台上，由各种社会力量的积极参与所促成的，展示了一个从新闻事件报导到社会问题的发掘、从社会问题发掘到媒介议题的设置、从媒介议题的设置到政府议题的转换、从政府议题的确立到公共政策的转化的完整的公众意见与国家意志有效互动的过程。

在当代社会现实中，大规模的公民参与何以可能？这是所有强调公民参与的民主理论不得不面对的首要问题。实践早已证明，直接民主的方式虽然最大限度地彰显了民主的目的价值，但技术上不具有可操作性；尽管代议制民主（间接民主）作为一种理性的选择，成为近现代民主国家最重要的制度载体，但普通公民对于国家层次的所有决定，是否永远会像对于自己邻近的有关事宜那样感兴趣，也是值得怀疑的，这在很大程度上影响了代议制民主的实效性。因而，当代社会的公民参与需要在直接民主与代议制民主之间寻找某个平衡点，既能弥补代议制民主的既有缺陷，又能在操作技术上体现直接民主的优势。大众传媒的蓬勃发展为此提供了可能。

公共政策学研究认为，在民主制度下大众传媒一向是利益表达的一种重要工具。一方面，它是潜在利益诉求的催化剂，微弱的利益诉求经过大众传媒的渲染会成为响亮的呼声，甚至会触发为行动，引起公众及政策制定主体的注意；另一方面，大众传媒作为信息传播的有效工具，具有议程设置的功能、打破“沉默的螺旋”等传播效果，是实现各种利益主体互动的重要工具。[①] 尤其是在当下中国的法治进程与地方法制建设中，国家能否保证大众传媒的自由度、宽容地对待公众的言论自由、表达自由，是一项至关重要的因素，因为在代议制民主尚不能产生实效的情势下，大众传媒在很大程度上发挥着替代和补充的功能。大众传媒在“孙志刚事件”中所发挥的作用，实际上与广东省较为宽松的舆论环境是分不开的。

---

① 沉默的螺旋是一个政治学和大众传播理论，由诺埃勒—诺依曼在“The Spiral of Silence: Public Opinion-Our Social Skin”中提出。沉默的螺旋理论指出，如果一个人感觉到他的意见是少数的，他比较不会表达出来，因为害怕被多数的一方报复或孤立。理论是基于这样一个假设：大多数个人会力图避免由于单独持有某些态度和信念而产生的孤立。

第三节　地方性制度回应的内在动因与外在社会条件

通过前述两节的描述与分析，我们可以初步归纳出中国法治发展过程中国家对于社会层面的制度变革诉求所作出的“制度回应路径”，以及在这一过程中大众传媒所发挥的关键作用。在这种制度回应路径中，我们看到的是一些全局性的、难度较大的制度变革，往往在地方法制建设中“先行先试”、进行局部性探索或取得率先突破，地方国家机关对于某些制度创新往往表现出很大的能动性；另外，在代议制民主有待完善的前提下，通过地方法制建设自下而上地推进整体法治进程，尚需宽松、自由的社会舆论环境，在大众传媒搭建的公共话语平台上由各种社会力量、民众进行自由的意见表达，进而形成能够与国家权力进行互动与交流的“公共空间”。

我们把上述两个方面视为地方国家机关之所以能够对制度变革诉求作出积极回应的内在动因与外在社会条件。以下将围绕这两个方面展开论述，分析决定这一内在动因的基本要素，并对如何完善地方法制建设的外在社会条件作进一步的思考。

一、内在动因

地方国家机关之所以在制度创新方面表现出较大的积极性与能动性，可以归结于其所处的国家与社会关系结构中的特殊位置，以及对制度创新预期收益的高度敏感性等因素。以下从三个方面详细展开。

（一）“诱致性制度变迁”模式与意识形态上的正确性

地方政府直接接触当地的民众和社会组织，能够及时了解来自民间和市场自发产生的创新意图及其预期收益。基于取得良好政绩或迫于现实统治压力等因素，地方政府往往能够产生尝试新的制度安排的动力，即使该制度尚未取得合法性，只要预期收益足够大，也往往可以采用规避法律、政策的途径在局部范围内进行尝试，这是一种典型的“诱致性制度变迁”模式。[①] 这种“试错”式的制

① 林毅夫：《关于制度变迁的理论诱致性变迁与强制性变迁》，《财产权利与制度变迁》，上海三联书店、上海人民出版社 2004 年版。

度创新不可避免地需要付出代价，但亦不乏取得成功的例子。如家庭联产承包责任制度、企业利润提成奖制度、劳动合同制度、股份合作等制度的全面推行，基本就遵循了这样一条路径：个人以及由个人自愿组成的团体的自发安排→地方政府的默认或局部肯定→中央政府的局部肯定和全面肯定。在邓小平所倡导的“摸着石头过河”、“不管白猫黑猫、抓住老鼠就是好猫”改革思路下，这种“诱致性制度变迁”模式具有意识形态上的正确性。只要不产生严重的社会问题或政治问题，上级政府或中央政府一般亦不会对下级政府、地方政府的改革措施进行干预。

（二）作为“诱致性制度变迁”与“强制性制度变迁”转化桥梁的地方政府

地方政府作为中央政府与基层社会、市场之间的联系中介，也是“诱致性制度变迁”与来自中央政府的“强制性制度变迁”之间转化的桥梁。来自中央政府的强制性制度变迁，虽然具有规范性、制度化水平高的优点，但由于它是以高度的强制性为基础的，其制度安排不以实施该制度的一致性为前提，因而其动力水平相对比较低，而且要提高其动力水平就必须付出较高的政治成本（如用于宣传、教育等费用）。地方政府的中介地位使它具有两方面的功能，一方面，它不仅具有如前所述的保护诱致性制度安排的积极性的功能，而且具有提高诱致性制度安排的规范化、制度化水平的功能；另一方面，它还具有根据本地实际情况选择或转化强制性制度安排以提高其动力水平、降低政治成本的功能。这一关系结构赋予地方政府以极大的制度创新与转换空间，它有提升其所尝试的新制度的规范性，为该制度与国家正式制度接轨甚至融入正式制度制造条件，从而极大地降低“诱致性制度变迁”的风险。

（三）作为新制度实验者的地方政府

地方政府推动的制度创新往往带有试验性，因而具有收益大、风险小的优点。“在一个社会有效的制度安排在另一个社会未必有效”，① 同样，在一个地区有效的制度安排在另一个地区也未必有效。这种情况在中国特别突出。中国幅员辽阔，地区差异大，各地的社会、经济、文化发展状况各不相同。对于地区之间差别如此大的国家来说，如果一开始就由中央政府来进行新的制度安排，不仅推行的难度大、效果差，而且风险非常大。因为，一项新制度得以安排和实施，虽

① ［美］R. 科斯、A. 阿尔钦、D. 诺思等：《财产权利与制度变迁——产权学派与新制度学派译文集》，上海三联书店、上海人民出版社 1994 年版，第 270 页、第 374 页。

然从理论上说是由于新制度安排的收益大于成本，但实际上，收益的大小仅仅是一种理性的预期分析而已，而预期分析的准确性受到分析者的能力及其知识结构的限制。所以预期收益与实际收益之间并不总是一致的，有时甚至是相反的。而且，由于新制度的安排将会产生什么样的政策产品，不是这项制度本身所能决定的，而是取决于它与整个制度结构的协调程度，因而新制度安排的结果还是具有不确定性，正如思拉恩·埃格特森所说："制度变更的成本之一是对新政体将产生什么产品的不确定性。"① 这样，一项制度安排的收益的正负和大小，最终还是要经过实践来检验。就此而言，任何制度创新都是要冒风险的。降低风险度的最好方法，就是先在局部范围内进行试验。中国的改革开放之所以能够取得收益大于成本的效果，避免或减少了风险，重要原因之一，就是许多新制度的安排，先是由地方政府提出和进行试验，当实践证明新制度安排的收益大于旧制度安排，并具有可行性和普遍性后，中央政府才借助强制性权力使其获得法律地位，以法律的形式来推动新制度安排。

二、外在社会条件

通过地方法制建设渐进地推进中国整体法治进程，其不可或缺的外在社会条件在于：建构宽容、自由的社会舆论环境，打造国家与社会之间进行意见交流与互动的"公共空间"，形成广泛的公共参与机制，以此弥补代议制民主缺陷导致的利益诉求与意见表达的阻滞。这就要求地方国家机关应尽可能地实现地方新闻自由，构建多元化的公民参与机制。

（一）实现地方新闻自由

进入21世纪后，媒体（报纸、电视、网络等）的舆论空间与开放性进入了一个新时期，其重要性跃升至关注公民权利、推动法治进步、促进民主发展的政治文明高度。媒体的作用不仅在于提供各种观点，更在于架设一个不同观点可以沟通的公共舆论平台，其基本的价值取向在于平等沟通与开放透明。这一基本架构使多元意见进行自由沟通、交涉的公共空间成为可能。它可以有效地促进公民参与政治过程、促进了政府决策的民主化、公开化。

在当下完全的新闻自由尚受到政治意识形态羁绊的情形中，地方政府可以在既有制度空间内尽可能地创造适度开放、包容多元的新闻舆论环境，实现事实意

① ［冰］思拉恩·埃格特森普，吴经邦、李耀、朱寒松、王志宏译：《新制度经济学》，商务印书馆1996年版，第58～59页、第67页。

义上的新闻自由，为地方法制进步提供必要的条件。

（二）构建公民直接参与机制

公民是社会的主体，地方法制建设应探索完善、多元的公民直接参与政治活动、公共活动的机制与路径，拓宽公民表达利益诉求的渠道。在大规模的选举制度改革（代议制民主改革）尚不具备条件的情况下，地方法制建设应当尽可能创造直接民主的方式，促进社会、民众与国家之间的沟通与互动。

公民以直接民主的方式表达意见包括以下几个方面：一是表达公民自身的权益需求，希望通过表达实现权利救济；二是对政府的相关政策措施提出批评，形成对政策的民间意见（或通过媒体上升为公众舆论），希望政府对存在偏颇的政策进行纠正；三是向政府提供政策建议，针对社会发展问题提供战略性或策略性的建议，期望政府适时调整相关战略或政策策略。其中，后两个方面乃是公民直接参与政治过程的表现。地方政府应当尽可能地通过制度建构，保障其参与渠道的畅通。例如，广州市政府制定的《广州市重大行政决策程序规定》,①就为社会公众就重大公益问题行政决策行使直接参与权提供了法律依据，为避免政府在重大项目决策中忽略民意提供了法律程序上的保障。而互联网的发展与普及更是为公民直接参与政治过程提供了新的渠道,②地方政府应当对这种新的参与机制持一种包容的态度，将其纳入自由、理性、规范、有序的轨道。正如亨廷顿所言，“政治参与扩大是政治现代化的标志”,③公民意见表达、政治参与的水平，可以衡量一国或地区法治的程度，更是当下中国地方法制建设不可或缺的推动因素。

---

① 2010年9月20日市政府第13届123次常务会通过、2011年1月1日起施行。

② 如2008年，广东网友在网上积极建言，出现了具有相当强针对性和建设性的关于广东未来发展问题10篇帖子，被网友称为“岭南十拍”，受到省委书记汪洋的肯定。

③ ［美］塞缪尔·亨廷顿、琼·纳尔逊：《难以抉择：发展中国家的正在参与》，华夏出版社1989年版，第1页。

第六编

地方法制的评价标准

第二十章

地方法制评价标准的总体架构

“法治最为核心的要义即在于权利，对于任何制度是否符合法治标准的判断，最终均需落脚于是否有助于个人权利与自由的实现。”

与国内其他法治评估标准不同，地方法制评价标准不仅关注正式制度运行的效力与实效性，而且将社会力量与民众在推进地方法制建设发挥的作用纳入评价范围，因而是一个立体的、全景式的评价体系。

第一节　国内现有法治评估体系的不足

通过一定的评价标准对民主、法治、治理与发展的程度进行评估是近十多年来国际学术界的热点问题之一。[①] 其中，有关法治的评价标准或评估体系是颇为引人注意的内容。[②] 近年来，我国的一些地方政府与研究机构也拓入了这一领域

① 迄今为止，域外专门编制民主、法治、治理等相关指数的研究报告与出版物至少有数十种。其中较有影响力的包括“世界正义工程法治指数”（RLIWJP）、“世界自由度指数”（WFI）、“欧洲自由指数”（EFI）、“全球国家风险指南”（WNRI）等。占红沣、李蕾：《初建中国的民主、法治指数》，载《法律科学》2010 年第 2 期。

② 域外与法治相关的评价体系主要包括两种形态：一是单独的法治指标体系（如世界正义工程法治指数，RLIWJP）；二是作为民主、治理程度评估体系具体指标的法治指数（如作为国际透明指数 6 项指标之一的法治指数）。See James Rodgers，World Justice Project Reveals ‘Rule of Law Index’，http：//abjounal. com/news/Rule_of_ Law_ Index_is_diagnostic_tool_not_a_country_grade/.，2011 年 7 月 6 日访问。

的研究与实践。2008年发布的“法治余杭量化考核评估体系”是我国内地首个有关区域法治的评价体系，[①] 此后，这类由地方政府主导、依托特定研究机构与学者而开展的地方性法治评估活动逐渐增多，其中影响较大的如“深圳市建设法治政府总指标体系”、“法治浙江评价体系”等区域性法治评价系统。同时，政府系统内部也出现了相类似的“依法行政评估体系”，此类评估体系的目的在于将依法行政工作纳入各级政府的目标考核、绩效考核的系统之中，目前在全国各地的政府部门中呈现出迅速普及的态势。[②]

从评估方式看，上述评估体系都试图对法治建设或“依法行政”工作的各项评估指标作客观化、量化处理，在被评估对象之间产生可比较的分值，这种进路有别于传统的定性分析范式，在某种意义上产生了创新的示范效应，在客观上亦有助于促进和提升地方国家机关所主导各种正式制度的建设。

然而，从评估内容与评估指标的角度看，上述评估体系亦存在着一些问题与不足，本书将其概括为“重形式、轻实质”的评价倾向与评价要素的“单维度”。

一、“重形式、轻实质”的评价倾向

无论是区域性法治评估或是政府部门的“依法行政”评估，其侧重点均在于制度建设、制度运行的形式要素与外在要素，如机构是否健全、人员配备情况、会议是否正常召开等，[③] 这在很大程度上体现出政府主导型的法治建构观，即其评估的核心环节与目的在于——将政府推动的、“自上而下”的正式法律制度的建构与运行状况的评价，作为衡量特定区域内法治化程度或是行政机关“依法行政”程度的标准。

按照实质主义法治观的标准考量，法治不仅意味着法律制度形式上的有效运行（Validity，效力的实现），而且该法律制度必须发挥实际的效果（Effective-

---

① 钱弘道：《余杭法治指数的实验》，载《中国司法》2008年第9期。在此之前的2005年，我国香港地区发布了城市法治指数，尽管这一指数在香港本地影响不大，但却在很大程度上推动了内地地方政府从事这一领域的研究与实践。

② 在依法行政评估体系方面，最为著名的当属四川省人民政府以行政规章的形式颁布的《四川省市县政府依法行政评估指标》（川府发［2011］6号），这是全国首例通过地方立法将“依法行政评估体系”确立为地方政府的正式工作制度。

③ 如在“法治余杭量化考核评估体系”中，“推进民主政治建设”的评价标准按照“法治建设领导小组”召开会议的次数打分，会议一年内少于2次的，扣三分；因医疗纠纷和医患矛盾引发行政复议或行政诉讼被撤销案件的每起扣1分。用这种较为机械的量化指标来衡量地方政府“推进民主政治建设”的状况，显然忽略了民主政治实质含义的要求。

ness，实效性的实现）。[①] 从本源上看，对法律制度实效性的评价，关键在于考察其促进权利的实现与保障之程度，因为法治最为核心的要义即在于权利，对于任何制度是否符合法治标准的判断，最终均需落脚于是否有助于个人权利与自由的实现。依据此标准，无论是区域性的法治评估体系或是政府部门的“依法行政”评价体系，均执著于正式制度的形式要素与外在要素的评价，显然忽略了对制度运行的实际效果（法的实效性）的关注，亦包含着对法治的核心要义——个人权利的实现与保障——的忽略，具有明显的“重形式、轻实质”的评价倾向，其可信度与权威性亦因此而大打折扣。

二、评价要素的“单维度”

根据当下学界有关法治理论的通说，法治是形式意义的法治和实质意义的法治两者的统一体。形式意义的法治强调“以法治国”、“依法办事”的治国方式、制度及其运行机制；而实质意义的法治则强调“法律至上”、“制约权力”、“保障权利”的价值、原则和精神。两者之间的关系为：形式意义的法治应当体现法治的价值、原则和精神；实质意义的法治也必须通过法律的形式化制度和运行机制予以实现，两者均不可或缺。按照本书的基本立场，地方法制建设应当兼具形式法治与实质法治之内涵，即除了关注地方国家机关所主导的正式制度的建构与运行是否符合形式法治外，尚需考量正式制度的发展与变动对于实质意义上的权利保障的作用。这一基本立场形象地体现在本书“国家—社会”的二元视野或分析框架中，即对于特定区域内法制建设状况的评价，不能仅局限于“国家”层面——专注于地方国家机关所主导的正式制度的建构与运行，尚需着眼于“社会”层面——就国家正式制度的发展对于社会、市场与个人的权利与自由所产生的实际效果作出评价，尤其需要对地方政府、社会力量以及民众之间的互动、博弈关系以及由此而产生的推动法治进程的能动性机制进行考察，对社会力量、民众在推动法治进程中的作用作出评价。

以本书倡导的“国家—社会”的二元视野或分析框架衡量，国内当下的区域性法治评估体系或是政府部门的“依法行政”评估体系，均存在着评价要素的“单维度”之缺陷——运用精细的、可以量化的指标对国家正式制度的发展与变动作出评价，固有其积极的意义，但法治实践的精义体现于社会与民众的行动之中、体现于具体权利的保障与实现过程之中。忽略社会性要素的法治评估体

① 林来梵：《从宪法规范到规范宪法——规范宪法学的一种前沿》，法律出版社 2011 年版，第 7 ~ 15 页。

系，至多只是在一定程度上迎合了形式法治的外在要求，只能视为一种对法治状态的“跛足”的评价。

第二节　地方法制评价标准的理论前提、基本定位与意义

本书将阐释与建构一种与上述法治评估体系或依法行政评估体系有着根本区别的“地方法制评估标准”。两者之间的区别首先体现在它们所分别依赖的有关中国法治进程的理论进路（现有的法治评估体系体现了政府主导型的法治建构观）。在界定本书所指的地方法制评价标准以前，必须对本书关于中国法治进程的基本立场、地方法制建设在中国整体法治发展中所发挥的关键作用进行归纳与总结。这是本书所要阐释的地方法制评价标准赖以支撑的理论前提，同时也彰显了地方法制评价标准与其他法治评估体系的根本区别。

一、理论前提

首先，由于本书将地方法制定位于——“各级地方国家机关和社会公众及其组织，根据本地实际情况，在应对地方实施宪法法律所产生的各种具体法律问题的过程中，自下而上所作出的持续不断的制度性反应或者制度创新”；[①] 并认为这种微观层面的“持续不断的制度性反应或者制度创新”，乃是推动中国整体法治进程的重要原动力之一。因此，本书对于中国法治发展进程的描绘，实际上是持一种基于“国家—社会”二元视野下的两者之间的“良性互动”说。这种国家与社会的关系理论持一种“社会决定国家”、“社会先于国家”的基本立场，并在两者之间的对峙、合作过程中寻求某种良性互动关系，以此为基础推进国家与社会的现代化、法治化进程。[②] 在这种思路之下，国家是中国法治进程“自上而下”的主导者与发动者，它通过立法活动与正式制度的建构，不断地推动中

① 葛洪义：《法治建设的中国道路——自地方法制视角的观察》，载《中国法学》2010 年第 2 期。

② 邓正来、景跃进：《建构中国的市民社会》，载《中国社会科学季刊》创刊号，1992 年 11 月总第 1 期。

国法律制度形式构造的完善，亦在很大程度上促进了实质意义上的法治进步；[①]但从本源上看，国家所实施、创设的一系列正式法律制度以及在权利的保障与实现、个人社会自由空间的拓展方面所取得的进步，其根本动力却在于社会以及民众“自下而上”的自发或自愿的创新活动。例如，国家于20世纪80年代在中国农村全面推行“家庭联产承包责任制”，实际上是对安徽凤阳农民为摆脱贫困而进行的创新活动的确认与推广；改革开放以后逐步完善的发展、保障个体私营经济的法律制度，实际上也是对1978年以后蓬勃发展的浙江温州个体私营模式的承认与推广；等等。[②] 中国改革开放以来的一系列对于经济发展和法治进步具有标志意义的制度创新无不源自于基层社会与普通民众的实践。

其次，社会与民众作为中国法治进步的根本原动力，其作用的发挥依赖于国家与社会结构关系中的“良性互动”机制。通过经验判断或实证考察不难发现，在中国改革开放以来的法治化图景中，存在着一个由社会与民众基于各种现实需求进行制度创新或提出制度性诉求，国家予以积极回应，并可能将其发展为正式制度的“良性互动”模式。按照哈耶克的法律发生学理论，上述基于社会与民众的自发与自愿而从事的制度创新可以解释为中国本土的“自生自发秩序”，这些由社会自发孕育的新事物更符合实践理性的标准，以之为基础而产生的国家正式制度将具有强大的适应性和生命力。[③]

最后，在上述国家与社会之间的“良性互动”机制中，地方法制这一“微观构造”发挥着举足轻重的作用，因为社会与民众基于发展经济、实现权利所实施的创新活动，大凡发生于地方性的、基层性的社会或市场领域之中。这种“自生自发秩序”首先与地方层面的正统秩序相“遭遇”，并就此展开了一幅颇为生动的地方各级政府与社会力量、民众之间的互动、博弈与合作的图景。在这个过程中，地方政府基于统治的需要，对于社会与民众的创新活动与利益诉求进行积极的回应与确认，进而作出制度性反应，这就为国家正式制度在地方性、区域性层面上进行创新与变革提供了可能。这种创新与变革往往能够发挥促进权利的实现与保障、推进社会与市场的自治与自由之功能。另外，从经验的角度看，在现有体制下，效果良好的地方性制度创新往往可以发挥示范效应，引起该制度被其他地方所效仿，甚至得到中央的认可与推广，进而引发全国性、全局性的制度革新，最终在整体上发挥推进中国法治进程的功能与作用。尤其是在当下中国

---

① 在笔者看来，所谓中国社会主义法律体系的基本建成，其意义主要在于国家所主导和推动的中国法律制度形式构造的完善，欲实现实质意义上的法治国家之目标，下一阶段的国家任务应从“法律的制定”转向“法律的实施”。

② 邓正来：《市民社会理论研究》，中国政法大学出版社2002年版，第18页。

③ 哈耶克，邓正来译：《自由秩序原理》（上），三联书店1997年版，第78～85页。

"强国家、弱社会"、国家与社会之间的资源配置趋于失衡的格局下，国家为了缓解统治秩序面临的巨大压力而大力鼓吹"社会管理方式创新"，这为地方政府与基层社会的制度创新提供了更大的可能性与发展空间。

二、基本定位

基于上述认识，本书将地方法制评价标准定位于：具有"二元视角"，以法治精神为规范价值，以制度的实效性为核心要素的评价体系。

首先，它不同于国内其他法治评估体系仅侧重于形式意义上国家在推动法治进程中所发挥的作用，而是在"国家—社会"的二元视野下，在地方各级政府与社会力量、民众之间的互动关系中，以各方力量在推进地方法制建设、促进权利实现过程中所发挥的作用为评价对象。基于社会先于国家、社会决定法律之认识,[①] 地方法制评价标准十分重视作为法治进步原动力的社会力量与民众的作用，但亦不忽视国家在地方法制建设中的强大能量，因为国家公权力的运作模式及其活动边界本身就是地方法制建设不可或缺的内容。

其次，地方法制评价标准的核心要素并不在于具体制度建构与运行的外在形式，而在于制度创新、制度建构与制度运行对于权利的保障与实现，对于社会、市场以及个人的自由与自治程度的提升或促进。因此，这个评价体系实际上是以法治的内在精神为规范价值，试图通过技术性处理设置一些客观的甚至可以量化的评估要素，对制度的实效性进行评价的机制。

最后，基于上述两个要点，地方法制评价标准不仅在技术层面上吸收国内现有法治评估体系的合理内容（关于国家正式制度的细致评价标准和量化处理方式），并且将作为法治进步"原动力"的社会与民众的作用、将社会力量与政府之间的互动关系也纳入了评价范围之内。因此，地方法制评价标准是一个更为"立体"的、能够对制度运行的效力与实效，以及社会力量在法制建设中所发挥的作用作出"全景式"评价的体系。

三、意义

具有国家与社会双重结构的地方法制评价标准，不仅可以衡量特定区域内法制建设的进度与制度化基础、立法与法律法规的执行和管理细节，在中国社会转型期急需培育公民社会、增强社会自主与自治程度的背景下，还可以为划分国家

---

① 葛洪义：《法治建设的中国道路——自地方法制视角的观察》，载《中国法学》2010 年第 2 期。

权力相对于社会的“疆界”，推进社会治理的改革与进步提供参考。详言之，这一评价体系具有描述性功能、分析性功能与辅助决策功能。

第一，描述性功能。地方法制建设评估标准以我国现有的宪政体制和法律框架为前提，但又不完全拘泥于实证法的具体规定，而是以规范意义上的法治原理为基准，通过系统的指标体系将地方法制建设的各要素类型化，在不与实证法规定产生根本抵触的条件下将法治原理对于地方法制建设的总体要求转化为可以用相对具体的指标体系衡量的标准，从而在实践中使各地方政府、社会组织与民众能够客观判断本地区在法治发展进程中所处的实际境况。

第二，分析性功能。由于采用规范意义上的法治原理为基准设置具体标准，地方法制建设评估标准应能够揭示各地方法制状况的具体结构，为本地区内各相关工作的系统分析乃至定量分析提供依据，便于相关主体判断相关工作是否符合以及在多大程度上法治的要求。

第三，辅助决策功能。地方法制建设评估标准，不仅是一个描述性工具和分析性工具，在我国当下政府主导型的社会结构中，它应当能够为各地政府作出有关制度建设、提升民众福利、改善治理方式等方面的决策提供理论支持和实践依据，以保证各地方政府乃至中央政府对法治建设实施情况在决策指导上的全局性、前瞻性。

第三节　地方法制评价标准的结构、要素与权重

具有“二元视角”，以法治精神为规范价值，以制度的实效性为核心要素的地方法治评价标准，其功能在于揭示转型时期的中国法治进程“自下而上”逐步往前推进、在国家与社会的互动关系中往前推进的整体图景。因此，在基本评价要素的设置上，一方面，必须兼顾国家（地方国家机关）与社会（社会力量与民众）两方面在地方法制建设中的作用，同时必须体现两者之间互动、博弈、合作的“动态关系”；另一方面，作为一个客观化的、可比较的评估体系，尚需经过一定的技术化处理，将各项评估要素逐步具体化、明确化，最终产生客观的、可比较的具体评价环节。最后，还需要为各个层级的评价要素与评价环节分别设置合理的权重，在产生各个层级评价分值的基础上，得出一个最终的地方法制指数。

根据以上思路，本书将地方法制建设评价体系分为三个层次。其具体内容如下：

第一层次为一级指标，包括“职权”、“制度”、“社会力量”与“互动机

制”四项内容。其中“职权”用于评价地方国家机关职权的分工、设置与运行情况；“制度”用于评价地方国家机关工作制度与社会组织制度的状况；“社会力量”则指向参与地方法制建构的各层次、各领域的社会力量（包括社会组织与民众）的自身结构、特征及其所发挥作用的评价；“互动机制”是关于地方国家机关与社会组织、民众之间以及各国家机关之间在各种具体场景中的互动机制，以及这种互动机制在地方法制建设中发挥的作用。

第二层次为二级指标，乃是前述各项一级指标的具体化与明确化。二级指标在整个评价体系中具有举足轻重的作用，它们分别对各自对应的一级指标提出了能够反映制度运行的实际效果或制度所发挥的实际功能的具体评价标准。其中，作为一级指标的“职权”细分为“明确性”、“能动性”和“责任”三项二级指标，主要考察地方国家机关权力分工是否明确，在地方法制建设中的能动性发挥程度以及对工作结果是否可能承担责任以及承担什么样的责任三个方面；一级指标“制度”细分为“合法”、“合理”、“效能”三项二级指标，主要从各个国家机关和社会组织内部各种工作国家机关、社会组织制度化的水平；而“社会力量”则细分为“自主性”、“活跃性”和“公信力”三项二级指标，主要依据各地各种社会力量是否能够自主地参与权利实现过程以及自主性程度、参与解决案件和事件的活跃程度、当事人对社会组织公信力的评价等，分析社会力量在法治建设中的作用；“互动机制”细分为“及时性”、“包容性”和“论证力”三项二级指标，通过研究权利实现过程中地方国家机关各种工作制度是否能够及时应对权利诉求、对权利诉求的包容程度、决定的论证水平和说服力，分析地方国家机关与公众之间是否可以围绕权利实现产生有效互动，进而考察本地公众与国家机关的关系是否形成制度性的和谐。

第三层次为具体评价环节，其要旨在于根据我国地方法制建设的实际情况、使前述二级指标作的内容趋于明确化、具体化，全面展示地方法制评价标准的实质内容。需要指出的是，具体评价环节虽然尚未达到可对数据和资料进行量化处理的程度，但其内容指向的明确性已经为这一目标的实现奠定了基础。经过一定的技术处理，具体评价环节可进一步扩充为可以直接量化的评估指标。鉴于这一工作环节尚需经过一定的实证调研以及可能展开的巨大篇幅，本书没有涉及将具体评价环节转变为制度是否符合法律、各种措施是否合理便利以及制度的效能等角度，考察可直接量化的评估指标准的工作。

最后，尚需对上述各层级的评价指标设置权重，作为计算分值的依据。本书对各级指标采用了平均设置的方案，如四项一级指标在地方法制指数的计算中分别占有25%的权重，以下各级指标与具体评价环节在全面覆盖能够反映地方法制建设实际情况诸要素的前提下，亦基本上采用平均设置的方案。

各层评价指标之间的结构关系与权重如表 20－1 所示。

表 20－1　　各层评价指标之间的结构关系与权重

评价指标的结构、要素与权重				
	一级指标	二级指标		具体评价环节的要点与设置方法
地方法制指数	职权 （25%）	明确性	8.3%	1. 三个视角； 2. 以权力分立与功能最适、社会与市场自治优先为原则； 3. 设置 47 个具体评价环节
		能动性	8.3%	
		责任	8.3%	
	制度 （25%）	合法	8.3%	1. 基本内容：地方国家机关的工作制度与社会组织制度； 2. 合规则性与正当性； 3. 政府效能与成本； 4. 设置 29 个具体评价环节
		合理	8.3%	
		效能	8.3%	
	社会力量 （25%）	自主性	8.3%	1. 社会组织化程度和自由程度； 2. 主要社会组织对公共决策政治过程影响度； 3. 主要社会组织维护公益和权利的能力； 4. 设置 21 个具体评价环节
		活跃性	8.3%	
		公信力	8.3%	
	互动机制 （25%）	及时性	8.3%	1. 及时交涉与互匮：重大公益决策、突发事件处置； 2. 地方国家机关对权利诉求与舆论的包容度； 3. 公共决策机制中的平等参与、透明度、科学性； 4. 设置 19 个具体评价环节
		包容性	8.3%	
		论证力	8.3%	

以下各章内容将以各一级指标为单位，对个评价指标的设置原理、评价要素以及具体评价环节作出详细的阐释。

第二十一章

职　权

“政府可以成为推进制度创新、促进权利实现与个人社会自由的积极因素，但也可能扮演相反的角色。”

职权标准用于评价地方国家机关职权的分配、设置与运行效果，在整个地方法制评价标准中具有举足轻重的地位。按照普遍公认的法治原则的基本内涵，法治的要义首先在于国家权力服膺于法律、国家权力依法行事并对其后果承担责任。这一法治精神自然也是本评价体系中关于地方国家机关职权评价标准不可或缺的规范价值。但完整的职权评价标准的设置尚需考虑当下我国的国家与社会结构关系以及地方法制建设的实际情况。

当下中国尚处于国家与社会结构的“转型期”，尽管自1978年改革开放以来，伴随着国家权力从社会、经济领域的部分撤退，社会生活的逐步非政治化和市场经济的迅速发育使社会、市场与个人的自由与自治程度发生了较大的提升。[①] 在这一过程中，国家的治理方式也逐步发生了从“依政策而治”向“依法而治”的转变。但这种转型远未完成并时有反复，中国的国家与社会结构关系总体上仍处于一种“强国家、弱社会”的状态之中，社会的孱弱以及民主机制的欠缺尚不足以对国家权力遵守法律形成强大的制衡。在这种格局下，国家凭借其所拥有的强大政治资源与经济资源，在社会秩序与经济秩序的建构与规制方面往往能够发挥异乎寻常的作用，而制衡机制的不足使这一过程必然伴随着大量的

① 邓正来、景跃进：《建构中国的市民社会》，载《中国社会科学季刊》1992年11月总第1期。

国家权力僭越法律的现象。就地方法制建设而言，制衡机制的不足使地方国家机关所具有的强势地位成为一把“双刃剑”——政府可以成为推进制度创新、促进权利实现与个人社会自由的积极因素，但也可能扮演相反的角色。

基于此，我们必须认识到，在当下中国的现实格局中，地方政府在地方法制建设中发挥的作用以及它们对法律的遵守程度在很大程度上取决于其自身对法治的理解、对于现实统治环境的认识等主观因素。尽管本书认为，地方国家机关与社会力量之间存在着推动地方法制建设的“良性互动”机制，但在具体的地方法制建设场景中，这种互动机制能否发生作用或者在多大程度上发挥作用，都在很大程度上取决于地方政府自身的主观能动性。①

基于上述考量，本评价体系将职权标准设置为“明确性”、“能动性”和“责任”三项二级指标。其中，“明确性”与“责任”指标体现了法治原则要求地方国家机关的职权服膺于法律、依法行事并对权力运行的后果承担责任的基本精神，即地方国家机关的职权应当依据法律明确分工、明确设置，不得相互僭越，地方国家机关应当对其权力行为所产生的违法侵权后果承担法律责任、政治责任与道义责任。

而“能动性”指标则反映了在当下中国特殊的国家与社会结构关系中，对于缺乏足够的制衡机制、拥有强大规制能力和资源配置能力的地方政府在地方法制建设中发挥自身能动性的要求。我们认为，在转型时期，对于地方政府在法制建设过程中的“能动性”考量应当主要体现为“制度创新能力”和“自我调节治理方式能力”两项标准。前者是指地方政府能够回应社会、市场的需求，积极、能动地进行制度创新的能动性，这一指标至关重要，关系国家与社会之间“良性互动模式”发挥作用的程度；后者是指地方政府根据本地社会、经济、文化的发展状况及其趋势，或应对其他偶发、突发的因素，能够科学、理性地调节其治理方式，以应对现实需要的能动性。在民主、公开、科学的决策机制尚不完善的前提下，地方政府治理方式向理性、法治的轨道转变，从某种意义上取决于政府自身的自觉与能动。

以下将对“明确性”、“能动性”和“责任”三项二级指标的逐次展开论述。每一项指标都以关于国家公权力设置、运行的法治宪政原理为支撑，然后结合中国地方法制实践的实际情况考量评价要素，通过权力运行、实施层面的技术性处理，得出较为客观的具体评价环节。

① 颇为引人注意的是当下学界关于“重庆模式”与“广东模式”的议论，这两种不同的地方治理模式实际上包含着不同的地方法制建设的进路与效果，产生这一差别的原因在很大程度上与这两个地区的主要领导人对于法治的认识之差别有关。曾实：《重庆模式没有广东模式有生命力》，载《联合早报》2011年6月6日第16版。

第一节 明确性

一、设置原理

地方国家机关职权的明确性标准实际上是一个公权力的“界限”问题。这一问题可从以下三个角度展开：

首先从宪政主义的角度看，必须明确不同地方国家机关之间的职权界限，即基于权力的分工与协作、权力的制约与监督而形成的立法机关、行政机关与司法机关之间的职权界限问题。这一问题可根据现代宪法的“权力分立”与“功能最适”原则设置标准。

其次从“国家—社会”之二元视角考察，必须明确国家公权力与社会、市场自治领域的界限。基于本书所持的社会先于国家、社会决定法律之立场，此权力界限问题可运用“社会与市场自治优先原则”设置标准。

最后从规范主义的角度看，必须明确法律规范体系意义上的公权力界限，即由于受到不同层级法规范的约束以及受到不同程度的约束而产生的职权界限问题，其要义集中体现于“法律保留”、“法律优位”两大公法原则之中。但在法律适用中，有关公权力在法规范意义上的界限问题却主要被作为公权力的“合法性”判断的要素。

基于地方法制评价标准整体的协调性与指标设置的合理性的考量，本书将“法律保留”与“法律优位”原则作为第二十二章制度的合法标准的设置原理展开讨论，在此仅以“权力分立”与“功能最适”原则、“社会与市场自治优先”原则作为职权明确性标准的设置原理。

（一）权力分立与功能最适原则

权力分立与功能最适原则主要适用于不同类型的国家机关职权的设置。众所周知，西方传统宪政理论中的权力分立原则为立法、行政、司法三大国家机关规定了明确的职能分工，要求它们各司其职，并处于相互制约或制衡的关系之中——作为民意代表机关的议会的主要职能是制定法律，同时具有社会、政治、经济、军事等重大事项的决定权以及对于行政机关与司法机关的监督权，政府的主要职能在于执行法律，对社会、经济领域实施必要的行政管理，而法院的职能主要在于“将抽象的法律适用具体的案件之中”，以公正的方式解决纠纷[①]。

传统权力分立原则的根本目的在于防止国家权力的滥用以确保个人自由。但在现代社会中，人们对于国家的理解已不再限于对于人民侵害的消极防御，国家亦负有积极履行职责的义务。因此，现代权力分立原则除了保留传统的国家机构基本的职权分工之外，还强调国家权力的功能调适。一般认为，现代宪法在国家权力的分工与设置方面实现了三项功能：首先是传统的对国家权力的限制、拘束与控制功能（传统的权力分立原则）；其次是追求民主的功能，对于具有竞争关系的国家机关安排各种不同的人员掌理，以促进不同的政治势力或利益集团的代表参与国家事务以及国家意志的形成；最后是所谓的“功能最适原则”，即考量国家任务在不同国家权力之间合理分配的基础上，追求国家任务有效率、最佳化地完成。[②] 该项原则不再苑囿于传统宪政原则对于国家权力的分工，而是基于“国家制度的内在目的或价值”作出一定程度的弹性安排，赋予国家制度以“自我修正的功能”。[③]

我国宪法中的权力分立原则强调各国家机关之间权力的“分工”、“监督”与“配合”关系，而非西方宪法上的分权与制衡关系，但在各国家机关职能的设置方面，基本遵循了传统宪政理论的要求。所不同的是，我国的人民代表大会除了具有议会的功能外，还具有“权力机关”的崇高地位，这就使我国宪法制度中的各国家机关之间的相互关系大别于传统西方宪法理论中被视为“铁律”的分权与制衡关系，在很大程度上更能体现“功能最适原则”的要求。这一特征集中体现于宪法上关于立法权的设置方面。

在西方传统的宪法架构中，立法权乃是议会的绝对权力，宪法不可能将立法权直接授予行政机关，否则将有违三权分立原则，只有经过严格的授权程序，议会才能将立法权委托给政府行使，因此，当代西方各国政府的立法权大多属于“委任立法”，而非宪法层面上的“职权立法”；但在我国的宪法体制中，立法权的配置显然较为灵活，作为国家最高行政机关的国务院拥有宪法直接授予的立法权（制定行政法规的权力），省级人民政府与较大的市人民政府也具有法律授予的立法权（制定行政规章的权力），而最高人民法院也通过抽象司法解释权的行使从事实质意义上的立法活动。[④] 现代西方宪法上的“委任立法”制度，乃是迫于议会立法的低效率与缺乏足够的专业性而不得不将立法权委托给政府行使的无

① ［日］杉原泰雄，吕昶等译：《宪法的历史》，社会科学文献出版社 2000 年版，第 22 页。

② 许宗力：《权力分立与机关忠诚——以德国联邦宪法法院判例为中心》，载《宪政时代》第 24 卷。

③ 季卫东：《社会变革的法律模式》（代译序），［美］P. 诺内特、P. 塞尔兹尼克，张志铭译：《转变中的法律与社会》，中国政法大学出版社 2004 年版。

④ 金振豹：《论最高人民法院的抽象司法解释权》，载《比较法研究》2010 年第 2 期。

奈之举，这一制度打破了传统的权力设置格局，目的在于追求立法任务有效率、最佳化地完成。我国宪法体制在立法权设置上所表现出的“灵活性”似乎更能体现功能最适原则的要求，这一机制将行政管理领域的相关立法权直接授予政府，其目的与“委任立法”制度如出一辙——让政府部门发挥立法的高效性与专业性优势，但同时又省却了西方宪法上的议会授权与委任程序，更能体现功能最适原则对效率的要求。①

权力分立原则与功能最适原则可以作为我国地方各级国家机关的职权明确性标准的内在机理之一。在此原则之下，对于地方国家机关职权的明确性评价，必须以具有普适性的有关国家权力配置的基本原理为基础，并以宪法和组织法为依据，判断各国家机关之间是否形成了明确的、合理的分工，然后结合地方法制建设的实际情况，考察是否存在为追求有效率、最佳化地完成国家机关的职能而作出的功能调适的机制。在以制度创新为关键要素的地方法制建设过程中，以功能最适原则作为国家机关职权的明确标准是十分必要的，因为制度创新可能包含了国家机关为追求有效率地、最佳化地完成某项职能而作出的职权配置方面的调整与创新。

（二）社会与市场自治优先原则

如果说权力分立与功能最适原则主要解决的是不同地方国家机关之间职权的明确性问题，那么，社会与市场自治优先原则则对国家权力相对于社会与市场自治、个人自由的有限性与明确性提出了要求。

基于本书所持的“国家—社会”二元视角、社会先于国家、社会决定法律的基本立场，以及自由主义原理将“公共利益”视为国家公权力干预社会与市场自由唯一正当理由之认识，② 我们认为，国家权力与社会、市场之间应存在着这样一个明确的边界——只有当社会与市场存在公共物品短缺、外部性、自然垄断、不完全竞争、不确定性、信息不对称等自发调节机制“失灵”现象时，国家权力才能实施干预，从而达到保护社会公共利益的目的，即国家权力的设置与运行应当遵守社会与市场自治优先的原则，对于那些社会与市场能够自发调节、自治管理事项或领域，国家权力应当持一种消极、谦抑的态度，否则将导致对后者的“过度介入”或“过度管制”。这一边界也应当成为地方法制建设中地方国家机关职权的明确性标准之一。

---

① 但我们也必须认识到，西方宪法中的“委任立法”制度包含了议会对政府立法的监督机制，即对于自己授予政府的特定立法权，具有监督的职责；而我国现有体制中由宪法、法律直接授予政府立法权的做法，尽管在立法的效率上可能要高于西方的“委任立法”，但却导致了政府立法监督机制的缺失。因政府立法缺少监督、制约而产生的种种问题正是当下阻碍我国法治进程的一大“顽疾”。

② 陈新：《德国公法学基础理论》（上），山东人民出版社 2004 年版，第 182 ~ 184 页。

二、评价要素与具体评价环节

权力分立与功能最适原则、社会与市场自治优先原则从不同角度阐明了地方国家机关职权的明确性标准的内在机理。这为从制度层面上判断国家机关职权是否符合明确性标准提供了准则。以下将以制度层面上国家机关的职权为依据，从中归纳出具体的评价要素，并在此基础上设定较为客观的、可比较的具体评价环节，最终完成明确性标准评价体系的建构。

（一）评价要素

在制度层面上，我国地方国家机关的职权可以根据其主体分为地方权力机关的职权、地方国家行政机关的职权与地方国家司法机关的职权。对其明确标准评价要素的把握可以从以下几个角度展开：

首先是依据权力分立、功能最适原则的要求，从三大机关之间相互关系的角度考察职权分工是否明确？在职权的设定与实际运行过程中是否存在着越权、干预其他机关职权行使的现象？相互之间的监督、制约机制能否发生作用？

其次，对于地方国家机关职权明确性的考察，还需明确相对于社会、市场的自治能力而言，是否存在“过度介入”——对于那些社会、市场能够自发调节、自治管理事项存在“过度管制”的现象？

（二）具体评价环节

从前述三个视角考察，同时结合《宪法》、《地方各级人民代表大会和地方各级人民政府组织法》等相关法律的规定，各地方国家机关职权明确性标准的具体评价环节可作以下安排：

1. 地方权力机关。

（1）地方各级人大及其常委会能否依法履行对政府预算、决算的审批和监督权（可根据该项监督权的具体内容，如预算收支平衡情况、重点支出的安排和资金到位情况、预算超收收入的安排和使用情况等，设置更为具体的、可量化的评估指标。以下各具体评价环节作同样处理）？

（2）地方各级人大及其常委会能否依法履行对国民经济和社会发展五年规划的审批和监督权？

（3）地方各级人大及其常委会能否依法履行对人民政府、人民法院、人民检察院专项工作报告的批准和监督权？

(4) 地方各级人大及其常委会能否依法履行法律、法规执行情况的监督权(选择若干问题，有计划地安排执法检查)?

(5) 地方各级人大及其常委会能否依法履行规范性文件的备案审查权?

(6) 地方各级人大及其常委会能否依法履行关于行政机关、司法机关主要领导撤职案件的审议和决定权?

(7) 在对司法机关行使监督权的过程中，是否存在影响司法公正和审判独立、超越权限进行“个案监督”的情形(如果存在这种现象，则考量其数量、影响程度，以便作出客观的、可比较的评价，以下其他评价环节做同样处理)?

(8) 地方各级人大及其常委会制定的有关社会、经济管理等事项的地方性法规或发布的决议，是否存在着对社会市场能够自发调节、自治管理事项的“过度介入”、“过度管制”现象?

说明：尽管在规范层面上，中国的各级人大及其常委会具有“最高权力机关”或“地方权力机关”的崇高地位，但在长期以来形成的以政府、党委为核心的事实权力格局中，各级人大及其常委会处于相对“弱势”的地位，存在着较为严重的履行职权不足的局面(如宪法解释权的行使、对政府立法的监督等)。[①] 在我国的地方法制实践中，地方各级人大及其常委会一般不存在僭越政府部门职权的现象。对其职权是否明确的判断应侧重于其是否能够依法行使对其他地方国家机关的监督权。另外，地方人大对司法机关实施“个案监督”则是一种较为典型的越权现象。我国《各级人民代表大会常务委员会监督法》规定，人大常委会对“两院”的监督权，主要是通过听取和审议专项工作报告、执法检查报告等形式行使，而不能针对具体案件中的适用法律和认定事实问题进行监督，否则将侵害司法公正与审判独立。按照国际上通行的议会对法院的监督权行使标准，只有当司法人员出现贪赃枉法、严重违反司法程序等明显而重大的违法情形时，议会才能启动针对个案的监督程序予以纠正，但亦不能涉及案件中具体的法律专业问题。[②]

2. 地方国家行政机关。

(1) 地方各级人民政府是否存在对本行政区域内需要人大及其常委会讨论决定的财政、政治、经济等重大事项自行越权作出决定的现象(如果存在这种现象，则考量其数量、影响程度，以便作出客观的、可比较的评价，以下其他评价环节做同样处理)?

(2) 具有行政规章制定权的地方人民政府制定的行政规章、地方各级人民政府及其职能部门制定的行政管理规范性文件，是否存在着对社会市场能够自发

---

① 强世功：《谁来解释宪法：从宪法文本看我国二元违宪审查体制》，载《中外法学》2003年第5期。

② 王世杰、钱端升：《比较宪法》，中国政法大学出版社1996年版，第178页。

调节、自治管理事项的“过度介入”、“过度管制”现象？

(3) 地方各级人民政府及其职能部门在行政管理中所施行的行政许可、行政审批、行政指导制度，是否对社会与市场自治构成了“过度介入”或“过度管制”？

(4) 地方各级人民政府及其职能部门是否存在着违法、不当地干预司法机关履行职能的现象？

说明：由于有效的制约、监督机制的匮乏，政府权力的极度扩张与膨胀成为当下我国法治建设中的一大“顽疾”。政府权力的扩张与膨胀必然导致其对人大、司法机关职权的僭越与干预，也会对社会、市场领域的自治与自由构成“过度介入”或“过度管制”。上述四项具体评价环节较为全面地反映了地方国家行政机关职权的明确性标准之要求。

3. 地方国家司法机关。

(1) 地方各级法院是否存在主动承接诉讼案件、违背当事人意愿实施调解等违背司法权消极、中立原则的现象？

(2) 地方各级法院是否存在介入具体行政管理事务的违法现象？

(3) 地方各级法院能否依法受理、审理行政诉讼案件？

(4) 地方各级检察院能否依法行使检察监督权？

(5) 地方各级检察院在行使检察监督与刑事立案侦查权过程中是否存在明显的越权现象？

说明：对于司法机关是否遵守职权明确性标准的考察应以规范意义上司法权的运作机制为标准。人民法院依法受理、审理行政案件，人民检察院依法行使检察监督权是司法机关监督、制约机制的具体表现。其他评价环节反映了当下我国司法实践中较为典型的司法机关越权现象。

综前所述，本节对于明确性标准这个二级指标，设置了17项具体评价环节，从不同国家机关之间的权力分工与监督关系、尊重社会与市场的自治两个角度反映出职权明确性标准的全面要求。

第二节　能　动　性

一、设置原理

地方国家机关职权的能动性标准，乃是基于转型时期中国特殊的国家与社会关系结构，对于地方国家机关职权行使效果的考察——考察其在推进地方法制建设、以制度创新促进权利的实现与保障方面所发挥的实际效能。尽管本书认为，中国的地方法制建设乃至国家整体意义上的法治进步，其根本动力源自于社会与民众，但在“国家—社会”的二元视角下，地方国家机关发挥的作用亦是不可或缺的一个面相，尤其是在当下中国“强国家、弱社会”的格局中，国家权力以其强大的管制能力和资源统合能力在地方法制建设中发挥的作用尤为值得重视。本书认为，地方国家机关在地方法制建设中的能动性源自于经验层面上改革开放以来取得巨大成就的激励，以及现实层面上缓解统治秩序面临巨大压力的需求。以下将从这两个方面阐释能动性指标设置的内在机理。

（一）经验层面的激励：改革开放是一个持续不断的制度创新的过程

从制度发展、变迁的角度看，1978 年以来国家所采取的改革开放政策实际上就是一个持续不断的制度创新的过程。以“国家—社会”关系为视角观察，改革开放以来中国发生的巨变可以归结为一系列提升社会、市场的自治自主空间与法治水准的制度创新，国家权力是这一过程的启动者与主导者（尽管其根本动力在于社会、民众的推动）。

首先，这种制度创新起始于由 1978 年真理标准问题大讨论而启动的思想解放运动，这场讨论为国家转变工作重心提供了意识形态依据，整个国家从“以阶级斗争为纲”转向经济发展，并根据这一历史性转折推行了相应的政治体制改革。其中，从最初由国家对企业放权，到最终国家对于经济、市场职能的彻底转变方面的制度变革，导致了整个社会经济生活的非政治化（即国家权力主动从社会经济生活领域中大规模撤出），这是中国由计划经济时代的“全能国家”、“国家吞噬社会”转向“国家与社会二元分野”，社会自由度不断提高，并最终走向市场经济、法治轨道的起点与前提保障。①

其次，新中国成立以来前 30 多年行政超常干预下的计划经济的失败，促使国家进行从全面计划经济走向商品经济、最终确立社会主义市场经济的制度变革。国家在经济领域中身份的逐渐改变，为社会自治、自由的发展留下了相应的空间。② 个体、民营经济、三资企业的兴起和市场经济的发展，为利益格局的多元化、社会力量的崛起奠定了基础。

最后，为了建构市场经济所必需的法律体系，确保个人、企业等诸多利益主

---

① 康晓光：《权力的转移——转型时期中国权力格局的变迁》，浙江人民出版社 1999 年版，第 25 页；邓正来：《市民社会理论研究》，中国政法大学出版社 2002 年版，第 16 页。

② 邓正来：《市民社会理论研究》，中国政法大学出版社 2002 年版，第 16 页。

体的经济利益，以及鉴于新中国成立以后长期“法律虚无主义”状态的沉痛教训，国家开始重视法治建设，改革开放以后国家的立法功能有了较大的发展，一大批法律、法规陆续出台，并最终导致立法层面上“中国特色社会主义法律体系”的基本建成。其中，行政诉讼法、民商事法、企业法等法律对于处理国家与企业、国家与公民的关系具有重要意义，对于社会自治与自主性的增强具有重要意义，也可以视为国家通过制度性安排确立了一部分国家与社会之间的疆界。①

上述种种涉及诸多领域、全方位的制度创新与变革，使中国在社会结构、法治水平、民众的生活水准等方面均发生了翻天覆地的变化，中国从当初经济处于崩溃边缘的状态一跃成为世界第二大经济体。就经验层面而言，改革开放以来所取得的巨大成就对于国家继续实施一系列的制度创新与社会管理方式的改革，无疑是一个有效的激励机制。在当下“改革”、“创新”等话语已经成为官方主流意识形态的背景下，正式制度与管制方式的进一步变革已经成为国家实施有效统治的正当理由之一，② 国家的工作重点似乎存在着从“以经济建设为中心”向“以社会治理方式的转变为中心”的可能性。在此背景之下，地方国家机关对于地方性的经济、政治、社会管理等方面的制度创新无疑具有较强的主观能动性。

（二）现实需求：统治秩序面临的巨大压力与危机

另外，我们还必须认识到，尽管改革开放以来从传统社会向现代社会、从计划经济向市场经济的转型引起了国家与社会各方面的深刻变化，加速了中国的现代化进程，但不容否认的是，在转型过程中也给统治秩序带来了巨大的压力和危机：腐败现象愈演愈烈、法制建设危机重重、政府机构臃肿效率低下、社会矛盾日益紧张等等。③ 造成上述压力与危机的根本原因在于——改革开放以来的一系列制度创新与变革，其核心在于国家权力从经济领域的撤退，放松对经济、市场的管制，即从“计划经济”向“市场经济”转换；但国家权力自身则仍然保留着传统集权政治或威权政治的形态，④ 这种基本不触动国家权力自身结构的“跛足改革”，正是当今国内治理危机形成的根本原因。这一根本原因又可以分解为以下两个方面：

---

① 董炯：《国家、公民与行政法——一个国家—社会的视角》，北京大学出版社2001年版，第6~63页；陈端洪：《对峙：行政诉讼的宪政意义》，载《中外法学》1995年第4期。

② 赵永平、丁猛：《靠改革赢得下一个三十年》，人民网 http://cpc.people.com.cn/GB/64093/64099/15277327.html，2011年7月31日访问。

③ 何清涟：《现代化的陷阱：当代中国的经济社会问题》，今日中国出版社1998年版，第141页。

④ 王冬梅：《社会权力观变移——从单向度到多元化的权力审视》，载《甘肃理论学刊》2005年9月。

首先是对政府权力有效制约机制的缺乏。由于社会的孱弱无法对国家权力形成强大的制约，以及中国的改革是在保留原有政治权力格局的基础上渐进推进的，这种纯粹市场导向型的改革往往“意味着制度化的国家机会主义，统治阶级的假公济私和屡禁不止的腐败现象”。①

其次是利益分化与“制度超载”。20多年来，我国社会转型带来的最显著后果是利益主体的多元化、利益分化与利益差距的迅速扩大。利益分化使所有的利益主体都有了自己的经济利益，并意识到了自己的利益和要求，也会动员所有的民众都参与到社会的各项活动中来，并力图把自己的意见形成利益表达，以期影响政府决策，要求了解政府的活动过程，尤其是政府的决策过程和决策结果。社会和经济的变革，其中包括都市化、识字率和教育水平的提高、工业化、大众传播媒介的扩大等，提高了人们的政治意识，增加了人们的政治需求，扩大了政治参与。

社会转型期的利益分化和社会整合并不是同步的，社会整合远远落后于利益分化。改革的“非帕累托最优”选择，使利益受损的弱势社会群体感到不满，其成员就会相应产生挫折心理和某种被剥夺感。而政府对组建自治性公民团体和大众政治参与的限制阻碍了普通公民通过政治过程表达并保护其利益。利益表达途径的不完善、利益协调机制的不健全，导致利益群体的参与愿望和利益诉求无法正常实现。在这种情况下，利益群体就有可能越出制度载体的承受界限，转向制度外的渠道表达其诉求，向政治体系施加外部压力，从而形成“输入超载”，造成对政治稳定的冲击。特别是社会上的弱势群体，为了保护自己的切身利益，为了获得社会的重视和尊重，往往会采取一些体制外的极端方式来表达这种意愿。从而引发群体性事件、极端的维权事件等。正是由于缺乏适应多元利益格局的整合机制，以致不同利益主体的政治诉求、利益诉求难以得到合理的表达和实现，对现有的统治秩序造成了极大的冲击。被学界誉为“政治安定设计师”的塞缪尔·亨廷顿就曾指出，在很大程度上，政治不稳定“是社会急剧变革、新的社会集团被迅速动员起来卷入政治；而同时政治体制的发展却又步伐缓慢所造成的。”② 简言之，社会动员和政治参与扩张的速度偏高，政治组织化和制度化的速度偏低，其结果只能是政治不稳定和无秩序。当前我国面临的最为重要的政治问题，是政治制度与利益整合机制的发展落后于社会和经济的变革而导致的统治危机。

前述统治危机与政治问题的根本解决之道在于扩大制度创新与变革的范围，

① 杰夫雷·萨克斯、胡永泰、杨小凯：《经济改革与宪政转型》，载《开放时代》2000年第7期。

② ［美］塞缪尔·亨廷顿，王冠华等译：《变化社会中的政治秩序》，三联书店1989年版，第4页。

将今后改革的重点置于加强权力制约与监督机制、扩大民主渠道与建构正当的利益整合与分配机制方面。在地方层面，统治秩序面临的危机往往首先显现于基层社会，显现于地方国家机关与普通民众、社会组织或企业的各种关系之中，地方国家机关亦往往成为各类矛盾所指向的焦点。迫于现实的压力，如同以往在经济、市场方面的制度创新所表现出的能动性与积极性，地方国家机关亦将一如既往地成为社会治理方式、利益整合机制变革的“先行先试者”。按照中国改革的惯常运行模式，这种制度变革方面的先行先试，往往需要局部地方政府的试点与探索，然后根据其实际效果总结经验，以决定是否需要在更大范围内进一步推广。

二、评价要素与具体评价环节

（一）评价要素

正如前面所述，能动性标准的要义在于考察地方国家机关推进地方法制建设、以制度创新促进权利的实现与保障方面所发挥的实际效能。在缺乏足够外部制约（社会制约）的前提下，改革的实际效果很大程度上取决于国家自身的能动性（对于实现统治压力、法治治理模式的认识程度等）。但从法制评价标准的角度看，我们仍然可以通过一些客观的评价要素对地方国家机关的能动性作出大致准确的评判。根据本书所持的以法治基本精神为规范价值的立场，该评价要素可以从以下几个方面展开：

第一，促进民主机制，加强民众与社会力量参与政治活动、公共决策活动方面的制度创新及其实际效果。

第二，加强权力制约、监督机制方面的制度创新及其实际效果。

第三，促进权利的保障与实现，增进社会公平正义方面的制度创新及其实际效果。

第四，行政体制改革方面的制度创新及其实际效果。

第五，增进社会与市场的自由度与自治能力方面的制度创新及其实际效果。

（二）具体评价环节

根据以上四个评价要素，同时结合地方法制建设的实际情况，关于能动性标准的具体评价环节可以设计为以下内容：

1. 促进民主机制，加强民众与社会力量参与政治活动、公共决策活动的制度创新。

（1）地方国家机关在改善人民代表大会选举制度、促进代议制民主的制度创新及其实际效果。

（2）地方国家机关在增进基础社会民主自治，完善村民自治与居民自我管理、自我服务方面的制度创新及其实际效果。

（3）地方国家机关在加强信息公开、政务透明度方面的制度创新及其实际效果。

（4）地方国家机关在涉及公共利益等重大事项的决策过程中，提升民众和社会组织参与程度的制度创新及其实际效果。

说明：现代民主宪政国家最为基本的民主制度是代议制民主（间接民主），是多元化利益格局下公共意志形成的根本保障，我国当下的人民代表大会选举制度尚未到达完善的代议制民主的要求；而社会自治的起点在于基层社会的民主自治，我国的《村民委员会组织法》、《城市居民委员会组织法》对此已有若干规定，但这些制度尚存在较大局限性；信息公开、政务公开是民主参与、监督公权力的前提条件，尤其是当下颇受关注的政府预算、决算等财政事项的公开，更是人民与国家之间“契约型关系”形成的逻辑起点，[①] 我国的信息公开、政务公开尚处于起步阶段，存在着巨大的拓展空间；而民众与社会组织参与涉及公共利益等重大事项的决策，则是现代民主政治中的“直接民主”机制的重要形式，在我国当下的政治社会生活中亦属于“新生事物”。

上述四项具体评价环节基本上囊括了地方国家机关从事以增进民主为目的的制度创新的主要方面。

2. 加强权力制约、监督机制的制度创新。

（1）地方国家机关在改善人民代表大会及其常务委员会监督机制方面的制度创新及其实际效果。

（2）地方国家机关在改善行政监察、行政复议制度方面的制度创新及其实际效果。

（3）地方国家机关在改善行政诉讼制度方面的制度创新及其实际效果。

（4）地方国家机关在改善人民检察院监察监督机制方面的制度创新及其实际效果。

（5）地方国家机关在改善社会舆论监督、信访制度方面的制度创新及其实际效果。

说明：上述几项具体评价环节涉及我国制度层面上关于权力制约、监督机制

---

① See Geoffrey Brennan and James. M. Buchanan. , *The Power to Tax*: *Analytical Foundations of a Fiscal Constitution*. Cambridge: Cambridge University Press, 2000. , pp. 78 – 82.

的诸方面，但无论从制度设置或是从实际运行效果来看，均存在着较大改进与拓展的空间。其中，最受非议的信访制度，若从法治角度予以改造，注重与其他监督机制的衔接关系，完全可能成为一项富有实效性、辅助性的权力监督与权利救济机制。[①]

3. 促进权利的保障与实现、增进社会公平正义的制度创新。

（1）地方国家机关在改善民生、促进社会福利权的保障与实现方面的制度创新及其实际效果。

（2）地方国家机关在消除城乡差别、促进平等权的保障与实现方面的制度创新及其实际效果。

（3）地方国家机关在特殊社会群体（妇女、未成年人、老年人、残疾人、务工农民、少数民族人士、宗教界人士等）权利保障方面的制度创新及其实际效果。

（4）地方国家机关在促进司法公正，完善司法权力救济机制方面的制度创新及其实际效果。

（5）地方国家机关在改善国家赔偿与补偿制度方面的制度创新及其实际效果。

（6）地方国家机关在建立和改善多元化纠纷解决机制方面的制度创新及其实际效果。

说明：通过制度创新促进权利的保障与实现，或许是当下地方国家机关缓解统治压力、调和社会矛盾最为直接、有效的途径。这不仅包括纠纷、冲突产生以后的权利的事后救济制度，更应当将重点置于关系民生与人们实际生活状态的社会福利权、社会经济平等权的保障与实现方面。这类权利的实现往往特别依赖于“权利的制度保障”途径才能有效实现，[②] 即需要地方国家机关建构社会保障制度予以实现。

4. 行政体制改革的制度创新。

（1）地方国家机关在政府职能转变、行政机构改革方面的制度创新及其实际效果。

（2）地方国家机关在行政决策机制方面的制度创新及其实际效果。

（3）地方国家机关在公共财政、权力有效配置等行政管理体制方面的制度创新及其实际效果。

（4）地方国家机关在行政执法、行政监督体制方面的制度创新及其实际效果。

① 童之伟：《信访制度与中国宪法》，载《现代法学》2011 年第 1 期。

② ［日］阿部照哉、池田政章、初宿政典、户松秀典编著，周宗宪译：《宪法——基本人权篇》，中国政法大学出版社 2006 年版，第 102 ~ 105 页。

说明：在现有国家权力格局中，政府权力实际上处于核心的位置。因此，行政体制改革是改变原有权力格局的关键所在。上述四个具体评价环节涉及当下行政体制改革的核心要素。

5. 增进社会与市场的自由度与自治能力方面的制度创新。

（1）地方国家机关在增进表达自由、新闻自由方面的制度创新及其实际效果。

（2）地方国家机关在放松对社会组织的管制，增进社会自治方面的制度创新及其实际效果。

（3）地方国家机关在放松对市场的管制，促进市场机制有效运行方面的制度创新及其实际效果。

说明：社会与市场的自由与自治程度，是地方法制评价标准的两大核心要素之一。政府管制范围过于宽泛、管制手段过于严苛是我国当下“国家—社会”关系的真实状况；而在经济领域，国家对资金、土地等市场要素的垄断亦使我国的市场经济运行机制尚存在严重缺陷。因此，放松对社会、市场的管制，增进其自由度与自治能力，应当成为当下地方国家机关制度创新的重要内容。

综上所述，本节对于能动性标准这个二级指标，设置了22项具体评价环节，从促进民主、加强权力制约、权利保障与实现、行政体制改革、增进社会与市场自由五个方面反映能动性标准的全面要求。

第三节 责　　任

一、设置原理

责任标准主要是对地方国家机关职权的运行“后果”的考量，即基于“责任政府”与“个人社会负担平等”的公法基本原则，地方国家机关职权在运行过程中及其运行结果对于人民合法权益所应承担的法律责任、政治责任和道义责任。责任标准的内在机理可以通过“责任政府”与“个人社会负担平等”加以诠释。

（一）责任政府原则

责任政府原则构筑在共和、民主、宪政及法治的理念基石之上。这些理念构筑了理想形态的责任政府原则，其含义可从以下几方面展开，同时也决定了地方国家机关职权的责任标准之基本内涵：

（1）政府责任原则定位的合公共性。即对政府承担责任目标的锁定：政府存在的唯一正当理由在于维护公共利益，为社会与民众提供公共产品及公共服务，[①] 潜在的逻辑则是：政府承担责任的前提条件是不当干预社会、私人领域。

（2）政府责任行为的合法律性。即政府行为的实施不仅要符合法律的程序性规范，而且要遵守法律的实体性规范。由此推导的结论则是：政府职权须依法行使，只能"做正确的事情"，且必须"正确地做事"，反之，政府则应承担"做错误的事"与"错误地做事"的消极后果，这决定了政府法律责任的主要形式——政府必须对自己违法、过错导致的权益损害承担赔偿责任。[②]

（3）政府责任伦理的合规范性。此处的规范是指超越实证法规范的道义伦理规范。就政府整体而言，不仅要关爱公民、体恤民情，而且要严格自律并奉守职业伦理精神；就官员个体而言，不仅要对自己所从事的职业有高度的认同感、忠诚感，而且其生活方式及公务行为要符合道德规范，真正成为社会的道德楷模。这决定了政府对于社会、民众承担的道义责任与政府官员承担的政治责任——在国家与人民之间的"契约型"关系中，政府的责任并不仅限于法律层面上的侵权赔偿责任，尚需对民众承担政治道义层面上的关爱、抚恤与救助的责任；而政府官员对于其违法失职、违背政治职业伦理的行为除了承担法律上的责任外，尚需承担组织法意义上的政治责任。

（二）个人社会负担平等原则

个人社会负担平等原则体现了政府法律责任体系中的一项较为特殊的形式——无过错责任与补偿责任。传统的政府法律责任乃是基于公权力的违法、过错导致侵害权益而产生的纠错机制，但在现代法律责任体系中，对于合法、无过错的公权力行为导致的侵害权利后果，亦应在一定条件下承担责任。

这种责任形式体现了法律责任价值论中的"社会责任论"，[③] 该理论强调责任评价机制中的评价对象是行为人的反社会人格或反社会行为，而不是其主观上的过错。社会学家迪尔凯姆认为，个人在社会面前，其意志自由是微不足道的。社会是一个独立于个人的有机体、一个多元利益的互动系统，法律是权利或各种利益的宣示或者保障。法律责任是对侵害利益的纠错机制，通过对受侵害权利的

① ［美］沃尔特·墨菲，信春鹰译：《普通法、大陆法与宪政民主》，刘军宁、王焱、贺卫方主编：《经济民主与经济自由》，北京三联书店 1997 年版，第 221 ~ 257 页。

② 余军：《法律责任的双元价值构造》，载《浙江学刊》2005 年第 1 期。

③ 陈兴良：《刑法哲学》，中国政法大学出版社 2000 年版，第 158 页。

补救实现对社会利益系统的维护。[①] 因此，法律责任中应当具有不考量行为人过错的“对不幸损害之合理补偿”的一面。这种责任形式排除了对行为人主观过错的判断，而是基于损害事实、当事人的经济状况等社会因素以及“一般社会上的安全利益”的标准进行归责。它首先兴起于民法上某些具有高度危险性而又关系国计民生的重要领域，即“无过错责任”或“危险责任”：发生在从事危险活动过程中的事故的责任，应加到从事此种活动的人身上，尽管没有什么过错可加责于他，谁获得利益就应负担由此造成的损失。[②]

政府法律责任同样受到了“社会责任论”的洗礼，“无过错责任”或“危险责任”被引申到了政府公务活动的各个领域中，并被改造成了著名的“个人社会负担平等”原则。根据这一原则，人民对国家活动所带来的公共利益应当平等地享有，对于国家活动所造成的公共负担也应当平等地承担。而政府的公务活动具有侵犯人民合法权益的客观危险性，因此，政府应当对公务侵权行为造成的损害承担无过错责任。这种责任机制完全基于损害补偿等功利性因素进行归责。它所蕴含着的价值内涵可以归结为“利益均衡”，政府无过错责任的机能便是：把政府公务活动对特定人造成的损失由政府代表全体人民共同承担赔偿责任，将政府公务活动所造成的公共负担由全体人民分担，从而实现了“利益均衡”。

将上述两个原则运用于地方法制评价标准的建构，则可以全面地反映出地方国家机关对于其职权的行使所应承担的责任的内在机理。

二、评价要素与具体评价环节

（一）评价要素

根据责任政府原则与个人社会负担平等原则，并结合当下我国法律体系中关于政府责任的规定以及地方法制建设中的具体情况，责任标准的建构应当体现出以下评价要素：

首先是我国实证法层面上地方国家机关所应承担的违法、过错责任（国家赔偿责任）；地方国家机关工作人员违法失职承担的法律责任，以及除法律责任外所应承担的政治责任。

其次是地方国家机关的补偿责任。这类责任因征收财产、合法行使职权导致损害而发生。

① ［法］迪尔凯姆，胡伟译：《社会学研究方法论》，华夏出版社 1988 年版，第 5 页。

② 曾世雄：《损害赔偿法原理》，中国政法大学出版社 2001 年版，第 59 页。

最后是地方国家机关对遭受意外灾害与伤害的个人承担的救助责任，其责任的依据可能基于实证法的规定，但也包括了实证法没有作出明确规定，基于公平、正义和社会良知，地方国家机关承担的道义责任。

（二）具体评价环节

1. 违法、过错责任与政治责任。

（1）地方国家行政机关因违法行政行为或其他违法行使职权的行为导致权益侵害所承担的赔偿责任。

（2）地方国家司法机关因违法行使职权导致权益侵害所承担的赔偿责任。

（3）地方国家机关工作人员在行使职权过程中，因故意或重大过失导致权益侵害所承担的追偿责任。

（4）地方国家机关工作人员因违法、违纪、违反职业伦理规范承担的政治责任。

说明：上述（1）、（2）、（3）具体评价环节是对地方国家机关履行国家赔偿责任实际状况的评估，可按照《国家赔偿法》的规定从赔偿程序、赔偿费用等角度设置更为详尽的评价点。由于我国国家赔偿制度存在的巨大缺陷使其难以产生合理的补偿效果，在许多情形中，地方国家机关实际承担的违法、过错赔偿责任远远超出了法律规定的范围。[①] 第（4）评价环节主要体现在当下引人注目的官员问责制中，问责制包含了对官员所应承担的法律责任的追究机制（如追究刑事责任、经济上的追偿），但更侧重于追究政治责任机制的考量（如撤职、罢免、开除公职等组织法意义上的不利后果）。

2. 补偿责任。

（1）地方国家机关因征收土地、房屋等个人财产而承担的补偿责任。

（2）地方国家机关合法行使职权导致权益侵害承担的补偿责任（无过错责任）。

说明：因征收土地、房屋等个人财产而产生的合理补偿问题，是我国当下社会生活中的焦点问题，尽管我国《物权法》、《土地管理法》、《国有土地上房屋征收与补偿条例》等法律、法规已经为此提供了规范依据，但由于各地实际情况差别较大以及法律制度层面上的疏漏，各地国家机关在制度运行过程中的具体操作方法与产生的实际效果仍然相差较大，各地对于财产征收的补偿问题实际上

① 例如，在著名的“佘祥林案件”中，佘祥林因被误判杀害妻子而蒙受11年冤狱，按照《国家赔偿法》规定的赔偿标准，佘祥林被非法剥夺人身自由11年所能获得的赔偿金不会超过20万元，但赔偿义务机关平迫于社会压力，实际向佘祥林支付的赔偿金为70万元。参见百度百科：“佘祥林案”，http：//baike. baidu. com/view/3604911. htm，2011年8月2日访问。

存在着较大的制度创新空间。[①] 地方国家机关合法行使职权导致权益侵害承担的无过错责任，在我国尚无统一的制度规定，不属于我国《国家赔偿法》规定的责任形式，其规范依据散见于各种法律、法规、规章之中，当然也存在着许多制度上的疏漏，这给地方国家机关的制度创新留下了发展空间。[②]

3. 救助责任与道义责任。

（1）地方国家机关对于在自然灾难、意外事件中遭受损害的个人与组织承担的救助、抚恤与补偿责任。

（2）地方国家机关基于公平、正义和社会良知，对于各类受害人承担的救助、抚恤与补偿责任（道义责任）。[③]

说明：第（1）项评价环节存在着制度上的依据，第（2）项评价环节侧重于因制度缺漏等其他原因致使当事人的权益无法受到合理补偿、地方国家机关基于政治道义而履行的责任，体现了责任政府原则所要求的国家对民众的关爱与抚恤。

综上所述，本节根据3个评价要素的要求，对于责任标准一共设置了8个具体评价环节。

---

① 例如，广州市政府对于城中村改造所采用的“村集体自主与开发商合作、政府发挥指导协调作用”的模式，被认为是解决拆迁补偿问题的有效途径，这种制度创新实际上发挥了村民的自主性与市场的自发调节作用，国家一方没有基于自己对国有土地的控制权而强行介入某些环节获取利益。有关广州城中村改造制度的发展过程，陈晓舒：《广州：城中村改造在利益博弈中推进》，载《新华每日电讯》第5版，http：//news. xinhuanet. com/mrdx/2009 – 12/13/content_12640137. htm，2011年8月2日访问。

② 如地方政府因保护环境将某些具有合法资质的企业强行关闭或者命令其迁址，对企业造成的损失补偿，就属于这方面的问题，现在尚无法律层面的具体规定。

③ 如在“佘祥林案件”中，赔偿义务机关支付的赔偿金远远超出了国家赔偿标准，尽管其主观动因可能在于媒体曝光而带来的社会压力，但从责任形式上来看可视为政府履行的道义责任，因为在法律上政府显然没有支付超出赔偿标准的赔偿金额之义务，但从公平、正义和社会良知的角度看，按照法律规定的标准支付数额有限的赔偿金，显然无法补偿当事人被非法剥夺人身自由长达11年之久的痛苦与损失。

第二十二章

制　度

“在‘国家—社会’的二元视角下，作为地方法制评价标准的‘制度’之考察对象包括两个方面，即地方国家机关的工作制度和社会组织制度。”

“制度”是一个宽泛的概念，按照美国学者诺思的观点，“制度是整个社会的游戏规则，更规范地讲，它们是为人们的相互关系而人为设定的一些制约”，它由社会认可的“非正式规则”、国家规定的“正式规则”和“实施机制”三个部分构成。“正式规则”又称正式制度，是指政府、国家或统治者等按照一定的目的和程序有意识创造的一系列有关政治、经济的法律法规，以及由这些规则构成的社会的等级结构，包括从宪法到成文法与普通法，再到明细的规则和个别契约等，它们共同构成人们行为的激励和约束；“非正式规则”是人们在长期实践中无意识形成的，具有持久的生命力，并构成世代相传的文化的一部分，包括价值信念、伦理规范、道德观念、风俗习惯及意识形态等因素，它主要体现为社会市场领域自发形成的各种规则；“实施机制”是为了确保上述规则得以执行的相关制度安排，它是制度安排中的关键一环。这三部分构成完整的制度内涵，是一个不可分割的整体。其中，“正式规则”与“非正式规则”处于一种博弈与互动的状态之中：通过“实施机制”的作用，“非正式规则”可能会产生抵消、折减“正式规则”的作用，从而使“正式规则”的效力与实效发生分离；另一方面，“非正式规则”也可能因获得认可而发展成为“正式规则”。[①] 诺思的理论

① ［美］道格拉斯·C. 诺思，杭行译：《制度、制度变迁与经济绩效》，格致出版社、上海三联书店、上海人民出版社2008年10月版，第56～68页。

为我们认知地方法制评价标准中的"制度"提供了有益的框架。

在本书所持的"国家—社会"的二元视角下，作为地方法制评价标准的"制度"的考察对象包括两个方面，即地方国家机关的工作制度和社会组织制度。

首先是地方国家机关的工作制度。按照诺思的分类，地方国家机关的工作制度显然主要由"正式规则"或"正式制度"及其"实施机制"构成。[①] 在中国的地方法制建设中，一方面这种"正式制度"及其"实施机制"正是国家"自上而下"地推动地方法制进程的载体与依托，其自身的合理性以及对社会民众利益诉求的包容性与反馈能力往往决定着地方法制建设的进程；另一方面地方国家机关的工作制度同时也是地方法制建设的目标或内容之一，因为地方法制建设取得的进展大凡首先表现为制度的创新与完善，制度创新的动力往往在于社会市场领域的实际需求，或者因社会市场领域的"非正式规则"通过博弈而发展成为"正式规则"，引起"正式规则"或"正式制度"层面的创新。在地方法制的语境中，"正式制度"层面的创新自然包括了地方国家机关工作制度的变革。当然，地方法制评价标准尚需以实质意义上权利的实现与保障为基准，对地方国家机关工作制度的变革的实际效果作出评价，即制度创新必须有助于实质意义上法治的提升。

其次是社会组织制度。所谓社会组织制度，是指有关社会力量组织化的制度及其实施机制。社会力量作为"自下而上"推动地方法制发展的根本原动力，其组织化与制度化的程度往往决定着它们能够以何种方式推进地方法制进程，甚至决定着它们在这个过程中发挥作用的强弱。[②] 在"国家—社会"的二元视角下，社会组织制度可从以下两个方面展开：

其一是国家对于结社自由、公众舆论、新闻媒体的管理制度。按照诺思的分类，这类管理制度自然属于"正式制度"的范围。社会力量组织化的方式在于公民行使结社权、组成各种类型的社会组织与社会团体，从而发挥增强个体之间的"互助、自卫能力"、"增进交流机会"之功能。[③] 公众舆论与新闻媒体的自

---

① 地方国家机关的工作制度当然也包含了部分"非正式规则"，如执政党的意识形态、价值理念这些未必体现为"正式规则"的规范，实际上在地方国家机关的工作制度中发挥着非常重要的作用。

② 例如，在一个民主政治尚未确立的"压力型"体制中，如果社会力量的组织化、制度化程度较高，则比较容易形成某些非正式的国家与社会之间的互馈机制（甚至是社会对于国家的制衡机制），进而通过各种非官方的渠道对国家的决策产生影响，产生逼近民主决策的目标；相反，如果社会力量的组织化、制度化程度较低，那么社会力量对国家的作用方式则大多以个体的、无组织的状态体现出来，国家与社会之间是否能够形成良好的互动、互馈机制，则更多地取决于国家自身的能动性。荣敬本、崔之元等：《从压力型体制向民主合作体制转变——县乡两级政治体制改革》，中央编译出版社 1998 年版，第 82 ~ 91 页；邓正来、景跃进：《建构中国的市民社会》，载《中国社会科学季刊》1992 年 11 月总第 1 期。

③ 王世杰、钱端升：《比较宪法》，中国政法大学出版社 1996 年版，第 273 页。

由度则关系到社会力量对国家立法及决策产生影响的"公共领域"的活动空间，亦属于社会力量组织化程度的重要因素之一。任何国家都存在着关于结社自由、公众舆论、新闻媒体的管理制度，其管制方式、管制程度在很大程度上决定着特定社会中社会力量的组织化程度，即国家权力在上述领域的管制方式与介入程度与社会的自主性与自由度密切相关。按照颇具解释力的市民社会理论，社会力量的组织化问题实际上就是一个独立于政治的、具有自主性的社会领域和公共领域的发展程度与自由程度的问题。①

其二是社会力量自身的组织化方式。基于特定的经济文化条件与社会习俗，社会力量往往会自发形成一定的组织化方式，从而构成社会领域中特有的"非正式规则"。例如，随着经营规模的扩展与竞争的加剧，市场中的各行业为维护行业自身的利益，大多会自发组织各种行业协会；基于中国社会传统的乡土观念和"熟人社会"习俗而产生的"同乡会"、以地域为单位的各种形式的"商会"等等。由于具有深厚的社会经济文化或是伦理、习俗方面的基础，这种"非正式规则"往往具有强大的生命力，在与国家正式制度的互动、博弈过程中，亦能产生相当的影响力。在当下中国的地方法制建设中，上述"非正式规则"所发挥的能量十分引人注目。

综上可知，作为制度标准的两大考察对象——地方国家机关的工作制度与社会组织制度，分别包含了"正式制度"与"非正式制度"的不同内容，前者主要属于"正式制度"的范畴，而后者则兼具"正式制度"与"非正式制度"的内容。

因此，对上述两个考察对象的评价，其要点亦有所不同。

对于上述两大考察对象，主要设置"合法"、"合理"与"效能"三个二级指标，其侧重点与具体内容，将在以下各节详细展开。

第一节　合　　法

作为"正式规则"的地方国家机关工作制度，其核心要素乃是地方国家机关的权力，根据法治原则的控制权力与保障权利的基本要求，为地方国家机关工作制度设置"合法"评价指标无疑是必需的。从国家与社会关系的角度看，"合

① 石元康：《市民社会与现代性》，刘军宁、王焱、贺卫方主编：《经济民主与经济自由》（公共论丛），北京三联书店 1997 年版，第 57 ~ 85 页。

法”标准适用于国家对于结社自由、公众舆论、新闻媒体的管理制度的评价，因为这些管理制度实际上是作为“正式制度”的地方国家机关工作制度具体内容的体现，与其他地方国家机关工作制度的评价并无二致。“合法”并不仅仅是指合乎实证法的要求，而应该基于法治的实质内涵对地方国家机关工作制度是否有利于权利的实现与保障作出判断。对于社会力量自身的组织化方式，则不宜运用“合法”标准予以考量，因为法治的要义在于对公权力的约束和控制，而社会力量自身的组织化方式却属于与公权力无涉的社会领域（私领域）中的自生自发秩序，尽管它也存在着是否“合法”的问题，但在当下中国社会自由度相对不足的背景下，不宜将社会力量自身的组织化方式是否“合法”作为地方法制的评价标准，否则将可能产生误导国家公权力过度干预社会自由的效果。

一、设置原理

合法评价是法治状态下考察公权力运作制度的基本内容。所谓“权力服膺与法律”的法治状态，必然要求需以明确的法律准则对权力的设置及其运作过程作出判断。本章合法标准适用于地方国家机关工作制度以及国家关于结社自由、公众舆论、新闻媒体的管理制度之评价。对这两类国家“正式制度”的合法性评价，最具可操作性的方法便是从实体和程序两个方面着手——对实体内容的合法性评价，实际上可归结于对处于制度核心地位的国家机关职权的合法性考量，这集中体现在“法律保留”与“法律优先”两个公法原则的具体要求之中；而对程序的合法性评价，则体现在“正当程序”原则的具体要求之中，主要是针对制度运行的步骤、方式方法、时限、顺序、公开程度等“过程”要素的考量。①

（一）法律保留原则

法律保留原则具有两层含义，首先是组织法意义上的法律保留原则，它要求任何国家公权力机关的职权设置必须获得宪法、法律的明确授权，这是代议制民主政治的一个基本要求。② 在单一制模式下，我国地方国家机关职权的法律渊源主要体现在《宪法》、《地方各级人民代表大会和地方各级人民政府组织法》、《人民法院组织法》、《人民检察院组织法》等规范文件之中；地方性法规可以在

① 季卫东：《法律程序的意义》，载《中国社会科学》1993 年第 1 期。

② 许宗力：《论法律保留原则》，《法与国家权力》（增订二版），台湾月旦出版社 1993 年版，第 117 ~ 123 页。

上述法律文件的授权范围内，对地方人大、地方国家行政机关的职权作出补充性和细则性的规定；而行政法规、地方行政规章则可以根据上位法的授权，对地方国家行政机关的职权作出补充性和细则性的规定。这些法律、法规和规章构成了我国地方各级国家机关职权的基本依据，也是对地方国家机关各类工作制度进行合法性评价的基本依据。当然，这只是在总体上明确了地方国家机关职权的形式来源。法律对于公权力的规制，尚需考量各种不同类型、不同性质的职权应当由哪一层级的法规范作出规定，作出何种程度的明确规定问题。这就涉及公法上法律保留原则的第二层含义的基本要求。

法律保留原则的第二层含义主要是指“侵害保留”与“重要性保留”，该项原则用于规制那些具有“侵益性”、涉及公共利益尤其是对社会共同生活产生重大影响的公权力。在西方法治理论中，对于这些就个人、社会的自由与权利构成较大威胁的公权力（尤其是涉及人民基本权利的限制或侵害的公权力），法律采取积极的规制方式，即明确要求作为民意代表机关、行使公共意志的国会制定法律对其进行规制，[①] 以增强这些权力的民主正当性，并起到对其严格控制的效果。这一原则在我国的法律体系中，被进一步发展成为“阶层化保留”的权力设置规则，[②] 即根据权力所涉事项或可能导致侵害的权益的重要程度，对各种职权的法规范依据作出分层规定。这种权力设置规则关涉包括地方国家机关在内的各层级国家机关职权的明确分工，也是当下法律实践中关于公权力合法性判断的重要依据。我国法律体系中的权力“阶层化保留”规定包括以下内容：

1. 法律保留的职权。

此处的法律是指狭义的法律，即全国人民代表大会及其常务委员会依照立法程序制定的规范性文件。法律保留的职权意指某些职权必须由法律创设，其他形式的法规范不得僭越。法律保留的职权又可分为“一般法律保留”和“绝对法律保留”两类。

“一般法律保留”的职权是指，根据我国《立法法》、《行政处罚法》、《行政许可法》等法律的规定，国家机关的职权若涉及：（1）国家主权事项；（2）各级人民代表大会、人民政府、人民法院和人民检察院的产生、组织和职权设置；（3）民族区域自治制度、特别行政区制度、基层群众自治制度；（4）犯罪和刑罚；（5）对公民政治权利的剥夺、限制人身自由的强制措施和处罚；（6）对非国有财产的征收；（7）民事基本制度；（8）基本经济制度以及财政、税收、海关、金融和外贸的基本制度；（9）诉讼和仲裁制度；（10）行政许

① 许宗力：《论法律保留原则》，《法与国家权力》（增订二版），台湾月旦出版社 1993 年版，第 117 ~ 123 页。

② 殷守革：《中国法律保留原则的“阶层化保留”体系》，载《江南论坛》2011 年第 5 期。

可的设定，原则上该项职权须由法律作出规定，不得由其他低位阶的法规范设置。

在前述职权内容中，有关犯罪和刑罚、对公民政治权利的剥夺和限制人身自由的强制措施和处罚、司法制度三项内容，又具有“绝对法律保留”的性质，即全国人大及其常委会对于涉及这三项内容的职权必须绝对地制定法律予以设置，不得授权其他国家机关以其他法规范形式作出规定。而除此之外，其他“一般法律保留”的职权如果尚未制定法律的，全国人大及其常委会有权作出决定，授权国务院可以根据实际需要，对其中的部分事项先制定行政法规。

2. 行政法规保留的职权。

在我国立法体制中，由国务院制定的行政法规是位阶仅次于法律的立法规范形式。与西方宪政体系中的“委任立法”不同，作为我国最高行政机关的国务院的立法权（行政法规制定权）来源于《宪法》的直接授予。我国法律体系中关于行政法规保留的职权主要体现在行政处罚与行政许可制度之中，以行政法规这种高位阶的法规范对某些严厉的、极易造成权利侵害的行政处罚或行政许可职权进行专门规制，主要目的仍在于加强对具有“高危性”的政府管制手段的控制。

根据《行政处罚法》与《行政许可法》的规定：行政法规可以设定除限制人身自由以外的任何行政处罚措施，而吊销企业营业执照的行政处罚必须由行政法规设定，其他低位阶的法规范不得僭越；行政法规可以在《行政许可法》规定的行政许可事项范围内，对尚未由法律设定行政许可的具体事项设定行政许可。

3. 地方性法规、行政规章保留的职权。

地方性法规与行政规章保留的职权，排除了那些必须由法律、行政法规规制的影响重大或者可能对权利造成严重侵害的事项，主要集中于一般性或规制程度较为轻微的职权领域。如在行政处罚领域，地方性法规可以设定警告、罚款、没收财产、吊销个人营业执照和许可证的行政处罚；而行政规章只能设定警告和一定数额的罚款这类对行政相对人权益影响较为轻微的行政处罚；在行政许可领域，地方性法规只能对那些可以实施行政许可的事项，在尚未制定法律、行政法规的条件下设定行政许可；而行政规章的行政许可设定权则受到更为严格的限制，国务院各部门制定的行政规章没有行政许可设定权，省、自治区、直辖市人民政府规章只有在尚未制定法律、行政法规和地方性法规，且因行政管理之需必须立即实施行政许可的情况下，可以设定临时性的行政许可。

我国法律体系中的权力“阶层化保留”规定，为地方国家机关工作制度的合法标准提供了一个清晰的判断视角，在此视角之下，可以对纷繁复杂的地方国家机关的各种具体职权按照不同层级的规范要求进行分类，从权力的渊源、权力的实体内容、权力的运作程序等要素着手为其设定具体的评价环节。

（二）法律优位原则

如果说法律保留原则的功能，主要在于规制那些具有“侵益”性质或者可能对公共利益、社会共同生活产生重大影响的公权力，那么法律优位原则则从另一个角度对国家公权力提出了要求。

按照大陆法系传统的法治理论，法律优位原则可以适用于那些具有“授益”性质的公权力的制约。[①] 从古典自由主义法治理论的视角观察，国家公权力的性质更多地体现出“恶”的一面，法律的功能主要在于对其进行严格的防范与控制；但若从现代社会国家、福利国家的角度考察，国家公权力也具有“温情脉脉”的面相。在当代宪法将社会权利纳入基本人权体系的背景下，国家公权力具有积极地采取措施为人们创造生活福祉和社会福利，从衣、食、住、行等各方面为每一个人提供必要的“生存照顾”，维护民众一定程度的生活水准之义务。[②] 这就是国家公权力的“授益”职能。对于这些履行“授益”职能的权力，法律不可能用积极的、严格的法律保留原则对其进行规制，[③] 否则，政府的任何一次为社会和个人提供福利、救济危难的行为都必须得到法律的明文授权，这将使权力的运行失去灵活性与机动性，从而无法应对变动不居的社会管理实践的要求；况且，这种权力对于个人、社会的自由权利并不产生直接的、严重的威胁，用法律保留原则进行规制显然过于机械，并使立法机关承受不必要的立法负担。

法律优位原则是一种相对“较为宽松”的权力运行准则，它强调在法规范的层级体系中以及政府权力与立法的关系中，低位阶法律规范的制定必须以高位阶的法律规范为依据、特定类型的政府职权（主要是指具有“授益”功能的职能）必须得到法律的概括授权（而不是明确授权），并不得与之相抵触。据此，法律优先原则对政府职权的运行要求又可以解释为“根据（法律）”和“不相抵触”两个派生性原则。[④] “根据（法律）”是指权力必须得到法律的授权，但与法律保留原则的“明文授权”不同，法律优位原则仅要求具有“概括授权”。所谓“概括授权”，是指法律仅对某项职权的权能与权限作原则性规定，至于该职权的内容、运行程序、运作方式则留待权力行使者根据实际情况自行裁量。“不抵触”原则则要求职权的具体运行不得与法律相抵触，尤其是内容不得与法律

① 吴庚：《行政法之理论与实用》，台湾三民书局1993年版，第73~75页。

② 陈新民：《行政法学总论》（修订六版），台湾三民书局1998年版，第56~57页。

③ ［德］哈特穆特·毛雷尔，高家伟译：《行政法学总论》，法律出版社2000年版，第103页。

④ 周佑勇：《行政法中的法律优先原则研究》，载《中国法学》2005年第3期。

相悖，这与法律保留原则的“权力必须符合法律”的要求完全不同。与法律保留原则相比，法律优位原则对于公权力的要求具有相当的“消极性”与“宽松性”，并因此赋予相关职权以机动性与能动性。①

对于地方国家机关工作制度的合法性标准而言，法律优位原则不仅能为具有“授益”性质的职权提供评价标准，更具现实意义的是——对于那些从事制度创新、推动地方法制建设的职权活动，大体上也应当适用法律优位原则予以规制。因为地方法制建设的关键在于制度创新，而制度创新就意味着对既有制度与秩序的发展、补充甚至突破，这种活动本身不可能在现有法律规范体系中找到明确的依据。因此，对于这类职权活动，只要具备上位法的“概括性授权”，并且其具体内容与运行环节不与上位法相抵触，即属合法，这应当成为判断地方国家机关职权是否符合明确性要求的重要环节之一。例如，作为地方法制建设非常引人瞩目的内容，目前在广东省、浙江省等地推行的“富县强镇”、“扩权强县”行政管理体制改革，就是一些制度创新的尝试，这项改革显然不可能得到法律等高位阶规范的明确授权，《地方各级人民代表大会和地方各级人民政府组织法》第五十九条关于县级以上地方各级人民政府职权的规定实际上已经对省级人民政府实施这类制度创新作出了“概括性授权”，只要改革措施不与上位法的规定相抵触即属合法。

（三）正当程序原则

如果说法律保留、法律优先原则主要是针对地方国家机关工作制度实体内容的合法评价标准，那么，对于地方国家机关工作制度的步骤、方式方法、时限、顺序、公开程度等“过程”要素的考量，则体现在正当程序原则之中。

运用正当的法律程序对公权力的行使过程进行控制以防止公权力滥用、遏制腐败，乃是当代法治理论的一项基本共识。这种观念最初源于“自己不做自己的法官”和“对他人作出不利行为要事先告知、说明理由和听取申辩”的“自然正义”原则（Natural Justice），② 之后其内涵逐步扩展，现代正当程序观念囊括了公平、公正、公开透明、当事者参与等一系列程序原则，其适用领域也从最初的司法领域扩展到行政领域和其他所有国家公权力领域。美国学者贝勒斯（Michael D. Bayles）认为，现代程序正义的问题至少发生在三种不同的语境下。第一种语境是指作出集体决定时的程序正义问题，包括“对问题作出决定的活

① 基于这一特征，法律保留原则被认为是控制公权力的“积极原则”，而“法律优位”原则则是一项控制公权力的“消极原则”。吴庚：《行政法之理论与实用》，台湾三民书局1993年版，第73～75页。

② 王名扬：《英国行政法》，中国政法大学出版社1996年版，第67～72页。

动”（立法、决策活动）与“官员或代表的选择活动”（选择立法者的活动）；第二种语境是指“解决两造或多造之间的冲突”时的程序正义问题；第三种语境是指作出“对个人施加负担或赋予利益的决定”时的程序正义问题。[①] 贝勒斯的理论实际上揭示出贯穿于公权力整个运作过程中程序正义问题，因为任何一项公权力制度的运作环节都可以归结于贝勒斯所指的三个语境——立法决策活动、解决纠纷活动与处理个案活动，而公开、透明、公众参与等程序原则均被要求适用于上述三个语境之中。因此，正当程序原则实际上已经成为现代法治社会公权力制度的一项基本准则。

总之，现代法治理论中的正当程序原则不仅内容和形式非常丰富——它包括自己不做自己的法官、告知、说明理由和听取申辩、公开、透明、公众参与等一系列规制公权力活动的形式准则，而且贯穿于公权力制度的所有环节——适用于司法和准司法行为、行政执法行为、行政决策行为和立法行为，甚至一定程度地适用于政治行为和社会公共组织的行为。这一原则自然也应当成为地方法制评价标准中考量地方国家机关各类工作制度合法性标准之一。

二、评价要素与具体评价环节

（一）评价要素

根据前述法律保留、法律优位与正当程序原则的要求，对地方国家机关工作制度（包括地方国家机关对于结社自由、公众舆论、新闻媒体的管理制度）合法性评价的要素，可从实体合法和程序合法两个角度进行设置。

首先是实体合法要素。实体合法要素集中体现于法律保留、法律优位原则中，但在操作层面上尚需进一步展开，即需要考量地方国家机关的各类工作制度是否存在超越职权（违反权力层级化保留原则等）、滥用职权（权力的设置与行使违背法定目的）与侵害权益与自由的现象。

其次是程序合法要素。依据正当程序原则的具体要求，考量地方国家机关的立法决策制度、执法制度、司法与解决纠纷制度是否符合一系列正当程序机制的具体要求。

① ［美］迈克尔·D. 贝勒斯，陈端洪译：《程序正义：向个人的分配》，高等教育出版社2011年版，第46～57页。

（二）具体评价环节

1. 实体合法。

（1）具有地方性法规制定权的地方人大及其常委会，其制定的地方性法规是否存在超越权限、滥用职权（手段违背法定目的）内容与现象？

（2）地方各级人大及其常委会发布的决议，是否存在超越权限、滥用职权（手段违背法定目的）内容与现象？

（3）省级人民政府与较大的市人民政府制定的行政规章是否存在超越权限、滥用职权（手段违背法定目的）内容与现象？

（4）地方各级人民政府及其职能部门制定的行政管理规范性文件，是否存在超越权限、滥用职权（手段违背法定目的）内容与现象？

（5）地方各级人民政府及其职能部门的行政许可、行政审批等管制制度以及其他各类执法制度，是否存在超越权限、滥用职权（手段违背法定目的）内容与现象？

（6）地方各级司法机关的工作制度，是否存在超越权限、滥用职权（手段违背法定目的）内容与现象？

（7）地方各级人民政府及其职能部门的关于社会组织、公众舆论和新闻媒体的管理制度，是否存在超越权限、滥用职权（手段违背法定目的）内容与现象？

说明：上述七项具体评价环节，反映了对地方国家机关各类工作制度实体内容（职权）的合法性考量。从实体的角度对公权力合法性考量，关键在于考察权力是否超越了法律规范为其设置的界限（超越权限）以及权力的运作方式是否符合法定目的（滥用职权）。需要指出的是，此处的超越权限是指对权力层级保留原则的违反，与第二十一章职权的明确性标准中的越权（僭越其他国家机关的职权）存在明显区别。

2. 程序合法。

（1）地方性法规的制定程序是否符合法律法规及正当程序原则的要求（除实证法规定的程序外，尚需考量其制定过程的公开、透明程度以及公众的参与程度）？

（2）行政规章的制定程序是否符合法律法规及正当程序原则的要求（除实证法规定的程序外，尚需考量其制定过程的公开、透明程度以及公众的参与程度）？

（3）地方各级人民政府及其职能部门的重大事项决策程序是否符合法律、法规及正当程序原则的要求（公开、透明程度以及公众的参与程度）？

(4) 地方各级人民政府及其职能部门的行政裁决、行政复议等解决纠纷的程序，是否符合法律法规及正当程序原则的要求?

(5) 地方各级人民政府及其职能部门的各类执法程序是否符合法律法规及正当程序原则的要求（涉及个人权益限制情形的，须有告知、说明理由和听取申辩等程序）?

(6) 地方各级人民政府及其职能部门的关于社会组织、公众舆论和新闻媒体的管理程序是否符合法律法规及正当程序原则的要求（涉及个人权益限制的情形，须有告知、说明理由和听取申辩等程序）?

(7) 地方各级人民政府及其职能部门的信息公开程序，是否符合法律法规及正当程序原则的要求?

(8) 地方各级司法机关的工作程序，是否符合法律法规及正当程序原则的要求?

说明：由于受到传统的“重实体、轻程序”观念的影响，我国当下关于公权力运作程序的立法，尚处于较为粗疏、滞后的状态，因此，对于地方国家机关工作制度程序合法的考量，不能仅以实证法的规定为标准，尚需结合正当程序原则的具体要求。

综上所述，对于地方国家机关工作制度的合法标准，本节在实体与程序两个评价要素之下，一共设置了 15 个具体评价环节。

第二节　合　　理

“合理”标准是在“合法”标准的前提下，考察地方国家机关的各种工作制度是否符合法律之外的一般性原则或规范，如道德规范、社会理性与经济社会习俗、惯例等。从“国家—社会”二元视角考察，“合理”标准尚适用于国家对于结社自由、公众舆论、新闻媒体的管理制度的评价，因为这些管理制度实际上是作为“正式制度”的地方国家机关工作制度具体内容的体现，与其他地方国家机关工作制度的评价并无二致。“合理”标准发挥着针对“合法”标准的补充矫正机制的功能。因为合法性评价主要着眼于评价对象的“合规则性”，但法规则体系的开放性与滞后性却要求在诸多情形中必须将评价标准延伸至法体系之外的社会学意义上的价值或目的。因此，“合理”标准是对制度发展新动向的回应，地方国家机关制度的“合理”程度，与其在地方法制建设中的制度创新能力呈正相关关系。“合理”标准还可用于对社会力量自身的组织化方式的评价，此处的“合理”主要考察社会力量的组织化方式是否符合社会理性，是否有助于社会组织化程度与自由度的提升，以及在与国家“正式制度”的博弈过程中，是否能够促进两者之间良性互动关系的形成，等等。

一、设置原理

以法治原则为基准，任何对于公权力运作制度的完整评价必然包含了合法与合理之二维准则。合法性评价是指遵循预先设定的法律规则，并且以内在于规则体系的标准进行的考量，这种评价可以有效地实现法律规范对公权力的约束或指引作用。但任何法律体系都不能幸免于法规则体系的开放性、模糊性与滞后性这类不明确的状态。这些情状决定了仅凭实定法规则并不足以完成对公权力运作制度的完整评价。这就涉及了合理性评价的问题。所谓合理性评价，是指当法规则体系无法为制度评价提供明确的判准时，以其他社会规范体系中的价值、原则，或是法律之外的宗教、道德、社会习俗以及政治和经济等因素的考量等为标准，所作的实质性评价。合理标准是对合法标准的补充和矫正，即现代法治从纯粹的形式主义法治观发展至兼具实质主义法治特征趋势下所产生的评价方式。

就地方国家机关的工作制度而言，合理性评价具有异乎寻常的价值，因为转型时期中国的实证法体系尚处于整合与发展的状态之中，它常常无法为公权力的约束与指引提供明确的判准，人们不得不寻求法律规则外的实质性标准对地方国家机关工作制度作出合理性评价。同时，这种法律规则外的实质性评价标准也可能成为地方法制建设中的制度创新的指引，即作为正式制度发展新动向反映的合理标准。

按照合理性的不同的实体取向，合理性评价又可分为目的合理性和价值合理性。以下将从这两个方面展开关于合理标准的内在机理。

（一）目的合理性

麦考密克（MacCormick）将目的合理性称为“倾向于达到某种值得期待之目的或结果的行动”，即“实践的合理性”，① 马克斯·韦伯则明确地指出，目的合理性意指“谁的行为如果依据的是目的、手段及后果，而且在手段与目

① See Neil MacCormick, “The Limits of Rationality in Legal Reasoning”, ed. in *An Institutional Theory of Law: New Approaches to Legal Positivism*, D. Reidel Publishing Company, 1986, p. 190；中文译本：麦考密克、魏因贝格尔，周叶谦译：《制度法论》，中国政法大学出版社 1994 年版，第九章“法律推理中的合理性的限度”。

的、目的与后果、最终可能出现的各种不同目的之间合理思量，那么，他的行为就是目的合理性行为，也就是说，他的行为既不是情感行为，也不是传统行为”。[①]

从目的合理性的角度评价地方国家机关的工作制度，主要是考量：在欠缺明确的法律、政策等规范依据的情形中，地方国家机关的各类工作制度是否存在，或者在多大程度上存在着这样一种机制——以实现一个有益的社会目标（诸如巩固社会秩序的稳定、有利于经济发展，或者增进民主等）为准则，从可能产生的各种结果中作出合理的选择，从而作出特定的决策或执行措施。这是一种在欠缺明确的法律、政策等规范依据前提下的“结果取向”或“后果考量”的工作机制。

在当下中国“创新”、“改革”成为主流意识形态的语境中，这种以实现特定社会目标为取向的机制似乎在地方国家机关的工作制度中无处不在。但真正理性、客观的“结果取向”或“后果考量”工作机制需要严格遵循“目的—手段”或“效益—成本”分析方法，以选择最有利于目的的合理实现或效益最大化的方案。这实际上是一种类似于利益衡量方法的工作机制，当欠缺明确的法律、政策等规范依据时，地方国家机关的工作机制必须对特定条件下所涉及的各种利益进行审查并衡量，优先保护那些较有理由或更值得保护的利益。[②] 在此过程中，决策或执行措施的作出是依据具体情况下各种利益的“重要性”来进行比较与权衡，其最基本的标准乃是“效益—成本”分析。这种工作机制实际上需要十分完善的民主、科学的决策机制的保障。而完善决策机制的缺位正是当下中国地方国家机关工作制度的“症结”所在。

（二）价值合理性

按照麦考密克和马克斯·韦伯的理论，价值合理性是指“谁的行为如果不考虑预见到的后果，而只坚持其关于义务、尊严、审美、宗教律令、虔诚或‘事实’的正确性信念，并且不管对他提出的是何种要求，那么，他的行为就属于纯粹价值合理性的行为”。[③]申言之，价值合理性则是指以社会或公众所认可的价值或规范作为评价的依据，这些价值、规范包括平等、公正、善意、合理信赖等一直得到相关成员的普遍遵从和认可的观念。[④] 在表现形式上，这些被广泛认

①③ 转引自［德］哈贝马斯，曹卫东译：《交往行为理论（第一卷）：行为合理性与社会合理性》，上海人民出版社2004年版，第163页。

② ［德］卡尔·拉伦兹，陈爱娥译：《法学方法论》，台湾五南图书出版公司1993年版，第313页。

④ P. S. Atiyah and Robert s. Summers, *Form and Substance in Anglo-American Law: A Comparative Study of Legal Reasoning, Legal Theory, and Legal Institutions*, Oxford: Clarendon Press, 1987, P. 29. 转引自陈林林：《裁判的进路与方法》，中国政法大学出版社2007年版，第78页。

可的价值大多体现在社会领域的自生自发秩序中，即以某种较为具体形象的惯例、社会习俗或其他社会自发生成的规范为载体。

以价值合理性为标准评价地方国家机关的工作制度，其考察要点在于：当缺乏明确的法律、政策规范指引时，地方国家机关工作制度对社会市场自发形成的秩序或机制进行吸收和认可，并作出合理决定或制度创新的能力。正如前面所言，中国改革开放以来诸多成功的制度变革均源自于国家对民间社会的自生自发秩序的认可。这种基于社会、市场或民众的真实需求而自发衍生的秩序，往往蕴含着具有普适性的、被广泛认可的价值伦理规范，它们可以为正式制度的发展与变革源源不断地提供智识与动力。

二、评价要素与具体评价环节

（一）评价要素

对于地方国家机关工作制度的合理性评价，实际上是对其在法律、政策的明确指引缺位的情况下，如何以源自于社会实践层面的价值、原则、惯例、习俗为依据，或者以实现特定的社会目标为取向，在权衡各种利益的前提下，作出合理决定和从事制度创新能力的考量。合理性评价最终指向地方国家机关工作制度中的决策或作出决定的机制，因为只有通过开放、能动、客观理性的决策或作出决定机制，才能在正式制度无法提供明确指引的情形中，以其他社会规范或法律之外的标准作出“创造性”的决定。而这一要求，又需要追溯到运用正当程序原理建构地方国家机关决策或作出决定机制的层面上，因为只有在具备包容精神、排除外在强制与内在强制、多数原则的程序机制中，通过充分的论辩或商谈才能形成合理的价值共识，从而克服规则指引缺失导致的困境。① 这种决策或作出决定的机制应当贯穿于地方国家机关工作制度的各个环节之中。

（二）具体评价环节

根据上述要求，合理标准的具体评价环节应当包括以下内容：

（1）地方立法机关制定地方性法规和作出其他决定机制的合理性评价。

（2）地方国家行政机关制定行政规章和作出其他决定机制的合理性评价。

说明：这两个评价环节是关于宏观层面上对地方立法机关、地方国家行政机

① ［德］尤尔根·哈贝马斯，曹卫东译：《交往行为理论（第一卷）：行为合理性与社会合理性》，上海人民出版社 2004 年版，第 274 页。

关立法与决策制度的合理性评价。我国系单一制国家，地方国家机关权力的合法性基础在于中央的授予，地方性法规、地方行政规章的制定或作出其他决策原则上必须具有法律、行政法规等其他高位阶规范上的依据。但事实层面上各地社会经济文化发展状况的复杂性与巨大差异性使中央立法往往无法全面顾及各种地方性的具体事务，地方国家机关在制定规范或作出决策时常需面对上位法明确指引缺失的状况。例如，在我国现有的立法体制下，地方立法机关可以根据本区域内的实际情况，对于某些尚未制定法律、行政法规的事项制定地方性法规，这就是一种典型的缺乏上位法规则指引下的立法活动。这就要求地方性法规的制定机制必需能够充分考量、吸收源自于社会实践层面的价值、原则、惯例、习俗。地方国家行政机关的立法与决策活动也面临着同样的情形。

（3）地方各级人民政府及其职能部门的各种执法制度、社会市场管制制度的合理性评价。

（4）地方国家司法机关的司法审判制度的合理性评价。

说明：地方各级人民政府及其职能部门的各种执法制度、社会市场管制制度以及地方国家司法机关的司法审判制度均属于广义的法律适用的制度，即将一般性的、抽象的法律规则适用于具体案件中的活动（两者的区别体现在行政权与司法权的运作条件、运作程序与方式上）。[①] 由于法律规则体系（尤其是处于发展完善过程中的中国实证法体系）不可避免地具有规则冲突、规则模糊、规则缺漏等不明确的状态，地方国家行政机关与地方国家司法机关在诸多情形中将运用法律体系之外的实质性标准或“结果取向”的方法对个案作出处理，这实际上是一种在法律适用过程中进行“法律续造”或“填补法律漏洞”的活动。地方国家机关的执法与司法制度是否具备这种机制，或者在多大程度上具备这种机制，在很大程度上反映了制度的开放性、能动性以及创新能力。

综上所述，对于地方国家机关工作制度的合理标准，本节一共设置了4个具体评价环节。

第三节 效　能

“效能”标准是基于法治社会人民与政府之间的“契约型”关系的理念，对地方国家机关工作制度的效能与纳税人为“供养”政府而付出的“成本”——

① 王世杰、钱端升：《比较宪法》，中国政法大学出版社1996年版，第89～92页。

两者之间的比例是否合乎理性的考察。政府工作制度的效能不能仅从其所取得的政绩或工作效率的角度判断，尚需考量人民为此付出的“代价”。政府工作制度效能的高低尽管无法绝对量化、精确化，但基本上可以通过“成本—效益”分析思路作出相对客观、合理的判断。例如，特定地区内国民生产总值与政府财政收入的比量、特定地区内人口总量与政府工作人员数量之比量（“官民”比例）等指数，均可作为评价政府工作制度效能高低的重要指标。

一、设置原理

“效能”一词源自于管理学，其字面解释为“事物所蕴含的有利作用”或“选定正确目标及其实现程度”。政府效能，泛指政府选定正确的目标及其实现的程度。[①] 它包括“效”和“能”两个方面，“效”是指政府在实现管理（或服务）目标中所达到的管理效率、管理效果、管理效益的综合反映；“能”则是指政府在实现管理（或服务）目标过程中所显示的能力。[②] 从域外政府管制体制改革的经验来看，政府效能体现为政府体系在一定资源条件下能够提供更多的公共服务，或者在一定服务水平条件下能够减少更多的行政成本。

法治意义上对政府效能的要求吸收了管理学的精髓，即在尽可能少的行政成本的条件下，要求政府提供尽可能多的公共服务。另外，对政府效能的要求还可以通过宪政意义上人民与政府之间的“契约关系”理念予以解说，即政府作为人民通过选举活动“雇佣”的代理人，必须恪尽职守为“雇主”提供更好、更多的服务，同时也必须尽可能地为“雇主”减少开支或管理成本。

当下中国的政府管理体制严重缺乏“成本意识”，“只算政治账、不算经济账”，做事“不计成本、不惜代价”，热衷于搞各种“形象工程”、“政绩工程”，一味贪大求快、急功近利，甚至“寅吃卯粮”、“涸泽而渔”的思想仍然左右着一些地方、部门领导干部的行为方式。[③] 在这种情势下，将效能标准作为评价地方国家机关工作制度的法制化水准，无疑具有重要的现实意义。

在法治原则之下，地方国家机关工作制度的效能标准的内在机理可从“有

---

① 郭泽保：《政府效能建设若干问题探析》，载《福建经济管理干部学院学报》2001 年第 4 期。

② 孙广厦：《世界贸易组织的行政透明度原则与中国政府效能的提升》，王浦劬、谢庆奎主编：《入世与政府先行》，中信出版社 2003 年版。

③ 中国政府管理体制缺乏成本意识最为典型的表现是令人吃惊“天价”维稳费用，2010 年清华大学社会发展研究课题组发布研究报告称，中国 2009 年维稳费用高达 5 140 亿元人民币，直逼 5 320 亿元的国防预算。课题组认为，几届领导人“稳定压倒一切”的思维模式制造了一个成本高昂的“稳定”幻象，有朝一日中国可能要为此付出惨重代价。清华大学社会学系社会发展研究课题组：《走向社会重建之路》，载《战略与管理》2010 年第 9/10 期合编本。

效政府”和“有限政府”两个角度展开。前者吸收了管理学层面上对政府管理效率、效果的要求，而后者则包含了限制政府行政管理成本的理念。

（一）有效政府原则

政府的职能或其存在的正当理由在于为社会和公众提供公共服务、公共产品，这是包括法学、经济学、政治学在内的所有现代社会科学的一项基本共识。有效政府原则要求政府必须有效率地提供这些服务，具体表现为技术效率、配置效率、制度效率和动态效率等方面的基本要求。①

技术效率是指政府的组织能力、人事能力、财政能力和政治能力（社会支持度），政府能够综合使用这些方面的能力，制定高质量的政策，并有效实现特定的政策目标，这样的政府就是具有技术效率的政府。而配置效率则要求政府应该以社会的需求为导向，有针对性地提供高质量的公共服务。在供给方面，政府应该考虑与市场或社会各司其职，让市场和社会中介组织负责私益物品和服务的生产与提供，而政府则专门负责公共服务；在消费方面，政府和许多非政府的公共组织一样，成为公民消费公共服务的集体消费决策单位。② 制度效率是指政府具有适当的制度激励基础，促使政府官员采取先进的组织技术，鼓励高级人才从政，促使稀缺财政资源的有效利用等。有效的政府，还必须具有动态效率，它能够适应不断变化的世界，相应于不断变化的技术、需求以及人心状况，分别实现技术效率、配置效率以及制度效率。技术变化、需求变化、人心状况的变化，都可能改变各种效率的格局，都需要重新追求均衡。有效政府的动态效率就意味着要适应变化，适当调整，提高各方面的效率。

上述四个方面的效率要求，为地方国家机关工作制度的效率评价提供了一个较为完整的认知框架，即从政府的组织机构与人事制度、财政制度、政府与社会的功能定位、制度的激励程度以及应对变化的制度调试能力几个方面着手，围绕政府的基本职能（提供公共产品和公共服务）这一终极目标，可以得出一个有关地方政府运作效率的客观评价机制。

（二）有限政府原则

有效政府的前提条件是有限政府，有限政府意味着对政府职能和活动范围提

① 安秀梅：《有效政府：信息社会公共财政管理的基本理念》，载《中央财经大学学报》2004 年第 2 期。

② 比如，政府代表公民决策需要用多少资源购买多少气象服务，它也可以代表本辖区的公民决策，决定警察服务的规模有多大，在多大程度上由政府的警察部门来提供服务，什么服务可以从保安公司那里购买。

的限制，同时还具有“廉价”政府的含义，即有效的政府还应该是一个运行成本低廉的廉价政府。这其中包括两个方面：一是政府本身的运行成本低廉；二是政府干预对整个社会运行带来的效率损失最小。①

现代国家在很大程度上属于“行政国家”，由于政府管理的政治、经济、社会事务越来越多，其担负的职能越来越大，运行成本也越来越高。中国的问题突出表现在两个方面：一是行政管理支出占公共财政总支出比重不断攀升，增长速度已超过同期财政收入、财政支出和 GDP 的增长速度。政府行政管理机构设置臃肿，人员编制过多，办事效率不高。二是财政供养人员管理失控，规模庞大，增长迅猛，财政不堪重负。如何按照市场经济的要求，进一步转变政府职能，精简机构、压缩人员编制，提高政府机构的办事效率，严格控制行政管理支出增长，建设一个运行成本低廉的政府，是今后一个时期政府及财政部门的一项十分紧迫的任务。

另外，进一步减少政府对市场的行政干预，降低政府干预对社会带来的效率损失，也是建设廉价政府的一项重要任务。由于受到传统计划经济体制惯性思维的影响以及有效权力的制约机制的缺乏，我国各级政府职能的“越位”和“缺位”问题严重。在政府公共财政中，经济建设性支出所占比重一直比较高，且有相当一部分是用于竞争性、经营性领域的投入，而用于那些非盈利性或微盈利性的公共设施、文教科研、公共卫生、社会保障等方面的投入严重不足。同时，由于政府对经济的过多干预，如行政许可、行政审批等对市场的“事先干预”手段的滥用、政府对重要市场要素的垄断等，给整个社会经济的有效运行造成了很大的影响，加大了经济和社会的运行成本，降低了经济效率和社会效率。为此，建设廉价政府就是要按照市场经济的要求，尽量放松政府管制，使政府干预对社会经济造成的成本和效率损失减少到最低程度，为释放市场和社会的自运行效率提供更为广阔的空间。

二、评价要素与具体评价环节

（一）评价要素

根据上述原理，对地方国家机关工作制度效能的评价，应当围绕政府工作制度的效率和成本两大要素展开。同时，必须顾及中国社会整体机构处于转型期、

① 安秀梅：《有效政府：信息社会公共财政管理的基本理念》，载《中央财经大学学报》2004 年第 2 期。

政府职能的定位亦处于转变过程中的特点，关注地方政府为转变治理方式所作的改革或努力。

首先，在政府工作制度的效率评价方面，必须以“政府的职能在于为社会提供公共服务、公共产品”这一基本共识为标准，考察组织机构改革、职能转变、财政制度改革、简政放权改革等有关提升政府效率的措施及其实际效果。

其次，在政府制度运作的成本评价方面，主要考察两个方面：一是政府制度本身的运作成本，如本区域内行政管理支出占公共财政总支出的比重，财政供养人员总数等；二是政府制度对经济效率和社会效率的影响程度。

（二）具体评价环节

（1）地方国家机关在机构改革方面的措施及其实际效果（政府机构的数量、人员编制数量等）。

（2）地方国家机关在政府职能转变方面的措施及其实际效果（政府机构与事业单位、社会中介组织的职能调整）。

（3）地方国家机关在选人、用人机制的完善程度（根据《公务员法》以及其他用人、选拔制度，形成公开、平等、竞争、择优的选人机制、用人机制和激励机制）。

（4）地方国家机关的效能监督机制的完善程度（通过公开、便捷的方式使国家机关工作人员的工作态度、办事效率处于社会、公众的监督之下，如效能投诉公开电话）。

（5）地方国家机关的政府层级结构改革措施及其实际效果（通过简政放权等改革措施，增强基层活力、改变权力高度集中、条块分割造成的利益冲突）。

（6）地方国家机关在公共财政管理方面的改革措施及其实际效果（建立现代公共财政制度涉及议会与政府的关系、执政党的职能定位等诸多深层次的宪政问题，目前中国总体上尚不具备这一条件。但地方国家机关或政府部门采取局部的改革措施，使当下的公共财政管理制度尽可能地具备现代性、尽可能地符合宪政法治原则的要求，却是值得期待的。这一评价环节主要考察公共采购、部门预算、政府收费和罚没收入、预算外资金等事项的管理制度与公开情况）。

（7）地方国家行政机关的行政许可、行政审批制度的改革措施及其实际效果（行政许可、行政审批是一种极易影响市场效率和社会自由度的严厉“事先管制”措施。在西方法治发达国家，这种管制措施的运用必须受到严格的限制。尽管我国已经制定了《行政许可法》，并且进行了较大规模的行政许可清理，但从总体上而言，我国目前仍然存在着较为严重的行政许可、行政审批使用范围过于宽泛的现象，这已经成为政府管理制度影响市场效率、社会效率的主要原因之一）。

（8）本行政区域内行政管理支出占公共财政总支出的比重。

（9）本行政区域内财政供养人员数量占总人口数的比重。

（10）地方政府在公共设施、文教科研、公共卫生、社会保障等公共服务、公共产品方面的投入占公共财政支出的比重。

综上所述，地方国家机关工作制度的效能标准，在效率评价与成本评价两大要素下，一共设置了10个具体评价环节。

第二十三章

社会力量

“要是人类打算文明下去或走向文明，那就要使结社的艺术随着身份平等的扩大而正比地发展和完善。”

——托克维尔

针对参与地方法制的需要，社会力量可以分为几类：公益机构、盈利组织、自治组织与舆论意见等。[①] 所谓“社会力量参与地方法制”，是指在公权机关之外，各层次、各领域的普通公众与社会组织[②]，可以通过依法行使知情权、表达权、监督权，透过各种权利斗争的制度平台建设，以实际行动参与地方法制的工作，为中国的法治进程构建坚实的群众基础。这是辅助性原则的具体体现，其本质在于多元、参与、民主。在规制人类社会的一切法则中，有一条法则似乎是最正确和最明晰的。这便是：“要是人类打算文明下去或走向文明，那就要使

① 也有一些观点将社会力量具体化为专家、专业非政府组织、自发互助组织、公司、行业协会、个人等类型。我们的考虑到民间通过组织，凝聚力量，从而发挥它对社会经济与法制建设的巨大力量。因此，由各种社会个体及其力量聚合形成的社会组织，是我们对于社会力量关注的重点。

② “社会组织”一词在2007年召开的党十七大上开始使用，成为官方正式用语，代替使用多年的“民间组织”、“非营利组织”、“中介组织”等概念。从“社会团体”到“民间组织”再到“社会组织”，不仅仅是一个名称的变化，而且蕴涵着执政党和国家的治理理念的变革，意味着公民社会在中国特色社会主义现代化建设中的地位和作用得到了认可和重视，是我国社会组织发展的一个良好机遇，加速了我国社会组织的发展进程。王达梅：《社会组织服务：农村基本公共服务供给不可忽视的力量》，载《行政与管理》2011年第2期，第32页。

结社的艺术随着身份平等的扩大而正比地发展和完善。"①

社会力量有序参与法制的过程，本身就是一个努力维护自身权利、积极创造条件行使各项权利的过程。社会力量维护自身权利的动力越充足，行使知情权、表达权、监督权等各项权利越充分，批评、监督公权机关和公务人员，有序参与法制建设的条件就越完备。形成了这样的良性循环，引导社会力量参与法制之路将越走越宽。② 法制化进程中社会力量作用的初步效果已表明了两点：一是社会上蕴藏着推进法治进程建设的巨大力量和巨大积极性；二是，公权力与社会力量的结合是加快我国法制建设发展的广阔之路。理想的公民参与，不是公民自发的、松散的、零乱的参与，而是有组织的参与。③

一般认为，作为一个社会的组织，其基本素质体现在自身特性与社会特性两个方面。个体自身特性方面有主体性、主动性、上进心、判断力、独创性、自信心等；社会特性方面有自我控制、自律性、责任感等。在"国家"与"社会"基本分析框架中，要对地方法制发展进程中的社会力量评价标准进行量化含义的理解，应结合当下我国"强国家、弱社会"以及社会自治、自主程度较低的现状，探讨如何建构法制进程中的社会力量评价标准。就本章而言，我们主要通过把握各地各种社会力量是否能够自主地参与权利实现过程以及自主性程度（主要是主体性、自身发展机制等方面）、参与解决案件和事件的活跃程度（主要包括主动性、上进心、独创性、自信心等方面）、各方对社会组织公信力的评价（主要包括判断力、自我控制、自律性、责任感等），来分析社会力量在法治建设中的作用。值得指出的是，上述各个方面的归类不同并不意味互不搭界，相反，它们在不同程度上相互影响着、相互表征着。

第一节　自　主　性

自主性是指不依赖于他人，不受他人的干涉和支配，自我判断，自我行动。一般我们是从自主的态度和自主的行为两个方面来描述自主性的。自主性是政治组织和政治程序独立于其他社会团体和行为方式而生存的程度，而衡量政治机构的自主性看的是否具有有别于其他机构和社会势力的自身利益和价值。从国家与

---

① ［法］托克维尔，董果良译：《论美国的民主》，商务印书馆 1997 年版，第 218 页、第 640 页。

② 赵益红：《对建立民意诉求互动机制的几点思考》，载《北京石油管理干部学院学报》2007 年第 3 期。

③ 俞可平：《建设一个充满活力的公民社会》，《北京日报》2006 年 8 月 24 日。

社会、政府与公民的内在联系与互动发展的历史进行考察，“社会功能”与“民众自觉”的不断增强，不仅是我国政治经济体制改革的题中之义，而且它将成为推动我国法制社会不断向前发展的一种动力性资源。社会力量正在成为我国经济社会发展中的一支重要力量，在社会公共事务管理中发挥着越来越重要的作用。公平正义的社会制度除了由政府“自上而下”地制定外，公民社会“自下而上”地参与、监督也是保证其实现的有利条件。[①] 社会力量在地方法制建设过程中的自主性实现的一个重要方面就是权利保障，就是通过法律的权利确认、义务承担和责任追究机制来保障社会力量参与地方法制建设的自主性的实现。

一、设置原理与评价要素

地方法制建设是为了完成地方治理的目标。地方治理可以被定义为在一定的贴近公民生活的层次复合的地理空间内，依托于政府组织、民营组织、社会组织和民间公民组织等多种组织化的网络体系，应对地方的公共问题，共同完成和实现公共服务和社会事务管理的改革与发展过程。[②] 深化依法治理，这是法治文明的题中之义，也是地方法制建设与发展的自然要求。而地方法制的建设需要强调民众参与，要求地方发展的各项规划、地方建设的实施以及地方事务的处理等都必须体现各种社会力量的广泛参与，与他们的要求相适应。

善治的实质在于政府与公民的合作与互动，但这种合作互动并不总是直接的，实际上常常通过一个中介组织的协调，而社会组织就是这样一个中介。一方面，各种公民社会组织及时把其成员对政府的要求、愿望、建议、批评集中起来，转达给政府；另一方面，又把政府的政策意图和对相关问题的处理意见转达给其成员。在这样一个利益表达和利益协调与沟通的过程中，推动了政府与公民之间的互动，进而促进了善治。[③] 但遗憾的是，就我国而言，将社会力量组织化视为动摇国家基础的不利因素的认知仍有很大市场，真正独立于政府的社会力量基本上处于零散的弱组织状态。在法制进程中起到明显作用的大多是与政府关系密切的非政府组织。纯粹的民间组织作用不明显。其实，缺乏自主性的政治组织和程序就是腐败的，进一步会可能导致国家政权的不稳定。

文化层面上的公民社会强调的是经过公民理性讨论的、独立于国家之外的公

① 张勤：《和谐治理：政府与公民社会组织互动机制诉求论析》，载《理论探讨》2008 年第 4 期，第 13 页。

② 孙柏瑛：《当代地方治理——面向 21 世纪的挑战》，中国人民大学出版社 2004 年版，第 33 页。

③ 张勤：《和谐治理：政府与公民社会组织互动机制诉求论析》，载《理论探讨》2008 年第 4 期，第 14 页。

共舆论的重要性。这种理性、独立性的公共舆论是公民社会的重要体现，它们对国家的行为有着重要影响。[①] 从治理结构来看，原来的社会力量完全被整合在行政权威周围，单位制及“熟人社区”的居住形态为政府“自上而下”地凭借公权力积极推进法治提供了非常有利的条件。随着社会改革的推进，日益壮大的群体不再固属于“单位”，更多的人居住在商品房而不是单位社区。这就使我们处于一种相对尴尬的过渡形态：具有高度动员能力的政府管理模式已经趋向衰落，而多中心的治理结构还未发育完全。尽管社会力量已经不再唯政府“马首是瞻”，但其本身并未组织起来。

法制建设作为建构和谐社会的一条重要路径，核心在于政府机构与社会力量之间关系的变革。培育与政府合作互补的社会力量，是和谐法治建设的基础要件。社会力量自主性所体现的自主治理并不意味着不要政府，只是要求政府的制度设计要保障自主治理的权利，限制政府的过多干预。政府应当在重新界定与社会的关系的基础上，加强对社会力量的引导和支持，增强社会力量的组织化水平，进而实现社会力量的自主性。治理与善治代表着时代发展吁求的法制建设新理念。在这样一个意义上，社会的自治能力至关重要。这些非官方的、以“同舟共济”的价值观为构筑根基的共同体（Community）组织比庞大的政府组织更灵活、更有效。[②] 就自主性来看，自主精神造就了社会力量的两种重要功能：首先，能够将分散的经济舆论实力凝聚成集中的权力，为维护成员的权益提供组织化保障，这种保障反过来又助益社会力量建立良好的公信度，增强凝聚力；其次，能够以合法形式向政府和社会传递一种组织化的利益诉求，容留自由精神和个人意愿，实现政治参与，提升社会生活的有序化程度。

资源依赖理论为我们提供了分析政府与社会力量相互关系的解释路径。但不同组织之间的资源依赖程度是不同的。因此，除了资源的相互依赖，在政府与社会力量的关系中，社会力量的自主性显得非常重要。由于事实上的有限理性，往往在某些领域同时出现“市场失灵”与“政府失灵”现象，而社会力量能够最充分地利用地方信息和知识，从而能够以其独特的信息优势，在一定范围内解决公共事务问题。只有权力配置到各个行为主体，才能真正实现多个主体共同治理的目的，并形成多个主体之间的互动机制。[③] 于是，要实现法治能力“质”的提升，就应逐步改变“强政府—弱社会”的管理格局，积极探索多中心治理模式，

---

① 刘学民：《网络公民社会的崛起——中国公民社会发展的新生力量》，载《政治学研究》2010 年第 4 期，第 84 页。

② 方俊：《论公民社会的构建：第三部门的成长视角》，载《华南理工大学学报（社会科学版）》2006 年第 4 期，第 1 页。

③ 李建琴、王诗宗：《民间商会与地方政府：权力博弈、互动机制与现实局限》，载《中共浙江省委党校学报》2005 年第 5 期，第 6 页。

大力发挥社会力量在法制建设中作为政府"联动伙伴"和险情"应对主力"的作用。

在地方治理中，地方政府和社会力量的治理分属两种不同的治理机制，社会力量与地方政府也因此成为地方治理过程中两个相互并存并具有此消彼长权力关系的治理主体。公民社会中孕育着不可小觑的力量和希望。他们的力量运动推动国家制定或改变某些政策，也唤起公众注意某些不合理现实进而改变人们的思想观念和行为模式。但在根本意义上，政府仍然处于公共行政的主力地位，而社会组织则是助手，社会组织在公共行政中根本无法撼动政府的主导性地位，这就体现了两者之间关系的非对称性。这一点是理解我国社会组织发展过程中需要把握的基本原则。[①] 社会力量与地方政府之间不仅应该拥有不同的权力，而且一方权力的大小取决于另一方权力的强弱，两者呈反方向变化。显然，各地各种社会力量是否能够自主地参与权利实现过程以及自主性程度，是衡量社会力量能力发挥的一个重要内容。

社会力量在市场经济中因具有完整的激励约束机制，从而可作为重要的治理机制独立存在，而不应是政府的附属机构或者说是政府职能在管理服务中的单纯延伸。由此，自主性建设要解决两个关键问题：一是社会力量合作框架内各方面对面的权利与责任划定，或者在市场化运作中第三方利益的确定和相关权利的约定；二是激励机制和约束机制的建设，在政府主导的合作框架内如何最大程度激发基层社会力量主体的积极性，或在市场主导的框架内如何调动各种社会资源参与的积极性。权利是现代法律秩序的基石。权利作为现代法律的核心概念，其内容涵盖了方方面面的利益要求，构成了法律人格的基本内容。现实中，不同治理主体的利益目标可能是冲突的，从而实现治理需要不同治理主体之间不断地进行权力博弈，权力博弈的背后则是不同治理主体之间的利益竞争。[②] 因此，利益可以成为分析社会力量与地方政府权力博弈的基本出发点。此外，自主性的建设也需要在制度范围内应明确对于违反有关规定或非规范运作的某些行为应该实行的相关惩戒。这些都应成为社会力量自主性评价要素的组成部分。

二、具体评价环节

自主性是一个系统之所以成为系统的品格特性，也是社会力量素质的基本内

① 于良佐、李璐：《民间组织与基层政府的互动机制——以北京市朝阳区为例》，载《中共浙江省委党校学报》2010 年第 6 期，第 101 页。

② 李建琴、王诗宗：《民间商会与地方政府：权力博弈、互动机制与现实局限》，载《中共浙江省委党校学报》2005 年第 5 期，第 7 页。

核。这些关于社会力量自主性的具体评价环节应包括以下主要方面的内容：社会力量发展的自由空间与公权力管制的界限（即主体性），以及社会力量自身发展的合理机制（发展机制）。在自主性发展的过程中，这些内容都融会在自主性态度和自主性行为之中，构成一种力量的统一的品格特点。

1. 主体性。

（1）地方法制建设中政府与社会力量相互关系是否正确定位？

社会力量是社会发展的主体，是地方法制发展的始终动力源。要实现法治，必须有社会力量的参与，必须有一个国家“之外”的多元社会的存在。作为两种既相互独立又相互并存的治理主体，地方政府与社会力量之间的关系，既不是上下级关系，也不是指导与被指导、领导与被领导的关系，而是基于权力分割的相互依赖、相互合作关系。这种关系定位决定着它们在地方法制这一公共事务职能上的适度分工。从治理概念、地方治理的主体，到主体的权力与利益分析表明，作为制度安排，地方治理主要体现为地方政府及其他组织之间的权力分配关系、动力机制和利益结构。[①] 法制化进程中的社会力量建设的价值核心是协调规范公共权力和保障公民权利之间的关系。

充分挖掘和利用社会力量，形成一个以政府为主导、多中心并存并相互合作的法制体系是实现良性治理的有效途径。因此，政府必须在新的历史条件下对政府与社会的关系进行重新定位，在把握社会大局的同时，不断放权给社会，促进社会力量的成长壮大，使之成为政府法治的有力“伙伴”。如果地方政府和社会力量分别成为两个平等竞争的不同治理主体，它们之间形成了权力的相互依赖关系和治理中的合作、协调关系，并最终形成一个相对稳定的利益格局，那么在博弈理论中，就实现了合作博弈均衡；而在治理理论中，则实现了由统治向治理的转型。发达而有序的社会力量在通过与政府协商的过程中，既成为党和政府与公民合作的桥梁，促进了善治，又起到了社会监督的作用，促进了民主政治和透明行政。

（2）社会组织能否保持中立？

作为一种社情民意的传达机制，要想获得真实有效的民意，其前提必须是有一个“中立”的机构。和政府保持一定距离，免于来自权力的压力，才能确保信息不被筛选。[②] 如果社会力量的代表者被置于政府的体系之内，不排除某些情形下会利用民调假托民意假托科学用欺骗性数据粉饰结果。“在当代中国，各利

---

① 李建琴、王诗宗：《民间商会与地方政府：权力博弈、互动机制与现实局限》，载《中共浙江省委党校学报》2005 年第 5 期，第 7 页。

② 赵益红：《对建立民意诉求互动机制的几点思考》，载《北京石油管理干部学院学报》2007 年第 3 期，第 22 页。

益群体的需要大多是由政府加以体察和认定的，并将其某些合理的利益需要转变为公共政策”，[①] 而“直接的决策者们并不能始终保证忠实地反映人民群众的利益”，[②] 也就是说，由于不完全了解情况，或者由于缺乏监督等原因，在少数人进行决策时，决策者会表现出试图按照自己的主观愿望和自己的价值偏好决定公共政策的倾向，从而导致公共服务失灵现象。

（3）社会组织是否由政府官员担任主要领导人？

要避免社会组织（团体）成为政府官员分流的渠道。退休的甚至在职的政府官员在社会组织担任领导人，不当加重了“官办”色彩。这一做法在一定程度上成为腐败滋生的土壤，而且扰乱了经济秩序，成为市场经济健康发展的障碍。同时政府与社会组织之间的这种暧昧关系也使对这些社会组织的监督陷入了真空状态。

（4）社会力量发展的法律政策是否全面合理？

当前社会组织建设的最大的局限甚至困境是，到目前为止，我们的法律尚未完成对社会力量的性质、功能及其实现方式，它们的组织机制和结构，政府对它们的授权范围，以及它们的违法行为的规制结构等加以明确规定。而国务院《社会团体登记管理条例》等现行相关法规就成立社会团体时的会员人数、工作人员、财产数额等问题均作了严格规定，进而影响到社会力量与地方政府的权力和职能划分，从而在相当程度上制约了地方法制建设中社会力量的发挥。在目前仍处于严格控制和缺少有利的生存环境下，社会力量不能坐等法律政策环境的改善，而必须勇于探索，进行观念更新、组织创新，职能创新，维护和争取自己的权利，增强自己的吸引力和凝聚力，去扩大自身的生存空间和社会影响，去争取相关法律政策制度的改善，最终承担起为政府机构改革和社会转型创造条件的历史重任——而这也是地方法制建设的一个重任。就政府的相关工作而言，政府也必须在法制层面上加快健全相关的法律法规和政策，使社会力量的发展有章可循。

（5）社会力量是否具有独立于政府之外的稳定的资源支持？

有些观点主张在法制工作中所说的“社会力量”，是指在法制工作中可以利用的社会人力、组织和设施、技术、资金等总称。甚至把社会力量也可称为“社会资源”。这样一些主张把社会力量的范畴从主体扩张到客体是否合适，我们这里不作探讨。但这些主张从一方面说明资金、组织构架、设施等一系列硬软件对于社会力量的独立起到支撑的关键意义。当下所谓的组织成立有两种模式：

① 胡伟：《政府过程》，浙江人民出版社 1998 年版，第 192 页。
② 俞可平：《权利政治与公益政治》，社会科学文献出版社 2000 年版，第 71 页。

一是根据政府机构改革的需要“自上而下”成立的称为体制内模式；另一种就是公众根据自我的需要“自下而上”成立的称为体制外模式。就目前来看，后者这种非官方背景社会组织存在同样的一些问题，即资金来源局限，进而造成社会影响力和公信力不足，开展活动在很大程度上还要依赖政府的权威。就社会力量得以存在对于自主性影响的意义来说，钱不是万能的，但没有钱是万万不能的。在这一方面，社会力量要有自己独立的资金等硬件来源，不能完全依赖于政府的支持才能存在与运转。

（6）社会力量的发展是否存在资源分配和职能分工的问题？

事实上，随着包括社区组织、志愿者组织、慈善组织、律师事务所等在内的社会力量的日益壮大，参与法制化进程的多元主体已经渐次涌现。其中，有的具有独特的专业技术优势，有的具有资源优势，有的则在一定区域内建立了联系网络，它们中所蕴藏的丰富的社会资本能够很好地弥补政府“自上而下”地凭借公权力积极推进的缺陷。要发挥各种社会团体和群众组织以及各种行业协会之类的非政府、准政府组织的作用，防止地方与基层的小问题影响国家大战略。社会力量要长期有效地发挥在法治进程中的作用，必须解决资源分配和职能分工的问题。社会力量作为一项重要的社会资源，集合了各种有技能的志愿者，将人力资源、团体资源和社会资源进行整合，成为不同利益主体的代言人。社会力量参与法制工作只有规范其运作，才能充分发挥其整体作用，取得预期的社会成效。

在相当长的时期内，我国或许难以形成像西方国家那样的“大社会小国家”的社会格局；但在地方法制水平逐步提高、市场经济发育程度逐步加深的条件下，社会力量的自治、自主程度是能够发展到一个较高水平的——在公共领域、市场领域具备相当高的统合与治理能力，其自身的发展亦形成了一种不受政治国家过度干预的合理机制；在利益格局日益多元化、阶层化的背景下，社会力量亦随之“类型化”，成为不同利益主体的代言人，并能够在公共决策、公共福利以及民主政治的发展等方面对政治国家施加强有力的影响，进而在国家与社会之间形成良性互动的局面。

2. 发展机制。

在多中心治理结构中，主体之间更多的是一种平等关系，而不像官僚制一样具有鲜明的等级。尽管不同主体的功能各异，当代中国社会难以做到政府与民众之间是一种完全平等的关系，但显然，带有强制色彩的行为已经不得民心。社会力量的发育是调节国家权力、防止公权过度侵入社会领域与私人领域的最有效力量，这也是推进法制建设的根本所在。而社会力量自主性的发展需要自治性的支撑。所谓自治，是指社会力量在团体内实行民主选举、民主决策、民主管理、民主监督，逐步实现社会力量的自我管理、自我服务、自我监督。社会力量自治使企业和民间商会等非政府性主体共同形成了一个自主性不断增强的权威代言人，并在公共事务方面与政府展开对话与合作，分担起一定的公共管理职责。

(1) 社会力量能否正确对待自己的角色并相应调适自己的行为方式？

社会力量（特别是社会组织）必须对自己的角色和行为方式进行调适。建立健全社会力量自身发展的方式方法有很多方面：一要重心下移，不能以高高在上的心态面对民众和其他社会组织，要将各方力量视为自己的服务对象和合作伙伴，逐渐适应以平等的姿态和社会力量进行沟通合作；二要手段软化，增加法律、行政指导、平等协商等手段的使用，增强与社会力量合作的灵活性和艺术性；三要制度优化，为各方力量有序参与法治进程提供更好的制度平台；四要道德感化，通过宣传、教育、榜样示范等方式，发扬中华民族的集体主义、奉献社会、助人为乐的优良传统，培育公众社会的意识基础。

(2) 社会组织能否真正代表成员的整体利益？

我们不能满足于非常态环境下的自主性关系，而是要努力构建一个常态自主性环境下政府——社会力量关系的良性互动机制。通过利益密切社会力量的团体关系。任何一种团体都是一定利益的代表者，因此，社会力量要以利益为纽带的互动关系，为相关群体谋利益是密切社会力量关系最直接最有效的途径。只有通过发展，满足团体的利益要求，成员才能支持团体。社会力量要成为社会资本，需要发展以制度规范为保障、使共同体成员普遍受益并促进社会发展的交往关系。普遍受益，就是强调社会资本不能为某一个人所有，强调它的共享性。促进社会发展，就是强调只有对社会发展起积极作用的交往关系才属于社会资本。①

(3) 社会组织运作是否公开透明，是否受到监督？

必须通过监督保证团体关系在法制的轨道中有效运行。让权力在阳光下运行。要坚持用制度管权、管事、管人，建立健全决策权、执行权、监督权既相互制约又相互协调的权力结构和运行机制，发挥他律的作用，保证成员赋予团体的权力始终用来为团体谋利益。

(4) 成员流动性大小与组织构架的稳定性如何？

成员流动性大小与组织构架的稳定性也是值得关注的。在成员构成方面，如果管理比较松散，流动性太强等，就决定成员自身在组织中的介入程度不会很高。如果一个社会组织成员经常是通过一个短期的活动目标、阶段性的共同利益，或是一个临时性的活动项目聚集在一起，在目标实现、活动完成之后，组织就有可能迅速解散。这样成员的流动性限制了社会力量的可持续发展，其自身的

① 任亮、张达：《以良性互动机制推动社会主义和谐社会建设——社会资本理论的启示》，载《求实》2007 年 11 月，第 53 页。

自主性也将受到严重的影响。

(5) 社会力量的资源整合与动员组织能力如何?

资源整合与动员组织能力也在很大程度上反映出社会力量的独立自主性程度。一个社会组织的动员社会资源的能力、组织活动的能力、管理能力、资金筹措能力、创新能力、扩张能力和可持续发展能力,很大程度上影响了他们参与地方法制、与其他相关主体互动的程度。目前政府与非政府组织的资金依赖,还没有完全形成资金—服务交换的互动关系。政府对民间组织的拨款很多时候带有偶然性,能否获取政府的资金,更多依赖于民间组织的运作能力,而不是提供公共服务的能力。但上述种种描述也表明,政府与民间组织的资金依赖也是多元的,这种多元性为未来政府与民间组织的互动合作提供了广阔的发展空间。①

(6) 社会力量能否通过参与地方事务来提升自身相关能力?

就社会力量参与地方法制建设进而回馈自身发展的螺旋上升而言,其成效考量在于:一是能否按照普遍倡导、重点扶持和专业发展相结合的原则,为社会力量参与法治进程的工作的有效开展提供支持;二是能否加强对社会力量成员的招募、培训和管理,并强化他们参与技能的培训和提高;三是能否加强相关的规范化管理,强化在特殊状态下的组织能力,防止由于管理不当而导致社会力量参与兴趣降低或参与工作失效;四是能否强化对具体法制事务应对的培训,进一步将社会力量服务的内容引向深入;五是能否提高自身的组织能力,整合资源,充分发挥其桥梁作用,尽可能提高"自上至下"与"自下至上"两种国家的政策工具相互援助、共度危机的能力。

综上所述,本节共设置了12个具体评价环节。

第二节 活 跃 性

活跃性,是指在地方法制建设中,社会力量参与解决案件和事件的活跃程度和参与的程度。胡锦涛总书记在省部级干部进修班上指出:"中国政治体制改革必须坚持正确的政治方向,必须随着经济社会不断推进,努力与我国人民政治参与的积极性不断提高相适应。"② 社会的进步与发展,政府决策的科学与民主,

① 汪锦军:《浙江政府与民间组织的互动机制:资源依赖理论的分析》,载《浙江社会科学》2008年第9期,第34页。

② 《胡锦涛在中央党校省部级干部进修班上的重要讲话》,新华网 http://news.xinhuanet.com/politics/2007-06/25/content_6290208.htm,2011年7月20日登录。

需要政府与公众的共同推动。政府有责任也有义务对公民加强教育引导，加强对公共决策相关知识的宣传，激发公民参与政府决策的主动性、自觉性和责任感，使广大公众在制度保障下积极有效地参与到地方事务上来，使开放式决策常态化、制度化。

一、设置原理与评价要素

一般认为，政治沟通与民主化和政治稳定成正相关的关系，而政治参与和民主化呈正相关的关系，与政治稳定是否正相关则取决于政治体系的承载能力与创新能力。[①] 当前随着我国社会的整体转型，阶层出现了分化，阶层分化首先是利益的分化，各利益团体都有着强烈的利益表达和政治参与的愿望，这时就需要各政治主体之间进行大量的、迅速的、高质量的、“生动活泼”的交换活动，才能达到“安定和谐”的政治局面。但在法治进程中的社会力量参与程度不高，绝大部分利益群体没有自治（行业）组织，组织性较差。有的自治（行业）组织过度依赖上级（官方)，有的则是消极等待。

中国传统的“言路”，一般是由特定的程序选举或推荐产生代表，在特定的场合充当代言人参与民主管理，常见的大到全国人民代表大会、党员代表大会，小至企业的职代会、工代会皆是如此，这种民众参与方式入门门槛高、面窄，无法满足民众广泛参与的需要。应当说，民众从不缺乏参与政治、监督政府、制约公权的热忱。所缺的，只是一个让民权伸张的平台。[②] 随着我国经济、政治、文化和社会的发展，广大民众正以前所未有的热情参与到政治事务中来，而且越来越体现出高度的政治自觉和主人翁意识。

和谐社会建设的一个要义就在于“生机活泼”，这要求政府不应随意干预公民社会的内部事务，以保障由众多社会自治组织形成的公民社会成为一个真正的自主领域。它们的形成不仅为提高和增强社会的自治能力发挥着重要作用，并且架构起了政府与市场主体之间沟通的桥梁。它们的发展有赖于政府大胆地向社会组织分权，这不仅有利于克服政府对微观领域的直接干预，而且又将为社会的自主管理创造极其广阔的空间。它们既是政府从直接管理向间接管理转变的重要载体，又是实现政府转型和再造的微观社会基础。随着改革的深化和市场经济的发

---

① 张勤、刘含丹：《构建政府与公民社会组织的合作互动机制》，载《新视野》2008 年第 6 期，第 57 页。

② 2009 年，广州市首次在网上公开了 114 个政府部门的“年度账本”。这些部门预算信息一上线，广州市财政局网站就被蜂拥而至的网民点至瘫痪。参见《媒体建议对拒不公开三公经费部门进行司法问责》，http：//news. sina. com. cn/c/2011 - 07 - 27/015222881481. shtml，2011 年 7 月 27 日登录。

展，构建政府与公民社会组织的这种多元结构及网络化的互动管理模式，将为促进经济与社会的统筹协调发展、保持社会和政治稳定奠定重要的基础。

在社会法制心理结构上，通过提升社会力量参与地方法制建设的活跃性有助于培养整个社会的法律意识，促进民主意识的形成和法律素质的提高。我们看到，目前主要依靠政府推进法制建设，无论是执法者还是社会公众的法治传统都相对淡漠，法制的社会思想基础相对薄弱，因此，提高全社会的法律素质，使他们真正从思想上认同法制，养成依法办事的习惯，培养公众的法律意识和公务员的法律意识具有特别重要的意义。

二、具体评价环节

可以说，地方法制评价体系所考量的广泛的参与性是构建和谐社会的重要形式。这种普遍、广泛的政治参与能够使各方利益充分表达出来，这对发现治理问题、确立治理目标、设计治理方案并在实施的过程中对不合理的法制进行必要的调整来说，其作用显然是十分重要的。这种参与是一种持续的参与，是一种社会力量活跃性的表现，从而促使政府工作不断改进，群众满意度逐渐提高。这样建立在公民广泛、持续参与之上的决策和治理过程的地方法制，才有可能是合理的和有效的。

（1）社会力量活跃性的实现是否具有相应的制度保障？

活跃性的实现，需要以政府尊重公民的合法、平等身份和正当利益为前提。这一前提的维系，需要几个方面满足要求：一个能够支撑社会力量活跃性的地方法制地域，首先要能够实现在现有政治架构下解决问题的途径和方式方法，使这些机构发挥应有的技能和优势；其次要建立起决策听证制度和广泛的征询群众意见、专家意见，政府信息要公开透明，公共信息及时发布，利用互联网的信息庞大优势，扩大群众的知情权和参与积极性，针对国情和民意诉求现状，因人因事因地采取不同方法。让真实的民情为执政党掌握，也改变过去政府关起门来搞“统治式”封闭式的管理模式，树立开放的开明的新型政府治理模式。

（2）社会力量是否主动向政府要权？

社会力量的活跃性的一个表征是社会力量向政府要权。这既体现在动力方面，也体现在能力方面。在目前政府依然具有强大的行政权力，政府与社会力量间制度化的沟通不完善的情况下，社会力量和政府有关部门搞好关系，能较大限度地利用政府资源，不但能推动自身的发展，也能大大增加其话语的力量。① 这

① 例如，地方政府与煤矿企业“合谋”的催化剂之一就是公民社会力量弱小。陈宁、林汉川：《公民社会力量弱小：地方政府与煤矿企业“合谋”的催化剂》，载《兰州商学院学报》2008 年第 4 期，第 89 页。

种力量通过提升自身的能力与获取更多的公信力，将大大提升社会力量在地方法制建设中的活跃性，也就反过来刺激社会力量向政府进一步要权。相反，如果社会力量和政府部门之间的沟通渠道不畅通，那么社会力量所代表的利益团体的很多利益需求和行业信息无法和政府沟通，进而社会组织向政府要权的动力与能力也就不足。

（3）民众是否能否通过现代媒体获得充足的信息？

广播、电视和报纸等传媒的发展，开阔了民众的信息渠道，降低了民众参与的门槛，扩大了民众的参与率。随着信息技术的迅猛发展，特别是互联网的普及，使社会公众接触到更多具有多样性和开放性的信息源，打破了信息源过去由政府垄断独享的局面，拉近了公众与政府间的距离。积极发挥现代新闻媒体在政治沟通和政治参与中的作用，使新闻媒体真正发挥上传下达的作用，既成为“党和国家的喉舌”，也成为广大人民群众的“喉舌”，真正成为政府和民众实现有效沟通的桥梁。为了积极适应活跃性的这一要求，就要对现存的沟通和参与的制度、渠道、形式、结构进行优化和重新建构，提高其活跃性。

综上所述，本节共设置了3个具体评价环节。

第三节 公 信 力

社会和谐的深层基础在于全社会之间拥有一种普遍的认同，人与人之间有一种相互信任的纽带。“正人先正己。其身正，不令而行；其身不正，虽令不从。”社会力量参与地方法制建设，构建一个法制下的既公平、公开又具有竞争活力的社会治理结构，需要不断强化公信力的理念。

尽管各种社会力量日益显示出强劲的发展势头，但就法制建设而言，社会力量的影响力和公信力较弱，社会力量的作用发挥还有很大的空间。当然，值得注意的是，由于种种原因，当政府授予社会组织某些权力时，社会组织并不愿意接受，或者由于自身的缺陷而一时半会尚不能接受。经过十多年的培育和发展，现有的行业协会等社会组织在管理本质上仍然是传统部门管理的变异和延伸，即使在民间商会较发达的珠三角地区，能够较好地发挥职能与作用的行业协会也还是少数。

一、设置原理与评价要素

公信力是参与的社会力量对特定的地方法制问题、法制诉求及其目标人群的需要、价值和机会的契合与满足程度，它明确了对法制进程的影响和有价值的结果之间关系强度的期望。也就是说，社会力量参与法制化进程中的活跃性与公信力的关系犹如鸟儿飞行一样，前者如同鸟儿的翅膀扇动了多少次，而后者则如同鸟儿在扇动一次翅膀后能飞多远。

从地方法制建设的角度来讲，政府机构改革和政府职能转变仅仅为社会力量的发展提供了机遇。在这一背景下，社会力量只有及时地提高自身的公信力，才可能有效地承担起地方法制建设重要力量的职能。信任是一种社会资本。[①] 为此，社会组织必须强化自主性，淡化官办色彩，在组织意识、经费来源、领导人的选任上增强独立性，成为名副其实的民间组织；必须强化以章程为核心的制度建设，遵循社会领域的独特运作逻辑，真正奉行民主办会的原则，切实进行民主选举、民主决策、民主监督，实行民主化管理。

社会力量成活所依仗的公信力，需要克服其作为社会资本可能产生的消极作用。社会资本是指社会组织的特征，诸如信任、规范以及网络，它们能够通过促进合作行为来提高社会的效率。[②] 但是，为某种行动提供便利条件的特定社会资本，对其他行动可能无用，甚至有害。[③] 美国学者亚历山德罗·波茨指出社会资本至少有四个消极后果："排斥圈外人；对团体成员要求过多；限制个人自由以及用规范消除秀异。"社会能力有两面性，"它能够成为公共'善'的来源"，但是它"也能够带来公共的'恶'"。[④]

权力和金钱的结盟是人人皆知的"潜规则"。权力力量强有力地渗透社会力量，参与市场竞争。而一些所谓聪明的社会力量懂得中国"国情"，不得不或者主动寻求与权力结盟，这其中支付了巨大的交易成本。官商勾结、权钱交易是高风险的，但是高风险就意味着高收益，于是，前仆后继，积重难返，反映了中国转轨时期法治不完善的市场经济的特点。在经济全球化的背景下，如果地方法制建设中的社会力量不能建立自己的公信力，轻装上阵，那么结果必然是拖累中国法制建设，延缓中国经济发展，甚至使中国文明的发展走向倒退。对此，在地方法制建设中，社会力量公信力建立与维护的重要方法，就在于通过规定掌握不同权力资源的各方主体权力界限、权力的配置、权力的社会结构，（单向或双向）权利关系、权力运行的起点和终点，建立权力运行秩序，即权力运行规则化、制度化。

---

① 任亮、张达：《以良性互动机制推动社会主义和谐社会建设——社会资本理论的启示》，载《求实》2007 年第 11 期。

② ［美］罗伯特·D. 帕特南，王列、赖海榕译：《使民主运转起来——现代意大利的公民传统》，江西人民出版社 2001 年版，第 195 页。

③ ［美］詹姆斯·S. 科尔曼：《社会理论的基础（上）》，社会科学文献出版社 1999 年版，第 354 页。

④ 李惠斌、杨雪冬：《社会资本与社会发展》，社会科学文献出版社 2000 年版，第 137 ~ 140 页。

衡量社会力量在法制化进程中的公信力，一般要遵循如下程序：（1）明确法制化进程的目标。由于社会力量参与的效益是根据原初设计的法制目标来衡量的，因而有效地衡量社会力量参与充分性的前提条件是，地方法制本身必须具有明确的目标。如果这一目标模棱两可，甚至含混不清，从而使不同的评估者对目标的理解不统一，将对社会力量参与的评价造成不同的结果，从而降低甚至抵消社会力量参与地方法制建设的公信力。（2）通过对法制目标与法制效益的比较，研究法制效果是否达到了预期的目标或效果。如果一项地方法制取得了一定的效果，但未达到预期的目标或要求，说明地方法制本身可能存在问题，也可能说明地方法制的制定环节或执行过程环节中存在一定的问题。（3）建立民意互动机制，广开言路广言纳谏，可以利用民众的心智，更好地反映出权为民所用，利为民所求，情为民所系的服务理念，提高社会组织的公信力，激发社会力量参与国家法制建设的热情和凝聚力。而科学有效的社会力量公信力机制，应当具备下列特征：（1）职责分工合理；（2）任职资格适当；（3）工作关系明晰；（4）绩效考核科学；（5）多种形式并用。

二、具体评价环节

公信力是建立在市场经济本质属性之上的道德规范和行为准则，完善的公信力体系是社会力量健康发展与成熟的标志之一，是地方法制建设的重要组成部分，也是一种评价社会力量的重要标准。

（1）社会力量组成是否具有代表性？

要实现公信力，首先的前提条件之一就是要有代表性。代表性是社会力量的核心要素。社会组织是由同一地域或同一行业的利益关联人组建的，是同一地域或同一行业的利益的代表，应当成为同一地域或同一行业的代言人，依法反映成员的诉求，维护成员的合法权益。社会力量构建的组织要以优质服务不断吸纳新成员，扩大覆盖面，增强代表性，全面提升社会组织的影响力。社会力量的公信力的另一来源就是其拥有的权威力量。社会力量的权威性基于同地域行业代表、专业技术权威、信息集中，可以使其处于有利地位，成为某一领域的正式权威。权威地位又为社会力量行使规范职能和职权，如权利性规范和技术性规范，提供了合法性资源。

（2）社会力量自身的意识与技能是否能够满足要求？

有效的法制进程参与高度依赖于每个社会力量自身的意识与技能。结合地方法制社会力量的建设，我们在关注公民法律意识的提升和政府法制宣教的力度的时候，更应强调社会力量的执业素养提升，提高社会组织从业人员门槛。这对于社会力量的公信力而言，是一种内在因素，在某个意义上来说，决定了社会力量的公信力存在与否。具体来说，法律意识是一国法律文化观念系统中的核心部门，体现社会主体对一定法律现象的价值评价并在很大程度上制约和影响着法律实践活动。法律意识的形成，既要依赖于人们通过实践，对法律现实与社会现象的直接观察与体验，又要依赖于以前积累的思想材料。一个能被民众信任的社会力量或组织，需要具有较高素质的工作人员。能否严格从业资格管理，特别是对从业人员的职业操守，从源头上控制，将更能提升社会力量的公信力。严格社会组织机构执业申办程序。在地方法制互动机制运行、发展过程中，在利益的驱动下，会出现许多打着社会力量的招牌，挂羊头卖狗肉或强奸民意对民意不负责任的假社会机构，为此应在申办手续上从严要求，杜绝鱼目混珠。

（3）社会组织间的对话与事务是否平等、透明？

社会组织成员间的对话与交往需建立在尊重彼此的平等权利基础上，社会力量在理念上倾向于排斥专制与跋扈。在组织内部，人们平等地讨论问题，决策依照多数有效的民主原则。这种行为规范不仅是现代政治权利平等在民间自组织社团中的体现，它也构成了国家民主生活的一个重要微观基础。

社会力量的公信力需要以透明和回应为原则。作为民主监督的核心内容，及时公开团体事务、接受成员和政府的质询并作出回应，是社会力量必须坚持的原则。在开展团体内部事务的过程中，社会力量应定期将团体的事务和财务向成员企业公开，通过设置公开栏进行公示，让成员讨论、决定团体公共事务和行业发展，并对团体工作和团体负责人进行监督。团体事务公示、公开制度保持了团体事务处理的透明性。

（4）社会组织内部运作机构的结构是否影响公信力？

社会组织都会有一个理事会或诸如此类的内部运作机构（下面以理事会为名），作为社会组织治理结构中的核心组成部分。这一组成部分是重要的内部控制机制，其结构影响着内部控制的效率，进而影响公信力。我们可撷选如下几个变量来刻画评价理事会的结构，其中一些直接作为分类型变量出现：①影响力排前列的理事是否关联。如果关联性较强，则实质上隐含利益集中度较高，从而容易损害其他组织成员的利益。可以预期影响力靠前的股东不存在关联的社会组织的公信力更强。②理事会规模。理事会规模是影响公信力程度的一个重要因素。作为社会组织内部治理机制的核心，在适当的范围内提高理事会规模有助于改善理事会的治理效率，更专业有效地进行监督和管理。因为理事会规模越大，相互串通、财务舞弊的成本也相应越高。值得指出的是，上述社会组织的内部运作机构的结构，也直接影响着互动及时性，因此也可以作为互动机制中的及时性评价指标。这种影响力与社会组织内部运作机构对公信力的影响是同方向的。

（5）社会组织的自律性如何？

自律性是对社会组织的重要要求。社会组织必须遵守国家的法律法规，坚持依法运作和诚信自律，增强成员约束力，提高社会公信力。社会组织的自律性要求：建立规范运作机制、诚信执业机制、公平竞争机制、信息公开机制、奖励惩戒机制、自律保障机制。社会组织依靠自律自治优势，是能够发挥着特殊的信用功能的。作为共同利益的组合，能实现成员的自我约束、自我管理，而且具有效率高、成本低、基础牢、专业性高、时空性强等优势。社会组织的自律信用功能体现如下：制定并监督执行规章、行业标准，监督成员守法经营，通过信息发布，对失信行为进行惩戒，对守信行为进行褒扬；必须建立和完善决策问责制度，对因决策失误造成损害群众利益的后果的，要追究相关责任人的责任；等等。这些努力，在维护本利益团体内各个成员利益的同时，也起到规范、控制和约束具体利益领域信用的重要作用，发挥出构建社会信用体系的重要力量。

（6）社会力量参与公共事务的各项权利能否得到保障？

社会组织应能充分行使对政府决策的知晓权和监督权，特别是在涉及关乎民生等的重大问题时，从决策的酝酿到决策的确定和执行，整个过程都要有公众的参与，同时还要受到广泛而有效的监督，如公众评议、舆论监督、检举控告等，这可以说是民主政治的基本要求。社会力量应能全面监督政府的施政行为。其中包括监督政府的违法违规行为与消极怠政行为。社会组织应对政府职能部门及具体工作人员的工作情况进行监督，提出批评、建议和质询。建议、质询制度则对政府机关和社会组织积极回应社会组织成员反映的问题提出了明确要求。对在规定期限内没有作出答复的，社会组织可以向其上级主管部门反映，以督促政府改进工作。

综上所述，本节共设置了 6 个具体评价环节。

第二十四章

互动机制

"真正的和谐社会应是一个权力与权利良性互动的社会，是国家行政管理与社会自主管理相统一的社会。"

所谓"互动"，简单地讲就是有机体通过信息的交流，改变自己的行为过程。地方法制建设中的互动主要包括：国家与社会力量之间、国家与民众之间、国家机关之间的互动机制。在"国家—社会"二元视角下，国家与社会力量、国家与民众之间的互动机制分别在公共决策、权利的维护与实现、治理方式的调整等方面发挥着重要作用，这两种互动种机制对于形成"自上而下引导社会有序参与"和"自下而上培育公民社会"的良好局面具有重要的意义。本章所称互动机制主要指向国家与社会力量之间、国家与民众之间的互动。因为一个地方法制系统只有不断地和外部环境进行信息和能量的交换，也就是说保持系统的开放性，才能保证系统的稳定与成功，而这个交换就是通过国家与社会之间的沟通和社会参与过程来进行的。真正的和谐社会应是一个权力与权利良性互动的社会，是国家行政管理与社会自主管理相统一的社会。① 国家机关之间的互动则关涉法制系统内部不同结构之间的关系，其内在机制已经包含于第二十一章"职权"与第二十二章"制度"的论述之中，故在此不再讨论。

处于社会转型期的中国，不同利益集团和社会阶层之间的相互竞争越来越激

① 赵彪、王永兵：《和谐社会警民关系良性互动机制的建构思考》，载《贵州警官职业学院学报》2006 年第 6 期，第 87 页。

烈和频繁，而其间主要的行为主体——公民和政府的理性交流和博弈，是实现和谐社会、法治社会和民主政治的重要途径之一。地方法制的建设应当从强调控制向强调各种力量参与发展，从“当官要为民做主”的“为民决策”传统方式转向“互动决策”的方式，实现这种转变的主要载体即为地方国家机关与社会力量、民众之间的良好互动机制，即以社会、民众参与作为完善社会管理，维护社会稳定的突破口与切入点，以协商、回应、透明、责任、廉洁等形式应对日益高涨的民主呼声，并建立相应的利益诉求表达机制，顺畅政府与民众的沟通渠道。①

社会力量与政府的互动类型可以区分为“平行互动”与“田野互动”，前者更强调两者的平等地位，后者则以政府为主进行事务运作。发达国家的经验表明，平行互动更能发挥互补优势。但计划经济社会遗留的传统治理形式中的社会与国家的互动具有浓厚的上下级科层色彩，政府与单位之间、单位与职工之间都是服从与被服从的行政命令关系，只能发挥一种简单的“上情下达”与“下情上达”功能，而非真正意义上的平等互动。②

在地方法制建设中，真正有效的地方国家机关与社会、民众之间的良性互动机制必须是基于信息的双向反馈性而形成的两者之间相对稳定的信息沟通机制、合作机制和监督机制等。所谓信息沟通机制，是指社会力量的利益需求能够迅速而有效地向政府表达，政府也能迅速而有效地向社会力量传达和执行方针政策；所谓合作机制，是指社会力量和地方政府能够相互合作，优势互补，从而最大限制促进地区公共利益，进而有利于地区经济社会的持续稳定发展；所谓监督机制，按照本书对于国家与社会关系的基本立场，主要是指社会力量、民众能够形成针对地方政府的有效监督，包括针对立法、决策、民生福利问题等有关公权力运作所有方面的监督，当然也包括地方国家机关基于维护公共利益对于社会的指导与监督，但这个层面的监督应当有别于传统的国家凌驾于社会之上、“命令—服从”式的管理，而应当是以尊重社会自主与自治为前提的有限的、适度的监管。这三种机制实际上构成了地方法制建设中国家与社会的良性互动机制的主要内涵。从整体来说，这种良性互动机制的本质就是一种商谈民主。在当下中国，国家与社会之间商谈民主的形成关键在于国家放权、放松对社会的管制，并积极培育公民社会的成长。

那么，应当如何对以上述三种机制为内涵的国家与社会的良性互动机制作出评价呢？

互动并非简单的合作，“互动”的“良性”应表现在互动的“合力”有助

---

① 董明：《和谐社会建设视阈中的社会力量培育》，载《中央社会主义学院学报》2007年第12期，第60页。

② 赵益红：《对建立民意诉求互动机制的几点思考》，载《北京石油管理干部学院学报》2007年第3期，第21页。

于最大程度或最有效地实现民主国家权力运行的目的——充分维护公民各项基本权益，保障社会具有公正、和谐、充满生机与活力的发展状态，这是评判“互动”机制“良性”与否的基本标尺。这一基本标尺在技术上又可以具体化为四个方面的内容：即行为边界、互动规模、工具选择与互动质量保证。

首先，互动机制的行为边界与规模指向地方法制建设中互动的范围以及各方主体的行为边界，明确哪些制度建设应该通过互动来提供、各利益主体可以采取何种方式表达自己的意愿。根据民主法治原则的基本内涵，地方国家机关的立法、公共决策、公共财政、社会福利等所有涉及公共利益、公共产品提供的事项，都应当处于公开的状态，经过国家与社会力量、民众之间的商谈进而作出理性的、具有正当性的选择；而各方利益主体（尤其是社会力量与民众）在互动、商谈中的行为边界，也应当尽可能地宽泛，在不损害公共利益、公共秩序的前提下拥有充分的表达自由。这实际上是对互动机制的“包容性”的要求。对于历经长期威权统治的中国社会而言，地方法制建设中国家与社会之间互动机制的“包容性”尤其具有重要的意义，它往往能够成为时下衡量特定区域内政府信息公开程度、政府从事法制建设的能动性的重要标志。

其次，互动机制的工具选择与互动质量保证提出了“及时性”与“论证力”的要求。它要求地方国家机关在立法等正式制度层面上或者以习惯、惯例等不成文规则确保足以产生充分交流、沟通，并且富有效率的互动形式；在这种机制有效运行的前提下，互动质量保证则对经过互动后作出的决定提出了“论证力”的要求。所谓“论证力”，主要是指地方国家机关公共决策的论证水平和说服力，互动的目的是为了说服其他人，取得共识，从而赋予公共决策以正当性。“论证力”必须建立在合理的商谈程序和论证规则的基础上。

概言之，评价互动机制的技术标准可以转化为“包容性”、“及时性”与“论证力”三项指标。这三项指标实际上指向：地方国家机关各种工作制度是否能够及时应对权利诉求，对权利诉求的包容程度，公共决定的论证水平、说服力以及正当性等。而决定这位三项指标实现程度的深层次要素则在于：一是政府与社会的关系结构，包括政府与社会力量职能分工是否明确；政府与社会力量、民众之间的沟通渠道是否通畅等；二是政府与社会力量的互动意愿。具体包括政府层面沟通自觉性是否足够、社会力量参与意愿是否强烈等。

第一节　及　时　性

公正和效率是现代法制建设的两大价值目标。及时性原则应成为地方法制互动机制中评判效率的基本准则，它要求提升互动节奏、简化互动程序。地方国家机关能否对社会组织、民众的权利诉求及时地作出回应，是衡量地方治理水平的重要标志之一。我国的地方法制建设中政府与社会的互动机制在诸多方面贯彻了及时性原则的精神，但也存在着政府的信息反馈迟延、决策迟滞等问题。

一、设置原理与评价要素

作为互动机制评价指标的及时性，主要是对政府有关部门的要求：迅速、及时地作出合理的反馈，执行互动程序，使具体事务在合理的时间内得到解决，以实现互动机制的高效化。一方面，互动及时性反对拖延，要求参与互动的各方积极推进互动程序，互动应当在合理的时间内展开，不得无故拖延、稽误；另一方面，互动及时性也反对草率，强调互动的及时性，并不是一味求快。“及时是草率和拖拉两个极端的折中。人们都不希望在无充足时间收集信息并思考其意义的情况下草率作出判决。”①

及时性作为衡量互动质量的一般准则之一，其作用首先体现在与相关性的关联之中。及时性是相关性的保证，相关性是指信息能够起到预测过去、现在和将来事项的作用，或者证实、纠正预期的情况从而有影响决策的效用。尽管及时性本身不能增加相关性，但如果互动不及时，则会导致相关性失效。

及时性与可靠性是衡量互动质量高低的两个重要因素，两者之间存在着此消彼长的负相关关系。面对及时性与可靠性的两难选择，为了更好地满足决策需要，互动机制会优先考虑互动行为的及时性。

及时性的界定涉及两个关键因素：一是行为及其内容的重要性，二是及时性的操作标准。行为及其内容的重要性如何界定？我们认为，确立这样一个标准是比较合适的：该行为及其内容发生不利结果的可能性与其对互动整体活动影响程度之间的平衡。即政府有关部门发现某社会事件或信息发生不利后果的可能性越大，则对其及时采取对策的要求则越高，当然这并非绝对，尚需考量该事件或信息的整体社会影响。这并非是一个精确、可操作的标准，还须依个案的具体情况来定。如某地发生化工厂毒气泄漏事件，政府当然应当及时作出反应，采取抢险措施、疏散人口并公布有关信息，但考虑到如果贸然公布信息可能会引发社会恐慌，因此在此情形中不能简单地强调“及时性”，而应当在做好有关防范危险措施、确切掌握信息的前提下，及时地作出回应。而不是在没有掌握实际情况的条

① ［美］迈克尔·D. 贝勒斯，张文显等译：《法律的原则——一个规范的分析》，中国大百科全书出版社 1996 年版，第 32 页。

件下，貌似“及时”地发布一些“朦胧消息”，[①] 这可能会引起社会、公众更多的猜疑与恐慌。

在及时性的操作标准方面，可被界定为“同时”和“立即”两个方面。“同时”是指在不同的行为方式或渠道组合中、针对所有的受众的互动时间须处于同一时刻；如在2003年的“非典”事件中，我国有关政府部门起初对于疫情的发布就没有遵守“同时”这一准则，为了所谓的“社会稳定”，有关非典疫情的实际情况只在高层领导等极小的范围内通报，这引起了社会各界的猜疑和错误判断形势，进而导致疫情向更大范围发展。“立即”是指在在可行动的合理范围内尽可能地迅速作出反应。“迅速”并不是一味地求快，而是应当在掌握确切信息、做好各种应对准备前提下的“迅速”。

互动机制的及时性标准的评价要素主要包括以下几个方面：

（1）互动期间。互动程序实际上就是国家机关与民众的利益主张行为交互作用的过程。由于互动行为的作出需要经过一定的时间，因此，互动活动的进行，首先就表现为互动期间的延续。互动的期间如果过长，相应地就会延长互动进行的周期，滞碍互动的及时终结和有效性。因此，互动的效率和有效性要求互动行为必须具有合理的期间。基于此，现代法治国家对国家机关和民众参与人的重要互动行为特别是国家机关的职权行为都在程序上设置了严格的期间，以保证互动的效率与有效性。

（2）互动节奏。如果把互动进程理解为一个连续发展的动态过程，那么，互动程序推进节奏的快慢就直接关系到互动的效率。互动的效率性与互动的节奏成正比。因此，提升和加快互动节奏是实现互动效率的重要途径。提升互动节奏，一方面必须加快互动各环节之间的衔接，不要几家扯皮、人为地相互制造障碍，这就要求理顺互动参与人的关系，使互动纵向结构保持线条的流畅；另一方面则要求在每一互动环节内各个互动行为之间衔接紧凑。提升互动节奏，不仅需要互动行为之间衔接紧凑，而且需要互动行为和决策行为之间衔接紧凑，即互动结束后，应立即评议，评议结束后应尽快宣告决策。

（3）简化互动程序。现代法律程序的发展趋势越来越精细化、规范化，但同时，也在一定程度上造成了程序的相对烦琐。对于约束、控制国家公权力的程序固然应当精细、规范，但对于关涉民众参与、交涉事项的程序则有着去繁就简、便于表达沟通的需求。这直接决定着地方国家机关与社会、公众之间互动机制的效率。因此，必须谋求互动程序的简化和直接。简化互动程序有两条途径：

---

① 例如，对于出租车公司运营成本的公布，各大部委有关“三公”经费的公开，等等，多发此种老百姓说看不懂的内容。

一为不"重复";二为不"过剩"。所谓不"重复",是指避免相同的程序重复开启和运作。避免程序重复的关键,是对相同的程序进行合并。所谓不"过剩",指减少不必要的程序。程序的过于繁复而极大地阻碍互动程序的及时终结。必须按照具体事物的重要性实行繁简分流,对某些特定类型的案件,应当通过简便易结的简易程序加以解决,以加快互动进程,缩短互动周期,使案件得到及时解决。但是,简化程序必须要有"底限控制",因为互动程序实际上是互动参与人,特别是民众方面的一种权利保障机制,不适当简化程序将损及民众的权利。政府部门要依法保障公民的知情权、参与权、表达权和监督权,与公众和媒体保持良性互动。尊重群众的知情权,善待群众,及时说明情况,需要还让群众知道的要及时公开;第一时间、准确信息的发布对引导网络舆论极其重要;同时要注意信息发布的方式与渠道;在维护公共秩序和有效解决问题前提下该透明的尽量透明。[①] 因此,对互动程序的简化应当有一个限度。具体而言,这个限度应该包括:简化程序不能妨害民众的基本权利,如知情权。

二、具体评价环节

对于地方政府与社会力量之间、地方政府与民众之间的互动机制而言,及时性是各个互动机制发挥作用的前提条件。它可以保障地方国家机关与社会力量、民众之间迅速地形成交涉与互匮,从而有效地应对公共决策、权利维护或社会治理等领域的各种情势。对于及时性标准的评价,应从以下环节着手。

1. 互动机制规则体现效率的程度。

要确保公众与政府之间互动机制的效率和有效性,必须加强公众政治参与的制度化建设,对公众政治参与的内容、方式、途径作出明确的规定,使其可以按一定的程序实际操作,并形成制度化的保障机制。同时,这种程序设置必须体现效率的价值追求,从而赋予互动机制能够及时应对各类事件或信息的功能。

地方法制体系中地方国家机关与社会、民众互动机制的效率应当通过以下方面予以考察:

(1) 地方立法机关的立法程序、国民经济与社会发展计划的制定程序中的倾听社会、民众意见,并与之展开有效沟通、交流的机制是否符合及时性的要求?

(2) 地方国家行政机关的立法程序中的倾听社会、民众意见,并与之展开

① 胡振鹏:《构建政府与媒体、网民的良性互动机制》,载《今日中国论坛》2010 年第 3 期,第 27 页。

有效沟通、交流的机制是否符合及时性的要求？

(3) 地方立法机关、地方国家行政机关的重大公共事务的决策程序中的倾听社会、民众意见，并与之展开有效沟通、交流的机制是否符合及时性的要求？

(4) 地方国家行政机关的行政执法程序中的倾听社会、民众意见，并与之展开有效沟通、交流的机制是否符合及时性的要求？

(5) 地方国家机关的应对突发性事件、重大社会事件的工作程序中是否存在着及时倾听各方意见、并迅速作出反应的机制？

(6) 地方国家机关的信息公开、信息披露工作程序是否符合及时性之要求？

2. 及时性与信息披露、秘密保护之间的协调问题。

除了上述制度考评指标之外，地方法制互动机制及时性还关联着信息披露与秘密保护的问题。及时性成为互动信息质量特征体系最基本的组成要素，而相关信息的披露时间就会成为衡量互动信息及时性的关键指标，亦成为判断互动机制及时性价值与公信力与论证力的重要度量标准。倾向于在最佳时间发布消息是人类颇为自然的行为选择，互动参与人也不例外。然而，人们会质疑这种做法对互动决策的有效性。[①] 地方法制建设的价值是一个多元化的体系，及时性原则所体现出的社会本位观念，在一些场合会与维护关联人利益的个体本位观念相冲突。信息披露制度中的及时性原则与国家、集体或私人的秘密保护中的保密原则存在矛盾。区别应当披露的信息与秘密之间的不同又是一件十分困难、微妙的事情。及时性原则所造成的这种冲突，可以建立信息披露豁免澄清制度来补充，具体而言，应当对这一制度作出具体安排，使之成为我国地方法制互动机制中信息披露制度的一项内容。

对于及时性与信息披露、秘密保护之间的协调问题的考察，可以通过以下两个环节进行考察：

(1) 是否存在界定信息披露豁免范围的立法规定，对于允许豁免披露或必须予以澄清的事项通过立法明确规定；

(2) 立法是否对信息披露豁免澄清申请程序和审查标准作出明确规定，从而防止这一程序的滥用导致对信息公开制度的破坏。

综上所述，及时性标准一共设置了 8 项具体评价环节。

---

① 在证券市场，这一发现被称之为“好消息早，坏消息晚”的披露规律。see Chambers A E, Penman S H. *Timeliness of reporting and the stock price reaction to earnings announcements*. Journal of Accounting Research，1984，22 (1)：pp. 21 - 47.

第二节 包 容 性

"包容"在中华文化中的含义就是求同存异、兼收并蓄。今天，"包容性"一词已广泛地运用于各领域，包括包容性增长、文化的多样性与包容性、城市包容性、包容性民主、政党的政治包容性等。孔子说："君子和而不同；小人同而不和"。这句话告诉我们，"和"的基础是"不同"。民有所呼，政有所应。政府的举措与公众意见的良好互动，使政府顺应民意，赢得了民心。① 在国家与社会的良性互动机制中，包容性体现了现代民主政治的宽容的内涵，同时又与当局所倡导的"社会平安和谐"的治理目标相呼应。社会平安和谐就是指一种较为和谐的社会秩序，是地方法制所欲达成的重要目标之一。和谐安定的社会秩序表现为较少的群体性暴力行为、群众有较强的安全感、社会矛盾冲突可以通过法律途径得到解决或缓和、人们对未来的生活可以作出大致预测并相对乐观等方面。

在上述以包容性保障"社会和谐"的意义上，包容性其实还在于"包容性增长"内涵的实现上。一般认为，"包容性增长"就其内涵而言，须强调两个方面，即"参与"和"共享"。就地方法制建设中国家与社会的互动机制而言，只有在所有社会成员能够"参与"和"共享"时，这一机制才具有积极意义。"各种社会地位不仅要在一种形式的意义上开放，而且应使所有人都有一平等的机会达到它们"。② 人是目的，而经济不是。包容性增长，是为人而增长，不是为财富与权势而增长。因此，"包容性增长"的含义在于，社会利益与个人利益同样重要。只有在所有社会力量在互动中能够"公平"与"共享"时，互动机制效益的增长才具有积极意义，才能促进社会发展与和谐，实现社会"公正"。因此，"包容性增长"的含义在于，不能只单纯发展互动机制，而应该促成我们的法制建设更加全面、均衡地发展。

一、设置原理与评价要素

在当下中国，急需倡导一种具有"包容"或"宽容"精神的政治社会文化，

① 葛丽英、周孟琼：《以抗震救灾为契机推动政府与公众良性互动机制建设》，载《四川行政学院学报》2009 年第 1 期，第 34 页。

② ［美］罗尔斯，何怀宏等译：《正义论》，中国社会科学出版社 1988 年版，第 68～69 页。

其要旨在于通过“商谈”解决社会问题与利益冲突，通过治理共同事务中诸多公共的或私人的方式总和，实现相互冲突的或不同的利益之调和。在“国家—社会”的二元视角下，这种局面的形成依赖于地方法制建设中国家与社会之间良性互动的关系结果的形成，不断探索与完善包括中央政府、地方政府、基层经济单位、社会力量、各种中介组织或机构等参与的、具有包容精神的多元地方法制合作体系。

在当下中国“强国家、弱社会”的现实格局下，地方法制建设中具有包容性的国家与社会互动机制的建构，无法回避的实质问题就是加强社会自主性的培育以及政府的放权。地方法制发展的过程实质上就是一个权力不断下放的过程。一方面是中央权力向地方下沉；另一方面是政府管制领域向社会、市场的让渡。国家统治体系向具有“包容”精神和反映民意的方向转变。或者说，社会和民众的利益需求正在越来越普遍地在社会各个领域和层面体现出来，影响政府的决策。在国家意志越来越具有包容性的情况下，公民参与社会活动和表达独立意见的积极性大大增强，于是，公民组织化地参与社会活动的民间组织就有可能更多地、更大规模地发展起来。[①] 这就要求在地方法制建设中需要政府时刻保持“宽容”的心态，践行从“政府治理”到“政府与公众合作治理”的转变。各级地方政府应尊重群众的首创精神，对民众种种冲击旧体制束缚的创新试验，采取相对开明、宽容的态度，甚至主动为创新主体的大胆试验提供必要的政治庇护，为各种制度创新实践营造出一个相对宽松的政治环境。

另外，社会力量与民众作为法治进步的根本原动力，在相对宽松的氛围下创造出的巨大绩效，同时自身力量也得到了巨大的发展，反过来又能形成一种强大的促进和督促机制，促使地方国家机关和各级地方官员采取更为积极、务实的态度不断回应其诉求，从而推进法制进步。当然，在强大的、足以制约和决定国家的公民社会形成以前，由社会、民众推进的法制进程仍然在很大程度上取决于地方政府以包容精神积极从事优化治理模式的尝试。而这反过来又给了原本处于正式制度边缘的社会力量以进一步发展所急需的制度环境。在这一过程中，地方政府在制度供给与相应的协调和规制方面开始发挥越来越积极的作用。但这种作用的“积极程度”总体说来又须以社会与民众的认可或承受的程度为限。社会与民众对于处于转型时期、正在逐步摆脱传统的威权统治模式的政府亦应当持有一种“包容”的态度，不应操之过急，提出不切实际的改革要求，而应当在一种渐进的、逐步改进和突破的过程中推进法制的进步。正是在这一层面上，地方法

① 宋丁：《第三种力量的崛起——中国民间组织的发展与和谐社会的诞生》，载《特区经济》2008年第1期，第14页。

制建设中的“官民”良性互动机制需要一种具备包容精神的社会政治文化环境，才能形成一种平稳发展、双赢的均衡格局。

基于以上考量，对于地方法制建设中国家与社会、民众之间互动机制是否具备包容性的评价，亦应当从国家与社会两个层面评价。就国家层面而言，主要指向——地方国家机关在培育社会组织、市场的自主性，放松对于社会、市场的管制，建构社会、民众利益表达机制方面的措施等。因为在强大的自主的公民社会尚未生成以前，作为统治机关的地方国家机关的包容精神应当主要体现在对于社会力量发展的扶助、通过改革赋予社会以更多自由以及对于社会、民众利益表达的宽容。

就社会、民众而言，其包容精神应当体现为一种积极、进取而又不失理性的态度。在现阶段，对于政府实施的各种改革，不应采取一种过于激进的、以理想化的法治状态为标准的批判与苛责的态度，而应该谋求积极的、在渐进中寻求发展与突破的策略；不应苛求长期形成的威权统治模式在各种政治、社会条件尚不成熟的条件下向民主、回应型统治模式的骤变，而应当以包容的态度积极回应各种有利于法治进步、提升社会自由的改革措施，并以一种进取的精神促进其不断发展。

二、具体评价环节

基于以上论述，对于地方法制建设中国家与社会的互动机制之包容性评价，应当从以下具体环节展开：

(1) 地方国家机关在培育社会组织、市场主体的自主性、自治性方面的措施或制度建设是否具有实质性的效果？

(2) 地方国家机关在厘清政府权力与社会、市场的职能定位、实行政府与社区、政府与社会组织、政府调控与市场自我调节的功能分离方面的改革措施是否具有实质性效果？

(3) 地方国家机关在转变社会管理方式，改革市场规制方法（规制工具改革）方面的措施是否具有实质性的效果（从“压力性”社会治理模式向“回应型”社会治理模式转变，从“管理型”市场治理模式向“规制性”、“服务型”市场治理模式转变）？

(4) 地方国家机关在保障社会、民众的表达权方面的制度建构或保障措施是否具有实质性效果？

(5) 地方国家机关对于社会、民众的批评、建议、申诉、检举、控告等的回应机制是否健全？是否具有实质性效果？

（6）社会、民众对于地方国家机关的各种统治行为、改革措施是否具备理性、包容的态度？是否采用过激的方式批评、甚至反对这些行为或措施？

综上所述，对于互动机制的包容性标准，本节一共设置了6个具体评价环节。

第三节 论 证 力

论证力的基础是具有“自主性”而达成的共识。就地方法制建设中的国家与社会互动机制中的论证力而言，主要是指地方国家机关在经过与社会、公众的沟通、交涉等互动环节后，其公共决策的论证水平和说服力。论证力必须建立在合理的商谈程序和论证规则的基础上。能够及时反馈双方利益表达并具有包容性的互动机制实质上就是一种理性的商谈机制，是对公共决策论证力的最佳保障。

反之，对于公共决策论证力的判断，亦可以作为考察互动机制实际效果的标准。

一、设置原理与评价要素

长期以来，中国的公共事务治理模式是一种典型的管理模式，即政府将确定的目标、纲领告诉传媒，媒体进行宣传，舆论导向，统一公众的思想和行动，同时将群众愿望和要求反馈给政府，政府视情况决定是否予以调整，然后下达指令开始实施。这种以“压力型”统治模式为基础的决策方式根本无须论证力，而是一种“命令—服从”式的指令传达。法治社会、市场经济条件下的公共决策必须具有论证力以保障其正当性。政府的公共决策要考虑民意，集中民智，方能取得民意的真正认可，进而产生公众有序参与公共管理的良好效果。

即使是在完善的代议制民主条件下，政府的公共决策的论证力也容易发生偏差。权力关系指的是事物之间相互作用的一种状态，利益才是事物相互作用的原动力。[①] 无论是社会力量还是地方政府，事实上都是以追求利益目标为己任的。由于社会力量往往将具有同一、相似或相近市场地位的特殊利益的竞争者联合或组织起来，以追求自我利益为目标，界定和促进本团体自身利益。对地方政府而言，地区利益的存在是其行为的最基本动机，这种因地区而生的利益，诱发了地

① 张屹山、金成晓：《真实的经济过程：利益竞争与权力博弈》，载《社会科学战线》2004年第4期，第83～93页。

方政府所从事的一切活动，地方政府往往被当做地区公共利益的代表。① 然而，现实中，由于委托—代理关系中可能发生的利益偏差，个人和社会组织将界定和促进本团体公共利益的职能委托给团体的主要领导者之后，团体的领导者有可能在追求行业利益时，掺杂了个人利益，从而与导致利益代言机制发生偏差。代表政府的官员和公务员，也会从个人利益或本部门利益出发，从而偏离了地方公共利益目标，因而许多研究者认为，地方政府的目标既可以被假设为追求本地居民社会福利（或社会总效用）最大化；也可以被假设为追求其特殊利益最大化。②因此，公共决策论证力的提升尚必须依靠社会、公众直接参与的沟通与交涉机制中的民众智识与制约，以国家、社会之间的良性互动机制为保障。这就是现代民主政治以“直接民主”克服“间接民主”的局限性的要旨所在。

除了社会、公众的参与外，公共决策的论证力尚取决于决策机关自身的决策程序的科学性、专业性。公共决策并非是一个纯粹的政治过程，诸多公共事务的决策过程涉及专业知识。因此，政府有关部门的决策方法（决策前的实证调研、对专业人士意见的采纳、政府机关相关工作人员的专业水准等因素）等技术性环节，也决定着公共决策论证力的高低。

对于社会治理而言，公共决策的论证力之所以如此重要，主要有以下三个方面的原因：第一，有利于政府与民众关系的稳定与持续。一种稳定的政府治理关系的形成，不可能只是领导者意志单向推行的结果，而是需要说服客体。第二，有利于实现社会动员，实现政府治理效能的最大化。说服力越强，民众的认可和参与程度就越高，治理效能也就越大。第三，有利于社会秩序的稳定。大多数人对政府及其公共决策的信服与认可，会对那些出于个人原因而处于反对立场的社会成员，形成一种强大的约束力，从而有利于稳定社会秩序。公共决策的论证力是政府公信力的根本保障。

基于以上考量，对于地方法制建设中国家与社会互动机制论证力标准的判断，主要涉及两个方面的评价要素。

首先是政治性因素的评价。这一方面主要是考量互动机制的完善程度对于公共决策论证力的影响。如公共决策论证力的问题，首先面对的是信息公开制度，只有在有效的信息公开制度的保障下，社会与公众才有可能参与决策过程，并提供可能的智识贡献，等等。

其次是技术性因素的评价。这一方面主要是考量地方国家机关的决策程序、巨额决策方法的科学性、专业性。其中涉及决策过程对于专业知识的利用与吸收机

① 李建琴、王诗宗：《民间商会与地方政府：权力博弈、互动机制与现实局限》，载《中共浙江省委党校学报》2005 年第 5 期，第 7 页。

② 周伟林：《中国地方政府经济行为分析》，复旦大学出版社 1997 年版，第 38、39 页。

制、决策前的科学、实证调研的实效性等。

二、具体评价环节

根据以上原理与评价要素，对于地方法制建设中国家与社会互动机制论证力标准的评价，应从以下具体环节展开：

（1）地方国家机关有关公共决策的信息公开制度、公众参与机制、听取意见机制是否完善？实效性如何？

（2）地方国家机关有关公共决策的工作程序是否科学、合理？

说明：对于不同的决策事项设置不同类型的决策程序。对于专业性不强，但具有高度公共性、涉及面广的公共事务，决策程序应当以民主性、广泛的参与性为主要取向；对于具有高度专业性的公共事务，决策程序在具备一定民主参与性的基础上，应加大专业人士、专家的意见权重。

（3）地方国家机关的公共决策是否具备深入基层、深入社会、深入市场的实证调研程序？这种实证调研程序是否完善、合理？实证调研资料在决策过程中发挥的作用如何？

（4）地方国家机关的公共决策能否合理吸收、尊重社会政策研究咨询组织或专家的意见？

说明：政府决策的制定与论证过程中，引入社会政策研究咨询组织或专家的参与是民主决策的有益补充形式。虽然社会政策研究咨询组织大都是大学和民间的非营利性研究机构——当然也存在一些商业性研究机构，如投资银行和跨国公司的研究部——但由于这些组织和机构往往具备专业知识和专业人才、研究领域广而深、关注视角独特、掌握的数据与资料入细入微，因此，公共决策如果能够借助这些优势并充分发挥其作用，必然能有效地提升决策的论证力。

另外，吸收社会政策研究咨询组织与专业人士参与公共决策，必须防止公共决策“公共性”的丧失，因为社会政策研究咨询组织与专业人士也可能发生被利益集团“俘获”的现象。以专业性、知识性为名，实则“兜售”特殊利益集团的利益，这种现象在当下的一些由专家参与的公共决策事件中屡见不鲜。有效克服这一现象的方法在于建立科学的专家遴选制度，并加大公共决策过程的民主参与程度。

（5）当地方国家机关的公共决策损害特殊群体或少数人的利益时，能否以公正、合理、具有说服力的方法进行协调，并予以合理补偿？

说明：公共决策的出发点在于维护公共利益、大多数人的利益，但这种决策机制可能会对社会中特定群体、少数人的利益造成损害，基于“社会公共负担平等”的原则，政府应当对于这些作出特别牺牲的社会群体作出公允的补偿与安抚，方能维护与提升公共决策的论证力与公信力，从而有效地保护社会公众对于政府的信赖利益。

综上所述，对于地方法制建设中国家与社会互动机制论证力标准，一共设置了 5 项具体评价环节。

参 考 文 献

一、中文部分：

著作类：

[1]（唐）杜佑：《通典》，岳麓书社 1995 年版。

[2] 吕思勉：《中国制度史》，上海世纪出版集团 2005 年版。

[3] 章士钊：《为政尚异论》，上海远东出版社 1996 年版。

[4] 胡春惠：《民初的地方主义与联省自治》，中国社会科学出版社 2001 年版。

[5] 吴大英、沈蕴芳：《西方国家政府制度比较研究》，社会科学文献出版社 1996 年版。

[6] 罗豪才、吴撷英：《资本主义国家的宪法和政治制度》，北京大学出版社 1997 年版重排本。

[7] [德] 茨威格特、克茨：《比较法总论》，法律出版社 2003 年版。

[8] 龚祥瑞：《比较宪法与行政法》，法律出版社 2003 年版。

[9] 马克尧：《西欧封建经济形态研究》，人民出版社 2001 年版。

[10] [美] 布莱克编：《比较现代化》，上海译文出版社 1996 年版。

[11] 罗荣渠：《现代化新论》，商务印书馆 2004 年增订版。

[12] [美] 宾厄姆：《美国地方政府的管理：实践中的公共行政》，北京大学出版社 1997 年版。

[13] 沈宗灵：《比较法研究》，北京大学出版社 1998 年版。

[14] [美] 达尔：《民主理论的前言》，三联书店 1999 年版。

[15] 亨廷顿：《第三波：20 世纪后期的民主化浪潮》，上海三联书店 1998 年版。

[16] 千叶正士：《法律多元》，中国政法大学出版社 1997 年版。

[17] [法] 托克维尔：《论美国的民主》，商务印书馆 1988 年版。

[18] [美] 汉密尔顿等：《联邦党人文集》，商务印书馆 1980 年版。

[19] 时和兴：《关系、限度、制度：政治发展过程中的国家与社会》，北京大学出版社1996年版。

[20] 邓正来、[英] 亚历山大编：《国家与市民社会》，中央编译出版社2002年版。

[21] [美] 格林斯坦、波尔斯比编：《政治学手册精选》，商务印书馆1996年版。

[22] 刘海亮：《中国地方法制建设》，中国民主法制出版社1996年版。

[23] 杨春堂：《中国地方法制建设基本理论》，中共中央党校出版社1990年版。

[24] 林文清：《地方自治与自治立法权》，扬智文化事业股份有限公司2004年版。

[25] 林谷蓉：《中央与地方权限冲突》，五南图书出版股份有限公司2005年版。

[26] 江大树：《迈向地方治理：议题、理论与实务》，元照出版有限公司2006年版。

[27] 黄锦堂：《地方立法权》，五南图书出版股份有限公司2005年版。

[28]"行政院"研究发展考核委员会：《地方法规定位之研究》，"行政院"研究发展考核委员会2004年版。

[29] 关中：《地方制度研究论文集》，(台北) 政策研究基金会2002年版。

[30] 任进：《中欧地方制度比较研究》，国家行政学院出版社2007年版。

[31] 崔卓兰：《地方立法实证研究》，知识产权出版社2007年版。

[32] 王义明：《地方立法实践与探索》，云南人民出版社2008年版。

[33] 徐向华：《地方性法规法律责任的设定：上海市地方性法规的解析》，法律出版社2007年版。

[34] 汪劲：《地方立法的可持续发展评估：原则、制度与方法——以北京市地方立法评估制度的构建为中心》，北京大学出版社2006年版。

[35] 孙笑侠：《浙江地方法治进程研究》，浙江人民出版社2001年版。

[36] 杨盛龙：《新时期民族区域自治制度与法制建设》，民族出版社2002年版。

[37] 王绍光：《安邦之道——国家转型的目标与途径》，三联书店2007年版。

论文类：

[1] 毛泽东：《论十大关系》，载《毛泽东选集》第五卷，人民出版社1977年版。

[2] 胡锦涛：《高举中国特色社会主义伟大旗帜，为夺取全面建设小康社会新胜利而奋斗——在中国共产党第十七次全国代表大会上的报告》。

[3] 苏力：《当代中国的中央与地方分权——重读毛泽东〈论十大关系〉第五节》，载《中国社会科学》2004 年第 2 期。

[4] 上官丕亮：《中央与地方关系的法治化值得期待》，载《人大研究》2008 年第 2 期。

[5] 杨海坤：《中央与地方关系法治化之基本问题研讨》，载《现代法学》2007 第 6 期。

[6] 黄伟明：《加强法制建设与改善社区管理》，载《政治与法律》2000 年第 4 期。

[7] 顾文：《转型时期中国城市社区治理模式理论探讨》，苏州大学 2002 年硕士学位论文。

[8] 王飏：《治理视野下的地方政府主导性研究》，苏州大学 2006 年博士学位论文。

[9] 石寿宁：《关于地方法治建设内在动力、规律和要求的思考》，载《中国司法》2008 年第 6 期。

[10] 刘铮：《法治建设进程中的地方性法规再清理研究——侧重于浙江省的考察》，载《安徽警官职业学院学报》2008 年第 3 期。

[11] 朱宏文：《论地方政府自治的国际法律运动——"法治浙江"建设的宏观思考》，载《法治研究》2007 年第 1 期。

[12] 李燕霞：《地方法治评价体系论纲——以"法治浙江"建设为例》，载《浙江社会科学》2006 年第 2 期。

[13] 袁华明：《地方法治与区域社会平安和谐——兼及"法治浙江"建设》，载《中共宁波市委党校学报》2006 年第 5 期。

[14] 唐利群：《浅析社区矫正的地方法治价值》，载《中国西部科技》2006 年第 36 期。

[15] 杨解君、赵会泽：《法治的界域：由"法治××（区划）"引发的思考》，载《湖南社会科学》2004 年第 4 期。

[16] 赵瑞林、杨利：《论地方立法质量标准》，载《青年思想家》2004 年第 5 期。

[17] 伍华权：《法治与贵州民族地区法律建设》，载《贵州民族研究》1995 年第 3 期。

[18] 李明发："提高地方立法质量的若干思考"，载《安徽大学学报（哲学社会科学版）》2005 年第 1 期。

［19］董映霞、任刚军：《地方政府立法质量标准探析》，载《政府法制》2005 年第 11 期。

［20］崔卓兰、孙波：《地方立法质量提高的分析和探讨》，载《行政法学研究》2006 年第 3 期。

［21］朱开杨等：《地方立法质量标准问题研究（续）》，载《时代主人》2007 年第 8 期。

［22］朱开杨等：《地方立法质量标准问题研究》，载《时代主人》2007 年第7 期。

［23］王斐弘：《地方立法特色论》，载《人大研究》2005 年第 5 期。

［24］周冶陶、陈超：《对提高地方社会立法质量的思考》，载《中国人大》2007 年第 11 期。

［25］杨景宇：《加强地方立法工作　提高地方立法质量》，载《求是》2005 年第 14 期。

［26］孙波：《试论立法质量的科学性标准》，载《内蒙古民族大学学报（社会科学版）》2006 年第 1 期。

［27］何涛、蔡汾湘：《关于提高地方立法质量的思考》，载《理论探索》2007 年第 5 期。

［28］毕可志：《论地方立法体系的科学构建》，载《当代法学》2004 年第 2 期。

［29］桂宇石、柴瑶：《关于我国地方立法的几个问题》，载《法学评论》2004 年第 5 期。

［30］任进等：《论中央与地方权限争议法律解决机制》，载《国家行政学院学报》2005 年第 2 期。

［31］沈宗：《建设“法治浙江”的总体要求、基本原则及主要任务》，载《今日浙江》2006 年第 9 期。

［32］任进、王建学：《中央与地方权限划分：国际比较与借鉴》，载《天津行政学院学报》2005 年第 2 期。

［33］沈立江：《对扎实推进“法治浙江”建设的理性思考》，载《中共浙江省委党校学报》2006 年第 3 期。

［34］何赞国：《中韩一般地方立法权比较》，中国政法大学 2007 年硕士学位论文。

［35］王春晖：《WTO 与中国法制建设发展研究》，哈尔滨工程大学 2005 年硕士学位论文。

［36］胡玉强：《转型中的地方立法问题探讨》，华中科技大学 2006 年硕士

学位论文。

[37] 周姿：《行政权限争议的裁决机制研究》，天津师范大学 2008 年硕士学位论文。

[38] 杨道波：《中国民族自治地方自治条例立法研究》，中央民族大学年 2007 年博士学位论文。

[39] 林荣日：《制度变迁中的权力博弈》，复旦大学 2006 博士学位论文。

[40] 黄海鹰：《中央和地方事权与财权的法律划分》，载《东北财经大学学报》2006 年第 4 期。

[41] 孙莹：《浅析我国现行立法体制的形成原因》，载《法制与社会》2006 年第 17 期。

[42] 孙波：《论地方专属立法权》，载《当代法学》2008 年第 2 期。

[43] 吴鹏飞：《地方立法冲突的成因及其治理措施》，载《科技广场》2006 年第 12 期。

[44] 黄先雄：《论我国行政机关权限争议的法律规制——从几例"部门之争"说开去》，载《国家行政学院学报》2006 年第 2 期。

[45] 黄先雄：《法治视野下的我国行政机关权力之争》，载《河北法学》2006 年第 7 期。

[46] 徐兰飞、黄云鹏：《对我国各级政府职能划分的思考》，载《山东行政学院山东省经济管理干部学院学报》2007 年第 6 期。

[47] 张忻：《我国〈立法法〉制度的现实性思考》，载《渤海大学学报（哲学社会科学版）》2005 年第 5 期。

[48] 李亚虹：《对转型时期中央与地方立法关系的思考》，载《中国法学》1996 年第 1 期。

[49] 刘小兵：《中央与地方关系的法律思考》，载《中国法学》1995 年第 2 期。

[50] 朱玉龙：《建立地方性法规立法评价机制》，载《中国人大》2005 年第 24 期。

[51] 张军平：《地方法治建设考评指标设置原则探讨》，载《中国司法》2008 年第 2 期。

[52] 张希平：《廿年民主法治建设的 3 座历史丰碑》，载《中国司法》1999 年第 1 期。

[53] 温传富：《论社会主义和谐社会的民主法治建设》，载《中共济南市委党校学报》2005 年第 2 期。

[54] 上官丕亮：《论中央与地方关系法治化的实践和理论误区》，载《江苏

行政学院学报》2007年第5期。

[55] 赵东辉:《“双向改革”破解司法地方保护主义难题——清除“法治割据”顽疾》,载《瞭望》2003年第24期。

[56] 顾华祥:《论西部大开发与地方法制建设》,载《西北民族大学学报》2007年第5期。

[57] 金亮新:《中央与地方关系法治化原理与实证研究》,载《浙江学刊》2007年第4期。

[58] 朱宏文:《论地方政府自治的国际法律运动——“法治浙江”建设的宏观思考》,载《法治研究》2007年第1期。

[59] 莫于川:《稳健走向民主化、科学化、法治化——国际化、地方分权强化时代中国行政法的转型发展趋势》,载《理论与改革》2007年第1期。

[60] 李燕霞:《地方法治概念辨析》,载《社会科学战线》2006年第6期。

[61] 陈文华:《论法治下的中央与地方关系》,载《江西社会科学》2006年第4期。

[62] 陈家刚:《法治框架下德国地方治理:权力、责任与财政——以德国莱茵-法尔茨州A县为例的分析》,载《公共管理学报》2006年第2期。

[63] 陈柳裕:《“地方法治”的正当性之辩——在特殊性与统一性之间》,载《公安学报》2006年第2期。

[64] 周叶中:《地方政权建设法治化初探》,载《法学评论》2004年第3期。

[65] 董九洲:《加强地方立法工作　健全社会主义法制》,载《中国人大》2004年第18期。

[66] 薛晨、凌刚、郑运庄:《搭好法治台　唱好经济戏——五河县屈台村民主法治建设情况调查》,载《江淮法治》2005年第5期。

[67] 袁颖:《法律保障下的城市社区行政管理体制改革研究》,西南交通大学2007年硕士学位论文。

二、外文部分

[1] Rodney A. Smolla. CONTEMPLATING THE MEANING OF “THE RULE OF LAW.” 42 U. Rich. L. Rev (2008).

[2] Marc O. DeGirolami. FAITH IN THE RULE OF LAW. 82 St. John's L. Rev. (2008).

[3] Robert J. Pushaw, Jr. A NEO-FEDERALIST ANALYSIS OF FEDERAL QUESTION JURISDICTION. 95 Cal. L. Rev. (2007).

[4] Jürgen Basedow. FEDERAL CHOICE OF LAW IN EUROPE AND THE UNITED STATES—A COMPARATIVEACCOUNT OF INTERSTATE CONFLICTS. 82 Tul. L. Rev (2008).

[5] John O. McGinnis. THE FEDERALIST APPROACH TO THE FIRST AMENDMENT. 31 Harv. J. L. & Pub. Pol'y (2008).

[6] Matthew R. Hall, GUILTY BUT CIVILLY DISOBEDIENT: RECONCILING CIVIL DISOBEDIENCE AND THE RULE OF LAW, 28 Cardozo L. Rev. (2006).

[7] John K. M. Ohnesorge, ON RULE OF LAW RHETORIC, ECONOMIC DEVELOPMENT, AND NORTHEAST ASIA, 25 Wis. Int'l L. J (2007).

[8] Gregory E. Maggs. A CONCISE GUIDE TO THE FEDERALIST PAPERS AS A SOURCE OF THE ORIGINALMEANING OF THE UNITED STATES CONSTITUTION. 87 B. U. L. Rev (2007).

[9] Nicholas Phillips, GLOBAL ISSUES AND THE RULE OF LAW, 42 U. Rich. L. Rev (2008).

[10] Marcia L. McCormick, WHEN WORLDS COLLIDE: FEDERAL CONSTRUCTION OF STATE INSTITUTIONAL COMPETENCE. 9 U. Pa. J. Const. L (2006).

[11] Joe Shirley, Jr. NATIVE AMERICA AND THE RULE OF LAW, 42 U. Rich. L. Rev (2008).

[12] Richard D. Freer, INTERLOCUTORY REVIEW OF CLASS ACTION CERTIFICATION DECISIONS: A PRELIMINARY EMPIRICAL STUDY OF FEDERAL AND STATE EXPERIENCE, 35 W. St. U. L. Rev (2007).

[13] Scott A. Moss&Douglas M. Raines, THE INTRIGUING FEDERALIST FUTURE OF REPRODUCTIVE RIGHTS. 88 B. U. L. Rev (2008).

[14] Mark Tushnet. JUDICIAL ENFORCEMENT OF FEDERALIST - BASED CONSTITUTIONAL LIMITATIONS: SOME SKEPTICAL COMPARATIVE OBSERVATIONS. 57 Emory L. J. (2007).

[15] Buckner F. Melton, Jr. & Carol Willcox Melton, THE SUPREME COURT AND THE FEDERALIST: A SUPPLEMENT, 2001 - 2006. 95 Ky. L. J. (2007).

[16] Dan T. Coenen. A RHETORIC FOR RATIFICATION: THE ARGUMENT OF THE FEDERALIST AND ITS IMPAC ON CONSTITUTIONAL INTERPRETATION. 56 Duke L. J. (2006).

[17] Duncan B. Hollis. EXECUTIVE FEDERALISM: FORGING NEW FEDERALIST CONSTRAINTS ON THE TREATY POWER. 79 S. Cal. L. Rev. (2006).

[18] Thomas David DuBois. RULE OF LAW IN A BRAVE NEW EMPIRE: LE-

GAL RHETORIC AND PRACTICE IN MANCHUKUO. 26 Law & Hist. Rev. (2008).

[19] Simon Chesterman. AN INTERNATIONAL RULE OF LAW? 56 Am. J. Comp. L (2008).

[20] Matthew L. M. Fletcher. THE SUPREME COURT AND THE RULE OF LAW: CASE STUDIES IN INDIAN LAW. 55 - APR Fed. Law (2008).

[21] Jeffrey Kahn. VLADIMIR PUTIN AND THE RULE OF LAW IN RUSSIA. 36 Ga. J. Int'l & Comp. L. (2008).

[22] Richard Stith. SECURING THE RULE OF LAW THROUGH INTERPRETIVE PLURALISM: AN ARGUMENT FROM COMPARATIVE LAW. 35 Hastings Const. L. Q. (2008).

[23] Ronald A. Cass. THE RULE OF LAW IN TIME OF CRISIS. 51 How. L. J. (2008).

[24] Mark Carter. The Rule of Law, Legal Rights in the Charter, and the Supreme Court's New Positivism. 33 Queen's L. J. (2008).

[25] James M. Cooper. PROYECTO ACCESO: USING POPULAR CULTURE TO BUILD THE RULE OF LAW IN LATIN AMERICA. 5 Rutgers J. L. & Pub. Pol'y (2006).

[26] Emmett S. Collazo. APPLYING THE RULE OF LAW SUBJECTIVELY: HOW APPELLATE COURTS ADJUDICATE. 4 Seton Hall Circuit Rev (2005).

[27] Balakrishnan Rajagopal. INVOKING THE RULE OF LAW IN POST - CONFLICT REBUILDING: A CRITICAL EXAMINATION. 49 Wm. & Mary L. Rev (2008).

[28] William H. Pryor Jr.. MORAL DUTY AND THE RULE OF LAW. 31 Harv. J. L. & Pub. Pol'y (2008).

[29] Larry Catá Backer. REIFYING LAW—GOVERNMENT, LAW AND THE RULE OF LAW IN GOVERNANCE SYSTEMS. 26 Penn St. Int'l L. Rev. (2007).

[30] Thomas Humphrey. DEMOCRACY AND THE RULE OF LAW: FOUNDING LIBERAL DEMOCRACY IN POSTCOMMUNISTEUROPE. 2 Colum. J. E. Eur. L (2006).

[31] Leroy Rountree Hassell, Sr. THE EVOLUTION OF VIRGINIA'S CONSTITUTIONS: A CELEBRATION OF THE RULE OF LAW IN AMERICA. 20 Regent U. L. Rev (2007).

[32] David J. Barron. FIGHTING FEDERALISM WITH FEDERALISM: IF IT'S NOT JUST A BATTLE BETWEEN FEDERALISTS AND NATIONALISTS, WHAT IS IT? 74 Fordham L. Rev. (2006).

[33] Louis J. Sirico, Jr. THE FEDERALIST AND THE LESSONS OF ROME. 75

Miss. L. J. (2006).

[34] Isaac J. Colunga. EX PARTE BOLLMAN: REVISITING A FEDERALIST'S COMMITMENT TO CIVIL LIBERTY. 23 T. M. Cooley L. Rev. (2006).

[35] Roderick M. Hills Jr. WHAT HISTORY CAN TEACH DEMOCRATS ABOUT SURVIVING A REPUBLICAN FEDERAL GOVERNMENT. 42Legal Aff. (2005).

[36] David Niven & Kenneth W. Miller. FEDERALISM BY CONVENIENCE: THE SUPREME COURT'S JUDICIAL FEDERALISTS ON THE DEATH PENALTY AND STATES' RIGHTS CONTROVERSIES. 33 Cap. U. L. Rev (2005).

[37] Daniel J. Hulsebosch. THE ANTI-FEDERALIST TRADITION IN NINETEENTH-CENTURY TAKINGS JURISPRUDENCE. 1 N. Y. U. J. L. & Liberty (2005).

[38] Stewart E. Sterk. THE FEDERALIST DIMENSION OF REGULATORY TAKINGS JURISPRUDENCE. 114 Yale L. J. (2004).

[39] Andrew D. Thompson PUBLIC HEALTH, ENVIRONMENTAL PROTECTION, AND THE DORMANT COMMERCE CLAUSE: MAINTAINING STATE SOVEREIGNTY IN THE FEDERALIST STRUCTURE. . 55 Case W. Res. L. Rev (2004).

[40] Daniel Levin. FEDERALISTS IN THE ATTIC: ORIGINAL INTENT, THE HERITAGE MOVEMENT, AND DEMOCRATIC THEORY. 29 Law & Soc. Inquiry (2004).

[41] James W. Doggett. "TRICKLE DOWN" CONSTITUTIONAL INTERPRETATION: SHOULD FEDERAL LIMITS ON LEGISLATIVE CONFERRAL OF STANDING BE IMPORTED INTO STATE CONSTITUTIONAL. 108 Colum. L. Rev. (2008).

后　记

八年前，刚刚成立的华南理工大学法学院整体搬迁到了广州大学城之中。据说大学城所在的小谷围岛，能够将现代建筑与自然风物完美结合。在珠江环抱的这片温润蓬勃的土地上，华南理工大学法学院，这个曾经名不见经传的新来者已经逐步崭露头角：法律方法与法律思维学术研讨会、连续出版物《法律方法与法律思维》、广东省人文社会科学重点研究基地广东地方法制研究中心以及法学一级学科博士学位授予权等无疑已经成为华南理工大学法学院的学术名片，这些成就在广东乃至全国法学界或许都是值得我们自豪的。但从筚路蓝缕到小有所成，其背后所蕴含的艰辛，大抵也只有我们这些亲历者才能够体会。

2009 年，我们有幸承担了教育部哲学社会科学重大课题攻关项目“我国地方法制建设理论与实践研究”，这既是一种荣誉，更加是一种压力、一种鞭策。今年在 2011 级新生开学典礼上葛洪义教授曾经讲到，天下没有免费的食物，任何一种你想得到的东西都必须通过你自身的努力、自身的争取才能最终得到。重大课题攻关项目如此，地方法制建设本身更是如此。“地方”并非仅仅是一种与中央相对的平行层级，“地方”毋宁是抽象的法治理念、权利规定得以现实化、具体化的场域和平台，“地方”是公民向国家讨要权利、国家对公民兑现权利的谈判桌，“地方”是社会自组织化、公民参与国家制度构建的载体，质言之，“地方”是一切实践行动的媒介与语境。法治国家的建设、公民权利的保障，既不能靠救世主的施舍，更加不能靠冥想者的沉思，只能依靠实践者的话语与行动。你不说别人怎么有空理你呢，你不要别人怎么舍得给你呢？“为权利而斗争”是地方法制建设与法治国家建设的核心要义。

近些年来，我国法治进程出了一些小状况，那些我们梦寐以求的东西，似乎总与我们有着或近或远的距离。“溯洄从之，道阻且长。溯游从之，宛在水中央”，这或许是法制建设的求索路上最为真实的写照。法治理念是否能够以及如何能够真正适应中国社会这个问题，恐怕很多人都在思考。三十多年的努力是否注定就是一种荒谬？答案应当且必须是否定的。或许问题并不是出在法治本身，或许问题也不是出在中国社会，如果我们换一个视角来看，一切或许都会豁然开朗。我们真切地希望，通过本课题对地方法制建设理论与实践问题的认真研究，我们能够为中国法治与法制提供这样一种崭新的视角，既可以积极抵抗法律怀疑主义、法律虚无主义对我国法制建设的侵袭，也可以妥当处置法治理念在中国社会的"贯彻落实"。公民在地方的平台上通过自己的努力打造自己认同并接受的制度大厦，国家在地方的场域中通过与公民的沟通互动将抽象的法律与权利逐步落实到具体而微，国家与公民并不是永远的敌对者，"地方"就为两者提供了合作共赢的机遇与空间。你好我好大家好的局面，我们又何乐不为呢？

值得庆贺的是，在全体课题组成员不懈努力之下，教育部哲学社会科学重大课题攻关项目"我国地方法制建设理论与实践研究"最终以优秀的成绩顺利通过答辩，获准结项。这既是对我们既往工作的肯定，也为我们未来的努力提出了更高的要求。在这里，我们要感谢学界各位朋友同仁的关心与支持，感谢华南理工大学法学院法学理论团队所有成员的勤勉与努力，协作共进永远是事业发展的重要推动力。

本书的分工如下：

序言　葛洪义

第一编　地方法制的基本理论（朱志昊负责）

第一章　地方法制的概念与意义　葛洪义

第二章　地方法制的横向视域：国家与社会　朱志昊

第三章　地方法制的纵向视域：中央与地方　李秋成

第四章　地方法制的原动力：权利的行使　朱志昊

第二编　地方国家机关的法定权力（李秋成负责）

第五章　国家权力法律配置的总体框架　李秋成

第六章　地方国家权力机关的职权　冯健鹏

第七章　地方国家行政机关的职权　冯健鹏

第八章　地方国家司法机关的职权　邹东俊

第三编　地方国家机关的"小"制度（冯健鹏负责）

第九章　大权力与"小"制度　余涛

第十章　工作程序　冯健鹏　李旭东

第十一章　公开制度　王文琦

第十二章　协商机制　王文琦

第四编　制度化的社会力量（杨雄文负责）

第十三章　公益机构　刘兵　李秋成

第十四章　营利组织　冯健鹏

第十五章　自治组织　刘治斌

第十六章　舆论意见　郑金雄　杨雄文

第五编　权利主张与制度回应（王文琦负责）

第十七章　权利诉求　董文蕙

第十八章　社会力量的参与　刘兵　李秋成

第十九章　制度回应　余军　冼建廷

第六编　地方法制的评价标准（余军负责）

第二十章　地方法制评价标准的总体架构　余军

第二十一章　职权　余军

第二十二章　制度　余军

第二十三章　社会力量　杨雄文

第二十四章　互动机制　杨雄文

李旭东负责前期联络、组织工作

成功固然艰辛，但在成功的基础之上进一步前进或许更不容易，稍稍回顾历史我们就可以轻易发现，多少成功者或者倦怠，或者守成。所以面对着这几十万字的研究成果，我们更不应有一丝一毫的轻松感，因为我们的路还没有走完，法治与法制的道路还更加漫长，还有更多的事情等着我们去做，还有更多的权利等着我们去争取，还有更多的诉求等着我们去呐喊。向着理想迈进，永不停歇。

是为记。

教育部哲学社会科学重大课题攻关项目

“我国地方法制建设理论与实践研究”

课题组全体成员 谨识

2012 年 7 月 13 日

于 B9 北座

教育部哲学社會科学研究重大課題攻關項目
成果出版列表

书　名	首席专家
《马克思主义基础理论若干重大问题研究》	陈先达
《马克思主义理论学科体系建构与建设研究》	张雷声
《马克思主义整体性研究》	逄锦聚
《当代中国人精神生活研究》	童世骏
《弘扬与培育民族精神研究》	杨叔子
《当代科学哲学的发展趋势》	郭贵春
《面向知识表示与推理的自然语言逻辑》	鞠实儿
《当代宗教冲突与对话研究》	张志刚
《马克思主义文艺理论中国化研究》	朱立元
《历史题材创新和改编中的重大问题研究》	童庆炳
《现代中西高校公共艺术教育比较研究》	曾繁仁
《楚地出土戰國簡册［十四種］》	陳　偉
《中国市场经济发展研究》	刘　伟
《全球经济调整中的中国经济增长与宏观调控体系研究》	黄　达
《中国特大都市圈与世界制造业中心研究》	李廉水
《中国产业竞争力研究》	赵彦云
《东北老工业基地资源型城市发展接续产业问题研究》	宋冬林
《中国加入区域经济一体化研究》	黄卫平
《金融体制改革和货币问题研究》	王广谦
《人民币均衡汇率问题研究》	姜波克
《我国土地制度与社会经济协调发展研究》	黄祖辉
《南水北调工程与中部地区经济社会可持续发展研究》	杨云彦
《产业集聚与区域经济协调发展研究》	王　珺
《京津冀都市圈的崛起与中国经济发展》	周立群
《金融市场全球化下的中国金融监管体系改革》	曹凤岐
《中国民营经济制度创新与发展》	李维安
《中国现代服务经济理论与发展战略研究》	陈　宪
《中国转型期的社会风险及公共危机管理研究》	丁烈云
《面向公共服务的电子政务管理体系研究》	孙宝文

书　名	首席专家
《人文社会科学研究成果评价体系研究》	刘大椿
《中国工业化、城镇化进程中的农村土地问题研究》	曲福田
《东北老工业基地改造与振兴研究》	程　伟
《中部崛起过程中的新型工业化研究》	陈晓红
《全面建设小康社会进程中的我国就业发展战略研究》	曾湘泉
《自主创新战略与国际竞争力研究》	吴贵生
《转轨经济中的反行政性垄断与促进竞争政策研究》	于良春
《我国民法典体系问题研究》	王利明
《中国司法制度的基础理论问题研究》	陈光中
《多元化纠纷解决机制与和谐社会的构建》	范　愉
《中国和平发展的重大国际法律问题研究》	曾令良
《中国法制现代化的理论与实践》	徐显明
《我国地方法制建设理论与实践研究》	葛洪义
《生活质量的指标构建与现状评价》	周长城
《中国公民人文素质研究》	石亚军
《城市化进程中的重大社会问题及其对策研究》	李　强
《中国农村与农民问题前沿研究》	徐　勇
《中国边疆治理研究》	周　平
《中国大众媒介的传播效果与公信力研究》	喻国明
《媒介素养：理念、认知、参与》	陆　晔
《创新型国家的知识信息服务体系研究》	胡昌平
《数字信息资源规划、管理与利用研究》	马费成
《新闻传媒发展与建构和谐社会关系研究》	罗以澄
《数字传播技术与媒体产业发展研究》	黄升民
《教育投入、资源配置与人力资本收益》	闵维方
《创新人才与教育创新研究》	林崇德
《中国农村教育发展指标体系研究》	袁桂林
《高校思想政治理论课程建设研究》	顾海良
《网络思想政治教育研究》	张再兴
《高校招生考试制度改革研究》	刘海峰
《基础教育改革与中国教育学理论重建研究》	叶　澜
《公共财政框架下公共教育财政制度研究》	王善迈

书　名	首席专家
《中国青少年心理健康素质调查研究》	沈德立
《处境不利儿童的心理发展现状与教育对策研究》	申继亮
《WTO 主要成员贸易政策体系与对策研究》	张汉林
《中国和平发展的国际环境分析》	叶自成
*《改革开放以来马克思主义在中国的发展》	顾钰民
*《西方文论中国化与中国文论建设》	王一川
*《中国抗战在世界反法西斯战争中的历史地位》	胡德坤
*《近代中国的知识与制度转型》	桑　兵
*《中国水资源的经济学思考》	伍新林
*《转型时期消费需求升级与产业发展研究》	臧旭恒
*《中国金融国际化中的风险防范与金融安全研究》	刘锡良
*《中国政治文明与宪法建设》	谢庆奎
*《地方政府改革与深化行政管理体制改革研究》	沈荣华
*《知识产权制度的变革与发展研究》	吴汉东
*《中国能源安全若干法律与政府问题研究》	黄　进
*《农村土地问题立法研究》	陈小君
*《我国资源、环境、人口与经济承载能力研究》	邱　东
*《产权理论比较与中国产权制度变革》	黄少安
*《西部开发中的人口流动与族际交往研究》	马　戎
*《中国独生子女问题研究》	风笑天
*《当代大学生诚信制度建设及加加强大学生思想政治工作研究》	黄蓉生
*《农民工子女问题研究》	袁振国
*《中国艺术学科体系建设研究》	黄会林
*《边疆多民族地区构建社会主义和谐社会研究》	张先亮
*《非传统安全合作与中俄关系》	冯绍雷
*《中国的中亚区域经济与能源合作战略研究》	安尼瓦尔·阿木提
*《冷战时期美国重大外交政策研究》	沈志华
*《服务型政府建设规律研究》	朱光磊
……	

*为即将出版图书